Der

germanisch-romanische Civilprozeß

im Mittelalter

von

M. A. von Bethmann-Hollweg.

Erster Band.

Vom fünften bis achten Jahrhundert.

Die Staaten der Völkerwanderung.

Bonn,
bei Adolph Marcus.
1868.

Der

Civilprozeß des gemeinen Rechts

in geschichtlicher Entwicklung.

Von

M. A. von Bethmann-Hollweg,

Doctor beider Rechte und der Theologie, weiland ordentlichem Professor des Civilrechts und Civilprozesses an den Hochschulen zu Berlin und Bonn, K. Preuß. Staatsminister a. D., Ehrenmitglied der K. Akademie der Wissenschaften zu Berlin.

Vierter Band.

Der germanisch-romanische Civilprozeß im Mittelalter.

1. Vom fünften bis achten Jahrhundert.

Bonn,

bei Adolph Marcus.

1868.

Der

germanisch-romanische Civilprozeß

im Mittelalter

von

M. A. von Bethmann-Hollweg.

Erster Band.

Vom fünften bis achten Jahrhundert.

Die Staaten der Völkerwanderung.

Bonn,
bei Adolph Marcus.
1868.

Vorrede.

Da dieser zweite Theil mit einem anderen, berühmten Werke, Savigny's Geschichte des römischen Rechts im Mittelalter, parallel geht und dasselbe vielfach berührt, so scheint es angemessen, das Verhältniß meiner Arbeit zu demselben zu bezeichnen. Savigny stellte sich die Aufgabe nachzuweisen, wie das römische Recht, dessen völligen Untergang mit der Zerstörung des weströmischen Reiches und dessen zufällige Wiederentdeckung im Anfang des zwölften Jahrhunderts man bis dahin angenommen hatte, während der ersten sechs Jahrhunderte des Mittelalters in den romanischen Ländern fortwährend gekannt und angewandt und dann in der Schule der Glossatoren durch ächt wissenschaftliche Behandlung nur zu neuem Leben erweckt worden sei. Er hat diesen Beweis auf das Glänzendste geführt und dadurch für jede verwandte Untersuchung die Bahn gebrochen. Unsere Aufgabe ist einerseits eine beschränktere, andererseits eine weitere. Es ist nicht das römische Recht überhaupt, sondern nur das römische Prozeßrecht im Mittelalter, welches uns beschäftigen wird; dieses aber nicht isolirt, sondern in seinem Kampf mit dem germanischen. Deshalb mußte auch dieses letztere in den Kreis der Untersuchung gezogen und das Resultat jenes Kampfes, also das gesammte Prozeßrecht der romanischen Länder im Mittelalter, wie es durch Sitte, Gesetzgebung und Jurisprudenz bestimmt wird und in der Gerichtsverfassung und dem gerichtlichen Verfahren erscheint, dargestellt werden. Ja selbst von der allgemeinen Geschichte jener Länder mußte ich mir und dem Leser so viel in Erinnerung bringen, als nöthig war, um das Recht nicht, wie es vielfach geschehen, als ein vom Leben gelöstes Abstractum mißzuverstehen und zu mißdeuten.

Wenn ich zu diesem Behufe schon früher den Urwald germanischer Rechtsquellen, nur mit Ausschluß der nordischen, auch einen Theil der Urkunden, perlustrirt hatte, so war bei der Wiederaufnahme dieser Studien mir die Arbeit durch die großen Fortschritte der germanistischen Jurisprudenz zwar erleichtert, andererseits aber auch erschwert, indem die neuere Literatur berücksichtigt werden mußte. Die Lücken in dieser Hinsicht werden nicht unbemerkt bleiben; doch darf ich versichern, daß ich Manches gelesen und nur das Nothwendige citirt habe.

Die schwierigste Aufgabe war, die viel besprochenen Räthsel des germanischen Beweisrechts zu lösen. Sollten Kenner urtheilen, daß es mir geglückt sei, den rechten Schlüssel dafür zu finden, so würde ich dieß einem doppelten Umstand zuschreiben. Einmal dem, daß ich mich zuvor so gründlich mit dem römischen Prozeßrecht abgefunden hatte. Denn auch darin wird Savigny wohl Recht behalten, daß bei der Macht, die nun einmal das römische Recht über uns gewonnen hat, es keinen andern Weg giebt, uns von dieser Macht zu befreien und einen unbefangenen Blick für das vaterländische Recht zu gewinnen, als daß wir jenes vollkommen begreifen und also geistig beherrschen. Sodann konnte vielleicht mir als Fremdling in diesem Gebiete, wie es zu geschehen pflegt, Manches auffallen, was von den Einheimischen weniger beachtet worden war.

Uebrigens darf ich es rühmen, daß ich von Diesen das freundlichste Entgegenkommen gefunden. Schon vor vielen Jahren wies mir mein verehrter früherer College Homeyer über jene Hauptfrage die literarischen Wege. Von Herrn Geheimen Justizrath Beseler bin ich in der Arbeit durch Rath und Ermunterung vielfach wesentlich gefördert worden. Und als es zum Abdruck derselben kam, hatte ich abermals das Glück, in einem so ausgezeichneten Kenner der Quellen des Mittelalters, wie mein lieber Freund Bluhme ist, einen Revisor zu gewinnen, der nicht bloß den Setzer, sondern auch mich vor manchem Mißgriff bewahrte.

Rheineck, im October 1868.

Inhalt des vierten Bandes.

Zweiter Theil.

Der germanisch-romanische Civilprozeß im Mittelalter.

1. Geist des germanischen Rechts.

§ 1. Wir gingen im Anfang dieses Werkes von der Behauptung aus, daß für die Weltgeschichte, die Geschichte des Geistes in Bezug auf das Recht, von allen Völkern der Erde nur die Römer und die Germanen von durchgreifender und dauernder Bedeutung seien. Es wurde ferner bemerkt, daß, als diese beiden Volksstämme in nahe und dauernde Berührung traten, ja sich theilweise vermischten, ihre auf ganz verschiedenen Principien beruhenden Rechtssysteme unter einander in einen Kampf traten, dessen Resultat das in Deutschland, ja mehr oder weniger in Europa und seinen Colonien geltende Recht sei[1]).

Wir suchten dort den eigenthümlichen Geist des römischen Rechts und die davon abhängige Gestaltung des Rechtsstreits im Gegensatz des germanischen kurz anzudeuten[2]). Es wurde dann in dem ersten Theil dieses Werkes der römische Civilprozeß in seiner geschichtlichen Entwicklung durch drei Perioden ausführlich geschildert. Indem wir jetzt im zweiten Theil zur Darstellung des germanischen Prozeßrechts und seines Kampfes mit dem römischen in den romanischen Ländern während des Mittelalters übergehen, ist vor Allem der Geist des germani=

1) Bd. 1 § 14. S. 25.

2) Daselbst § 15. S. 27 folg.

schen Rechts oder seine eigenthümliche Auffassung und Entwicklung des Rechtsbegriffs einer näheren Erörterung zu unterziehen. Sie beruht auf der durch Naturanlage und Geschichte bedingten eigenthümlichen Weltanschauung der germanischen Völker und ist in der Mannigfaltigkeit ihrer Volksrechte und durch alle Umwälzungen, die sie erfahren, hindurch erkennbar.

§ 2. Der Germane, dem Griechen und dem Römer durch arischen Ursprung stammverwandt, steht durch seine überwiegend synthetische Geistesanlage Jenem näher als Diesem, in welchem das analytische Vermögen stärker ist [1]). Von Beiden aber unterscheidet er sich durch seine früheſten Schicksale, welche gleich den ersten Eindrücken der Kindheit für die Völker entscheidend zu sein pflegen. Denn während die hellenischen und latinischen Stämme auf ihrer frühen Wanderung aus dem fernen Osten sich in dem milden Himmelsstrich der mittelländischen Inseln und Halbinseln niederließen, wo der Zauber einer schönen Natur eine harmonische, objective Weltanschauung in ihnen hervorrief [2]), wurden die Germanen durch die ihnen vorangeeilten celtischen Stämme, welche das mittlere Europa besetzt hatten, von ihrer südwestlichen Bahn nach dem Norden abgedrängt. Der lang andauernde kalte Winter mit seinen langen Nächten und der nur kurze unverhältnißmäßig heiße Sommer dieser Zone, der häufige ganz unregelmäßige Wechsel der Witterung in allen Jahreszeiten, die graue Wolkendecke, die nur selten des Himmels Blau und freundliche Sonnenstrahlen durchblicken läßt, düstere Wälder, große Moore und öde Heiden, die von selbst kaum eine genießbare Frucht hervorbringen und den mühsamen Anbau nur kärglich lohnen [3]): — diese gegensätzlichen, im Ganzen un-

1) So ist noch heutzutage der Deutsche dem Romanen in der Synthese, Dieser Jenem in der Analyse überlegen.

2) Auch auf den Einzelnen übt diese Natur ihre Zauberkraft. „Das Land, wo die Citronen blühn, Im dunkeln Laub die Goldorangen glühn, Ein sanfter Wind vom blauen Himmel weht, Die Myrthe still und hoch der Lorbeer steht“ stimmte den deutschen Dichter zur Vollendung von Iphigenie und Tasso; Werther und Faust wurden im Zwiespalt des Nordens gedichtet.

3) *Horat.*: Pigris ubi nulla campis arbor aestiva recreatur aura, quod latus mundi nebu-

günstigen Naturverhältnisse konnten in dem Germanen nicht das Gefühl der Einheit mit der äußern Welt hervorrufen, sie mußten seinen kräftigen Geist einer Seits zur Einkehr in sein Inneres, andrer Seits in natürlicher Reaction zur Entwicklung energischer Thatkraft treiben, kurz das starke Bewußtsein seiner Persönlichkeit als Ausgangs- und Zielpunkt seines Denkens und Thuns wecken, also den großartigen Subjectivismus erzeugen, der ihn und die von ihm bestimmte moderne Weltanschauung im Gegensatz der antiken Objectivität kennzeichnet [4]).

Aber seine synthetische Geistesanlage ließ ihn in dem Zwiespalt nicht verharren; er suchte die Einheit und konnte diese, da die äußere Welt ihn nicht dazu einlud, jenem Zuge der Innerlichkeit folgend, nur in einer unsichtbaren transcendenten Welt finden. Hierauf beruht der ihm angeborene Glaube an unsichtbare Mächte, die ohne Bild zu verehren sind, aber überall gegenwärtig in die sichtbare Welt eingreifen [5]). Hierauf auch seine Empfänglichkeit für das Christenthum, das ihm die reale Einheit in dem großen Subject-Object, dem Schöpfer, und durch diesen mit der ganzen Schöpfung darbot. Zwar im Mittelalter ergriff er auch diese Einheit nur unvollkommen, magisch, mystisch und gesetzlich; in der Reformation aber, die seine eigenste That ist, im Geiste, und zwar nicht bloß in der Unmittelbarkeit des religiösen Gefühls, sondern auch in der Vermittelung des Gedankens, welche die neuere Philosophie sich zur Aufgabe gestellt hat [6]).

lae malusque Iuppiter urget. *Tac. Germ.* 2. Germaniam — informem terris, asperam coelo tristem cultu aspectuque. *c.* 5. aut silvis horrida aut paludibus foeda — frugiferarum arborum impatiens. Vgl. Italiens Lob bei *Virgil. Georg.* II. 149. Hic ver adsiduum *rel.*

4) Nicht zu verwechseln mit dem schwächlichen Subjectivismus der Epigonen, der die Karrikatur von jenem ist.

5) *Tac. Germ.* 9. — nec cohibere parietibus deos, neque in ullam humani oris speciem assimulare ex magnitudine caelestium arbitrantur.

6) Mit Hegel, Philosophie des Rechts § 358 folg. Philosophie der Geschichte S. 106. 353 folg. stimme ich zwar nicht in der Ableitung aus einer logisch nothwendigen Entwicklung des Weltgeistes, aber im erfahrungsmäßigen Resultat überein, das auch bei ihm nur ein geistreiches aperçu war.

§ 3. Wie faßte und entwickelte nun der Germane unter dem Einfluß seines Subjectivismus und seiner synthetischen Geistesanlage im Gegensatz der Römer den Rechtsbegriff? Sein Subjectivismus giebt ihm das unmittelbare Bewußtsein des unendlichen Werthes der Persönlichkeit und erzeugt also jenes gesteigerte und reizbare Ehrgefühl, welches Griechen und Römern fremd ist. Zwar die Person ist auch dem Römer, indem er sie in ihren Beziehungen zur Außenwelt sich objectivirt [1]), der Grundbegriff alles Rechts. Aber der Germane erfaßt sie subjectiv und in der synthetischen Einheit ihrer innern und äußern Seite, also in der Einheit ihrer sittlichen und rechtlichen Bezüge. Demzufolge strebt er auch im Verhältniß von Person zu Person mehr die sittliche Einigung derselben als deren rechtliche Sonderung an. Anders der Römer, der sich die Aufgabe stellt, durch Anerkennung des abstracten Rechtswillens der freien Sittlichkeit den Boden zu bereiten, der also zwischen Wille und Wille eine scharfe Grenze zieht und also die verschiedenen Lebensverhältnisse zu eben so vielen in sich geschlossenen Rechtsinstituten gestaltet. Das römische Recht konnte auf diesem Wege eine größere formale Vollendung erreichen; das germanische Recht steckt sich ein höheres, nie vollkommen erreichbares Ziel, und entbehrt deshalb jene formale Vollendung [2]). Wir versuchen dieß an einigen der wichtigsten Gegenstände nachzuweisen.

1) Daß der Römer die einzelnen Beziehungen der Person zur Außenwelt, d. h. die Rechte, sich objectivirt, hängt auch damit zusammen, daß er öffentliches und Privatrecht in seiner Geschiedenheit und Einheit und in völligem Gleichgewicht dachte, daß ihm also die Gesammtheit des Rechts als Staatsordnung objectiv erschien, wovon die einzelnen Privatrechte ein Theil sind. Eine Bemerkung, die ich Bruns verdanke.

2) Die Ansichten der Neueren, die sich an diesem Problem versucht haben, gehen sehr auseinander. Ueber Ihering, der „die Eigensucht", also den schlechtesten Subjectivismus, für das Princip des römischen Rechts erklärt, habe ich mich Bd. 1 S. 28 ausgesprochen. — C. A. Schmidt, der principielle Unterschied zwischen dem römischen und germanischen Recht, Rostock 1853, stimmt ihm bei und findet das Princip des germanischen Rechts in dem objectiven Sittengesetz, dessen Erfüllung durch das Recht möglich gemacht werden soll. Dieß aber ist der Zweck alles Rechts, und das Eigenthümliche des germanischen nur, daß es beides, Recht und Sittlichkeit, in einander zieht, während das römische es schärfer sondert. Falsch ist auch der historische Ausgangspunkt des Vf.'s, in=

§ 4. Ueberwiegend subjectiv erscheint den Germanen selbst das allgemeine Recht, das wir schlechthin das objective zu nennen gewohnt sind.

Zwar eine Summe rechtlicher Ueberzeugungen des zum Staat (civitas) verbundenen Volkes, die alle Glieder desselben verpflichten, also die Willkühr ausschließen, ist den germanischen Stämmen schon bei ihrem ersten Auftreten in der Geschichte bekannt [1]). Auch das System der persönlichen Rechte, das erst im fränkischen Reiche entstand, macht das objective Recht nicht zum subjectiven, sondern beruht auf dem Rechte der verschiedenen Volksgemeinden, die in diesem Reiche Aufnahme gefunden hatten, und denen die Einzelnen angehören, ist also für diese ein objectives [2]). Erst nach Auflösung dieser Volksgemeinden im späteren Mittelalter ist es ein persönliches Geburtsrecht geworden und dann bald verschwunden. — Aber der Germane objectivirt sich

sofern er das Princip des römischen Rechts mit dem modernen Subjectivismus und das des germanischen mit dem sog. christlich-germanischen Feudalsystem identificirt. — Auch Stahl, Rechtsphilosophie II. 1. S. 509 folg. scheint mir jenes punctum saliens nicht zu treffen. Nach ihm leitet zwar das römische Recht seine Bestimmungen aus „der Natur der Rechtsinstitute, dem Beruf der verschiedenen Lebensstellungen" ab, und ebenso das germanische aus „den menschlichen Lebensverhältnissen und ihren höheren Gedanken." Der Unterschied aber soll darin bestehen, daß das römische Recht nur „Rechte" kennt, das germanische aus jenem höheren Gedanken auch „Gegenleistungen und Pflichten" folgert (vgl. S. 310 und 316). Allein 1) ist jenes nicht richtig; auch die Römer haben das Recht seinem Begriff nach in seiner Gegenseitigkeit (aequum ius) erkannt, die nur durch den Staat nicht überall realisirt werden kann; und 2) giebt Stahl die Ursache jenes Unterschieds, soweit er begründet ist, nicht an. Dieser liegt aber eben darin, daß der Germane das Recht in seiner Einheit mit dem Sittlichen denkt, der Römer in seiner Geschiedenheit, und in dieser Abstraction des Rechts jene Gegenseitigkeit nur successiv und approximativ, z. B. in den bonae fidei Contracten, durchführen konnte.

1) Die frühere Annahme, daß ursprünglich bei den Germanen nur Faustrecht gegolten, ist jetzt, besonders nach Wilda's Ausführungen, fast allgemein aufgegeben. Doch behauptet noch Zöpfl, Deutsche Rechtsg. II. §§ 1. 2 „der Rechtsbegriff sei ursprünglich in Deutschland als Willkühr d. i. als subjectives Belieben aufgefaßt worden," worin mir ein innerer Widerspruch zu liegen scheint. Das Fehderecht galt ja nur gegen den, der durch Friedensbruch sich des Rechtsschutzes verlustig gemacht hat.

2) Insofern die einzelne Volksgemeinde einen bestimmten Sitz hat, ist es auch territorial; doch kann der Einzelne auch auswärts sich auf das Recht seiner Heimath (lex patriae) berufen.

das allgemeine Recht nicht wie der Römer als geschriebenes Gesetz, d. h. als von der Obrigkeit aufgestellte abstracte Rechtsregel, die der logischen Vermittlung mit dem concreten Rechtsfall durch Jurisprudenz bedarf, sondern sein Recht lebt in der einheitlichen Anschauung und im subjectiven Gefühl aller Glieder des Volkes. In die Erscheinung aber tritt es: 1) durch die Uebereinkunft der Interessenten, die es auf dem Grunde der allgemeinen Principien individuell gestaltet (Vertrag); oder 2) im Fall des Streites durch einen Ausspruch der Volksgenossen als mittelbar Betheiligter, wodurch diese Zeugniß ablegen über das Herkommen, oder in dessen Ermangelung neues Recht finden, für den einzelnen Fall (Urtheil) oder im Allgemeinen (Weisthum); oder endlich 3) durch die vertragsmäßige Uebereinkunft dieser Genossen über das neue Recht, welches fortan unter ihnen gelten soll (Willkühr). Man pflegt diese verschiedenen Formen der Rechtsbezeugung und Erzeugung durch die Interessenten im Gegensatz des obrigkeitlichen Gesetzes unter dem Namen Autonomie zu befassen [3]), ein den Römern völlig unbekannter Begriff [4]). Das ständige Organ dafür sind Volksgerichte, in welchen unter dem Vorsitz der Gerichtsobrigkeit (Richter) die ganze Volksgemeinde oder einzelne Vertreter derselben (Schöffen) den Rechtsspruch thun; so jedoch daß die zufällig anwesenden Volksgenossen (Umstand) ihren Beifall kundgeben und jeder Einzelne nach seinem subjectiven Gefühl widersprechen kann (Schelten des Urtheils). Die unentbehrliche objective Entscheidung wird dann entweder bei einem Volksgericht von höherer Autorität oder bei der Gottheit gesucht, welche durch den Aus-

3) Vgl. vorläufig Eichhorn, D. Rechtsgesch. I. § 30 S. 217. II. §§ 258—260. 277. 346.

4) Vgl. Savigny, System I. S. 22 Note b. Auch Puchta, Gewohnheitsrecht I. S. 158 unterscheidet als Civilist objectives und subjectives Recht, Gesetz und Vertrag, scharf; erkennt aber deren Vermischung im ältern germanischen Rechte an. Daher spielen in diesem auch die Begriffe Verjährung und Gewohnheitsrecht in einander. S. dasselbe II. S. 59 folg. Alles dieß hängt auch damit zusammen, daß öffentliches und Privatrecht nicht streng geschieden wird.

gang eines gerichtlichen Zweikampfs ihr Gottesurtheil (ordale, iudicium) kund thut [5]).

Indem also das germanische Recht auf dem Gemeingefühl des Volkes ruht und unmittelbar an die Thatsache anknüpft, ist es allgemein und concret zugleich und durch Berücksichtigung neuer thatsächlicher Verhältnisse in stetem Fluß [6]). Der wissenschaftlichen Ausbildung, die auf logischer Entwicklung beruht, war dieß nicht günstig. Das Mittelalter hat es daher nicht zum entwickelten Rechtssystem, sondern nur bis zur Aufstellung von Rechtsregeln (regulae iuris) gebracht, deren schriftliche Verzeichnung in Rechtsbüchern auch die Urtheiler nur über das Herkommen belehren, nicht ihre freie Rechtsfindung ausschließen sollte [7]). Nur die Codification nach römischem Vorbilde hat, selbst indem sie das germanische Recht gegen die Verdrängung durch das römische schützen wollte, zu allen Zeiten ihm mit der Autonomie des Gerichts und der Interessenten seinen Lebensnerv abgeschnitten. Eben deßhalb hatte sie sowohl den Wegfall jener Volksgerichte zur Folge, als sie durch diesen nothwendig wurde; dem Staatsbeamten kann die Befugniß freier Rechtsschöpfung nicht eingeräumt werden [8]).

§ 5. Auch die subjectiven Rechte, welche ihrer Natur nach Attribute der Person sind, objectivirte sich der Römer, wie

5) Sächs. Ldr. I. 18. § 3. II. 12. §§ 4. 8. Für die allgemeine Geltung eines solchen Rechtssatzes vgl. das berühmte Kampfgericht vor Otto I. über das Erbrecht der Enkel. *Widukind* II. 10. (*Pertz*, *Script.* III. *p.* 440.)

6) Der früher Bd. 2 S. 275 erörterte Gegensatz des strictum ius und der aequitas ist daher weniger scharf ausgebildet; alle Schöffenurtheile, insofern sie das in der Thatsache immanente Recht aussprechen, gehen auf Billigkeit. Die Theilung des Streitgegenstandes nach *Lex Baiuw.* VIII. 7. §§ 1. 2. Sächs. Ldr. III. 21. Richtst. 26. § 6 freilich geht darüber hinaus, sie ist ein Uebergriff in das sittlich-religiöse Gebiet, wo alle Menschen nicht vor dem Gesetz, sondern vor Gott gleich sind. Stahl cit. S. 308 rechtfertigt dieß.

7) Dieß sagt Eike von Repgow in der rhythmischen Vorrede des Sachsenspiegels v. 192—211 ausdrücklich. Immerhin war der Gedanke des sächsischen Ritters, das Recht in seiner Allgemeinheit und in dem vaterländischen Idiom schriftlich zu verzeichnen, ein genialer, der übrigens, charakteristisch genug, keine originale Nachahmung, sondern nur Amplification und Modification seiner Arbeit hervorrief.

8) Möser, Patr. Phant. I. 51.

wir gesehen, und unterschied aufs schärffste einer Seits das Recht der Gesammtheit des Volkes (ius publicum), andrer Seits die Rechte der Einzelnen (ius privatum), die er als eben so viele in sich abgeschlossene Rechtsobjecte nach Begriff und Umfang bestimmte. Dem Germanen geht das gesammte Recht in einzelne thatsächliche Beziehungen von Person zu Person auf, und da ein ganzes Netz solcher persönlichen Verhältnisse die Einzelnen stufenweise zur Gesammtheit des Volkes verbindet, so kann er zwischen öffentlichem und Privatrecht keine scharfe Grenze ziehen. Das gesammte Recht aber hat, insofern es Recht der einzelnen Volksgenossen ist, einen vorherrschend privaten Charakter.

§ 6. Zwar als ein rechtliches Ganze (Staat [1]), civitas) wird das Volk schon von den ältesten Germanen gedacht; es werden ihm bestimmte Rechte, z. B. die Bestrafung öffentlicher Verbrechen und die Buße wegen Bruch des gemeinen Friedens, zugesprochen [2]). Auch finden sich die beiden Staatsformen der alten Welt, die republikanische und monarchische, nach germanischer Bezeichnung als Genossenschaft und Herrschaft, schon in der Urzeit. Allein bei den Römern ist in beiden Formen die Staatsgewalt eine scharf begrenzte und in ihren Grenzen absolute; anders bei den Germanen.

In der Republik, der vollendeten Schöpfung des römischen Geistes, ist die Universitas des Populus romanus, repräsentirt durch die Magistrate, den Senat und die Comitien, ein Rechtssubject für sich, und die einzelnen Bürger, insoweit sie nicht an jener amtlichen Repräsentation des Ganzen Theil nehmen, sind auf ihre Privatrechte beschränkt. Ebenso in der unterthänigen Gemeinde, dem Municipium, und in der Corporation [3]). Den reinen Gegensatz dazu bildet die Privatgesellschaft (societas), deren Gesammtheit kein Rechtssubject ist, deren Mitglieder

1) Charakteristisch ist, daß es dafür kein ursprünglich deutsches Wort giebt.

2) *Tac. Germ.* 12.

3) Für die öffentlichen Rechte betrachten die Römer dieß als selbstverständlich, bemerken es daher nur für die Privatrechte, Eigenthum *L. 1. pr. L. 6. pr. D. de divis. rer.* (1, 8) und Schuldverhältnisse *L. 7. § 1. D. quod cui. un. nom.* (3, 4).

vielmehr theilberechtigt und unter einander obligatorisch verbunden sind [4]). — Die germanische Genossenschaft, sie mag das gesammte Volk, also den Staat, oder nur eine Lokalgemeinde, oder eine Corporation, oder selbst nur eine zu vorübergehenden Zwecken zusammengetretene Gesellschaft befassen, steht zwischen Beiden in der Mitte; die Gesammtheit bildet ein Rechtssubject und die einzelnen Mitglieder sind mitberechtigt, weil der Germane sich die Person in keinem Verhältniß als nichtberechtigt denken kann; daher z. B. das Widerspruchsrecht des Einzelnen bei Aufnahme eines Genossen [5]). Aber freilich diese Mitberechtigung des Einzelnen findet noch in so verschiedener Weise statt, daß sich eben nur dieses als das Gemeinsame darüber aussagen läßt, die nähere Bestimmung aber aus der Natur des zum Grunde liegenden Lebensverhältnisses, jenachdem dieß eine Volks- oder Lokalgemeinde, eine Markgenossenschaft, Zunft, Handelsgesellschaft u. s. w. ist, abgeleitet werden muß [6]).

Als die Republik der Römer in die Monarchie umschlug, ging die absolute Gewalt des Volkes, das Imperium, auf den Kaiser über und steigerte sich successiv zur absoluten Despotie. — Das Königthum der Germanen duldet nicht nur die Volksfreiheit, sondern setzt sie voraus und ist mit ihr organisch geeinigt. Es ist erblich in dem edelsten Geschlechte des Volkes und hat daher seinen Namen; aber es ist nicht erblich wie die Herrschaft über Sachen, sondern dennoch von der Anerkennung und Wahl des Volkes abhängig [7]). Der König ist der höchste Richter und Führer des Volkes; aber in allen allgemeinen Angelegenheiten hat dieses selbst oder durch seine Vertreter auf entscheidende Weise mitzusprechen, vor allem das Recht zu weisen, dem

4) Vgl. *L. 8. D. de stip. serv.* (45, 3). *L. 68. pr. L. 82. D. pro socio* (17, 2).

5) *Lex Sal.* 45. de migrantibus. Auf demselben Gedanken beruht das Schelten des Urtheils durch einen Einzelnen und die nothwendige Einstimmigkeit des englischen Geschwornengerichts. Vgl. dagegen Sächs. Ldr. II. 12. § 10.—55. Schwäb. 116. Laßb.

6) Beseler, D. Privatrecht § 68 vgl. mit § 83.

7) Grimm, D. Rechtsalterthümer S. 230 folg.

auch der König sich unterwirft [8]). Der einzelne Volksgenosse ist dem Könige zu persönlicher Treue verpflichtet [9]), leidet aber dadurch an seiner Freiheit keine Einbuße; ja die Treue ist seine Ehre und ein Ausfluß seiner Freiheit [10]). Ebenso wenn er durch den Eintritt in die Gefolgschaft des Fürsten deren höhere persönliche Verpflichtung gegen ihn als seinen Gefolgsherrn übernimmt [11]). Als dann im Mittelalter, zum Theil nach diesem Vorbilde, die ganze Nation sich in eine Stufenfolge mannigfaltiger Verhältnisse von Herrschaft und Dienstbarkeit, vom Könige bis zum Bauern herab, das s. g. Feudalsystem, auflöste: so konnten zwar die alten Volksgemeinden daneben nicht bestehen, aber es ist doch eine unrichtige Vorstellung, wenn man dieß als den Untergang der germanischen Freiheit bezeichnet [12]). Denn in allen diesen Verhältnissen, selbst in der strengsten Ministerialität und Hofhörigkeit, bilden die Untergebenen eine Genossenschaft, die dem Herrn gegenüber ihr Recht zu wahren befugt ist [13]). Erst mit dem Untergang des Feudalsystems bricht sich der Absolutismus der Könige und Fürsten nach römischem Vorbilde in dem romanischen Europa Bahn und findet dann selbst in Deutschland bei der Auflösung des Reiches in den Territorien Eingang. Ihm ist neuerdings in natürlicher Reaction die altgermanische Volksfreiheit, aber leider in romanischem Absolutismus verpuppt, entgegen getreten und hat in dem sg. constitutionellen System einen unlösbaren Widerspruch erzeugt. Nur in England hat sich die ächt germanische Einheit von Königthum und Volksfreiheit erhalten, vermöge deren der König mit den Lords und Gemeinen im versammelten

8) Sächs. Ldr. III. 52. § 3. Daher er auch dem Reiche Hulde thut. Daselbst 54. § 2.

9) Roth, Beneficialwesen S. 105 folg.

10) Sächs. Ldr. III. 54. § 1 dat he deme koninge hulde du na vries mannes rechte. Eben darauf beruht das Recht des Widerstandes. Art. 78 § 1.

11) *Tac. Germ.* 13. nec rubor inter comites aspici: gradus quinetiam et ipse comitatus habet.

12) Die nur theilweise durch Entstehung der Städte gerettet worden sei. Möser, Osn. Gesch. Vorrede. Eichhorn, D. Rechtsg. § 224a.

13) Vgl. Eichhorn cit. § 303 Note h. i.

Parlament über jede Frage des öffentlichen Wohls und Rechts nach Art der alten Schöffengerichte [14]) „von Amtswegen einen Vergleich“ trifft und also neues Recht schafft.

§ 7. Auch im Privatrecht, zunächst in der Familie, zeigt das römische Recht in strenger Scheidung desselben von dem Sittlichen und von dem öffentlichen Recht jenen abstracten oder absoluten Charakter. Das Haus (domus, familia) bildet gegen den Staat einen absolut geschlossenen Kreis; die Glieder desselben, Frau, Kinder und Sklaven, sind der ausschließenden Gewalt des Hausherrn (manus, potestas) lebenslänglich und unbedingt unterworfen und insofern rechtlos [1]). Abgesehen von dieser Gewalt aber sind die Familienverhältnisse nur sittlich bestimmt; so die freie Ehe, das Verhältniß der Mutter zu den Kindern u. s. w. Eine Folge der durch jene Gewalt begründeten Familiengemeinschaft ist das Erbrecht und die Tutela legitima der Agnaten, die aber kein Recht über die Person des Mündels begründet; die Erziehung der Unmündigen, der Schutz der Frauen ist freier Sitte überlassen. — Die römische Sklaverei hat selbst durch die fortschreitende Cultur und den Einfluß des Christenthums keine wesentliche Milderung erfahren, sondern sich zuerst aus häuslicher Knechtschaft in die härteste Plantagenwirthschaft verwandelt, und hat endlich theilweise einer strengen Leibeigenschaft, dem Colonat, Platz gemacht.

Bei den Germanen umfaßt der allgemeine Begriff Mundium das Vertretungs- und Schutzverhältniß des Mannes über die Ehefrau, des Vaters über die Kinder, des Herrn über die Unfreien und selbst die Vormundschaft der nächsten Schwertmagen über Unmündige und unverheirathete Frauen [2]). Die Rechte des Mundiums aber sind nicht aus seinem Begriff, sondern aus diesen verschiedenen darunter begriffenen Verhältnissen abzuleiten. Nur das ist allen Fällen des Mundiums gemein, daß

14) Möser, Patr. Phant. I. 51 cit.

1) In öffentlichen Verhältnissen, als stimmberechtigter Bürger, Magistrat u. s. w. ist der Haussohn rechtsfähig.

2) Beseler, D. Privatrecht § 132.

die rechtliche Persönlichkeit des Schützlings dadurch nicht aufgehoben wird, die Gegenseitigkeit des Verhältnisses gibt ihm einen rechtlich-sittlichen Charakter. Die Ehe ist eine Genossenschaft, deren Haupt der Mann ist. Nach dessen Tode hat auch die Mutter noch eine der väterlichen ähnliche Gewalt über die Kinder. Aber diese werden mit dem Austritt aus dem väterlichen oder mütterlichen Hause selbständig. Die Vormundschaft schließt auch die persönliche Fürsorge über den Mündel in sich. Die Knechtschaft endlich begründete selbst in der ältesten Zeit nicht, wie bei den Römern, eine absolute häusliche Dienstbarkeit, die den Knecht wie das Hausthier lediglich zum Werkzeug des Herrn macht, sondern gewährte ihm ein eigenes Hauswesen und die Bewirthschaftung eines ländlichen Grundstücks, von dem er dem Herrn Abgaben und Dienste leistet. Dieß dinglich-persönliche Abhängigkeitsverhältniß [3]) ist dann bekanntlich in den verschiedensten Abstufungen, von der strengen Leibeigenschaft bis zu der Selbständigkeit einer unterthänigen Bauerngemeinde, ausgebildet, auch durch den Einfluß christlicher Sitte allmählig gemildert und endlich in unsern Tagen, zu Gunsten der allgemeinen staatsbürgerlichen Freiheit und der Freiheit des Eigenthums, ganz aufgehoben worden.

§ 8. Wenn also in dem germanischen Staat die Einheit von Recht und Politik, in der Familie die Einheit von Recht und Sittlichkeit angestrebt wird, so zeigt sich in der streng juristischen Sphäre des Vermögens, im Sachen- und Obligationenrecht, der formale Unterschied des römischen und germanischen Rechts am Bestimmtesten. Zwar die Herrschaft des Menschen über die Erde und ihre Erzeugnisse, und das Bedürfniß, in der bürgerlichen Gesellschaft und im Staate diese Herrschaft für die Einzelnen dadurch rechtlich zu reguliren, daß dem Willen des Einen und Anderen eine bestimmte Grenze gezogen und ein Austausch der Güter ermöglicht wird, bilden eine allgemein menschliche Aufgabe. Aber daß diese auch von edlen

3) Schon *Tac. Germ.* 25. beschreibt es aufs deutlichste.

und für das Recht begabten Völkern noch in ganz verschiedener Weise gelöst werden kann, das beweisen die beiden Rechtssysteme, mit deren Vergleichung wir beschäftigt sind.

Die Römer unterscheiden auf das Schärfste das dingliche Recht, d. h. das Recht an der Sache gegen jeden Dritten, und die Forderung gegen einen Schuldner (obligatio), wenn auch in Bezug auf eine Sache, also z. B. gegen den Verkäufer auf Uebergabe und Gewähr des Besitzes (ex contractu), oder gegen den Dieb auf Ersatz und Strafe (ex maleficio). Das dingliche Recht ist ihnen ursprünglich uneingeschränkt, Eigenthum (dominium, res); doch gestatten sie, daß in wenigen gesetzlich bestimmten Fällen einzelne Bestandtheile davon abgelöst und als beschränkte dingliche Rechte (iura in re) auf einen Andern übertragen werden, während obligatorisch alle denkbaren Befugnisse in Bezug auf die Sache Anderen eingeräumt werden können. Ferner ist der römische Begriff des Eigenthums, als einer idealen rechtlichen Herrschaft über die Sache, ein durchaus abstracter. Denn er abstrahirt: 1) von der verschiedenen Beschaffenheit der Sache, es ist dasselbe an der beweglichen und an der unbeweglichen Sache, ja die körperliche Sache kann als abstracte Größe nach Bruchtheilen im Eigenthum Mehrerer sein; 2) von der factischen Herrschaft über die Sache, dem Besitz, das Eigenthum ist von diesem unabhängig, rücksichtlich seines Erwerbes[1]) und seiner Fortdauer, der nicht besitzende Eigenthümer vindicirt die Sache von jedem Besitzer[2]); 3) von der Person des Eigenthümers, das Eigenthum ist dasselbe, wenn es durch hundert Hände geht, und insofern ein ewiges Recht. — Der Besitz (possessio) dagegen ist kein Recht an der Sache, er wird thatsächlich (corpore et animo) stets neu erworben und ebenso (corpore aut animo) verloren und nicht als präsumtives Eigenthum, sondern nur insofern rechtlich geschützt, als die Person des Besitzers verletzt und

1) Insofern es nicht bloß durch Traditio, sondern auch durch Mancipatio und In Jure Cessio erworben wird.

2) Abgesehen von Usucapion.

hierdurch eine Forderung auf Ersatz gegen den Thäter begründet ist.

Das germanische Recht bezeichnet Beides, die thatsächliche Herrschaft über die Sache, den Besitz, und das Recht zum Besitz, es sei das unbeschränkte Eigenthum, oder ein beschränktes Nutzungsrecht, Pfandrecht u. s. w., durch dasselbe Wort Gewere (vestitura) [3]), und deutet schon damit an, daß dieses nicht abstrahirt von jenem, sondern Beides in der nächsten Verbindung gedacht wird, so daß das Recht an der Sache vom Besitz abhängig und dieser gewissermaßen selbst ein Recht ist [4]), weshalb er z. B. auf den Erben ohne neue Apprehension übergeht [5]). Indem aber die Gewere die verschiedenartigsten Verhältnisse begreift, ist auch sie nicht geeignet die leitenden Grundsätze für diese abzugeben, sondern empfängt umgekehrt von diesen ihre nähere Bestimmung [6]). Zu dem Thatsächlichen, woraus das Recht entwickelt wird, gehört ferner die natürliche Beschaffenheit seines Objectes, der körperlichen Sache. Daher ist dem germanischen Recht die Betrachtung der Sache als abstracter Größe fremd; es kennt kein Miteigenthum nach Bruchtheilen, dagegen ein Gesammteigenthum an dem ungetheilten Object, wo die mehreren Eigenthümer eine Genossenschaft bilden [7]). Ferner ist das Recht an der beweglichen Sache ein anderes als an der unbeweglichen.

An der beweglichen Sache (fahrenden Habe) wird das Recht nicht durch Vertrag, sondern erst durch Uebergabe, also mit dem Besitz erworben [8]) und mit demselben auf gewisse Weise auch wieder verloren [9]). Denn wenn der Besitzer die Sache

3) Beseler, D. Privatr. § 77. Homeyer, Sachsenspiegel I. S. 433. II. 2. S. 394.

4) Der Besitz als die durch Glück oder göttliche Fügung gewährte Herrschaft über die Sache erschien den Germanen als ein (göttliches) Recht. Dieser Tiefsinn grenzt freilich auch hier sehr nahe an sein Gegentheil; das fait accompli als Princip ist die Negation alles Rechts.

5) Sächs. Lehnr. 6. § 1. Ldr. III. 83. § 1 und das französische Sprüchwort: le mort saisit le vif.

6) Daß Albrechts grundlegendes Buch hierin irrte, ist jetzt wohl allgemein anerkannt.

7) Beseler, D. Privatr. § 83.

8) Stobbe, Encyclopädie von Ersch und Gruber I. 65. S. 349 c.

9) Vgl. für das Folgende Beseler cit. § 86.

einem Andern anvertraut, also aus seinem Besitz entlassen hat, so kann er nur gegen diesen (quasi ex contractu) klagen, nicht gegen den dritten Besitzer [10]). Ist sie ihm aber gegen seinen Willen abhanden gekommen, so klagt er gegen jeden dritten Besitzer als vermeintlichen Dieb oder Räuber (quasi ex maleficio), der sich durch Stellung seines Auctors rechtfertigt, und dieser ebenso, bis zu dem, der keinen Auctor stellen kann und dann als präsumtiver Dieb Ersatz und Strafe zahlen muß [11]). Diese Klage hat auch nicht bloß der ursprüngliche Besitzer und dinglich Berechtigte, sondern in jenem ersten Fall der Dritte, dem die Sache anvertraut worden, weil sie ihm entwandt worden und weil er dafür verantwortlich ist [12]). Die Rechtsfrage in Bezug auf die bewegliche Sache wird also nach dem Besitz und nach persönlichen (obligatorischen) Verhältnissen entschieden; nur der Beweis des originären Erwerbes durch Accession, Spezification u. s. w., gewährt insofern ein absolutes Recht an der Sache, als er jene persönlichen Ansprüche ausschließt [13]).

Am Grund und Boden fand in der ältesten germanischen Zeit kein Privatbesitz statt, er war im Gesammteigenthum der Gemeinde als Genossenschaft, und wurde von den einzelnen Genossen benutzt, in Wald und Weide unterschiedslos, in der Feldflur nach dem Maaß und Turnus der obrigkeitlichen Anweisung [14]). Nach der Völkerwanderung behielten die germani-

10) „Hand muß Hand wahren" oder „Wo ich meinen Glauben gelassen habe, da muß ich ihn wieder suchen." Sächs. Ldr. II. 60. § 1.

11) *Lex Sal.* 47. de filtortis. *Rip.* 32. Sächs. Ldr. II. 36. Ersatz auch durch eine ähnliche Sache. *L. Alam.* (*Merkel*) II. 90. *Baiuv.* 9, 14. *Visig.* VII. 2, 8. Sächs. Ldr. III. 47. § 2. Die „schlichte Klage", die der Kläger gebrauchen kann, um im Unterliegungsfalle der Buße zu entgehen, ist späteren Ursprungs Sächs. Ldr. I. 53. § 2. III. 43. § 1. Richtsteig 11. § 3. — 17. § 1.

12) Nach den Volksrechten auch der Depositar. *L. Visig.* V. 5, 3. *Baiuv.* 15, 4. *Ed. Liutpr.* 131, weil mit dem Besitz, der Gewere, auch die Gefahr der Sache (furti und damni periculum) verbunden ist und nicht zwiefache Buße gezahlt werden soll. Das Recht des Mittelalters unterscheidet. Sächs. Ldr. III. 5. §§ 3—5. vgl. II. 60. § 1. Bruns, Besitz S. 315.

13) *L. Baiuv.* 16, 11. 14. Sächs. Ldr. II. 36. §§ 3. 6. Richtsteig 17. § 2.

14) *Caesar de bello gall.* IV. 1. VI. 21. *sq.* *Tac. Germ.* 26.

schen Stämme das Sondereigen, das sie in ihren hochcultivirten neuen Wohnsitzen vorfanden, bei, setzten es aber mit ihrer Gemeindeverfassung, insofern sich diese erhielt, in Verbindung, gaben ihm also insofern einen publicistischen Charakter, als nicht nur von persönlicher Freiheit, sondern auch von dem Besitz eines Gutes in der Gemeindemark die Mitgliedschaft in der Orts- und Volksgemeinde abhängig war. Deshalb gehörte der Rechtsstreit um Beides vor das Gericht der Volksgemeinde [15]) und die Veräußerung des Gutes soll gleichfalls in diesem Gericht oder an Stelle desselben vor einer bestimmten Zahl von Zeugen als Vertretern der Volksgemeinde geschehen [16]). Im Sachsenlande, also im innern Deutschland, das die Umwälzungen der Völkerwanderung nicht erfahren, hat sich das Sondereigen mit der fortschreitenden Cultur von selbst eingefunden; aber jener publicistische Charakter desselben wird noch strenger festgehalten [17]): nicht nur der Rechtsstreit um „Eigen" [18]), sondern auch die Veräußerung desselben [19]) muß, um dinglich wirksam zu sein, im „echte Ding" statt finden [20]); ohne diese „gerichtliche Auflassung" verpflichtet sie nur den Auctor [21]). Die Uebertragung des Besitzes folgt dann erst nach [22]), und gegen jeden Anspruch gesichert, also absolut berechtigt, wird der Erwerber erst durch fortgesetzten Besitz nach Jahr und Tag [23]). Der Name „Eigen"

15) In Carolingischer Zeit vor das Gericht des Grafen. *Capit. a.* 810. *c.* 2. *Pertz* I. *p.* 162. *Ansegis.* IV. 26. *Baluz.*

16) *L. Sal.* tit. de adfathamire (46). *Rip.* 59. 60. *Capit. a.* 803. *c.* 6. *Pertz* I. *p.* 113. — *a.* 817. *c.* 6. *p.* 211. Durch diese Form wird auch der Widerspruch des Erben ausgeschlossen.

17) Eichhorn, D. Privatr. § 172. Note b bezieht hierauf schon die legitimae traditiones der *L. Sax.* XV. 1. Beseler, D. Privatr. § 90 hält die Nothwendigkeit „gerichtlicher Auflassung" für späteres Recht.

18) Sächs. Ldr. I. 59. § 1.

19) Sächs. Ldr. I. 52. § 1. Die Zustimmung des Erben und des Richters wird dadurch gesichert, also das Recht der Familie und der Gemeinde dabei berücksichtigt, vgl. Sächs. Ldr. II, 6. § 4. I. 34. §§ 1. 3.

20) Sächs. Lehnr. 39. §§ 1. 3. Goslar. Stat. S. 14. L. 1. 4—11. Rechtsb. nach Dist. I. 31, 1. 46, 5.

21) Sächs. Ldr. I. 9. § 5. III, 83. § 3.

22) *Capit. a.* 817. *c.* 6. *Pertz* I. *p.* 211.

23) Sächs. Ldr. II. 44. § 1. vgl. 42. § 2.

für das Grundstück im Gegensatz der fahrenden Habe und für das volle Recht an demselben [24]) deutet auf die regelmäßige Möglichkeit eines solchen absoluten Rechts an der unbeweglichen Sache, während das Recht an der beweglichen, abgesehen von ihrem ursprünglichen Erwerb, nur durch Berufung auf den Auctor, also nur relativ oder persönlich geschützt ist.

Während das germanische Grundeigenthum sich hierin dem römischen Dominium nähert, weicht es anderer Seits dadurch von demselben wesentlich ab, daß es eine Theilung des Besitzrechts in einer Weise und mit einer Verknüpfung dinglicher und persönlicher Rechte zuläßt, wie sie das römische Recht nicht kennt. — Das älteste Verhältniß dieser Art ist das des freien Grundeigenthümers zu seinem unfreien Hintersassen [25]), wo Jener seinen gesammten Grundbesitz im Volksgericht vertrat, der Besitz des Letztern am Bauergut nur in dem Gericht des Herrn, im Hofgericht, Schutz fand, insofern er demselben die schuldigen Dienste und Abgaben entrichtete. Jeder von Beiden konnte also an dem Bauergut Eigenthum behaupten, nur nach einem verschiedenen Rechtssystem, der Eine nach Volksrecht, der Andere nach Hofrecht. Aehnlich dann an dem Lehngut der Lehnsherr und der Vasall, die überdieß durch ein familienähnliches Verhältniß persönlicher Treue verbunden sind. Die romanistische Jurisprudenz, die Beides in Ein Rechtssystem zog, bildete daraus die widersprechenden Begriffe von Ober- und Untereigenthum [26]). — Andere dinglich-persönliche Verhältnisse schuf das Mittelalter; es schreibt z. B. dem Käufer der auf ein Grundstück radicirten Rente [27]), ferner dem Zins- und Zehntberechtigten und dem Inhaber anderer Reallasten [28]) eine partielle Herrschaft über die Sache, Besitz und Besitzrecht (Gewere), zu, welches weder Eigenthum ist, noch auf den Begriff eines römischen ius in re zurückgeführt werden kann, weil es nicht einzelne vom Eigenthum abgelöste Rechte enthält, sondern den

24) Homeyer, Sachsenspiegel I. S. 415. v. Eigen.

25) S. oben § 7 Note 3.

26) Beseler, D. Privatr. § 82.

27) Beseler cit. § 95. Beim nutzbaren Pfande erkennt auch das römische Recht ein dingliches Recht an.

28) Beseler cit. § 190.

Eigenthümer als solchen zu bestimmten (obligatorischen) Leistungen verpflichtet.

Der bloße Besitz der beweglichen oder unbeweglichen Sache, überhaupt die Ausübung eines Rechts an der Sache ohne das Recht selbst [29]) (ledigliche Gewere) [30]), selbst der widerrechtlich erworbene Besitz, z. B. des Diebs und des Räubers [31]), soll zwar nur mit Recht und nicht mit Gewalt entzogen werden, ist also gegen diese gerichtlich geschützt [32]), doch ist das reine Possessorium des römischen Rechts dem germanischen unbekannt [33]). Denn da der Besitz selbst ein Recht ist, so kann sich selbst der Dejector auf sein besseres Recht an der Sache, z. B. Eigenthum, berufen und dadurch die Restitution der Sache ablehnen.

§ 9. Eben so scharf wie den Begriff des dinglichen Rechts bestimmen die Römer die Obligatio, nehmlich als den Rechtswillen des Gläubigers, dem der Wille des Schuldners sich unterworfen hat, nicht in seiner Totalität, sondern in einer einzelnen Willensäußerung, einer Leistung, dem Geben oder Leihen einer Sache oder einem Thun, das jedoch auch einen sachlichen Charakter hat, weil es durch eine Geldzahlung ersetzt werden kann. Obgleich als ein Verhältniß von Person zu Person unübertragbar, gewinnt die Obligation doch durch diesen ihren Gegenstand einen objectiven Charakter und läßt deshalb, unbeschadet ihrer Einheit, eine Beziehung auf mehrere Berechtigte oder Verpflichtete zu (Correalobligation), ja gestattet, daß ihr Stoff in eine der Form nach neue Obligation und insofern auch auf andere Personen übertragen wird (Novation). Begründet wird sie nach ihrem Begriff durch die thatsächliche Un-

29) So allgemein faßt das germanische Recht den Begriff der Gewere, während die römische iuris quasi possessio sich nur auf eine bestimmte kleine Zahl von iura in re bezog. Beseler cit. § 80. Die Ausdehnung des Besitzes auf Familienverhältnisse durch das canonische Recht hat das germanische nicht verschuldet.

30) Sächs. Ldr. I. 34. § 2.

31) Sächs. Ldr. II. 25. § 1 roflike gewere.

32) Sächs. Ldr. II. 24. §§ 1. 2. — 70. III. 82. § 2. Lehnr. 38. § 4.

33) Bruns, Besitz §§ 36. 37. S. 286 folg. Ueber das erste Vorkommen desselben vgl. Schröder, Beiträge — zur Gesch. vom Recht des Besitzes in Deutschland S. 24 folg. (Haupts Zeitschr. 13, 161 folg.)

terwerfung des Willens des Schuldners unter den Willen des Gläubigers, d. h. durch eine correspondirende Willenserklärung beider Personen (Contract), welche, um unzweideutig zu sein, nach römischer Vorstellung formell (Stipulation) sein muß und als reiner Formalcontract jeglichen Inhalt in sich aufnimmt. Der Wille des Gläubigers, der den Willen des Schuldners in Anspruch nimmt, steht dabei im Vordergrund (dare spondes?) und die Verpflichtung des Letztern schließt sich ihm an (spondeo). Der spezielle Inhalt der also begründeten Obligation wird nur durch die formelle Willenserklärung bestimmt und ist aus demselben Grunde einseitig und strengen Rechts. Das Bedürfniß des Verkehrs hat jedoch frühzeitig bei den Römern auch formlose Verträge eingeführt (Kauf, Miethe, Societät u. s. w.), welche, weil nach Billigkeit beurtheilt, keinen so abgeschlossenen Inhalt haben und ein gegenseitiges obligatorisches Verhältniß begründen; dieses wird aber in allen seinen Entwicklungen und Verzweigungen stets als Eines betrachtet.

Das germanische Recht konnte schon deshalb die persönliche Verpflichtung zu einer bestimmten Leistung nicht eben so scharf zu einem in sich abgeschlossenen Begriff ausbilden, weil es sie mit dem Sachenrecht, wie wir gesehen, in die mannigfaltigste und nächste Verbindung brachte. Unter diesen dinglich-persönlichen Verhältnissen nahm der Rentenkauf selbst die Stelle eines der wichtigsten römischen Geldgeschäfte, des verzinslichen Darlehns, ein und hatte den Vorzug, durch seine Unaufkündbarkeit von Seiten des Berechtigten für den Schuldner weniger hart zu sein als dieses. Verträge auf Thun kennt das Mittelalter kaum, weil die meisten Dienste von Unfreien geleistet wurden; beim freien Gesinde ist der Dienst mehr Bedingung der Lohnforderung als Gegenstand der Klage [1]). Als selbständiges der römischen Obligatio vergleichbares Verhältniß bleibt also nur die reine Geldschuld oder Schuld schlechthin [2]) übrig, deren Name schon andeutet, daß die Verpflichtung des Schuldners

1) Sächs. Ldr. I. 22. § 2. II. 48. § 1.

2) Sächs. Ldr. III. 40. Homeyer, Register v. Schuld.

mehr betont wird, als das Recht des Gläubigers [3]), und daß Grund und Umfang derselben in das Gewissen des Schuldners, also in das sittliche Gebiet, verlegt wird. Denn er kann sich losschwören, es sei denn, daß die Schuld gerichtlich contrahirt und durch das Zeugniß des Gerichts, also der Gemeinde, bewiesen werde [4]). Mehrere Schuldner haften weder schlechthin pro parte, noch in solidum, sondern bilden, wie bei dem Gesammteigenthum oder wie Socii, eine Genossenschaft [5]). Eine Folge der überwiegenden Betonung der Schuld ist ferner, daß diese begründet werden kann, ohne daß die Person des Gläubigers schon bestimmt ist, was den Römern, die auf die Forderung sahen, undenkbar war. Ursprünglich freilich nur bei der Rente, die auf ein Grundstück gelegt und gleich einer Sache zum Kauf angeboten wird. Heutzutage allgemein bei den auf den Inhaber lautenden Papieren, die eine für den Staat oder eine öffentliche Anstalt, also auch gewissermaßen dinglich begründete Schuld bezeugen [6]). Auf demselben Princip beruht die Leichtigkeit, mit welcher die Wechselforderung gegen den ursprünglichen Aussteller durch Indossament von Hand zu Hand läuft und diese als Garanten in die Verpflichtung mit hereinzieht, eine Vervielfältigung des Schuldverhältnisses, die der Geschlossenheit der römischen Obligatio durchaus widerspricht. Als reiner Formalcontract ist der Wechsel der römischen Stipulation vergleichbar [7]).

§ 10. Ueberschauen wir im Rückblick die angeführten Rechtsverhältnisse, an welchen beispielsweise der Geist des ger-

3) Beseler, D. Privatr. § 118. S. 474. § 119. S. 479.

4) Sächs. Ldr. I. 7. Die hierdurch bewirkte Eigenthümlichkeit des germanischen Obligationenrechts bemerkt auch Hänel, Beweissystem des Sachsenspiegels S. 118.

5) Beseler cit. S. 533. Das Zürcher Recht der Einzinser scheint auf dem Gesammteigenthum des Pfandes zu beruhen. Vgl. Bluntschli II. S. 235 folg. In dem Sächs. Ldr. III. 85. §§ 1. 2 ist die Gesammtschuld eine rein persönliche nach Art der Genossenschaft unter Sociis.

6) Beseler cit. § 187. Die öffentliche Beglaubigung ist wesentlich. So ist es auch in Bremen und Hamburg gebräuchlich, daß wer ein Kapital sucht, dasselbe auf sein Haus eintragen läßt und dann zum Kauf anbietet.

7) Vgl. Beseler cit. § 235.

manischen Rechts im Gegensatz des römischen nachgewiesen wurde, und fragen, welches das Resultat des Kampfes beider Rechtssysteme für unser Vaterland war, so ist unbestritten unser öffentliches Recht rein germanischen Ursprungs. Möchte es nur je länger je mehr, mit Ueberwindung der aus den romanischen Ländern uns importirten Codification und des Absolutismus der Regierung und der Volksvertretung, auf die ächt germanischen Ideen von Königthum, Volksfreiheit und Selbstverwaltung in kleineren Kreisen zurückgeführt und durch Autonomie der berechtigten Organe frei fortgebildet werden. — Auch unser Familienrecht beruht auf germanischen sittlich-rechtlichen Anschauungen. Nur sind unsere Staatsgerichte keineswegs geeignete Organe, um die z. B. in der Ehe in Frage kommenden zarten sittlichen Rücksichten wahrzunehmen. Auch ist in dem davon abhängigen Erbrecht dem römischen Recht zu viel eingeräumt worden. — Im Sachen- und Obligationenrecht würde das germanische Recht, weil es beide Rechtstheile vermischt und die geschlossenen Rechtsinstitute des römischen Rechts in unzählige thatsächliche Beziehungen von Person zu Person zersplittert, sich nie zu einem so consequent durchgeführten Rechtssystem wie das römische entwickelt haben [1]). Eben deshalb machte dieses durch seine logische Kraft wie durch seine Brauchbarkeit für den entwickelten Verkehr der lombardischen Städte bei seiner ersten Wiederentdeckung im zwölften Jahrhundert einen so überwältigenden Eindruck auf den empfänglichen Geist der ältesten Rechtslehrer von Bologna, nachdem im elften die Schule von Pavia ein ähnliches System aus der Lombarda zu entwickeln sich vergeblich bemüht hatte. Und aus demselben Grunde ist die Reception jenes Systems in Deutschland als ein

1) Den Beweis liefert das englische Recht (common law), auf welches das römische Recht keinen nennenswerthen Einfluß geübt hat und welches in einer Unzahl von Rechtssprüchen (precedents) enthalten ist, von denen versichert wird, daß nur wenige Rechtsgelehrte sie alle kennen. Macaulay in einem interessanten Zusammentreffen mit mir (1839) behauptete, nur durch Codification sei zu helfen, ich dagegen, nur durch ächte Jurisprudenz.

materieller und formeller Gewinn zu betrachten. Ein materieller Gewinn, als fester Stock des Sachen- und Obligationenrechts, an den einzelne Institute des germanischen Rechts sich glücklich anschließen, z. B. die Sicherung der dinglichen Rechte am Grund und Boden durch die Gerichts- und Hypothekenbücher, das Wechselrecht und die Inhaberpapiere, welche den Geldverkehr und dadurch Handel und Industrie zu einer den Römern unbekannten Weltmacht erheben. Ein formeller Gewinn, weil die Bekanntschaft mit dem römischen Recht die erste Anregung zur wissenschaftlichen Behandlung des germanischen gegeben hat. Denn wenngleich dieß ursprünglich überwiegend auf dem Billigkeitsgefühl beruhte und in seinen Quellen nur Rechtsregeln aufweist, so muß es sich dennoch auf leitende Gedanken und Begriffe zurückführen lassen, weil einem wahren Gefühl allemal auch ein Gedanke zum Grunde liegt. Zu beklagen ist nur die durch die Reception des fremden Rechts zunächst veranlaßte Loslösung unserer Jurisprudenz von der nationalen Grundlage, sowie die Begriffsverwirrung, die theils durch Vermischung beider Rechtssysteme, theils durch scholastische Willkühr entstanden ist. Allein der Weg der Abhülfe ist ja bereits allgemein erkannt [2]. Es ist nicht das geringste Verdienst der historischen Schule unserer Tage, die selbständige Erforschung beider Rechtssysteme in ihrer Eigenthümlichkeit und die Ausgleichung des unter ihnen bestehenden Kampfes durch Befragung der Geschichte und des

2) Die Germanistenversammlungen von 1846 und 1847 glaubten ihn in universeller Codification zu finden. Gewiß kann durch weise Gesetzgebung in manchen Materien die richtige Vermittlung zwischen fremdem und einheimischem Recht heilsam festgestellt, also dem Untergang des letzteren gesteuert, überdieß die Einheit deutschen Verkehrs- und Rechtslebens, wie es im Wechselrecht bereits geschehen, dadurch gefördert werden. Nur daß nicht, nachdem unsere Nation lange genug in Sonderthümelei excedirt, der entgegengesetzte Fehler, die Gleichmacherei, ihm seine besten individuellen Kräfte raube, und die autonomische Fortbildung des deutschen Rechts, wo die Vorbedingungen derselben vorhanden sind, abgeschnitten werde. Ob dieß nicht bereits durch die neunhundert und mehr Paragraphen des Handelsgesetzbuches geschehen, darüber möchte ich wohl das Urtheil eines erfahrenen kaufmännischen Handelsrichters hören.

Lebens der Gegenwart als die wichtigste Aufgabe unserer Wissenschaft bezeichnet und ihre Lösung begonnen zu haben.

Dieselbe Aufgabe in Bezug auf das Prozeßrecht habe ich mir in dem zweiten Theil dieses Werkes gestellt, zu deren Lösung vor Allem das eigenthümliche Princip des germanischen Prozeßrechts zu bestimmen ist.

2. Germanisches Princip des Rechtsstreits.

§ 11. Mit dem Begriff des Rechts steht sein Gegensatz, das Unrecht, und die Art und Weise, wie dieses durch jenes im Gericht überwunden wird, in nothwendigem Zusammenhang. Wir haben dieß bei Betrachtung des römischen Prozeßrechts im Allgemeinen und im Einzelnen bestätigt gefunden, und mußten deshalb das sogenannte materielle Actionenrecht, welches die Brücke von dem System der Rechte selbst zu ihrer Verfolgung und Anerkennung vor Gericht bildet, mit in unsere Darstellung aufnehmen [1]. Dasselbe gilt auch für das germanische Prozeßrecht, ja in noch höherem Maße [2]; die eigenthümlich germanische Auffassung des Rechtsstreites als des Weges, auf welchem das Unrecht aufgehoben und das Recht wieder hergestellt werden soll, schließt sich auf das Genauste dem germanischen Begriff von Recht, wie wir ihn zu bestimmen versucht haben, an.

Und zwar muß auch auf diesem Punkt die Einheit germanischer Rechtsanschauung durch die Mannigfaltigkeit der verschiedenen Volksrechte und durch die tiefgreifenden Umwälzungen des Mittelalters hindurch sich nachweisen lassen. In der Urzeit Germaniens

1) Es ist dieß also nicht, wie Herr Dr. Krüger (Zeitschr. für Rechtsg. VII. S. 211) meint, von ungefähr oder aus Interesse für ein benachbartes Gebiet, sondern mit vollem Bewußtsein aus sachlichen Gründen geschehen. S. Bd. I. S. IX. II. S. V. III. S. V. Ob irrthümlich, möge der Leser entscheiden.

2) Daher konnte man versuchen, z. B. das Recht der Gewere rein prozessualisch zu erklären. S. Stobbe, in Ersch und Grubers Encyclopädie I. 65. S. 487.

tritt freilich bei der Dürftigkeit unsrer Nachrichten diese Rechtsanschauung nur in ihren Spitzen hervor. Und in den aus der Völkerwanderung hervorgegangenen Staaten ist das germanische Recht schon vielfach durch die neuen Verhältnisse und durch römische und christliche Cultur modificirt. Rein aus seiner eigenthümlichen Wurzel entwickelt erscheint es aber in den deutschen Rechtsbüchern des Mittelalters, namentlich dem Sachsenspiegel und seinem Geschlecht, die deshalb für die principielle Frage den sichersten Anhaltspunkt bieten.

§ 12. Wir erinnern zuvörderst an die früher erörterte römische Auffassung des Rechtsstreits. Das subjective Recht ist zwar auch dem Römer ein Attribut der Person; allein da er sich dasselbe objectivirt, so entsteht im Fall seiner Verletzung nur ein Streit um dieses Recht, das als Actio von dem Berechtigten geltend gemacht und, wenn er den Richter davon zu überzeugen vermag, von diesem anerkannt und geschützt wird [1]). Dieß gilt selbst für die Fälle des gemischten Unrechts, wo mit dem einzelnen, subjectiven Recht auch das allgemeine, objective Recht in der Person des Berechtigten verletzt ist (delictum privatum); denn die rohere Verfolgung der persönlichen Verletzung durch Privatrache (vindicta, ultio), die etwa nur durch ein Sühngeld (poena) abgekauft werden kann, lag den Römern weit hinter der historischen Zeit zurück; schon das älteste Recht kennt in diesen Fällen nur die gesetzlich anerkannte Forderung des Sühngeldes, die als Actio pönalis wie jede andere Schuldforderung Gegenstand des gerichtlichen Rechtsstreites ist [2]).

Der Germane, dem vermöge seines Subjectivismus die Person im Rechte Alles ist, faßt auch das subjective Recht zunächst als ein unablösbares Attribut derselben auf; wird es verkannt, so glaubt der Berechtigte sich damit zugleich persönlich verletzt. Und der Richter folgt ihm in dieser Anschauung, weil ihm das allgemeine Recht stets concret, als der Thatsache immanent erscheint, er also die Verletzung des einzelnen subjectiven

1) S. Bd. 1. S. 30. 2) S. Bd. 1. S. 115.

Rechts und des objectiven, allgemeinen in der Person des Berechtigten nicht zu unterscheiden vermag. Hierauf beruht es, daß das germanische Recht jedes Unrecht als Verletzung der Person (delictum privatum) betrachtet und so behandelt [3]).

§ 13. Schutz gegen solche Verletzungen fand der Einzelne schon in der ältesten historischen Zeit in einer geschlossenen Staats- und Gemeindeverbindung, die den gemeinen Frieden und jedem Genossen sein Recht verbürgte. Aber freilich nur, insofern er selbst Recht und gemeinen Frieden achtete. Sagte er sich durch offenen Friedensbruch thatsächlich davon los, so verfiel er der Privatrache (faida) seines Gegners, an dem er das Recht und den gemeinen Frieden gebrochen [1]). Der Privatkrieg, die Fehde, die sich hieraus entspann, hatte insofern auch noch den Charakter des Rechts, als sie in ihrem Erfolg vom Glück, also nach der Nationalanschauung von einem Gottesurtheil abhängig [2]), auch an gewisse Formen gebunden war und unter Vermittlung der Gemeinde durch Friedensschluß und Leistung einer Sühne (compositio) beendigt werden konnte. So hat dieses Fehderecht als charakteristischer Ausfluß germanischer Rechtsanschauung während anderthalb Jahrtausenden in Deutschland gegolten; freilich in stetem Kampf mit der steigenden Staatsgewalt, die es in immer engere Grenzen einzuschließen bemüht war, und der es endlich gelang, mit dem ewigen Landfrieden von 1495 dasselbe völlig aufzuheben. Noch aber lebt es, der Vernunft und christlichen Gesittung zum Trotz, unter uns fort in dem Duell und in dem noch roheren Waffengebrauch des Offizier-

3) Ich lasse dahin gestellt, ob nicht diese Neigung noch jetzt in der deutschen Unart, jeden Streit um Wahrheit oder Recht persönlich zu nehmen, hervortritt, eine Unart, die bei unsern westlichen Nachbarn die querelles allemandes sprüchwörtlich gemacht hat.

1) Mit Eichhorn, Rechtsg. § 76. I. S. 406 und Wilda, Strafrecht S. 264 folg. halte ich den Friedensbruch für den allgemeinen idealen Rechtsgrund des Fehderechts, dessen Begrenzung im Einzelnen freilich sehr gewechselt hat.

2) *Tac. Germ.* 7. Deum adesse bellantibus credunt. 10. victoria huius vel illius pro praeiudicio (s. *auspicio*) accipitur. *Annal. Met. a.* 743 (*Pertz Mon. Germ. Hist.* I. p. 328) von der Völkerschlacht der Franken unter Ludwigs des Fr. Söhnen: iudicium dei, quod subire non distulimus.

standes zur Rächung der thätlich verletzten Ehre an nicht satisfactionsfähigen Individuen. So tief ist es in jener Rechtsanschauung gewurzelt.

§ 14. Sucht der Verletzte aber die Hülfe des Gerichts, so ist es nicht wie bei den Römern sein Recht, das er gegen einen Andern geltend macht, sondern das erlittene formelle Unrecht, dessen er diesen beschuldigt [1]) und wegen dessen er bei dem Richter Klage erhebt [2]), sei es nun offenbarer Friedensbruch [3]) oder widerrechtlich angemaßter Besitz einer Sache [4]) oder nur eine nicht erfüllte Verpflichtung [5]). Dem transscendenten Sinn des Germanen entspricht es, daß der Kläger dabei die in der Gemeindeversammlung gegenwärtige, durch den Richter vertretene Gottheit anruft [6]). Der entscheidende Beweis aber für

1) J. Grimm, Rechtsalterth. weist dieß S. 4 und 33 folg. in den ältesten Klagformeln und S. 854 in den lateinischen und deutschen terminis für die Klage nach; daher der Kläger sculdegære, vielleicht selbst scultheizo genannt werde, während rügen die öffentliche Anklage, und erst im spätern Mittelalter forderunge die reine Civilklage ohne Beimischung eines Delicts bezeichne. — Für die ältere Zeit vgl. z. B. *L. Sal. tit.* de antrustione ghamalta (96): de causa quae inputatur. *L. Burg.* 8, 1. Si ingenuus per suspicionem vocatur in culpam. *Ed. Roth.* 364. pro quacunque culpa homo pulsatus fuerit, u. A. Auch der allgemeine Ausdruck der Volksrechte für die Verurtheilung des Beklagten: culpabilis iudicetur. — Für die spätere Richtst. Ldr. 19. § 2 Sculdeget man den umme sine witscap. 39. § 2 de besculdegede man und Note 3.

2) Homeyer, S. Ldr. Register v. Klage, Kläger, Beklagter. Es bezeichnet die erweiterte Macht des Richters, die schon in den Capitularien in der Benennung querela für die Klage hervortritt. *Du Cange* h. v. S. § 27 Note 3.

3) Sächs. Ldr. I. 63. § 1. — sculdegen, dat he den vrede an eme gebroken hebbe.

4) Die ältesten Volksrechte reden von malo ordine invadere. *L. Rip.* 59, 8. *L. Baiuv.* 16, 1. Die langobardischen von malo ordine possidere. *Ed. Roth.* 231. *Liutpr.* 89 und die Formeln dazu.

5) Da nach deutschem Recht dies interpellat pro homine (Sohm, Prozeß der Lex Salica, Weimar 1867, S. 20, Note 4), so wird die Richterfüllung auch ohne Mahnung als „Frevel" gebüßt. *Sent. Heinrici VI. Imp. a.* 1231 (*Pertz* II. *p.* 280). Den Verkehrsverhältnissen jener Zeit ist das Creditiren auf Jahre hinaus, überhaupt die Ansicht, daß Credit Vermögen ist, unbekannt; die Verpflichtung soll alsbald erfüllt werden, und geschieht es nicht, so ist dieß ein Unrecht, daher auch das Wort Schuld beides, debitum und culpa, begreift.

6) Für die heidnische Zeit s. *Decret. Tassil. de pop. leg. c.* 6. *Walt.* I. *p.* 296 stapsaken, eidliche Klage mit Berührung des Richterstabes, aber nicht zum Beweis,

diese allen Klagen beigemischte Delictsnatur [7]) liegt darin, daß der unterliegende Beklagte regelmäßig dem Kläger als Sühne der persönlichen Verletzung eine nach dessen Stand abgemessene Buße [8]) und dem Richter eine Wedde (fredus, Friedensgeld) für die Störung der öffentlichen Ordnung zahlen muß [9]). Eben deshalb war es möglich, daß man, als in Fällen des gemischten Unrechts an die Stelle der Buße eine öffentliche Strafe trat [10]), die Form des Civilprozesses dafür beibehielt [11]).

§ 15. Der Angriff des Klägers bedingt die Vertheidigungsweise des Beklagten und diese den Fortgang und Ausgang des Prozesses.

Nach römischer Anschauung braucht der Beklagte nur das von dem Kläger behauptete Recht zu leugnen und den Be-

sondern als Eid vor Gefährde. Siegel, Deutsches Gerichtsverfahren S. 118 folg. Für die christliche Richtst. 11. § 3 her richter, N. claget gode unde iu. 31. § 3. 33. § 2. So steit hir N. unde claget unseme heren gode unde iu, her richter, in godes stat.

7) *Prolog. minor. L. Sal.* bezeichnet als Zweck dieser Gerichtsordnung: ut iuxta qualitatem causarum sumeret criminalis actio terminum. Vgl. Wilda, Strafrecht S. 196. „Während das Strafrecht einen privatrechtlichen Charakter hatte, fand man in Handlungen, die wir rein vom privatrechtlichen Standpunkt betrachten, eine strafbare, mindestens durch Buße zu sühnende Rechtskränkung." Vgl. Siegel, Geschichte des D. Gerichtsverfahrens S. 58. Wenn dagegen Sohm, Prozeß der Lex Salica S. 9 „schon in ältester Zeit das Bewußtsein von dem Unterschied der Verfolgung des reinen Vermögensrechts von der Klage aus Delict" behauptet, so folgt dieß keines Falls aus dem von ihm trefflich erläuterten executorischen Verfahren. Dieses übergehen wir hier, weil ihm nicht Klage und Rechtsstreit zum Grunde liegt, sondern theils polizeiliche Handhabung des Gemeinderechts (*L. Sal.* 45.), theils Privatpfändung mit Urlaub des Richters (*L. Sal.* 50, 1. 52. 74).

8) Für die Buße in diesem weitesten Sinne s. Wilda cit. S. 314 folg. und Glosse zum S. Ldr. II. 20. „daß man die buse zur bekenntniß gibt, daß der sie gibt, habe an jenem unrecht gethan, welchem er sie gibt." Für ihre Bestimmung Richtst. 12. § 4 na des clegeres gebort.

9) Wilda cit. S. 438 folg. — Sächs. Ldr. I. 53. § 1. umme alle scult, dor de man sine bute mede gewint, dar hevet de richtere sin gewedde an. — Beides ist Folge der Schuld und nicht ein reines Succumbenzgeld, wie das römische Sacramentum und die poena sponsionis, so; jedoch, daß die That und die Ableugnung vor Gericht in dem Begriff der Schuld zusammengefaßt wird. Vgl. § 15 Note 1.

10) Wilda cit. S. 196 folg. 484 folg.

11) Richtst. Ldr. 5. §§ 1—3 theilt daher die Klagen in bürgerliche, peinliche und gemischte.

weis desselben zu verlangen, um, wenn dieser nicht erbracht wird, als Sieger vollkommen gerechtfertigt aus dem Rechtsstreite hervorzugehen. Dieß ist rücksichtlich der Beweislast die günstigere Lage des Beklagten nach römischem Recht (commodum possessoris und onus petitoris) und eine nothwendige Folge seiner Gesammtanschauung vom Rechtsstreit. Freilich muß andrer Seits der Beklagte sich auch dem Urtheil des Richters, im alten Recht dem Urtheil eines Geschworenen, unterwerfen, wenn es dem Kläger gelingt, diesen von seinem Recht zu überzeugen.

Ganz anders nach germanischer Auffassung. Durch die in der Klage enthaltene Beschuldigung fühlt auch der Beklagte sich persönlich verletzt [1]). Es kann ihm nicht genügen, daß der Kläger sie nicht zu beweisen vermag; denn der Verdacht und Schimpf bleibt auf ihm sitzen. Auch räumt er dem Kläger das Recht gar nicht ein, ihn etwa durch die Aussage von Zeugen, die nicht besser sind als er, oder gar durch ein beschriebenes Pergament seiner Schuld zu überführen. Auch zum Beweise seiner Unschuld, der überdieß als Beweis einer reinen Negation in der Regel unmöglich ist, glaubt er sich nicht verpflichtet, weil überhaupt dem Urtheil des Richters über Schuld oder Unschuld nicht unterworfen. Als freier und unbescholtener Mann nimmt er für sich das Recht in Anspruch, die Beschuldigung durch Anrufung Gottes als Zeugen seiner Unschuld [2]) zurückzuweisen und, wenn er geschworen hat, auch von dem Gericht für vollkommen gerechtfertigt erklärt zu werden [3]). Das ist der Vorzug der Beklagtenrolle nach germanischem Recht [4]), daß er der Schuld

1) Daher der Kläger, wenn er unterliegt, die gleiche Buße und Wedde bezahlt. *L. Baiuv.* 9, 18. Sächs. Ldr. I. 50. § 1. III. 43. § 1.

2) J. Grimm, Rechtsalterth. S. 893 folg.

3) Richtst. 8. § 2 (Schuldklage). Wen he sus gesworen heft, — so vrage: oft he vulkommen si mit sime rechte? So vintme he si. Nach den Volksrechten idoneus, se idoneare. *L. Sal.* 96. *Ed. Roth.* 364. *Du Cange h. v.*

4) *Ed. Roth.* 368. Si pro quacunque caussa (aut culpa) homo pulsatus fuerit ab alio et negaverit, liceat ei se idoneare secundum legem et qualitatem caussae *rel.*, worunter der

nicht durch Beweis überführt werden kann, sondern mit seinem Eide der Klage entgeht [5]). Mit dem Recht zum Eide ist aber natürlich auch die Verpflichtung verbunden: der Beklagte muß schwören, oder wird für geständig und sachfällig gehalten; eines Beweises von Seiten des Klägers bedarf es also nicht [6]).

§ 16. So unbedingt und ausschließlich wurde indeß die Entscheidung des Rechtsstreits doch nicht in das Gewissen des Beklagten verlegt.

Zunächst diente 1) zur Unterstützung des Unschuldseides und zum Schutz gegen seinen Mißbrauch der Eid der Consacramentalen [1]), d. h. einer nach dem Streitobject und dem Stande des Beklagten gesetzlich bestimmten Zahl [2]) seiner Volks- und Standesgenossen [3]), regelmäßig auch seiner Blutsfreunde

Eid mit Eidhelfern und das Gottesurtheil begriffen sind. Der Richtsteig Ldr. 4, 10 räth dem Fürsprecher, lieber das Wort des Beklagten, als des Klägers zu führen: wen deme manne is beter tu helpende dat he untga, wen men des gehelpen mach, dat he enen anderen overga.

5) *Agobardus, adv. leg. Gundobadam c.* 6. — ut si aliquis in coetu populi aut etiam in mercato publico commiserit aliquam pravitatem, non coarguatur testibus, sed sinatur periurare. Sächs. Ldr. I. 18. § 2 als altes Recht der Sachsen: Swat so de man — dut, swo wetenlik it si, dat he des mit siner unscult untgeit, unde mans in nicht vertügen ne mach. Für unscult = Eid des Beklagten s. Homeyer, Sachsenspiegel II. 2. S. 596. Richtst. Ldr. S. 455. — Der häufige Gebrauch des Eides zur Bescheinigung eines Nebenpunktes im Prozeß gehört nicht hierher. S. Homeyer, Sachsensp. II. 2. S. 597. 3) 4). Hänel § 6 S. 39 folg.

6) Die Volksrechte sagen daher regelmäßig: culpabilis iudicetur, aut, si negaverit, iuret; und das Sächs. Ldr. I. 6. § 3. — der sal he bekennen unde lesten, oder besaken unde dar vore sveren. § 5. Der scult, die de man selve scüldich is, der ne darf (braucht), man em nicht innern (beweisen), he sal ir bekennen oder versaken (abschwören).

1) Vgl. Rogge, Gerichtswesen der Germanen S. 136 folg. Grimm, Rechtsalterth. S. 859 folg. Walter, Rechtsg. § 657. Homeyer, Sachsensp. II. 2. S. 596 folg. S. Ldr. Register S. 504 folg. Richtst. S. 457 folg.

2) *L. Rip.* 70, 2. 77. cum legitimo numero. Für das Verhältniß zum Streitgegenstand s. dasselbe Gesetz *tit.* 2 *sqq.* und alle andern Volksrechte; zum Stand des Beklagten *L. Fris. tit.* 1., überhaupt Siegel cit. § 27 u. Beil. 5.

3) *Marculfi form. app.* 5. Francos Salicos. *cf. L. Rip.* 31, 5. *L. Fris.* I. 2. 8. suae conditionis. III. 3. aeque liberis.

oder Nachbaren[4]), zu deren Auswahl der Kläger jedoch mitwirkt[5]), die nicht als Zeugen aus bestimmter Wissenschaft, sondern nach dem persönlichen Vertrauen, das sie dem Beklagten schenken, seinen Eid eidlich bekräftigen[6]). Immerhin wird diesem durch die Heranziehung dieses größern Kreises seiner Genossen ein objectiverer Charakter verliehen.

Die Volksrechte und Capitularien verlangen solche Eidhelfer regelmäßig und lassen den alleinigen Eid des Beklagten nur ausnahmsweise zu[7]); nach dem Recht des späteren Mittelalters ist dieser zur Regel geworden[8]).

§ 17. Zum Gegengewicht des für den Kläger so gefährlichen Unschuldseides und zum Ersatz, wo dieser nicht möglich ist, dient 2) das Gottesurtheil, insbesondere der gerichtliche Zweikampf[1]). Natürlich ist dieses das höhere Beweismittel: denn durch den Eid wird Gott zum Zeugen angerufen, durch den Ausgang des Gottesurtheils legt die Gottheit selbst für den Einen oder den Andern Zeugniß ab. Das praktische Verhältniß beider Beweismittel zu einander bestimmen aber die verschiedenen Stammesrechte und die verschiedenen Zeiten sehr verschieden; wir beschränken uns daher auf Hervorhebung der dabei in Betracht kommenden principiellen Gesichtspunkte[2]).

1) Dem Kläger geben manche Volksrechte ganz allgemein

4) *L. Baiuv.* 8, 15. *L. Burg.* 8, 1. *Ed. Roth.* 360. 362. *Marculf. cit.*

5) Walter cit. Note 10–14.

6) *Form. Sirmond.* 41. dixerunt, quidquid iste de hac causa iuravit, verum et idoneum iuramentum exinde iuravit. Sächs. Ldr. III. 88. § 3. dat sin eid si reine unde unmeine.

7) *L. Baiuv.* 1, 2. 9, 2. Et si negare voluerit, secundum qualitatem pecuniae iuret. Si una saica, id est 3 denarios furaverit, solus iuret. Si duas saicas, — cum sacramentale uno iuret. *rel.* J. Grimm cit. glaubt umgekehrt, daß er in der Urzeit die Regel gebildet habe.

8) Nach *Sent. Heinrici* VI. *a.* 1231 (*Pertz* II. *p.* 280) mußte damals im Gericht des Schultheißen zu Speier der Beklagte wegen einer gewöhnlichen Schuldklage noch mit 7 Eidhelfern schwören. Der Sachsenspiegel kennt nur den alleinigen Eid des Beklagten. S. Homeyer cit.

1) Rogge cit. S. 195 folg. J. Grimm cit. S. 908 folg. Walter, Rechtsg. §§ 668—673. Homeyer, Richtst. S. 479.

2) Die zahlreichen Stellen, wo die Volksrechte unbestimmt das Eine oder Andere zulassen, bleiben natürlich außer Betracht.

das Recht, wenn der Beklagte sich zum Eid erbietet, diesen wegen Verdacht des Meineids zurückzuweisen und auf Gottesurtheil anzutragen [3]). Andere ordnen dieses nur für schwerere Verbrechen an [4]). Der Sachsenspiegel gestattet nur wegen Friedensbruch sofort auf Kampf zu klagen [5]).

2) Nach wirklich abgeleistetem Eide kann der Kläger den Beweis des Meineids durch ein Gottesurtheil führen und, wenn er obsiegt, jenen dadurch entkräften [6]).

3) Der Beklagte kann sich zum Gottesurtheil erbieten an Stelle des Eides, wo dieser für ihn unmöglich ist; rechtlich unmöglich, wenn ihm die Voraussetzung desselben, das Recht eines freien und unbescholtenen Mannes fehlt, also wenn er unfrei ist [7]) oder rechtlos [8]); factisch unmöglich, wenn er in der Fremde die nothwendigen Eidhelfer nicht findet [9]).

§ 18. Beide, Eid und Gottesurtheil, sind **förmliche Beweismittel**, d. h. Handlungen der Partheien, wodurch diese ein Recht ausüben, und die nicht sowohl die Ermittlung der wirklichen Wahrheit auf dem sachlich geeignetsten Wege und die Ueberzeugung des Richters bezwecken, sondern auf rein formelle Weise die streitige Thatsache feststellen [1]). Daß sie dennoch nach dem allgemeinen Volksglauben zu der wirklichen

3) *L. Burg.* 8, 2. 45. *L. Angl.* 1, 3. *cf. tit.* 7, 4. 6. *tit.* 8. *Ed. Roth.* 9. *Liutpr.* 121. *Cap. Langob. a.* 779. *c.* 11. (*Pertz* I. *p.* 37). *cf. Cap. a.* 804. *p.* 129. Für das Recht der Sachsen *Cap.* 811. *c.* 5. *p.* 170.

4) Wegen eines crimen mortale *L. Alam. Hloth.* 41, 1. *cf.* 2. de minoribus causis; wegen des wiederholten Diebstahls *Cap. Aquisgr. a.* 817. *Add. leg.* 15. *Pertz* I. *p.* 211; wegen des siebenten Diebstahls *L. Chamav.* 46. *Walter* I. *p.* 267. Dahin gehört auch, daß *L. Sal.* 96 unter Antrustionen wegen Mord dem Eide des Beklagten den Kesselfang substituirt.

5) Sächs. Ldr. I. 63.

6) *L. Rip.* 67, 5. *L. Fris.* 11, 3. — 14, 3. 5. *Cap. Langob. a.* 779. *c.* 11 (*Pertz* I. *p.* 37). — *a.* 813. *c.* 12. *p.* 193. Dasselbe ist anzunehmen, wo nur von probare periurium die Rede ist, z. B. *L. Sal.* 48, 2. *Nov.* 136. Denn ein gewöhnlicher Beweis des Meineids ist ausgeschlossen. Glosse zu S. Landr. I. 18. „man befiehlt es Gott zu richten."

7) Wenn sein Herr nicht für ihn schwören will. *L. Rip.* 30, 1.

8) Sächs. Ldr. I. 39. Richtst. 34 § 10.

9) *L. Rip.* 31, 1. 5. Quodsi in provincia Ripuaria iuratores invenire non potuerit, ad ignem seu ad sortem se excusare studeat.

1) S. meine Versuche S. 251 folg.

Wahrheit in positiver Beziehung standen, d. h. auf der allgemeinen Voraussetzung beruhten, der Schuldige werde nicht schwören können oder keinen Eidhelfer finden, die Gottheit werde durch den Ausgang des Zweikampfs oder durch sonst ein Wunder die Wahrheit offenbaren, versteht sich von selbst [2]). Ja, so lange dieser Volksglaube, d. h. der Glaube an die Allwissenheit und die dem Menschen zur Verfügung stehende Wundermacht der Gottheit [3]) noch allgemein und lebendig war, erwiesen sich Eid und Gottesurtheil in der That als geeignete Mittel, die wirkliche Wahrheit ans Licht zu bringen, insofern die Partheien, die diesen Glauben theilten, lieber auf das streitige Recht verzichteten, als der göttlichen Strafe sich aussetzten [4]). Den Beweis hiefür liefern die zahlreichen Gerichtsurkunden (placita) des früheren Mittelalters, nach welchen der Prozeß meistens durch das Geständniß oder das Nichterscheinen einer Parthei entschieden wird, was nicht aus einer eigenthümlichen Redlichkeit der Germanen, sondern aus jenem tief gewurzelten Glauben oder Aberglauben zu erklären ist. Merkwürdig ist auch, daß, als in Italien durch die Verwilderung und Sittenlosigkeit des neunten Jahrhunderts der Meineid überhand genommen hatte, die sächsischen Kaiser durch Begünstigung des gerichtlichen Zweikampfes mit Ausschluß gemietheter Kämpfer diesem Unwesen zu steuern und ihren tapfern deutschen Waffengefährten gegen die hinterlistigen Italiener Hülfe zu schaffen bedacht waren [5]). Das Gottesurtheil wirkte

2) Deshalb bezeichnen die lateinischen Rechtsquellen Eid und Gottesurtheil nicht bloß als Rechtfertigung, se idoneare s. oben § 15 Note 3. 4, sondern auch als probare *L. Baiuv.* 9, 7.; die deutschen als Beweis, Homeyer, S. Ldr. S. 402. Richtst. S. 526. Vgl. jedoch unten § 19 Note 2.

3) S. hierüber Löbell, Gregor von Tours S. 271 folg. Doch fand man schon in carolingischer Zeit es nöthig, den Glauben an das Gottesurtheil zu befehlen. *Cap.* 809. *c.* 25. *Pertz* I. *p.* 157. Ut omnis homo in iudicium dei credat absque ulla dubitatione.

4) Dieser transscendente Bezug tritt auch in der Formel des Bekenntnisses hervor. Richtst. 44. § 2. her richter, hir steit N. unde bekant gode unde iu in godes stede u. s. w. — Ein Motiv für das Geständniß war auch, daß der geständige Beklagte der Buße entging. *L. Sal.* 9, 1. 3. 65. *L. Rip.* 82, 1. *L. Sax.* 16, 2.

5) *Ottonis* I. *et Ottonis* II. *Ed. a.* 967. *Pertz* II. *p.* 33.

in dieser Richtung wie später die Tortur [6]) und mag freilich auch manchen Unschuldigen zum Geständniß bewogen haben, der an der Hülfe der Gottheit verzagte und fortan für schuldig galt, während Anderen die wunderbare Kraft eines guten Gewissens zum Siege half.

§ 19. Aber so subjectiv und transscendent waren unsere Vorfahren doch nicht, daß sie, wo im Rechtsstreit eine sinnlich wahrnehmbare Thatsache offen zu Tage lag, dieß unberücksichtigt gelassen hätten [1]).

Jene formellen Beweismittel werden daher ausgeschlossen, insbesondere der Eid des Beklagten: 1) durch den Augenschein (leibliche Beweisung) [2]), den entweder a) das Gericht an Ort und Stelle einnimmt [3]), oder b) dessen Gegenstand wirklich oder symbolisch vor das Gericht gebracht wird, bei der „handhaften That" oder gegen den „verfesteten" Thäter, wo dann der Kläger die That selbsiebent beschwören kann [4]).

2) Rücksichtlich eines früheren Vorgangs, den das Gericht unmittelbar wahrnehmen konnte und dessen Andenken es bewahrt hat, durch das Gerichtszeugniß, auf welches eine Parthei sich beruft [5]), und das der Richter selbdritt oder selbsiebent, d. i.

Conv. Pap. a. 971. *p.* 35. *Lex Heinrici* II. *a.* 1019. *c.* 2. 3. *p.* 38. Dasselbe Motiv hebt auch *L. Burg.* 45. bei Zulassung des Gottesurtheils hervor.

6) Diese Verwandtschaft tritt merkwürdig hervor in des westgothischen Königs Egica Gesetz (*L. Vis.* VI. 1, 3), welches in geringen Sachen die Tortur (quaestio) Freigeborner abschafft und ihr das Gottesgericht (examen aquae ferventis) substituirt.

1) Rogge, der hier wie sonst den Anstoß zu tieferer Erfassung des germanischen Rechts gegeben, hat durch das Paradoxon, völlige Beweislosigkeit sei dem germanischen Prozeß eigen, sein Verdienst selbst in Schatten gestellt.

2) Glosse zu S. Ldr. I. 15. Auch Beweis schlechthin genannt. Glosse zu S. Ldr. I. 18. § 2. Homeyer, Richtst. S. 504 folg.

3) Sächs. Ldr. I. 15 §§ 2. 22 § 4. Richtst. 16 § 1. 11 § 3.

4) Sächs. Ldr. I. 66 § 1 (die Glosse führt dieß auf das Princip der leiblichen Beweisung zurück). § 2. III. 88 § 3. Homeyer, Richtst. S. 505. Vgl. Walter, D. Rechtsg. § 754.

5) Cautela (Homeyer, Richtst. S. 395): Alsus brengestu in diner vrage das recht diner sache in di gedankin des richters unde der schepphen adir anderer dinglute, ab si das in gedanken nicht enhabin. Homeyer, Richtst. S. 303 folg. *Ed. Ratchis* 5. nisi qualiter iudex — rememoraverit. Dafür, daß

mit zwei oder sechs Schöffen oder dingpflichtigen und schöffenbaren Leuten, abzulegen verpflichtet ist [6]). Doch kann es auch in einer gerichtlichen Urkunde producirt werden [7]). So a) in Bezug auf gerichtliche Handlungen der Partheien, insbesondere des Beklagten, der diese nicht abschwören kann [8]); oder b) Handlungen des Gerichts selbst [9]), oder c) andere dem Gericht erfahrungsmäßig bekannte Thatsachen [10]).

Eine Ausdehnung dieses Grundsatzes war es, daß schon das frühere Mittelalter in Fällen, wo das Zeugniß des Gerichts selbst nicht anwendbar ist, an Stelle desselben eine bestimmte Zahl schöffenbarer Leute ohne den Richter zur Beglaubigung der Handlung zuließ, deren Zeugniß, mündlich abgelegt oder in einer Urkunde producirt, gleichfalls den Eid ausschloß. So bei außergerichtlichen Prozeßhandlungen [11]), bei Rechtsgeschäften [12]) und andern Ereignissen [13]). Nur darin unterschied sich dieser Beweis durch Zeugen und Urkunden von dem Gerichtszeugniß, daß er, weil nur auf dem Eide der Zeugen oder des instru-

jede Parthei sich auf das Gerichtszeugniß berufen kann s. Gosl. Stat. S. 94 Z. 15.

6) Sächs. Ldr. III. 88 §§ 1. 25. II. 22 § 2. Näheres bei Homeyer, Richtst. S. 475 folg. Hänel, Beweissystem des Sachsenspiegels § 9.

7) *L. Rip.* 59. 60 (testamentum). 57 (charta). *Form. Sirmond.* 30—33. 42. Für die Zeit der Rechtsbücher s. Hänel cit. S. 73 folg.

8) Sächs. Ldr. I. 18 § 2, oben § 15 Note 5. Swat so de man vor gerichte nicht ne dut, — dat he des mit siner unscult untgeit. Beispiele: I. 7. 8 § 1. 23. III. 32 § 2. Für das ältere Recht *Ed. Ratchis* 5. *Burch. Stat. Worm.* 17.

9) Richtst. 24 § 2. — 34 § 11.

10) Richtst. 19 § 1 (daß der Kläger rechter Erbe sei). 24 § 2 (daß der Beklagte bei Verstande sei). *cf. Burch. Stat. Worm.* 22. Aus dem älteren Recht gehört hierher der Fall der *L. Sal.* 45.

11) Mannitio *L. Sal.* 1, 2. 56. *M. L. Rip.* 32, 2. 3. Execution *Ed. Chilp. c.* 7. *Pertz* I. *p.* 10 *sq.* Adcitation des Auctors *L. Sal.* 47. *M. L. Baiuv.* 9, 7. Bauverbot *L. Baiuv.* 12, 9. 10.

12) Veräußerung von Eigen vor Zeugen statt gerichtlicher Auflassung *L. Rip.* 59. 60. *Capit. a.* 817. c. 6. *Pertz* I. *p.* 211. Ueberhaupt die Festuca schließt den Eid aus. *L. Rip.* 71. Bürgschaft vor Zeugen *Ed. Ratchis* 5. Ausschließung des Eides durch eine solche Urkunde *L. Alam. Hloth.* 2, 2. 3. *Ed. Liutpr.* 116. *Ratchis* 8.

13) Lebensfähige Geburt *L. Alam. Hloth. lib.* 2. 95. Sächs. Ldr. I. 33. Begräbniß *L. Rip.* 72, 1. Eintritt ins Kloster Sächs. Ldr. II. 22 § 3.

mentirenden Notars beruhend, durch ein Gottesurtheil entkräftet werden konnte [14]).

§ 20. Bei der Vertheidigung des Beklagten, die wir bisher betrachteten, geht dieser in die Auffassung des Klägers von einem ihm zugefügten formellen Unrecht ein und erweist, insofern er nicht durch leibliche Beweisung oder Gerichtszeugniß überführt werden kann, seine Unschuld durch Eid oder Gottesurtheil. Unmöglich konnte es aber den Germanen entgehen, daß dieß nicht die einzig denkbare Vertheidigungsweise sei, daß die in der Klage enthaltene Beschuldigung von dem Beklagten nicht bloß contradictorisch, sondern auch conträr, durch eine ihn rechtfertigende Behauptung, zurückgewiesen, überhaupt der Streit um ein formelles Unrecht durch die Frage nach dem materiellen Recht absorbirt werde [1]), ja daß dieses, das materielle Recht, von selbständigem Werthe sei, daß ferner in manchen Fällen überhaupt nur von ihm, nicht von einer Schuld die Rede sein kann und daß alsdann die auf Schuld und Unschuld gebauten Beweisgrundsätze nicht anwendbar sind. Und zwar ist in dieser Einsicht und in der Berücksichtigung des Rechts unabhängig von der Schuld ein Fortschritt von dem frühern zu dem spätern Mittelalter bemerkbar. In den ältern Gesetzen und Urkunden erscheint die Rechtsfrage in geringerer Selbständigkeit, sie wird meistens mit der Schuldfrage zusammengefaßt, der wirkliche Beweis durch den förmlichen überflüssig gemacht oder ausgeschlossen, und wo dieß nicht der Fall, ist es häufig dem Einfluß des römischen Rechts oder der kirchlichen Anschauung zuzuschreiben [2]).

14) Gegen Zeugen *L. Baiuv. text.* III. 221. *L. Burg.* 80, 2. *L. Sax.* 16, 1. Gegen Urkunden *L. Rip.* 57, 1. 2.

1) Daß das formelle Unrecht durch das materielle Recht, z. B. die Besitzstörung durch Eigenthum, nicht gut gemacht wird, übersicht das germ. Recht, s. § 8 Note 33. Doch ist zu bemerken, daß auch die Behauptung des Beklagten regelmäßig nicht auf ein materielles Recht, sondern auf eine Thatsache gerichtet ist, die sein Verhalten formell rechtfertigt. Er setzt Thatsache gegen Thatsache, was der Richtst. Ldr. 9. — 11 § 1. — 44 § 2 Widerrede nennt, und worunter er die exceptio iuris und facti begreift. Es mag dieß mit die Ursache sein, daß manche unserer Prozessualisten den Begriff der römischen Exceptio nicht zu fassen vermögen.

2) Auf diesen Einflüssen beruht

Dagegen enthalten die rein deutschen Rechtsbücher des spätern Mittelalters [3]) die sichersten Zeugnisse der ganz selbständigen Entwicklung des germanischen Rechts auf diesem Punkte, welche der spätern Reception der Beweisgrundsätze des römischen Rechts vorgearbeitet hat.

Die Darstellung dieses Entwicklungsganges, die wir in Bezug auf die wichtigsten Rechtsfälle im Folgenden versuchen, hat einer Seits die Anwendung des altgermanischen Princips und andrer Seits die Abweichungen und Ergänzungen desselben nachzuweisen. Diese beziehen sich 1) auf die Vertheilung des Beweises als Recht und Pflicht, so daß zwar auch in Bezug auf Behauptung und Gegenbehauptung noch immer vorzugsweise dem Beklagten das Beweisrecht zusteht, unter Umständen aber dieses dem Kläger zuerkannt wird, ja daß zuweilen beide Theile gleiches Beweisrecht für sich in Anspruch nehmen, wo dann andre Gründe für den Einen entscheiden können oder ein außerordentlicher Ausweg gesucht werden muß. Sodann 2) auf die Beweismittel, indem bei der Frage nach dem materiellen Recht dem wirklichen Beweise, insbesondre dem Zeugniß aus eigner Wissenschaft, der Vorzug vor dem förmlichen gegeben wird. Doch ist zu bemerken, daß der Zeugenbeweis durch die persönliche Qualification der Zeugen und durch das Mitschwören des Producenten sich dem Eide mit Eidhelfern, also einem förmlichen Beweismittel, sehr nähert [4]). Auch hat das Beweisverfahren darin stets seinen formellen Charakter behauptet, daß das Recht zum Beweise nur Einer Parthei zugesprochen, auf

es ohne Zweifel, daß *L. Vis.* II. 1,22. *tit.* 2, 5. *L. Alam. Hloth.* 42, 1. und *L. Baiuv.* 9, 17 den Eid des Beklagten nur in Ermangelung von Beweisen zulassen. Schwerer ist zu sagen, woher die Lex Salica, das älteste Volksrecht, sein anscheinend ganz eigenthümliches Beweisrecht genommen. Vgl. Siegel, D. Gerichtsverfahren, Beil. 2. *Capit. Langob. Hlotharii* I. *Imp.* c. 5. (*Pertz* I. *p.* 371.) stellt geradezu die römische Regel über Beweislast auf.

3) Insbesondere das sächsische Landrecht und der Richtsteig dazu. Die Stadtrechte enthalten schon Neubildungen. Auch sehe ich ab von den eigenthümlichen Grundsätzen des Lehnrechts, s. Homeyer, Sachsensp. II. 2. S. 611 folg.

4) S. Homeyer, Richtsteig S. 457 folg., besonders S. 474.

die vollständigere Ermittlung der wirklichen Wahrheit durch eigentlichen Gegenbeweis der andern also verzichtet wird [5]).

§ 21. I) Bei der Klage um Ungericht, d. i. aus einem Vergehen [1]) auf Strafe und Schadensersatz, beruht es auf der sichersten Anwendung des allgemeinen Grundsatzes, daß der Beklagte, wenn er nicht etwa auf „handhafter That" ergriffen, oder als ein „Verfesteter" derselben überführt wird [2]), sie leugnen und seine Unschuld durch Eid [3]) oder Gottesurtheil [4]) darthun kann.

Die Schuld oder Unschuld begreift das äußere und innere Moment, die widerrechtliche That und ihre directe Beziehung auf den Willen, die in den meisten Fällen mit einander im nächsten Zusammenhang stehn. Deshalb fordert das ältere und spätere Recht, wenn die That selbst nicht abgeleugnet, aber durch eine positive Behauptung gerechtfertigt wird, in der Regel nicht Beweis dieser Behauptung, der überdieß meist nicht möglich ist, sondern auch darüber Eid und Gottesurtheil. So wird bei dem Todtschlag aus Noth, bei Verfolgung eines flüchtigen Verbrechers [5]), oder in Abwehr eines Angriffs (Nothwehr) [6]), oder unversehens [7]), der Beweis dieses Hergangs, der die Schuld ausschließt, durch Eid mit Eidhelfern oder auf Verlangen der Blutsfreunde des Erschlagenen durch Kampf geführt [8]). Ebenso

5) Homeyer cit. S. 482.

1) Richtst. 47 §. 2 unterscheidet die Klage umme slicht scult, wovon nachher, und die umme ungericht, worunter eigentlich die peinliche Klage, die einem an den Leib, an die Hand oder zu Haut und Haar geht, verstanden wird (Sächs. Ldr. II. 13. Homeyer, Regist. S. 486), die aber durch die Vertheidigung sich in eine bürgerliche verwandeln kann, und umgekehrt. Richtst. 36 folg.

2) S. oben § 19 Note 4.

3) Auch gegen die peinliche Klage Sächs. Ldr. I. 18 § 2. 62 § 4. II. 8. III. 89. Richtst. 34 §§ 9. 10. 40 §§ 4. 6.

4) S. oben § 17 Note 3 folg.

5) *L. Rip.* 77. *Ed. Roth.* 32. 269. *Decret. Tassil. de pop. leg. c.* 3. Siegel cit. S. 80.

6) *Form. Marculf. App.* 29. *Sirmond.* 30. 31.

7) Richtst. 44 § 2 ane willen.

8) Sächs. Ldr. I. 64. Richtst. 32 §§ 2. 3. Glosse zu Ldr. III. 78 § 6. die nothwehr muss man mit sieben mannen beweisen oder mit kampfe, ob sie des entleibten freund einer mit kampff entreden wolt. — Daß der Todtschläger als Kläger gegen den Erschlagenen wegen dessen Verbrechen auftritt (s. Note 5. Sächs. Ldr. II. 14. III. 78 § 6. — 84 § 3), interessirt uns hier nicht.

bei geringern Verletzungen [9]). Desgleichen bei Tödtung eines Thiers aus Nothwehr oder Versehen [10]). Ist dagegen die positive Behauptung, wodurch der Beklagte sich rechtfertigt, von dem Leugnen des Vergehens trennbar, so läßt ihn das spätere Recht über jene zum Beweise und über dieses zum Eide [11]). — Bei der Tödtung oder Beschädigung durch ein Thier haftet zwar dessen Herr zu Buße und Schadensersatz; aber da von Schuld oder Unschuld keine Rede ist, wird er nicht zum Eide gelassen; der Kläger ist es, der durch Zeugen den Beweis des objectiven Klaggrundes führt [12]).

§ 22. II) Auch bei der Klage um eine Schuld (Geldschuld) ist es die einfache Anwendung des allgemeinen Grundsatzes, daß der Schuldner selbst, der das Geld empfangen oder gelobt zu haben, also die eigene Handlung, ableugnet, was Dolus ist, das Recht und die Pflicht hat seine Nichtschuld zu beschwören, außer wenn er vor Gericht Schuldner geworden, also dessen durch Gerichtszeugniß überführt werden kann [1]). Aber wie, wenn er sich durch die positive Behauptung schon erfüllter Schuld rechtfertigen will? Dann kommt es auf die objective Frage und den Beweis, ob die Schuld noch bestehe, an, und der Beklagte als der Beschuldigte ist näher seine Behauptung, durch die er sich rechtfertigt, nämlich die Erfüllung, selbdritt, d. i. mit zwei Zeugen, zu beweisen [2]). Anders, wenn er den Erlaß der Schuld behauptet; denn durch diesen hat der Gläubiger sich nur verpflichtet, die Schuld nicht einzufordern, und

9) Sächs. Ldr. II. 65 § 2. Schlagen eines Kindes durch sine missedat.

10) Sächs. Ldr. II. 62 § 2. III. 84 §§ 3. 4. — Beim Schlagen eines Unfreien betrifft die Absicht den Herrn zu beleidigen nur das subjective Moment und kann um so mehr abgeschworen werden. Sächs. Ldr. II. 34 § 1.

11) Der Diebstahl wird abgeschworen; daß der Besitzer die Sache unverhohlen gehalten, bewiesen. Sächs. Ldr. III. 89. Richtst. 40 § 2. Vgl. unten § 23 Note 13.

12) *L. Sal.* 36. Sächs. Ldr. II. 62 § 1.

1) Sächs. Ldr. I. 7. — 6 § 5. 70 § 2. Gosl. Stat. S. 77. Z. 9. S. 80 Z. 5.

2) Sächs. Ldr. II. 6 § 2. Richtst. 8 § 1. Vgl. *Ed. Roth.* 175.

wenn er diese Verpflichtung ableugnet, so muß er nach dem allgemeinen Grundsatz zum Eide gelassen werden [3]).

Bei dem Erben des Schuldners tritt eine Behandlung ein, die für die germanische Rechtsanschauung besonders bezeichnend ist. Die Klage gegen den Erben kann nur dann als Beschuldigung aufgefaßt werden, wenn er um die Schuld weiß. Behauptet dieß der Kläger, so muß jener zahlen oder sein Nichtwissen beschwören, wodurch er der Klage entgeht [4]). Macht dagegen der Kläger nur sein Recht, die Forderung, gegen ihn als den Erben seines Schuldners geltend, so handelt es sich um dessen Existenz, und darüber liegt ihm als dem Behauptenden der Beweis ob. Eigenthümlich ist nur, daß er diesen Beweis nicht durch Zeugen, sondern durch seinen Eid mit der höchsten Zahl von 72 Eidhelfern führen muß [5]), ein alterthümlicher Grundsatz des Sachsenspiegels, der auf der Abneigung, die Ueberführung des Beklagten durch Zeugenbeweis zuzulassen, beruht und schon durch die sächsischen Stadtrechte gemildert ist [6]).

Eine reine Begünstigung gewisser kleiner Geldforderungen, z. B. des Gesindelohns, ist es dagegen, daß sie durch den alleinigen Eid des Berechtigten bewiesen werden sollen [7]). Desgleichen, daß die Forderung des Sühngeldes aus einem Sühnevertrag von dem Kläger selbsiebent, d. i. mit sechs Zeugen, bewiesen werden kann [8]).

3) Richtst. 8 § 1. des wert he (der Kläger) loz mit sime ede. Homeyer, Richtst. S. 488. Andere Erklärungsversuche S. 501 folg.

4) Sächs. Ldr. I. 6 § 3. Richtst. 10 § 1. Auch in vielen andern Fällen wird das Nichtwissen als Unschuld beschworen. Vgl. z. B. Homeyer, Sachs. II. 2. S. 597. B. 1.

5) Sächs. Ldr. I. 6 § 2. Richtst. 10 § 2. — 45 §§ 1. 5. — 46 § 1. Homeyer cit. S. 486 folg. Dieß gilt natürlich nur für außergerichtlich contrahirte Schulden; denn das Gerichtszeugniß findet auch gegen den Erben statt.

6) Sächs. Weichbild 67. Beweis selbsiebent. Gosl. Stat. S. 71. Z. 13 selbdritt. Hänel, Beweissystem S. 111.

7) Sächs. Ldr. I. 22 § 2 gegen den Erben. Gosl. Stat. S. 79. Z. 19. Weichbild 78. auch gegen den Herrn selbst.

8) Sächs. Ldr. I. 8 § 3. Richtst. 41 § 8. Homeyer cit. S. 501. Hänel cit. S. 123. Diese sechs Zeugen vertreten die Stelle des Gerichts, vor welchem wohl ursprünglich der Sühnevertrag abgeschlossen zu werden pflegte.

§ 23. III) Bei dem Rechtsstreit um eine Sache wird nach dem allgemeinen germanischen Princip die Klage zwar auch auf ein formelles Unrecht, Diebstahl, Raub, Dejection u. s. w., gegründet, weshalb der Unterliegende, der Beklagte wegen seiner Schuld, der Kläger wegen der ungerechten Beschuldigung, Buße und Wedde zahlen muß; und die Folge für das Beweisrecht ist, daß der Beklagte zunächst sich von jeder Schuld in Bezug auf die Sache zu reinigen, also das Recht und die Pflicht hat, seine Unschuld eidlich zu erhärten. Eigenthümlich ist aber dem dinglichen Rechtsstreit, daß der Beklagte sich nicht wie bei der Schuldklage, auf bloßes Leugnen beschränken kann, sondern allemal die Beschuldigung des Klägers durch eine positive ihn rechtfertigende Behauptung überbieten muß, wovon der Grund auch darin liegen möchte, daß die Sache dem Rechtsstreit einen mehr objectiven Charakter giebt [1]). Insbesondre kann diese Behauptung sein materielles Recht an der Sache betreffen, wodurch die Schuldfrage absorbirt wird, weil das germanische Recht einen selbständigen, d. h. von dem Recht unabhängigen Schutz des Besitzes nicht kennt. Auf diese Weise konnte schon in der ältesten Zeit aus dem Streit um formelles Unrecht (Possessorium) sich ein reiner Civilstreit um das materielle Recht an der Sache (Petitorium) entwickeln. Die Rechtsfrage wurde nur insofern nach Analogie der Schuldfrage behandelt, daß auch sie durch den Eid des Beklagten oder durch Gottesurtheil zu Gunsten des einen oder andern entschieden werden sollte. Das

1) Sohm, Prozeß der Lex Salica § 12 folg., der überhaupt gute Bemerkungen über das doppelte Element der dinglichen Klage, Schuld und Recht, enthält, hebt S. 91 auch diese Eigenthümlichkeit hervor. Den Grund davon sucht er in dem „Eigenthumsanspruch" des Klägers und erinnert S. 98 Note 3 an die Contravindicatio der römischen Legis Actio, wie denn wirklich die Behauptung des Rechts an der Sache von Seiten des Beklagten in den Volksrechten vindicare heißt. *Ed. Roth.* 231. auctor, si vindicare non potuerit. Vgl. § 24 Note 3. Allein auch ohne diese Contravindicatio muß der Beklagte, um sich vollständig zu reinigen, die Beschuldigung des Klägers durch eine positive Behauptung überbieten, z. B. im Fall der Note 22. 23. Es ist also nur aus dem Princip des germanischen Prozesses und der im Text bemerkten Eigenthümlichkeit des dinglichen Rechtsstreits zu erklären.

Recht des spätern Mittelalters zeigt darin einen Fortschritt zu Gunsten des materiellen Rechts und des wirklichen Beweises, daß es nicht nur vom Beklagten, sondern auch vom Kläger, nach Erledigung der Schuldfrage in der einen oder andern Weise, einen solchen wirklichen Beweis seines Rechts verlangt, ja daß die Klage auch ohne Erwähnung eines formellen Unrechts sofort auf das Recht an der Sache gegründet werden kann. Eigenthümlich ist dem dinglichen Rechtsstreit auch der Einfluß des Besitzes (Gewere) auf das Beweisrecht.

Die Rechts- und Beweisgrundsätze sind aber in der frühern und spätern Zeit noch verschieden bei beweglichen Sachen (fahrende Habe) und bei Grundstücken. Zunächst von jenen, wo nach dem früher Gesagten zwei Fälle unterschieden werden: nämlich der, daß der Besitzer den Besitz gegen seinen Willen verloren, und der andere, daß er ihn freiwillig auf einen Andern übertragen hat [2]).

A) Der Besitzer in eigenem oder in fremdem Namen, denn auch dieser hat die dingliche Klage [3]), der ohne oder gegen seinen Willen den Besitz der Sache verloren hat, kann in der Vermuthung, daß sie ihm gestohlen oder geraubt sei [4]), gegen jeden Besitzer, bei dem er sie findet [5]), und den er im Verdacht hat, daß er der Dieb oder ein Diebsgenosse sein möchte [6]), die Klage mit Anefang, d. i. mit körperlicher Er-

2) S. § 8 Note 8 folg. Gegen den (präsumtiven) Willen des Besitzers wird der Besitz verloren, wenn dieser nicht ausdrücklich eingewilligt hat, wie nach römischem Recht häufig invito domino keinen ausdrücklichen Widerspruch voraussetzt.

3) S. § 8 Note 12.

4) *L. Sal.* 37. Si quis — qualibet animal per furtum perdiderit. d. h. es ist ihm, ohne daß er weiß wie? abhanden gekommen, also vermuthlich gestohlen, vgl. Sohm cit. S. 61. Richtsteig 17. § 1. Wenne du wult enen anevanc dun enes dinges, dat di dunket dat di verstolen edder afgerovet si.

5) Richtst. cit. under weme du't vindest. Wenn er sie für die seinige erkennt, agnoscit. *L. Sal.* 47. *L. Rip.* 33, 1. Denn sie muß individuell erkennbar sein *L. Rip.* 72, 9. Alles dieß charakterisirt die Klage als dingliche. Ueber die Verfolgung der Sache (vestigium minare) und das Recht der Haussuchung s. Sohm cit. S. 64 folg.

6) *Ed. Roth* 235. fur — collega furis. Sächs. Ldr. III. 4 § 2 dief or dieves genot.

greifung der Sache [7]) einleiten. Es ist dieß eine symbolische Handlung, wodurch er sein auf Besitz und Entwendung beruhendes Recht und seinen Verdacht ausdrückt [8]). Sie hat aber, wie die römische Vindicatio in Jure, auch eine reale Bedeutung: thatsächlich constatirt der Kläger durch sie den Besitz des Beklagten und kommt der Unterschlagung und Fortschaffung der Sache zuvor; und rechtlich nöthigt er dadurch den Beklagten, ihm mit der Sache vor Gericht zu folgen [9]) und sich von jenem Verdacht zu reinigen [10]), wenn er nicht für den Dieb gelten soll [11]). Ueberhaupt gilt auch hier Nichtvertheidigung für Geständniß und verpflichtet zur Herausgabe der Sache [12]). Daß die Klage mit Anefang in diesem Sinne quasi ex maleficio ist, dafür liegt der entscheidende Beweis in der Buße und Wedde, die der Beklagte und ebenso der Kläger im Unterliegungsfalle zahlen muß [13]). Seine Vertheidigung aber kann der Beklagte noch in verschiedener, hauptsächlich in zwiefacher Weise unternehmen, jenachdem sie auch die Rechts- oder nur die Schuldfrage betrifft. In beiden Fällen enthält sie aber eine

7) *L. Rip.* 33, 1. Si quis rem suam cognoverit, mittat manum super eam. Die *L. Baiuv.* IV. 3. V. 3. Si — manus iniecerit, quod infanc dicunt, ist nur sprachlich bedeutend, da sie von einer manus iniectio in personam redet. Sohm cit. S. 73 Note 19.

8) Die Formel der Anfangsklage enthält nur die Behauptung des Rechts des Klägers. *L. Rip. cit.* iuret quod in propriam rem manum mittat. Dieses beruht aber nicht auf einem Eigenthumserwerb, sondern auf dem Besitz und der Entwendung. Richtst. cit. sprek sus: N., do ic dit N. (dys gut) lest sach, do was it mine. Den Verdacht drückt die Ergreifung der Sache aus.

9) So vereinigen sich die verschiedenen von Sohm cit. S. 69 angeführten Ansichten.

10) *L. Sal.* 47. exuit se de latrocinio. *L. Rip.* 33, 2. de furto securus sit.

11) Sächs. Ldr. II. 36 § 2. Richtst. cit. Wil he aver vor gerichte nicht, so scrie din geruchte unde gripen an vor dinen dif.

12) *L. Burg.* 83, 1. — si fideiussorem petitum non accipit, res quas agnoscit, praesumendi habeat potestatem. Die Bürgenstellung bezieht sich nicht bloß auf den Beweis seines Rechts, wie Sohm cit. S. 92 meint, sondern überhaupt auf die Vertheidigung durch Eid, der das Recht oder nur die Unschuld des Beklagten betrifft. Vgl. *L. Rip.* 33, 4. Note 23.

13) Sächs. Ldr. II. 36 § 5. III. 43 § 1. Richtst. 16 § 5.

positive Behauptung (Widerrede), ein bloßes Leugnen wird nicht zugelassen [14]).

1) In Bezug auf das Recht an der Sache behauptet der Beklagte ein besseres, nämlich absolutes Recht vermöge originären Erwerbs, insbesondere Erzeugung der Sache, z. B. Zucht von dem eigenen Mutterthier, oder Verfertigung aus dem eigenen Stoff [15]). Auf die Behauptung des Klägers, daß sie ihm entwendet sei, selbst wenn der Beklagte der Dieb wäre, kommt es dann gar nicht mehr an, weil das germanische Recht auch bei beweglichen Sachen einen selbständigen, d. h. von dem Recht unabhängigen Schutz des Besitzes nicht kennt [16]); daher in den Quellen von einer Erklärung des Beklagten über die Behauptung des Klägers, von dem Leugnen oder Zugestehen der Entwendung, in diesem Fall gar keine Rede ist. Die Schuldfrage ist durch die Rechtsfrage absorbirt. — Aber sollte nicht auch der Kläger nunmehr seiner Seits originären Erwerb behaupten und sich zum Beweise erbieten können? Der Beklagte ist doch näher zum Beweise, weil er im Besitz ist und diesen erhalten, der Kläger denselben ihm abgewinnen will. Dieser Vorzug des Besitzers im Beweisrecht, den nicht nur der Sachsenspiegel [17]), son-

14) Wir folgen der Ordnung, in welcher das Sächs. Ldr. II. 36 §§ 2—6 die verschiedenen Fälle aufführt, weil sie den inneren Zusammenhang sehr klar macht.

15) *L. Baiuv.* XVI. 11. dicit: — quod mancipii mei ex propria mea materia laboraverunt et fecerunt, aut fabri. 14. Si mancipium fuerit, et dicit: — Ego in propria domo enutrivi eum a proprio meo mancipio natum. Similiter de iumentis. — Sächs. Ldr. II 36 § 3. Sprikt aver jene dar weder, of it laken is, he hebbe't geworcht laten, of it en perd is oder ve, he hebbe't in sime stalle getogen. Richtst. 17 §§ 2. 3.

16) Bruns, Besitz S. 295. Von beweglichen Sachen spricht freilich unter den angeführten Beweisstellen nur *L. Burg.* 19, 2, und diese bezeichnet nur überhaupt den Eigenthumsbeweis als durchschlagend. Ebenso *L. Sal.* 89. *Merkel p.* 40.

17) Sächs. Ldr. cit. he mut it mit mereme rechte behalden, jene die it in gewere hevet, denne jene de't anegevanget hevet. Richtst. cit. unde bidde ens ordels, oft ic mit miner bewisinge icht neger mine have tu behaldende si, de ic in miner gewere hebbe, wen se mi ieman af to winnende si. Dar vrage jene wedder, na dem, dat eme de have vorstolen si, dat he bewisen wil, oft he icht mit beterme rechte sin vorstolen gut wedder tu crigen si, wene it ime jene

dern auch schon die Angelsächsischen Gesetze anerkennen [18]), beruht darauf, daß der Besitz selbst nach germanischer Anschauung ein Recht ist, das nur noch der Ergänzung durch den Beweis seines rechtmäßigen Erwerbes bedarf, um unbedingt geschützt zu werden, und naturgemäß die Befugniß zu diesem Beweise begründet. — Nur rücksichtlich der Beweismittel weicht auf diesem Punkte das spätere Recht von dem ältesten ab. In diesem überwog der Gesichtspunkt der Entschuldigung auch bei dem Beweise des Rechts, daher dieser durch Eid oder Gottesurtheil geführt werden sollte [19]). Jenes erkennt das Recht in seiner selbständigen Bedeutung an und fordert Beweis durch Zeugen [20]).

Dasselbe gilt, wenn der Beklagte behauptet die Sache ererbt zu haben und sich zum Beweise erbietet, daß schon sein Erblasser sie ursprünglich erworben habe [21]).

2) Nur die Schuldfrage, d. h. der Verdacht, daß er der Dieb oder ein Diebsgenosse sei, betrifft die Behauptung des Beklagten: er habe die Sache redlich gekauft, also nicht gestohlen oder verhehlt. Hier ist dann weiter zu unterscheiden:

vor tu behaldende si. So vintme, he si neger, de it in geweren heft. Die mögliche Widerrede des Klägers, daß er die Sache ursprünglich erworben, läßt der Richtsteig außer Betracht. Das Lübische Recht (Hach) II. 82 aber setzt den Fall, daß der Kläger schon bei der Klage originären Erwerb behauptet, und läßt doch den Beklagten oder seinen Gewеren zum Beweise, daß er das Pferd in seinem Stall gezogen habe. Vgl. über den Grundsatz Homeyer, Richtst. 493 folg.

18) *Legg. Aethelr.* III. 10 § 4. Homeyer cit. Note.

19) Dafür spricht schon die Analogie des Streits um Grundstücke, s. § 24 Note 4, und direct beweist es *L. Baiuv.* XVI. 11. si campio quaesitoris vicerit; denn der Sieg des Klägers im Gottesurtheil setzt voraus, daß der Beklagte sich zum Eide erboten hatte. Die *L. Sal.* 101 verlangt im Fall der Note 21 Beweis durch drei Zeugen; sie hat aber überhaupt eigenthümliche Beweisgrundsätze. Vgl. Sohm cit. S. 105.

20) Sächs. Ldr. cit. of he't selve dridde siner gebure getügen mach. Richtst. cit. So vrag, wo (B. wy) du't behalden scolest. So vintme self drudde.

21) Richtst. 16 §§ 2. 3 (Zweiter Fall). Vraget aver de erve tum ersten, na deme dat het in geweren hedde, unde siner vorvaren gewesen were, unde wolde dat bewisen als recht were, so vintme he were neger. Homeyer cit S. 495. Für das ältere Recht s. *L. Sal.* 101. Sohm cit. S. 94. 114.

a) Kann er seinen Auctor nicht benennen oder nachweisen, und beschwört dieß, so ist die Schuldfrage damit erledigt, er entgeht der Buße und Wedde. Aber wie ist es mit der Rechtsfrage? Sie wird im ältesten Recht nach Analogie der Schuldfrage behandelt. Wie der Beklagte, der seine Unschuld nicht beweist, für schuldig gilt, so wird auch, wenn der Beklagte sein Recht nicht beweist, das Recht des Klägers als erwiesen betrachtet. Hier nun hat er ein absolutes Recht an der Sache nicht einmal behauptet, daher muß er sie auch ohne Beweis des Klägers an diesen herausgeben [22]). In dem Sachsenspiegel ist zuvörderst jene Behauptung und der Unschuldseid des Beklagten näher dahin bestimmt, daß er die Sache auf offenem Markte, den er bezeichnen muß, gekauft habe [23]). Und sodann wird die Rechtsfrage in ihrer Selbständigkeit und Eigenartigkeit dadurch anerkannt, daß der Beklagte zur unentgeltlichen Herausgabe der Sache nur dann verpflichtet ist, wenn der Kläger sein Recht, d. h. seinen Besitz und die Entwendung, selbdritt, d. h. durch zwei Zeugen und seinen bestätigenden Eid, beweist. Der Beklagte verliert den Kaufpreis, weil er den Auctor, von dem er ihn allein wieder fordern könnte, nicht kennt [24]).

22) *L. Rip.* 33, 4. Quodsi — responderit, quod fordronem suum (seinen Vordermann) nesciat, tunc in praesente de sacramento sibi septima manu fidem faciat (Eidesbürgen) et super quatuordecim noctes adiurare studeat, quod auctorem vel casam seu postem ianuae auctoris nesciat, et ipsam rem sine damno reddat. *Ed. Roth* 232. Si — auctorem ignoraverit, — si auctorem non habuerit et nescit de quo comparasset, praebeat sacramentum, quod in eo nec fur esset nec collega furis, nisi simpliciter (redlich) cum pretio suo comparasset. — Tunc post praestitum sacramentum reddat caballum et sit sibi contentus. *Liutpr.* 79. *cf. L. Baiuv.* IX. 7. Si quis de fure nesciens comparavit, requiret spatio accepto venditorem: quem si non potuerit invenire, probet se cum sacramento et testibus (Eidhelfer) innocentem.

23) Sächs. Ldr. 36 § 4. Sprict aver jene, he hebbe't gekoft uppe deme gemene markete, hene wete weder wene, so is he düwes unsculdich, deste he die stat bewise (bezeichne) unde sinen eid dar to du. vgl. Homeyer, Register v. bewisen. Richtst. 13 § 5. — so vrag, oft he den marct icht benomen scole. Dat vintme.

24) Sächs. Ldr. cit. Sine penninge verlüset he (der Beklagte) aver, die he dar umme gaf, unde jene (der Kläger) behalt sin

Aehnlich ist der Fall, wenn der Beklagte die Sache gefunden oder Dieben und Räubern abgejagt hat. Hat er freilich die Sache verhehlt, so muß er sie als Diebsgenosse mit Buße und Wedde herausgeben. Hat er sie aber öffentlich aufbieten lassen und kann dieß selbdritt beweisen, so muß er sie zwar dem Kläger, der sein Recht, d. i. Besitz und Entwendung, beweist, herausgeben, aber ohne Buße und Wedde, und selbst die Kosten müssen ihm ersetzt werden[25]), ja unter gewissen Voraussetzungen behält er als Lohn seiner Bemühung einen Theil der Sache[26]). Ebenso, wenn die Sache durch Gewalt des Wassers ihm zugeführt ist[27]).

b) Kennt der Beklagte seinen Auctor (Geweren), so muß er ihn und den Ort des Erwerbes benennen und schwören, daß er sich auf den rechten Geweren ziehe[28]), der nun an seiner Statt die Klage übernehmen soll[29]). Der weitere Verlauf kann dann noch ein verschiedener sein. — α) Der Gewere übernimmt die Vertheidigung unter denselben Bedingungen wie der ursprüng-

gut, dat ime verstolen oder afgerovet was, of he sic dar to tiüt uppe'n hilgen selve dridde vulkomener lude an irme rechte die dat weten, dat it ime düflike oder roflike geloset si. Richtst. cit. Sohm cit. S. 191 Note 1. macht darauf aufmerksam, daß das süddeutsche und das französische Recht diesen Beweis nicht fordert.

25) Sächs. Ldr. II. 37 § 1. Richtst. 12 §§ 1. 2.—15 §§ 1. 2. Aehnlich nach *L. Rip.* 75, nur daß das öffentliche Aufgebot hier durch Gerichtszeugniß feststand, und die Herausgabe der Sache nach Analogie des Falls Note 22 ohne Beweis des Klägers erfolgt. Sohm cit. S. 62 folg. *cf. Ed. Roth.* 6. 260.

26) Sächs. Ldr. cit. §§ 2. 3. Richtst. cit.

27) Sächs. Ldr. II. 29.

28) *L. Rip.* 33, 1. et alius (der Beklagte) iuret, quod ad eam manum trahat, qui ei ipsam rem dedit. — Sächs. Ldr. II. 36 § 5. Seget aver jene (der Beklagte), it si ime gegeven oder he hebbe't gekoft, so mut he benomen sinen geweren, weder den' he't gekoft hebbe, unde die stat dar he't kofte; he mut aver sweren, dat he't tie to rechter tücht. Richtst. 13 § 2.

29) Das Verfahren war dann verschieden. Nach *L. Sal.* 47. *L. Rip.* 33, 1. sucht der Beklagte den Auctor mit Zeugen auf und adcitirt ihn dahin, wo der Rechtsstreit anhängig ist. Nach *Ed. Roth.* 231. *Ed. Ottonis* I. *a.* 967. *c.* 7 (*Pertz* II. *p.* 33) und nach Sächs. Ldr. II. 36 § 5. Richtsteig 13 § 2. — 14 § 6 reist der Beklagte mit dem Kläger zu dem Auctor hin, der die Vertheidigung in seinem Gericht übernimmt. Der Schwabenspiegel Laßb. 317 folgt dem fränkischen Recht. Vgl. Siegel cit. S. 93 Note 16.

liche Beklagte[30]). Dieser scheidet dann völlig aus[31]), und Jener muß sich seiner Seits rechtfertigen durch Stellung eines dritten Geweren, und dieser wieder, und so fort, der Letzte durch originären Erwerb, wenn er nicht für den Dieb gelten soll[32]). — β) Der Gewere bekennt den Verkauf, verweigert aber jede Vertheidigung, so gilt er für den Dieb oder Diebsgenossen[33]). Nach dem ältesten Recht mußte er dann nicht nur dem Käufer den Kaufpreis erstatten, sondern dem Kläger die Sache ohne Beweis mit Buße und Wedde herausgeben[34]). Das Recht des Sachsenspiegels dagegen machte ohne Zweifel nach Analogie des dritten Falls die Herausgabe der Sache an den Kläger von dem Beweis seines Rechts abhängig. — γ) Der vermeintliche Gewere kann aber den Verkauf und die daraus abgeleitete Pflicht

30) Sächs. Ldr. II. 36 § 5. Wirt he's geweret alse recht is, die gewere mut antwerden an siner stat vor it gut.

31) Nach dem ältern Recht giebt er die streitige Sache dem Auctor gegen Erstattung des Kaufpreises (pretium, werdunia) zurück. *L. Rip.* 33, 3. *Ed. Roth.* 231. Das heißt rem in tertiam manum mittere und das ganze Verfahren davon intertiare. Siegel cit. S. 87. Nach späterem Recht behält der Beklagte den Besitz, bis über die Sache entschieden ist. Sächs. Ldr. II. 36 § 8. Richtst. 13 § 2. Eine Sequestration derselben findet also nicht statt.

32) *L. Sal.* 47. unusquisque cum negotiatoribus alter alterum admoneat. — Sächs. Ldr. II. 36 § 6. Man mut wol tien uppe mangen geweren, die ene uppe den anderen, also lange went man kome uppe den, de't in sime stalle getogen hebbe of it ve is, oder it selve getücht hebbe of it gewand is. — Es versteht sich, daß der Auctor auch die Vertheidigungsweise unter 2, a, hat.

33) *L. Sal. cit.* Ille qui non venerit — ille erit latro. — Sächs. Ldr. II. 4 § 2. Swe so kopinge bekant, die sol durch recht gewere wesen des he verkoft hevet, wende he is dief oder diefes genot, die der kopinge bekant unde der gewere besakt. Richtst. 13 § 4.

34) *L. Rip.* 33, 2. Quodsi (der Beklagte) eum (den Auctor) ibidem habere non potuerit, sibi septimus in haraho coniuret, quod eum ibidem legibus mannitum habuisset (s. Note 29) et sibi ab alio homine ipsa res tradita non fuisset. Sic ei placitum super quatuordecim — noctes detur, ut cinewerduniam suam (= pretium) in praesentia testium recipiat, ut et ei, qui rem suam intertiavit (dem Kläger), probabiliter ostendat. Et tunc ipse (der Beklagte) de furto securus sit, et ille qui intertiavit (der Kläger) furtum (die Buße, aber auch die Sache, die dem Auctor intertiirt, d. h. gegen Zahlung des Kaufpreises zurückgegeben ist) et delaturam ab eo requirat, qui solvere coepit (d. h. von dem Auctor). Vgl. Sohm cit. S. 109 folg.

der Vertretung, wie jede andere, eidlich ableugnen, und dieser Bruch der Währschaft hat zur Folge, daß der Beklagte als Dieb mit Buße und Wedde auch die Sache dem Kläger lassen muß[35]); nach dem Sachsenspiegel jedoch nur, wenn dieser sein Recht an derselben, d. h. seinen frühern Besitz und die Entwendung, beweist[36]). — In allen Fällen besteht die criminelle Verfolgung des Diebstahls, insofern sie stattfindet, für sich. In den Volksrechten zeigt sich dabei vielfach der Einfluß des römischen Rechts; nach dem Sachsenspiegel tritt sie nur ein, wenn der Kläger will, und sie folgt den allgemeinen Beweisgrundsätzen[37]):

Die Klage mit Anefang, welche, wie wir gesehen, die Schuldfrage in den Vordergrund stellt und deshalb mit Buße und Wedde für den unterliegenden Theil verknüpft ist[38]), war nach dem ältesten Recht für den Fall, daß die Sache dem Besitzer gegen seinen Willen abhanden gekommen, die einzig mögliche. Das Recht des spätern Mittelalters hat aber für diesen Fall eine zweite dingliche Klage aufgestellt, durch welche der Kläger gegen den dritten Besitzer nur sein Recht geltend macht, ohne von vornherein die Schuldfrage anzuregen, die schlichte Klage[39]),

35) *L. Rip.* 33, 3. Quodsi auctor suus venerit et rem intertiatam recipere noluerit, tunc ille, super quem intertiata est (der Beklagte), capitale et delaturam atque furtum solvere studeat. Daß der Auctor bei seiner Weigerung sich durch Eid oder Gottesurtheil rechtfertigen muß, sagt *Cap. in L. Rip. a.* 803. *c.* 8. (*Pertz* I. *p.* 118). Si auctor venerit et rem interciatam accipere renuerit, campo vel cruce contendatur. Sohm cit. S. 111. Sächs. Ldr. II. 36 § 5. Wert aver ime burst an'me geweren, he mut dat gut mit gewedde unde mit bute laten. vgl. II. 15 § 2. Richtst. 40 § 5. Beweis wird gegen den Verkäufer, der den Verkauf ableugnet, nicht zugelassen. Sächs. Ldr. III. 4 § 1. v. mit süs gedanen. Richtst. 14 § 7.

36) Sächs. Ldr. II. 36 § 7. Selve dridde sal he sik dar to tien, de't auevanget hevet, of jeme burst wirt an deme geweren.

37) Sächs. Ldr. II. 26 § 5. Note 35. unde tiet man ime düves oder roves dar an, des mut he sik untscüldegen na rechte. III, 89. Richtst. 39. 40 §§ 2. 4. Homeyer, Richtst. 440. 489.

38) S. oben Note 13.

39) Richtst. 11 § 3. Dit mach de cleger anspreken twierleie wis. He mach it anspreken mit ener slichten clage, edder he mach it anvan. Spricstu sin (des Klägers) wort in slichter klage, so sprik alsus: her richter, N. claget gode unde iu, dat N. des sines hebbe.

daher er auch im Unterliegungsfall von Buße und Wedde frei bleibt[40]). Nur aus dem weitern Verlauf der Sache kann sich die Schuldfrage und die Verpflichtung des Beklagten zu Buße und Wedde ergeben.

Die Vertheidigungsarten und die Beweisgrundsätze in Betreff des Rechts an der Sache sind hier dieselben wie beim Anefang[41]). Insbesondere entscheidet der Besitz (die Gewere) für das Beweisrecht des Beklagten, wenn er ursprünglichen Erwerb an der Sache behauptet[42]). Auch kann er sich auf einen Geweren ziehen, der dann die Vertheidigung übernehmen muß. Wird freilich die Währschaft gebrochen, so wird der Kläger zum Beweise gelassen, und wenn dieser gelingt, muß der Beklagte die Sache mit Buße und Wedde herausgeben, zur Strafe seiner durch den Geweren widerlegten Behauptung[43]). Eigenthümlich ist der schlichten Klage, weil nur bei ihr denkbar, aber sonst den allgemeinen Beweisgrundsätzen gemäß, daß der Beklagte durch eidliche Ableugnung des Besitzes, als der eigenen zur Uebernahme der Klage verpflichtenden That, deren er beschuldigt wird, der Klage entgeht. Doch kann der Kläger durch leibliche Beweisung, d. i. durch gerichtliche Haussuchung, vor oder nach Ableistung des Eides, ihn des Besitzes überführen und dann gegen ihn als Hehler noch mit Anefang klagen[44]).

Beide, die Klage mit Anefang und die schlichte Klage, sind dinglicher Natur, d. h. gehen auf die gestohlene oder geraubte Sache selbst und deshalb gegen jeden dritten Besitzer.

40) Sächs. Ldr. I. 53 § 2. Sprikt die man gut an, unde klaget he dar up, unde wirt he mit rechte dar af gewiset, he blift is ane bute unde ane wedde, de wile he's sik nicht underwint. Richtst. 16 § 5 a. E. Homeyer cit. S. 441.

41) Nachdem der Richtst. 11. §§ 3. 4 die beiden Klagformen genannt, bespricht er c. 12 folg. die verschiedenen Vertheidigungsarten und Beweisgrundsätze für beide. Die Einwendungen des Beklagten, die sich nur auf die Schuld beziehen, z. B. daß er die Sache auf offenem Markte gekauft, fallen hier freilich weg.

42) S. oben Note 17.

43) S. Note 35. 36.

44) Sächs. Ldr. I. 15 § 2. Sculdeget man den man umme dat, des he nicht ne hevet, des untgat he mit siner unscult. Svat man aver under ime bewisen mach, dar vore mut he andwerden ane unscult. Richtst. 11 § 3. — 16 § 1.

Gegen den Dieb oder Räuber kann aber, wenn er die Sache nicht mehr besitzt und dieß beschwört, also der Verpflichtung zur Restitution entgeht, persönlich auf Zahlung der Werths der Sache geklagt werden (condictio furtiva). Dieser Werth wird zunächst durch den Eid des Klägers bestimmt, dann aber durch den Eid des Beklagten ermäßigt [45]). In Bezug auf diese objective Frage stehen sich Behauptung und Gegenbehauptung einander gegenüber, daher beide Theile gleiches Beweisrecht haben.

B) Der zweite Hauptfall ist, daß der Besitzer einer beweglichen Sache sich freiwillig des Besitzes entäußert und sie einem Andern anvertraut hat, sei es zur Aufbewahrung oder als Pfand oder zur Leihe, und daß dieser die Rückgabe verweigert. Das ältere Recht stellt auch hier die Schuldfrage in den Vordergrund, daher der Beklagte wegen der Veruntreuung gleich einem Diebe Buße zahlen muß [46]), sich aber auch durch Eid oder Zweikampf reinigen kann [47]). Hierauf mag es beruhen, daß die fränkischen Volksrechte die Klage nicht als dingliche, sondern als persönliche behandeln [48]). Die Rechtsbücher des spätern Mittelalters dagegen behandeln die Klage gegen den Besitzer als dingliche mit überwiegender Betonung der Rechtsfrage, und unterscheiden davon die persönliche Klage auf den Werth der Sache, wenn der Empfänger den Besitz verloren hat. Allgemeine Voraussetzung ist, daß auch in diesem Fall nur gegen den Empfänger, nicht gegen den dritten Besitzer geklagt werden könne [49]). Das Nähere ist folgendes:

45) Sächs. Ldr. III. 47 § 1. Svie dem anderen des sines icht nimt mit gewalt oder ane sine witscap, is si lüttel oder vele, dat sal he weder geven mit bute, oder sveren dat he's nicht weder goven ne moge; so sal he't gelden na der werdunge, dat it jene werderet, die it verloren hevet; jene ne minnere die werderunge mit sinem eide, die it dar gelden sal. Das ältere Recht ließ nur den Kläger schwören. *L. Alam. Hloth.* 70, 2.

46) *L. Baiuv.* XV. 5. *L. Vis.* V. 5, 3. *Ed. Roth.* 262.

47) *L. Vis. cit. Ed. Ottonis* I. *a.* 867. *c.* 4 (*Pertz* II. *p.* 33) setzt das Eidesrecht des Beklagten voraus und giebt dem Kläger, wenn das Depositum den Werth von 20 Solidi hat, das Recht auf Kampf zu provociren.

48) *L. Sal.* 52. *L. Rip.* 52. Sohm cit. S. 75 N. 22.

49) Sächs. Ldr. II. 60 § 1 nach

1) In dem Fall, daß der Empfänger die Sache noch besitzt und die Rückgabe verweigert, kann der Kläger ihn zwar nicht des Raubes oder Diebstahls beschuldigen, denn er selbst hat ihm die Sache geliehen [50]); aber er klagt auch nicht aus dem Versprechen der Rückgabe, also aus einer Schuld, die der Beklagte abschwören könnte, sondern macht sein früheres Besitzrecht gegen den gegenwärtigen Besitzer geltend; daher dieser durch eidliche Ableugnung des Besitzes, wenn er dessen nicht durch leibliche Beweisung überführt wird, der Klage entgeht [51]). Für diese dingliche Klage war aber doch noch eine doppelte Auffassung möglich: entweder man gründete sie auf das Recht des Klägers, sein besseres Besitzrecht, weil er in eigenem Namen besessen hat, dem Beklagten gegenüber, der nur mit seinem Willen besaß, jetzt gegen seinen Willen besitzt, oder auf das Unrecht des Beklagten, zwar nicht auf Entwendung, aber doch auf seine Veruntreuung. Daraus erklärt es sich, daß man zweifelte, ob nur mit der schlichten Klage oder auch mit Anefang geklagt werden könne. Doch entschied man sich für letzteres; der Kläger soll, wenn der Empfänger die Sache ihm vorenthält, durch die symbolische Ergreifung derselben sein Recht sichern und den Beklagten zum Erscheinen vor Gericht nöthigen können [52]), wo dann beide Theile die Gefahr der Buße und

der Parömie: „Hand muß Hand wahren."

50) Sächs. Ldr. III. 22 § 3. Düve noch roves ne mach man ine nicht tien dar an, wende he it ime leich. 43 § 2. Richtst. 47 § 2.

51) Sächs. Ldr. I. 15 § 2, Note 44. Richtst. 16 § 1 redet hier und in der Folge von dem Erben des Empfängers, als dem gewöhnlichsten Falle wo die Sache streitig wird.

52) Sächs. Ldr. III. 22 § 3. Underwinden mut sik wol en man sines gudes, svar he't süt, mit rechte, dat man ime mit unrechte vor unthalde over bescedene tiet. Gegen den Erben des Empfängers. II. 60 § 2. — Richtst. 11 § 4. Wete aver, dat itlike secgen, dat anevank an neneme dinge tu rechte gescin moge, wen an deme dat vorstolen odder genomen si. Des is nicht, den en islik mut sic des sinen wol mit rechte underwinden, war het süt. Homeyer S. 441 folg. Die Worte war het süt (B. obersächsisch: wo hers ankumpt) scheinen mir dafür zu entscheiden, daß nicht der Anefang vor Gericht, sondern der außergerichtliche, wo die Sache im Besitz des Beklagten angetroffen wird, gemeint sei. Auch bezeugt der Richt-

Wedde laufen [53]). Uebrigens aber tritt die Schuldfrage ganz zurück, die Sache wird als reiner Rechtsstreit behandelt und der Beweis nach den Grundsätzen desselben vertheilt. Deshalb kann a) der Beklagte sich darauf beschränken, das Recht des Klägers, d. h. dessen Behauptung, daß er ihm oder seinem Erblasser die Sache ausgethan habe, zu leugnen; dann wird nicht er zum Eide, sondern der Kläger zum Beweise seines Rechts selbdritt, d. h. mit zwei Zeugen, gelassen [54]). — b) Behauptet der Beklagte seiner Seits, daß er oder sein Erblasser die Sache ursprünglich erworben habe, so ist er als Besitzer näher zum Beweise dieser seiner Behauptung durch Zeugen [55]). — c) Zieht er sich auf einen dritten Geweren, so tritt dieser für ihn ein [56]). — d) Behauptet der Beklagte, daß er oder sein Erblasser die Sache vom Kläger selbst durch Kauf oder Schenkung oder sonst eigenthümlich erworben habe, so wird nicht dieser zum Eide gelassen, weil es sich nicht um seine Schuld, sondern um das Recht an der Sache handelt; der Beklagte ist näher zum Beweise seines Rechts selbdritt [57]).

steig ausdrücklich die Controverse. Die verworfene Meinung s. in Distinct. IV. 42, 1. 5. Goslar. Stat. Göschen S. 98. Z. 15. Anders Sohm cit. S. 70 Note 15.

53) Richtst. 16 § 5.

54) Sächs. Ldr. I. 15 § 1. Sve dem anderen sin varende gut lit oder sat oder to behaldene dut, umme bescheit oder ane bescheit, wils ime jene dar na besaken, oder sin erve na sime dode, dese (der Kläger) is't nar to behaldende selve dridde, dan jene (der Beklagte) al ene dar vor to sverene. Richtst. 16 §§ 2. 4.

55) Sächs. Ldr. cit. Mach aver jene, de't in geweren hevet, sin varende gut (l. sin intucht, Selbstzucht) dar an getügen oder sin erve gut, — he brikt ime sinen getüch, vgl. Homeyer Note 5. Richtst. 16 § 3. oben Note 21. Für eine Abweichung von den allgemeinen Beweisgrundsätzen kann ich dieß also nicht mit Homeyer, Richtst. S. 492. 500 halten.

56) Sächs. Ldr. cit. oder hevet he's geweren to rechte, he brikt ime sinen getüch, ime ne werde burst an sime geweren.

57) Sächs. Ldr. III. 4 § 1. Sve so weder eschet, dat he vergeven oder verkoft hevet an varender have, unde besakt he der köpinge oder der gift, jene, die si under ime hevet, mut sie selve dridde wol behalden der die it sagen. Anders in dem folgenden Fall der Stelle, wenn der als Gewere herangezogene Verkäufer den Verkauf leugnet: wende he untgat ime mit siner unscult. Richtst. 13 § 1. Homeyer, Richtst. S. 495 folg. — Daß übrigens diese Vertheidigungsweise mit demselben Erfolge auch in dem Fall A) un-

2) Besitzt der Empfänger die Sache nicht mehr, so findet keine dingliche Klage, aber eine Schadensklage gegen ihn statt auf Ersatz ihres Werthes [58]). Gegen diese kann er den Empfang der Sache, wie jede andere ihn verpflichtende Thatsache, abschwören [59]), oder von seiner Schuld (culpa) beim Verlust der Sache sich eidlich reinigen [60]).

§ 24. IV) Bei dem Rechtsstreit um ein Grundstück sind nach dem ältesten Rechte beide, die Schuld- und die Rechtsfrage, unauflöslich verbunden. Denn die Klage gründet sich auf die Beschuldigung formell widerrechtlichen Besitzerwerbs, und der Beklagte kann sich auch hier nicht durch bloßes Leugnen, sondern muß sich durch eine positive Behauptung, nehmlich durch Berufung auf seinen rechtmäßigen Erwerb der Sache, den er durch Eid oder Gottesurtheil erhärtet, reinigen, oder die Sache mit Buße und Wedde herausgeben. — Das spätere Recht scheidet diese beiden Fragen; denn es läßt zwar eine Klage mit jener Beschuldigung zu und gestattet dem Beklagten die Schuld abzuschwören, macht aber die Entscheidung über das Recht von dem wirklichen Beweise desselben abhängig. Beiden, dem ältern und spätern Recht, ist es gemeinsam, daß der Beweis des rechtmäßigen Erwerbs von Grundstücken meist durch Gerichtszeugniß, und was diesem gleich gilt, geführt werden kann, wodurch der Eid nach dem allgemeinen Grundsatz ausgeschlossen ist [1]). Eigenthümlich ist diesem Rechtsstreit um Grundstücke auch, daß ein verschiedenartiges Besitzrecht Mehreren an derselben Sache zu-

seres Textes möglich ist, versteht sich von selbst.

58) Sächs. Ldr. II. 60 § 1. vorderunge, hat diese Schadensklage im Auge.

59) Sächs. Ldr. I. 15. § 2. Sculdeget man den man u. s. w. Note 44 begreift auch diesen Fall, vgl. Hänel cit. S. 152.

60) Sächs. Ldr. III. 5 § 3. Der Depositar schwört, dat it ane sine scult gescin si. Für die Verschlechterung der Sache haftet der Commodatar und Pfandgläubiger unbedingt. § 4. Den unverschuldeten Tod eines verpfändeten Thieres beweist und beschwört der Pfandgläubiger. § 5.

1) Ja der Rechtsstreit selbst um Grundeigenthum war durch die gewöhnliche oder nothwendige gerichtliche Auflassung, wie heutzutage in Preußen durch die Berichtigung des Besitztitels im Hypothekenbuch, verhältnißmäßig selten; daher die Lex Salica ihn gar nicht erwähnt, und das sächsische Landrecht so wenig darüber sagt.

stehn, und sodann, daß der Besitz selbst unter den Partheien streitig sein kann, wo dann das Beweisrecht nach eigenthümlichen Grundsätzen bestimmt werden muß. Soviel zur Uebersicht, nun das Nähere.

In den Gesetzen, Formelbüchern und Urkunden des früheren Mittelalters wird die Klage wegen eines Grundstücks von verschiedener Größe und Beschaffenheit (terra, villa, ager, pratum, vinea, possessiuncula), durchweg darauf gegründet, daß der Beklagte dasselbe widerrechtlich, d. h. gewaltsam oder heimlich, in Besitz genommen (malo ordine invasisse) oder, was dasselbe ist, ohne Recht besitze (malo ordine, iniuste tenere)[2]).

Der Beklagte muß dann entweder das Grundstück räumen und wegen der widerrechtlichen Anmaßung des Besitzes eine Buße zahlen, oder sich vertheidigen (se defendere), und zwar nicht durch bloßes Leugnen, sondern durch Behauptung und Beweis seines Rechts an der Sache (vindicare, evindicare), wodurch er die Beschuldigung und das Recht des Klägers zugleich zurückweist[3]). Auf die Beschuldigung aber wird insofern das Hauptgewicht gelegt, als der Beweis des Beklagten hauptsächlich durch Eid mit Eidhelfern geführt und nicht sowohl auf das Recht, als auf den rechtmäßigen Erwerb der Sache gerichtet wird. Dieser ist entweder

1) originärer Erwerb durch Rodung aus der gemeinen Mark (exartum), durch welche dieser Theil der Erdoberfläche allererst Acker, Wiese, Weinberg u. s. w., also Gegenstand des Sondereigens, geworden ist. Darüber nun, daß er zuerst dies

2) Jenes in den älteren, dieses in den späteren Volksrechten, s. oben § 14 Note 4.

3) *L. Baiuv.* XVII. 1. Si quis homo pratum vel agrum vel exartum alterius contra legem malo ordine invaserit et dicit suum esse: propter praesumptionem cum 6 solidis componat et exeat. 2. Si autem suum voluerit vindicare, illum agrum aut pratum vel exaratum taliter vindicet *rel. L. Rip.* 60, 1. sibi studeat evindicare. *Form. Marculf. App.* 7. de terra evindicata. *Cap. legi Sal. add. a.* 819. *c.* 9. (*Pertz* I. *p.* 226) se defendendo sibi vindicet.

Stück Land urbar gemacht, kann der Beklagte sich zum Eide mit Eidhelfern erbieten und durch dessen Ableistung sich im Besitz behaupten [4]). Der Kläger aber kommt der Ableistung zuvor durch Berufung auf das Gemeindezeugniß, daß vielmehr er oder sein Vater der erste Bebauer dieses Grundstücks gewesen sei, nach dessen Erbringung ihm dasselbe herausgegeben werden muß [5]), es wäre denn, daß der Beklagte das Zeugniß durch Gottesurtheil anzufechten wagte und im Zweikampf mit Einem der Zeugen Sieger bliebe [6]).

2) Den Beweis des rechtmäßigen Erwerbs durch Kauf, Tausch, Schenkung u. s. w. pflegte der Besitzer sich regelmäßig durch die gerichtliche Auflassung und eine darüber errichtete Urkunde (testamentum, carta) [7]) oder durch Zeugen der Uebergabe,

4) *L. Baiuv. cit.* Note 3. agrum aut pratum vel exaratum (Acker oder Wiese durch Rodung aus der gemeinen Mark gewonnen) — taliter vindicet: Iuret cum sex sacramentales et dicat: Ut ego in tua opera priore non invasi contra legem, nec cum 6 solidis conponere debeo nec exire, quia mea opera et labor prior hic est quam tuus. Ueber das Recht jedes Markgenossen, durch Rodung sich einen Theil der gemeinen Mark anzueignen, s. v. Maurer, Geschichte der Dorfverfassung in Deutschland I. § 125.

5) *L. Baiuv. cit.* Tunc dicat ille qui quaerit (der Kläger): Ego habeo testes, qui hoc sciunt, quod labores de isto agro semper ego tuli nemine contradicente, exaravi, mundavi, possessi usque hodie, et pater mihi reliquid in possessione sua. Ille homo, qui hoc testificare voluerit, commarcanus eius debet esse et debet habere 6 solidorum pecunia et similem agrum. Tunc ille iuret testis taliter: Quia ego hoc meis auribus audivi et oculis meis vidi, quod istius hominis prior opera fuit in isto agro, quam tua, et labores fructuum ille tulit. Post sacramentum reddat agrum. Das Zeugniß der Markgenossen, wie vieler wird nicht gesagt, gilt dem Gerichtszeugniß gleich. Gewöhnlich bezieht man diesen Beweis nur auf frühern Besitz.

6) *L. Baiuv. cit.* Tunc ille defensor, si sperat quod iustitia de illo agro suo habeat, — dicat ad illum testem: mendatium iurasti contra me; sponde mihi pugna duorum, et manifestet Deus, si mendatium iurasti *rel.*

7) *L. Rip.* 59, 1. Si quis alteri aliquid vendiderit et emtor testamentum venditionis accipere voluerit, in mallo hoc facere debet et pretium in praesente tradat et rem accipiat et testamentum publice conscribatur. Quodsi parva res fuerit, septem testibus firmetur: si autem magna, duodecim roboretur. 7. Quod de venditione conscripsimus, hoc et de donatione constituimus.

welche die Stelle des Gerichts vertreten, unter Zuziehung von Knaben „zum ewigen Gedächtniß," zu sichern [8]). Durch Production jener Urkunde [9]) oder dieser Zeugen [10]) weist der Beklagte dann die Beschuldigung widerrechtlichen Besitzerwerbs am vollständigsten zurück und entgeht damit der Verpflichtung zum Reinigungseide. Doch kann der Kläger die Fälschung der Urkunde oder den Meineid der Zeugen durch das Gottesurtheil des gerichtlichen Zweikampfes erhärten [11]). Nur wenn der Beklagte solche der Oeffentlichkeit angehörige Beweise nicht beibringen kann, kommt es zu seinem Eide mit Eidhelfern [12]). In demselben Fall kann er sich auch auf seinen Auctor berufen, der alsdann die Vertheidigung unter denselben Bedingungen zu übernehmen, oder den Beklagten, der die Sache herausgeben mußte, zu entschädigen verpflichtet ist [13]). — Aber auch der Kläger kann von vorn herein dem Eide des Beklagten zuvorkommen durch Production einer Urkunde über die gerichtliche Auflassung [14])

8) *L. Rip.* 60, 1. Si quis villam, aut vineam vel quamlibet possessiunculam ab alio comparavit et testamentum accipere non potuerit, si mediocris res est, cum sex testibus, et si parva cum tribus, quodsi magna cum duodecim, ad locum traditionis cum totidem numero pueris accedat, et sic eis praesentibus pretium tradat et possessionem accipiat, et unicuique de parvulis alapas donet et torqueat auriculas, ut ei in postmodum testimonium praebeant. *cf. L. Baiuv.* XVII. 3. Note 10.

9) *L. Rip.* 59, 8. Si quis interpellatus chartam prae manibus habuerit, nulla ei malo ordine invasio requiratur: quia, dum interpellatur, respondeat ad interrogationes, et sine tangano loquatur et dicat: non malo ordine, sed per testamentum hoc teneo. Ueber tangano als die förmliche Beschwörungsformel, welche zum Reinigungseide verpflichtet, s. Siegel cit. S. 132. *Form. ad Ed. Roth.* 171. 172 mea propria ipsa terra est: ecce carta. *Ed. Liutpr.* 116. *Ratchis* 8.

10) *L. Baiuv.* XVII. 3. Si quis habuerit testem per aurem tractum — et hoc confirmant per testes, post haec non debet repetere, nec inquietare illum. — Et si voluerit, per testes defendat se *rel.*

11) *L. Rip.* 59, 3—5. *Ed. Liutpr.* 63. *Form. h. l. L. Baiuv.* XVII. 3—6.

12) *L. Rip.* 60, 1. *cit.* Note 8. — Si autem testes non potuerit congregare, ut ei testimonium praebeant, tunc rem suam cum sex sive cum septem cum sacramenti interpositione sibi studeat evindicare.

13) *Form. Andegav.* 46. *Ed. Liutpr.* 116. *Form. h. l.*

14) *L. Alam. Hloth.* II. 2. s. Note 19. In gerichtlichen Urkun-

oder jener das Gericht vertretenden Zeugen [15]), ein Beweis, der gleichfalls durch Provocation auf gerichtlichen Zweikampf von Seiten des Beklagten anfechtbar ist [16]).

3) Behauptet der Beklagte das Gut als nächster Erbe überkommen zu haben, so muß er dieß mit der gesetzlich bestimmten Zahl von Eidhelfern beschwören, oder mit Buße restituiren [17]). Doch kann der Kläger, der ihm sein Erbrecht bestreitet, auf gerichtlichen Zweikampf provociren, verliert aber seiner Seits, wenn er unterliegt, die Sache mit Buße [18]). Macht der Kläger dagegen einen singulären Titel geltend, so kann er diesen durch Gerichtszeugniß, und was sonst wie dieses den Eid ausschließt, beweisen [19]).

In allen diesen Fällen wird vorausgesetzt, daß der Nichtbesitzer als Eigenthümer klagend gegen den Besitzer auftritt. Wie es in den Fällen, wo Beide sich ein Besitzrecht ver-

den dieser Periode unterstützt der Kläger häufig seine Klage von vorn herein mit einem solchen anticipirten Urkundenbeweis.

15) *L. Sax.* 16, 1. Qui terram suam occupatam ab altero dixerit, adhibitis idoneis testibus probet eam suam fuisse. *cf.* 15, 1.

16) *L. Sax. cit.* si occupator contra dixerit, campo diiudicetur.

17) *L. Rip.* 67, 5. Si quis pro hereditate — certare coeperit post malo ordine (d. h. wenn der Beklagte nach der Beschuldigung widerrechtlichen Besitzerwerbs sich auf sein Erbrecht beruft), cum sex in ecclesia coniuret et cum duodecim ad stappulum regis — coniurare studeat. Si non adimpleverit, cum legis beneficio restituat *rel.*

18) *L. Rip. cit.* Aut si quis (der Kläger) eum (den Beklagten) contra prendere voluerit (durch Berufung auf Zweikampf): aut cum armis suis se defensare studeat ante regem, aut omnem repetitionem cum legis beneficio restituat.

19) *L. Alam. Hloth.* II. 2. Et si — filius (der Beklagte) vult dicere, quod hereditas paterna sua sibi sit legitima ad possidendum, et pater eius non dedisset nec firmitatem fecisset, non liceat ei iurare: sed ipsa carta, quod pater eius fecit, praesens veniat, et illi testes, qui manus eorum in ipsa carta miserunt, — testificentur, ut illi ad praesens fuissent, quod pater eius illas res ad ecclesiam dedisset — hoc per sacramentum dicant, quod nos veri testes sumus. Post haec pastor ecclesiae (der Kläger) res suas possideat, et praesumptor, quod contradixit, illa multa, quod carta continet, ad ecclesiam persolvat. 3. Si autem illa carta arserit aut perdita fuerit, — tunc licet illum heredem cum illos testes nominatos (Eidhelfer) quinque, ipse sit sextus, in ipsam ecclesiam iuret *rel.*

schiedener Art zuschreiben, gehalten wurde, darüber geben weder die Gesetze, noch die Urkunden dieser Zeit sichern Aufschluß [20]). Ist aber der Besitzstand selbst streitig, was nicht leicht anders als bei einem an der Grenze belegenen Stück Land, also beim Grenzstreit, vorkommt, so stehen sich beide Theile mit gleichen Behauptungen und gleichem Beweisrecht einander gegenüber. Der Streit wird dann zunächst durch Ermittlung der Grenze nach den gewöhnlichen Grenzzeichen von Seiten der Gemeinde, also durch Augenschein, und, wenn dieß nicht zum Ziele führt, durch gerichtlichen Zweikampf entschieden [21]).

Das Sächsische Landrecht, welches über die Klageform keine Auskunft giebt, wird glücklich ergänzt durch seinen Richtsteig, und dieser bietet ein erwünschtes Verbindungsglied mit dem ältesten Recht. Denn er weist den Kläger, dessen Grundstück ein Anderer inne hat, an, diesen in seiner Klage zu beschuldigen, daß er sich seines Gutes oder Eigens unterwunden, d. h. es eigenmächtig in Besitz genommen habe [22]), ohne dieß für die einzig mögliche Klagform zu erklären. Wir dürfen daher annehmen, daß wie bei beweglichen Sachen die schlichte Klage, so auch hier eine Klage bloß auf das Recht ohne jene Beschuldigung, also auch ohne Buße und Wedde für den unterliegenden Theil, statthaft war [23]).

Der Richtsteig berichtet dann, daß gegen jene Beschuldigung etliche Fürsprecher sich des Vortheils bedienten, nicht sofort das Recht an der Sache zur Sprache zu bringen, sondern zu erklären: der Beklagte sei dessen unschuldig, daß er dem Kläger

20) Wir besitzen zahlreiche Urkunden über die Beweisführung des Klägers und des Beklagten, die aber nicht den vollständigen Zusammenhang des Verfahrens geben, und deßhalb über jene Frage nicht entscheiden. Die Regel des Sachsenspiegels, daß Erbgut den Vorzug im Beweise vor Kauf oder Schenkung giebt (Note 35), scheint der *Lex Alam.* (vorige Note) fremd.

21) *L. Baiuv.* XII. 4. 8. *L. Alam. Hloth.* 87.

22) Richtst. 26 § 1. Ercricht en din gut, unde clagestu dat, — so sculdege en, dat he sik hebbe dines gudes edder egens underwunden.

23) Vgl. Sächs. Ldr. I. 53. § 2. Daß sonst auch bei Grundstücken der unterliegende Theil Buße und Wedde zahlen mußte, dafür s. Sächs. Ldr. II. 42. § 4.

von seinem Gute irgend etwas genommen habe[24]). Denn indem er sich hiermit zum Eide erbiete, müsse das Gericht ihm den Eid zuerkennen[25]). Aber freilich, wenn er wähne, durch Ableistung des Eides der Klage los zu sein[26]), so zeige der weitere Verlauf der Sache das Gegentheil. In der That ist damit nach dem Rechte dieser Zeit nur über die Schuld entschieden[27]), nicht über das Recht an der Sache, und dieß kann zu weitern Verhandlungen führen. Denn dem Kläger wird dann gerathen, nach Ableistung jenes Eides durch den Beklagten sein Recht an dem Gute gegen diesen geltend zu machen und dessen Antwort darauf zu verlangen[28]). Tritt dieser ihm dann in dem folgenden Termin mit der Behauptung seines Rechts entgegen[29]), so entsteht die Frage, welchem von Beiden der Beweis zuzuerkennen sei.

Daß der Beklagte als wirklicher Besitzer darin den Vorzug habe, beruht auf dem bei beweglichen Sachen erwähnten Grundsatz[30]), und durch Angabe seines Titels, den der Kläger verlangt,

24) Richtst. cit. § 2. an desser andwerde hebben etleke vorspreken sunderleke behendichheit. Underwilen so antwerden se sus: her richter, N. secht, he si unsculdich des, dat he N. sines gudes icht neme (oder: hebbe genomen).

25) Richtst. cit. A. so ordelt he (der Beklagte) vort tum edewart (d. h. so verlangt er ferner zum Eide gelassen zu werden, s. unten § 27 Note 14). Dagegen sagt vom Richter Richtst. B. so teilt man ym zcu dem eyde.

26) Richtst. cit. unde wenet, also he dat gesworen hebbe, dat he N. nicht genomen hebbe dat sin were, dat he denne der clage loz si. Vgl. Note 28.

27) Ohne Zweifel entging er dadurch der Buße und Wedde; denn sonst wäre der Eid ein völlig nutzloser, und die behendichheit des Fürsprechers eine leere Chicane.

28) Richtst. cit. Alse he dit gesworen heft, so bejegene eme sus unde sprik: her richter, na dem dat he sin recht dar tu gedan heft (d. h. geschworen hat), dat he des mines nicht genomen heft, so sta ic nu unde bide mi eme vort (erbiete mich ihm ferner) vor iu to rechte unde iewelkem manne umme dat vorbenomede gut, unde bede dar vor tu andwerdene.

29) Das Contumacialverfahren im Richtst. cit. interessirt uns hier nicht, sondern der Fall § 3 alse he kumpt.

30) Richtst. cit. § 4. Clagestu denne, so vraget he: her richter, ic bidde ens ordels, na deme dat ic dat gut in minen hebbenden weren hebbe, oft ic mine were icht neger tu behaldende si, wen he se mi af tu winnende. Das wird vom Klä-

muß er diesen Beweis einleiten [31]). Eigenthümlich ist aber dem Streit um Grundstücke, daß die rechte Gewere, d. h. der unwidersprochene Besitz von Jahr und Tag, den unbedingten Vorzug im Beweise giebt [32]) und, wenn er mit sechs schöffenbaren Leuten bewiesen ist, dem Beklagten den andern Vortheil gewährt, den Rechtsgrund seines Besitzes eidlich erhärten zu können [33]). Entscheidet der Besitz der einen oder andern Art nicht, so hat, wer das bessere Recht behauptet, den Vorzug im Beweise, Eigen vor Lehen [34]), und Erbrecht als Titel desselben vor Kauf oder Schenkung [35]). Weil der bessere Besitz oder das stärkere Recht dem schwächern vorgeht, so soll durch den Beweis von jenem diesem präjudicirt werden. Ein neuer Beleg dafür, wie nach germanischer Anschauung die prozessualische Behandlung, insbesondere das Beweisrecht, durch das streitige Recht selbst bedingt ist.

Ist der Besitz selbst unter den Partheien streitig, beim Grenzstreit oder sonst, stehen sich diese also mit gleichen Behauptungen einander gegenüber, so kann kein Theil einen Vorzug im Beweise ansprechen. Die objective Wahrheit soll dann

ger stillschweigend zugegeben, indem er die Angabe des Titels verlangt. Vgl. oben § 23 Note 17.

31) Richtst. cit. Hir vrage jene wedder, oft he icht tu rechte scole secgen, wo (B. wy) dat gut in sine were komen si, er me eme de were deilen scole, odder wo (B. wy) he de were tugen scole.

32) Sächs. Ldr. II. 42 § 2, vgl. 44 § 1. Richtst. 20^{a} § 2. — 21 § 4. — 27 § 2. Homeyer S. 494. 1.

33) Sächs. Lehnr. 13 § 1. *Albrecht, doctrina de prob.* II. *p.* 19 *sq.* Planck, Beweisführung § 15. — Es erinnert dieß an die Bestimmung des Langob. Rechts, daß der fünf- oder mehrjährige Besitz das Recht zum Eide giebt.

34) Sächs. Ldr. II. 43 § 1. Sve en gut eme seget to lene, unde en ander seget, it si sin egen, spreket si it mit geliker were an, jene mut it bat to egene behalden mit twier scepenen getüge, denne die andere to lene. Richtst. 27 § 1 — hebbe gi beide nene gewere daranne u. s. w. In andern Fällen sind sechs Schöffen oder schöffenbare Leute erforderlich. Sächs. Ldr. I. 8 § 1. II. 44 § 3. Offenbar sind diese, wie in den Volksrechten, Vertreter des Gerichts.

35) Sächs. Ldr. II. 43 § 2. Erft egen mut ok en man bat behalden, den en ander gekoft egen oder gegeven. Richtst. 26 § 5.

36) Sächs. Ldr. III. 21. Richtst. 26 § 6.

durch das Zeugniß der Mehrzahl der Umgesessenen ermittelt und bei gleicher Zahl das streitige Stück Land getheilt werden. Fehlt den Umgesessenen jede Wissenschaft, so werden Kläger und Beklagter zum Eide gelassen, und wenn Beide ihr Recht beschwören können, so wird gleichfalls getheilt. Das Gottesurtheil erwähnt das Sächsische Landrecht nur als Antiquität[36]).

§ 25. V) Der Streit um das Geburts- und Standesrecht, insbesondere um Freiheit und Unfreiheit, hat durch die publicistische Bedeutung dieser Rechte manches Gemeinsame mit dem Streit um Grundeigenthum, und auch das Beweisrecht zeigt einen ähnlichen Unterschied des ältern und spätern Rechts.

Die rein germanischen Volksrechte kennen nur eine Klage des Herrn gegen den Unfreien, keine Klage des Letztern auf Anerkennung seiner Freiheit. Denn als factisch Unfreier kann er überhaupt mit einer Klage im Volksgericht gegen seinen Herrn nicht auftreten; und ein Adsertor ist dem germanischen Recht unbekannt[1]). Die Klage des Herrn enthält denn auch regelmäßig die Beschuldigung, daß der Beklagte, obgleich sein Knecht, sich factisch seiner Herrschaft widerrechtlich entziehe und ihm die schuldigen Dienste verweigere[2]). Die Vertheidigung enthält dann, wie beim Eigenthumsstreit, kein bloßes Leugnen, sondern die positive Behauptung des Beklagten, er sei seiner Geburt nach frei, wodurch die Beschuldigung und die Behauptung des

1) *L. Vis.* V. 7, 3. 8. enthält römisches Recht; und *L. Burg. Add.* I. 19 gehört der Lex Gundobada gar nicht an, sondern der *Lex Rom. Burg.* 44. *Bluhme h. l.* — *Ed. Ratchis* 7. gestattet dem Unfreien bei dem König zu klagen, und daß dieses schon früher Sitte war, beweist *Troya, Cod. dipl. No.* 632. Daraus erklärt sich, daß auch in langobardischen Urkunden aus Carolingischer Zeit (*Muratori, Antiq.* I. *p.* 481 von 827. *p.* 359 von 880) Unfreie als Kläger gegen ihre Herrschaft, das Kloster Novalese, ihre Freiheit geltend machen vor dem Missus oder einem andern Stellvertreter des Königs.

2) *L. Rip.* 67, 5. de ingenuitate — post malo ordine. *Marculf. App.* 3. 5. malo ordine ipso servitio, de ipsa casa effugiebat. *Form. ad Ed. Liutpr. p.* 140. *Aist.* 8. quod tu es suus servus et malo ordine te subtrahis de suo servitio. *Marculf. App.* 4. *Form. Lindenbr.* 169. de ipso servitio negligens atque iectivus.

Klägers zugleich zurückgewiesen wird. Den Beweis seiner Unschuld und seines Rechts führt der Beklagte, wie dort, durch seinen Eid mit sieben oder zwölf Eidhelfern aus seinen Blutsfreunden von väterlicher oder mütterlicher Seite, nicht als den Bestunterrichteten, sondern als den nächsten Interessenten [3]). Auch hier überwiegt also der Gesichtspunkt der Schuld, und die Rechtsfrage wird damit zusammengefaßt. Dagegen beruht es auf dem Grundsatz, daß, wer die eigene Handlung ableugnet, dieß eidlich thun kann und muß, wenn der Beklagte die vom Kläger behauptete Ergebung in Knechtschaft, und der Kläger die vom Beklagten behauptete Freilassung, durch Eid mit Eidhelfern abschwören kann [4]). Nur wenn jenes oder dieses vor Gericht oder vor Zeugen, die dasselbe vertreten, oder sonst vor einer öffentlichen Gewalt geschehen ist und dieß durch Zeugen oder eine Urkunde bewiesen werden kann, ist der Eid ausgeschlossen [5]).

Zum Geburtsrecht gehört auch die Verwandtschaft (parentela), deren Beweis die Volksrechte daher nach denselben Grundsätzen bestimmen. Wird sie als Bedingung des Erbrechts oder des Mundiums von dem Einen behauptet und von dem Andern bestritten, so ist Jener als Beklagter näher zu dem Beweise seiner positiven Behauptung durch Eid mit Eidhelfern [6]).

3) *L. Sal. extr.* 1. 2. *Merkel p.* 99 *sq.* (sieben Eidhelfer). *L. Rip.* 67, 5 (sieben oder zwölf). *Marculf. App.* 2, 5. *Form. Lind.* 169. *Andegav.* 10. *L. Chamavor.* 10. *Capit. Aquisgr. a.* 817. *c.* 10. (*Pertz* I. *p.* 215). *Cap. a.* 875. *c.* 7. *p.* 524 (zwölf). — Daher in patria sua *Ansegis.* IV. 71. (*Pertz* I. *p.* 321). — Den gerichtlichen Zweikampf schließt aus *Ed. Grim.* 2. Zugelassen wird er in *Ed. Ottonis* I. *a.* 969. *c.* 7 (*Pertz* II. *p.* 34).)

4) *L. Fris.* 11, 1. 2. Den Eid ohne Eidhelfer kann der Gegner durch gerichtlichen Zweikampf anfechten.

5) Der Kauf des Knechts wird durch sieben Zeugen oder eine öffentliche Urkunde bewiesen. *Marculf. App.* 3. 6. Die Freilassung durch eine öffentliche Urkunde *L. Rip.* 57, 1. 2. *tit.* 58. 1. 5. 6. *L. Chamav.* 12. 13. *Const. a.* 816. *c.* 1. (*Pertz* I. *p.* 196) oder durch Zeugen *Ed. Aistulf.* 22. *L. Chamav.* 11. *Capit. Misso dat. a.* 803. *c.* 3 (*Pertz* I. *p.* 121) mit Anfechtung durch gerichtlichen Zweikampf.

6) *Ed. Rothar.* 153. 165. Vgl. § 24 Note 17.

Das Sächsische Landrecht redet bei dem Streit um das Geburtsrecht nicht mehr von Schuld und Unschuld, sondern nur noch von entgegengesetzten rechtlichen Behauptungen [7]), und der Richtsteig erwähnt diese überhaupt nicht als selbständige Klagen, sondern nur als Präjudicialfragen in einem andern Rechtsstreit um Vermögensrechte [8]). Eben deshalb ist der Eid mit Eidhelfern weggefallen und der Zeugenbeweis an seine Stelle getreten, bei welchem nur noch die größere Zahl der Zeugen und ihre Eigenschaft, auf der Natur des öffentlichen Standes- und Geburtsrechts beruhend, an den frühern Gebrauch erinnern. Derjenige aber, dessen Stand angefochten wird, ist noch immer gleichsam als Beklagter näher zum Beweise seiner Behauptung, als der Gegner zum Beweise der seinigen. So beweist der Mann, dessen Unfreiheit behauptet wird, seine freie Geburt selbsiebent, d. h. mit sechs Zeugen, drei von des Vaters und drei von der Mutter Seite, und nur wenn er dieß nicht kann, wird der Gegner zum Beweise seines Rechts mit zwei Zeugen zugelassen [9]). Ebenso wer als Unecht angesprochen wird durch Geburt oder Gewerbe, ist näher sein Echt selbsiebent zu beweisen. Nur wenn er vor Gericht sein Recht verloren, schließt das Gerichtszeugniß jeden andern Beweis aus [10]).

7) Sächs. Ldr. III. 32 § 2. Sve sik vri seget, unde en ander seget dat he sin egen si u. s. w. cit. 28 § 1. Svene man unecht seget u. s. w. Note 9. 10.

8) Richtsteig 24. §§ 1. 2. Als bürgerliche Klagen werden Tit. 5. § 1. nur die um Schuld, um Gut und um Anefang genannt.

9) Sächs. Ldr. III. 32 § 2. Sve sik vri seget, unde en ander seget, dat he sin egen si, so dat he sik ime gegeven hebbe, des mut jene wol unscüldich werden, it ne si vor gerichte geschin. § 3. Spriet he aver, dat he sin ingeboren egen si, he mut ine behalden uppe'n hilgen mit tven sinen egenen mannen. § 5. Mach aver jene selve sevede sin vri behalden, die sine mage sin, dre von vader unde dre von muder, he behalt sin vri, unde verleget ir aller tüch. Richtst. 24 § 2.

10) Sächs. Ldr. III. 28 § 1. Svene man unecht seget von bort oder von ammechte, dat mut up ine getügen die't dar seget selvede sevede mit vulkomenen lüden an irme rechte. Doch mut en man sin echt unde sin recht bat behalden mit getüge, dan man ine mit getüge dar af wisen moge. § 2. Spriet man aver, dat he sin recht verloren hebbe vor

§ 26. Es war nicht dieses Orts, alle Entscheidungen der Quellen über das Beweisrecht aufzuführen und zu erklären; es kam nur darauf an, die wichtigsten derselben aus der Grundanschauung des germanischen Rechts vom Rechtsstreite abzuleiten und diese dadurch zu erweisen. Ist dieß gelungen [1]), so dürfte auch wohl folgendes Urtheil über dieselbe gerechtfertigt sein.

Die Gründung der Klage nicht auf das Recht des Klägers, sondern auf das formelle Unrecht des Beklagten steht zwar in genauer Verbindung nicht nur mit dem hohen Werth, welchen die Germanen der Persönlichkeit beilegten, sondern auch mit der ihnen eigenthümlichen Betonung des Sittlichen im Recht. Denn das Recht als Macht des Berechtigten berührt das sittliche Gebiet, erst wenn von seinem Gebrauch oder Mißbrauch die Rede ist; Schuld und Unschuld aber, welche den Ausgangspunkt des Prozesses nach germanischer Anschauung bilden, sind von Hause aus sittliche Begriffe. Auch ist der Zurückweisung der Beschuldigung des Klägers durch den Eid des Beklagten, der sein Gewissen zum höchsten Richter erhebt, ein sittlicher, dem Gottesurtheil ein religiöser Tiefsinn nicht abzusprechen, und die Buße als Sühne der Schuld spiegelt einen der höchsten Religionsbegriffe ab. Allein jene Grundanschauung vom Rechtsstreit erwies sich doch, wie wir gesehen, je länger je mehr als einseitig und unzureichend; die Berücksichtigung des Rechts war dennoch nothwendig, wenn der eine oder andere Theil es geltend machte,

gerichte mit düve oder mit rove, dat mut die richtere getügen selve sevede.

1) Ueber die früheren Versuche, das germanische Beweisrecht auf bebestimmte Principien zurück zu führen, s. Homeyer, Richtsteig S. 482 folg., dessen feinen und scharfsinnigen Auffassungen im Einzelnen ich viel verdanke. Seine allgemeine Erklärung aus „der Gunst des Beklagten“ und daraus, „daß die deutschen Beweismittel ihm leichter zur Hand sind,“ scheint mir nicht zureichend. Von neueren Bearbeitungen war mir besonders Hänels Beweissystem des Sachsenspiegels, Leipzig 1858, nützlich, ohne daß ich im Princip ihm beitreten kann. Noch weniger der Ansicht v. Bar's, das Beweisurtheil des germanischen Prozesses, Hannover 1866, der Alles auf Präsumtionen zurückführen will, wobei die Frage bleibt, warum denn diese oder jene Präsumtion angenommen wurde. Ebenso schon früher Walter, D. Rechtsgeschichte §§ 656. 674.

und der wirkliche Beweis desselben war dann die angemessene Bedingung seiner Anerkennung. Und jene förmlichen Beweismittel mußten an sich bei fortschreitender Cultur, mit welcher Beides, Gewissenhaftigkeit und abergläubige Gottesfurcht, abzunehmen pflegt, als höchst bedenklich, ja widersinnig erscheinen.

Kein Wunder also, daß schon im zwölften Jahrhundert das gebildete Bürgerthum der lombardischen Städte sich von jenen irrationalen und rohen Gebräuchen des germanischen Gerichtsverfahrens ab- und dem rationellern System zuwandte, welches die Rechtslehrer der Schule zu Bologna aus den wieder entdeckten Quellen des römischen Rechts ihm darboten; ja daß diese von Anfang an das römische Actionenrecht und den Civilprozeß zu einem Hauptgegenstand ihrer Bearbeitung machten [2]). Nur einzelne von ihnen beschäftigten sich noch kurze Zeit mit langobardischem Prozeßrecht, z. B. mit dem gerichtlichen Zweikampf [3]).

Aus denselben Gründen fand im fünfzehnten und sechszehnten Jahrhundert der römische Civilprozeß unter dem Einfluß gelehrter Richter und romanistischer Formelbücher [4]) in Deutschland Eingang und gewann je länger je mehr die Herrschaft

2) Schon Irnerius, der erste Begründer der Schule, erkannte in den Actionen den Schlüssel zu dem Rechtssystem und schrieb deshalb ein Büchlein de actionibus, was dann Placentin in seinem Arbor actionum weiter ausführte. Bulgarus, einer der vier berühmten Nachfolger des Irnerius, eröffnete die Reihe der Schriftsteller über den Civilprozeß nach römischen Grundsätzen, insbesondre im Beweisrecht; und Johannes Bassianus gab in seiner Anweisung zur Abfassung der Klagschrift nach der Natur der Actio den Anstoß zu einer zahlreichen, Theorie und Praxis vermittelnden Literatur. Die Sorgfalt, mit welcher die Libellisten die Fassung der Klagschrift nach der Natur der Actio zu bestimmen suchten, zeigt, welchen Werth man auf eine einheitliche, schriftliche Grundlage des Prozesses legte, die der ältere römische Prozeß in der Formula besaß und die dem germanischen fremd war.

3) Hugo de porta Ravennate, dann Roffredus Beneventanus, schließen die Reihe lombardischer Schriftsteller de pugna, ohne durch ihre Casuistik mehr Vernunft in die Sache zu bringen.

4) Daß der sg. Klagspiegel dabei eine Hauptrolle spielte, beweist wieder den wesentlichen Zusammenhang des Actionen- und Prozeßrechts. Vgl. Stintzing, Geschichte der populären Literatur des römisch-kanonischen Rechts in Deutschland. Leipzig 1867. S. 352 folg. 461.

über die Praxis, in der nur einzelne Institute als Ueberbleibsel des ältern deutschen Verfahrens sich erhalten haben.

Auch im Prozeßrecht, dessen überwiegend formaler Charakter vorzugsweise eine rationelle Behandlung verlangt, so gut wie im Obligationen- und Sachenrecht, ist also die Reception des römischen Rechts nicht unbedingt zu beklagen, sondern als die glückliche Aufnahme eines aus der alten Welt überkommenen Culturelementes zu betrachten. Ob aber nicht durch die revolutionäre Weise, in der das fremde Recht dem Volke von oben aufgedrungen wurde, die bereits angebahnte Cultur des germanischen Prozeßrechts gestört und mancher edle Keim erstickt worden, darüber kann nur eine im Einzelnen durchgeführte, unbefangene Geschichtsforschung entscheiden. Jeden Falls bleibt es eine wichtige Aufgabe der Jurisprudenz, die germanischen Elemente, die in unserm heutigen gemeinen Prozeßrecht noch vorhanden sind, aufzusuchen und als solche zum Verständniß zu bringen, die Aufgabe der Gesetzgebung aber, was davon bleibenden Werth hat, zu erhalten und fortzubilden.

3. Aeußere Gestaltung des Rechtsstreits.

§ 27. Eben so eigenthümlich wie das rechtliche Princip des Rechtsstreits ist dessen äußere Gestaltung nach germanischem Recht. Sie ist hauptsächlich bedingt durch die Stellung der Partheien zu dem Gericht und die Weise, wie dieses in den Gang des Rechtsstreits eingreift.

Darin zwar hat das germanische Prozeßrecht einen ähnlichen Entwicklungsgang verfolgt, wie das römische, daß in der ältesten Zeit die Partheien vorwiegend thätig wurden, bei steigender Gewalt des Königs und seiner Beamten aber das Gericht mehr eingriff. So wird nach den Volksrechten die Einleitung des Prozesses durch eine Privatladung des Klägers (mannire), ähnlich der römischen in Jus Vocatio bewirkt;

schon nach den Capitularien aber findet diese nur noch in ausgenommenen Sachen, sonst regelmäßig ein vom Kläger zu erbittender richterlicher Erscheinungsbefehl (bannire) statt [1]. Dieß ist dann noch später die allgemeine Einleitungsform geworden, vorausgesetzt natürlich, daß der Beklagte nicht vor Gericht im echte Ding, der ordentlichen Gemeindeversammlung, schon gegenwärtig ist [2].

Auch die Verhandlung selbst vor Gericht ging ursprünglich direct zwischen dem Kläger und dem Beklagten vor sich; jener richtete seine Beschuldigung gegen diesen, und erhielt darauf dessen Antwort. Doch ist schon früh auch in dieser Beziehung die Vermittlung des Gerichts eingetreten; aus der Beschuldigung ist eine Klage bei dem Richter geworden, und dieser ist es, der den Beklagten zur Antwort auffordert [3].

Die Thätigkeit des Gerichts aber ist bedingt durch die Theilung der richterlichen Functionen zwischen dem Richter und seinen Beisitzern oder Schöffen. Nur der Richter hat selbständige obrigkeitliche Autorität und Gewalt; ihm kommt es daher zu, „das Gericht zu hegen," die Verhandlung der Partheien zu leiten und sie insbesondere zu executorischen Handlungen zu auctorisiren [4]) oder dieselben direct anzuordnen. Jede dabei entstehende Rechtsfrage aber entscheiden die Schöffen, als Vertreter der Gemeinde, der Quelle des Rechts, durch ein Urtheil. Ursprünglich richteten deshalb die Partheien selbst die Urtheilsfrage an sie [5]; später wurde auch diese durch den Richter vermittelt [6].

Die im Prozeß entstehenden Rechtsfragen beziehen sich

1) Eichhorn, D. Rechtsg. §§ 76. 207. Walter, D. Rechtsg. § 676.

2) *L. Alam.* 36, 2—5. Sächs. Ldr. II. 3.

3) Vgl. für die ältere Zeit Siegel, D. Gerichtsverfahren S. 115. 131. 136. Maurer, Gesch. des Gerichtsverf. § 50 und für die spätere den Richtsteig des sächs. Landrechts durchweg.

4) Vgl. z. B. *L. Sal.* 50, wo der Kläger wegen der Nichterfüllung des Beklagten sich an den Richter wendet: rogo te thungine, oder: tu grafio, und die Auctorisation zur Pfändung desselben erbittet.

5) Siegel cit. § 21. Maurer cit. § 51.

6) Maurer cit. § 59. In der spätern Zeit auch hierfür den Richtst. Ldr.

aber nicht bloß auf die Hauptentscheidung der Sache selbst, sondern auch auf die einzelnen Handlungen der Partheien, wodurch dem Rechtsstreit eine bestimmte Richtung gegeben und der Ausgang desselben zum voraus auf entscheidende Weise bestimmt wird. Insbesondere gehören dahin alle den Beweis betreffenden Anträge, deren Bedeutung wir kennen gelernt haben. Ob der Beklagte sich zum Eide mit Eidhelfern oder zum Beweise erbietet, ob der Kläger sich auf das Zeugniß des Gerichts beruft oder ein Gottesurtheil verlangt, sind eben so viele den Ausgang des Rechtsstreits bestimmende Schritte, zu denen die Parthei vom Richter zugelassen, und über deren Zulässigkeit, wenn sie bestritten ist, von den Schöffen ein Urtheil gefällt werden muß. Und dieses Urtheil, wenn es nicht sofort angefochten (gescholten) und seine Abänderung bewirkt wird, entscheidet die vorliegende prozessualische Frage definitiv, präjudicirt also dem Endurtheil unwiderruflich [7]).

Da aber diese interlocutorischen Urtheile von den Anträgen der Partheien abhängig sind, so ist klar, wie gefährlich für die Partheien jedes hierin begangene Versehen war [8]), wie sehr sie also, wenn sie des Rechts nicht kundig waren, selbst abgesehen von den für die verschiedenen Partheierklärungen gebräuchlichen Formeln, der Unterstützung durch einen rechtskundigen Beistand bedurften [9]). Kein Wunder also, daß, wenn auch nicht in der allerältesten Zeit, doch schon in den spätern Volksgesetzen und Capitularien Fürsprecher (advocati, causidici) vorkommen, welche die Sache der Parthei in ihrer Gegenwart durch mündliche Rede führen [10]), hülflosen Personen selbst von Gerichtswegen beigegeben [11]) und gleich den Schöffen als zur vollstän-

7) Vgl. Planck, Beweisurtheil § 3.

8) Homeyer, Sachs. II. 1. S. 618. v. vare. Richtsteig S. 431.

9) Ein Nebenvortheil war, daß die Parthei das Wort ihres Fürsprechers noch berichtigen konnte. S. Homeyer, Richtst. S. 421.

10) Z. B. beim Schelten des Urtheils *Hloth.* I. *const. Pap. a.* 832. *c.* 5 (*Pertz, Mon.* I. *p.* 360). Die Vertretung der abwesendrn Partheien wurde nur den Kirchen, ausnahmsweise auch Andern gestattet. *Marculf. Form.* I. 21. II. 31. *App.* 9. 25. *Lindenbrog.* 183. *L. Sal. extrav.* 12. *Pardessus p.* 334.

11) *Ed. Ratchis.* 3. 11. *L. Vis.* II. 2, 4. — 3, 3. *Capit.*

digen Gerichtsbesetzung gehörig vom Könige bestellt werden [12]). In späterer Zeit werden sie aus der Zahl der Schöffen selbst oder aus den schöffenbaren Gerichtseingesessenen von den Partheien gewählt [13]). Und nicht bloß in der persönlichen Qualification, sondern auch in ihrer Function stehen diese Fürsprecher auf gleicher Linie mit den Schöffen. Denn es sind rechtliche Behauptungen, also Urtheile, die sie im Namen ihrer Parthei frageweise aussprechen [14]), und deren Bestätigung durch das Urtheil der Schöffen sie begehren. Ja, wenn dieses Urtheil ihnen ungerecht oder unbillig dünkt, so sind sie es, die im Namen ihrer Parthei dasselbe schelten und ein anderes Urtheil an seine Stelle setzen [15]), dessen Bestätigung oder Verwerfung durch ein Schöffengericht von höherer Auctorität oder durch ein Gottesurtheil dann zu erwarten ist.

Man sieht, daß das germanische Gerichtsverfahren sich durch eine Reihe von Rechtssprüchen der Partheien und des Gerichts fortbewegte, und daß es also ein sprechender Beweis dafür ist, wie dem Germanen nichts im Prozeß willkührlich, sondern Alles von der Rechtsidee erfüllt schien [16]). Ist dieß ein Vorzug, so ist doch andrer Seits nicht zu verkennen, daß auf diese Weise der Rechtsstreit, den die Römer seinem einheitlichen Inhalt entsprechend auch formell zu einer Einheit gestalteten, sich in eine große Zahl rechtlicher Einzelheiten zersplitterte, und daß die wahre Gerechtigkeit unter diesem Formalismus des Rechts leicht zu Schaden kam.

Aquisgr. a. 817. *leg. add. c.* 3. (*Pertz* I. *p.* 211).

12) *Cap. min. a.* 803. *c.* 3. (*Pertz* I. *p.* 115). *Cap. Mabill.* I. *c.* 5. *W.* III. *p.* 686. *Ed. Pistens. a.* 864. *c.* 32. ut advocati — ad suum mallum occurrere possint.

13) In Italien werden die Schöffencollegien regelmäßig Collegia iudicum et advocatorum, die Mitglieder theils iudices, theils causidici genannt. Für Deutschland s. Homeyer, Richtst. S. 421.

14) Daher wird die Urtheilsfrage des Fürsprechers auch ordel genannt. Homeyer, Richtst. S. 550 v. ordelen. Planck cit. S. 13.

15) Für die ältere Zeit s. Note 10. Für die spätere Planck cit. S. 15 folg.

16) Hegels Ausspruch (s. oben Bd. 1 S. 22), daß jeder Schritt im Prozeß ein Recht sei, fand also hier seine vollste Anerkennung.

Noch übler freilich war es, daß in den romanischen Ländern nach Wegfall der freien Rechtsschöpfung der Schöffengerichte dieser Formalismus des Rechts in dem römisch-kanonischen Prozesse scholastisch verknöcherte, und daß dieser dann auch in Deutschland Eingang fand. Die Reform des Jüngsten Reichsabschieds und der Einfluß des sächsischen Prozesses hat zwar ein einfacheres Verfahren zur Herrschaft gebracht. Allein ganz ist unser gemeines deutsches Prozeßrecht von jenem scholastischen Formalismus nicht befreit, und es wird die Aufgabe der neuern Prozeßgesetzgebung sein, die richtige Mitte zwischen Bestimmtheit der Form und freier Bewegung der Partheien und des Richters zu treffen [17]).

17) Eine Hauptfrage dabei ist die, ob das Beweisurtheil, welches, statt nach altdeutschem Grundsatz auf Beweisrecht und förmliche Beweismittel, jetzt auf Beweislast und wirkliche Beweismittel gerichtet ist und das Verfahren nach dem abstracten Gegensatz von Thatsache und Beweis in zwei Hälften zerschneidet, beizubehalten sei oder nicht. Dagegen spricht, daß durch ein rechtskräftiges Beweisurtheil über die Beweislast, welche mit der andern Frage, was für erwiesen zu halten sei, großen Theils zusammenfällt (s. Bd. 2 S. 613 folg.), der freien Beurtheilung des Richters bei der Definitiva, wo ihm erst alles Thatsächliche vorliegt, vorgegriffen wird.

Erster Abschnitt.

Vom fünften bis achten Jahrhundert.

Die Staaten der Völkerwanderung.

Vorgeschichte.

1. Germanien.

§ 28. Germanien, das nach Tacitus Beschreibung im Süden von der Donau, im Westen vom Rhein begrenzt wurde, im Norden sich bis an die Nord- und Ostsee und auf die skandinavischen Halbinseln, im Osten tief in die Weichselebene bis an die Karpathen erstreckte, — und der in viele Völkerschaften getheilte, aber durch Körperbildung, Sprache und Sitten einheitliche Volksstamm, der es bewohnte, bilden den Ausgangspunkt für die Neubelebung der erstorbenen römischen Welt und somit für die gesammte mittlere und neuere Culturgeschichte. Schon dieß beweist, daß die Germanen bei ihrem ersten Auftreten in der Geschichte nicht, wie neuere, besonders französische Schriftsteller angenommen haben, Barbaren von äußerster Rohheit, sondern daß sie ein edles, an Bildungsfähigkeit keinem Volk der alten Welt nachstehendes Geschlecht waren, das nur mit der Jugendfrische auch noch die Ungezogenheit des Knabenalters verband. Die Voraussetzung kann also nicht trügen, daß in ihren Sitten und Einrichtungen auch für die Geschichte des germanischen Rechts die ersten Keime zu finden seien [1]).

1) Seitdem Justus Möser das Interesse für diese Urzeit unseres Volkes geistreich belebt, Eichhorn von ihr den Ausgangspunkt seiner großartig durchgeführten Staats- und Rechtsgeschichte genommen, Jacob Grimm, im Vollbesitz der Sprach- und Sittenkunde aller ger-

In der That waren sie nach der begeisterten Schilderung des genannten großen Historikers, der unsere Hauptquelle ist, weder von Jagd und Fischerei lebende Wilde, wie ihre nordöstlichen Nachbarn, die Finnen, noch mit Viehheerden schweifende Reitervölker (Nomaden), wie ihre östlichen Grenzer, die Sarmaten[2]), oder die später aus Asien hereinbrechenden Horden der Alanen und Hunnen[3]), sondern standen auf der Culturstufe des Ackerbaus und der damit verbundenen Viehzucht. Eben deshalb bestand, wie bei allen ackerbauenden Völkern, ihre Hauptmacht im Fußvolk. In diesen Stücken waren sie nach Cäsars Bericht schon ein Jahrhundert früher ihren westlichen Nachbarn, den Kelten in Gallien und Britannien, ähnlich; aber wie grundverschieden in Charakter, Sitten und Einrichtungen[4]).

Zwar zeigten auch die keltischen Stämme in ihrer Körperbildung die nordische Natur; hohe Gestalt, blondes Haar, blaue

manischen Stämme, deren ersten Keimen und Grundgedanken liebevoll nachgeforscht, haben die Bemühungen, volles Licht darüber zu verbreiten, nicht aufgehört. Die Ansichten aber gehen bis zur Stunde weit auseinander. Wir nennen hier nur: Weiske, die Grundlagen der früheren Verfassung Teutschlands, Leipz. 1836. Loebell, Gregor von Tours und seine Zeit, Leipz. 1839. Wilda, das Strafrecht der Germanen, Halle 1842. Waitz, Deutsche Verfassungsgeschichte Bd. 1, Kiel 1844. v. Sybel, Entstehung des deutschen Königthums, Frankf. 1844. K. Maurer, Ueber das Wesen des ältesten Adels der deutschen Stämme, München 1846. Köpke, Deutsche Forschungen, Berlin 1859. Dahn, die Könige der Germanen, München 1861 folg. Thudichum, Der altdeutsche Staat, Gießen 1862. Leider erst nach Vollendung dieses Abschnitts kommt mir Waitz, Ueber die principes in der Germania des Tacitus, Forschungen zur D. Geschichte II. (1862) S. 385 folg. und Verfassungsgeschichte I. 2. Aufl. 1865 zu Gesicht, worin er seine frühern Ansichten, denen ich größten Theils, bis auf den princeps civitatis, beipflichte, vervollständigt und gegen anders Denkende vertheidigt. Von allgemeinen Werken über deutsche Rechtsgeschichte s. Walter, Zöpfl, v. Daniels, Schulte u. A. Meine Gelegenheitsschrift: Ueber die Germanen vor der Völkerwanderung, Bonn 1850, hat bei ihrer übereilten Ausarbeitung meine Grundanschauung, die ich festhalte, nicht völlig deutlich gemacht, auch im Einzelnen geirrt; Beides werde ich hier in der durch unsern Hauptzweck gebotenen Kürze zu bessern suchen. — Ueber die einzelnen germanischen Völkerstämme, ihre Wohnsitze und Wanderungen vgl. Zeuß, die Deutschen und ihre Nachbarstämme, München 1837.

2) *Tac. Germ.* 46. *cf. Hist.* 1, 79. 3, 5. *Ann.* 12, 29.

3) *Amm. Marc.* 31, 2.

4) *Caesar, de bell. Gall.* VI. 11—24. IV. 1—3. und sonst beiläufig.

Augen. Aber ihr leichtes Blut machte sie ebenso rasch zu kühnen Entschlüssen als kleinmüthig im Unglück, neuerungssüchtig und weniger erfinderisch als geschickt in der Nachahmung und Verwendung des Fremden. Ein finsterer grausamer Aberglaube und „die keltische Unzucht“ [5]) vollenden von der anderen Seite das Charakterbild. In der Familie waren Frauen und Kinder der despotischen Gewalt des Hausvaters unterworfen. Im Staate theilte sich eine zahlreiche, wohlorganisirte Priesterschaft (druides), durch ihre Geheimlehre und den richterlichen Kirchenbann, mit einem partheisüchtigen Adel (equites), vermöge einer strengen Clientel, in die Herrschaft über das durch Steuern und Schulden bedrückte gemeine Volk (plebs), welches in Städten und Dörfern gesellig vereint wohnte und neugierig sich um jeden Reisenden, ihn auszuhorchen, versammelte. Die politische Rede aber war auf die öffentlichen Rathsversammlungen beschränkt, und von diesen das Volk ausgeschlossen, jedoch verpflichtet, jede den Staat betreffende Neuigkeit den Machthabern heimlich anzuzeigen. Bei diesem Nationalcharakter und diesem öffentlichen Zustande mußten die Kelten früh der verweichlichenden Cultur des Auslandes und der Unterjochung durch die Römer unterliegen; schon im zweiten Jahrhundert römischer Herrschaft waren sie vollständig romanisirt.

Die Germanen dagegen, von härterem Stoff gebildet, mit reineren Sitten und einer freien Verfassung, haben während eines halben Jahrtausends, wenngleich im Einzelnen oft durch die Verführungskünste der Römer verlockt und durch ihre Kriegskunst besiegt, als Nation der römischen Weltmacht widerstanden [6]) und sie schließlich zertrümmert; ja sie würden dieß früher vollbracht haben, hätte nicht dieselbe eifersüchtige Liebe zur Freiheit sie unter sich zerspalten [7]).

5) Dahlmann, Gesch. der franz. Revol. S. 7.

6) *Tac. Germ.* 37. — tamdiu Germania vincitur. — proximis temporibus triumphati magis quam victi sunt.

7) *Tac. Germ.* 33. maneat, quaeso, duretque gentibus, si non amor nostri, at certe odium sui, quando urgentibus imperii fatis nihil iam praestare fortuna maius potest quam hostium

Von ihren Sitten erwähnen wir nur die einfache, auf Abhärtung zu Krieg und Jagd berechnete Lebensweise und Erziehung beider Geschlechter, die Keuschheit der Jugend, die den Frauen gewidmete Verehrung und deren treue Hingabe in der Ehe an den Mann und sein Schicksal. Die Schattenseite zu diesen edlen Zügen bildete die Neigung des Germanen zu Trunk und Spiel, entschuldbarer, insofern jene mit Gastfreiheit und geselligem Frohsinn, diese mit dem Reiz des Wagnisses, wie es der Krieger liebt, zusammenhing. Näher als dieses Sittengemälde liegt unserm Zwecke die älteste germanische Staatsverfassung.

Bei deren Bestimmung ist die früher [8]) erörterte Eigenthümlichkeit des germanischen Rechts festzuhalten, wonach allen Instituten desselben zwar sehr bestimmte Ideen zum Grunde liegen, diese aber nicht, wie bei den Römern und nach unserer modernen Anschauungsweise, zu scharf umgrenzten Begriffen und bestimmten Rechtssätzen von absoluter Geltung gestaltet sind, sondern nur die allgemeine Grundlage von stets neu und frei aus der Thatsache entwickelten, concreten Rechtsaussprüchen bilden. Hieraus und nicht bloß aus der Unbestimmtheit der römischen Berichte und ihrer Terminologie [9]) erklärt es sich, daß gründliche und besonnene neuere Forscher unter Anwendung unserer modernen Begriffe über die wichtigsten Punkte der ältesten germanischen Verfassung, als individuelle Freiheit und Geschlossenheit der Staats- und Gemeindeverbindung, Volksfreiheit und Königthum, absolute Gleichheit der Staatsgenossen und Vorzug des Adels, u. A., zu direct entgegengesetzten Resultaten gelangen konnten. Die Eigenthümlichkeit des öffentlichen Rechts der Germanen besteht eben, in dieser ältesten wie in der späteren Zeit,

discordiam. *Ann.* II. 62. haud leve decus Drusus quaesivit illiciens Germanos ad discordias, utque fracto iam Maroboduo usque in exitium insisteretur.

8) S. oben §§ 3 folg.

9) Vgl. die Versuche sie zu bestimmen von Dahn cit. und Thudichum cit. Wenn freilich Köpke S. 19 einen vierfachen Sinn von princeps bei Tacitus annimmt, so scheint mir dieß doch zu viel für einen classischen, seine Sprache beherrschenden Schriftsteller.

in der Einheit dieser Gegensätze, deren Grenze deßhalb eine fließende ist. Die unentbehrliche Bestimmtheit des Rechts aber wurde dennoch nicht vermißt, weil es in jedem einzelnen Fall aus der Quelle alles Rechts, dem Urtheil des Volkes, geschöpft werden konnte. Aus diesem Grunde ist auch eine viel größere Mannigfaltigkeit des öffentlichen Rechts bei den verschiedenen Völkerschaften und im Fortgang ihrer geschichtlichen Entwickelung vorauszusetzen, als die einheitlichen Berichte der römischen Schriftsteller erwarten lassen. Dieß vorausgeschickt hoffen wir, dem Tadel der Unbestimmtheit und des Schwankens in unserer Darstellung dieser Verfassung zu entgehen.

§ 29. Das breite und feste Fundament derselben bildete der Stand der Freien (ingenui), dem als dem Kern der gesammten Bevölkerung sich einer Seits ein nicht zahlreicher Adel (nobiles), anderer Seits zahlreichere Unfreie (servi) und Freigelassene (libertini) anschließen[1]), und die Verbindung jenes Standes zu Genossenschaften, die in dreifacher Gliederung von der Dorf- oder Ortsgemeinde (vicus) zur Gaugemeinde (pagus) und Landes- oder Volksgemeinde (civitas) aufsteigen[2]) und durch die Versammlung der zu ihnen gehörigen freien Hausväter (concilium) vertreten werden[3]).

Bestand also zunächst das äußere Kennzeichen der Zusammengehörigkeit dieser größeren und kleineren Genossenschaften in ihrem lokalen Zusammenwohnen, nämlich 1) der Völkerschaft in ihrem Staatsgebiet[4]), dessen Grenze sie durch wüstliegende Haiden und Wälder gegen benachbarte Völkerschaften zu bezeichnen und

1) *Tac. Germ.* 25. liberti — servos — ingenuos — nobiles. 44. servo — nobilem — ingenuum — libertinum.

2) Nach Cäsar und Tacitus zerfällt die civitas, die politische Gemeinschaft des Volks (populus, gens, natio), in mehrere pagi, und der pagus, Bezirk oder Gau, enthält nach Letzterem eine Mehrzahl vici, Bauerschaften.

3) Ob bei *Tac. Germ.* 11—13. unter concilium die Volks- oder Gauversammlung zu denken sei, ist nur aus dem Zusammenhang und der Sache selbst zu entscheiden. Vgl. Dahn S. 84. Thudichum S. 45.

4) Cäsar und Tacitus gebrauchen dafür die Ausdrücke fines, sedes, nie pagus, womit sie nur einen Theil des Staatsgebiets bezeichnen.

zu schützen pflegte [5]), 2) der Gaugemeinde in einem Bezirk desselben, den wir mit Cäsar und Tacitus schlechthin Gau (pagus) nennen, obgleich die spätere Zeit mit diesem Wort einen andern Begriff verbindet [6]), und 3) der Ortsgemeinde in dem Dorf (vicus) oder seiner Gemarkung: so war doch das Princip ihrer Verbindung ein anderes, nämlich ein persönliches, das schon bei der ersten Einwanderung bestand und die Wahl eines gemeinsamen Wohnsitzes bestimmte, auch bei dem Wechsel dieses Letzteren fortdauerte. Am wenigsten kann dieß für die einzelne Völkerschaft bezweifelt werden, die, wenn auch mit anderen Völkerschaften in näherer oder fernerer Verwandtschaft, ihre besondere Einheit, an Stelle des unmöglichen historischen Nachweises, mythisch auf gemeinsame Abstammung zurückführte [7]) und in gemeinsamen Heiligthümern zu erhalten bedacht war [8]). Aber nicht minder gilt dieß von der Gaugemeinde, die, auch nachdem sie ihren Bezirk verlassen und sich auf die Wanderung begeben hat, durch die Ausdrücke pagus [9]) und φυλή [10]) als Stamm (tribus), ja selbst als Völkerschaft (populus) [11]) bezeichnet wird und ihre Stammeseinheit gleich-

5) *Caes. de bello Gall.* IV. 3. VI. 23.

6) Die pagi des carolingischen Reichs beruhen in Gallien auf den alten Gebieten der keltischen Völkerschaften, die auch in römischer Zeit sich als Territorien der größern Städte erhalten hatten, im innern Deutschland auf den Wohnsitzen der kleinen fränkischen und sächsischen Stämme, als Chamaver, Brukterer u. s. w. Ihnen standen Comites vor, und den Centenen, in die sie zerfielen, die Centenare.

7) *Tac. Germ.* 2. nicht bloß die drei Hauptstämme der Ingävonen, Hermionen und Istävonen, sondern auch die einzelnen Völkerschaften der Sueben, Vandalen, Marsen u. s. w. *c.* 39 sagt von den Suebischen Völkern: eiusdem sanguinis.

8) *Tac. Germ.* 43. Der Hain des Castor und Pollux bei den Nahanarvalen 43. Das gemeinsame Heiligthum der Sueben 39. Das der Hertha 40 u. s. w. *c.* 10. sacerdos civitatis. *Amm. Marc.* 28, 5. sacerdos apud Burgundios omnium maximus vocatur sinistus.

9) *Caesar de bello Gall.* I. 12. 27 von den ausgewanderten Helvetiern. 37. von den hundert pagis der Sueben. In demselben Sinne unterscheidet und identificirt er VI. 23 regiones ac pagi, nämlich die Stämme und ihre Bezirke.

10) Die Phylen der Westgothen bei *Eunapius, Excerpta c.* 46. *ed. Bonn. p.* 82 und die Phylarchen unten § 30 Note 35.

11) *Tac. Germ.* 29. Batavi, — Chattorum quondam populus et seditione domestica in eas se-

falls durch gemeinsame Heiligthümer und deren Priester bezeugt [12]). Daß sie aber auch bei der ersten Einwanderung des Volkes eine Abtheilung des bei allen germanischen Stämmen nach dem Centesimalsystem gegliederten Volksheers [13]) gebildet, ergiebt sich aus ihrer Identität mit der altnordischen Hunderte (herad) und ihrer Verwandtschaft mit den späteren fränkischen Centenen, wobei es dahingestellt bleibt, ob wirklich bei der ersten Niederlassung hundert Hausvätern mit ihren Familien der Wohnsitz in Einem Gau angewiesen wurde [14]). Keines Falls konnte bei rasch anwachsender Volkszahl dieß Zahlenverhältniß von Dauer sein. Endlich ist es auch für die in der gemeinsamen Mark angesiedelte Dorfgemeinde bezeugt, daß sie durch Geschlechts- und Familienverbindungen gebildet war [15]), wie diese auch im Volksheer in vereinigten Rotten kämpften [16]). Finden sich doch auch noch heutzutage in verschiedenen Gegenden Deutschlands ganze Bauerschaften mit einem und demselben oder mit nur wenigen Geschlechtsnamen [17]).

des transgressus (*cf. Hist.* 4, 12 Batavi, donec trans Rhenum agebant, pars Chattorum, seditione domestica pulsi *rel.*), während er ebendaselbst die Chatten als eine Völkerschaft, gens, bezeichnet und sie als solche c. 38 von dem Völkerbund der Sueben unterscheidet, auch sonst stets als Eine civitas politisch handelnd aufführt.

12) *Eunapius cit.* Note 10, wo die vor den Hunnen fliehenden Stämme (φυλαί) der Westgothen, obgleich vorgeblich Christen, mit ihren Götzenbildern und Priestern und Priesterinnen über die Donau setzen.

13) Dahin gehören schon die Tausende, die nach *Caes.* IV. 1 jeder der 100 Pagi der Sueben ins Feld stellen mußte, und die Hunderte leichter Truppen, die nach *Tac. Germ.* 6. jeder Pagus zu der Vorhut als Begleiter der Reiterei stellte, und aus späterer Zeit die gothischen Heeresabtheilungen unter dem Millenarius, Quingentenarius, Centenarius u. s. w.

14) Weiske S. 6. 30 folg. Wilda S. 125 folg. v. Sybel S. 37. Waitz S. 150 folg. Vgl. unten § 30 Note 47 und § 31 Note 15. 16.

15) *Caes. de bello Gall.* VI. 23. unten Note 23. Ein solches Geschlecht hieß bei den Burgunden und Langobarden fara. *L. Burg.* 54 §§ 2. 3. *Paul. Diac.* II. 9. Ueber deren Wohnsitze s. *Ed. Roth.* 177. *Du Cange v. fara.*

16) *Tac. Germ.* 7. Daß die Ortsgemeinden auch eine Decanie unter einem Decanus gebildet, entsprechend einer Heeresabtheilung dieses Namens, bestreiten mit guten Gründen Weiske S. 15—29. v. Sybel S. 33. Waitz S. 166 folg. Behauptet wird es wieder von Thudichum S. 35. Keines Falls war es eine allgemeine Einrichtung.

17) Z. B. in Holstein und auf

Dagegen soll nach einer zuerst von Möser aufgestellten, aus späteren Verhältnissen auf die Urzeit übertragenen Ansicht nicht bloß der Wohnsitz, sondern der Grundbesitz des Einzelnen in dem Gemeindebezirk sein Genossenschaftsrecht bedingt haben [18]). Neuere Untersuchungen über die älteste germanische Agrarverfassung, durch welche Cäsars und Tacitus' Nachricht über dieselbe endlich wieder die gebührende Anerkennung gefunden, haben jene Ansicht auf das Vollständigste widerlegt und den Beweis, daß die Gemeinde- und Staatsgenossen durch ein persönliches Band verbunden waren, vervollständigt [19]).

Diese Agrarverfassung beruhte auf der „Feldgraswirthschaft, und zwar einer extensiven und wilden, d. h. einer solchen, welche auf eine Ackercultur von einem Jahre oder einigen Jahren eine vieljährige Grasnutzung folgen läßt, mithin immer nur den kleinsten Theil der ganzen Culturfläche zur Zeit unter dem Pfluge hält und bei dem ungeregelten Verhältniß der Acker- und Weidejahre zu einander eine schlagmäßige Eintheilung der Felder, insbesondere die Dreifelderwirthschaft, welche Manche in der Stelle des Tacitus zu erkennen glaubten, noch nicht kennt". Diese Bewirthschaftung entsprach „den ausgedehnten verfügbaren Bodenflächen, der dünnen Bevölkerung und den geringen Arbeitskräften", sowie der Unbekanntschaft der Urzeit

dem Westerwald, also in sächsischen und fränkischen Gegenden. Vgl. Riehl, der deutsche Bauer, D. Vierteljahrsschrift 1850. No. 51.

18) Möser, Osnabr. Gesch. I. § 24. Patr. Phantas. III. No. 62. „Der Bauerhof als eine Actie betrachtet." Es ist charakteristisch für seine Zeit, daß selbst ein historischer Geist wie Möser die Staatsverbindung der alten Germanen auf Vertrag zurückführt; eben deshalb hält er die Markgenossenschaft für älter als die Verbindung zu Recht und Frieden.

19) Die Geschichte der Auslegung der vom Ackerbau der Germanen handelnden Stellen bei Cäsar (*de bello Gall.* IV. 1. VI. 22.) und Tacitus (*Germ.* 26.) giebt Thudichum S. 132 folg. Die neuesten durchschlagenden Aufsätze von Hanssen, Die Gehöferschaften (Erbgenossenschaften) im Regierungsbezirk Trier, Abh. der K. Akad. der Wiss. Berlin 1863, und: Zur Geschichte der Feldsysteme in Deutschland, Zeitschr. für Staatsw. 1865, Heft I. u. II., besonders Tübingen 1865, waren ihm noch unbekannt. Es ist dieß ein lehrreiches Beispiel, wie wesentliche Dienste Sachkenntniß, insbesondre die Nationalökonomie, der Rechtswissenschaft leisten kann, ohne daß damit eine neue Methode für diese gefunden wäre.

mit den Kunstmitteln der Bodenverbesserung [20]), während die Erfahrung, daß neu angebrochenes Land eine ungewöhnliche Tragbarkeit besitze, nicht unbemerkt bleiben konnte. Auch stimmt damit die Nachricht, daß von den beiden sich ergänzenden Zweigen des ländlichen Gewerbes, Ackerbau und Viehzucht, die letztere das entschiedene Uebergewicht behauptet habe [21]).

Rechtlich betrachtet schloß jene Bewirthschaftung des Bodens in Cäsars Zeit jeden Privatbesitz an demselben aus [22]); vielmehr wiesen die Obrigkeiten jedes Jahr den nach Geschlechtern und Sippschaften gebildeten Gemeinden, wo und wie viel Acker ihnen angemessen schien, an und zwangen sie, im folgenden Jahr sich an einem andern Ort zum Anbau niederzulassen. [23]). Er setzt dabei natürlich die Vertheilung der der Gemeinde angewiesenen Ackerflur unter die einzelnen Hausväter voraus, die Tacitus berichtet. Diese jährliche Anweisung beschränkte sich auch nicht bloß auf die Ackerfläche, sondern umfaßte selbst Haus, Hof und Garten. Denn unter den Gründen dieser merkwürdigen Einrichtung führt er ausdrücklich auch den an: es solle dadurch verhütet werden, daß die Volksgenossen sich nicht in zu sorgfältig gebauten Wohnungen gegen Frost und Hitze schützen, vielmehr gegen diese abgehärtet bleiben möchten. Die anderen Gründe beziehen sich auf die demokratische Gleichheit und den kriegerischen Sinn des Volkes, und es mögen die von ihm angeführten Motive wohl zur Erhaltung dieser unter der Gewähr der Volksgemeinde und ihrer Obrigkeiten stehenden Ver-

20) *Caesar cit.* agriculturae non student. *cf. c.* 29. *Tac. cit.* nec enim cum ubertate et amplitudine soli labore contendunt, ut pomaria conserant et prata separent et hortos rigent: sola terrae seges imperatur.

21) *Caes. cit. Tac. Germ.* 5.

22) *Caes. cit.* IV. 1 von den Sueben: Sed privati ac separati agri apud eos nihil est. VI. 22 von den Germanen überhaupt: Neque quisquam agri modum certum aut fines habet proprios.

23) *Caes. cit.* VI. 22. Sed magistratus ac principes in annos singulos gentibus cognationibusque hominum, qui una coierunt, quantum et quo loco visum est agri attribuunt atque anno post alio transire cogunt. IV. 1. neque longius anno remanere uno in loco incolendi causa licet.

fassung beigetragen haben [24]). Wir dürfen nach dem, was später nachgewiesen werden soll, sie auch mit der nicht völligen Seßhaftigkeit der germanischen Volksstämme und ihrer Wanderlust [25]) in Verbindung bringen, so daß die Versetzung derselben in neue Wohnsitze Beides, jene Agrarverfassung nothwendig machte und durch sie erleichtert wurde.

In der Zeit des Tacitus ist jedoch hierin ein Fortschritt zu bemerken, der damit zusammenhing, daß die Römer am Rhein und der Donau jener Wanderlust zur Zeit einen Damm entgegengesetzt hatten. Denn er spricht von zwar roh erbauten, jedoch einfach verzierten Wohnungen, die der Eigenthümer im Interesse seiner individuellen Freiheit mit Hof und Garten umgab [26]), und von einem doppelten Anbau der Bauerschaften, in getrennten Höfen oder in näher zusammenliegenden Dörfern [27]), was gleichfalls auf feste Wohnsitze der Einzelnen zu deuten scheint. Die Ackerflur aber wurde auch nach seiner Beschreibung in jährlichem Wechsel von der gesammten Bauerschaft mit Rücksicht auf die Zahl ihrer Glieder, also in dem nach dem Bedürfniß bestimmten Umfang, in Besitz genommen und dann unter die Einzelnen zur jährigen Benutzung, ohne Zweifel durchs Loos, vertheilt. Gewiß wurde dabei auch auf die Beschaffenheit des

24) *Caes. cit.* VI. 22. Eius rei multas adferunt causas *rel.* Es ist nicht zu bezweifeln, daß Cäsar mittelbar oder unmittelbar diese Gründe von Germanen gehört hatte. Auf Erhaltung strenger, einfacher Lebensweise war auch das Verbot der Weineinfuhr bei den Sueben berechnet. *Caes.* IV. 2.

25) *Tac. Hist.* IV. 73. Eadem causa semper Germanis transeundi in Gallias, libido atque avaritia, et mutandae sedis amor.

26) *Tac. Germ.* 16. Suam quisque domum spatio circumdat. — materia utuntur ad omnia informi et citra speciem aut delectationem. quaedam loca illinunt terra ita pura ac splendente, ut picturam ac lineamenta colorum imitetur.

27) *Tac. cit.* Nullas Germanorum populis urbes habitari satis notum est; ne pati quidem inter se iunctas sedes. (Dieß ist das Allgemeine: denn entweder) colunt discreti ac diversi, ut fons, ut campus, ut nemus placuit. (Oder) vicos (denn auch Dörfer haben sie) locant, non in nostrum morem, connexis et cohaerentibus aedificiis: suam quisque domum *rel.* So auch Dahn S. 56 und Thudichum S. 121 folg. Dieser verschiedene Anbau geht noch jetzt durch alle Theile von Deutschland und ist durch die Lokalitäten, in Preußen auch durch die Separation, bedingt.

Bodens gesehen, so daß jede Hufe an dem bessern und geringeren Lande gleichen Antheil erhielt. Die Ausdehnung der Bodenfläche, bemerkt er, erleichtere die Theilung, indem nicht eine bestimmt abgegrenzte Ackerflur in Bruchtheile zerlegt, sondern so viele Hufen von gleicher Größe, als jedesmal Haushaltungen zu versorgen waren, in die Mark hinausgelegt wurden, wo dann doch noch Land genug, nämlich zur Gemeinweide, übrig bleibe [28]). Jedem Hausvater blieb es überlassen, wie viel er von seiner Hufe an Unfreie zur Benutzung überlassen, wie viel zur eigenen Bestellung mit ihrer Hülfe zurückbehalten wollte [29]). Deßgleichen war der Viehstand mit Weiderecht, wie die Holznutzung, in der gemeinen Mark wohl noch unbeschränkt [30]). Ob jede Bauerschaft (vicus) eine bestimmt abgegrenzte Mark im Gesammteigenthum hatte, innerhalb deren jener jährliche Wechsel der Ackerflur stattfand und nach mehreren Jahren im Kreislauf zu derselben Stelle zurückkehrte, oder ob derselbe sich auf den ganzen Gau oder auf das Staatsgebiet überhaupt bezog, deutet Tacitus nicht an. Doch möchte man, abgesehen von den auch in seiner Zeit noch ausnahmsweise vorkommenden Wanderungen, das Erste annehmen, da er nicht wie Cäsar die Obrigkeiten jener größeren Gemeinheiten, sondern nur die Bauerschaft als dabei thätig erwähnt.

28) *Tac. Germ.* 26. agri pro numero cultorum ab universis (*sc. cultoribus*) in vices occupantur, quos mox inter se secundum dignationem partiuntur. facilitatem partiendi camporum spatia praestant. arva per annos mutant; et superest ager. nec enim *rel.* s. Note 20. Könnte sprachlich dignatio von Bonitirung des Bodens verstanden werden, so wäre ich geneigt es nach einer frühern Andeutung von H a n s s e n und mit T h u d i c h u m S. 98 auf die im Text bemerkte Berücksichtigung der Bodengüte zu beziehen. Vgl. jedoch unten § 30 Note 19.

29) *Tac. Germ.* 25. servis non in nostrum morem, descriptis per familiam ministeriis, utuntur; suam quisque sedem, suos penates regit. frumenti modum dominus aut pecoris aut vestis, ut colono, iniungit; et servus hactenus paret. T h u d i c h u m S. 114 nimmt an, daß dem Herrn für seine Leibeigenen mehr Land angewiesen worden sei, was ich bezweifle. *c.* 15. Delegata — agrorum cura feminis senibusque et infirmissimo cuique ex familia, scheint den Feldbau nur der Familie zuzuschreiben. Doch ist es kaum denkbar, daß die Unfreien nicht Frohndienste geleistet haben sollten, die schon in der folgenden Periode allgemein sind.

30) Bestand doch der Hauptreichthum in dem Viehstande. *Tac. Germ.* 5.

Was aber war die praktische Bedeutung und rechtliche Natur dieser verschiedenen Genossenschaften, und worin bestanden die verschiedenen Objecte ihrer Gemeinsamkeit? Es ist klar, daß die Bauerschaft (vicus) durch das örtliche Zusammenwohnen, durch das in Gemeinschaft betriebene ländliche Gewerbe, die Markgenossenschaft, und durch das Bedürfniß polizeilicher Maßregeln für Ordnung und Sicherheit durchaus die Natur der Gemeinde im eigentlichen Sinne (Commune) hatte. Eine politische Bedeutung ihr zuzuschreiben, liegt kein Grund vor. Ebenso bestimmt muß diese politische Bedeutung der größesten Genossenschaft des Volkes, obgleich auch sie gemeindeartig verfaßt war, zugeschrieben werden, wie schon der von den römischen Schriftstellern ihr constant gegebene Name civitas beweist. Auch trat sie nach Außen als Staat auf durch Beschluß der Volksversammlung (concilium) über Krieg und Frieden [31]) und nach Innen durch Sicherung von gemeinem Frieden und Recht [32]). Der Gau (pagus) steht zwischen beiden in der Mitte; als untergeordnetes Glied der Volksgemeinde hat er communale, als selbst eine kleinere Volksgemeinde darstellend politische Bedeutung, so daß in dieser Vereinigung von Staat und Commune das erste Beispiel des oben bemerkten Schwankens der Begriffe zu bemerken ist. Unsere Nachrichten über die Competenz der Gau- und der Volksversammlung sind freilich zu mangelhaft, um danach die Rechte beider Genossenschaften scharf gegeneinander abzugrenzen. Aber so viel ist wohl gewiß, daß auch der Gau (pagus) durch sein Volksgericht über Recht und gemeinen Frieden im Innern wachte, dagegen nach Außen nicht selbständig auftreten konnte, wodurch die Volksgemeinschaft aufgelöst worden wäre. Aber auch in dieser Beziehung zeigt sich jenes Schwanken im Werden. Wird dem Gau von Seiten der Volksgemeinde sein Recht nicht, oder reicht der ihm an-

31) *Caes. de bello Gall.* IV. 19. 23. Auch folgt dieß daraus, daß stets die Civitas als Subject des Krieges selbst genannt wird. *Tac. Germ.* 8. 14.

32) Daher das Friedensgeld (fredum) an die Civitas oder ihr Haupt, den König, fällt. *Tac. Germ.* 12.

gewiesene Raum für seine wachsende Bevölkerung nicht mehr zu, oder gewinnt er sonst factisch die Selbständigkeit eines Volkes, so trennt er sich von der größern Volksgemeinde, sucht sich auch wohl auswärts einen geräumigern Wohnsitz. So trennten sich Stämme der Chatten und gründeten in den Niederlanden die Civitates der Bataver [33]) und Canninefaten [34]). Und selbständig gewordene Stämme, die in ihren Gauen sitzen blieben, mögen auch die Civitates sein, in welche nach Tacitus einzelne Völkerschaften sich theilten, ohne ihre durch gemeinsame Abstammung begründete Verbindung ganz aufzuheben [35]). In der die Völkerwanderung vorbereitenden Auflösung der Nation kommt es dann noch häufiger vor, daß der einzelne Gau sich emancipirt, als Volk für sich Krieg führt [36]) und auch wohl neue Wohnsitze sucht [37]).

Andrer Seits erscheint aber auch in jener früheren und in

33) S. oben Note 20.

34) *Tac. Hist.* 4, 15. Canninefates — ea gens partem insulae (sc. Batavorum) colit, origine lingua virtute par Batavis; numero superantur. Zeuß, die Deutschen und die Nachbarstämme S. 99 folg. vermuthet, daß Chattuarii, nach ihrem Namen Abkömmlinge der Chatten, bei Vellejus die Bataver, bei Ptolemäus beide Völkerschaften bezeichne. Auch die Mattiaci (*Tac. Germ.* 29. Mattiacorum g e n s) waren ein Stamm (pagus), der sich von der Civitas der Chatten getrennt und den Römern unterworfen hatte. Zeuß S. 98.

35) So die Lygier und Suionen. *Tac. Germ.* 43. 44. Verschieden davon ist die Theilung der Friesen und Chauken in maiores und minores (*Tac. Germ.* 34. *Ann.* XI. 19. *Plin. H. N.* XVI. 1), deren jede wohl eine Civitas bildeten und in Gaue zerfielen. Daß der pagus auch civitas genannt werde, wie Dahn S. 54, vgl. S. 15 folg., unter Berufung auf Luden annimmt, muß ich bestreiten; ferner daß die 100 pagi der Sueben Civitates waren. Bei Cäsar erscheinen sie als einheitlich handelnde Civitas und werden von den Bundesgenossen derselben bestimmt unterschieden; ebenso bei Tacitus (*Germ.* 39) die 100 pagi der Semnonen von den stammverwandten suebischen Völkern.

36) *Amm. Marc.* 18, 2 (*Iulianus*) cum Alamannorum p a g o s aliquos esse reputaret hostiles et ausuros immania, ni ipsi quoque ad ceterorum sternerentur exempla. So der Linzgau (Lentienses) *Amm. Marc.* 31, 10. Lentiensis Alamannicus p o p u l u s. — Germani — maioraque conceptantes, p a g o r u m o m n i u m incolis in unum collectis *rel.*, Breisgau (Brisigavi) u. s. w. Zeuß cit. S. 309 folg. Vgl. auch unten § 30 Note 69. die zahlreichen reguli der Alamannen.

37) So ging ein Stamm der Burgunden mit seinem Phylarchen Gundikar über den Rhein. S. unten § 36 Note 5.

dieser späteren Zeit die einzelne Völkerschaft (civitas) oft andern stammverwandten oder ganz fremden Völkern zu gleichem oder ungleichem Recht verbunden und insofern politisch nicht vollkommen selbständig. Ein solcher Völkerbund führt bald den Namen des vornehmsten oder herrschenden Volkes, wie z. B. in früherer Zeit die Sueben [38]), später die Sachsen [39]), oder einen freigewählten, wie die Alamannen und Franken [40]). Alles dieß zusammengenommen, schwanken also die Begriffe Stamm (pagus), Volk (populus, civitas) und Völkergruppe oder Bund.

Soll die Staatsverfassung der Germanen, so weit wir sie bis jetzt beschrieben, nach den bekannten Kategorien classificirt werden, so müssen wir sie als Demokratie ansprechen; denn die höchste Staatsgewalt lag in der Gesammtheit der freien Staatsgenossen [41]), wie im Gau und in der Ortsgemeinde für ihre Angelegenheiten in der Versammlung ihrer freien Hausväter. Aristokratisch war sie jedoch insofern, als die Unfreien (servi) und Freigelassenen (libertini) von allem Antheil an öffentlichen Angelegenheiten ausgeschlossen waren [42]). Aber auch abgesehen davon sind aristokratische und selbst monarchische Elemente der ältesten germanischen Verfassung nicht fremd; wie könnten sie sonst bei allen germanischen Na-

38) Cäsar unterscheidet die Sueben und die ihnen verbündeten Völker (*de bello Gall.* I. 51) Harudes, Marcomannos *rel.* VI. 10 nennt er sie nationes, quae sub eorum sunt imperio. *Tac. Germ.* 38 bezeichnet die Sueben als einen großen, viele Völkerschaften in sich begreifenden Volksstamm (eiusdem sanguinis), politisch durch Versammlungen ihrer Abgeordneten und religiös durch das gemeinsame Heiligthum im Lande der Semnonen, die sich für das älteste und edelste Volk hielten, verbunden. Für die spätere Zeit s. *Amm. Marc.* 31, 2 von den Alamannen: paulatimque nationes conterminas crebritate victoriarum attritas ad gentilitatem sui vocabuli traxerunt, ut Persae. Aus der Gegenwart sind Schweizer und Holländer Beispiele dafür, daß Ein Staat dem ganzen Staatenbund den Namen giebt.

39) Zeuß S. 150. 380 folg.

40) Zeuß S. 303. 325.

41) *Tac. Germ.* 11. De minoribus rebus principes consultant, de maioribus omnes, ita tamen ut ea quoque, quorum penes plebem arbitrium, apud principes pertractentur.

42) *Tac. Germ.* 25. liberti non multum supra servos sunt, raro aliquod momentum in domo, numquam in civitate.

tionen im Mittelalter und bis zur Gegenwart eine so große Rolle spielen.

§ 30. Ein Adel (nobiles) als Stand, neben den Gemeinfreien (ingenui), Unfreien (servi) und Freigelassenen (libertini), wird von Tacitus so bestimmt bezeugt [1]), daß an seiner Existenz mit Grund nicht zu zweifeln ist. Daß er auf der Geburt beruhte, geht daraus hervor, daß er auch thatenlosen Jünglingen [2]) und selbst Frauen [3]) zugeschrieben, dagegen von der hervorragenden Stellung, welche Verdienst der Vorfahren, persönliche Tugend oder Vermögen giebt, unterschieden wird [4]). Es gab also schon in der ältesten Zeit edle Geschlechter, deren Ursprung sich, wie der des Volkes, in mythisches Dunkel verlor [5]), die also geschichtlich demselben eben so eng verbunden waren, als sie vor der Masse desselben hervorragten; ja einzelne unter ihnen rühmten sich noch besonders edler Abkunft [6]). Aber ihre Zahl scheint nicht groß gewesen zu sein [7]), und politische Vorrechte, durch welche der Adel in Gallien eine herrschende Aristokratie bildete, werden ihnen bestimmt abgesprochen [8]).

1) S. oben § 29 Note 1. Es ist die Verbindung mit jenen andern Ständen, welche über den Sinn von nobilis hier entscheidet, während freilich Etymologie und Sprachgebrauch der Römer auch einen andern zuläßt. Nobilitas bezeichnet die Eigenschaft eines solchen, nicht die nobiles als Gesammtheit; als eine solche kommen sie nirgends vor.

2) *Tac. Germ.* 13.

3) *Tac. Germ.* 8. puellae nobiles. *cf. Ann.* I. 57. feminae nobiles.

4) *Tac. Germ.* 7. 13. *Ann.* XI. 17. *Hist.* IV. 55. Ueber die Etymologie von Adel s. J. Grimm, Rechtsalterth. S. 269 folg.

5) Ueber ihre Abstammung von Göttern und Helden s. Maurer cit. S. 206.

6) *Tac. Germ.* 13. insignis nobilitas. *Hist.* IV. 12. nobilissimi popularium. 28. nobilissimis obsidum. Vgl. die regia stirps unten Note 56. Aus späterer Zeit *Jordanes, de reb. Get.* c. 29. post Amalos secunda nobilitas, Balthorumque ex genere origo mirifica.

7) *Tac. Germ.* 18. exceptis admodum paucis, qui — ob nobilitatem plurimis nuptiis ambiuntur. *Ann.* XI. 16. amissis per interna bella nobilibus. Vgl. die fünf oder sechs edlen Geschlechter der *L. Baiuv.* III. 1.

8) Nicht nur durch das Schweigen Cäsars und Tacitus', sondern auch durch des Letztern ausdrückliches Zeugniß, daß in der Volksversammlung der Edle wie der Tapferste oder Beredteste nur vorzugsweise gehört, die Entscheidung aber von der Menge des versammelten Volkes getroffen wurde. Note 15. — Hauptsächlich deshalb läugnet Thudichum S. 76—91 die Exi-

Nur eines erwähnt Tacitus, nehmlich daß bei der Wahl des Königs die edle Geburt den Ausschlag gegeben [9]). Aber da er das Königthum als ein besonderes Institut gewisser Völker, den Adel als ein allgemeines bezeichnet, so kann nicht seine praktische Bedeutung und ebenso wenig sein Ursprung darin gesucht werden. Auch bei den Germanen, wie sonst, vertrug sich das Königthum besser mit der Demokratie als mit der Aristokratie [10]). Der Vorzug des Adels war also wirklich nur ein solcher, den ihm die Meinung des Volkes beilegte [11]). Der Edle galt in dessen Augen für den bessern Mann, und das hatte bei einem freien Volk allerdings Viel zu bedeuten. Auf dieser höhern Werthschätzung beruhte es, daß das Volk durch Geißeln aus seinen edlen Geschlechtern sich stärker gebunden fühlte [12]), und daß für Tödtung eines Adligen ein höheres Wehrgeld gezahlt werden mußte [13]). Ferner war die Folge der dem Adel gezollten besondern Achtung und des Vertrauens, der Edlere werde sich auch als der Weisere und Tapferere bewähren [14]), daß er in der Volksversammlung vorzugsweise gehört [15]) und von dem

stenz eines Geburtsadels, indem er durch eine petitio principii behauptet, ohne Vorrechte sei ein Adel nicht denkbar. Auch daß er in vorhistorischer Zeit solche Vorrechte besessen, wie ich früher mit Löbell S. 117. annahm, bezweifle ich jetzt; die nordischen Rechte machen es mir wahrscheinlicher, daß die Demokratie den germanischen Stämmen ursprünglich eigen, nicht eine spätere Ausartung war.

9) *Tac. Germ.* 7. reges ex nobilitate, duces ex virtute sumunt. *Ann.* XI. 17. quando nobilitate ceteros anteiret.

10) Arminius, als er nach der Königswürde strebte, fiel durch Hinterlist seiner Geschlechter; Marbod wurde durch einen edlen Gothen mit Hülfe der angesehensten Markomannen gestürzt. Die Könige der Völkerwanderung vernichteten ihrer Seits den altgermanischen Adel; und nur bei den freien Völkern des innern Deutschlands, Friesen, Sachsen, Thüringern und Baiern, erhielt er sich.

11) Vgl. Maurer cit. S. 4. 18. Dahn S. 18 folg.

12) *Tac. Hist.* IV. 28. societate nobilissimis obsidum firmata. *Germ.* 8. adeo ut efficacius obligentur animi civitatum, quibus inter obsides puellae quoque nobiles imperantur.

13) Nach allen Volksrechten der folgenden Periode, also gewiß schon jetzt. Vgl. *Tac. Germ.* 21. luitur — homicidium certo armentorum ac pecorum numero.

14) *Tac. Ann.* XI. 17. läßt die Anhänger des Italicus sagen: quando nobilitate ceteros anteiret, virtutem experirentur.

15) *Tac. Germ.* 11. mox rex, vel princeps, prout aetas cuique, prout nobilitas, prout decus bellorum, prout facundia est, audiuntur.

Fürsten schon im ersten Jünglingsalter in sein Gefolge aufgenommen wurde [16]). Es liegt durchaus in der Consequenz dieser Anschauung, daß das Volk auch bei der Wahl zum Fürstenamte, wie es für die Königswürde bezeugt ist, auf edle Geburt sah, ohne daß diese jedoch ein ausschließliches Vorrecht darauf begründete. Doch diese Frage wird sogleich bei Bestimmung der Natur des Fürstenamtes näher zu untersuchen sein. — Daß das Ansehen der edlen Geschlechter, um sich auf die Dauer zu behaupten, auch durch Vermögen unterstützt sein mußte, liegt in der Natur der Sache [17]). Aber in welcher Rechtsform dieß der Fall war, ist bei dem Mangel aller Nachrichten hierüber, ja dem scheinbaren Widerspruch mit dem Zeugnisse Cäsars, die oben geschilderte Agrarverfassung sei auf Vermögensgleichheit Aller berechnet gewesen [18]), nicht mit Sicherheit zu sagen. Nur so viel scheint daraus und aus dem Schweigen aller andern Quellen zu folgen, daß von ausgedehnten eigenthümlichen Grundherrschaften des Adels, wie sie in der folgenden Periode vorkommen, nicht die Rede sein konnte. Ob aber den edlen Geschlechtern, in Anerkennung ihres Vorranges, in der Ackerflur der Ortsgemeinde ein größerer Antheil [19]), oder ob ihnen besondere Marken angewiesen wurden [20]), steht dahin. Der Gefahr

16) *Tac. Germ.* 13. insignis nobilitas aut magna patrum merita principis dignationem etiam adulescentulis assignant: ceteris robustioribus ac iam pridem probatis (*sc.* comitibus) adgregantur. Die Heranziehung des Wortes comitibus aus dem unmittelbar folgenden Satz: nec rubor inter comites aspici, scheint mir dem Taciteischen Ausdruck durchaus entsprechend, so daß nicht mit Waitz, Ueber die principes S. 398 die früher *c.* 12 genannten centeni comites in der Vorstellung des Tacitus als gleichartig zu denken sind.

17) Wenn nach *Tac. Germ.* 18 nur beim Adel zuweilen Vielweiberei vorkam, als Sache des vornehmen Luxus (ob nobilitatem), nicht als Standesvorrecht, so setzt auch dieß, wie bei den Türken (ob libidinem), Reichthum voraus. Ariovist hatte zwei Frauen *Caes.* I. 53.

18) *Caes. de bello Gall.* VI. 22. ne latos fines parare studeant, potentioresque humiliores possessionibus expellant: — ne qua oriatur pecuniae cupiditas, qua ex re factiones dissensionesque nascuntur: ut animi aequitate plebem contineant, cum suas quisque opes cum potentissimis aequari videat.

19) Hierauf könnte *Tac. Germ.* 26. secundum dignationem partiuntur, bezogen werden.

20) *Caes.* oben § 29 N. 23. gentibus cognationibusque homi-

eigenmächtiger Besitzerweiterung wäre in beiden Fällen vorgebeugt gewesen, insofern diese Anweisungen durch die Obrigkeiten unter Zustimmung des Volks geschahen.

Bestand also das aristokratische Element der Verfassung nur in dem thatsächlichen Ansehen und Einfluß des Adels, so hatte das monarchische in den Fürsten (principes) und Königen (reges) einen bestimmteren, rechtlichen Charakter. Da jene bei allen Völkern vorkommen, diese nur bei einzelnen, so ist die allgemeine Vorstellung der Germanen von dem obrigkeitlichen Individualamt, welches auch die freiesten Völker nicht entbehren können, an den Fürsten (principes) zu zeigen.

Was unter diesen zu denken sei, dafür sind zunächst die Ausdrücke entscheidend, welche Cäsar und Tacitus für sie gebrauchen, natürlich nicht als Uebersetzung damals oder jetzt noch gebräuchlicher deutscher Worte, sondern nach dem lateinischen Sprachgebrauch für verwandte römische Verhältnisse. Cäsar nennt sie magistratus ac principes[21]) und bezeichnet sie durch jenes Wort als vom Volk gewählte Beamte, wie die römischen Consuln, Prätoren u. A.; Tacitus bestätigt es ausdrücklich, daß sie wie jene in der Volksversammlung gewählt wurden[22]). Durch den zweiten Ausdruck, principes, der von Cäsar auch sonst und

num, qui una coierunt. Daraus würde sich auch erklären, wie Segest mit edlen Frauen, Verwandten und Clienten in seinem befestigten Familiensitz von Arminius belagert und durch Germanicus entsetzt werden konnte. *Tac. Ann.* I. 57. — Das Castell des Marbod bei seiner Residenz (*Ann.* II. 62) war eine Schöpfung seiner außerordentlichen königlichen Gewalt, und die Castelle des Vannius (*Ann.* XII. 29) waren in der Kriegszeit aufgeworfene Verschanzungen, dergleichen auf dem Taunus noch zu sehen sind.

21) *Caes. de bello Gall.* VI. 23. Das conjunctive ac bezeichnet hier wie in c. 23 regionum atque pagorum, s. oben § 29 Note 9, verschiedene Eigenschaften derselben Sache, also wie aeque ac = und zugleich.

22) *Tac. Germ.* 11. eliguntur in iisdem conciliis et principes, qui iura per pagos vicosque reddunt, womit er nicht eine Classe der Principes, sondern die Allen zukommende wichtige Function angeben will, die dann im Folgenden: centeni singulis ex plebe comites *rel.* näher bestimmt wird. Man müßte sonst annehmen, daß es noch andere nicht gewählte Principes gegegeben hätte. *cf.* 22. von der Vorberathung beim Gastmahl: de — adsciscendis principibus, de pace denique et bello plerumque in conviviis consultant.

von Tacitus ausschließlich gebraucht wird, und der bei den Römern stets die Ersten einer größern Gesammtheit bezeichnet [23]), charakterisiren sie beide Schriftsteller als die verfassungsmäßigen Häupter des Volks [24]), deren Stellung nicht wie die des Beamten eine vorübergehende, sondern wie jene Gesammtheit selbst, der sie angehören, eine dauernde ist [25]). Ich finde also schon in diesem zweiten Namen die bestimmte Andeutung, daß die Principes der Germanen nicht wie die römischen Magistratus für Ein Jahr, sondern daß sie ohne Zeitbeschränkung gewählt wurden [26]). Dabei versteht es sich von selbst, daß, wenn das Volk, auf dem alles Recht, auf dessen Vertrauen auch die Stellung der Principes beruhte, ihnen dasselbe entzog, sie zurücktreten mußten [27]), was der herrschenden Demokratie durchaus gemäß erscheint [28]). Ein Gegengewicht gegen diese bildete das thatsächliche Ansehen und Vertrauen der edlen Ge-

23) Princeps senatus, und daher princeps schlechthin für den Kaiser, iuventutis, legationis (*Tac. Ann.* I. 59), provinciae (*Caes.* I. 19), factionum (*Caes.* VI. 11); ferner die principes der Legion u. s. w.

24) Sonst gebrauchen es allerdings beide Schriftsteller auch identisch mit primores, proceres u. s. w. für die thatsächlich Hervorragenden, Einflußreichsten im Volke; so namentlich Cäsar z. B. I. 44 principes populi Romani und in Gallien. Vgl. Dahn S. 44. 67. Auch principatus bezeichnet meist nicht eine bestimmte Würde, wie allerdings bei *Tac. Ann.* I. 1 in prägnantem Sinn das Kaiserthum, sondern die erste Stelle, z. B. *Caes. de bello Gall.* VI. 13. (druides) de principatu contendunt.

25) So nennt *Caes.* VI. 23 Note 34 auch den für die Kriegszeit gewählten Herzog magistratus, und leugnet, daß für die Friedenszeit ein magistratus dem ganzen Volk vorstehe; die principes regionum ac pagorum seien es, welche Recht sprechen.

26) Nicht bestimmt auf Lebenszeit, wie ich früher annahm. So auch Dahn S. 23 Note 6.

27) So wurden bei den Burgunden die reges, worunter nach dem Sprachgebrauch der spätern Zeit die Principes der einzelnen Stämme zu verstehen sind, abgesetzt, wenn Unglücksfälle die entzogene Gunst der Götter bezeugten. *Amm. Marc.* 28, 5.

28) Der Aristokratie entspricht es, innerhalb derselben die höchste Gewalt jährlich von Hand zu Hand gehen zu lassen; so bei den Römern nach Vertreibung der Könige das Consulat, und bei den Galliern die höchsten magistratus. *Caes.* I. 16. VII. 33. *Strabo* IV. 4. Gerade umgekehrt argumentirt Thudichum S. 7 folg. Die jährigen Gemeindebeamten des spätern Mittelalters, namentlich die Märkermeister u. A., auf die er sich beruft, waren nur Beauftragte der Gesellschaft.

schlechter, auf welche deshalb die Wahl des Volks vorzugsweise[29]), wenn auch nicht ausschließlich, sich lenkte; im Nothfall[30]) oder bei hervorragendem Verdienst eines Gemeinfreien[31]), konnten sie auch auf einen solchen fallen. Alles dieß war nicht reine Willkühr, sondern Ausfluß der den Germanen eigenthümlichen freien Rechtsschöpfung, von der im Eingang die Rede war. Fassen wir aber die Stellung der Principes, insbesondere insofern sie auf einer organischen Verbindung mit dem Volk beruht, in einem Gesammtbild zusammen, so dürfte ihr der von uns und Andern gebrauchte Ausdruck „Fürsten" angemessen sein.

Als politische Institution eines Volkes werden sie stets in der Mehrzahl (principes) genannt; der Einzelne (princeps) nur, wenn ihm als solchem eine öffentliche Thätigkeit, wozu er das Recht hat, oder ein specielles Verhältniß zugeschrieben wird[32]). Eine als Haupt des ganzen Staats erwählte Obrigkeit gab es im Frieden nicht; nur für den Krieg wurde der Tapferste, aus den Fürsten, dem Adel oder den Gemeinfreien, zum Führer des Volksheers (dux) erkoren[33]). Schon hierdurch wird es wahrscheinlich, daß die Mehrzahl der Principes der Mehrzahl einzelner Abtheilungen des Volks und ihrer Bezirke, den Stäm-

29) Alle Principes, die in der Geschichte auftreten, insbesondre bei den Cheruskern, sind aus edlen Geschlechtern. Daß die Germanen selbst im römischen Heer am liebsten Führern aus ihrem Adel folgten, ergiebt *Tac. Hist.* IV. 12. (cohortes Batavorum) quas vetere instituto nobilissimi popularium regebant. *cf. Ann.* II. 10. Arminius —, ut qui Romanis in castris ductor popularium meruisset. Vgl. Wilda, das Strafrecht der Germanen S. 16. „Die Principes des Tacitus: Häuptlinge, deren Stellung sich sowohl auf Volkswahl als Abstammung gründete, insofern nämlich, als jene sich an die durch persönliche Eigenschaft und Grundbesitz ausgezeichnete Familie hielt" u. s. w.

30) Die Cherusker hätten sonst, nachdem ihr ganzer Adel in den Bürgerkriegen gefallen war (*Tac. Ann.* XI. 16), keine Obrigkeiten mehr gehabt.

31) Vgl. Note 14 nobilitas — decus bellorum — facundia.

32) *Caes.* VI. 23. quis ex principibus. *Tac. Germ.* 13. principum aliquis; sonst princeps schlechthin. Vgl. die Stellen bei Dahn S. 67 Note 3.

33) *Tac. Germ.* 7. reges ex nobilitate, duces ex virtute sumunt. Die meisten Führer in den Volkskriegen waren aus dem Adel und den Fürsten. Beispiele von Gemeinfreien scheinen bei *Tac. Hist.* IV. 15. *Ann.* XIII. 55.

men (pagi, *φυλαί*) und Gauen (regiones), entsprach, und Cäsar sagt dieß ausdrücklich [34]). Es sind die Stammfürsten (*φυλάρχοι*) der spätern Zeit [35]), von dem einzelnen Stamme selbst, jedoch unter Zustimmung der Volksversammlung, erwählt [36]), in der Regel wohl aus einem ihm angehörigen und im Gau angesessenen edlen Geschlecht [37]), also in jeder Weise, durch Geschichte, Wohnsitz und Wahl ihm organisch verbunden [38]). Ob freilich diese Verbindung eine dauernde, ja erbliche war, und worauf sie sich erstreckte, insbesondere ob die Stämme sich an den Fehden der fürstlichen Geschlechter unter einander betheiligen wollten, hing von dem thatsächlichen Ansehen und Einfluß ab, den diese über jene zu gewinnen wußten [39]). — Daß auch jeder Ortsgemeinde (vicus) ein Princeps vorstand, ist nicht anzu-

34) *Caes.* VI. 23. Cum bellum civitas aut illatum defendit aut infert, magistratus qui ei bello praesint, — deliguntur. (Für die Mehrzahl vgl. I. 37. Für die Wahl aus den Fürsten *Beda, Hist eccl.* V. 10. Waitz S. 241 Note 4). In pace nullus est communis magistratus, sed principes regionum ac pagorum inter suos ius dicunt controversiasque minuunt. Den princeps civitatis bei *Tac. Germ.* 10. kann ich daher, wie den princeps schlechthin in vielen andern Stellen, nur für einen Fürsten dieses Freistaats im Gegensatz des rex, was grammatisch vollkommen zulässig ist, halten, und nicht mit Waitz S. 242., Köpke S. 14 folg. und Walter, Rechtsg. § 11 Note 1 für eine gewählte Obrigkeit des ganzen Staats, die sonst nirgends vorkommt.

35) *Olympiodor. ed. Bonn. p.* 448. 454. 462. 465. Hier freilich Könige, aber von Haus aus Häupter eines Stammes, der sich abgelöst oder dessen Fürst sich die andern Stämme unterworfen hatte.

36) *Tac. Germ.* 22. de adsciscendis principibus — in conviviis consultant. *c.* 12. Eliguntur in iisdem conciliis et principes. In der allgemeinen Volksversammlung, wie Sybel S. 78. und Thudichum S. 7. annehmen, und unter deren Billigung, da der Fürst auch der Gesammtheit des Staats, z. B. als Mitglied des Fürstenraths, angehörte; denn Tacitus setzt hier dem concilium die centeni, die Versammlung der Hundertschaft, mit der der Princeps Gericht hält, entgegen.

37) Daher ein edles Geschlecht und ein Volksstamm denselben Namen führen konnten, z. B. Asdingi, s. Zeuß S. 461. v. Sybel S. 130 folg.

38) *Caes. cit.* Note 34. inter suos ius dicunt.

39) Die interna bella der Cherusker (*Tac. Ann.* XI. 16), in denen alle edlen Geschlechter umkamen, wurden schwerlich von diesen allein geführt. Früher sah sich Segest (*Ann.* I. 55. consensu gentis in bellum tractus. 57. a popularibus circumsedebatur) auch von seinem Stamm verlassen, nur seine Verwandten und Clienten waren mit ihm.

nehmen. Nicht zahlreicher als unsre heutigen Bauerschaften, konnte sie ihre rein communalen Angelegenheiten selbst, etwa durch Reihedienst, besorgen, woraus später das Amt des Bauermeisters (villicus) hervorging [40]). Innere Streitigkeiten der Gemeinde aber schlichtete der Vorstand des Gau's [41]).

Wie die verfassungsmäßigen Functionen der Principes betrifft, so beziehen sie sich theils auf die Gesammtheit des Volkes, theils auf die Vorsteherschaft im einzelnen Stamme.

Von den Angelegenheiten des ganzen Volkes werden die geringeren im Rathe der Fürsten erledigt, die größeren darin zur Beschlußfassung der Volksversammlung vorbereitet [42]). In dieser haben nicht sie den Vorsitz, sondern die Priester (sacerdotes), die alsdann zur Wahrung der Ordnung auch strafen können [43]). Der einzelne Fürst kommt nur gleich andern durch Alter, Tapferkeit oder Redegabe hervorragenden Gliedern der Versammlung zu Wort, nicht mit befehlender Macht, sondern mit dem Ansehen seines Rathes, den die Menge ebensowohl verwerfen als annehmen kann [44]). Daß dennoch ihr Einfluß ein sehr bedeutender war, ist geschichtlich vielfach bezeugt [45]). Bei gottesdienstlichen das ganze Volk betreffenden Handlungen steht ein Fürst dem Priester zur Seite [46]). Bei der Wehrhaftmachung des Jünglings in der Volksversammlung kann er an Stelle

40) Wilda S. 129. So nach Tacitus die Ackervertheilung, s. § 29 Note 28. Der Villicus kommt zuerst bei den Sachsen vor. *Beda, hist. eccl.* V. 10. Waitz S. 128. Note 3.

41) S. § 31 Note 17. 18.

42) *Tac. Germ.* 11, oben § 29 Note 41.

43) *Tac. cit.* Silentium per sacerdotes, quibus tum et coërcendi ius est, imperatur. Wer die Volksversammlung berief (*Tac. cit.* iussi conveniunt) wird nicht gesagt. Die certi dies, cum aut inchoatur luna aut impletur, lassen auch auf die Priester schließen.

44) *Tac. cit.* mox rex vel princeps, prout aetas cuique, prout nobilitas, prout decus bellorum, prout facundia est, audiuntur, auctoritate suadendi magis quam iubendi potestate. si displicuit sententia, fremitu aspernantur; sin placuit, frameas concutiunt. Daß das Wort zu ergreifen kein Vorrecht der Principes war, dafür s. die richtige Auslegung bei Köpke S. 9 Note 3.

45) Vgl. z. B. *Tac. Ann.* I 55. nihil ausuram plebem principibus amotis.

46) *Tac. Germ.* 10. quos (*sc.* equos) pressos sacro curru sacerdos ac rex vel princeps civitatis comitantur *rel.*

des Vaters oder eines Verwandten das Urtheil der Gesammtheit ausführen [47]).

Als Vorstand seines Gau's im Frieden leitet der Princeps das Gericht der Hundertschaft, wovon ausführlicher nachher zu sprechen sein wird. Im Kriege ist er der Führer des vom Gau zu stellenden Contingents unter dem vom gesammten Volk erwählten Herzog (dux) des Heerbanns [48]). Hiermit steht dann thatsächlich eine zwiefache davon verschiedene kriegerische Führerschaft des Princeps in Verbindung. 1) Als Haupt des Gefolges (comitatus) d. i. der Schaar auserlesener Krieger und edler Jünglinge, die sich ihm zu treuen Waffengefährten im Kriege verpflichten, im Frieden seinen Hof bilden und von ihm Ausrüstung und Unterhalt empfangen [49]). Beides ist factisch nur mit der Stellung eines Fürsten oder der ähnlichen des Herzogs, nicht mit der des Gemeinfreien im Heere und der Gemeinde vereinbar [50]). 2) Zu einem Raubzug gegen nicht befreundete Staaten kann in der Volksversammlung, wenn diese

47) *Tac. Germ.* 13. arma sumere non ante cuiquam moris, quam civitas suffecturum probaverit. tum in ipso concilio vel principum aliquis, vel pater, vel propinquus scuto frameaque iuvenem ornant.

48) *Strabo* VII. 1. ἡγεμών. Als Führer im Volksheer erscheinen sie in den früheren Volkskriegen und später in den Zügen der einzelnen Stämme. Vgl. Weiske S. 84. Waitz S. 261. Dahn S. 22. Thudichum S. 3. — Zu dem Contingent des Gaus gehörte auch die auserlesene junge Mannschaft, selbst als Hunderte bezeichnet (centeni ex singulis pagis), die als Vorhut mit den Reitern vermischt kämpfte. *Tac. Germ.* 6. *cf. Caes.* I. 48.

49) *Tac. Germ.* 12—14. in pace decus, in bello praesidium.

50) Daß Tacitus cit. in Einem Athem princeps zuerst für den Vorstand des Gaues, dann für den Gefolgsherrn und dann wieder in jenem Sinne gebraucht und beide nicht als (regelmäßig) identisch gedacht haben sollte, wie Löbell S. 505 behauptet, ist mir unglaublich. So auch Thudichum S. 14. Dazu kommt die im Text angerufene Natur der Sache. Ueber Beides gehn freilich die Ansichten weit aus einander. Waitz erklärt auch jetzt wie früher das Comitat für ein Vorrecht des Princeps, Maurer S. 12 Beides für unvereinbar. Köpke S. 20 folg. behauptet allgemeines Gefolgsrecht, dessen Ausübung aber nur Wenigen möglich war, theilt aber Maurers Bedenken rücksichtlich der Fürsten. Allgemeines Gefolgsrecht auch Dahn S. 74. Dafür könnte man sich auch auf das langobardische Recht *Ed. Roth.* 225 berufen wollen; aber s. Pabst, Forschungen zur D. Geschichte II. S. 514.

das Unternehmen billigt, ein Fürst Freiwillige aus der gesammten Nation auffordern, die sich ihm für die Zeit der Heerfahrt in ähnlicher Weise zu Treue und Gehorsam verpflichten [51]). Auch dieß konnte thatsächlich mit Erfolg nur von einem bewährten Führer seines Stammes oder des Volksheeres ausgehen. Ein verfassungsmäßiges Vorrecht war weder das Eine noch das Andere.

Zur Unterstützung des fürstlichen Ansehens dienten neben dem eigenen Vermögen, das den Principes als Gliedern eines edlen Geschlechts regelmäßig zu Gebote stand, die freiwilligen Gaben an Vieh oder Früchten, welche nach allgemeinem Gebrauch der Freistaaten von den einzelnen Volksgenossen den Fürsten dargebracht wurden, so wie die Ehrengeschenke, die sie von benachbarten und befreundeten Völkerschaften empfingen [52]).

Mit den Fürsten, die in ihrer Gesammtheit dem Volke gegenüber eine beschränkte Aristokratie bilden, schließt nach Cäsars und Tacitus' Beschreibung die Verfassung der Freistaaten (civitates) nach oben ab. Letzterer kennt aber auch von Königen beherrschte Völker [53]), und so entsteht die Frage, wie diese Form der eigentlichen Monarchie, das Königthum, sich rechtlich und geschichtlich zu dem Fürstenamte und zu der germanischen Freiheit überhaupt verhielt.

Die meisten neuern Schriftsteller finden den Unterschied darin, daß der König (rex) erblich, der Fürst gewählt war [54]). Und in der That bezeichnet Tacitus die Geburt aus dem edelsten Geschlecht als das Charakteristische des Königs im Gegensatz

51) *Caes.* VI. 23. Latrocinia — extra fines cuiusque civitatis *rel.* — Atque ubi quis ex principibus in concilio dixit, se ducem fore, qui sequi velint profiteatur *rel.*

52) *Tac. Germ.* 15. mos est civitatibus ultro ac viritim conferre principibus vel armentorum vel frugum, quod pro honore acceptum etiam necessitatibus subvenit. gaudent praecipue finitimarum gentium donis *rel. cf. c.* 5. 15. Thudichum S. 4 denkt an vom Volk bewilligte Steuern, was durch ultro ac viritim ausgeschlossen ist.

53) *Tac. Germ.* 25. gentibus quae regnantur.

54) Waitz S. 293. Köpke S. 28. Dahn S. 27. 88. Dieselben nehmen freilich auch einen princeps (totius) civitatis an.

des Herzogs, bei dessen Wahl die Tapferkeit entscheide [55]); er nennt jenes das königliche Geschlecht [56]) und bezeugt in einzelnen Fällen die Thronfolge desselben [57]). Aber da er dennoch von Wahl des Königs spricht [58]) und die Geschichte lehrt, daß bei allen germanischen Völkern Beides, Geburt und freie Anerkennung, also Wahl, zusammengenommen das Recht zum Thron begründete [59]), andrer Seits auch die Fürsten, wie wir gesehen, regelmäßig aus edlen Geschlechtern gewählt zu werden pflegten, so erscheint dieser Unterschied als ein schwankender. Man kann nur sagen, daß bei dem Könige (rex) die Geburt, bei dem Fürsten (princeps) die Wahl das überwiegende Moment bildete.

Aehnlich verhält es sich mit der Dauer des einen und andern Amtes. Die Königswürde war natürlich lebenslänglich; doch ist die Absetzung nicht ohne Beispiel [60]), und die Fürsten wurden gleichfalls ohne Zeitbeschränkung gewählt und traten nur zurück, wenn sie das Vertrauen des Volks verloren hatten.

55) *Tac. Germ.* 7. reges ex nobilitate, duces ex virtute sumunt.

56) *Tac. Ann.* XI. 16. Wenn Italicus, des Arminius Bruderssohn, amissis per interna bella nobilibus et uno reliquo stirpis regiae, deshalb von den Cheruskern zum Könige erbeten wird, so kann ich dieß weder mit Löbell S. 525 aus einem vermeintlich ursprünglichen Königthum bei den Cheruskern, noch mit v. Sybel S. 101 aus dem Fürstenthum dieses Geschlechts, da Tacitus den princeps und rex stets unterscheidet, noch endlich mit Thudichum S. 69 aus der ganz willkührlichen Hypothese, Flavius, des Italicus Vater, habe sich die Herrschaft über die Cherusker angemaßt und von den Römern den Ehrentitel rex erhalten, erklären, sondern mit Waitz S. 207. Köpke S. 27 und Dahn S. 28 nur von dem edelsten, und deshalb des Königthums würdigen Geschlecht verstehen. *Cassiodor. Var.* VIII. 2. qui ex hac familia (*sc. Amalorum*) progreditur, regno dignissimus approbatur. So wird ja auch vergleichsweise z. B. den römischen Consuln und den keltischen Magistraten (*Caes.* VII. 32) regia potestas, d. h. eine ähnliche Gewalt, wie Könige sie haben, zugeschrieben. — Ueber die regia stirps des Civilis s. unten Note 69.

57) *Tac. Germ.* 42. Marcomannis Quadisque usque ad nostram memoriam reges manserunt ex gente ipsorum, nobile Marobodui et Tudri genus.

58) *Tac. Germ.* 7. *cit.* Note 55. reges ex nobilitate — sumunt.

59) S. die vortreffliche Ausführung dieses Schwankens oder vielmehr dieser ächt germanischen Einheit von Königthum und Volksfreiheit bei J. Grimm, Rechtsalterth. S. 231 folg.

60) J. Grimm cit. S. 232. Waitz S. 201. Wurden doch noch deutsche Kaiser von den Churfürsten abgesetzt.

Auch die Stellung des Königs dem Volke gegenüber schildert Tacitus als der des Fürsten ähnlich. Bei Religionshandlungen steht er wie dieser dem Priester zur Seite [61]), und in der Volksversammlung gilt sein Wort auch nicht mehr als das des Fürsten [62]).

Allein die unbedingt sie unterscheidende Eigenschaft besteht darin, daß der König als Haupt den gesammten Staat vertritt, der Fürst nur Vorstand seiner Gaugemeinde und Mitglied des die Gesammtheit vertretenden Fürstenrathes ist. Eben deshalb empfängt der König als Bewahrer von Recht und Frieden den Antheil an der Buße für Friedensbruch (fredum), der bei andern Völkern dem Staate (civitas) zufällt [63]). In diesem anscheinend unbedeutenden Kennzeichen tritt der Gegensatz der Freistaaten und der von Königen beherrschten Völker rechtlich als ein absoluter hervor.

Was nun das geschichtliche Vorkommen dieses Gegensatzes betrifft, so erscheint das Königthum in Tacitus' Zeit bei den östlichen und nordischen Völkern [64]) als friedlicher Einheitspunkt ihrer Stämme, als althergebrachter, in mythisches Dunkel sich verlierender Ehrenvorzug des edelsten Geschlechts [65]). Bei den südlichen und westlichen Völkerschaften scheint die ganz freie Verfassung, deren Mittelpunkt nur der Fürstenrath und die große Volksversammlung bildet, nicht Ausartung der spätern Zeit, sondern das Ursprüngliche zu sein [66]). Umgekehrt erscheint das Königthum hier als neuern Ursprungs, und zwar entweder

61) S. oben Note 46.

62) Note 44.

63) *Tac. Germ.* 12. pars multae regi vel civitati, pars ipsi qui vindicatur vel propinquis eius exsolvitur.

64) Sie gehören zu den gentes ac reges, quos bellum aperuit *Tac. Germ.* 1, d. h. die den Römern erst durch die Kriege, welche sie in das Innere Germaniens führten, bekannt wurden. Cäsar kannte nur die westlichen Stämme. Zu jenen gehörten die Gothen und die benachbarten Völker und die Bewohner der skandinavischen Halbinsel. *Tac. Germ.* 43. 44.

65) Von den gothischen Königen sagt *Iordanis c.* 13. proceres suos — non puros homines, sed semideos, id est anses vocavere.

66) Wilda S. 130. Waitz S. 208. Köpke S. 30 gegen Löbell S. 525.

als glückliche, häufig von den Römern unterstützte Usurpation[67]), oder als Rettungsmittel gegen die Zerreißung des Staats durch Partheien[68]).

In der die Völkerwanderung vorbereitenden Auflösung der Völker vervielfältigt sich auch das Königthum. Wie die einzelnen Stämme als selbständige Völker auftreten, so werden ihre Fürsten auch Könige (reges) und Königlein (reguli)[69]), deren Einem es dann wohl gelingt, als Oberkönig die andern (subreguli) sich zu unterwerfen oder zu vernichten[70]). Ja, neben Völkerbündnissen entstehen auch Reiche, in denen der König des herrschenden Volks andere zu seinen Vasallen hat[71]). Auch Führern eines großen Freibeuterzuges gaben die Römer schon früh den Königstitel[72]), den jene mit Recht behaupten konnten, wenn es

67) So Marbod, von edler, nicht fürstlicher Geburt *Vell. Pat.* II. 108. ex voluntate parentium. *Strabo* VII. 1, 3. ἐξ ἰδιώτου, dem es selbst gelang eine Dynastie zu gründen. Note 56. Ueber demselben Versuch fiel Arminius *Tac. Ann.* II. 88. regnum affectans — dolo propinquorum cecidit. Für die Unterstützung der Römer s. *Tac. Germ.* 42. vis ac potentia regibus ex auctoritate Romana, raro armis nostris, saepius pecunia iuvantur. — Zu welcher Kategorie die Könige der Hermunduren, Semnonen, Sueben, Brukterer u. s. w. gehörten, steht dahin. Vgl. Waitz S. 279. Dahn S. 117 folg.

68) So erbaten sich die Cherusker, nachdem in langen Bürgerkriegen ihr ganzer Adel umgekommen war, den Italicus zum Könige, der Anfangs von allen Partheien gern aufgenommen, dann in dem erneuerten Kampfe Sieger blieb. *Tac. Ann.* XI. 16 *sq.*

69) *Amm. Marc.* 29, 4. in Macriani locum Buccinobantibus, quae contra Magontiacum gens est Alamanna, regem Fraomarium ordinavit: quem paullo postea, quoniam recens excursus penitus vastaverat pagum, in Britannos translatum *rel.* Solche sind auch die zahlreichen Könige der Alamannen, auch regales genannt, insofern sie Glieder des königlichen Geschlechts sind. *cf. Amm. Marc.* 17, 13. non ignobilem quempiam regem, sed — regalem. Löbell S. 516 Note 1. v. Sybel S. 102 folg. Waitz S. 282. — Als der Stamm der Bataver sich von den Chatten trennte und an dem Niederrhein niederließ, war ihr Stammfürst ihr Führer und König, und sein Geschlecht halte ich für die regia stirps, aus welcher Civilis stammte. *Tac. Hist.* IV. 13.

70) So ließ Chlodowich die andern Stammfürsten aus königlichem Geschlecht (*Greg. Tur.* II. 9. regales, subreguli) umbringen (interfectis multis aliis regibus ac parentibus suis), um die Salischen Franken allein zu beherrschen. *Idem* II. 40—42. Vgl. v. Sybel S. 129 folg. Waitz S. 284.

71) Ein solches war das des Marbod, der als König der Markomannen sich die gothischen Völker und ihre Könige unterwarf. Später das Gothische, Fränkische u. A.

72) So Ariovist. *Caes.* I. 31. 35. 40. 43. Auch die Führer der

ihnen gelang einen neuen Staat oder selbst ein Reich zu gründen[73]). So ist also zwar Fürstenamt, Herzogsgewalt und Königthum nicht identisch, in den Wandlungen der Völkerzustände aber häufig dieses aus jenen geworden.

Was endlich die Rechte des Königthums im Verhältniß zu den Institutionen germanischer Freiheit betrifft, so müssen diese, da sie Tacitus als allen Völkern gemein schildert, damit vereinbar, wenn auch im Einzelnen dadurch beschränkt gewesen sein. Auch bezeugt er jene Vereinbarkeit im Allgemeinen[74]), diese Beschränkung aber als verschiedenen Grades bei verschiedenen Völkern. Die Gothen waren an strengeren Gehorsam gewöhnt[75]); Marbods usurpirte Gewalt scheint römischen Despotismus nachgeahmt zu haben[76]); bei den skandinavischen Völkern war ein solcher der Sage nach ursprünglich zu Hause[77]).

Von einzelnen Rechten wird dem Könige wie dem Fürsten das Recht des Vorschlags in der Volksversammlung ausdrücklich zugeschrieben[78]). Ohne Zweifel hatte er auch die Vorstandschaft

Cimbern und Teutonen nennen die römischen Schriftsteller reges. Vgl. Dahn I. S. 99.

73) So Odoaker, Alboïn, Chlodowich u. s. w. Waitz S. 165. Aufl. 1. „Heerkönige". Daß das germanische Königthum überhaupt aus der Herzogsgewalt entstanden sei, ist Thudichum S. 65 folg. nicht zuzugeben.

74) *Tac. Ann.* XIII. 54. in quantum Germani regnantur. *Germ.* 7. nec regibus infinita aut libera potestas. 43. in der folg. Note.

75) *Tac. Germ.* 43. Trans Lygios Gotones regnantur, paulo iam adductius quam ceterae Germanorum gentes, nondum tamen supra libertatem. protinus deinde ab Oceano Rugii et Lemovii; omniumque harum gentium insigne rotunda scuta, breves gladii et erga reges obsequium. Die Exegese von Köpke S. 6. 11, wonach alle germanischen Völker, welche Könige hatten, paulo adductius beherrscht worden, verstehe ich nicht.

76) Köpke S. 27. 30.

77) *Tac. Germ.* 44. Suionum hinc civitates — unus imperitat, nullis iam exceptionibus, non precario iure parendi. Der Verschluß der Waffen unter Verwahrung eines Unfreien klingt fabelhaft. 45. Suionibus Sitonum gentes continuantur. cetera similes uno differunt, quod femina dominatur: in tantum non modo a libertate, sed etiam a servitute degenerant. Tacitus erwog nicht die besondere den Frauen gewidmete Verehrung der Germanen, die dieß auch bei andern Stämmen und später möglich machte.

78) S. oben Note 44.

in den Volksgerichten [79]) und die Führung des Volksheeres mit herzoglicher Gewalt [80]). Auch ist es nicht anders denkbar, als daß die Fürsten, welche in ihren Gauen das Recht verwalteten, die deren Contingente unter dem Befehl des Königs im Kriege führten und mit ihm die Beschlüsse der Volksversammlung vorbereiteten [81]), zwar vom Volke gewählt, aber von ihm bestätigt wurden [82]). Von dem dünn bevölkerten Staatsgebiet konnten ihm ansehnliche Marken zur Benutzung überlassen werden; die freiwilligen Gaben, welche die Fürsten in Freistaaten empfingen, wurden gewiß auch dem Könige dargebracht; unterworfene Stämme zahlten ihm Zins, und an Ehrengeschenken fremder Völker und an Kriegsbeute konnte es ihm auch nicht fehlen [83]). Thatsächlich war sein Einfluß, wenn durch eine tüchtige Persönlichkeit unterstützt, natürlich ein bedeutender; und durch diesen konnte es ihm gelingen, seine Freigelassenen, ja selbst Unfreie in seinem Dienst thatsächlich über Gemeinfreie und Edle zu erheben [84]). Daß er außer einem zahlreichen Gefolge (comitatus) [85]) auch noch eine Schaar von Clienten um sich sammelte [86]), war die natürliche Folge der Einzelherrschaft Insofern neben dieser

79) So später alle Könige, z. B. Athanarich. Thervingorum iudex. *Amm. Marc.* 41, 5.

80) In der ältern Zeit Marbod *Tac. Ann.* II. 46. Ebenso alle spätern Könige der Völkerwanderung. — Sehr weit reichte auch diese Gewalt freilich nicht. *Tac. Germ.* 7. nec regibus infinita aut libera potestas, et duces exemplo potius quam imperio, si prompti, si conspicui, si ante aciem agunt, admiratione praesunt.

81) *Tac. Germ.* 11. oben § 29 Note 41, beschreibt dieß als eine allgemeine Einrichtung.

82) Wie ja auch die Volksversammlung die Wahl des Stammes genehmigen mußte. S. oben Note 36. So Thudichum S. 62. Ernennung der Gauobern durch den König, wie nach der Völkerwanderung, behaupten Waitz S. 308 und Köpke S. 11. Schwankend Dahn S. 24. 34.

83) S. unten § 65 Note 19. In der Königsburg des Marbod wurden veteres Suevorum praedae gefunden. *Tac. Ann.* II. 62. XII. 29. ditis regni, quod Vannius triginta per annos praedationibus et vectigalibus auxerat.

84) *Tac. Germ.* 25.

85) In der Alamannenschlacht gegen K. Julian kämpften neben dem König Chnodomar seine zweihundert Comites. *Amm. Marc.* 16, 12.

86) *Tac. Ann.* I. 57. II. 45. von Principes. XII. 30. von König Vannius. Ein bestimmtes Rechtsverhältniß dieser Clienten ist nicht zu ermitteln. Auch von Marbod und Catualda werden barbari utrumque comitati genannt, die nicht eben sein Comitat gewesen zu sein brauchen. II. 63. Vgl. Thudichum S. 17.

die Aristokratie der Fürsten und die mächtige Demokratie des Volkes bestand, enthielt diese gemischte Verfassung alle Elemente des schon von den Alten gepriesenen Ideals.

§ 31. Wie stand es nun bei den ältesten Germanen mit dem Recht? und wie mit dem Schutz desselben durch das Gericht? Durch alles Bisherige sollte nur die Grundlage für die Beantwortung dieser Frage gewonnen werden.

Eine so geschlossene Staatsverbindung, wie wir sie kennen gelernt, welche die Einzelnen nicht bloß durch den Wohnsitz, sondern persönlich, durch Stammeseinheit, gemeinsame Heiligthümer und Obrigkeiten und selbst durch Gemeinschaft des Grundbesitzes zusammenhielt, schließt einen Naturzustand, da Willkühr die Regel, das Gesetz und Recht die Ausnahme bildet, schlechthin aus; sie war vor Allem auf Recht und gemeinen Frieden und dessen Verbürgung für alle freien Staatsgenossen gegründet [1]). Unfreie und Halbfreie nahmen nur durch die Vertretung ihrer Herren daran Theil [2]). Zwar geschriebene Gesetze kannten die Germanen nicht; aber um so stärker band sie das im Bewußtsein der Nation lebende und stets neu von ihr bezeugte und fortgebildete Gewohnheitsrecht [3]).

Das Organ hierfür waren Volksgerichte, die das Unrecht gegen den Staat durch Strafe, gegen den Einzelnen durch die Genugthuung, die sie diesem zusprachen, aufhoben.

Für Staatsverbrechen galt Landesverrath, Uebergang zum Feinde, feiges Zurückbleiben vom Volkskriege und merkwürdiger Weise auch ein Vergehen gegen die Sittlichkeit, widernatürliche Unzucht. Die Kapitalanklage ist auf diese Staats-

1) Es ist besonders Wilda's Verdienst, dieß gegen Mösers Ansicht, welcher Eichhorn, Rogge u. A. mehr oder weniger folgten, festgestellt zu haben.

2) *Tac. Germ.* 25. *cit.* § 29 Note 42.

3) *Tac. Germ.* 14. literarum secreta — ignorant, beweist wenigstens mittelbar die Unbekanntschaft mit der Schrift, und dann: plusque ibi boni mores valent, quam alibi bonae leges, daß die Sitte die Stelle der Gesetze vertrat. Das Gegentheil behauptet *Davoud Oghlou, Législation des anciens Germains* I. *p.* 19 folg. Aber seine Berufung auf die Runenschrift und auf die Vorrede der Lex Salica wird man schwerlich für einen Beweis gelten lassen.

verbrechen beschränkt und wird vor der Volksversammlung erhoben, die natürlich auch das Urtheil spricht. Die Todesstrafe wird in den beiden ersten Fällen durch den Strang, in den beiden letzten durch Versenkung in einen Sumpf vollzogen [4]). Nur im Kriege selbst, wo ein solches Volksgericht nicht berufen werden kann und die Mannszucht sofortige Bestrafung verlangt, übt der Heerführer, ein erwählter Herzog oder König, nach dem Ausspruch der Priester eine verschieden abgemessene, aber uneingeschränkte Strafgewalt mit körperlicher Züchtigung, Banden oder Tod [5]). Eine selbständige Richtergewalt der Priester, wie die gallischen Druiden sie hatten, kannten die Germanen nicht.

Das Civilunrecht wird schon jetzt, wie im ganzen Mittelalter, als Verletzung der Person, also als gemischtes Unrecht, aufgefaßt und das bestrittene Recht unter dieser Form geltend gemacht [6]). Die persönliche Verletzung aber wurde, wohl nur im Fall des Friedensbruchs, von dem Verletzten und seiner Verwandtschaft durch Privatrache verfolgt [7]), oder unter Vermittlung

4) *Tac. Germ.* 12. licet apud concilium (nach dem Zusammenhang der Sache die große Volksversammlung) accusare quoque et discrimen capitis intendere. distinctio poenarum ex delicto. proditores et transfugas arboribus suspendunt; ignavos et imbelles et corpore infames (*cf. Tac. Ann.* I. 73) coeno ac palude, iniecta insuper crate, mergunt. diversitas supplicii illuc respicit, tanquam scelera ostendi oporteat dum puniuntur, flagitia abscondi. sed et levioribus delictis *rel.* s. Note 6.

5) *Caes.* VI. 23. Magistratus qui ei bello praesint, ut vitae necisque habeant potestatem, deliguntur. *Tac. Germ.* 7. regibus — duces —; ceterum neque animadvertere, neque vincire, ne verberare quidem, nisi sacerdotibus, permissum, non quasi in poenam, nec ducis iussu, sed velut deo imperante, quem adesse bellantibus credunt. Wie im Texte, ist wohl der Widerspruch zu lösen. Feige Haltung in der Schlacht macht rechtlos. *Tac. Germ.* 6. scutum reliquisse praecipuum flagitium, nec aut sacris adesse aut concilium inire ignominioso fas; multique superstites bellorum infamiam laqueo finierunt.

6) Hierauf geht die Fortsetzung von *Tac. cit.* Note 4 sed et levioribus delictis (= *privatis delictis*) pro modo poena. Daß er nur dieß als zweiten Gegenstand der Rechtspflege erwähnt, erklärt sich aus der im Text bemerkten germanischen Auffassung des Rechtsstreits.

7) *Tac. Germ.* 21. suscipere — inimicitias seu patris seu propinqui — necesse est. nec implacabiles durant: luitur enim *rel.* Note 9.

des Volksgerichts im Civilprozeß durch bestimmt abgemessene Bußen, die in einer Anzahl von Pferden oder Vieh bestanden, gesühnt. Einen Theil erhält als Friedensgeld (fredum) der Staat oder der König, einen andern als eigentliche Buße (compositio) der Verletzte oder seine Verwandten [8]). Auch beim Todtschlag kann die Blutrache durch das Wehrgeld in einer bestimmten Zahl Zug- oder Heerdenvieh abgekauft werden [9]). Criminalstrafe tritt deshalb nicht ein.

Competent für alle solche Rechtsstreitigkeiten unter Einzelnen innerhalb des Gaus ist das Gericht des Fürsten, dem die Rechtsverwaltung [10]) unter entscheidender Mitwirkung der Gemeinde zukommt. Tacitus schreibt diese Mitwirkung hundert Comites aus der Gemeinde zu [11]), wobei es streitig ist, ob unter diesen ein Ausschuß der Gemeinde zu denken sei [12]), oder ob die ganze Gemeinde als Hundertschaft mitwirkte. Wahrscheinlich ist mir das Letztere, so daß Tacitus entweder seinen Berichterstatter mißverstanden [13]), oder unter den Hunderten,

8) *Tac. cit.* Note 6. pro modo poena: equorum pecorumque numero convicti multantur. pars multae regi vel civitati, pars ipsi qui vindicatur vel propinquis eius exsolvitur. Auf Vermittlung durch das Gericht deutet auch *Caesar* VI. 23, Note 10. controversias minuunt. Ob freilich der Verletzte schon jetzt genöthigt war, diese Vermittlung anzunehmen, ist nicht auszumachen, mir aber wahrscheinlich.

9) *Tac. cit.* Note 7. luitur enim et homicidium certo armentorum ac pecorum numero, recipitque satisfactionem universa domus, utiliter in publicum, quia periculosiores sunt inimicitiae iuxta libertatem.

10) *Caesar* VI. 23. principes regionum ac pagorum inter suos ius dicunt controversiasque minuunt. *Tac. Germ.* 12. principes, qui iura per pagos vicosque reddunt. Die leviora delicta und die multa bilden bei Tacitus den Uebergang zu diesen Gerichten, welche dafür, im Gegensatz des capitalen Volksgerichts, competent sind.

11) *Tac. cit.* centeni singulis ex plebe comites, consilium simul et auctoritas, adsunt. Daß diese comites mit den comitatus, wovon *Tac. Germ.* 13. handelt, nichts gemein haben, ist allgemein anerkannt. Er dachte bei der Wahl dieses Ausdrucks an die Gefährten der römischen Provinzialstatthalter, die ihnen auch als Rath (consilium) zur Seite waren, s. oben Bd. 2. S. 138.

12) So Dahn S. 75 und die älteren von ihm angeführten Schriftsteller. Ein Ausschuß von hundert aus dem Volk wäre wenig praktisch gewesen.

13) So schon Weiske S. 8 und v. Sybel S. 73. Auch meine Schrift: Ueber die Germanen S. 29. 46.

die dem Fürsten zur Seite sind, eben die nominell hundert Hausväter aus dem Gesammtvolk, welche die Gaugemeinde bilden, gedacht hat [14]). Vorzüglich wichtig ist aber der Antheil an der Rechtsverwaltung, den er ihnen zuschreibt: er bezeichnet ihn durch **consilium** unzweideutig als einen Rechtsspruch, wie ihn der römische Beisitzer, nur ohne bindende Kraft für den Magistrat oder Judex, abgab, und durch **auctoritas** legt er eben diese bindende Kraft jenem Rechtsspruch bei [15]). Er bezeugt also die eigenthümlich germanische Theilung des Richtergeschäfts, da der Gerichtsobrigkeit nur der Vorsitz über die Leitung der Verhandlung, der Gemeinde oder ihren Vertretern die Fällung des Urtheils zukommt, schon für diese älteste Zeit [16]). Daß diese Function aber nicht in ungeordneter Weise stattfand, sondern daß zunächst ein Einzelner aus der Gemeinde einen Rechtsspruch that, dem die Andern beifielen oder widersprachen, folgt aus der Natur der Sache und ist dem Gebrauch des Mittelalters gemäß. In der That war diese Vertheilung der Richtergeschäfte durch den Zustand der Rechtsquellen nothwendig gemacht, indem das ungeschriebene Volksrecht nur vom Volk bezeugt und gefunden werden konnte [17]).

Die Ortsgemeinde (**vicus**) hatte keinen eigenen Vorstand [18]), also auch kein besonderes Gericht; der Fürst war Richter für alle im Gau und in den einzelnen Dörfern vorfallenden Rechtshändel [19]), und wanderte wohl nicht von einem Ort zum an-

14) So Unger, Altdeutsche Gerichtsverfassung S. 108. Waitz S. 154. Thudichum S. 32. 144 glaubt mit Rücksicht auf *Tac. Germ.* 6. centeni —, quod primo numerus fuit, iam nomen et honor est, unsere Stelle selbst in diesem Sinne übersetzen zu dürfen.

15) Vgl. auctoritas Senatus, tutoris u. s. w. Auch *Cic. pro Rosc. com.* XVIII. § 56. ex iurisperitorum consilio et auctoritate.

16) Die Ausdrücke des Cäsar **ius dicunt**, und des Tacitus **iura reddunt** Note 10 bezeichnen die Rechtsverwaltung der Principes, gleich den römischen Magistratus; daß ihnen aber die Rechtsfindung nicht zukam, bezeugt das unmittelbar Folgende bei Tacitus.

17) Anders natürlich später, als das Volksrecht aufgezeichnet wurde, und nur ein Schriftkundiger das Gesetzbuch lesen konnte. Daher der bairische Judex, der friesische Asega, der isländische Lagsagmander u. s. w. Das Gegentheil nimmt schon für Tacitus' Zeit v. Sybel S. 74 an.

18) S. oben § 30 Note 40.

19) So verstehe ich *Tac. cit.* Note 10 per pagos **vicosque**.

dern, sondern hielt, wie in der folgenden Periode, an der altherkömmlichen Malstätte Gericht [20]). Ohne Zweifel war dafür, wie für die Volksversammlungen, Neumond und Vollmond die ordentliche Gerichtszeit [21]).

Neben dem öffentlichen Gericht bestand das häusliche, uneingeschränkt. Doch bemerkt Tacitus, daß der Knecht von seinem Herrn selten gezüchtigt, und nur im Zorn, nicht mit vorbedachter Grausamkeit, getödtet werde [22]). Die im Ehebruch betroffene Frau giebt der Mann in Gegenwart ihrer Verwandten der öffentlichen Schande Preis [23]).

---

2. Die Völkerwanderung *).

§ 32. Die sg. Völkerwanderung, durch welche germanische Volksstämme im fünften und sechsten Jahrhundert ihre heimathlichen Sitze verließen, das weströmische Reich in Besitz nahmen und auf seinem Boden neue Staaten gründeten, war keine ganz unvorbereitete Erscheinung, sondern wird durch frühere Wanderungen der Germanen vorgebildet und erklärt.

Wenngleich, wie wir gesehen, nicht ruhelos umherschweifende Nomaden, wurden sie doch schon früh durch ihre rasch anwachsende Volkszahl [1]), die Folge ihres fruchtbaren Familien-

Auch nach *L. Sal. tit.* de migrantibus (45) entscheidet das Gericht des Grafen über die Zulassung eines neuen Gemeindegliedes.

20) J. Grimm, Rechtsalterth. S. 739 folg.

21) *Tac. Germ.* 11.

22) *Tac. Germ.* 25.

23) *Tac. Germ.* 19. paucissima in tam numerosa gente adulteria; quorum poena praesens (auf frischer That) et maritis permissa. abscisis crinibus, nudatam, coram propinquis expellit domo maritus, ac per omnem vicum verbere agit.

*) Für das Geschichtliche vgl. Mascovs, Geschichte der Teutschen; für die Einrichtungen Gaupp, die germanischen Ansiedlungen und Landtheilungen in den Provinzen des römischen Westreichs, Breslau 1844.

1) Ueber das Familienleben und die Kindererziehung s. *Tac. Germ.* 18—20. Das numerum liberorum finire ist bekanntlich noch heutzutage bei den romanischen Völkern allgemeine Sitte. Von dem raschen Anwachsen der Volkszahl z. B. bei den Burgunden s. *Amm. Marc.* 28, 5.

sinns, und durch die Beschränktheit des wenig ertragsfähigen Bodens, also durch Hunger [2]), häufig freilich auch durch die ihnen angeborne Wanderlust und Raubsucht [3]), veranlaßt, theilweise ihre nordische Heimath zu verlassen und fruchtbarere Landstriche im Süden und Westen aufzusuchen. Erleichtert wurde dieß dadurch, daß ihr Hauptbesitzthum in Heerden bestand und daß sie den culturfähigen Boden jährlich zum Anbau neu auszutheilen pflegten. Auch ihre einfachen Hütten abzubrechen und an einem andern Ort wieder aufzubauen, war kein großer Verlust. Mit bewaffneter Hand unterwarf oder vertrieb dann ihre tapfere Jugend die früheren Bewohner, und Weiber und Kinder, die jedem Heereszug auf Wagen folgten [4]), waren bei Begründung des neuen Haushalts zur Hand. In der Regel aber war es nicht das ganze Volk, das sich also verpflanzte, sondern dieses blieb in dem alten Wohnsitz zurück; nur ein Stamm desselben oder die jungen Haushaltungen, für die der Raum zu eng wurde, zogen aus, zunächst versuchsweise zur Heerfahrt unter einem tapfern Führer, und wenn sie glückte, verstärkt durch Nachzügler, zu bleibender Niederlassung.

Die älteste Wanderung dieser Art, durch welche die germanischen Völker den Römern zuerst bekannt wurden, ist die der Cimbern und Teutonen zu Ende des zweiten Jahrhunderts v. Chr., deren besondere Veranlassung wahrscheinlich ein großer Einbruch des Meeres und der Untergang eines Theils der von ihnen bewohnten cimbrischen Halbinsel war. Doch zog

2) Die Burgunden und Alamannen wurden unter K. Maximian durch Hungersnoth und daraus entstandene ansteckende Krankheiten aufgerieben, *Mamertin. Panegyr. Max.* 5. später die Vandalen zur Auswanderung genöthigt. *Procop. de bello Vandal.* I. 3. 22. *cf. Olympiodor ed. Bonn. p.* 461. Ebenso die Langobarden *Paul. Diac.* I. 10.

3) *Tac. Hist.* IV. 73. *cit.* § 29 Note 25. *Caes. de bello Gall.* VI. 23. latrocinia nullam habent infamiam, quae extra fines cuiusque civitatis fiunt.

4) *Caes.* I. 51. *Tac. Germ.* 7. 18. *Hist.* IV. 18. und für die spätere Zeit der Zug des Theoderich nach Italien. *Procop. de bello Goth.* I. 1. ὁ τῶν Γότθων λεὼς εἵπετο, παῖδάς τε καὶ γυναῖκας ἐν ταῖς ἁμάξαις ἐνθέμενοι, und von den Vandalen *Id. de bello Vand.* II. 2. 3.

auch hier nur der Theil beider Völker, der sein Land verloren hatte, weg; ein anderer wird noch später dort genannt. Während elf Jahren durchwanderten sie das mittlere Europa, vergeblich feste Wohnsitze suchend, auch von Rom auf ihre Bitte um Aecker gegen die Verpflichtung zu Kriegsdienst abschläglich beschieden und zuletzt durch Marius in getheilten Heeren an der Rhone und am Po vernichtet [5]).

Von allgemeinerer Bedeutung und nachhaltigerem Erfolg war die Bewegung der Germanen überhaupt gegen Süden und Westen, durch welche sie die Kelten über die Donau und den Rhein zurückdrängten [6]), in fortdauernden Kämpfen mit diesen die Oberhand behaupteten [7]) und selbst jenseits des Rheins Niederlassungen gründeten, noch ehe die Römer hier festen Fuß faßten [8]). In diesen Zusammenhang fällt auch das Unternehmen des Suebenfürsten Ariovist, der, von den Aeduern zu Hülfe gerufen, mit einem fünfzehntausend Mann starken Heer Freiwilliger sich im Gebiet der Sequaner niederließ, diese zur Abtre-

5) Zeuß S. 141—150.

6) Die Helvetier saßen früher in den Maingegenden, die Bojer in Böhmen. *Tac. Germ.* 28. Die Volcae und Tectosages noch zu Cäsars Zeit am hercynischen Wald *Caes.* VI. 24. Die Gothini noch zu Tacitus' Zeit hinter den Markomannen und Quaden *Tac. Germ.* 43. ohne Zweifel als alte Bewohner dieser Gegenden, nicht als gallische Colonien, wie beide römische Schriftsteller annehmen.

7) *Caes. cit.* fuit antea tempus, cum Germanos Galli virtute superarunt. I. 1. Belgae — proximi Germanis, quibuscum continenter bellum gerunt. — Helvetii — cotidianis proeliis cum Germanis contendunt. VIII. 25. Treueros —, quorum civitas propter Germaniae vicinitatem cotidianis exercitata bellis. *Tac. Germ.* 28. Validiores olim Gallorum res fuisse summus auctorum Divus Iulius tradit.

8) *Caes.* II. 3. reliquos omnes Belgas in armis esse, Germanosque qui cis Rhenum incolant, sese cum his coniunxisse. 29. Aduatici — erant ex Cimbris Teutonisque prognati *rel.* VI. 32. Segni Condrusique, ex gente et numero Germanorum, qui sunt inter Eburones Tencterosque. IV. 6. Eburonum et Condrusorum, qui sunt Treuerorum clientes. II. 4. Condrusos, Eburones, Caeraesos, Paemanos, qui uno nomine Germani appellantur. *Tac. Germ.* 2. qui primum Rhenum transgressi Gallos expulerint ac nunc Tungri, tunc Germani vocati sint. 28. ipsam Rheni ripam (im heutigen Elsaß) haud dubie Germanorum populi colunt, Vangiones, Tribocci, Nemetes. *Plin.* IV. 17. *Caes.* I. 51. in Ariovists Heer IV. 10. VI. 25. als Anwohner des Oberrheins.

tung eines Drittheils ihrer Aecker und zur Entrichtung eines Tributs gegen Stellung von Geiseln zwang und durch diesen glücklichen Erfolg andere verbündete Völker nach sich zog, so daß die Gesammtzahl gegen Einhundertundzwanzig Tausend stieg. Ohne Zweifel wären diese in Gallien sitzen geblieben, hätte Cäsar sie nicht zur Rückkehr über den Rhein genöthigt [9]). Ebenso die Usipier und Tenchterer, die von den Sueben vertrieben, während drei Jahren in Germanien umhergezogen waren und endlich jenseits des Niederrheins Wohnsitze suchten, von wo Cäsar sie zurücktrieb und bis über den Rhein verfolgte [10]). Hier werden sie noch später genannt [11]). In den Niederlanden, auf der Insel zwischen Waal und Rhein, war es schon damals einem Stamm der Chatten, den Batavern, gelungen, ihren bleibenden Wohnsitz zu nehmen [12]).

Nachdem die Römer die Länder links vom Rhein und rechts von der Donau zur Provinz gemacht und längs beider Ströme ein wohlberechnetes System der Grenzvertheidigung eingerichtet hatten, ward dieser großen germanischen Bewegung nach Westen und Süden für einige Jahrhunderte Halt geboten. Nur durch einzelne Raubzüge zu Land wurde der Limes durchbrochen [13]), oder zur See die gallische Küste beunruhigt [14]), dagegen der Versuch bleibender Niederlassung germanischer Stämme zurückgewiesen, die dann zu ihren Brüdern im innern Germanien zurückgekehrt mit diesen, im Gedränge der Völker gegen einander, sich zu behaupten suchten [15]).

9) *Caes.* I. 34—54. Eigentliche Könige hatten die Sueben damals wohl noch nicht. Der Heerbann ihrer hundert Gaue erschien unter zwei Herzögen am Rhein und kehrte nach Ariovists Niederlage wieder um. c. 37. 54. Anders Dahn S. 103.

10) *Caes.* IV. 3—19.

11) Zeuß S. 88.

12) *Caes.* IV. 10. Zeuß S. 100.

13) *Tac. Ann.* XII. 27. in superiore Germania trepidatum adventu Chattorum latrocinia agitantium.

14) *Tac. Ann.* XI. 18.

15) So Chamaver, Tubanter, Usipier, Friesen, Amsivarier (von der Ems?), die sich der fetten Weiden an den Mündungen des Rheins zu bemächtigen gesucht, und die nach römischen Berichten vernichtet, stets im innern Germanien wieder auftauchen. *Tac. Ann.* XIII. 54 *sq.* Auch die Nachricht, daß die Brukterer von den Nachbarvölkern ver-

Gegen das Ende des zweiten Jahrhunderts n. Chr. aber beginnt wieder eine allgemeine Bewegung der Nation nach Süden und Westen, welche römische Schriftsteller auf eine allgemeine Conspiration zurückführen [16]), deren nächste Ursache jedoch ohne Zweifel die gewöhnliche war, nämlich das Anwachsen der nördlichsten Völker und ihr Drängen auf die vor ihnen an der Donau gesessenen, namentlich die Markomannen [17]). Schon hatten diese die Alpen überschritten, als Kaiser M. Aurel in dem furchtbaren markomannischen Kriege sie noch einmal in ihre Wohnsitze zurückzukehren zwang, während ihre Hintermänner, die Gothen, und zwar wie es scheint deren gesammte Bevölkerung, sich ostwärts an das schwarze Meer, vom Don bis an die Mündungen der Donau, verpflanzte. Die ihnen verwandten Stämme, insbesondere die Vandalen und Burgunden, hatten sich auch von der Ostsee nach Süden gezogen, in dem markomannischen Kriege gegen die Römer gekämpft und sich schließlich jene in Dacien und Pannonien, diese in den Maingegenden niedergelassen.

Von da ab während des ganzen dritten und vierten Jahrhunderts gehen die Angriffe sämmtlicher germanischer Völker und der verzweifelte Vertheidigungskampf der Römer längs der Donau und des Rheins ohne Unterbrechung und mit wechselndem Glücke fort. Doch gelang es den Römern nie, ihre Provinzen gegen die stets wiederkehrenden Raubzüge zu schützen und das allmählige Vorrücken der Germanen zu verhindern. Schon hatten zu Ende dieses Zeitraums die Gothen und die verwandten

nichtet worden (*Tac. Germ.* 33.), war römische Selbsttäuschung. Vgl. überhaupt Zeuß.

16) *Capitol. Marc.* 22. Gentes omnes ab Illyrici limite usque in Galliam conspiraverant, ut Marcomanni *rel. Amm. Marc.* 31, 5. Marco ibidem moderante imperium, unum spirando vesania gentium dissonarum, post bellorum fragores immensos *rel.*

17) *Capitol. Marc.* 14. Victovalis et Marcomannis cuncta turbantibus, aliis etiam gentibus, quae pulsae a superioribus barbaris fugerant, nisi reciperentur bellum inferentibus. Von den Gothen, die zu jenen superiores barbari gehörten, sagt *Iordanis c.* 4. (oder Cassiodor) magna populi numerositate crescente.

Stämme Dacien nördlich der Donau in Besitz genommen, die Markomannen ihre Herrschaft bis an diesen Strom gesichert, die unter dem Namen der Alamannen verbündeten Völker die Römer aus der Spitze zwischen Rhein und Donau vertrieben und die salischen Franken sich auf der batavischen Insel und in Toxandrien niedergelassen: als der Einbruch der aus dem Innern Asiens kommenden Hunnen durch ihren gewaltigen Stoß auf die germanischen Völker Alles in Verwirrung brachte und die Zerstörung des weströmischen Reiches beschleunigte. In diesem Zerstörungswerk treten denn auch andere nichtgermanische Völker, insbesondere die Sarmaten, dann die Alanen, bald selbständig, bald mit den Germanen verbündet auf.

§ 33. Nicht minder wurde freilich die Auflösung dieses Reiches durch die friedlichen Verhältnisse, welche die Römer zu den Germanen und andern barbarischen Völkern je länger je mehr einzugehen sich genöthigt sahen, vorbereitet, Verhältnisse, die auch für die Gestaltung der neuen germanischen Staaten auf römischem Boden von entscheidendem Einfluß waren.

Zwar zunächst, und so lange die römische Macht von dem Mittelpunkte aus sich in einheitlicher Kraft bis an die äußersten Grenzen des Reiches behauptete, dienten diese Verhältnisse nur zu deren Verstärkung. — So die Aufnahme ganzer Völkerschaften von dem rechten auf das linke Rheinufer, zur Bevölkerung und Vertheidigung des Grenzlandes: der Ubier, die von den Sueben bedrängt schon unter August bei den Römern Zuflucht suchten, durch Agrippa als Unterthanen aufgenommen und dann unter K. Claudius durch Gründung einer Militärcolonie in ihrer Hauptstadt (colonia Agrippina) noch fester an die römische Herrschaft gebunden wurden, auch in dem Aufstand des Civilis schließlich die Treue bewahrten [1]); desgleichen der vierzigtausend Sigambern, die Tiberius, nachdem er sie besiegt, als Dediticii auf das rechte Rheinufer unterhalb der Ubier

1) Zeuß S. 87 folg. Zweck ihrer Aufnahme *Tac. Germ.* 28. experimento fidei super ipsam Rheni ripam collocati, ut arcerent, non ut custodirentur.

verpflanzte, und die unter dem Namen Gugerni zwar an jenem Aufstand Theil nahmen, aber, wieder unterworfen, vom Schauplatz der Geschichte verschwinden [2]). — Auch einzelne vertriebene Fürsten wurden aufgenommen, ihr Gefolge aber von ihnen getrennt, damit sie ruhige Provinzen nicht stören möchten, unter einem von den Römern gesetzten König auf dem rechten Donauufer angesiedelt [3]). Noch unbedenklicher war die Unterwerfung transrhenanischer Völker, wie der Friesen und Chauken, die sich zur Lieferung von Erzeugnissen ihres Landes und Stellung von Rekruten verpflichten mußten, bei erster Gelegenheit freilich das Joch wieder abschüttelten [4]); nützlicher das ungleiche Bündniß mit den Batavern und Mattiaken, die frei von Abgaben nur aus ihrer kriegerischen Jugend Hülfstruppen unter Führung eigener Fürsten stellten. Der Aufstand der Bataver unter Civilis war durch den Zwiespalt im Mittelpunkt des Reiches veranlaßt und veränderte das Verhältniß dieser verbündeten Völkerschaft nicht bleibend [5]). — Auch sonst traten die Germanen von ihrer ersten Berührung mit den Römern an [6]) unbeschadet ihrer Ehre und Freiheit, die es gestattete, sich in das Gefolge eines fremden Heerführers zu begeben, freiwillig in römischen Kriegsdienst, nicht nur unter die Hülfstruppen der Legionen (auxilia) [7]), sondern selbst als Leibwache des Kaisers [8]). Daß sie die Treue

2) Zeuß S. 83 folg. Als dediticii bezeichnen sie *Sueton*, *Octav.* 21. *Tib.* 9. *Tac. Ann.* II. 26. Der Name Gugerni kam ihnen vielleicht ursprünglich als einem Stamm der Sigambern zu, vielleicht erhielten sie ihn erst nach ihrer Niederlassung auf römischem Boden im Gegensatz der freien Sigambern.

3) *Tac. Ann.* II. 63.

4) Zeuß S. 136—141.

5) Zeuß S. 98—102. Von den Batavern sagt *Tac. Germ.* 29. manet honos et antiquae societatis insigne. nam nec tributis contemnuntur, nec publicanus atterit: exempti oneribus et collationibus et tantum in usum proeliorum sepositi, velut tela atque arma, bellis reservantur. Die Bataver kämpften noch unter K. Julian cum regibus (suis) *Amm. Marc.* 16, 12. und die Notitia Dignitatum nennt noch Abtheilungen der Mattiaci.

6) Sechshundert germanische Reiter in Cäsars Heer halfen ihm in der Schlacht bei Pharsalus den Sieg erkämpfen.

7) Nicht in den Legionen, s. oben Bd. 3. S. 26.

8) *Tac. Ann.* I. 24. robora Germanorum, qui tum custodes imperatori aderant. *Sueton*, *Caligula* 43. 45. u. s. w.

gebrochen, kommt in der frühern Zeit nicht vor, und daß germanische Fürsten als ihre Führer römische Kriegskunst lernten, um sie dann in ihrer Heimath gegen die Römer zu gebrauchen [9]), kam gegen jenen Gewinn nicht in Betracht.

Als aber im dritten Jahrhundert das römische Reich in sich unter Kaisern und Gegenkaisern zerfiel, die Provinzen durch Steuerdruck und Bürgerkriege verödeten und die verweichlichten Provinzialen die nöthige Zahl tüchtiger Rekruten nicht mehr lieferten, wandte sich das Blatt: was Werkzeug römischer Macht gewesen, verwandelte sich in einen Saamen der Auflösung des Reiches; und selbst nach seiner Restauration durch Diocletian und Constantin drängten die Umstände auf diesem verderblichen Weg immer weiter vorwärts. Was lag in der That näher, als den zwiefachen Mangel, an tapferen Soldaten und fleißigen Ackerbauern, durch Germanen, welche Beides waren, oder wenigstens jenen ersten Mangel durch andere kriegerische Barbaren, zu ersetzen. Aber auf diese Weise wurden die Provinzen und das Heer, ja der Hof des Kaisers selbst je länger je mehr mit barbarischen Elementen vermischt, also ihres eigenthümlich römischen Charakters beraubt und der Untergang des Reiches dadurch vorbereitet.

Schon M. Aurel hatte sich genöthigt gesehen Schaaren gefangener Markomannen nach Italien zu verpflanzen [10]) und ein Reitercorps der ihnen verbündeten Sarmaten, das zu ihm übertrat, nach Britannien zu schicken [11]). Und dieselbe bedenkliche Maßregel, die besiegten Feinde, die man weder alle tödten oder zu Sklaven machen, noch in ihre Heimath zurücktreiben konnte, in die eigenen Reihen aufzunehmen, wiederholt sich im dritten und vierten Jahrhundert in immer größerem Maßstabe. Als K. Claudius (a. 269) die Gothen, die bis nach Macedonien vorgedrungen waren, schlug und zur Capitulation zwang, nahm

9) So Arminius selbst *Tac. Ann.* II. 10. *Vell. Pat.* II. 118.; ebenso der Canninefate Gannasco *Tac. Ann.* XI. 18, der Chauke Boiocalus XIII. 55. u. A.

10) *Capitolin. Marc.* 22. *Dio Cass.* 71, 11. 19.

11) *Dio Cass.* 71. *p.* 809.

er einen Theil in sein Heer auf und siedelte die Andern als Ackerbauer an [12]). K. Probus, der auf den Anbau der verödeten Provinzen besonders bedacht war, rühmt in einer Rede an den Senat: „Barbaren aller Nationen pflügen und säen für euch und leisten Kriegsdienst gegen die Völker des Innern“ [13]). Gelegentlich aber brachen sie auch die gelobte Treue und machten verheerende Züge durch das Reich [14]). Auch die großen Reformatoren, Diocletian und Constantin, sahen sich zu diesen Maßregeln genöthigt. Von jenem wird berichtet, daß er die Wüsten Thraciens Colonisten aus Asien, von seinem Mitaugustus Maximian, daß er die unangebauten Fluren der Nervier und Trevirer den Franken zu bebauen gegeben, worin sein Cäsar Constantius ihm nachfolgte [15]). Auch Constantin kann unmöglich alle gefangenen Franken den wilden Thieren im Kampfspiel vorgeworfen haben, und nachdem er mit den Gothen Frieden geschlossen, soll er über Dreimalhundert Tausend Sarmaten über Thracien, Macedonien und Italien vertheilt haben [16]). Auch Valentinian, der zum letzten Mal die Grenzlinien am Rhein und der Donau neu befestigte, siedelte gefangene Alamannen an den fruchtbaren Ufern des Po an; sein Sohn Gratian Gothen und Thaifalen im Gebiet von Modena, Reggio und Parma [17]).

12) *Zosim.* I. 46.

13) *Vopisc. Prob.* 15. Vandalen und Burgunden verpflanzte er nach Britannien. *Zosim.* I. 68.

14) *Vopisc. Prob.* 18. *Zosim.* I. 71.

15) *Aur. Victor de Caes.* c. 39. *Eumen. Panegyr. Constantio Caes. dictus* c. 1. 8. 9. 21. *Idem Constantino* c. 6. wo der Zweck angegeben wird: ut in desertis Galliae regionibus collocatae et pacem Romani imperii cultu iuvarent et arma delectu.

16) *Eumenii, Pan. Constantino* 11. 12. *Incerti Panegyr. Constantino* 23. *Exc. Valesii* de Constantino, hinter *Amm. Marc. ed. Bip. p.* 550. *Zosim.* II. 21.

17) *Amm. Marc.* 28, 5. Alemannos — Theodosius, ea tempestate Magister equitum, pluribus caesis, quoscunque cepit, ad Italiam, iussu Principis, misit, ubi fertilibus pagis acceptis iam tributarii circumcolunt Padum. 31, 9. (Gratian) Gothorum optimatem Farnobium — Thaifalos — trucidasset omnes ad unum —: ni cum aliis multis perempto Farnobio — superstitibus pepercisset: vivosque omnes circa Mutinam, Regiumque et Parmam Italica oppida rura culturos exterminavit.

Das Rechtsverhältniß dieser Colonisten war nicht überall dasselbe. Nach den bestimmten Andeutungen der Quellen wurden sehr Viele den Grundbesitzern (possessores) fruchtbarer Landstriche als Colonen zugetheilt, denen solche in Folge der starken Rekrutenaushebungen zu fehlen anfingen[18]). Die Lage dieser Colonen war dann die gewöhnliche; an die Scholle gebunden, bauten sie den Acker gegen einen an den Herrn zu entrichtenden Fruchtzins, dem Staate aber waren sie militär- und kopfsteuerpflichtig[19]).

Anders war das Verhältniß der nur in Gallien unter dem Namen Laeti vorkommenden germanischen Militärcolonien. Auch sie dienen der Landes-Cultur und Vertheidigung, aber dadurch, daß ihnen in Folge des Steuerdrucks verlassene Aecker (agri deserti) oder sonst fiscalischer Boden zur eigenen Benutzung (terrae laeticae), und zwar steuerfrei, jedoch mit der Verpflichtung überlassen wird, ihn nicht zu verlassen oder zu veräußern und mit ihrer gesammten kriegstüchtigen Mannschaft dem Kaiser in der einen oder andern Abtheilung des Heeres zu dienen, weshalb sie als dem Staate dienstpflichtige erbliche Corporationen eigenen Präfecten (Praefecti Laetorum) und in höchster Instanz dem Magister Peditum präsentalis untergeben sind[20]). Ihr Name ist entschieden deutschen Ursprungs, und

18) Vgl. Zumpt, Ueber die Entstehung und hist. Entwicklung des Colonats, Rhein. Mus. f. Phil. 1845. S. 1—69, dem ich nur darin nicht beistimmen kann, daß dieß der Ursprung des Colonats gewesen sei. S. oben Bd. 3. S. 22 und Savigny, Verm. Schriften II. S. 40 folg., insbesondre die S. 50 angeführte *L 3. C. Th. de bonis militum* (5. 4). *Honor. et Theod. a.* 409, worin die Erlaubniß ertheilt wird, aus den unterworfenen Scyren sich Colonen zu nehmen.

19) Savigny cit. S. 1 folg. Auf gewöhnliche Colonen beziehe ich jetzt mit Böcking *Not. Occid. p.* 1068. die Stellen des Eumenius Note 15, insbesondre c. 9: arat ergo mihi Chamavus et Frisius — laxat annonam — si ad delectum vocetur, accurrit. Auch die Rede des K. Probus Note 15 und die Stellen Note 17, wonach die fruchtbaren Fluren der Lombardei durch tributarii gebaut wurden.

20) Vgl. *Böcking, de Laetis*, in *Not. Occid. p.* 1044—1080. Zu den Quellenzeugnissen *p.* 1055 *sq.*, von denen ich nur II. *Amm. Marc.* 16. 11. Alamanni — laeti barbari — occulte transgressi (*sc. Rhenum*, zwischen dem Lager des M. P. Barbatio bei Basel und dem des K. Julian) als

wahrscheinlich hatten sie ihn sich selbst beigelegt, weil sie zwar nicht Sklaven, aber dem Kaiser von ihrem Grundbesitz zu Dienst verpflichtet, also insofern Halbfreie waren, wie die Liti oder Lassen in ihrer Heimath [21]).

Bestimmt unterschieden von ihnen werden die Barbaren (gentiles), sowohl Sarmaten als Germanen, welche unter dem Namen der Gentiles gleichfalls unter eigenen Präfecten (Praefecti gentilium) in allen Theilen des Reiches angesiedelt und zum Kriegsdienst verpflichtet waren [22]). Daß auch sie der Landescultur gedient, finde ich nirgends bezeugt; auch scheinen die heimischen Gewöhnungen der Völker, aus denen sie genommen waren, sie dazu weniger befähigt zu haben [23]). Auf den Grenz-

nicht dahin gehörig ausscheiden muß, tritt nun noch der von Merkel im *Cod. Vat. Reg. Sueciae* 1050 entdeckte vollständigere Text der *Novella Severi Imp. de corporatis*, herausgegeben von Hänel, *Ep. gratul. Savinio* 1850. 4. *p.* 3 und mit Verbesserungsvorschlägen von Bluhme am Ende des Papian, *Monum. Legum* III. *p.* 624: »Per virum ill. Ausonium cunctorum ad nos provincialium querella pervenit, eo quod leti et (?) aliaque corpora publicis obsequiis deputata *rel.* Worin ich, nach dankbarer Benutzung mancher Belehrung, von Böckings Ansicht abweiche, ergiebt der Text, den ich übrigens in einer so dunklen Sache für infallibel auszugeben weit entfernt bin.

21) J. Grimm, Rechtsalterth. S. 307. Daß sie solche germanische Lassen gewesen, die sich freiwillig oder gezwungen den Römern ergeben hätten, wie Böcking cit. *p.* 1082 qui domi Laeti fuerant behauptet, dafür scheint mir der Name kein ausreichender Grund und die Sache unwahrscheinlich. Warum sollten die Römer freie Germanen als Colonen verwendet und halbfreie als Laeti in ein günstigeres Verhältniß gebracht haben?

22) *Böcking. de gentilibus*, in *Not. Occid. p.* 1080—1145. Von den angeführten Quellenzeugnissen scheint mir *L. un. C. Th. de nuptiis gentilium* (3, 14) Nulli provincialium — cum barbara sit uxore coniugium, nec ulli gentilium provincialis femina copuletur, entschieden nicht hierher zu gehören. Auch bezweifle ich, daß alle praefecturae Gentilium aus übergetretenen Sarmatischen Sklaven (Zeuß S. 692 folg.) bestanden, wodurch Böcking ihren Unterschied von den Läten zu erklären versucht. Roth, Beneficialwesen S. 48 hält Laeti und Gentiles für identisch; allein die angeführten Stellen beweisen dieß nicht.

23) Die Sarmaten waren von jeher umherschweifende Nomaden, die ihnen benachbarten Sueben und Thaifalen hatten in ihren Sitten sich ihnen genähert, s. unten § 34 Note 6, nur diese Völker aber werden bestimmt als Gentiles genannt. — *Ausonius, Mosella v.* 9. Arvaque Sauromatum nuper metata colonis, wenn auf sarmatische Gentiles zu beziehen, kann auf dem Hunnsrück ihnen angewiesene Weideplätze meinen. In *L. 12. C. Th. de veteranis* (7, 20) scheint mir

stationen (milites limitanei) wurden ihnen Aecker (terrae limitaneae) unter ähnlichen Bedingungen, wie sie die Laeti besessen, angewiesen [24]). Immerhin wurde unter diesen und andern Formen [25]) eine barbarische Bevölkerung in den Provinzen angehäuft, die der großen Wanderung ihrer Stammverwandten die Wege bahnte.

Nicht nur aus dieser barbarischen Bevölkerung des Reiches, sondern auch unmittelbar aus den Reihen der fremden Völker rekrutirten sich jetzt die römischen Heere vorzugsweise: theils traten Mitglieder derselben freiwillig in römischen Kriegsdienst gegen bestimmte Capitulation, z. B. nicht jenseits der Alpen verwendet zu werden [26]), theils genöthigt, indem einem besiegten Volk die Stellung von Rekruten auferlegt [27]), oder ein Theil des geschlagenen feindlichen Heeres sofort in die eigenen Reihen aufgenommen wurde [28]). Sie bildeten auch jetzt noch nach Stammverwandtschaft eigene Truppentheile, denen Fürsten und Edle ihres

trotz Böckings Widerspruch *cit. p.* 1058. Note 51, vagus nicht den Deserteur zu bezeichnen, von dem das Gesetz nicht spricht, sondern ein epitheton ornans für Sarmata, wie auf der römischen Straßenkarte Sarmatae vagi. Die Sarmatae Limigantes verließen die ihnen angewiesenen Sitze und erboten sich trüglich zu Colonen. *Amm. Marc.* 17, 13. 19, 11.

24) *L. 1. C. Th. de terris limitaneis* (7, 15). Nicht alle Gentiles waren milites limitanei, und nicht alle milites limitanei Gentiles. Ueber die terrae limitaneae s. *Gothofr. h. t.* Die Aehnlichkeit mit den terrae laeticae hat zuerst v. Sybel, Jahrb. der Alterth. im Rheinl. 1844. S. 43 bemerkt.

25) Ob dediticii in dieser späteren Zeit noch ein eigenthümliches Verhältniß übergetretener Barbaren bezeichnet, ist mir zweifelhaft. Bei *Amm. Marc.* 20, 8. letos quosdam, cis Rhenum editam barbarorum progeniem, vel certe ex dediticiis qui ad nostra desciscunt, scheinen nur die häufigen Ueberläufer darunter zu verstehen, die in den verschiedenen Abtheilungen des Heeres untergesteckt, insbesondere zur kaiserlichen Garde (scutarii) abgeliefert zu werden pflegten. Se dedere ist der allgemeine Ausdruck für Alle, die sich den Römern auf Gnade und Ungnade ergaben und in verschiedenster Weise behandelt wurden.

26) *Amm. Marc.* 20, 4. relictis laribus transrhenanis sub hoc venerant pacto, ne ducerentur ad partes unquam transalpinas —: voluntarii barbari militares.

27) *Amm. Marc.* 30, 6. Quadorum legati -- et tirocinium et quaedam utilia rei Romanae pollicebantur.

28) *Vopisc. Prob.* 11. *Dexippus Exc. de bello Scyth.* 2. *p.* 19. *Amm. Marc.* 28, 5. 31, 10.

Stammes als Officiere vorgesetzt zu werden pflegten 29). Die Notitia Dignitatum führt sie in großer Zahl mit ihren Volksnamen unter den in allen Theilen des Reichs stationirten Regimentern (cohortes) und Schwadronen (alae) der Hülfstruppen (auxilia), und selbst in der ordentlichen Reiterei (vexillationes) auf 30). Auf diese Weise war schon zu Kaiser Julians Zeit die Zahl der Germanen im römischen Heer so groß, daß germanische Sitten, als die Erhebung des Feldherrn auf den Schild, Beifall durch Waffengeklirr und der Schlachtgesang (barritus), darin allgemein werden konnten 31).

Nicht zu verwechseln mit diesen barbarischen Abtheilungen des römischen Heeres sind die Hülfscorps (foederati, *ξύμμαχοι*), die von verbündeten Völkern, natürlich nicht ohne Vergütung an Landbesitz oder Sold, gestellt zu werden pflegten. Besonders gaben die Aufstände und Kämpfe verschiedener Kronprätendenten, schon im dritten Jahrhundert, dazu Veranlassung 32), und selbst Constantin scheute sich nicht, in dem letzten Kriege gegen Licinius um die Alleinherrschaft die Hülfe alamannischer, fränkischer und gothischer Fürsten und ihrer Völker anzurufen 33).

29) *Amm. Marc.* 16, 12. Batavi cum regibus. 29, 4. Buccinobantibus, quae gens est Alamanna, regem Fraomarium ordinavit, quem paullo postea — in Brittannos translatum potestate Tribuni Alamannorum praefecerat numero: Bitheridum vero et Hortarium nationis eiusdem primates item regere milites iussit. 31, 6. Sueridus et Colias, Gothorum optimates, cum populis suis longe ante suscepti et curare apud Hadrianopolim hiberna dispositi *rel.*

30) S. Bd. 3. S. 26. Note 5. K. Theodosius I. verlegte gothische Hülfstruppen nach Aegypten, um sie unschädlich zu machen. *Zosim.* IV. 30. *Latin. Pacat. Panegyr.* 32.

31) *Amm. Marc.* 20, 4. 5. 16, 12.

32) *Treb. Pollio XXX tyr.* von Lollianus und Postumius adhibitis ingentibus Germanorum auxiliis. — Carausius wurde in seinem Aufstand a. 287 durch Franken, Sachsen und Friesen unterstützt, wofür er ihnen römischen Provinzialboden abtrat. *Mamertin. Pan. Constantio* 12. *Eumen. Pan. Constantino* 5.

33) Alamannen unter ihrem Könige Crocus *Victor. Epit.* 41. Franken unter Bonitus *Amm. Marc.* 15, 5. Gothen unter Aliquaca *Exc. Valesii ed. Bip. p.* 550. maxime auxiliantibus Gothis, quos Aliquaca regalis deduxerat. Darauf bezieht sich wohl K. Julians Spott, daß Constantin den Barbaren Tribut gezahlt habe. Mascov VI. 28. Note 9.

Im größesten Umfang und in bedenklichster Weise für den Bestand des Reiches geschah dieß, nachdem die Westgothen unter K. Valens, von den Hunnen bedrängt, in der Diöcese Mösia Aufnahme gefunden, und Theodosius mit dem von dem Magister Militum per Gallias, Arbogast, einem Franken, aufgestellten Gegenkaiser Eugenius den entscheidenden Kampf um die Krone zu bestehen hatte. Für jenen kämpften die Gothen unter Gainas und Alarich, für diesen die Franken, die Arbogast noch kurz zuvor bekriegt, jetzt für seinen Schützling Eugenius gewonnen hatte [34]). Von jetzt an wurde dieß stehender Gebrauch [35]), und man kann deshalb sagen, daß es die römischen Gewalthaber selbst waren, die in ihren Kämpfen unter einander mit Hülfe der Barbaren das Reich zertrümmerten.

Freilich waren auch diese Gewalthaber häufig von barbarischer Abkunft. Schon in dem dritten Jahrhundert gelangten Germanen als Anführer der Truppenabtheilungen ihres Stammes in der militärischen Laufbahn zu den höchsten Stellen [36]). Noch häufiger, nachdem Diocletian und Constantin die Militär- und Civilverwaltung völlig getrennt hatten, und in jener vorzugsweise auf bewährte Tapferkeit und Kriegslist gesehen wurde. Daß dann diese hohen militärischen Würdenträger nicht das Beste des Reichs, sondern nur ihren persönlichen Ehrgeiz im Auge hatten, war natürlich. So warf Magnentius, lätischer Abkunft, nachdem er Constantins Sohn, K. Constans, hatte umbringen lassen (a. 350), mit Hülfe der von ihm commandirten Legionen und germanischer Hülfsvölker sich zum Kaiser auf [37]), und wenige Jahre darauf (a. 355) machte der Magister Peditum per Gallias, Silvanus, ein Franke, durch seine Landsleute unterstützt, denselben Versuch [38]). Später ist die merkwürdige Wandlung zu bemerken, daß diese vornehmen Barbaren

34) *Zosim.* IV. 58. *Gregor. Tur.* II. 9.

35) *Zosim.* II. 56.

36) K. Maximin, der Nachfolger des Alexander Sever, war der Sohn eines Gothen und einer Alanin. *Capitolin. Maximin* 1. *cf. Herodian* VI. 8.

37) *Zosim.* II. 54.

38) *Amm. Marc.* 15, 5. Er war der Sohn des Bonitus in Note 33.

die kaiserliche Würde, als die Spitze der Civilverwaltung, nicht mehr ambiren, sondern sich mit dem entscheidenden Einfluß begnügen, den ihnen die Verfügung über das römische Heer und die Verbündeten gab. So setzt der so eben erwähnte Franke Arbogast, welchen K. Theodosius selbst seinem jungen Mitkaiser Valentinian II. zum Magister Militum bestellt hatte, nachdem er diesen umgebracht, nicht sich, sondern den Notar Eugenius auf den Thron. Und als Theodosius das Reich unter seine unmündigen Söhne theilte (393), setzte er dem Arcadius im Orient zwar den Präfectus Prätorio Rufinus, also einen hohen Civilbeamten, dem Honorius aber in dem von den Barbaren bedrängten Occident den Stilicho, aus vandalischem Königsstamm, als Magister utriusque Militiä zum Vormund, der auch bis zu seinem Sturz durch Hofintriguen (408) in Wahrheit die Regierung führte. Daß unter Valentinian III. dann Aëtius, aus einer vornehmen mysischen Familie, dieselbe Rolle spielte, machte keinen wesentlichen Unterschied; denn er hatte als Geisel seine Jugend bei Gothen und Hunnen verlebt und wußte barbarische Hülfsvölker für seine Zwecke trefflich zu gebrauchen. Noch später gebietet in derselben Weise der Suebe Ricimer unbeschränkt über das weströmische Reich, setzt Kaiser ein und ab, läßt auch eine Zeit lang den Thron unbesetzt. Nachdem unterdessen die Führer barbarischer Stämme theils als Hülfsvölker mit Erlaubniß des Kaisers oder auf Einladung treuloser Beamten, theils aus eigenem Antrieb als Eroberer die Provinzen des westlichen Reiches eine nach der andern in Besitz genommen, und endlich Odoaker, als Führer eines gemischten germanischen Heeres, Herr von Italien geworden und den letzten Kaiser, Romulus Augustulus, abgesetzt hatte, ohne ihm einen andern zu substituiren, mußte allerdings das weströmische Reich für erloschen gelten [39]). Aber das östliche dauerte fort und machte

39) *Iordanis* c. 47. Sic quoque hesperium Romanae gentis imperium, quod 709. u. c. anno primus Augustorum Octavianus Augustus tenere coepit, cum hoc Augustulo periit, — Gothorum dehinc regibus Romam Italiamque tenentibus.

den Anspruch, das ganze zu sein, war daher immer noch ein Stützpunkt für die römischen Provinzialen und eine ideale Auctorität selbst für die Barbaren des Westens [40]).

An diese schwankenden Uebergangszustände mußte erinnert werden, weil Vieles in der Entstehung und in den Verhältnissen der neu gegründeten germanischen Staaten sich nur daraus erklärt.

§ 34. Indem wir die Entstehung und die Zustände dieser von germanischen Völkern auf römischem Boden gegründeten Staaten im Allgemeinen zu schildern unternehmen, haben wir uns vor einem häufig begangenen Fehler, dem unrichtigen Generalisiren, zu hüten.

Zwar der Ausgangspunkt dieser wundersamen politischen Neubildungen war allerdings ein gemeinsamer, nämlich, nicht wie bei den Griechen eine planmäßige Colonisation gebildeter Stämme, auch nicht, wie man anknüpfend an eine eigenthümlich germanische Einrichtung angenommen hat, Abentheurerzüge einzelner Gefolgschaften [1]), sondern wirkliche Wanderungen ganzer Völker oder Völkertheile, denen ihre Heimath zu öde und eng wurde und die sich neue Wohnsitze in einem fruchtbareren Lande suchten. Es ist also ganz dieselbe Erscheinung, wie sie im Anfang unserer geschichtlichen Ueberlieferungen die von den Hochebenen Asiens nach Mesopotamien, Syrien und Kleinasien herabsteigenden Völker zeigen.

Allein schon der erste Erfolg der germanischen Einwanderung für die bisherigen Einwohner, die römischen Provinzialen, war nach Ort und Zeit ein verschiedener. — Auf dem linken Rhein- und dem rechten Donauufer, die von dem ersten und wiederholten Sturme der Völkerwanderung betroffen wurden, verschwindet vor der Masse der Einwanderer die römische Bevölkerung im Großen und Ganzen, indem, was nicht getödtet oder zu Sklaven gemacht wird, sich durch die Flucht in fernere Provinzen rettet [2]). Aehnlich in Britannien, als die von den

40) S. oben Bd. 3. S. 27 folg.

1) Eichhorn, D. Reichs- und Rechtsg. § 21a.

2) So die römischen Einwohner

römischen Provinzialen gegen die wilden Picten und Scoten zu Hülfe gerufenen Angeln und Sachsen selbständige Herrschaften gründen [3]). Ihre Staatseinrichtungen, wie die der Alamannen und Baiern, zeigen daher keine römischen Elemente und bleiben deshalb von unserer Betrachtung ausgeschlossen. — Anders die Vandalen, die Burgunden, die West- und Ostgothen und die Langobarden, die sämmtlich in verhältnißmäßig geringer Zahl reich bevölkerte römische Provinzen sich unterwarfen und darin ihren bleibenden Wohnsitz nahmen. Hier war es eine Unmöglichkeit, den Millionen bisheriger Einwohner Leben und Freiheit zu rauben oder sie zu verjagen; Sieger und Besiegte, Germanen und Romanen, deren sofortige Verschmelzung zu Einer Nation auch nicht möglich war, mußten in dem neuen, von den Siegern gegründeten Staate neben einander leben und diesen zu einem gemischten machen. Die Berührung, ja der Conflict, in den auf diese Weise germanische Ursprünglichkeit und römische Cultur, insbesondere das germanische und das römische Recht, in diesen Staaten gerieth, bildet recht eigentlich unsere Aufgabe und macht die Untersuchung ihrer Einrichtungen überhaupt nothwendig. — Die Franken endlich gehören zum Theil jener ersten, zum Theil dieser zweiten Klasse an und haben auch in allen andern Beziehungen eine eigenthümliche Geschichte gehabt. Es war daher in dieser Hinsicht nicht glücklich, daß man ihre Verfassung, weil sie die Grundlage der deutschen Reichsverfassung geworden, lange Zeit fast ausschließlich bearbeitete und als mustergültig für jene andern Staaten betrachtete.

Treten wir der Entstehungsgeschichte dieser Staaten näher, so ist vor Allem der Zeitraum der Wanderung jener Völker und der ihrer bleibenden Niederlassung zu unterscheiden. Auf der Wanderung zeigen sie das Bild eines germanischen Volksheeres, das ja immer Weiber, Kinder und Hausrath aller Art auf Wagen mit sich führte [4]) und einem selbsterwählten Herzog

von Vindelicien und Noricum. Zeuß S. 369.

3) Lappenberg, Gesch. von England Bd. I. S. 127. 184. 608 folg.

4) S. § 32 Note 4 folg.

oder Heerkönige Folge leistete. Es ist ferner keins dieser Völker, das nicht, sobald es den römischen Grenzen nahe kam, mit den Römern früher oder später, für längere oder kürzere Zeit jene zweideutigen Bündnißverträge geschlossen hätte [5]). Frühe und dauernde Verbindungen dieser Art, wie sie die Gothen und Burgunden gepflogen, mußten deren Sitten mildern; langes Umherschweifen, z. B. der Vandalen, deren arge Verwilderung [6]), der spätere Eintritt in das Völkergedränge, z. B. der Langobarden, die Erhaltung ursprünglicher Frische zur Folge haben [7]). Betraten sie den römischen Boden, so erschienen sie entweder als zweideutige Bundesgenossen oder entschieden als Eroberer, und die Behandlung der Einwohner war in dem einen und andern Fall natürlich eine verschiedene. Im ersten wurden sie bei diesen nach den Grundsätzen der römischen Heere regelmäßig einquartirt, ein Verhältniß, das auch für ihre bleibende Einrichtung maaßgebend wurde [8]). Auch ihr Unterhalt wurde ihnen nach gleicher Analogie in Naturalien oder in Geld vom Kaiser bewilligt und von den römischen Beamten gereicht [9]), freilich auch, wenn er ihnen nicht genügte, wo sie ihn fanden, geraubt [10]). Im zweiten Fall gebrauchte der Eroberer in der einen und andern Beziehung das Recht des Stärkeren.

Bei der bleibenden Niederlassung und der Einrichtung des neuen Staates kommt das persönliche Schicksal der Romanen

5) S. § 33 Note 32 folg.

6) Ueber die Vandalen s. § 35 Note 2. So auch die Quaden = Sueben, die sich früher den Sarmaten anschlossen und später doch wohl für die Gefährten der Vandalen zu halten sind, vgl. Zeuß S. 464. 456. Wie die gothischen Thaifalen in der Berührung mit den östlichen Völkern am Pontus ausarteten s. bei Zeuß S. 435.

7) S. § 54.

8) Gaupp, Ansiedlungen §§ 16 und 29 hat zuerst auf den Zusammenhang des römischen Einquartirungswesens mit der Ansiedlung der Germanen aufmerksam gemacht, nur m. E. auf die Analogie der Drittheile zu großes Gewicht gelegt. Ueber die Einquartirung der Burgunden s. § 36 Note 21, der Westgothen § 41 Note 17.

9) Gaupp cit. § 15. Der Westgothe Alarich, dann Athaulf und Wallia unterhandeln mit Honorius über die Annona, s. unten § 40 Note 18.

10) So plündert derselbe Alarich Macedonien und Griechenland, weil Arcadius seinem Heer den Sold verkürzt § 41. Ebenso die Ostgothen Illyricum, als die Jahrgelder ausblieben § 51.

und das ihres Grundeigenthums, welches genau damit zusammenhängt, in Betracht. Daß ihnen im Großen und Ganzen die persönliche Freiheit blieb, ist bereits bemerkt worden, und für unsere Aufgabe ist dieß von entscheidender Bedeutung; denn ohne persönliche Freiheit der Römer hätte auch römisches Recht nicht fortdauern und auf das germanische keinen Einfluß üben können. Dieß erklärt sich, wo die Germanen als Föderaten des römischen Kaisers von diesem Wohnsitze eingeräumt erhielten, daraus, daß der germanische König gleichsam im Namen des Kaisers, auch mit römischen Titeln beehrt, die Provinzialen beherrschte [11]). Aber es wird gezeigt werden, daß auch im Fall der Eroberung die Masse der römischen Bevölkerung persönlich frei blieb, weil es eben nicht anders ging [12]).

Auch ein Theil ihres Grundeigenthums blieb den Römern in beiden Fällen. Einen Theil freilich mußten sie ihren germanischen Herrn abgeben; denn nicht bloß auf die Schätze der Römer, sondern auf Grundbesitz und den dadurch gesicherten Unterhalt hatten sie es ja bei ihren Wanderungen hauptsächlich abgesehen. Wurden ihnen nun die neuen Wohnsitze durch Uebereinkunft eingeräumt, so fand eine regelmäßige Landtheilung statt, und zwar so, daß jeder Germane von dem Römer, bei dem er einquartirt war, einen bestimmten Theil der Wohnung und einen andern von seinem Landbesitz erhielt, bei den Burgunden und Westgothen zwei Drittheile [13]), bei dem gemischten Heer des Odoaker und den Ostgothen ein Drittheil [14]). Einer war des andern Hospes, und Hospitalitas hieß das ganze Verhältniß, welches sich freilich mit der Zeit durch Veräußerungen auflösen mußte. Die Vandalen, als sie Afrika eroberten, nahmen ihren Wohnsitz nur in der Provincia proconsularis und raubten von Grundeigenthum so viel sie bedurften; die früheren Besitzer wurden

11) So die Könige der Burgunden § 36 Note 14.

12) Bei den Vandalen § 35 und den Langobarden § 59.

13) Die Burgunden § 36 Note 21—30. Die Westgothen § 42 Note 7—11.

14) Odoaker § 51 Note 6. Die Ostgothen § 53 Note 5.

getödtet, vertrieben oder zu Knechten gemacht, während die Einwohner der übrigen Provinzen nur ihre Grundsteuer wie früher dem Kaiser, so jetzt dem Könige zahlten [15]. Bei der Eroberung Italiens durch die Langobarden hatten viele Römer jenes härteste Schicksal; nach Vollendung derselben mußte aber doch eine regelmäßige Einrichtung getroffen werden, wobei, da die Sieger über das ganze Land zerstreut wohnten, das ostgothische Hospitalitätsverhältniß zum Vorbild genommen wurde [16].

Ueberall war also zwar das Schicksal vieler einzelnen Römer ein trauriges, worüber ihre Schriftsteller, namentlich die geistlichen, laute Klage erheben; ja der Umsturz des römischen Reiches war ein so gewaltig erschütterndes Ereigniß, daß darin wohl ein göttliches Strafgericht über die ausgeartete Welt und die Erfüllung apokalyptischer Weissagungen gefunden werden konnte. Aber die Lage der überlebenden Römer war nicht nur eine erträgliche, sondern, wie von ihnen selbst anerkannt wurde, eine im Vergleich des früheren Zustandes erleichterte. Denn sie waren befreit von dem systematischen Druck der organisirten kaiserlichen Despotie und eines corrumpirten Beamtenthums, namentlich dem unerträglichen Steuerdruck, wogegen der Verlust eines Theils ihrer Güter und die Rohheit und Gewaltthätigkeit ihrer germanischen Herren ihnen als ein geringeres Uebel erschien [17].

Von den römischen Staatseinrichtungen erhielt sich mehr oder weniger. Am meisten unter der Herrschaft der Ostgothen, weil Theoderich der Große den Plan gefaßt hatte, den römischen

15) S. § 35 Note 8—11.

16) S. § 59 Note 12—18.

17) Von der westgothischen Herrschaft sagt Orosius: Post graves rerum atque hominum vexationes *rel.* — Quamquam et post hoc continuo Barbari execrati gladios suos ad aratra conversissent, residuosque Romanos ut socios modo et amicos fovent, ut inveniantur iam inter eos quidam Romani, qui malint inter Barbaros pauperem libertatem, quam inter Romanos tributariam sollicitudinem sustinere. Und Isidor: Unde et hucusque Romani, qui in regno Gothorum consistunt, adeo amplectuntur, ut melius sit illis cum Gothis pauperes vivere, quam inter Romanos potentes esse et grave iugum tributi portare. Helfferich, Entstehung und Geschichte des Westgothenrechts S. 13.

Civilstaat nur durch sein gothisches Heer zu stützen [18]). Demnächst bei den Vandalen aus dem entgegengesetzten Grunde, weil sie nur auf Raub und Genuß bedacht waren und den Römern die Mühe der Verwaltung überließen [19]). Die Burgunden [20]) und die Westgothen ließen die römische Municipalverfassung bestehen, letztere zunächst selbst einen Theil der Provinzialverwaltung [21]). Die Langobarden hoben beide auf, als unverträglich mit ihrer Herrschaft.

Welches war nun die Verfassung des herrschenden germanischen Volkes? Nirgends ganz die ursprüngliche, sondern überall modificirt durch die Nothwendigkeiten des Heereszuges und der neuen Niederlassung. An der Spitze steht ein König mit herzoglicher Gewalt, dem das Volk zur Treue verpflichtet ist [22]) und welcher Einzelne aus seinem Gefolge zu Führern der Heeresabtheilungen im Kriege, zu Richtern derselben im Frieden bestellt [23]). Als Gefolgsleute konnten sie lateinisch Comites, als Heerführer Duces, als Gerichtsobrigkeiten Judices genannt werden; die deutsche Benennung bei den Franken war Graf; bei den andern Stämmen kennen wir sie nicht [24]). Die Thronfolge schwankt zwischen Wahl aus einem edlen Geschlecht und Erblichkeit, in diesem Fall auch mit Theilung der Herrschaft unter mehreren königlichen Brüdern [25]), jenachdem die Hof- und Reichsbeamten Einfluß gewinnen oder verlieren [26]). Denn während

18) S. §§ 52 und 53.

19) S. § 35 Note 6. 14—19.

20) S. § 36 Note 41 - 42 und § 39 Note 5—7.

21) S. § 44 Note 36. 45—68.

22) Für die Burgunden s. § 37 Note 16. Westgothen § 49 Note 39. Ostgothen § 57 Note 2. Langobarden § 58 Note 25. Franken § 65 Note 8—10.

23) Vandalen § 35 Note 29.

24) Jene Benennungen wurden aus der römischen Verwaltung entlehnt; daß aber bei Comites an das Gefolge des Königs gedacht wurde, zeigt sich besonders bei den Vandalen § 35 Note 19. Nach J. Grimm, Rechtsalt. S. 753 ist auch Graf etymologisch = comes, socius. Daß bei den Westgothen und Langobarden Dux der höhere Titel ist, während bei den Römern es Comes war, erklärt sich wohl aus der Uebersetzung von Herzog. Auch dafür s. J. Grimm cit.

25) Bei den Burgunden § 37 Note 3—6 und den Franken § 64.

26) Bei den West- und Ostgothen und den Langobarden überwiegt allmälig die Wahl. Bei den Vandalen schloß Genserich durch ein Hausgesetz beides, die Theilung der Herrschaft und die Volkswahl, aus, s. § 35 Note 25.

der alte Adel sich nur in dem königlichen Geschlechte erhalten, hat sich in diesen Großen des Reichs und der ersten Klasse der Gemeinfreien eine neue Aristokratie gebildet [27]). Die übrigen, nicht durch Amt und Besitz ausgezeichneten Volksgenossen aber haben zwar mit der Waffenehre die persönliche Freiheit bewahrt, aber jeden politischen Einfluß verloren, den jene Großen in Reichsversammlungen ausschließlich üben [28]). Denn mit der Zerstreuung des Volkes über ein weites Ländergebiet ist zwar die Eintheilung desselben nach Gauen, deren Grundlage die römischen Stadtgebiete bilden, vereinbar; diese sind aber nur Heerbanns- und Gerichtsbezirke der königlichen Beamten; regelmäßige, über gemeinsame Angelegenheiten beschließende Versammlungen der freien Grundbesitzer des Gaus finden nicht mehr statt, die alte freie Gemeindeverfassung ist erloschen [29]). Nur bei den Franken hat sie sich erhalten, und mit ihr eine Hauptbedingung kräftigen germanischen Volkslebens.

Im Fortgang der socialen Wandlung werden die Romanen ihren germanischen Beherrschern in Barbarei und Tapferkeit immer ähnlicher, treten früher oder später in das Heer ein und erlangen damit gleiche Rechte [30]), während die uneingeschränkte Macht des Königs über sie sich auf die Germanen ausdehnt. Auf der zahlreichen Klasse der Unfreien, in welcher die römische Servitus und der Colonat sich zu einem, der deutschen Leibeigenschaft ähnlichen Verhältniß vermischt, ruht die ganze gesellschaftlich nothwendige Arbeitslast [31]).

Welches endlich war in diesen germanisch-romanischen Staaten der Rechtszustand und die Gerichtsverfassung? Daß die

27) Vandalen § 35 Note 23. 26. Burgunden § 37 Note 9 16. Westgothen § 46 Note 2. Langobarden § 58 Note 19. 20. Franken § 65.

28) Vandalen § 35 Note 27. 28. 40. Burgunden § 37 Note 24. 26. Westgothen § 44 Note 3—5. § 46. Langobarden § 58 Note 31—34. Franken § 65.

29) Burgunden § 37 Note 27. 28. Westgothen § 44 Note 6 folg. 43ª. § 48 Note 32. Langobarden § 58 Note 35.

30) Westgothen § 42 Note 11—16. § 46 Note 18. Langobarden § 59 Note 68—72. Franken § 65.

31) Burgunden § 37 Note 18. Westgothen § 47 Note 57. Langobarden § 59 Note 15.

Germanen ihr angestammtes Volksrecht bei ihrer Verpflanzung in neue Wohnsitze nicht aufgaben, versteht sich von selbst. Dennoch nahmen sie hier früher, dort später eine wichtige formelle Aenderung mit demselben vor: während es in der alten Heimath nur als ungeschriebenes Gewohnheitsrecht gegolten hatte, wurde es jetzt schriftlich verzeichnet. Die Veranlassung dazu war keineswegs bloß die Bekanntschaft, die sie jetzt mit der römischen Schrift und Schriftsprache machten, sondern ein zwiefach begründetes praktisches Bedürfniß. 1) Mit der Gemeindeverfassung waren auch die alten Volksgerichte und die eigenthümliche Weise, wie diese das nationale Recht fortpflanzten und entwickelten, verloren gegangen; die Gerichtsverwaltung lag in den Händen königlicher Beamten, denen gleiche Freiheit der Rechtsschöpfung nicht ohne Gefahr eingeräumt werden konnte. Man fand es räthlich, ihrer Willkühr durch königliche Gesetze Schranken zu ziehen, und in diese nahm man natürlich nur das Recht des herrschenden Volkes mit den etwa als nothwendig erkannten Ergänzungen und Aenderungen auf. 2) Dieses so codificirte germanische Recht galt als Reichsrecht für alle Unterthanen des Königs, auch für die Römer, wenigstens in ihren Verhältnissen zu ihren germanischen Herrn. Nur im reinen Privatverkehr der Römer unter sich konnte ihnen der Gebrauch des römischen Rechts als ihres Particularrechts ferner gestattet werden. Da also in demselben Staate zweierlei Recht galt und von denselben königlichen Beamten zur Anwendung gebracht werden mußte, so war auch, um die Vermischung desselben zu verhüten, insbesondere um die Erhaltung des germanischen Rechts zu sichern, dessen schriftliche Verzeichnung nothwendig, welcher dann in einigen Staaten auch eine neue Codification des römischen Rechts zu gleichem Zweck folgte [32]).

Einen ganz abweichenden Gang befolgte auch in dieser Hinsicht Theoderich der Große im ostgothischen Staate. Da er, geblendet durch den letzten Abglanz römischer Größe, das

32) Burgunden § 38. Westgothen § 43. Langobarden § 60.

Westreich zu erneuern unternommen hatte, so sollte auch dessen Gesetzgebung fortdauern. Nur zu diesem Zweck erließ er, nicht eine umfassende Codification desselben, sondern ein ausgedehnteres, jene Gesetze einschärfendes, im Einzelnen modificirendes Edict. Das germanische Gewohnheitsrecht nahm er zwar seinen Gothen nicht ganz, ließ es aber auch nicht schriftlich verzeichnen, weil er hoffte, daß es allmählig vor der römischen Cultur verschwinden werde [33]).

Wieder anders verfuhren die Franken. Mit ihrer alten Gemeindeverfassung hatten sie auch das Kleinod der Volksgerichte und ihrer freien Rechtsschöpfung bewahrt. Nur zur Unterstützung des Gedächtnisses der aus dem Volk hervorgehenden Urtheiler benutzten sie die römische Kunst der Schrift und ließen die wichtigsten Weisthümer statt mündlicher Ueberlieferung schriftlich verzeichnen, ohne damit die freie Fortbildung des Rechts aufzuheben. Diese Einrichtung machte es ihnen möglich, nicht bloß den Römern, sondern wie dem Bruderstamm der Ripuarier, so auch den unterworfenen germanischen Völkern, den Alamannen, Burgunden u. s. w., den Gebrauch ihres eigenthümlichen Rechts in eigenen Volksgerichten zu gestatten. Und so bildete sich im fränkischen Reich das merkwürdige System der persönlichen Rechte aus, welches man irrthümlich für allgemein germanisch erklärt hat.

Zuletzt werden einige allgemeine culturgeschichtliche Bemerkungen, die auch für die Rechtsgeschichte von großer Bedeutung sind, hier ihre passendste Stelle finden. Die Geschichte bewährt es überall, einmal daß, wenn rohere Völker sich cultivirtere unterwerfen und sich in ihrer Mitte niederlassen, bei aller Verachtung der Sieger gegen die Besiegten diese Letzteren auf jene durch das geistige Uebergewicht der Cultur einen stillen und um so größeren Einfluß üben [34]). Bei den ins römische Reich einwandernden Germanen zeigt sich dieser Einfluß auf überra-

33) S. § 54.

34) Es gilt hier, was ein geistreicher französischer Theologe, Adolphe Monod, über den Einfluß der Frauen auf die Männer gesagt hat: l'influence va du faible au fort.

schende Weise in dem Innerlichsten, was ein Volk hat, in der Religion. Von ihren alten örtlichen Heiligthümern getrennt, nahmen die gothischen Stämme schon an den römischen Grenzen das Christenthum nach der Lehre des Arius an. Inmitten der römischen Bevölkerung widerstand auf die Dauer weder diese Lehre, noch das Heidenthum der Germanen dem Einfluß des consequenteren Katholicismus und seiner einheitlich organisirten Geistlichkeit. In deren Händen lag fortan die große Aufgabe der Civilisation dieser rohen, aber empfänglichen Naturmenschen [35]). Freilich sanken die Lehrer, während sie ihre Zöglinge zu sich emporzuheben bemüht waren, vielfach zu deren Unwissenheit herab. Doch werden wir ihren civilisatorischen Einfluß, insbesondere auf das germanische Recht, zu bemerken Veranlassung haben.

Wenn dennoch diese Periode weder harmonische noch dauernde politische Schöpfungen aufzuweisen hat, so beruht dieß auf einem zweiten, durch die Geschichte aller Zeiten bewährten Grunde. Die geistige Entwicklung der Völker will ihre Zeit haben; die erste Berührung roher Volksstämme mit hoch- und übercultivirten wird für jene verderblich, weil sie die dargebotenen Culturelemente zur Veredlung des eigenen Wesens nicht zu verwenden im Stande und nur zu geneigt sind, die begleitende moralische Verderbniß nachzuahmen. Auf diese Weise sehen wir die Vandalen in Afrika zu Grunde gehen, die Westgothen in Spanien bald ausarten und, ihrer nationalen Kraft beraubt, den Arabern das Feld räumen [36]); den ostgothischen Staat, weil er die einheitliche nationale Grundlage entbehrt,

35) Höchst charakteristisch für den überbildeten Römer ist des *Sidon. Apoll. Ep.* IV. 1. Gedanke, mittelst der philosophischen Lehren seines Freundes Probus die Barbaren zu civilisiren.

36) Beide Völker hatten den altgermanischen Grundsatz in pedite robur vergessen und zum großen Nachtheil ihrer Kriegsmacht den Reiterdienst bequemer und ritterlicher gefunden, s. § 35 Note 2. § 46 Note 17. Selbst der Heerbann der Langobarden bestand in den beiden ersten Klassen aus Reitern, s. § 59 Note 71. Bei den Franken erscheint der Reiterdienst der Gemeinfreien erst im Edictum Pistense v. 864 *c.* 26. (*Pertz* I. *p.* 494). Vgl. *Procop. de bello Goth.* II. 25.

von der künstlichen byzantinischen Kriegsmacht zertrümmern und das tapfere ostgothische Volk von der Erde verschwinden. Selbst die Burgunden und die Langobarden bringen es zu keiner dauerhaften Staatenbildung. Alle diese germanischen Stämme kommen, wie von der Wurzel abgeschnittene und in fremdes Erdreich verpflanzte Wildlinge, nicht zu vollem kräftigem Wachsthum und tragen keine genießbare Frucht. Nur die Franken, aus kräftigster deutscher Wurzel entsprossen und den lebendigen Zusammenhang mit dem Mutterlande festhaltend, haben einen Staatsbau aufgeführt, in welchem sie selbst und andere germanische Stämme ihre eigene Art bewahren und nach überstandener wilder Jugendzeit in der folgenden Periode unter Karl dem Großen die erste Frucht germanisch-romanischer Bildung zeigen konnten.

Mit diesen allgemeinen, von der gewöhnlichen Vorstellung mehrfach abweichenden Behauptungen ist es freilich nicht gethan; es gilt den Beweis derselben im Einzelnen und damit zugleich die Lösung unserer speciellen Aufgabe: wie das germanische Prozeßrecht sich in seinem ersten Conflict mit dem römischen theils behauptet, theils mit diesem gemischt und modificirt hat.

I. Die Vandalen [1]).

§ 35. Die Vandalen, ein Zweig des großen gothischen Stammes, hatten in der allgemeinen Völkerbewegung zu Ende des zweiten Jahrhunderts n. Chr. sich von der Ostsee an den Nordabhang des Riesengebirges verpflanzt und an dem großen

1) Ich folge hier im Ganzen den trefflichen Forschungen von Papenkordt, Geschichte der vandalischen Herrschaft in Afrika, Berlin 1837, die von Gaupp, Germ. Ansiedl. §§ 61—63 und Dahn, die Könige der Germanen Th. I. S. 140—265 nicht wesentlich erweitert und nur in Wenigem berichtigt worden sind.

markomannischen Kriege Theil genommen. Noch während desselben schlugen sie in Folge eines Separatfriedens mit den Römern ihre Wohnsitze in Dacien auf. Hier erscheinen sie jedoch in stetem Kampf mit ihren stammverwandten Nachbarn, und als sie den mächtigeren Gothen erliegen, läßt Constantin sie in Pannonien zu, wo sie bis zu Ende des vierten Jahrhunderts ruhig gewohnt haben sollen. Gleichzeitig aber wird von wiederholten Einfällen in römisches Gebiet an der Donau und am Rhein berichtet. Das beständige kriegerische Umhertreiben des Volks, wobei die Reiterei seine Hauptwaffe wurde [2]), und die Verbindung mit anderen rohen Volksstämmen scheint die Raubsucht und Grausamkeit gefördert zu haben, durch welche es sich vor allen anderen Germanen auszeichnet.

Denn, als Stilicho die Legionen aus Britannien, Gallien und Rhätien weggezogen und die Rettung und Vertheidigung der Rhein- und Donaugrenze den verbündeten germanischen Nationen überlassen hatte, um in Italien die Westgothen unter Alarich (401) und den Raubzug des Radagaisus abzuschlagen (a. 405), brachen zwei Stämme der Vandalen, die Asdingen und Silingen, mit einer Schaar Sueben und Alanen nach Gallien auf (a. 406), es steht dahin, ob von den Hunnen bedrängt oder in gewohnter Raubsucht, oder weil die Heimath sie nicht mehr ernährte [3]). Den Widerstand der den Römern verbündeten Franken überwanden sie mit Hülfe der Alanen und zogen während dreier Jahre verheerend in Gallien umher. Dann (a. 409) gelingt es ihnen, über die Pyrenäen in das blühende, von den Barbaren noch unberührte Spanien einzu-

2) Schon in dem Frieden mit K. Aurelian verpflichteten sie sich zur Stellung von 2000 Reitern. *Dexippus ed. Bonn. p.* 22. Nach ihrer langen Wanderung bestand ihr Heer ausschließlich aus Reitern. *Procop. de bello Vand.* I. 8.

3) Letzteres berichtet Procop, s. § 32 Note 2. — Nach Andern soll sie Stilicho eingeladen haben; wahrscheinlicher ist, daß er durch die Verträge mit den Franken und Alamannen Gallien für gesichert hielt, *Claudian, de IV. cons. Hon. v.* 440 *sqq. de laud. Stil.* I. 189 *sq.*, was ja auch in den ersten Jahren sich zu bestätigen schien. *Claudian, de laud. Stilic.* II. 191 *sq.* Vgl. jedoch Papenkordt S. 337 folg.

dringen, wo sie nach zweijähriger wilder Plünderung des platten Landes (a. 411) sich mit ihren Bundesgenossen, den Sueben und Alanen, in die den Römern entrissenen Provinzen theilen, auch in ihrem Besitz von K. Honorius vorläufig anerkannt werden, ohne daß es jedoch zu einer festen Einrichtung kommt[4]). Ja, in den stets erneuerten Kämpfen mit den Westgothen (seit 415), dann unter sich und mit den Römern gehen die Silingen, desgleichen die Alanen als selbständige Völker unter und es erhält sich nur der Stamm der Asdingen in der Provinz Bätica, deren größere Städte einzunehmen ihnen endlich (425) gelingt.

Aber auch da finden sie keine Ruhe. Auf Schiffen machen sie Raubzüge nach den balearischen Inseln und der mauritanischen Küste, und als der Comes Africae, Bonifacius, um sich gegen die Intriguen am kaiserlichen Hofe zu schützen, sie zu Hülfe ruft (427), zieht ihr gewaltthätiger und kluger König Geiserich (429) an der Spitze eines vandalischen und alanischen Heeres von fünfzigtausend Mann[5]) über die Meerenge. Zwei Drittheile des Landes hatte Bonifacius ihnen als Bundesgenossen versprochen; als er aber sich mit dem kaiserlichen Hofe aussöhnt und sie vergeblich zur Umkehr zu bewegen sucht, treten sie als Feinde auf und erobern den größten Theil von Afrika, worin ihnen durch den Friedensschluß von 435 bestimmte Wohnsitze eingeräumt werden. Aber mitten im Frieden bemächtigt sich Geiserich Karthago's (439), erobert mit der hier gebildeten Flotte Sicilien, und in dem erneuerten Friedensvertrage von 442 theilt er Afrika förmlich mit dem Kaiser Valentinian III. Ja nach dessen Tode (455), gegen den Usurpator Maximus, erobert und plündert er Rom und unterwirft sich

4) Das Gesetz des K. Honorius (*Procop.* I. 3), wonach die dreißigjährige Klagenverjährung während des Aufenthalts der Vandalen im römischen Reich (als einer Zeit gestörter Rechtspflege) nicht laufen soll, zeigt, daß die Römer diesen nur als einen vorübergehenden und den Friedensschluß als einen Waffenstillstand betrachteten; die von Gaupp S. 436 folg. angenommene Landtheilung ist daraus nicht zu folgern.

5) *Procop. cit.* I. 5. Nach der Versicherung des *Victor Vit. de pers. Vand.* I. 1. waren es mit Weibern, Kindern und Sklaven 80,000.

ganz Nordafrika von der Cyrenaika bis zu den Säulen des Herkules. Auch den vereinigten Versuchen des ost- und weströmischen Reiches gelingt es nicht, die Macht seines Raubstaats zu erschüttern, der bis zu seinem Tode (477) der Schrecken aller Küsten des mittelländischen Meeres ist.

Welches waren nun dessen Einrichtungen, welches insbesondere das Schicksal der unterworfenen Römer und die Verfassung der herrschenden Vandalen?

Obgleich die Römer durch die Wildheit der Eroberer und selbst im Fortgang der vandalischen Herrschaft, weil sie als Katholiken ihren arianischen Herren verhaßt und verdächtig waren, eine härtere Behandlung von diesen erfuhren, als von irgend einem anderen germanischen Stamm, Unzählige getödtet, zu Sklaven gemacht oder zur Auswanderung genöthigt wurden: so blieb doch ihrer großen Mehrzahl Leben und Freiheit, ja Grundbesitz und selbst ein größerer Theil ihrer Verfassung als in den meisten germanischen Staaten erhalten. Der Grund lag eines Theils in der unverhältnißmäßig geringen Zahl der eingewanderten Vandalen, welche Geiserich durch Ansiedlung in der Proconsularprovinz, also in der Nähe seiner Residenz Karthago, concentrirte, während er die übrigen fast nur von Römern bewohnten, im Friedensschluß von 442 ihm abgetretenen und dann nach K. Valentinians Tod (455) eroberten Provinzen sich vorbehielt, also in der räumlichen Sonderung beider Nationen [6]); andern Theils darin, daß der Sinn dieses Begründers der vandalischen Herrschaft während seiner fünfzigjährigen Regierung mehr auf Kriegsruhm und Beute, als auf planmäßige Organisation seines Reiches gerichtet war [7]).

Das Schicksal der Römer in Bezug auf Freiheit und Grundbesitz war hiernach im Ganzen Folgendes. Von einer Theilung dieses letztern war keine Rede [8]); als Eroberer ver-

6) *Victor Vitensis* I. 4.

7) Die Erhaltung römischer Einrichtungen in größerm Umfang beruhte also auf dem gerade entgegengesetzten Grunde wie unter seinem großen Nebenbuhler, dem ostgothischen Theoderich; bei diesem auf einem bewußten Plan, bei jenem auf Planlosigkeit.

8) Auch die zwei Drittheile, die

fügten die Vandalen über den gesammten Grund und Boden. Davon nahm der König einen Theil für sich und seine Söhne; einen anderen in der proconsularischen Provinz wies er den darin angesessenen Vandalen durch Verlosung zum steuerfreien und erblichen Eigenthum an (sortes Vandalorum). Den früheren Besitzern wurde gestattet auszuwandern, wenn sie nicht vorzogen, als Unfreie dem neuen Herrn des Gutes zu dienen [9]). In den übrigen, dem König unterworfenen Provinzen behielt die zahlreiche römische Bevölkerung zwar ihren Grundbesitz zu freier Verfügung [10]), jedoch insofern nicht als echtes Eigenthum nach germanischem Begriffe, als sie, wie früher dem Kaiser, jetzt dem Könige Steuern davon zahlen mußten, wenngleich, nach Vernichtung der römischen Steuerrollen bei der Eroberung, weniger systematisch erhobene und insofern weniger drückende [11]). Natürlich fielen dem Könige auch alle kaiserlichen Domänen zu [12]). Eine günstigere Ausnahmestellung nahmen diejenigen vornehmen Römer ein, denen er ihre Besitzungen zurückgab [13]), und denen er Hofbedienungen [14]) oder römische Verwaltungsämter übertrug. Denn merkwürdiger Weise findet sich die gesammte römische Verwaltungsordnung nicht bloß in den von Römern fast ausschließlich bewohnten Provinzen, sondern auch in der proconsularischen erhalten. Was zunächst die zahlreichen größeren und kleineren Städte betrifft, so hatte Geiserich zwar ihre Mauern niederreißen lassen, um jeden ferneren Widerstand unmöglich zu machen [15]), aber ihre selbständige Verfassung und Verwaltung

Bonifacius in der Uebereinkunft von 427 versprochen hatte (*Procop.* I. 3, bezogen sich nicht auf die einzelnen Grundstücke und deren Theilung mit den Vandalen, sondern auf die Theilung der Landesherrschaft zwischen ihm und den beiden Königen Gunderich und Geiserich. Ebenso die späteren Theilungen in den Friedensschlüssen von 435 und 442. Gaupp cit. S. 441 folg.

9) *Procop. cit.* I. 5. *Victor Vit. cit.* I. 4. Auch sonst wurden die freien Römer wohl als Strafe zu Colonen gemacht. *Idem* IV. 5. relegati colonatus iure ad excolendum agros accipiatis. Papenkordt cit. S. 180 folg.

10) Papenkordt cit. S. 189 folg.

11) *Procop. cit.* II. 8. *fin.* Papenkordt S. 200. 266. Vgl. Dahn cit. S. 205. 241 folg.

12) Papenkordt S. 266.

13) Papenkordt S. 189.

14) Papenkordt S. 188. 219 folg.

15) *Procop. de bello Vand.* I. 5. *de aedific.* VI. 5. Papen-

durch Stadtsenate und Magistrate ihnen gelassen [16]). In höherer Instanz stehen den Provinzen römische Statthalter (Iudices provinciarum) vor [17]) und selbst in Karthago wird noch ein Proconsul genannt, der nur die ordentliche Obrigkeit für die in der proconsularischen Provinz wohnenden Römer gewesen sein kann [18]). Zur Unterstützung dieser römischen Provinzialbeamten dienen auch noch die zahlreichen Kanzleien (Officia iudicum) und ihre Vorstände (primates officiorum) [19]). Am merkwürdigsten aber ist, daß der König die ausschließlich von Römern bewohnten Provinzen nicht der regelmäßigen höheren Aufsicht vandalischer Beamten unterwarf, sondern nur außerordentlicher Weise einzelne seiner Comites zur Ausführung seiner Befehle dahin sandte [20]). Offenbar glaubte er in der complicirten Verwaltung des ausgedehnten Reiches die aus römischer Zeit vorgefundene Organisation nicht entbehren zu können, dagegen einen irgend gefährlichen Widerstand von Seiten der entnervten römischen Bevölkerung, die nur in der Festhaltung ihres religiösen Bekenntnisses gegen alle Verfolgungen noch Energie bewies [21]), nicht befürchten zu müssen. Gestützt auf seine im Mittelpunkt des Reichs concentrirten tapfern Vandalen beherrschte er sie dennoch unbedingt.

Die Verfassung dieses seines Volkes aber war wesentlich die es mitgebracht hatte. Indessen keineswegs die freie Volksverfassung der Heimath, sondern mit den durch die lange Wanderung und durch die Niederlassung auf römischem Boden veranlaßten Modificationen.

kordt S. 234 nennt die Ausnahmen.

16) Papenkordt S. 197. 250. *Victor. Vit.* IV. 2. s. Note 38. Ueber den primarius curiae und procurator civitatis s. Papenkordt S. 191.

17) *Victor Vit. cit.* Note 37. Der primarius provinciae Papenkordt S. 191 ist wohl auch ein Statthalter.

18) *Victor. Vit.* V. 4. Papenkordt S. 195.

19) *Victor. Vit.* IV. 2.

20) Dieß hat Papenkordt S. 190 folg. 198 folg. in hohem Grade wahrscheinlich gemacht.

21) Die afrikanische Kirche, ausgezeichnet durch Charaktere wie Tertullian, Cyprian und Augustin, aber im passiven Märtyrthum eine falsche Ehre suchend, ergab sich, wie die Christen überhaupt, dem Untergange des Reichs als einem göttlichen Gericht.

Das Volk ist das Heer (exercitus)[22], in welchem Vandalen und Alanen nur noch dem Namen nach unterschieden werden[23], und an seiner Spitze steht Ein König[24] aus dem alten Königsgeschlecht der Asdingen[25], aber mit der strafferen herzoglichen Gewalt, wie sie der Heereszug bei der Eroberung nothwendig gemacht hatte[26]. Die absolute Beherrschung der römischen Unterthanen an Stelle des Kaisers mußte dann auch die Gewalt des Königs über seine Vandalen verstärken. Die übermächtige Persönlichkeit Geiserichs während einer fünfzigjährigen Regierung that das Uebrige, um ihn zum uneingeschränkten Herrscher zu machen. Der stärkste Beweis dafür, was er wagen durfte, ist das Hausgesetz, wodurch er mit Ausschließung der Volkswahl die ungetheilte Thronfolge in seiner Familie als Seniorat festsetzte[27]. Nur Einmal wagten die Großen des Reichs im Interesse der angestammten Freiheit eine Verschwörung, deren blutige Unterdrückung fortan jeden neuen Versuch verhinderte[28]. Von einer Theilnahme des Volks an der Leitung des Staats, von Volksversammlungen, worin die öffentlichen Angelegenheiten berathen wurden, ist nicht mehr die Rede. Nur über das Eigenthum der Vandalen, ihren freien Grundbesitz und ihren An-

22) *Victor Vit.* I. 4. (*Geisericus*) sibi Byzacenum — reservavit, exercitui vero — Zeugitanam vel Proconsularem — divisit. Papenkordt S. 211.

23) Im Titel des Königs: rex Vandalorum et Alanorum. *Victor. Vit.* II. 13. IV. 1.

24) In Pannonien werden noch mehrere Könige (ohne Zweifel Stammfürsten) genannt. Den Zug nach Gallien traten die Vandalen, Alanen und Sueben unter Einem Könige, Godegisel, an. Bei der Theilung von Spanien erscheinen wieder mehrere Könige; die Eroberung von Afrika leitet Geiserich allein, nachdem kurz zuvor sein Bruder Gunderich umgekommen war. S. Dahn S. 141 folg.

25) Papenkordt S. 214. 291. Dahn S. 183 folg.

26) Papenkordt S. 213.

27) Papenkordt S. 215 folg. Dahn S. 228 folg. Für dessen Meinung, daß dieß Gesetz unter ausdrücklicher Zustimmung des Volks erlassen worden sei, fehlt es an jedem Beweise.

28) *Prosperi Chron.* bei Papenkordt S. 79. In Geisericum apud suos de successu rerum superbientem quidam optimates conspiraverunt *rel.* Dahn S. 234. Daß es alter, aus der Urzeit stammender Adel gewesen, widerspricht dem, was für andere Völker feststeht. Auch die Gardingi waren wohl, wie bei den Westgothen, Hofjunker, s. unten § 46 Note 8. Vgl. Papenkordt S. 226.

theil an der Beute kann der König nicht verfügen [29]). Damit stimmt denn auch die Erzählung, die Procop von ihnen hörte, daß, als ihre in Pannonien zurückgebliebenen Stammgenossen durch Abgesandte um förmliche Abtretung der verlassenen, bisher von ihnen benutzten Landstriche gebeten, der König dießmal eine Volksversammlung berufen habe [30]). Die Führer der Tausende, in die das Heer nach gothischer Weise getheilt ist (millenarii, taihunhundafaths), setzt der König [31]). Die höheren gothischen Beamten (Comites) sendet er von seinem Hofe zur Vollstreckung seiner Aufträge [32]). Die erste Stelle bei demselben bekleidet ein dem fränkischen Major Domus ähnlicher Hofbeamter (Praepositus regni), den er willkührlich ein- und absetzt und dem der römische Titel magnificentia gegeben wird [33]). Die schriftlichen Erlasse des Königs fertigt der Notarius regis in lateinischer Sprache und in römischem Kanzleistyl aus [34]).

War dieß die Reichs- und Hofverfassung, wie war es mit dem Recht und den Gerichten bestellt? Das Wenige, was uns davon berichtet wird und worauf wir schließen können, ist Folgendes [35]). — Die Vandalen bewahrten bis zum Untergang ihres Reichs ihr angestammtes gothisches Recht [36]) und wurden ohne Zweifel von den ihnen vorgesetzten königlichen Beamten (Comites, Millenarii), in höchster Instanz vom Könige selbst gerichtet [37]). Die Mitwirkung der vandalischen Volksgemeinde zur Urtheilfällung glaube ich bei dem vorherrschend monarchischen Character der Verfassung nicht annehmen zu müssen; und

29) Papenkordt S. 228.

30) *Procop.* I. 22. Dahn S. 224 folg. Der König entscheidet zwar nach dem Rath jenes Weisen, aber nicht für Abtretung, sondern für Erhaltung der dem Volk gehörigen Landstriche, während die Versammlung nicht widerspricht, sondern beide belacht.

31) *Procop.* I. 5. *τοὺς δὲ Βανδίλους τε καὶ Ἀλανοὺς ἐς λόχους καταστησάμενος, λοχαγοὺς αὐτοῖς ἐπέστησεν — οὕσπερ Χιλιάρχους ἐκάλεσε.* Papenkordt S. 225. 293.

32) *Victor Vit.* II. 9. VI. 6. Papenkordt S. 198. 226. 293.

33) *Victor Vit.* II. 5. 14. Papenkordt S. 220.

34) *Victor Vit. cit.* und IV. 4. *Procop.* II. 4. *γραμματεύς.* Papenkordt S. 221.

35) Vgl. Papenkordt Kap. 5. S. 244 folg.

36) *Procop.* I. 2.

37) So auch bei den West- und Ostgothen. *Lex Visig.* II. 1, 23. 26. *Cassiodor. Var.* V. 27.

ob Beisitzer aus derselben zugezogen wurden, steht dahin. Aber Gerichtsschreiber (notarii) nach römischer Sitte werden erwähnt[38]). — Die Römer dagegen hatten ihren Gerichtsstand erster Instanz vor den Stadtmagistraten[39]), in zweiter vor den Judices Provinciarum[40]), und der höchste Gerichtsvorstand der Römer im Reich der Vandalen (Praepositus iudiciis Romanis in regno Africae Wandalorum) kann kein anderer gewesen sein als der Proconsul Africae, dessen Fortdauer bemerkt worden, und an den auch früher alle Appellationen dieses Reichstheils gewiesen waren[41]). Daß in diesen römischen Gerichten und unter Römern nach römischem Recht geurtheilt wurde, unterliegt keinem Zweifel. Ebenso wenig, daß für Streitigkeiten unter Römern und Vandalen nur ein vandalischer Richter competent war, und daß dem Vandalen von ihm sein Recht werden mußte. An eine Ausgleichung beider Volksrechte wurde wohl nicht gedacht. Unfreie Römer hatten ihre vandalischen Herrn zu Richtern[42]). Ueber beide Nationen aber übte der König vermöge seiner absoluten Gewalt die Gesetzgebung in freiester Weise[43]). Die frühesten Gesetze K. Geiserichs waren indeß mehr polizeilicher Natur und betrafen vorzugsweise die Römer; namentlich die unter diesen herrschende Unzucht, die den rohen, aber keuschen Vandalen ein Gräuel war[44]), und

38) *Victor Vit.* IV. 4. Notariis scribentibus quid quisque diceret.

39) Die Vollstreckung des Edicts K. Hunerichs gegen die Katholiken wird den Stadtsenaten aufgegeben. *Vict. Vit.* IV. 2. in prosecutionem venturis per ordines cunctorum urbium, eigentlich deren richterlichen Vorständen, den Magistraten.

40) Dasselbe Edict sagt: Iudices autem provinciarum quod statutum est negligentes exsequi.

41) *Victor Cartennensis* bei Papenkordt S. 251. Vgl. oben Note 18 und Bd. 3. S. 43.

42) *Victor Vit.* V. 7. poenarum, quas ex iussu regis sui etiam ipsi Vandali in suos homines (*sc. Romanos catholicos*) exercuerunt. *cf.* I. 10.

43) Das Edict K. Hunerichs bei *Victor Vit.* IV. 1. ist überschrieben: Rex Hunerix Vandalorum et Alanorum universis populis nostro regno subiectis. Von der Mitwirkung des Volks oder der Großen als seiner Vertreter, wie sie in andern germanischen Staaten nach der Völkerwanderung vorkommt, ist hier keine Rede.

44) *Salvian, de gub. Dei* VII. 22. 23.

die Unruhen bei den Spielen[45]). Er hinterließ aber bei seinem Tode, wie Procop berichtet, den Vandalen außer dem Gesetz über die Thronfolge noch andere über viele Gegenstände[46]). Ob darin das Volksrecht der Vandalen codificirt, oder was sonst darin enthalten war, wissen wir nicht. Die uns erhaltenen Edicte K. Hunerichs sind Strafgesetze zur Verfolgung der Katholiken[47]). Ueberhaupt betreffen alle auf uns gekommenen Nachrichten die Criminalgerichtbarkeit, die als Ausfluß der absoluten Gewalt weit über den Kreis der altgermanischen Staatsverbrechen ausgedehnt ist[48]) und nur in einigen Strafarten an das älteste Recht erinnert. Dahin gehört namentlich die statt des Geldes in Pferden an den König zu entrichtende Buße, die körperliche Züchtigung als Ueberbleibsel der militärischen Disciplin u. A.[49]). — Ueber die uns beschäftigende Frage, inwiefern im Prozeß germanische oder römische Grundsätze zur Anwendung kamen, enthalten unsere Quellen nichts.

Daß die Herrschaft der Vandalen, die außer dem kleinen herrschenden Volk und der großen Mehrzahl der Römer auch noch die verbündeten Mauren von zweifelhafter Treue umfaßte[50]) und diese verschiedenen Elemente durchaus nicht zu einem organischen Ganzen verband, nicht lange bestehen konnte, war vorauszusehen. Keiner von Geiserichs Nachfolgern kam ihm in seiner rohen Genialität gleich. Das Volk der Vandalen selbst verlor allmählig unter den verweichlichenden Einflüssen des heißen Klimas und der üppigen Natur an Tapferkeit und strenger Sitte mehr, als es an Bildung gewann. Und so wurde es möglich, daß K. Justinian durch ein aus Miethstruppen bestehendes Heer unter der geschickten Führung Belisars in einem kurzen Feldzug den Staat der Vandalen, wenn man von einem

45) *Victor Carten.* bei Papenkordt S. 246.

46) *Procop.* I. 7. *διαθήκας διαθέμενος, ἐν αἷς ἄλλα τε πολλὰ Βανδίλοις ἐπέσκηψε καὶ rel.*

47) *Victor Vit.* II. 13. IV. 1.

48) So z. B. wurde Mißheirath mit Knechtschaft gestraft. *Victor. Cart.* bei Papenkordt S. 254 Note 5.

49) Näheres bei Papenkordt S. 253 folg.

50) Papenkordt S. 202 folg.

solchen sprechen darf, nach seinem kaum hundertjährigen Bestande (534) über den Haufen warf [51]), ja daß das Volk von der Erde verschwand [52]), ohne für die Culturgeschichte irgend eine Spur zurückzulassen.

II. Die Burgunden [1]).

§ 36. Der Staat, den die Burgunden im südöstlichen Gallien gründeten, und dessen Selbständigkeit auch nur von kurzer Dauer war, bildet mit dem der Vandalen dadurch den entschiedensten Gegensatz, daß den römischen Unterthanen darin eine gewisse Gleichberechtigung mit den herrschenden Germanen eingeräumt und beide zu einer wahren Staatseinheit verbunden wurden. Es ist hierdurch und durch die vollständigen Nachrichten über die ersten Versuche einer theilweisen Ausgleichung des germanischen Rechts mit dem römischen für unsern Zweck von besonderem Interesse.

Der nächste Grund zu dieser günstigeren Behandlung der Romanen lag schon in der eigenthümlichen Vorgeschichte der Burgunden [2]). Zwar hatten sie als Stammgenossen der Vandalen mit diesen zu Ende des zweiten Jahrhunderts n. Chr. ihre Ursitze an der Ostsee verlassen und im dritten an den Kämpfen mit den Römern und der Barbaren unter sich in den untern

51) Derselbe Kap. 3.

52) Derselbe S. 314 folg.

1) Mit J. Grimm, Gesch. der D. Sprache S. 698 gebrauche ich diese schon im Nibelungenlied vorkommende Endform des Volksnamens, weil die ursprüngliche, latinisirte Form Burgundiones sich nicht gut in unser Deutsch übertragen läßt; denn „Burgundier“ würde die Herkunft aus „Burgundia“ bezeichnen, während das Volk erst dem Lande den Namen gegeben hat. Ueber jene vgl. Zeuß S. 133. Note ***.

2) Zeuß S. 133. 465 folg. Für ihre spätere Geschichte Mascov's Anmerkungen zur Gesch. der Teutschen S. 1 folg. Türk, Forschungen Heft 2. I. Gaupp, Ansiedlungen S. 274 folg. Müllenhoff, in Haupts Zeitschr. für D. Alterthum X. S. 146 folg. und Bluhme, in Jahrb. für D. Recht I. 4. Das westburgundische Reich und Recht S. 48 folg. Kurz vor dem Abdruck dieses Abschnitts erhalte ich noch Binding, das burgundisch-romanische Königreich, Leipz. 1868. Bd. I.

Donaugegenden Theil genommen; dann aber nach einer großen, von den Gothen, Vandalen und Gepiden erlittenen Niederlage aus dem östlichen Völkergedränge in den Maingegenden eine Zuflucht gefunden, wo sie hinter den Alamannen während des ganzen vierten Jahrhunderts unter ihren Stammfürsten und Priestern ruhig wohnen und wieder zu einem mächtigen Volke anwachsen konnten. Mit ihren Nachbaren, den Alamannen, öfter im Streit über die Grenzen, waren sie eben dadurch Freunde der Römer, unterstützten diese in ihren Kämpfen mit jenen und rühmten sich selbst römischer Abkunft[3]).

Als daher zu Anfang des fünften Jahrhunderts die römischen Legionen die Rheingrenze verlassen hatten, überschreitet ein burgundisches Heer, anscheinend als römische Bundesgenossen (foederati), in der Gegend von Mainz diesen Strom, also vielleicht um auf Stilichos Einladung dessen Vertheidigung zu übernehmen, während die gleichfalls verbündeten Alamannen im Elsaß und der Schweiz, die Franken am Niederrhein sich

3) *Mamertin. Genethl.* 17. Furit in viscera sua gens effrena Maurorum: Gothi Burgundios penitus exscindunt, rursum pro victis armantur Alani; itemque Theruingi, pars alia Gothorum, adiuncta manu Taifalorum, adversus Vandalos Gepidosque concurrunt. — Burgundiones Alamannorum agros occupavere, sed sua quoque clade quaesitos (d. h. die sie in Folge ihrer Niederlage aufgesucht hatten): Alamanni terras amisere, sed repetunt. *Amm. Marc.* 18, 2. ubi terminales lapides Alamannorum et Burgundionum confinia distinguebant. 28, 5. Imperatori (*sc. Valentiniano*) probanti, Burgundios in eorum (*sc. Alamannorum*) excitari perniciem, bellicosos et pubis immensae viribus adfluentes, ideoque metuendos finitimis universis. — Gratanter ratione genuina Principis acceptae sunt literae: prima, quod iam inde temporibus priscis sobolem se esse Romanam Burgundii sciunt (an diese Sage knüpft die Fabel des *Orosius* VII. 32. an, daß römische Burgarii ihre Ahnen seien); dein, quod salinarum finiumque causa cum Alamannis saepius iurgabant. — Apud hos generali nomine rex appellatur hendinos (Goth. kindins, ἡγεμών) et ritu veteri potestate deposita removetur, si sub eo titubaverit fortuna belli, vel segetum copiam negaverit terra. — Nam sacerdos apud Burgundios omnium maximus vocatur sinistus (Goth. sinista, πρεσβύτερος), et est perpetuus, obnoxius discriminibus nullis, ut reges. Schon damals erschien auf Valentinians Einladung ein Heer von 80,000 Burgunden am Rhein, zum Schrecken der Provinzialen, kehrte aber, in seiner Erwartung getäuscht, mißvergnügt zurück.

ausbreiten, die wilden Horden der Vandalen, Alanen und Sueben aber durch sie hindurchbrechen und Gallien verwüsten [4]). Wenigstens unterstützen jene Burgunden einige Jahre darnach (412) unter ihrem Stammfürsten Gundikar den Jovinus, der sich in Mainz zum Gegenkaiser aufgeworfen [5]), und werden, nachdem dieser gestürzt ist, von Honorius selbst in ihren neuen Wohnsitzen am Mittelrhein anerkannt [6]), treten auch alsbald (417) in angestammter Abergläubigkeit zur katholischen Kirche über und verkehren mit den römischen Provinzialen aufs Friedlichste [7]).

Die Zweideutigkeit ihrer Bundesgenossenschaft aber offenbart sich, als sie (435) unter ihrem K. Gundikar sich empören und in Belgica prima räuberisch einbrechen, wo sie durch den Magister Militum Aëtius geschlagen um Frieden bitten müssen (437). Bei Attilas Einfall in Gallien aber (451) fällt K. Gundikar mit seinen Burgunden als Vorkämpfer auf römischer

4) *Hieronym. ad Ageruchium Ep.* IX. (Mascov VIII. 16, 1). *a.* 409. Innumerabiles et ferocissimae nationes universas Gallias occuparunt — Vandalus, — Alani, — Burgundiones, Alamanni *rel.* Die doch noch verschiedene Stellung dieser Völker zu den Provinzialen, die ich annehmen zu müssen glaube, unterscheidet er aus der Ferne nicht. Stilicho bezeichnet er als den Urheber des Unglücks: sed scelere semibarbari accidit proditoris, qui nostris contra nos opibus armavit inimicos. Vgl. § 34 Note 2.

5) *Olympiodor. ed. Bonn. p.* 454. *ὅτι Ἰοβῖνος ἐν Μουνδιακῷ, τῆς ἑτέρας Γερμανίας, κατὰ σπουδὴν Γοὰρ τοῦ Ἀλανοῦ καὶ Γυντιαρίου, ὅς φύλαρχος ἐχρημάτιζε τῶν Βουργουντιόνων, τύραννος ἀνηγορεύθη.* Daß auch der Alane Goar dabei half, zeigt freilich, wie Freund und Feind ziemlich Eins war.

6) *Prosp. Chron. a.* 413. Burgundiones partem Galliae propinquantem Rheno obtinuerunt. *Cassiodor. Chron. h. a.* His Cons. Burgundiones partem Galliae Rheno tenuere coniunctam (Mascov VIII. 38, 1).

7) *Orosius* VII. 33. Eorum (*sc. Burgundionum*) esse praevalidam et perniciosam manum Galliae hodieque testes sunt, in quibus praesumta possessione consistunt: quamvis providentia dei omnes christiani modo facti catholica fide, nostris clericis quibus obedirent receptis, blande, mansuete innocenterque vivant, non quasi cum subiectis Gallis, sed vere cum fratribus christianis. *Socrat.* VII. 30. Mascov. VIII. 38, 2. 3. Zeuß S. 469. Das hohe Ansehen ihrer eigenen Priester in der Heimath mochte ihnen dieß erleichtern. Binding S. 40 bestreitet die Glaubwürdigkeit des Orosius, der als Zeitgenosse diese Nachricht durch kirchliche Verbindungen wohl erhalten haben konnte, und behauptet, die Burgunden seien von Anfang Arianer gewesen.

Seite [8]), während ihre in den früheren Sitzen zurückgebliebenen Volksgenossen im Heer der Hunnen genannt werden [9]).

8) *Sidon. Apoll. Carm.* VII. *v.* 234 *sqq.* Belgam, Burgundio quem trux presserat, absolvit (*sc. Aëtius*). Idatii Chron. a. 436. Burgundiones, qui rebellaverant, a Romanis duce Aëtio debellantur. a. 437. caesa Burgundionum viginti millia. *Prosp. Tiro a.* 436. Bellum contra Burgundionum gentem memorabile exarsit, quo universa pene gens cum rege (?) per Aëtium (st. per Etio) deleta. *Prosper. Chron. a.* 438. Eodem tempore Gundicarium Burgundionum regem intra Gallias habitantem Aëtius bello obtrivit pacemque ei supplicanti dedit, qua non diu potitus est, siquidem illum Chunni cum populo suo ac stirpe deleverunt. Nach ihm *Cassiodor. Chron.* Gundicarium Burgundionum regem Aëtius bello subegit, pacemque ei reddidit supplicanti, quem non multo post Hunni peremerunt (Mascov IX. 11, 1. 2). Die beiläufige Bemerkung des Idatius, den Cassiodor nur ausschreibt, daß K. Gundicar den von Aëtius ihm bewilligten Frieden nicht lange genossen habe, da die Hunnen ihn mit seinem Geschlecht und Volk vernichtet hätten, hat neuere Schriftsteller veranlaßt, eine frühere Niederlage der Burgunden durch die hunnischen Hülfsvölker des Aëtius (*Idat. a.* 437. Bellum adversus Gothos Hunnis auxiliaribus geritur. *Sidon. Apoll. Carm.* VII. 246. *a.* 439 Scythicos equites), verschieden von der berühmten durch Attila im J. 451, anzunehmen. Allein die andern Chronisten wissen nur von einem Krieg des Aëtius mit den Burgunden in den Jahren 435—437, der mit ihrer Niederlage durch ihn und der Friedensbewilligung endigt; und wie ist es denkbar, daß unmittelbar darauf die hunnischen Hülfsvölker des römischen Beherrschers von Gallien über seine burgundischen Föderati hergefallen sein sollten. Es ist mir daher nicht zweifelhaft, daß Prosper den Untergang K. Gundicars und seines Geschlechts und Volks durch Attila im J. 451, als allgemein bekanntes welthistorisches Ereigniß hier gelegentlich erwähnt, wobei er die 14 Jahre von 437—451 im größeren historischen Ueberblick sehr wohl durch non diu bezeichnen konnte. Damit stimmt denn auch *Iordan. de reb. Get. c.* 36, der die Burgunden unter den Hülfsvölkern des Aëtius nennt, und Paul Diaconus, dessen Quellen wir wenig kennen und welchem willkührliche Erfindungen nicht eigen sind, in *Hist. misc.* XIV. Attila itaque primo impetu, mox ut Gallias introgressus est, Gundicarium Burgundionum regem sibi occurrentem protrivit und in *Gest. Ep. Mett.* (*Pertz Script.* II. *p.* 246.) Attila rex Hunorum omnibus belluis crudelior, habens multas barbaras nationes suo subiectas dominio, postquam Gundigarium Burgundionum regem sibi occurrentem protiverat, ad universas deprimendas Gallias suae sevitiae relaxavit habenas, und vor Allen *L. Burg.* 17. § 1, wo die pugna Mauriacensis, d. h. die Hunenschlacht bei Chalons, als Zeitpunkt der großen Katastrophe des burgundischen Volkes bezeichnet wird. So Mascov IX. 27, 2. Anm. II, 2. Gaupp, Ansiedlungen S. 278. *Fauriel, hist. de la Gaule mérid.* I. *p.* 188 u. A. Dagegen aber vgl. Bluhme cit. S. 50. Waitz, der Kampf der Burgunden und Hunen, in Forschungen zur D. Geschichte Bd. I. und Binding S. 3. 41 folg. Auch

Nach diesen Niederlagen wird den Uebriggebliebenen ein neuer Wohnsitz in Savoyen angewiesen und in regelmäßiger Landtheilung mit den Romanen fester Grundbesitz bewilligt [10]). Jetzt erst, unter der Herrschaft der den Westgothen verwandten arianischen Könige (Gundioch und Chilperich) [11]) kann von einem burgundischen Staat die Rede sein, der durch Zuzug aus der Heimath verstärkt [12]) sich an der Saone und Rhone bis ans Mittelmeer ausdehnt [13]), — unter K. Gundobad (470—516) sich gegen die Angriffe der Westgothen und Franken behauptet und seine höchste Blüthe erreicht. Doch schon unter seinem Sohne Sigismund († 524) wird er durch die erneuerten Angriffe der Franken dem Untergang nahe gebracht und unter Sigismunds Bruder K. Godomar (534) dem fränkischen Reiche völlig einverleibt.

Die Zwitterstellung dieser burgundischen Herrschaft zu dem

Müllenhof's cit. Ansicht, daß K. Gundicar bis an die böhmische Grenze von Attila's Reich geherrscht habe und hier von ihm vernichtet worden sei, kann ich nicht beitreten.

9) *Sidon. Apoll. Carm.* XII. *v.* 322.

10) *Prosp. Tiro Chron. a.* 443. Sapaudia Burgundionum reliquiis datur cum indigenis dividenda. (Mascov Anm. II. 1 bemerkt eine abweichende Lesart in der Jahreszahl). *Marii Chron. a.* 456. Eo anno partem Galliae occupaverunt, terrasque cum Gallicis senatoribus diviserunt. Ich halte dafür, daß beide Stellen von derselben Thatsache reden, daß also in Eine derselben ein Irrthum oder eine falsche Lesart eingeschlichen sei, und in der Wahl, die Verpflanzung der Burgunden nach Savoyen und die Theilung der Ländereien mit den römischen Possessoren entweder nach ihrer Niederlage durch Aëtius im Jahr 437, von welcher Tiro allein weiß (s. Note 8), oder nach der durch Attila im Jahr 451 zu setzen, entscheide ich mich für letzteres, weil es mir gleich unwahrscheinlich dünkt, daß die angeblich 443 in Savoyen angesiedelten reliquiae von 437 sich im Jahr 451 den Hunnen entgegengeworfen, als daß sie nach der von diesen erlittenen Niederlage schon im J. 456 von Savoyen aus neue Eroberungen in Gallien gemacht haben sollten. Anders Bluhme cit. Waitz cit. und Binding S. 4.

11) *Gregor. Tur.* II. Fuit autem Gundeuchus rex Burgundionum ex genere Athanarici regis persecutoris, ohne Zweifel durch Weiberstamm. Mascov Anm. 2. 3. Söhne K. Gunthers können sie nicht gewesen sein, da dessen stirps mit ihm untergegangen war, s. Note 8. Vgl. Bluhme S. 53.

12) Von solchem Zuzug spricht noch *L. Burg.* 107. § 11. vom J. 501. Vgl. Bluhme, Jahrb. für D. R. V. S. 231 folg. Binding S. 32 Note 113.

13) Spruners hist. Handatlas Nr. 23.

römischen Reich dauert aber bis zu ihrem Ende fort. Denn obwohl die burgundischen Könige sich durchaus als selbständige Beherrscher ihres Staatsgebietes und aller seiner Bewohner, Burgunden und Romanen, geriren, so nehmen sie doch von den römischen Kaisern, gleichsam als Befehlshaber eines burgundischen Hülfsheers (foederati), den Titel eines Magister Militum und als Civilstatthalter über die Römer den eines Patricius an [14]), betheiligen sich auch gleich andern römischen Gewalthabern an der Besetzung des kaiserlichen Thrones [15]). Nach dessen Erledigung im westlichen Reich, während Odoaker und der Ostgothe Theoderich um den Besitz Italiens kämpfen, benutzt dieß K. Gundobad zu einem Einfall in Italien und zu Fortführung vieler Tausende von Gefangenen, schließt dann aber mit Theoderich Frieden und vermählt seinen Sohn Sigismund der Tochter desselben [16]). Dieser, nachdem er den Thron seines Vaters bestiegen, trägt auch kein Bedenken, bei dem gleichfalls zweideutigen Verhältniß seines Schwiegervaters zu dem oströmischen Kaiser Anastasius, von diesem den Titel eines Patricius über dessen entfernte Unterthanen anzunehmen und sich seinen Miles zu nennen. Freilich fehlte es auch unter den römischen Hof- und Kanzleibeamten nicht an solchen, die diese Zweideutigkeiten im zierlichsten Styl auszuführen bereit waren [17]).

Ebenso sind Burgunden und Romanen als Unterthanen desselben Königs in friedlichem Verkehr unter einander, der auch

14) K. Gundioch a. 463 Magister Militum und sein Bruder Chilperich Patricius Bluhme S. 55. Gundobad a. 472 Patricius und sein Bruder Chilperich Magister Militum. Bluhme S. 57. 60.

15) Gundioch und Chilperich begünstigten den Avitus gegen Majorian. Mascov X. 15, 3. Gundobad unterstützte a. 473 Glycerius bei Besteigung des kaiserlichen Throns in Ravenna. Mascov X. 23, 2.

16) Mascov XI. 5. 6. Der Bischof Epiphanius, der als Theoderichs Gesandter den Frieden vermittelt, erinnert K. Gundobad an seine früheren Verdienste um Italien. Mascov X. 22, 7. Bluhme S. 61.

17) S. die merkwürdigen von dem Bischof und Senator Avitus im Namen des Königs an den K. Anastasius gerichteten Briefe bei Mascov, Anmerkung II. S. 6 folg. Bluhme S. 62. Note 55—57.

durch das verschiedene Bekenntniß nicht gestört wird [18]). Der feingebildete Römer leidet zwar unter der rohen Sitte des Germanen [19]), verschmäht es aber nicht, sich selbst mit dessen Sprache vertraut zu machen [20]), während andrer Seits die neue Generation der Burgunden, vor Allem ihr König, sich auch das Landesidiom aneignet [21]).

In die nächste Beziehung zu einander waren sie gesetzt durch die Einquartirung der Burgunden (hospitalitas) bei römischen Grundbesitzern (possessores) und die regelmäßige Landtheilung mit ihnen. Daß diese mit jener nicht zusammenfiel, zeigt sich darin, daß diejenigen Burgunden, die von dem Könige, ohne Zweifel als zu seinem Gefolge gehörig, mit Grundeigenthum gegen Erfüllung ihrer Dienstpflicht beschenkt worden, von ihrem römischen Hospes kein Land zu fordern haben sollten [22]). Auch fand die Einquartirung der Burgunden ohne Zweifel schon in der ersten Zeit, wo sie römisches Gebiet am Rhein betraten, statt, die Landtheilung aber nach bestimmten historischen Zeugnissen erst, als ihnen in Savoyen Sitze eingeräumt wurden [23]). Bei der Erweiterung ihrer Herrschaft und dem Zuzug

18) *Sidon. Apoll. Ep.* V. 7. nennt die Burgunden clementiores barbaros. Ueber die religiöse Correspondenz zwischen Avitus und K. Gundobad s. Bluhme S. 65. Für die milde Behandlung der katholischen Kirche und Geistlichkeit *L. Burg.* 107 § 12 (*Gundobadi a.* 501). Praeterea ecclesiae aut sacerdotes in nullo penitus contempnantur. Gundobads Sohn Siegmund trat zur katholischen Kirche über.

19) *Sidon. Apoll. Carm.* 12 schildert diese Leiden in einem zierlichen Gedicht und sagt *Ep.* VII. 14. Barbaros vitas, quia mali putentur: ego etiam si boni.

20) *Sidon. Apoll. Ep.* V. 5. Dem Syagrius schreibt er: Aestimari minime potest, quanto mihi ceterisque sit risui, quoties audio, quod te praesente formidet facere linguae suae barbarus barbarismum Adstupet tibi epistolas interpretanti curva Germanorum senectus *rel.*

21) Nur die curva Germanorum senectus Note 20 bedurfte einen Dolmetscher, um die lateinischen Rescripte des Königs zu verstehen. Gundobads Beredsamkeit, natürlich in lateinischer Rede und Schrift, rühmt Ennodius. Bluhme S. 64.

22) *L. Burg.* 54. § 1. Ueber diese Beneficien vgl. *tit.* 1. §§ 3. 4. *tit.* 38. § 5. *tit.* 107. § 13. Gaupp, Ansiedlungen § 46. S. 334 folg.

23) S. oben Note 10. Gaupp § 44 S. 322 folg. Binding S. 14 folg., der wegen des Ausdrucks sors für die Antheile der Burgunden Verlosung annimmt.

ihrer Volksgenossen aus der alten Heimath wurde sie natürlich wiederholt, und hieraus erklärt es sich, daß sie durch verschiedene Gesetze der burgundischen Könige und nach verschiedenen Grundsätzen bewirkt wurde. Zwar die Grundsätze der ältesten Theilungen unter K. Gundioch und Chilperich (a. 456) sind uns unbekannt. K. Gundobad aber verordnete in einem ersten, uns nicht erhaltenen Gesetz (nach 470), daß der Burgunde als Gast (hospes) von seinem römischen Wirth (hospes) an Haus, Hof und Garten die gesonderte Hälfte, vom Ackerland zwei Drittheile und ein Drittheil der Sklaven, an Wald und Weide eine ideelle Hälfte erhalten sollte [24]). Wer keinen Wald erhalten, sollte das Recht haben, aus dem Forst jedes Dritten das benöthigte Holz zu nehmen, wie er es in der Heimath aus der gemeinen Mark genommen hatte [25]). In einem zweiten Gesetz schärfte K. Gundobad die früheren Bestimmungen ein und ergänzte sie [26]), und in einem dritten (a. 501) bewilligte er den später eingewanderten Burgunden nur die Hälfte vom Ackerland und keinen Theil der Sklaven [27]). Der burgundische Antheil (sors) war ohne Zweifel steuerfrei [28]) und sollte auf die Söhne vererbt [29]), aber nur an einen andern antheilsberechtigten

24) Dieß Gesetz wird citirt in *L. Burg.* 54 §§ 1—3. *tit.* 1 § 1. Vielleicht gehört ihm *tit.* 13. 31. 67. an, worin das Recht des gerodeten gemeinschaftlichen Wald- und Weidelandes bestimmt wird. Ueber die getrennten Wohngebäude s. *L. Burg.* 38. § 6.

25) *L. Burg.* 28.

26) *L. Burg.* 54. *cit.* Vgl. Gaupp § 43. S. 317 folg.

27) *L. Burg.* 107 § 11. — Anders bestimmt die Zeitfolge Bluhme, Jahrb. für D. R. V. S. 230 folg. Auch seine Emendation in fara statt des handschriftlichen infra leuchtet mir nicht ein. Denn wenngleich der burgundische Hospes *tit.* 54. §§ 2. 3. faramannus, ein Familienhaupt, genannt wird (s. Gaupp S. 338. Binding S. 20 folg.), so konnte doch nicht wohl von den später Eingewanderten überhaupt und vorzugsweise gesagt werden, sie seien in fara gekommen. Da in guter Latinität supra von der früheren Zeit gebraucht wird, warum sollte nicht in barbarischer infra „später" und qui infra (*sc.* primam invasionem) venerunt die später Eingewanderten bezeichnen?

28) Nach *L. Rom. Burg.* 40. zahlte der Romane die Grundsteuer fort, aber gewiß nicht von der Sors seines burgundischen Hospes, deren Früchte er nicht mehr bezog, und ebensowenig dieser selbst nach germanischen Grundsätzen, s. § 35 Note 8.

29) *L. Burg.* 1 § 1. *tit.* 47. § 3. *tit.* 78.

Burgunden verkauft werden und der römische Hospes ein Vorkaufsrecht haben [30]). Bei der entschiedenen Minorität, welche die eingewanderten Burgunden bildeten, betraf die Einquartirung und die Landtheilung ohne Zweifel nur die größern Grundbesitzer [31]). Den Anbau des Landes besorgten nach wie vor die Colonen und entrichteten ihre Abgaben den burgundischen oder römischen Grundherrn; die große Zahl der nicht besitzenden römischen Stadtbewohner aber (plebeii), Handwerker u. A. trugen nur die allgemeinen Staatslasten.

Eine nähere Lebensgemeinschaft der Burgunden und Romanen tritt auch in dem Connubium beider Nationen hervor [32]), wodurch ihre spätere Verschmelzung mit großem Uebergewicht des romanischen Elements vorbereitet wurde.

§ 37. Vor Allem aber waren Burgunden und Romanen durch die Verfassung des Staats verbunden, wie unsere übrigens dürftigen Nachrichten von derselben bezeugen.

Den Mittelpunkt derselben bildet der König, der, natürlich ein Burgunde, seine Würde von einem alten edlen Geschlecht des Volks in seinen Ursitzen ableitet [1]) und sie auf seine Nachkommen vererbt [2]). Eigenthümlich und ächt germanisch ist

30) *L. Burg.* 84 §§ 1—3. — Bemerkenswerth ist noch, daß der römische Hospes als Vertreter des Ganzen den Grenzstreit nach römischem Recht führen soll. *tit.* 55 §§ 1. 2.

31) *L. Burg.* 54. nennt die Romanen possessores, natürlich nicht, wie die römische Einberufung zum Landtag von Arles a. 418, im Gegensatz der honorati und curiales, sondern mit Einschluß derselben; nur die plebeii und, wie ich vermuthe, die ganz kleinen Grundbesitzer, die übrigens keine zahlreiche Klasse bildeten, wurden von der Landtheilung, die den Burgunden zu geringen Gewinn gebracht hätte, ausgeschlossen. Daher der Chronist in Note 10 von senatores spricht, d. i. den Curialen als den vornehmsten Possessoren, mit denen die Honorati, wie bei den Westgothen, Ein Corpus bildeten, s. § 37 Note 41. Vgl. Gaupp § 45 S. 332.

32) *L. Burg.* 12 § 5. *tit.* 100.

1) *L. Burg.* 3. (*Gundobadi*) — apud regiae memoriae auctores nostros, id est Gibicam, Godomarem, Gislaharium, Gundaharium, patrem quoque nostrum et patruum. Ueber den wahrscheinlich mythischen König Gibica, der noch an der Ostsee geherrscht haben soll, und über Godomar und Gislahar, des K. Gundahar Brüder (oder Vorfahren?) s. Müllenhoff cit. S. 152 folg.

2) Gundioch und Chilperich waren, wenn auch nicht Gundikars Söhne, doch aus demselben Königsgeschlecht. Vgl. *Acta Sanctor.* bei Bluhme S. 53 (Gundioch) ex suo genere lovatus est.

es auch, daß die Königswürde, weil dem ganzen Geschlecht zustehend, auf die mehreren Söhne übergeht und daß diese die königliche Gewalt gemeinschaftlich, nur räumlich getheilt, ausüben, jedoch mit entschiedenem Vorrang des ältesten. So wohl schon in den früheren Sitzen der Burgunden, wo die mehreren Könige den verschiedenen Stämmen und Gauen vorgestanden haben mögen [3]). Den an der Rhone gegründeten Staat beherrschten auf diese Weise vor 470 die Könige Gundioch und Chilperich, und nach ihnen die vier Söhne des ersten, Gundobad, Gundegisel, Chilperich und Godomar. Dieser letzte verschwindet früh, und die andern theilen sich in die Herrschaft nach Drittheilen. Nach Chilperichs Tode besitzt Gundobad dessen Theil, und das Gerücht bezeichnete ihn als den Urheber seines jeden Falls gewaltsamen Todes. Auch Godegisel fiel durch ihn als Verräther in dem Kriege mit den Franken (a. 500) und Gundobad herrschte nun allein, nahm jedoch noch bei seinen Lebzeiten seinen Sohn Sigismund zum Mitkönig an [4]). Der älteste als Oberkönig wurde auch regelmäßig von dem römischen Kaiser mit dem höchsten Titel eines Patricius beehrt, die andern mußten sich mit dem eines Magister Militum begnügen [5]). Die Volkswahl wird nicht mehr erwähnt; doch scheint die Huldigung des Volks als deren Form in dem constanten Ausdruck der „Erhebung zum Könige“ bezeugt zu werden [6]).

3) *Amm. Marc.* 28, 5. erwähnt im vierten Jahrhundert reges in der Mehrzahl. Anfangs des fünften war Gundikar einer von diesen; vielleicht Godomar und Gislahar zwei andere, seine Brüder oder Geschlechter.

4) Näheres bei Bluhme S. 56 folg. Bindings S. 70 Zweifel gegen die Tetrarchie überzeugen mich nicht. Die von Gregor von Tours berichtete Tödtung Chilperichs auf Gundobads Geheiß und die Rache seiner Tochter Chlotilde, Chlodwichs Gemahlin, entspricht zu sehr den Sitten der damaligen Königsgeschlechter, die in den Heldensagen nachklingen, als daß ich die schmeichlerischen Worte des Avitus, der selbst seinen König an Chlodwich verrieth, als Gegenzeugniß gelten lassen könnte. Wie wäre er auch sonst zum Besitz des brüderlichen Erbtheils gekommen? Anders Bluhme cit. und Binding S. 114.

5) Vgl. § 36 Note 14. Ich nehme hiernach an, daß K. Gundioch der jüngere Bruder war.

6) Von Gundioch *Acta Sanctor.* Note 2 levatus est rex. Von Sigismund *Gregor. Tur. hist. epit.* 34. iussu patris sublimatur in regnum.

Das Volk des Königs sind zwar vorzugsweise die Burgunden [7]); doch werden die Romanen auch als solches bezeichnet und jenen schon dadurch gleich gestellt [8]). Auf beide Nationen bezieht sich auch die Gliederung des Volkes in drei Stände, optimates oder nobiles, mediocres und inferiores oder minores personae, die vor Allem in der gleichen Bestimmung der Bußen [9]) und des Wergeldes [10]) hervortritt. Die nähere Bestimmung dieser Standesunterschiede ist nicht ohne Schwierigkeit. Da von den alten edlen Geschlechtern der Burgunden, wie bei andern Stämmen nach der Völkerwanderung, nur das königliche sich erhalten hat, so können unter den burgundischen Optimates oder Nobiles nur solche verstanden werden, die in der neuen Staatsordnung die erste Stelle einnehmen, also die ersten Hof- und Staatsbeamten und andere, die zum Gefolge des Königs gehören [11]), auch wohl von ihm für ihre Dienste mit Grundbesitz beliehen sind [12]); von den Romanen diejenigen, die durch gleiche königliche Auszeichnungen zu diesem ersten Stande erhoben worden [13]). Die Mediocres scheinen eine zweite Stufe des Adels gebildet zu haben, die mit den Optimates

7) *L. Burg.* 51. § 1. *tit.* 54. § 1. *tit.* 45. § 1. 43. § 1. *tit.* 1. § 3. u. sonst. Auch nennt er sich nur Rex Burgundionum *L. Burg. Praef.* 1. *tit.* 108. 109.

8) *L. Burg.* 2. § 1. hominem ingenuum de populo nostro cuiuslibet nationis.

9) *L. Burg.* 26. § 1. Si quis quolibet casu dentem optimati Burgundioni vel Romano nobili excusserit, sol. 15 cogatur exsolvere. § 2. De mediocribus vero personis ingenuis, tam Burgundionibus quam Romanis, si dens excussus fuerit, 10 solidis componatur. § 3. De inferioribus personis, sol. 5.

10) *L. Burg.* 2. § 2. medietatem pretii secundum qualitatem personae occisi parentibus cogatur exsolvere: hoc est, si optimatem nobilem occiderit, in medietatem pretii 150 solidos; si aliquem in populo mediocrem, 100 sol.; pro minore persona 75 solidos praecipimus numerare.

11) *L. Burg. praef.* 1. optimates nostri. *praef.* 2. § 1. comitum procerumque nostrorum. § 4. optimates, comites, consiliarii, domestici et maiores domus nostrae. Vgl. Note 24.

12) *L. Burg.* 38. wird unterschieden § 1. quicunque und § 2. conviva Regis. In § 4. a maioribus personis, tam Burgundionibus quam Romanis überhaupt. § 5. talis persona, quae ex munificentia nostra *rel.*

13) S. unten Note 32. 34. Sie entsprechen der Classe der Honorati in der römischen Rangordnung.

unter dem Namen der maiores personae zusammengefaßt werden [14]); worauf aber ihr Vorzug beruhte und wodurch sie sich von jenen unterschieden, wird nicht klar. Dagegen steht es fest, daß die Minores die Masse der Burgunden und Romanen umfaßte; von jenen also die Gemeinfreien [15]), die als dem Könige zu Treue und Kriegsdienst verpflichtet nach fränkischem Sprachgebrauch auch Leudes genannt werden [16]); von diesen die Grundbesitzer (possessores) und Gewerbtreibenden (plebeii) ohne Unterschied [17]). Es ist hiernach klar, wie sehr der Stand der burgundischen Gemeinfreien gegen früher gesunken war, und daß das nähere oder entferntere Verhältniß zum Könige es ist, welches hauptsächlich den Standesunterschied bestimmt, endlich daß Alle ihm verpflichtet sind. Auch von der untersten Stufe der Freigebornen (ingenui) werden die Colonen (originarii) ausgeschieden und den Sklaven (servi) gleichgestellt [18]); die Freigelassenen (liberti) stehen nach germanischer Vorstellung nicht viel höher [19]). — Das Volksheer bildeten ohne Zweifel vorzugsweise die noch immer kriegslustigen Burgunden, deren Beuterecht der König selbst achtete [20]); doch war den Romanen der Eintritt

14) *L. Burg.* 38. § 4. Auch *tit.* 101. § 1. Note 16 wird der Optimate und Mediocris zusammengestellt.

15) Nach *L. Burg.* 2. § 2. beträgt das ganze Wergeld der minor persona 150 Solidi. Dieses mußte der Ehebrecher Ballamodus, nach dem Namen ein (gemeinfreier) Burgunde, zahlen. *L. Burg.* 52. § 4. Eben dieses wird auch der Bestimmung der Buße zum Grund gelegt, wo diese vom Standesunterschied unabhängig ist (*L. Burg.* 48. 93.), bildet also die Regel. Wilda, Strafrecht S. 423 folg. J. Grimm, Rechtsalt. S. 273. Anders Gaupp S. 134 folg., der die Mediocres für die burg. Gemeinfreien und römischen Possessores, die Minores für die römischen Tributarien hält.

16) *L. Burg.* 101. § 1. Quicunque Burgundio [alicuius] optimatis aut mediocris *rel.* § 2. Leudis vero qui hoc praesumpserit facere *rel.*

17) Während diese beiden Classen der Römer bei den salischen Franken allerdings als possessores und tributarii unterschieden werden.

18) *L. Burg.* 7. *tit.* 17. § 5. *tit.* 21. § 1. *tit.* 38. §§ 7. 8. 9. 10.

19) *L. Burg.* 5. §§ 2. 4. *tit.* 26. § 5. *tit.* 32. 33. *tit.* 66. § 2. Während die Freigelassenen der Römer römische Bürger sind. *L. Rom. Burg.* 3. § 1.

20) Wie bei den Vandalen § 35 Note 27. *Ennodii. vita Epiphanii* (bei Bluhme S. 65 Note 66) erzählt, daß als K. Gundobad auf Theoderichs Verwendung 6000 italienische Kriegsgefangene losgab,

nicht versagt [21]). — Auch in andern Beziehungen werden Burgunden und Romanen in der Regel einander gleichgestellt [22]); den Vorrang jener als des herrschenden Volkes deutet nur die Reihenfolge an, in der jene constant zuerst genannt werden [23]).

Wie aber ist es mit den Rechten des Volkes als Ganzen oder in seinen Abtheilungen? Volksversammlungen (conventus, concilia) werden zwar noch erwähnt [24]); aber nicht mit den weitgreifenden Rechten jener alten Concilia in den germanischen Wäldern. Gesetze beräth der König mit seinen Beamten und Optimaten aus beiden Nationen [25]), und wenn die Zustimmung Aller zu denselben bezeugt wird, so ist darunter der Nichtwiderspruch der Volksmenge zu verstehen, die sich regelmäßig zu diesen Versammlungen einfand [26]). — Das Staatsgebiet ist zwar nach germanischer Gewohnheit in einige dreißig Gaue (pagi) getheilt, zu deren Grundlage man, da die sechs römischen Provinzen dafür viel zu groß waren, die als bischöfliche Sprengel erhaltenen Gebiete der gallischen Völkerschaften (civitates) mit ihren Metropolen und einer Mehrzahl kleinerer Städte genommen hatte [27]). Aber es sind nur Verwaltungsbezirke [28]), und nirgends findet sich eine Andeutung davon, daß

für die von den Burgunden erbeuteten ein mäßiges Lösegeld ausbedungen wurde.

21) *L. Rom. Burg.* 45. § 3. Militibus vero (*sc. Romanis*) aliter si velint testamentum facere permissum est.

22) *L. Burg.* 10. § 1. Burgundio et Romanus una conditione teneantur. *tit.* 15. § 1. quod inter Burgundiones et Romanos aequali conditione volumus custodiri.

23) *L. Burg.* durchweg.

24) *L. Burg.* 107 *Inscr.* Ambariaco in conventu Burgundionum. *tit.* 42. § 2. *Subscr.* Ambariaco in concilio *al.* conloquio.

25) *L. Burg. praef.* 1. coram positis obtimatibus nostris. *praef.* 2. § 1. habito consilio comitum procerumque nostrorum. *tit.* 53. *tit.* 74. § 1. *tit.* 105. § 2. *tit.* 106. § 1. *tit.* 107. *pr.*

26) *L. Burg. praef.* 2. § 13. tractatu nostro et communi omnium voluntate. *tit.* 1. § 1. omnium uno voto et voluntate. *tit.* 81. § 1. consensu omnium. Ohne Zweifel vorzugsweise burgundischer Gemeinfreien, daher conventus Burgundionum Note 23. Zu viel sucht darin Türk S. 57. Dagegen hat Gaupp S. 299 es ganz übersehen.

27) Vgl. Savigny, R. R. im M. A. I. § 19. Spruners hist. Atlas Nr. 23 mit Nr. 2 und 29. *L. Burg. praef.* 2. § 4. civitatum aut pagorum comites.

28) Verwaltungsbezirke der Co-

die in jedem derselben angesiedelten Burgunden eine Gaugemeinde gebildet hätten und zu Gemeindeversammlungen zusammengetreten wären. Ebensowenig sind sie aber den römischen Stadtgemeinden eingeordnet, sondern von deren Obrigkeiten und allgemeinen Lasten eximirt zu denken [29]), während für die Romanen deren corporative Ordnungen sich erhalten haben [30]).

Auch unter den Beamten des Königs, die sich theils auf sein Hof- und sein Krongut, theils auf die Staatsverwaltung beziehen, finden sich Burgunden und Romanen, jedoch jene an Zahl und Einfluß überwiegend. Genannt werden Comites, Consiliarii, Domestici, Majores Domus, Cancellarii, Civitatum oder Pagorum Comites u. A. [31]). Romanen suchen wir natürlich vorzugsweise unter den Rathgebern (consiliarii), von denen zwei am Hofe K. Gundobads, Syagrius und Laconius, uns namentlich bekannt sind [32]), und unter den Kanzleibeamten (cancellarii), welche die centralisirte Verwaltung des Staats in römischer Weise durch ein ausgedehntes Schreibwerk vermitteln [33]).

Am merkwürdigsten aber ist, und einer besondern Untersuchung bedürftig, daß unter den Comites, den Vorständen der einzelnen Gaue (civitatum aut pagorum Comites), also den

mites s. Note 38. *L. Burg.* 49. § 4. pueros nostros, qui mulctam per pagos exigunt.

29) Da alle Eingesessenen des Stadtgebietes zur Aufnahme fremder Gesandten verpflichtet sind, so sollen ausnahmsweise auch alle zu deren Verpflegung contribuiren. *L. Burg.* 38. §§ 3. 4. 6. Auf die ordentlichen städtischen Lasten gilt davon kein Schluß. Für die städtischen Obrigkeiten s. Note 42.

30) Ueber die Curien s. Note 41. Corpora publica *L. Rom. Burg.* 46.

31) Die vollständige Aufzählung in *L. Burg. praef.* 2. § 4. Darin kommen Comites in erster Stelle als höchste königliche Hofbeamte (comites palatii) und dann in vorletzter civitatum aut pagorum Comites vor, wodurch es wahrscheinlich wird, daß auch diese als Gefolgsleute des Königs betrachtet wurden. Consiliarii und Majores Domus als mitwirkend bei königlichen Belehnungen nennt *tit.* 107. § 13. actores regiae domus *tit.* 50. einen Spatharius regis *tit.* 52.

32) S. Bluhme S. 64.

33) Vgl. Bd. 3. S. 157. Unter omnes etiam militantes in *L. Burg. praef.* 2. § 4. konnte der Römer, der dieß schrieb, wohl nur alle Subalternbeamten verstehen. Auch advocati fisci und procuratores kommen noch vor *L. Rom. Burg.* 6. § 5.

wichtigsten Lokalbeamten, mehrmals burgundische und römische Comites unterschieden werden[34]). Nicht nur daß dieß mit besonderm Nachdruck geschieht, was auf eine verschiedene Stellung derselben zu deuten scheint, sondern daß ein Gesetz K. Gundobads ausdrücklich omnes comites tam Burgundionum quam Romanorum nannte, hat frühere Schriftsteller zu der Behauptung veranlaßt, daß die Burgunden und die Romanen unter verschiedenen Lokalbeamten gestanden hätten; und da die römischen Provinzialstatthalter entschieden nicht mehr vorkommen, so hielt man die Comites Romanorum für die städtischen Defensoren[35]). Diese letztere Annahme ist aber schon deshalb unmöglich, weil jede Stadt ihren Defensor hatte, der Comes aber dem Gau vorstand, der eine Mehrzahl von Städten enthielt. Aber auch die Meinung, daß jedem Gau zwei Comites vorgestanden, Einer für die Burgunden, der andere für die Romanen, ist durch jenes Gesetz nach der jetzt festgestellten richtigen Lesart omnes Comites tam Borgundiones quam Romani nicht bewiesen[36]), sondern es wird hier wie in den andern Stellen dadurch zunächst nur die verschiedene Nationalität dieser königlichen Beamten bezeichnet, welche hervorzuheben K. Gundobad eine doppelte Veranlassung hatte. Denn da seine Gesetze, wie er ausdrücklich erklärt, ein gemeinsames Recht für Burgunden und Romanen aufstellen sollten, da er durch sie insbesondere

34) *L. Burg. praef.* 2. § 4. tam Burgundiones quam Romani civitatum aut pagorum Comites. § 12. vel Romanus Comes vel Burgundio. *tit.* 107. § 10. omnes Comites, tam Burgundiones quam Romani. *cf. tit.* 79. § 4. omnes Comites. *tit.* 108. (89). Gundobadus Rex Burgundionum omnibus Comitibus.

35) Eichhorn, in den frühern Ausgaben seiner Rechtsgesch.; in der fünften I. § 24. Note w. x. läßt er es unbestimmt. v. Sybel, Königthum S. 226. Hegel, Städteverfassung von Italien II. S. 316. Dagegen hat Savigny, R. R. im M. A. I. S. 299 schon die richtige Ansicht.

36) Bluhme, Jahrb. für D. Recht V. S. 212. 229 folg. hat diese richtige Lesart nach der besseren Pariser Handschrift zuerst bekannt gemacht und in seine Ausgabe aufgenommen. — Genau genommen beweist übrigens auch die Lesart des Vatikanischen Codex jene Ansicht nicht; denn omnes Comites tam Burgundionum quam Romanorum kann auch heißen: Alle Comites, welche sowohl den Burgunden als den Römern vorgesetzt sind.

die Lage der Römer verbessern wollte [37]), so entsprach es dieser Tendenz, daß er die Romanen gleich den Burgunden als zum Amt eines Comes befähigt erklärte und Beiden ohne Rücksicht auf ihre Nationalität die Beobachtung seiner Gesetze und eine gleiche Behandlung seiner burgundischen und römischen Unterthanen vorschrieb. Daß jedem Gau (pagus) nur Ein Comes vorstand, wird bestätigt durch die Zahl der Comites, welche das Publicationspatent der Lex Gundobadi unterschrieben haben, die der Zahl der Gaue zu jener Zeit entspricht [38]). In der großen Mehrzahl tragen sie burgundische Namen, doch finden sich auch einige römische darunter [39]), so daß also auf diesem wichtigsten Punkte der Verwaltung die herrschenden Germanen das entschiedene Uebergewicht behaupteten.

Germanisch ist auch das Amt der Comites. Denn wie in der Urverfassung aller germanischen Stämme der Vorstand des Gaus im Frieden auch Führer seines Contingents unter dem höhern Befehl des Herzogs im Kriege war [40]), so standen den einzelnen Abtheilungen des burgundischen Heeres unter dem Könige von ihm ernannte Obriste (Comites) vor, die bei der festen Niederlassung des Volks auf römischem Boden den neu gebildeten Gauen mit den darin angesiedelten Burgunden und den einheimischen Römern als höchste Civil- und Militärbeamte vorgesetzt wurden. Als dann auch Romanen in das burgundische Heer eintraten, konnten auch sie zur Würde eines Comes befördert werden. Die römische Provinzialverwaltung aber, in welcher Civil- und Militärverwaltung getrennt war, mußte dabei völlig wegfallen.

37) S. unten § 38 Note 9.

38) Es sind ihrer 31 nach richtiger Lesart, und ungefähr ebenso viele Pagi verzeichnet Spruner Nr. 23.

39) Römisch können sein 10, Agantheus und 26, Silvanus. Unter den acht Comites, welche die Schenkuug K. Sigismunds an das Kloster St. Maurice a. 523 unterschrieben haben (*Bréquigny*, *dipl.* I. *Nr.* 103.), sind zwei römische Namen, Benedictus und Bonifacius. Auch der Romane Attalus, an den *Sidon. Apoll. Ep.* V. 18. gerichtet ist, scheint Comes Aeduae civitatis, d. h. des Comitatus Augustodunensis, gewesen zu sein.

40) S. oben § 29 Note 48.

Dagegen blieb für die Romanen die gesammte **Municipalverfassung** mit den Stadtsenaten (Curien)[41] und den Defensoren als städtischen Obrigkeiten[42] nicht nur erhalten, sondern sie mußte, von dem unerhörten Druck der römischen Reichsverwaltung befreit, an Selbständigkeit und Ansehen gewinnen.

§ 38. Ihr angestammtes **Volksrecht** behaupteten die Burgunden auch in dem neu gegründeten Staat, nicht nur unter sich, sondern auch im Verhältniß zu den unterworfenen Römern, die sich dasselbe gefallen lassen mußten, aber damit zugleich an den Rechten, die es ihnen bot, Theil nahmen, überhaupt also die volle Rechtsgemeinschaft mit den Burgunden genossen. Unter sich jedoch war den Romanen gestattet, auch ferner nach **römischem Recht** als dem ihnen eigenthümlichen Partikularrecht zu leben, wie sie ja überhaupt nach jenem Zwitterverhältniß des burgundischen Staats zu dem römischen Reich noch als Glieder dieses letztern betrachtet wurden[1]. Schon die Könige Gundioch und Chilperich sicherten ihnen dieß Vorrecht zu und Gundobad und Sigismund bestätigten es[2]. Andere in Burgundien angesiedelte Germanen aber wurden schlechthin nach burgundischem Recht beurtheilt[3], so daß also das sg.

41) *S. Aviti homilia de rogatione* bei Savigny cit. Note n. — quibusdam Viennensis senatus, cuius tunc numerosis illustribus curia florebat *rel.* Ob senatus mit Savigny für den „Adel von Vienne" (?) zu halten sei, ist mir doch zweifelhaft Ich übersetze: Einige aus dem Stadtsenat von Vienne, mit dessen zahlreichen und vornehmen Mitgliedern das Rathhaus damals glänzte. Vgl. die Gleichstellung der Curialen und Honorati bei den Westgothen § 44 Note 56. Jeden Falls ist dieß ein Zeugniß dafür, daß die Curien unter germanischer Herrschaft sich wieder gehoben hatten.

42) *L. Rom. Burg.* 22. § 4. *tit.* 36. § 8. Die Magistratus, deren mehrere Städte des burgundischen Reichs gehabt, scheinen als wechselnde Aemter der Curialen unter diesen begriffen zu werden. Die Gerichtbarkeit der Duumviri aber war ganz auf die Defensoren übergegangen, s. § 39 Note 5. 6.

1) S. § 36 Note 14. 17.

2) *L. Burg. praef.* 2. § 7. *tit.* 109.

3) *L. Burg.* 47. § 1. quicunque ingenuus, tam **barbarus** quam Romanus, vel **cuiuslibet nationis persona**, intra regni nostri provincias constituta *rel.* *tit.* 44. § 1. Si qua **Burgundionis** ingenui filia, — cuicunque se **barbaro** seu Romano occulte adulterii foeditate coniunxerit *rel.* Auch sonst

System der persönlichen Rechte, vermöge dessen jeder nach dem Rechte des Volksstammes lebt, dem er durch seine Geburt angehört, bei den Burgunden nicht galt [4]).

Allein um das burgundische Recht zu erhalten, ihm diese allgemeine Geltung zu sichern und es den neuen Verhältnissen anzupassen, bedurfte es einer neuen Form. Denn die Organe, die es in der Heimath von Geschlecht zu Geschlecht getragen und dem Bedürfniß gemäß fortgebildet hatten, die alten Volksgemeinden und die daraus hervorgehenden Volksgerichte, waren aufgelöst und die zerstreut angesiedelten Burgunden so wenig im Stande es fortzupflanzen, geschweige den neuen Verhältnissen anzupassen, als die Romanen billiger Weise verpflichtet, ein ihnen völlig unbekanntes Recht zu befolgen. Allen diesen Bedürfnissen konnte nur durch Codification und Gesetzgebung genügt werden, zu welcher dem Könige seinem Volke gegenüber, wenn er die burgundischen Großen zu Rathe zog, in Bezug auf die Römer aber als dem Vertreter ihres Kaisers, das Recht nicht wohl bestritten werden konnte [5]).

Kein Wunder also, daß schon die ersten Könige, Gundioch und Chilperich, Gesetze gaben, nach welchen unter Burgunden und Romanen, wie unter den Romanen nach ihren Gesetzen, gerichtet werden sollte [6]). K. Gundobad (seit 470) folgte ihrem

können die häufig in dem Gesetz vorkommenden barbari ebensowohl andere Germanen als Burgunden sein. Die Ansiedlung anderer Barbaren gestattet uneingeschränkt, also mit voller Rechtsgleichheit, *tit.* 107. §§ 3. 5.

4) Anders Savigny cit. I. § 30. S. 115 folg.

5) Ueber die Geschichte der burgundischen Gesetzgebung s. Bluhme, in Jahrb. für D. R. I. S. 71—89 und *Praef. ad L. Gundobadam cap.* I., wo auch die früheren, jetzt fast ganz entbehrlichen Schriftsteller angeführt sind. Vgl. Stobbe, Gesch. der D. Rechtsquellen §§ 8. 9. Das Neueste ist: *de Hubé, Histoire de la formation de la loi Bourguignonne*, in *Revue historique de droit français et étranger* XIII. *p.* 209—259, rücksichtlich der einzelnen Stücke des Gesetzbuches abweichend von Bluhme.

6) *L. Burg. Praef.* 1. — de parentum nostrisque constitutionibus. *Praef.* 2. § 7. Inter Romanos — sicut a parentibus nostris statutum est, Romanis legibus praecipimus iudicari. *tit.* 107. § 10. omnes omnino causae ex legibus iudicentur, ut iustitiae ordo teneatur, sicut lex parentum nostrorum continet. Dieß scheint auf eine allgemeine Gesetz-

Beispiel, erst durch Erlaß einzelner Verordnungen [7]), dann durch Abfassung eines Gesetzbuches, in das er alle früheren Gesetze, die eigenen und die seiner Vorfahren, soweit es nützlich schien, aufnahm [8]), und wovon er, zwei Jahre nachdem er Alleinherrscher geworden (a. 502), eine zweite vermehrte Redaction in 105 oder mehr Titeln machen ließ [9]). Dieß ist die Gesetzgebung, von der Gregor von Tours berichtet, daß K. Gundobad, um die Bedrückung der Romanen zu verhüten, den Burgunden mildere Gesetze gegeben habe [10]), und die unter dem Namen Lex Gundobada (loi Gombette) ihn berühmt gemacht hat. Doch besitzen wir sie nicht in ihrer ursprünglichen Gestalt, sondern in einer dritten, durch spätere Gesetze K. Gundobads selbst und seines Sohnes Sigismund abgeänderten und vermehrten Redaction, welche dieser im zweiten Jahr seiner Regierung (a. 517), jedoch unter Beibehaltung des Namens seines Vaters und der Titel seines Gesetzbuches, veröffentlichte [11]). Andere Gesetze bei-

gebung, vielleicht eine erste Codification des burgundischen Rechts, zu deuten, womit parentum constitutiones nicht im Widerspruch stehen würde. *cf. tit.* 105. § 1. in libro constitutionum (= *lex Gundobadi*). Bluhme *praef.* § 7. selectae constitutiones sc. a Gundobado; er rechnet in § 2 zu diesen *L. Burg. tit.* 17. 97 und 98. Noch manche andere könnten nach Form und Inhalt einer solchen ersten Codification angehören.

7) *L. Burg. Praef.* 1. in Note 6. Bluhme, *Praef.* § 3.

8) Zu dieser gehört *L. Burg. Praef.* 1. Vir gloriosissimus Gundobadus Rex Burgundionum. Cum de parentum nostrisque constitutionibus pro quiete et utilitate populi nostri impensius cogitaremus, quid potissimum de singulis causis et titulis honestati, disciplinae, rationi et iustitiae conveniret, — tam nostram quam eorum sententiam mansuris in evum legibus sumpsimus staturam perscribi. Eine Zeitbestimmung fehlt; Bluhme *Praef.* §§ 6. 8. setzt sie zwischen 480 und 490.

9) Das Publicationspatent derselben ist die Constitutio: Amore iustitiae *rel.*, gewöhnlich *Praef.* 2. genannt. Ins Jahr 502 setzt sie Bluhme *Praef.* §§ 7. 8, weil sie auf das Gesetz K. Gundobads von 501 (*L. Burg. tit.* 107.) Bezug nimmt. Er glaubt, daß dieß Gesetzbuch wenigstens 105 Titel hatte, die K. Sigismund in seiner Redaction beibehielt, wie dieser König in *L. Burg. tit.* 105. bezeuge, worin er das Gesetz des Vaters abändert. Ganz anders *de Hubé cit.*, was uns hier nicht interessirt.

10) *Gregor. Tur.* II. 33. regionem omnem, quae nunc Burgundia dicitur, in suo dominio restauravit: Burgundionibus leges mitiores instituit, ne Romanos opprimerent.

11) Darauf geht der Editionsvermerk: In Dei nomine anno se-

der Könige, die darin keine Aufnahme fanden, sind uns sonst in Handschriften erhalten [12]).

Jenes Gesetzbuch nun ist für uns von besonderem Interesse als Versuch, das germanische Recht in die Form römischer Codification zu bringen und der aus Burgunden und Romanen gemischten Bevölkerung anzupassen. Daß die Form überwiegend von Romanen im Rathe des Königs herrührt, ergiebt schon der im Vergleich mit andern Volksrechten bessere lateinische Ausdruck. Auch kennen wir ja den Solon der Burgunden, Syagrius, der die lateinischen Erlasse der königlichen Kanzlei den Burgunden in ihrer Sprache dolmetschte und mit ihrem Recht so vertraut war, daß sie in ihren Rechtshändeln ihn zum Schiedsrichter wählten, der also auch ihre Gebräuche in Gesetzesform wohl zu fassen verstand [13]). Was den Inhalt des Gesetzbuches betrifft, so enthält es nur, was dem Richter zu wissen nöthig war, Privat-, Criminal- und Prozeßrecht, und zwar in allen diesen Rechtstheilen germanisches Recht, doch nicht ohne Beimischung römischer Elemente, in denen also der Einfluß römischer Cultur sichtbar wird [14]). Seine Geltung endlich bestimmt das Publicationspatent ausdrücklich dahin, daß es in allen Rechtsstreitigkeiten unter Burgunden und Romanen zur Anwendung kommen soll, nicht aber in Rechtshändeln der

cundo Domini nostri gloriosissimi Sigismundi, Gundobadi Regis liber constitutionum — editus sub die IIII. Kal. April. Lugduni; dessen Aechtheit, insbesondere was die Namen beider Könige betrifft, und dessen Bedeutung nachgewiesen zu haben Bluhme's Verdienst ist. S. Jahrb. für D. R. I. S. 79. *Praef.* §§ 5. 6. 8. Ihm verdanken wir auch die erste kritisch befriedigende Ausgabe *in Mon. Germ. hist. Legum Tom.* III. *p.* 525—578. Eine neue Ausgabe stellt Binding S. VIII in Aussicht.

12) Bluhme *Praef.* § 8. abgedruckt als *tit.* 106—109. Anders *de Hubé cit.*

13) *Sidon. Apoll. Ep.* V. 5. — Syagrio suo S. — adstupet tibi epistolas interpretanti curva Germanorum senectus, et negotiis mutuis arbitrum te disceptatoremque desumit. Novus Burgundionum Solon in legibus disserendis — adhiberis, decernis, audiris.

14) Savigny cit. II. § 2. In einigen Fällen wird dem Burgunden die Wahl gelassen, ob er nach burgundischem oder römischem Recht verfahren will. *L. Burg.* 55. § 2. *tit.* 60. § 1. Für Criminal- und Prozeßrecht s. den folgenden §.

15) *L. Burg. Praef.* 2. § 2. Omnes itaque administrantes ac

Romanen unter sich[15]). Damit stimmt auch der Inhalt des Gesetzbuches überein, der in den meisten Fällen ausdrücklich oder stillschweigend beide Nationen umfaßt, nur ausnahmsweise besondere Bestimmungen für die Burgunden trifft[16]). Ebenso ein späteres Gesetz K. Sigismunds[17]). Da allen Richtern und anderen Beamten die Beobachtung des Gesetzes eingeschärft und, wo es schweigt, Berichterstattung an den König befohlen wird[18]), so scheint es auch ausschließliche Geltung in Anspruch zu nehmen. Allein die Natur der Sache hatte zur unvermeidlichen Folge, daß auch noch das ungeschriebene Gewohnheitsrecht der Burgunden beobachtet wurde[19]). Immerhin lag in jener Codification eine tiefgreifende formale Umwandlung des frühern Rechtszustandes der Burgunden. An die frühern Formen der Rechtserzeugung erinnert nur die Mitwirkung und Unterschrift der Comites, als Vertreter des Volks, welche dem Gesetzbuch die Kraft einer für alle Zeit verpflichtenden Willkühr (perpetuae pactionis) geben sollte[20]); ferner daß dennoch K. Sigismund bei seinem Regierungsantritt die Gesetzgebung des Vaters, gleich einem früheren Weisthum, zu erneuern nöthig fand[21]) und daß gerichtliche Urtheile häufig in Gesetze verwandelt wurden[22]).

Für die Romanen in ihrem Verkehr unter einander war

iudices secundum leges nostras, quae communi tractatu compositae et emendatae sunt, inter Burgundiones et Romanos a praesenti tempore iudicare dedebunt. § 7. Inter Romanos vero — Romanis legibus praecipimus iudicari.

16) Bluhme, Jahrb. für D. R. I. S. 71—75. Anders Savigny cit.

17) *L. Burg. tit.* 109. sicut lex nostra loquitur: ut inter Romanos *rel.*

18) *L. Burg. Praef.* 2. § 9.

19) *L. Burg.* 77. § 3. *tit.* 60. §§ 1. 4. Türk cit. S. 37.

20) *L. Burg. Praef.* 2. § 13. Constitutionis vero nostrae seriem placuit etiam adiecta comitum subscriptione firmari, ut definitio, quae ex tractatu nostro et communi omnium voluntate conscripta est, etiam per posteros custodita perpetuae pactionis teneat firmitatem. Nomina eorum *rel.*

21) Dieß war wohl, wie bei den Westgothen, der Grund, und nicht, wie Bluhme, *Praef.* § 6 annimmt, eine römische Analogie.

22) *L. Burg.* 51. § 1. *tit.* 52. ut emissum iudicium perpetuae legis robur accipiat.

eine solche Gesetzgebung an sich kein Bedürfniß; denn ihr eigenthümliches Recht besaßen sie schon in dem Theodosischen Codex und den autorisirten Schriften der alten Juristen schriftlich verzeichnet. Allein diese ausgedehnten Rechtsquellen waren nicht jedem zur Hand und die unter burgundischer Herrschaft immer tiefer sinkende juristische Bildung machte ihr Verständniß schwierig. Auch mochte es den Romanen nöthig scheinen, ihr eigenthümliches Recht gegen das Ansehn der Lex Gundobada zu sichern. Dieß waren ohne Zweifel die Gründe, die einen römischen Consiliarius dem K. Gundobad den Rath ertheilen ließen, er möge auch für seine römischen Unterthanen ein solches Gesetzbuch verfassen lassen, in dem aus jenen weitschichtigen Schriften das Wichtigste und noch Geltende kurz zusammengestellt würde. In der That verheißt das Publicationspatent der Lex Gundobada die Abfassung eines solchen gemeinverständlichen römischen Gesetzbuches, damit Niemand mit Unwissenheit sich entschuldigen könne[23]). Daß nun Gundobad diese Verheißung noch vor seinem Tode (516) selbst erfüllt hat, und daß wir dieß römische Gesetzbuch des burgundischen Königs, in einigen Handschriften unter dem falschen Titel Papiani Responsa, in einer andern richtiger Lex Romana (Burgundionum) genannt, besitzen, ergiebt sich einmal aus den der Lex Gundobada entsprechenden Rubriken (Tit. 1—60), sodann aus der Aufnahme einzelner Vorschriften derselben und endlich aus der Erwähnung Gundobads als des regierenden Königs[24]). Wie in das burgundische Gesetzbuch einzelne Vorschriften des römischen Rechts, so wurden also auch in dieses römische Gesetzbuch einzelne Sätze

23) *L. Burg. Praef.* 2. § 7. Inter Romanos vero — Romanis legibus praecipimus iudicari: qui formam et expositionem legum conscriptam, qualiter iudicent, se noverint accepturos, ut per ignorantiam se nullus excuset.

24) Das Nähere giebt Bluhme, *ad Legem Romanam Burgundionum — Praefatio* §§ 1. 2. Wie kommt es, daß der Inhalt von *L. Rom. tit.* 11. de commotione litium der Rubrik ganz entspricht, der gleiche Titel *L. Burg.* 15. aber Fremdartiges enthält? — Auch von diesem Gesetz verdanken wir Bluhme die erste auf Einsicht aller Handschriften gegründete kritische Ausgabe in *Mon. Germ. hist. Legum. Tom.* III. *p.* 595—624.

des burgundischen aufgenommen und also ein Anfang zur Verschmelzung beider Rechte gemacht, die freilich bei dem frühen Untergang des Staats nicht mehr, wie bei den Westgothen, zu Stande gekommen ist. Auch war es nicht die Absicht, das geltende römische Recht vollständig zu sammeln und alle anderen Quellen desselben außer Gebrauch zu setzen, sondern in Berücksichtigung des dritten oben bemerkten Motivs im Anschluß an die Titel des burgundischen Gesetzbuches die abweichenden römischen Bestimmungen zu verzeichnen. Hieraus erklärt sich die Dürftigkeit des Werks; die Unvollkommenheit desselben aber bezeugt den tiefen juristischen Bildungsstand der burgundischen Solone römischer Abkunft, der mit der rhetorischen Virtuosität gleichzeitiger galloromanischer Schriftsteller merkwürdig contrastirt.

§ 39. Wie demnach die beiden Rechtssysteme, das burgundische und das römische, neben einander bestehen, so auch verschiedene burgundische und römische Gerichte; jene als die Vertreter des burgundischen Staats in Bezug auf alle Unterthanen desselben, Burgunden und Romanen; diese als Particulargerichte der Romanen unter sich.

Die ordentlichen burgundischen Gerichtsobrigkeiten sind die vom Könige den einzelnen Gauen vorgesetzten Comites [1]). Ihnen sind alle darin angesessenen Burgunden und Römer unterworfen [2]). In Criminalsachen, weil diese den Staat betreffen, sind sie ausschließend competent [3]); in Civilsachen nur für die Streitigkeiten der Burgunden unter sich und mit den Romanen [4]). Denn für alle Civilsachen der Romanen untereinander hat der Defensor Civitatis die uneingeschränkte Jurisdiction [5]) in der Stadt und ihrem Gebiet [6]), zu deren

1) *L. Burg. Praef.* 2. § 4. civitatum aut pagorum Comites. *tit.* 49. § 1. locorum Comites atque praepositi. *tit.* 50. § 1. *tit.* 82. § 2. iudices locorum. *tit.* 107. § 13. iudex, cuius territorio res illa — tenetur.

2) *L. Burg.* 107. § 13. Comitis sui. *cf. L. Rom. Burg.* 33. § 1. iudicem suum, — si in eius territorio possessor esse cognoscitur.

3) *L. Burg.* 107. § 10. *tit.* 108. Die Defensoren hatten weder früher noch jetzt eigentliche Criminalgewalt, s. Bd. 3. S. 112.

4) *L. Burg.* 79. § 4 und sonst.

5) *L. Rom. Burg.* 36. § 8

Verwaltung ihm eine römisch organisirte Kanzlei (officium) beigegeben ist [7].

Der Comes aber als germanische Gerichtsobrigkeit hat zwar die volle Executivmacht, verhaftet den Verbrecher und stellt ihn vor Gericht [8], ordnet in Civil- und Criminalsachen die Verhandlung [9], sorgt auch dafür, daß, wie er die königlichen Gesetze publicirt [10], so auch nach ihnen geurtheilt werde [11], und vollstreckt das Urtheil durch seine Gerichtsboten (wittiscalci, pueri Regis) [12]. Aber der Rechtsspruch selbst ist nicht seine Sache, sondern dafür sind ihm vom Könige zwei rechtskundige Richter beigegeben, die Judices deputati [13], und zwar ein Burgunde und ein Romane, nicht zur Bezeugung ihres nationalen Rechts, denn regelmäßig kommt hier nur das burgundische Gesetz zur Anwendung, sondern zur Sicherung der unpartheiischen Justizverwaltung unter beiden dem Gericht unterworfenen Nationen [14]. Deshalb gehört in allen Sachen ihre

für in integrum restitutio, die früher als zum Imperium gehörig den städtischen Obrigkeiten versagt war, Bd. 3. S. 105. Ueber die freiwillige Gerichtbarkeit (gesta donationum) der Defensoren s. *tit.* 22. § 4.

6) *L. Rom. Burg.* 33. § 1. Note 2.

7) *L. Rom. Burg.* 30. de apparitoribus. Da der Provinzialstatthalter weggefallen ist, so kann das Officium mit seinem Princeps sich nur auf den Defensor beziehen. Der burgundische Comes hatte statt dessen seine Wittiscalci, wovon der entsprechende Titel *L. Burg.* 76. handelt.

8) *L. Burg.* 108. Räuber sollen sie auch in den benachbarten Gau verfolgen, aber dann vor den Richter desselben stellen.

9) *L. Burg.* 82. § 2. Der iudex loci (Comes) befiehlt dem Beklagten die Stellung eines Bürgen.

10) *L. Burg.* 108.

11) In Civilsachen *L. Burg.* 79. § 4. — omnes Comites, quotiens de praefatis causis contentio fuerit generata, secundum ordinem legis istius iudicare curabunt. In Criminalsachen *tit.* 107. § 10. — omnes Comites tam Burgundiones quam Romani in omnibus iudiciis iustitiam teneant: in his qui — quodlibet crimen admiserint, ita fortiter distringant et vindicent *rel.* Omnes omnino causae ex legibus iudicentur.

12) *L. Burg.* 76. *tit.* 49. § 1. J. Grimm, Rechtsalterth. S. 766.

13) *L. Burg.* 90. § 1. iudicum deputatorum a nobis. § 2. iudices a nobis deputati.

14) *L. Burg. Praef.* 2. § 10. Si quis sane iudicum (*sc. deputatorum*) tam barbarus quam Romanus *rel.* Daß die Judices deputati gemeint sind, ergiebt die Vergleichung mit *tit.* 90. § 2, wo diesen die hier angeordnete Buße, nur mit Herabsetzung der Summe, für ein ungerechtes Urtheil auferlegt

Gegenwart zur ordnungsmäßigen Gerichtsbesetzung und Verhandlung [15]); sie sind es auch, die das Urtheil fällen und für dessen Gesetzmäßigkeit einstehen [16]). Zur schriftlichen Ausfertigung desselben stehen ihnen Gerichtsschreiber (Notarii) zur Seite, die in römischer Weise von den Partheien Sporteln dafür beziehen [17]). Die Bestätigung des Urtheils aber erfolgte ohne Zweifel durch die Unterschrift des Comes, der insofern auch der Urheber desselben genannt werden konnte [18]). Ist dieß die Bedeutung der Judices deputati [19]), so war in ihrem Amte die römische Institution des Assessors und die germanische des aus dem Volk hervorgehenden Urtheilfinders verschmolzen. Jenen sind sie ähnlich als vom König bestellte Beamte, diesen durch die Rücksicht auf die Nationalität der Gerichtseingesessenen und den entscheidenden Rechtsspruch [20]). Dieser beruht aber nicht

wird. *Davoud-Oghlou, Législ. des Germ.* I. *p.* 78. 435., der die Judices deputati ganz übersehen hat, nimmt an, daß jedes Gericht mit einem burgundischen und einem römischen Comes besetzt war. Bluhme, Jahrb. für D. R. I. S. 230, der dieß mit Recht verwirft, hält doch ein Zusammenwirken Beider bei Streitigkeiten unter Burgunden und Römern für möglich.

15) *L. Burg. Praef.* 2. § 12. Et ne forte per absentiam deputatorum iudicum negotia differantur, nullam causam absente altero (= *alterutro*) iudice (*sc. deputato, sive barbaro sive Romano*) vel Romanus Comes vel Burgundio iudicare praesumat *rel. tit.* 81. — Et quia per occupationem et absentiam deputatorum iudicum frequenter potuit evenire exspectatio *rel.* Die dafür angeordnete Abhülfe interessirt uns hier nicht.

16) Für ein aus Unwissenheit oder Nachlässigkeit gefälltes ungerechtes Urtheil, das also durch den König reformirt ist, zahlen sie diesem eine Buße. *L. Burg. Praef.* 2. § 10. *tit.* 90. § 2. Wegen Bestechung trifft sie, wie andere Beamte, die Todesstrafe. *Praef.* 2. §§ 4. 5.

17) *L. Burg. Praef.* 2. § 6. Notariis sane deputatorum iudicum pro iudiciorum commodis *rel.* Die Urthelgebühr beträgt in Sachen über 10 Solidi einen Tremissis, in geringeren weniger.

18) *L. Burg. Praef.* 2. § 12. Note 15. iudicare praesumat vgl. mit *tit.* 49. § 1. in Note 11. iudicare curabunt. Auch *tit.* 50. § 1. singulorum locorum iudices — finem litibus congruentem imponant. Vgl. Unger, Altdeutsche Gerichtsverfassung S. 114 folg.

19) Die freilich nur auf künstlicher Combination der unvollständigen Quellenzeugnisse beruht. Die Ansichten anderer Schriftsteller s. bei Mascov, Anmerk. II. 2, S. 10. Savigny cit. I. § 73. S. 251. Eichhorn cit. §§ 24. 75. Zeitschr. für gesch. R.W. VIII. S. 297. v. Sybel, Königthum S. 227. Hegel, Städteverfassung II. S. 316.

20) Dahin gehört auch, daß eine Parthei, die das Urtheil des Judex

mehr, wie in der Urzeit, auf freier Rechtsschöpfung, sondern auf der Kenntniß des königlichen Gesetzes, in dessen Ermangelung die Entscheidung des Königs gesucht werden soll [21]).

Denn dieser, der König, ist der höchste Richter über Burgunden und Romanen; daher Urtheile desselben öfter erwähnt werden [22]). Doch soll man sich nicht mit Vorbeigehung des ordentlichen Richters an ihn wenden; sondern nur wenn dieser die Justiz verzögert oder verweigert [23]), oder wenn das Urtheil der Judices deputati gescholten [24]), oder von dem Urtheil des Defensors appellirt [25]), oder der Richter erster Instanz der Bestechung beschuldigt wird [26]). Daß dieser, wenn das Gesetz über den Fall schweigt, ihn dem König zur Entscheidung überweisen soll, wurde so eben bemerkt [27]). Auch leidet es keinen Zweifel, daß der König willkührlich eine Sache vor sich ziehen konnte [28]). Offenbar sind in allem diesem die Befugnisse des germanischen Gerichtsvorstandes durch die des Heerführers und des römischen Patricius erweitert.

Nach welchen Grundsätzen wurde nun von diesen Gerichten die Justiz verwaltet, d. h. das Unrecht aufgehoben und das Recht wieder hergestellt? Inwieweit haben die Grundsätze des germanischen Rechts sich erhalten, oder sind dem Einfluß römischer oder christlicher Civilisation gewichen?

Vor Allem darin, daß vom Recht der Fehde (faida), d. h. persönlicher Rache gegen den, der die Person verletzt und zugleich den gemeinen Frieden gebrochen hat, keine Rede mehr ist [29]). An dessen Stelle ist das erweiterte Strafrecht der

deputatus angefochten hat, im Unterliegungsfall ihm eine Buße zahlen soll. *L. Burg.* 90. § 1. *cf. L. Sal.* 57. § 2. Sächs. Ldr. II. 12.

21) *L. Burg. Praef.* 2. § 9.

22) *L. Burg.* 51. § 1. *tit.* 52. *tit.* 53. § 3.

23) *L. Burg. Praef.* 2. § 11.

24) *L. Burg. Praef.* 2. §§ 8. 10. *tit.* 90. §§ 1. 2.

25) *L. Rom. Burg.* 33. §§ 2. 3.

26) *L. Burg. Praef.* 2. § 5.

27) *L. Burg. Praef.* 2. § 9. *L. Rom. Burg.* 2. § 2. *tit.* 4. § 2.

28) Der Fall *L. Burg.* 52, wo ein Aufsehn erregender Ehebruch gegen einen königlichen Hofbeamten begangen worden und der König sanctorum dierum reverentia das Gesetz mildern wollte, mag ein solcher gewesen sein.

29) *Davoud-Oghlou cit. p.* 399. glaubt es zwar noch in der

Obrigkeit getreten, welches sich nicht mehr wie in der Urzeit bloß auf Staatsverbrechen bezieht[30]), sondern auch auf Verbrechen an der Person.

So tritt 1) wegen Todtschlags (homicidium) die Todesstrafe ein[31]), deren Vollziehung die Verwandten des Erschlagenen statt der Blutrache, jedoch nur an dem Thäter selbst, verlangen können[32]). Das Recht der Burgunden und das der Romanen unter sich ist hierin dasselbe; in diesem Fall hat also der Comes auch unter Romanen die Todesstrafe auszusprechen[33]), da dem Defensor die Befugniß dazu fehlt. Auch das Wergeld (pretium) wird durch die Todesstrafe absorbirt; wo diese aber wegfällt, muß es gezahlt werden. So bei der Tödtung eines Freigebornen durch eine ohne Warnungszeichen aufgestellte Wolfsfalle das volle Wergeld des Getödteten[34]). Bei Tödtung in der Selbstvertheidigung dasselbe[35]).

Unter Romanen soll, da das römische Recht ein Wergeld nicht kennt, an den König berichtet werden[36]). Auch wenn der Todtschläger durch das Asylrecht der Kirche der Todesstrafe entgeht, bleibt er das Wergeld schuldig[37]). Ein durch die

Lex Gundobada unter dem Namen calumnia zu finden; allein in den zahlreichen Stellen, wo dieß Wort vorkommt, hat es nach dem Zusammenhang den gewöhnlichen Sinn der Chicane, oder eines ungerechten Anspruchs.

30) Die Lex Gundobada zwar erwähnt diese nicht; aber *L. Rom. Burg.* 7. § 6. enthält in dieser Beziehung ohne Zweifel allgemeines Recht.

31) *L. Burg.* 2. § 1. Si quis hominem ingenuum ex populo nostro cuiuslibet nationis, aut servum regis natione dumtaxat barbarum, occidere dampnabili ausu aut temeritate praesumpserit, non aliter admissum crimen quam sanguinis sui effusione componat. §§ 3. 4. Für Raubmord *tit.* 29. § 1.

32) *L. Burg.* 2. § 6.

33) *L. Rom. Burg.* 2. § 1.

34) *L. Burg.* 46.

35) *L. Burg.* 2. § 2.

36) *L. Rom. Burg.* 2. § 2. spricht unter Berufung auf *Nov. C. Th. Vat. tit.* XIX. nur von dem Bericht an den König, der aber nach Analogie von § 5. ein Surrogat des halben Wergeldes eintreten lassen konnte. S. folg. Note.

37) *L. Rom. Burg.* 2. § 5. De ingenuo vero homicida intra ecclesiam posito de interempti precio Principis est exspectanda sententia: et quia de preciis occisorum nihil evidenter lex Romana constituit, dominus noster (*sc. Gundobadus*) statuit, ut — is ipse, qui homicidium admisit, cum medietate bonorum suorum occisi heredibus serviturus addicatur. Insofern das römische Asylrecht (Wil-

Katastrophe des Volks in der Hunenschlacht verjährter Todtschlag sollte mit der geringen Buße von zwanzig Schillingen gesühnt werden[38]). So war man bedacht auch die aus ältester Zeit stammenden Fälle der Blutrache abzuschneiden.

2) Die im Ehebruch Ergriffenen zu tödten und also die verletzte Hausehre zu rächen, ist dem Ehemann nach burgundischem und römischem Recht erlaubt; tödtet er nur den Einen Theil, so zahlt er wegen des entschuldbaren Todtschlages nur dessen Wergeld[39]). Er kann aber auch vom Gericht die Todesstrafe des Ehebrechers und der Ehebrecherin verlangen, welcher K. Sigismund nur in einem einzelnen Fall im Wege der Gnade das Wergeld der Schuldigen als Buße substituirt hat[40]). Auch die willkührliche Verlassung des Mannes wird an der Frau nach burgundischem Recht mit dem Tode gestraft[41]).

3) Auch Raub und Diebstahl an Menschen, Pferden und Rindvieh[42]), oder mit Einbruch verübt[43]), Verbrechen, die von Seiten der gewaltthätigen Barbaren und der verwilderten Romanen häufig vorkamen, werden in beiden Gesetzbüchern mit Todesstrafe bedroht.

4) Die Zerstörung von Grenzsteinen wird unter Romanen und an Sklaven mit dem Tode, an einem freien Burgunden mit Handabhauen gestraft; doch kann dieser durch Zahlung einer Buße, seines halben Wergeldes, sich loskaufen[44]).

Besonders merkwürdig für den allgemeinen Gesichtspunkt ist, daß, wo das Gesetz eine öffentliche Strafe unbedingt vor-

da, Strafrecht S. 537 folg.) auch für Burgunden anerkannt wurde (s. *L. Burg.* 70. § 2. Türk cit. S. 37), fand doch die Zahlung des Wergeldes gewiß statt.

38) *L. Burg.* 17. § 3.

39) *L. Burg.* 68. § 1. *L. Rom. Burg.* 25.

40) *L. Burg.* 52. §§ 3. 4. 5. *cf. tit.* 34. § 3. Ueber das römische Recht vgl. *L. 4. C. Th. quor. app.* (11, 36). *ibique Gothofred.*

41) *L. Burg.* 34. § 1. necetur in luto, also die altgermanische Todesstrafe. *L. Rom. Burg.* 21. §§ 2. 3. weiß nichts davon.

42) *L. Burg.* 4. §§ 1. 2. *tit.* 47. § 1. Das Asylrecht gilt auch hier *tit.* 70. § 2. *L. Rom. Burg.* 4. §§ 1. 2. 4.

43) *L. Burg.* 29. § 3. *cf. tit.* 108. *L. Rom. Burg.* 18. § 1.

44) *L. Burg.* 55. §§ 3. 4. *L. Rom. Burg.* 39. § 1.

schreibt, eine Privatgenugthuung (compositio), durch Uebereinkunft oder durch den Richter vermittelt, bei Strafe verboten ist[45]).

Wegen aller andern persönlichen Verletzungen aber, sie mögen nun rein die Person, oder zugleich ein Familienverhältniß, oder Eigenthum betreffen, stellt das burgundische Gesetz, gleich andern Volksrechten, ein System genau abgestufter, an den Verletzten zu entrichtender Bußen (compositiones) auf denen das dem König zu entrichtende Friedensgeld (mulcta)[46]) stets zur Seite geht. Außerdem soll bei Diebstahl der Schuldige dem Anzeiger desselben (veius) den Lohn der Anzeige (veiatura) zahlen, oder dem Kläger ihn ersetzen[47]). Bei Sklaven und Colonen tritt an die Stelle der Buße und Multa körperliche Züchtigung (fustibus), die bei Freien nicht vorkommt. Die Lex Romana dagegen enthält nur das System römischer Pönalklagen. Als Einfluß des römischen Rechts auf das burgundische ist es zu betrachten, daß dieses auch Klagen auf einfachen Schadensersatz kennt[48]), ferner daß der Erbe unbedingt für die Schulden des Erblassers haftet und daß alle Klagen in dreißig Jahren verjähren[49]). Ob bei der Vindication beweglicher und unbeweglicher Sachen eine persönliche Verletzung angenommen und durch eine Buße gesühnt, die Rechtsfrage also unter dieser Form eingeführt wurde, darüber schweigt die Lex Gundobada. Man möchte es glauben, da sie verwandte Grundsätze des germanischen Rechts dabei anwendet. Bei beweglichen Sachen kennt sie die Klage mit Anefang[50])

45) *L. Burg. Praef.* 2. § 4. *tit.* 71. *tit.* 107. § 10. *cf. L. Rom. Burg.* 9. § 2.

46) *L. Burg.* 49. § 4. pueros nostros, qui mulctam per pagos exigunt. Auch unabhängig von Bußen werden als Ordnungsstrafen häufig mulctae gezahlt.

47) Nach *L. Burg.* 77. § 3. praemium pro iudiciis cuiuscunque furti vel sceleris. Nach früherer Gewohnheit zahlten ihn Kläger und Beklagter gemeinschaftlich. *Tit.* 95 enthält die Taxe für die verschiedenen Fälle des Diebstahls. Für veius und veiatura s. noch *tit.* 16. § 3. *tit.* 103. § 6.

48) *L. Burg.* 4. §§ 5. 6. *tit.* 27. 41. 58. 64.

49) *L. Burg.* 65. Uebergang der Schulden auf den Erben. *tit.* 79. § 5. Verjährung in dreißig Jahren.

50) Haussuchung *L. Burg.* 16. § 1. *tit.* 83. *cf. L. Rom.* 12. §§ 1. 2. Strafe des unterliegenden Klägers *L. Burg.* 19. § 2. *cf. L. Rom.* 34. Gerichtliche Anzeige von dem zugelaufenen Sklaven *L.*

und bei unbeweglichen unterscheidet sie, ob der Eigenthümer den Besitz freiwillig oder gegen seinen Willen verloren hat, macht also die Eigenthumsfrage wenigstens in Einer Beziehung vom Besitz abhängig. In dem zweiten Fall nehmlich soll, wie bei andern Klagen, die allgemeine römische Klagenverjährung von dreißig Jahren eintreten; in dem ersten, wo der Eigenthümer mit dem Besitz sein Recht schon halb aufgegeben hat, eine kürzere von fünfzehn Jahren [51]).

Selbsthülfe, insbesondere eigenmächtige Pfändung zur Verfolgung eines Civilanspruchs an Stelle der gerichtlichen Klage, ist bei Strafe des Verlustes der Sache, also dem Decretum D. Marci gemäß, verboten [52]). Nur ausnahmsweise darf 1) der Grundeigenthümer fremde Thiere, die ihm Schaden thun, pfänden [53]), und 2) hat der Gläubiger gegen den Bürgen und dieser gegen den Schuldner ein Pfändungsrecht, zu dessen Ausübung es jedoch einer gerichtlichen Ermächtigung und einer dreimaligen Zahlungsaufforderung bedarf [54]).

Was endlich den Prozeß, d. h. das gerichtliche Verfahren, betrifft, so ist auch dieses für die Burgunden unter sich und mit Romanen durch die Lex Gundobada, für Romanen unter sich durch die Lex Romana bestimmt, und Letzteres darf nicht durch Uebertragung der Sache auf einen Burgunden, oder Zuziehung desselben alterirt werden [55]).

Das burgundische Gesetz unterscheidet nicht zwischen Civil- und Criminalprozeß; dieser ist accusatorisch und verläuft in derselben Form wie jener. Nur sind die Comites angewiesen, auch von Amtswegen die Verbrecher zu verfolgen [56]), und die

Burg. 39. §§ 1—3. *cf. L. Rom.* 6. §§ 1. 2. 4.

51) *L. Burg.* 79. §§ 1—3.

52) *L. Burg.* 19. §§ 1. 3. 4. ante audientiam. *tit.* 105. causam perdat.

53) *L. Burg.* 23. §§ 1. 3. 49. §§ 1—3.

54) *L. Burg.* 19. §§ 5 *sqq.* *tit.* 96. pro debito mariti res uxoris. *tit.* 107. § 7. *cf. L. Rom.* 14. § 8. Vgl. Sohm, Prozeß der Lex Salica S. 44 folg.

55) *L. Burg.* 22. *tit.* 55. § 1. *cf. L. Rom.* 43. Nur im Grenzstreit kann der Burgunde, wenn er will, Romano iure contendere. *L. Burg.* 55. § 2.

56) *L. Burg.* 107. § 10. *tit.* 108.

Anklage gegen einen Sklaven oder Colonen erfolgt wegen der Tortur desselben durch Inscriptio [57]).

Die Klage und ordentliche Criminalanklage wird durch eine Privatladung des Beklagten vor Zeugen eingeleitet und das Erscheinen desselben vor Gericht durch Bürgschaft gesichert [58]). Vertretung ist keinem von beiden Theilen gestattet; doch wird ein Rathgeber erwähnt, der im Unterliegungsfalle dieselbe Multa zahlt, wie die Parthei, die er berieth [59]).

Die Vertheidigung des Beklagten beruht wesentlich auf den Grundsätzen des germanischen Beweisrechts. Denn wenn er leugnet, wird nicht der Kläger zum Beweise seiner Behauptung durch Zeugen oder Urkunden, sondern der Beklagte zum Beweise seiner Unschuld, und zwar durch den Eid, verstattet [60]), daß er die geforderte Summe nicht schulde, oder daß er die That, deren er beschuldigt wird, nicht begangen [61]), oder den Umstand, der ihn verantwortlich macht, nicht gewußt habe [62]). Als ein förmliches Beweismittel erscheint dieser Eid namentlich darin, daß selbst Kinder zu demselben verstattet werden [63]). Der Beklagte muß ihn in Gegenwart des Klägers, in der Kirche, vor drei Delegirten des Richters und mit elf Eidhelfern aus seinen nächsten Verwandten leisten. Bleibt er ohne Entschuldigung in dem

57) *L. Burg.* 7. 77.

58) *L. Burg.* 17. §§ 4. 5. *tit.* 82. Der Besitzer einer beweglichen Sache muß Bürgschaft stellen oder gestatten, daß der Kläger die Sache in Beschlag nimmt. *tit.* 83. § 1.

59) *L. Burg.* 80. § 3.

60) *L. Burg.* 108. — si se innocentem potuerit adprobare, cum omnibus rebus suis liber abscedat. Für die Nichtzulassung des Klägers zum Zeugenbeweis s. *Agobardi, adversus legum Gundobadi liber* c. 4. 6. *Bluhme, Praef.* § 11. *p.* 504.

61) *L. Burg.* 45. quotiens inter homines nostros causa surrexerit, et is, qui pulsatus fuerit, non deberi a se quod requiretur, aut non factum quod obiicitur, sacramentorum obligatione negaverit *rel.*

62) *L. Burg.* 52. § 4. *tit.* 6. §§ 3. 6. 7. 9. *tit.* 20. § 2. *tit.* 39. § 3.

63) Dieß eigenthümliche Recht der Burgunden oder Gundobadingi wird nur in fränkischen und langobardischen Capitularien erwähnt. *Cap. eccles. a.* 789. *c.* 63. (*Pertz* I. *p.* 63). *Cap. Francofurt. a.* 794. c 45. (*ibid. p.* 74). *L. Langob. lib. Pap. Carol. M.* 37. Ut infantes sine rationabili aetate non coguntur iurare, sicut Gundobada lege viventes faciunt. Türk cit. S. 36 folg.

Termin aus, so wird er sachfällig; ebenso der Kläger, wenn er nicht erscheint [64]). Der Kläger aber kann, wenn jener sich zum Eide erbietet, ihn ablehnen durch Berufung auf ein Gottesurtheil, das vor dem Könige durch Zweikampf unter den Partheien vollzogen wird und dessen Ausgang über die Sache entscheidet. Desgleichen wenn der abgeleistete Eid durch Kampf des Klägers mit Einem der Eidhelfer angefochten wird [65]). Alles dies galt nicht bloß für die Burgunden unter sich, sondern auch für die Romanen Jenen gegenüber [66]).

Allein diese germanischen Beweisgrundsätze haben bereits unter dem Einfluß römischer Rechtsanschauung Beschränkungen erfahren. Dahin gehört 1) die Tortur, um das Verbrechen eines Sklaven zu ermitteln, welche dessen Herrn der Verpflichtung für ihn zu schwören überhebt [67]). 2) Daß Frauen, anscheinend wegen ihrer Unfähigkeit zum Kampf, der Beweis der ihnen zugefügten Verletzung durch Zeugen gestattet wird [68]). 3) Vorzüglich ist aber bei gewissen Rechtsgeschäften, nehmlich Testament und Schenkung [69]), Verkauf von Sklaven und Grundstücken [70]) und bei der Freilassung [71]), die Zuziehung von Zeugen neben einer Urkunde, die sie unterschreiben, oder ohne dieselbe [72]) gebräuchlich, und dann natürlich auch der Beweis durch sie mit

64) *L. Burg.* 8. *tit.* 52. § 4.

65) *L. Burg.* 8. § 2. *tit.* 45. *Agobardi, adversus legem Gund. liber c.* 7. 10. 13. *Bluhme cit.*

66) *L. Burg.* 8. § 1. Si ingenuus per suspectionem vocatur in culpam, tam barbarus quam Romanus, sacramenta praebeat *rel.*

67) *L. Burg.* 7. *tit.* 39. § 1. Die unbestimmte Erwähnung der Tortur *tit.* 108 ist kein Beweis, daß sie auch bei Freien angewandt wurde.

68) *L. Burg.* 33. § 1. Si mulier ingenua — discapillata fuerit, — et testibus hoc potuerit adprobare. *cf. tit.* 35. § 1.

69) *L. Burg.* 60. §§ 1—3.

70) *L. Burg.* 99. *tit.* 107. §§ 8. 9.

71) *L. Burg.* 88.

72) *L. Burg.* 60. § 3. dummodo conputati testis manu — teneatur subscriptum, aut si ad eius testimonii fidem tractus aures fuisset. *tit.* 107. § 8. testes illi iurati dicant: nobis praesentibus precium dare vidimus. *tit.* 88. aut per scripturam — aut si sine scriptura libertatem mancipio suo quicumque donare voluerit, non minus conlata manumissio quam quinque aut septem ingenuorum hominum testimonio roboretur.

Ausschließung des Eides gestattet, ohne Zweifel an Stelle des Gerichtszeugnisses, welches auch bei den Burgunden in diesen Fällen ursprünglich stattfand. Doch kann auch das eidliche Zeugniß durch das Gottesurtheil des Zweikampfs mit einem der Zeugen angefochten werden [73]).

Die Fällung des Urtheils scheint durch eine förmliche, von dem Kläger an die Judices deputati gerichtete Urtheilsfrage herbeigeführt worden zu sein, welche diese zum Rechtsspruch oder zur Zahlung einer Buße verpflichtete [74]). Durch die Notarien wird es schriftlich den Partheien gegen Zahlung einer Sportel mitgetheilt [75]). Vom Schelten des Urtheils war oben die Rede [76]).

Die Vollstreckung des Urtheils, wenn es auf Zahlung einer Summe Geldes gerichtet war, erfolgte im Wege der Pfändung durch die Gerichtsboten (wittiscalci, pueri regis) [77]).

Wesentlich anders, nehmlich römisch, ist das Verfahren nach der Lex Romana unter Romanen in Civil- und Criminalsachen, in jenen vor dem Defensor, in diesen vor dem Comes.

Die Criminalanklage wird stets durch Inscriptio angebracht, durch welche der Ankläger sich für den Unterliegungsfall der Strafe unterwirft, mit der er den Angeklagten bedroht [78]). Weder jener noch dieser kann sich vertreten lassen, Bischöfe und Priester ausgenommen [79]). Die Untersuchungs- und Beweisgrundsätze, über die das Gesetz schweigt, waren ohne Zweifel die des römischen Criminalprozesses.

Die Civilklage wird zunächst durch eine vom Richter erbetene, durch einen Gerichtsdiener (apparitor) dem Beklagten gegen Zahlung einer Sportel insinuirte Ladung (conventio, sententia) eingeleitet [80]) und dann vom Kläger in einer Klagschrift

73) *L. Burg.* 80. §§ 1. 2. de testibus, qui pro quacunque parte rettulerint *rel.* scheint nicht auf Eidhelfer zu gehn.

74) *L. Burg. Praef.* 2. § 11. *tit.* 81.

75) *L. Burg. Praef.* 2. § 6.

76) S. oben Note 16. 20. 24.

77) *L. Burg.* 19. *tit.* 76. § 1. Execution des Hauptschuldners vor dem Bürgen. *tit.* 107. § 7.

78) *L. Rom. Burg.* 7.

79) *L. Rom. Burg.* 11. § 4.

80) *L. Rom. Burg.* 30. §§ 1. 2.

binnen drei Tagen bei Strafe ihres Verlustes vor Gericht dem Beklagten mitgetheilt (actionis editio) [81]. Hier ist Vertretung von beiden Seiten möglich, doch muß der Vertreter des Klägers eine Vollmacht zu den Akten bringen und der Defensor des Beklagten Satisdatio Judicatum solvi geben [82]. Nur einem Mächtigeren (potentior) soll die Führung der Sache nicht übertragen werden, und als solcher ist jeder Burgunde ausgeschlossen [83]. Der Beklagte muß sich im ersten Termin vor Gericht über die Klage erklären [84]. Zum Eide kommt es nur, wenn es an anderen Beweisen fehlt; er wird von einem Theil zugeschoben und von dem andern angenommen, oder vom Richter auferlegt, aber nur von der Parthei allein, nicht von Eidhelfern geschworen. Infamia schließt davon aus [85].

Das Urtheil wird von dem Richter in Gegenwart der Partheien aus einer Schrift (de periculo) verlesen und kann weder von dem, der es gesprochen, noch von einem andern Richter abgeändert werden [86]. Nur Appellation an den König ist mündlich sofort und durch Libelli binnen fünf Tagen möglich, nach deren Einwendung der Richter sich jeder weitern Verfügung in der Sache enthalten soll [87].

Auch nachdem der burgundische Staat in dem fränkischen Reiche aufgegangen war, hat die Lex Gundobada als persönliches Recht derer, die das Andenken ihrer burgundischen Abstammung bewahrten und von ihm den Namen Gundobadingi führten, sich im Gebrauch erhalten; der dürftige Papian aber ist gegenüber der vollständigeren Lex Romana Visigothorum, später den Justinianischen Rechtsbüchern, in völlige Vergessenheit gerathen.

81) *L. Rom. Burg.* 11. § 1.

82) *L. Rom. Burg.* 11. §§ 2. 3.

83) *L. Rom. Burg.* 43. *L. Burg.* 22.

84) *L. Rom. Burg.* 33. § 1. pulsatus in eius audientia respondeat, ad cuius sententiam convenitur.

85) *L. Rom. Burg.* 23.

86) *L. Rom. Burg.* 33. §§ 4. 5. Also auch das Urtheil des Defensors nicht durch den Comes.

87) *L. Rom. Burg.* 33. §§ 2. 3.

III. Die Weſtgothen.

§ 40. Was in dem burgundiſchen Staate nur begonnen und durch ſeinen frühen Untergang unterbrochen wurde, das hat in dem von den Weſtgothen im ſüdweſtlichen Gallien gegründeten, dann nach Hispanien verſetzten Staate ſich vollzogen, nehmlich die vollſtändige Verſchmelzung beider Nationalitäten, der eingewanderten Germanen und der römiſchen Provinzialen, in Sprache, Sitte, Religion und Recht, und zwar unter überwiegendem Einfluß des celtiberiſch-romaniſchen Elements. Der Grund lag nicht bloß darin, daß die Gothen in ihren neuen Wohnſitzen die numeriſche Minderheit bildeten, ſondern auch in ihrem zwar edlen, aber für fremde Cultur nur zu empfänglichen Sinne. So kam es, daß die germaniſche Volkseigenthümlichkeit, ſtatt an den vorgefundenen Bildungselementen ſich zu veredlen und die tief geſunkene byzantiniſche Römerwelt neu zu beleben, in derſelben unterging und alſo den neuen Staat nicht dauernd zu kräftigen und vor frühem Verfall zu bewahren vermochte. Auch die tiefe Religioſität, durch welche die Gothen andere germaniſche Stämme noch übertrafen [1]), ſchützte ſie nicht gegen dieſe Ausartung, vielmehr bildete ſie, wie wir zeigen werden, ein Ferment mehr zur Zerſetzung ihres Gemeinweſens.

Wir erinnern kurz an die Hauptmomente ihrer Geſchichte, mit welcher die Geſchichte ihres Rechts aufs Innigſte verbunden iſt. Sie zerfällt in drei Abſchnitte: die vorbereitende Zeit der Wanderung, die Periode des toloſaniſchen und die des hispaniſchen Staates [2]).

1) Einzelne Züge davon: 1) die frühe Annahme des Chriſtenthums, die heidniſche Reaction und die Vermiſchung deſſelben mit heidniſchen Anſchauungen und Gebräuchen *Eunap. c. 46. ed. Bonn. p. 83.* 2) Die Feier des Oſterfeſtes bei Pollentia, in der ſie von Stilicho überfallen werden. Aſchbach S. 73. 3) Theoderich I. Gebet u. ſ. w. bei der Vertheidigung von Toulouſe *Salvian, de gub. dei* VII. 10. 4) Die ſtrenge Sonntagsfeier bei der Belagerung von Ceuta. Lembke S. 61.

2) Vgl. Aſchbach, Geſch. der Weſtgothen, Frankfurt 1827. Lembke, Geſchichte von Spanien Th. I. Hamburg 1831. Für die frühere Zeit auch v. Sybel, Deutſches Königthum S. 116—124. 161—175.

§ 41. Nachdem der große Volksstamm der Gothen zu Ende des zweiten Jahrhunderts n. Ch. von den Weichselniederungen an der Ostsee sich an die Ufer des schwarzen Meeres versetzt [1]) und die fruchtbaren Ebenen vom Don bis zur untern Donau eingenommen hatte, wo sie sich frühzeitig nach ihren zwei Hauptstämmen, den Greutungen und Therwingen, und nach deren Wohnsitzen in Ost- und Westgothen theilten [2]), wird im Lauf des dritten Jahrhunderts von ihren beständigen Raubzügen zu Wasser und zu Land in die benachbarten Provinzen des östlichen Reichs berichtet, denen die römischen Kaiser mit wechselndem Erfolg, d. h. unter wechselnden großen Niederlagen des einen und andern Theils, entgegentreten. Selbst Aurelian, nachdem er sie besiegt, muß ihnen doch ganz Dacien jenseits der Donau abtreten. Constantin schließt nach längeren Kämpfen endlich mit ihnen einen dauernden Frieden, in dessen Folge sie bis zum Ausgang seiner Dynastie für ein den Römern befreundetes Volk gelten [3]). Dann erneuert sich der Kampf unter K.

Köpke, die Anfänge des Königthums bei den Gothen S. 94 - 135. Für die spätere Helfferich, Entstehung und Geschichte des Westgothenrechts, Berlin 1858. Derselbe sagt sehr treffend über der Westgothen „rasche und gründliche Aneignung römischen Wesens“: „Diese Vorliebe, die ihre nützliche, aber auch eine höchst nachtheilige Seite hatte, wurde maßgebend für das spanische Volksthum und dessen Geschichte, und man kann es ohne Uebertreibung ein schweres Verhängniß nennen, daß den Westgothen ihr nationales Bewußtsein, der ureigene Sinn des Germanenthums, so rasch abhanden kam. Ihre Entwicklung konnte darum keine normale sein: was sie an äußerem Schliff und gesittetem Zuschnitt gewannen, büßten sie reichlich an innerer Tüchtigkeit ein, weil es ihnen durch eigene Schuld nicht vergönnt war, ihren geschichtlichen Faden weiter zu spinnen; derselbe riß, und wenn ihnen auch nicht das traurige Loos der Vandalen, Ostgothen und selbst der Langobarden (?) beschieden war, so kann man dennoch nicht sagen, daß sie mit dem von ihnen unterjochten Volke zu einer vorherrschend germanischen Nationalität verschmolzen.“

1) Gegen die von J. Grimm vertheidigte Ansicht Cassiodors, daß die Gothen unter dem Namen der Geten ursprünglich hier gewohnt, welche Krafft, Kirchengeschichte der germanischen Völker I. 1. S. 72 folg. durch neue Gründe zu unterstützen und für seine Zwecke zu verwerthen sucht, s. Köpke S. 44 folg. 90. 208 folg. und die von ihm angeführten Schriftsteller.

2) *Iordanis* c. 14. 17. Zeuß S. 406 folg. Wie später die Langobarden und Franken ihre Reiche nach der Weltgegend in Austrien und Neustrien, die Sachsen sich in Ost- und Westfalen theilten u. s. w.

3) *Amm. Marc.* 27, 5. *a.* 367. gens amica Romanis foederi-

Valens zunächst mit den Therwingen unter ihrem mächtigsten Stammfürsten Athanarich [4]) und berührt selbst die ferneren Greutungen, schließt aber wieder mit einem Friedensvertrag unter gleichen Bedingungen.

Schon hatte auch das Christenthum unter den Westgothen Eingang gefunden und ihre Sitten gemildert [5]), als im Lauf des vierten Jahrhunderts Bischof Ulfilas (348), von kappadocischen Eltern in gothischer Gefangenschaft geboren, durch seine Uebersetzung der heiligen Schrift ins Gothische ihnen das Evangelium in seiner ursprünglichen Gestalt nahe brachte, daneben freilich die Irrlehre des Arius, die bei flüchtiger Lesung der Schrift und durch ihre Verwandtschaft mit der Stufenleiter germanischer Götter sich empfahl, unter ihnen und den verwandten Stämmen ausbreitete [6]). Aber noch war das Heidenthum mächtig genug, um unter Athanarichs Führung eine zweimalige blutige Verfolgung der Christen zu erzeugen. Vor der ersten (a. 355) floh Ulfilas mit seinen Anhängern über die Donau, wo diese fortan als ein Volk friedlicher Ackerbauer und Hirten am Fuß des Hämus unter dem Namen der Gothi minores vorkommen [7]). Auch die zweite, noch heftigere Verfolgung (a. 370) hatte den Uebertritt und die Aufnahme zahlreicher westgothischer Christen auf römischem Gebiet zur Folge [8]), die dem ganzen Volke die Wege bereiten.

Denn nun trifft der gewaltige Stoß der Hunen (a. 375) zunächst die Ostgothen unter ihrem mächtigen Fürsten Hermanrich, aus dem alten Königsgeschlechte der Amaler, der tragisch

busque ingenuae pacis obstricta. *Iordanis* c. 21. sagt, seit Constantin seien sie foederati der Römer gewesen.

4) *Amm. Marc.* 27, 5. Athanaricum ea tempestate iudicem potentissimum. 31, 3. Thervingorum iudex. *Ambros.* bei Mascov VII. 29, 6. iudicem regum. *Zosim.* IV. 34. παντὸς τοῦ βασιλείου ἄρχοντα γένους. Köpke S. 110 folg.

5) Nach dem Zeugniß des Lactanz. Schon auf dem Concil zu Nicäa a. 325 erschien ein Bischof der Gothen. Krafft cit. S. 214 folg.

6) Krafft S. 216 folg. (Ulfilas). S. 327 folg. (Arianismus).

7) *Iordanis* c. 51. Krafft S. 220 folg.

8) Krafft S. 222 folg. 369 folg.

endet [9]), während seine Nachfolger nach vergeblichem Widerstande mit ihrem Volk nach Norden und Süden ausweichen, später als Vasallen sich dem Hunenreiche anschließen. Die Westgothen theilen sich; Athanarich mit den Seinigen flüchtet sich in ein Waldgebirge; der größere Theil des Volkes, 20,000 streitbare Männer stark, unter Alavivus und Fridigern, sucht und erhält von K. Valens gegen Verpflichtung zum Kriegsdienst als Foederati Aufnahme in Thracien. Aber von den römischen Beamten bedrückt empören sie sich und vernichten in der Schlacht bei Adrianopel (378) den Kaiser sammt seinem Heere. Erst K. Theodosius (379) gelingt es, indem er nun auch dem greisen Athanarich eine ehrenvolle Zuflucht gewährt (381), das ganze Volk gegen hohen Sold in seinen Dienst nimmt und mit ihrer Hülfe seine Gegenkaiser, Maximus und Eugenius, besiegt, die barbarischen Gäste einigermaßen in Zucht zu erhalten.

Aber nach seinem Tode (395), unter der schwachen, von Hofintriguen zerrissenen Regierung seines Sohnes Arcadius, erheben sie ihren tapfern Führer aus dem zweitedelsten Gothengeschlechte der Balthen, Alarich, zu ihrem Könige, um unter seiner einheitlichen Führung zunächst den verkürzten Sold durch Plünderung von Macedonien und Griechenland zu erzwingen, dann im westlichen Reich sich einen bleibenden ruhigen Wohnsitz zu erobern. Vom oströmischen Hofe, wo Eutropius dem verhaßten Nebenbuhler im Westen, Stilicho, gern Verlegenheit bereitete, zum Magister Militum per Illyricum ernannt [10]), rüstet Alarich sein Gothenheer aus den kaiserlichen Waffenfabriken

9) *Amm. Marc.* 31, 1. Igitur Hunni — Ermenrichi late patentes et uberes pagos repentino impetu perruperunt, bellicosissimi regis et per multa variaque fortiter facta vicinis nationibus formidati. Qui vi subitae procellae perculsus — magnorum discriminum metum voluntaria morte sedavit. *cf. Iordanis c.* 24.

10) Nach *Claudian in Eutrop.* II. 216. praesidet Illyrico und *de bello Get. v.* 550. Illyrici postquam mihi tradita iura nimmt Mascov VIII. 5. an, Alarich sei zum Präses oder Präfectus (Prätorio?) von Illyricum orientale ernannt worden. Allein Civilverwaltungen wurden den Barbaren nie übergeben, daher er nur Magister Militum per Illyricum (nicht Dux, Köpke S. 124) gewesen sein kann.

und zieht durch Pannonien und Noricum über die julischen Alpen nach Italien (401). Aber nach zweijährigen unentschiedenen Kämpfen wird er durch Stilichos meisterhafte Strategie und Unterhandlungskunst noch einmal zur Rückkehr nach Illyrien bewogen. Erst nach dessen Sturz (408), unter dem Vorwand den gebrochenen Vertrag zu rächen, erscheint er wieder in Italien, ja vor den Mauern von Rom, und wird nur durch Zahlung einer ungeheuern Contribution zum Abzug bewogen. Da K. Honorius in seinem sichern Zufluchtsort Ravenna ihm beharrlich die Zahlung eines jährlichen Tributs an Geld und Getreide, die Abtretung von Venetien, Noricum und Dalmatien als Wohnsitz für sein Volk und die Würde eines Magister utriusque Militiae verweigert, zieht er (409) zum zweiten Mal vor Rom, das ihm jetzt die Thore öffnen muß. Er setzt den Präfectus Urbi Attalus zum Kaiser ein, bald (410) auch wieder ab; und weil Honorius noch immer den Frieden verweigert, so wird nun Rom mit Sturm genommen und geplündert. Aber die Achtung vor den Gräbern der Apostel und einzelne Züge von Menschlichkeit zeigen den edleren Sinn dieser Barbaren [11]. Mit reicher Beute beladen ziehen sie dann an der campanischen Küste hinab, in der Absicht nach Sicilien überzusetzen und Afrika zu erobern, weil Italien ohne den Besitz dieser Provinzen, aus denen es seinen Unterhalt zieht, nicht zu halten ist, — als ihr Heldenkönig Alarich stirbt (410) und von ihnen im Bette des Busento begraben wird.

Nun erheben sie durch freie Wahl seinen Schwager Athaulph, ausgezeichnet durch Schönheit und Tapferkeit, zu ihrem Könige, dem es aber auch in vierjähriger Wanderung noch nicht gelingt, bleibende Wohnsitze für sein Volk zu gewinnen und einen neuen Staat zu begründen. Sehr merkwürdig tritt in seinen Anschauungen und in seiner schwankenden Politik das Zwitterverhältniß der Germanen zum römischen Reiche hervor.

11) Nach den Zeugnissen des Augustin, Orosius und Hieronymus s. Mascov VIII. 28.

Es wird von ihm berichtet, er habe Anfangs in nationalem Selbstgefühl beabsichtigt, ein großes Gothenreich an Stelle des römischen zu errichten; dann aber, weil er eingesehen, daß seine Gothen dafür noch zu roh seien, sich entschlossen mit ihrer tapferen Hülfe das römische Reich zu stützen und zu erweitern und also den Ruhm eines Wiederherstellers desselben zu erwerben [12]). Nachdem auch ihm eine Einigung mit Honorius nicht gelungen, verläßt er (412) das ausgesogene Italien, um in Gallien mit dessen Gegner Avitus anzubinden. Aber auch mit diesem bricht er alsbald, liefert ihn aus, und weil der Hof zu Ravenna seine Forderungen noch immer nicht erfüllt, bemächtigt er sich des südwestlichen Galliens (Narbonne, Toulouse, Bordeaux). Hier feiert er in römischem Costüm sein glänzendes Beilager mit der kaiserlichen Prinzessin, Placidia, des großen Theodosius Tochter, die bei der ersten Einnahme Roms in gothische Gefangenschaft gerathen war. Aber was als Vereinigung der Gothen und Römer gedacht war, erzeugt durch die Eifersucht seines Nebenbuhlers um die Hand der Placidia, des römischen Comes Constantius, ein neues Zerwürfniß. In dessen Folge bekleidet Athaulf den Attalus, den er mit sich geführt, zum zweitenmal mit dem Purpur. Aber Constantius erstürmt seine Residenz Narbonne und nöthigt ihn mit seinen Gothen jenseits der Pyrenäen eine Zuflucht zu suchen, wo er von Mörderhand stirbt (415), nachdem er zuvor seinem vermeintlichen Nachfolger den Frieden mit Rom angelegentlich empfohlen.

W a l l i a, von den Gothen zum Könige erwählt um den Krieg fortzusetzen, als sein Versuch nach Afrika überzusetzen scheitert, schließt endlich Frieden mit K. Honorius (416), der ihm die verlangte Annona bewilligt und Aquitania secunda mit Bordeaux und Toulouse zum bleibenden Wohnsitz für sein Volk

12) Es hat durchaus nichts unwahrscheinliches, daß der vornehme Narbonnenser dieß von K. Athaulf selbst gehört und dann dem H i e r o n y m u s in Gegenwart des O r o s i u s, der es berichtet (VII. 43), erzählt habe.

einräumt, wogegen er die Prinzessin Placidia ausliefert und als Föderirter des Kaisers den größten Theil von Hispanien diesem wiedererobert. Die Besitznahme des genannten Landstrichs (419) mit Toulouse als königlicher Residenz bildet fortan die feste Grundlage der westgothischen Herrschaft, die sich nun erst zu einem Staate organisiren kann.

Denn wenngleich die Westgothen auf ihren fast fünfzigjährigen Wanderungen mit Weib und Kind ihre angestammten Sitten und Rechte bewahrten [13]), so trug doch Alles den Charakter eines kriegerischen Heereszuges. Den Tapfersten wählten sie zu ihrem Herzog oder König. Bei ihrem Uebergang über die Donau (375) ist der religiös-politische Verband ihrer Stämme (φυλαί) unter ihren Stammfürsten (ἡγέμονες) noch erhalten [14]). An dessen Stelle aber müssen im weiteren Verlauf ihrer wechselvollen Geschichte die mehr willkührlich gebildeten Heereseintheilungen der Tausende, Hunderte und Zehnten getreten sein, deren vom Könige ernannte Führer zugleich ihre Vorstände und Richter sind [15]). Fester Grundbesitz konnte den einzelnen Gothen in dieser Zeit nicht angewiesen werden, wenngleich dieß das Ziel ihrer Wünsche war [16]), sondern nur Einquartirung bei den Romanen [17]) und Antheil an den eigenmächtig requirirten oder vom Kaiser bewilligten Geld- und Getreidelieferungen [18]). Alles dieß mußte sich ändern, nachdem sie einen festen Wohnsitz gewonnen hatten.

13) v. Sybel S. 163.

14) *Eunapius c.* 46. *ed. Bonn. p.* 82.

15) So noch später der Dux, Comes, Millenarius oder Thiufadus, Quingentenarius, Centenarius, Decanus *L. Vis.* II. 1, 26. IX. 2, 1. Ueber die Auflösung der Stämme s. v. Sybel S. 163 folg.

16) Für die Zeit ihres Aufenthalts in Thracien s. Gaupp S. 373 folg.

17) Paulinus in seinem Eucharisticum *v.* 281 folg. rühmt, daß unter Athaulfs Herrschaft (413) sein Haus in Bordeaux von Einquartierung verschont geblieben und daß andere Hausbesitzer durch die Humanität der einquartierten Gothen geschützt worden seien, s. Gaupp S. 199. Dann aber erzählt er *v.* 498 folg., daß später (nach 419) seine Söhne, weil sie größere Freiheit zu genießen hofften, ihn verlassen hätten und nach Bordeaux gezogen seien, Gothico quamquam consorte colono, was die erfolgte Landtheilung voraussetzt. Mascov VIII. 42, 3.

18) Diese bilden den constanten

§ 42. Das zweideutige Verhältniß zu dem römischen Reiche freilich dauerte, trotz des mit Rom geschlossenen Friedens und der Begründung eines selbständigen Staates in Gallien, der von der königlichen Residenz Toulouse das tolosanische Reich der Westgothen genannt zu werden pflegt, unter den Königen Theoderich I. (419—451), seinem Sohne Thorismund (451—453) und dessen Bruder Theoderich II. (453—466) unverändert fort, da die Westgothen bald für dasselbe als Föderaten gegen Vandalen, Sueben und Hunnen kämpfen, auch wohl einem römischen Kaiser zum Thron verhelfen, bald mit dessen Vertretern in Gallien und Hispanien Krieg führen und die eigene Herrschaft erweitern. Der gewaltige K. Eurich (466—484) endlich knüpft zwar auch noch einmal die Verbindung mit K. Leo in Constantinopel an und begünstigt die Thronbesteigung des Anthemius im Westen (467), beschließt aber dann, bei dem sichtbaren Zerfall des Reichs, Gallien und Hispanien, die er im weitesten Umfang sich unterworfen, in eigenem Namen zu beherrschen[1]. Aber hiermit hat auch die Herrschaft der Westgothen in Gallien ihren Gipfelpunkt erreicht. Unter seinem Sohne Alarich II. (484—507) geräth sie mit einem gefährlicheren Feinde, dem Frankenkönig Chlodwig, der (486) den letzten Rest römischer Provinzialverwaltung in Gallien zerstört, die Alamannen sich unterworfen und die Burgunden zum Bündniß mit ihm genöthigt hatte, in verderblichen Conflict. Die unglückliche Schlacht von Vouglé (507), in der Alarich blieb, und der Verrath seiner katholischen Unterthanen hätte Clodwig zum Herrn von ganz Gallien gemacht ohne die Intervention

Gegenstand der Verhandlungen mit dem Kaiser und des endlichen Friedensschlusses, Aschbach S. 66. 85. 99. 108.

1) *Iordanis* c. 45. Euricus ergo Vesegothorum rex crebram mutationem Romanorum principum cernens Gallias suo iure nisus est occupare. c. 47. Euricus rex Vesegothorum Romani regni vacillationem cernens — totas Hispanias Galliasque sibi iam proprio iure tenens *rel. Sidon. Apoll. Ep.* VII. 6. Euarix rex Gothorum, quod limitem regni sui rupto dissolutoque foedere antiquo vel tutatur armorum iure vel promovet, vgl. Gaupp, Ansiedlungen S. 381 folg.

Theoderichs, des großen Königs der Ostgothen, der bis zu seinem Tode (526) als Vormund des unmündigen Amalrich durch seine Heere und Statthalter diesem den Besitz Hispaniens und des südlichsten Galliens sichert. Von letzterem tritt dann Amalrich, nachdem er die Regierung übernommen, das Land jenseits der Rhone dem Sohne Theoderichs, Athalarich, ab und das übrige wird nach Wiederausbruch des Kriegs mit den Franken bis auf einen kleinen Küstenstrich (Gothia, Septimania) die Beute des Frankenkönigs Childebert (531). Nach Amalrichs gleichzeitigem Tode bemächtigt sich sein Statthalter Theudes, ein Ostgothe, der westgothischen Herrschaft und legt durch Verpflanzung derselben nach Hispanien den Grund zu einer neuen Aera des Staates.

Während der hundertjährigen Dauer des tolosonischen Staats, bei dessen Betrachtung wir jetzt stehen, ist noch keine Vermischung der beiden Nationen, die ihn bewohnen, der Gothen und Romanen, zu bemerken. Enthielten sich doch die Gothen nach altem Herkommen der Ehen mit fremden Völkern überhaupt, selbst mit verwandten germanischen Stämmen [2]), und für die Romanen war der Religionsunterschied Grund genug, das kaiserliche Verbot ehelicher Verbindungen mit Barbaren festzuhalten, ein Verbot, das auch der gothische König nach den Anschauungen seines Volkes bestätigen konnte [3]). Die Gothen konnten also in dieser Absonderung, ja als die herrschende Nation, ihre Volkseigenthümlichkeit und Kraft wesentlich bewahren. Die Romanen aber, obgleich unterjocht, behielten nicht nur ihre persönliche Freiheit, sondern athmeten unter

2) Mit den Ostgothen bis auf die Zeit, wo Theoderich d. Gr. Beide beherrschte. *Procop. de bell. Goth.* I. 12. III. 2. Ob die prisca lex, welche die Ehen der Gothen mit Romanen verbot und die K. Receswind in *L. Vis.* III. 3, 1 aufhob, nur altes Gewohnheitsrecht oder in K. Eurichs Gesetzbuch verzeichnet war, steht dahin.

3) *L. Rom. Vis. C. Th.* 3, 14. *de nuptiis gentilium Interpr.* Nullus Romanorum barbaram cuiuslibet gentis uxorem habere praesumat, neque barbarorum coniugiis mulieres Romanae in matrimonio coniungantur. Quod si fecerint, noverint se capitali sententiae subiacere.

der Herrschaft der Barbaren auf, weil befreit von der systematischen Bedrückung der kaiserlichen Verwaltung und ihren schreienden Mißbräuchen [4]). Auch der Unterschied des religiösen Bekenntnisses veranlaßte zu Anfang keine Reibungen; erst unter Eurich klagten die Romanen, daß der arianische König die katholischen Bischofssitze unbesetzt lasse, ja einzelne Bischöfe verbannt habe [5]), was ohne Zweifel politische Gründe hatte. Denn unter Alarich waren es seine katholischen Unterthanen und deren Hirten, welche landesverrätherische Verbindungen mit dem katholischen Frankenkönige unterhielten und deshalb von ihm Aehnliches erdulden mußten, während er sonst ihrer kirchlichen Verwaltung, Synoden u. a. freien Lauf ließ [6]).

Auch ein Theil ihres Grundbesitzes blieb den Romanen. Schon bei dem ersten Friedensschluß wurde den Gothen in der ihnen überlassenen Provinz Aquitania secunda Landeigenthum angewiesen [7]), und zwar zwei Drittheile des Grundeigenthums ihrer römischen Hospites; ebenso bei ihren ferneren Eroberungen, namentlich in Hispanien, wo diese sortes Gothicae noch unter Reccared I. (586—601) und später erwähnt werden [8]). Die Anweisung selbst betraf die genannte Quote als Bruchtheil, welche dann an Ackerland und Weinberg durch eine förmliche Auseinandersetzung in einen reellen Theil verwandelt wurde [9]); die Waldungen blieben regelmäßig gemein-

4) *Salvian. de gub. dei* V. 4. 8. Helfferich S. 118. Anders empfanden freilich die Arverner, die in ihren Bergen zwischen den Burgunden und Gothen ihre Unabhängigkeit tapfer behauptet hatten und von K. Nepos a. 475 Letzteren abgetreten wurden, und ihr Bischof Sidonius Apollinaris *Ep.* VII. 7. Arvernorum, proh dolor, servitus *rel.*

5) *Sidon. Apoll.* VII. 6.

6) Aschbach S. 167 folg.

7) *Philostorgius* bei Gaupp S. 379. cum — quandam partem Galliae ad agros excolendos accepissent. *Paulinus* oben § 41. Note 17.

8) Die Westgoth. Antiqua c. 277. (= *L. Vis.* X. 2, 1.) Sortes gothicas et tertiam Romanorum. Der Römer und der Gothe werden in *L. Vis.* VIII. 5, 5. consortes oder hospites genannt. Auf den römischen Bruchtheil bezog sich wohl der Kauf des Gothen in *Paulinus Eucharisticon.* Löbell, Gregor von Tour S. 181.

9) *L. Vis.* X. 1, 8. Divisio inter Gothum et Romanum facta de portione terrarum sive silvarum nulla ratione turbetur,

schaftlich; das Rodeland aber sollte durch eine gleiche Waldfläche ersetzt oder auch getheilt werden [10]). Der Gothe zahlte von seiner Sors keine Grundsteuer; der Römer war ihr unterworfen, aber dafür zur Heerfolge nicht verpflichtet [11]).

Diese, die Heerfolge, war dagegen die Verpflichtung der Gothen, die deshalb in königlichen Gesetzen als armati, servientes nobis in armis, militantes zum Unterschied der privati, d. i. der Römer, bezeichnet werden [12]), wie denn noch in der folgenden Periode das Heer, in das alle Unterthanen, selbst die Sklaven, einzutreten verpflichtet waren, den Namen Gothi führt [13]). Damit steht nicht im Widerspruch, daß Freiwillige aller Nationen zugelassen [14]), Römern ausnahmsweise auch Militärcommando's übertragen wurden [15]), und in dem Verzweiflungskampf gegen Chlodwig der Landsturm der tapfern Arver-

si tamen probatur celebrata divisio. Nec de duabus partibus Gothi aliquid sibi Romanus praesumat aut vindicet: aut de tertia Romani Gothus sibi aliquid audeat usurpare aut vindicare *rel.* *cf.* 6. 7.

10) *L. Vis.* X. 1, 9. de silvis inter Gothum et Romanum indivisis relictis. Auch Weideland galt für gemeinschaftlich, wenn es nicht umzäumt war. *L. Vis.* VIII. 5, 5.

11) *L. Vis.* X. 1, 16. Iudices singularum civitatum —, tertias Romanorum ab illis, qui occupatas tenent, auferant et Romanis sua exactione sine ulla dilatione restituant, ut nihil fisco debeat deperire. *cf. L. Rom. C. Th.* 11, 1—4. Helfferich S. 112.

12) Deshalb ist in der für die Romanen bestimmten Lex Romana aus dem ganzen siebenten Buch des Theodosischen Codex de re militari *rel.* nur Ein die Privati betreffendes Gesetz aufgenommen. Ferner vgl. Note 19. Die (gothischen) Judices militares werden nur erwähnt, um ihre Gewalt über Privati, d. i. die Romanen, auszuschließen. *L. Rom. Vis. C. Th.* 2, 1. *Interpr. LL.* 2. 9. vgl. unten § 44 Note 22. 23.

13) *L. Vis.* IX. 2, 2. — compulsores exercitus, quando Gothos in hostem compellent exire *rel.* *cf.* 9. seu sit Gothus sive Romanus.

14) *Idatii Chron. ad a.* I. Maioriani (Mascov 465, 5) nennt das Heer unter Theoderich I. multitudo variae nationis. Unter K. Eurich kam (a. 474) eine Abtheilung der Ostgothen unter ihrem K. Widemir nach Gallien und verschmolz mit den Westgothen zu Einem Corpus. *Iordan. c.* 56.

15) Der von v. Sybel S. 174 angeführte Claudius unter K. Leovigild (569—586) gehört der folgenden Periode an; dieser hingegen Victorius, Dux von Aquitania I. und Comes der Arverner unter K. Eurich, *Greg. Tur.* II. 20. *Sidon. Apoll.* VII. 17. und Nammatius, der die gothische Flotte gegen die sächsischen Seeräuber commandirte. *Sidon. Apoll.* VIII. 6.

ner im gothischen Heere focht [16]). Die Gothen haben wir uns also als eine auf ihrer Sors hausende kriegsbereite Ritterschaft zu denken, die gewiß mindestens, wie unter K. Athaulf, einen Heerbann von 80,000 Mann zu stellen vermochte [17]) und den Franken an Tapferkeit nicht viel nachstand [18]); die Romanen, unkriegerisch und unbewaffnet, in allen anderen bürgerlichen Berufsstellungen [19]).

§ 43. War dieß die sociale Stellung der beiden Nationen, so entsteht die Frage nach ihrem Recht.

Daß die Gothen auch nach ihrer festen Niederlassung auf römischem Boden ihr angestammtes Volksrecht nicht aufgaben, bedarf keines Beweises. Die in das Gothenheer eingetretenen fremden Germanen theilten dasselbe; denn nirgends ist das System der persönlichen Rechte für sie bezeugt. Allein um das gothische Recht in der völlig veränderten Lage der Nation zu erhalten und den neuen Verhältnissen anzupassen, also aus denselben Gründen wie bei den Burgunden, mußte sich das Bedürfniß der Codification und Gesetzgebung geltend machen. Von ihrem großen Könige Eurich (466—484) wird glaubwürdig berichtet, daß er zuerst ihr Gewohnheitsrecht, nach dem sie bis dahin gelebt, habe schriftlich verzeichnen lassen [1]). Da diese Co-

16) *Gregor. Tur.* II. 37.

17) *Fauriel, hist. de la Gaule mérid.* I. *p.* 113.

18) Von der Schlacht bei Vouglé (507) sagt zwar *Gregor. Tur.* II. 37. cumque secundum consuetudinem Gothi terga vertissent, und *c.* 27. ut pavere Gothorum mos est, überträgt aber die Erfahrung seiner Zeit (591) auf die frühere. Die Gothen, die noch in der Hunenschlacht (451) den Sieg entschieden, unter Eurich ihr Reich gegen Römer und Barbaren siegreich erweitert, selbst die Franken an der Waal gedemüthigt hatten (*Sidon. Apoll. Ep.* VIII. 3.), können so rasch nicht ganz ausgeartet sein. Doch mahnt der große König der Ostgothen, Theoderich, seinen Schwiegersohn Alarich II. zum Frieden durch die Bemerkung: quamvis Attilam potentem reminiscamini Wisigothorum viribus inclinatum: tamen quia populorum ferocia corda longa pace mollescunt, cavete *rel. Cassiodor. Var.* III. 1.

19) Deshalb ist in der *L. Rom. Vis. Gai.* II. 2. *Paul.* III. 4. das testamentum militare gestrichen. Vgl. *L. Vis.* II. 5, 13.

1) *Isidor. Chron. Goth. ad a.* 504. (466). Sub hoc rege (*sc. Furico*) Gothi legum instituta scriptis habere coeperunt, nam antea tantum moribus et consuetudine utebantur. Ueber die

dification die erste Grundlage des von den Königen der folgenden Periode mehrmals revidirten und vermehrten Gesetzbuches, das in seiner letzten, dem achten Jahrhundert angehörigen Gestalt, als Lex Visigothorum, auf uns gekommen ist, bildete [2]), so bezweifle ich nicht, daß sie gleichfalls ein mehr oder weniger vollständiges, die Verhältnisse der Gothen unter sich und der Gothen als des herrschenden Volks zu den Romanen [3]) bestimmendes bürgerliches Gesetzbuch war, welches also, wie die Lex Burgundionum, zwar überwiegend germanisches Recht enthielt, jedoch nicht ohne Modificationen, zu denen der Einfluß römischer Cultur und die neuen Verhältnisse Veranlassung gaben [4]). Daß K. Eurich sich nicht nur in der Verwaltung, sondern auch bei der Gesetzgebung der Hülfe eines Romanen, seines gelehrten Ministers Leo, bedient habe, daß also Sprache und Form dieser letzteren römisch war, ist ausdrücklich bezeugt [5]). Es war damit also für die Westgothen die wichtige Aenderung ihres Rechtszustandes eingetreten, daß an die Stelle der freien Bezeugung und Schöpfung des nationalen Rechts, für welche es freilich jetzt, wie wir sehen werden, an geeigneten Organen fehlte, der bindende Buchstabe des Gesetzes trat.

Die Romanen lebten nach wie vor unter sich nach römischem Recht. Konnten sie sich doch, obgleich Unterthanen des gothischen Königs, noch immer als Bürger des römischen Reiches betrachten [6]), für dessen Vasallen K. Eurich zu Anfang seiner

leges Theodericianae bei *Sidon. Apoll. Ep.* II. 1. f. Savigny, R. R. im M.A. II. § 24. Note c.

2) S. § 47 Note 2.

3) Wie auch die *Antiqua* c. 276 *sq.* 312.

4) Eichhorn, D. St. und R. G. I. § 34. Türk, Forschungen S. 40. Gaupp, Ansiedlungen S. 388. Walter, D. Rechtsg. § 36. Eine beschränktere Bedeutung der Gesetzgebung K. Eurichs behauptet Stobbe, Gesch. der D. Rechtsquellen I. § 6. Zweifelhaft läßt sie Savigny, R. R. im M.A. II. § 24.

5) *Sidon. Apoll.* VIII. 3. Sidonius Leoni suo salutem. — Sepone pauxillulum conclamatissimas declamationes, quas oris regii vice conficis: quibus ipse rex inclytus — ut populum sub armis, sic frenat arma sub legibus.

6) In dem Commonitorium der Lex Romana (Note 7) nennt sie der König Alarich II. selbst noch provinciales nostri, d. h. die unserer Herrschaft unterworfenen römischen Provinzialen.

Regierung sich bekannt hatte. Die auch in Gallien und Hispanien gebrauchten Quellen desselben waren für das ältere Recht (Jus) die Schriften der Juristen nach Valentinians III. Citirgesetz (a. 426) und die beiden Sammlungen kaiserlicher Rescripte, der Codex Gegorianus und Hermogenianus; für die kaiserlichen Gesetze (Leges) der Theodosische Codex (a. 438) und seine Novellen. Nachdem nun K. Eurich ein gothisches Reichsgesetzbuch erlassen hatte, lag es nahe, auch die Anwendung des für die Romanen geltenden römischen Particularrechts durch ein einheitliches Gesetzbuch zu sichern, in welchem alles Antiquirte und Widersprechende der älteren Quellen ausgeschieden und das noch Brauchbare dem Verständniß des nicht rechtsgelehrten Richters nahe gebracht würde. Ein solches wurde unter K. Eurichs Nachfolger, Alarich II., auf Befehl des Königs unter Mitwirkung seines Comes Palatii Gojarich durch Rechtskundige (prudentes), also ohne Zweifel Romanen, verfaßt, in seinem 22sten Regierungsjahre (506) zu Aire (Aduris) in Gascogne vollendet und von einer Versammlung der Bischöfe und auserwählter Provinzialen geprüft und gebilligt, endlich im königlichen Archiv zu Toulouse deponirt. Zum Behuf der Publication wurden dann von dem königlichen Referendarius Anianus beglaubigte Abschriften des Gesetzbuches an sämmtliche Comites als Gerichtsvorstände mit der königlichen Anweisung versandt, darüber zu wachen, daß in ihren Gerichten sonst nichts von römischen Gesetzen oder Rechtsbüchern gebraucht werde[7]). Es ist dieß das sg. Breviarium Alaricianum, richtiger Lex Romana Visigothorum genannt[8]), worin als Leges der Theodosische Codex mit seinen

7) Für die Geschichte der Abfassung s. das Commonitorium, d. h. den königlichen Erlaß an den Comes Timotheus, und dessen Auslegung bei Savigny, R. R. im M.A. II. § 14. – *Haenel, Lex Rom. Vis. proleg.* c. I. und Stobbe § 5 beziehen adhibitis sacerdotibus ac nobilibus viris auf den ersten Beschluß des Königs; nach der Stellung der Worte sind sie aber auf die Ausführung desselben zu beziehen, also entweder auf die Abfassung des Gesetzbuches selbst, oder, mit Savigny, auf die Genehmigung desselben.

8) Seit der ersten Ausgabe von Sichard, Basil. 1528 fol., zuerst wieder herausgegeben von Hänel, Lex Romana Visigothorum, Lips.

Novellen bis auf K. Severus, vom Jus die Sententiae des Paulus, der Codex Gregorianus und Hermogenianus nach den bemerkten Gesichtspunkten excerpirt und mit einer Interpretatio versehen, auch honoris causa Eine Stelle aus den Responsen des Papinian hinzugefügt, die Institutionen des Gaius aber in einer abgekürzten Bearbeitung als übersichtliche Einleitung dem Jus vorangestellt sind.

Wären wir so glücklich K. Eurichs Gesetzbuch in gleich ursprünglicher Gestalt wie diese Lex Romana seines Nachfolgers zu besitzen, so würden wir aus beiden den gemischten Rechtszustand des tolosanischen Staats vollständig erkennen. So aber sind uns von jenem nur spätere Umarbeitungen erhalten, aus denen Schlüsse auf die frühere Zeit mit großer Vorsicht zu machen sind; und diese giebt uns nur von der einen Hälfte dieses Rechtszustandes Nachricht. Und selbst in deren Benutzung ist zu unterscheiden: nur die Interpretatio, nicht der Text der aufgenommenen Quellenstücke, ist als sicheres Zeugniß für das Recht dieser Zeit zu betrachten, und zwar am sichersten wo sie von jenem abweicht; denn in dem anderen Fall schreibt sie ihn vielleicht gedankenlos nach [9]).

§ 44. Versuchen wir nun, was aus den beiden Gesetzbüchern in dieser Weise und aus andern Zeugnissen über die Staats- und Gerichtsverfassung dieser Zeit sich ermitteln läßt.

Das Haupt des Staats ist der gothische König, der nicht nur die Gothen, sondern auch die Romanen sein Volk nennt [1]) und von ihnen Princeps genannt wird [2]). Das Königthum, das beim Auszug der Westgothen aus Illyrien und auf ihrer späteren Wanderung stets durch Wahl des tapfersten Heer-

1849. 4. mit vollständiger kritischer Benutzung des handschriftlichen Materials.

9) Vgl. Savigny I. § 90. Unsere Citate der Lex Romana sind daher auf die Interpretatio, wo sie sich findet, zu beziehen. Ueber die Gründe ihres Fehlens s. *L. Rom. Nov. Maior.* 1. *fine.*

1) *L. Rom. Vis. Commonitor.* Utilitates populi nostri propitia divinitate tractantes *rel.*

2) S. die Stellen in Note 5.

führers von Seiten des Volkes erneuert wurde, war in dieser ganzen Periode thatsächlich in der Familie des nach Wallias Tod erwählten K. Theoderichs I. erblich, wobei die Anerkennung des Volks anscheinend sehr zurücktrat. Zwar seinem erstgeborenen Sohne Thorismund, der in der Hunenschlacht des Vaters Tod so tapfer gerächt hatte, konnte für den Anfang diese Anerkennung nicht fehlen; aber durch Brudermord bahnte sich Theoderich II. und ebenso Eurich sich und seinen Nachkommen den Weg zum Thron. Also auch bei den sanfter gearteten Gothen scheute der königliche Ehrgeiz solche blutige Familienfrevel so wenig, als bei den Burgunden und Franken, und sie schließen, als Usurpation mit Hülfe Verschworner, eine geordnete Volkswahl aus. Besser paßten dazu die byzantinischen Sitten und Einrichtungen, die schon jetzt am Hofe des gothischen Königs neben germanischer Ursprünglichkeit und Kraft Eingang fanden [3]). Daß der König wichtige Staatsangelegenheiten, namentlich Gesetze, mit den gothischen Großen auf Reichsversammlungen, an denen auch die arianischen Bischöfe Theil nahmen, berathen habe, macht die spätere Verfassung wahrscheinlich. Wurde doch selbst die Lex Romana einer Versammlung der katholischen Bischöfe und edler römischer Laien zur Prüfung vorgelegt. Uebrigens scheint die Gewalt des Königs jetzt noch ziemlich unumschränkt gewesen zu sein. Er war auch der höchste Richter über Gothen [4]) und Romanen [5]).

Zum Behuf der ordentlichen Verwaltung, auch der Justiz, war eine Theilung des Staatsgebiets und eine Unterordnung der einzelnen Theile unter verschiedene königliche Beamte unerläßlich. Aus den oben angegebenen Quellen ergiebt sich theils sicher, theils mit Wahrscheinlichkeit folgende Einrichtung [6]).

3) Vgl. die Schilderung der Erscheinung und Lebensart K. Theoderichs II. von *Sidon. Apoll. Ep.* I. 2. Ferner als Hof- und Staatsbeamte den gelehrten Romanen Leo am Hofe K. Eurichs § 43 Note 24, den Comes Palatii Gojarich und den Referendar Anianus am Hofe Alarichs II.

4) *Antiqua c.* 277. *L. Vis.* II. 1, 23.

5) *L. Rom. C. Th.* VI. 18, 1. XI. 11, 1.

6) Eichhorn in Zeitschr. für

Die römischen Provinzen, deren fünf auf das gothische Gallien und eben so viele auf Hispanien gingen, waren zwar in Folge ihrer Verkleinerung durch Diocletian und seine Nachfolger nicht zu ausgedehnt gewesen, um von einem römischen Statthalter mit Hülfe der fiscalischen Beamten und eines Heers von Subalternen büreaukratisch verwaltet zu werden. Für die mehr persönliche Herrschaft germanischer Obrigkeiten aber eigneten sie sich weniger als die kleineren Gebiete der celtischen und celtiberischen Völkerschaften (civitates) mit einer gleichnamigen Hauptstadt (metropolitana civitas), mit denen die bischöflichen Sprengel zusammenfielen und die den deutschen Gauen (pagi) verglichen werden konnten [7]). Um ihres Ursprungs willen werden sie auch unter gothischer Herrschaft civitates und territoria, als verkleinerte Bezirke der Provinzialverwaltung aber auch provinciae genannt [8]). Die größeren römischen Provinzen waren in den kirchlichen Metropolitansprengeln erhalten [9]) und bildeten in der gothischen Verfassung die Grundlage einer höheren Aufsichtsinstanz.

Nehmen wir nun gleich vorweg, daß diese Aufsichtsinstanz nach der Lex Visigothorum durch den D u x gebildet wird [10]), und daß dieser als königlicher Beamter für Gothen und Römer innerhalb einer solchen römischen Provinz schon in dieser früheren Zeit vorkommt [11]). Er hatte später hauptsächlich mit der

gesch. R. W. VIII. 8. S. 281 folg., dessen durch scharfsinnige Combination der Lex Visigothorum und Lex Romana gewonnene, in seiner D. Rechtsg. I. § 24. S. 162 folg. kurz zusammengefaßte Ansicht ich in der Hauptsache für diese, nicht für die spätere fränkische Zeit, gegen S a v i g n y, R. R. im MA. I. § 90. v. S y b e l, D. Königthum S. 219 folg. und H e g e l, Städteverfassung II, S. 323 für richtig halte.

7) S a v i g n y I. § 19 und S p r u n e r in Note 9. *L. Rom. Nov. Theod.* 11, 1. in ea c i v i t a t e, in qua vel in cuius t e r r i t o r i o habitat. Quodsi — in duabus p r o v i n c i i s ei — habitatio fuerit, et voluerit in c i v i t a t e sua —, lex ista permittit ut in qua p r o v i n c i a elegerit, dummodo in m e t r o p o l i t a n a c i v i t a t e *rel.*

8) S. Note 7 und 17.

9) S p r u n e r, hist. Atlas Nr. 23 und 35. H e l f f e r i c h S. 149 folg.

10) *L. Vis.* II. 1, 17. provinciae Ducem.

11) *Gregor. Tur.* II. 20. — Euricus Gothorum rex Victorium Ducem super septem civitates praeposuit, qui protinus

Militärverwaltung zu thun [12]) und war ursprünglich ohne Zweifel der Führer einer größeren Abtheilung des Gothenheers, regelmäßig selbst ein Gothe, ausnahmsweise ein Romane [13]). Eine ordentliche Gerichtsinstanz bildet er nicht, nimmt aber vermöge seines Aufsichtsrechts Beschwerden aus der Verwaltung und der Rechtspflege an [14]) und heißt insofern auch Judex [15]).

Die ordentliche Verwaltungsinstanz unter dem Dux bildet der Comes, der von seinem Amtsbezirk regelmäßig Comes Civitatis heißt [16]). Insofern aber die Civitates kleinere Provinzen sind, ist auch von provinciarum Comites die Rede [17]). Er vereinigt Civil- und Militärgewalt, ist also der Führer des in seinem Amtsbezirk angesiedelten Heerbanns der Gothen [18]), selbst ein Gothe oder Romane [19]), und der Gerichtsvorstand (iudex) [20]) nicht bloß für die Gothen, sondern auch für die in jenem Be-

Arvernos adveniens civitatem addere voluit. Er war also Dux Aquitaniae primae und Comes Arvernorum, s. Note 16.

12) *L. Vis.* IX. 2, 8. 9.

13) So Victorius Note 11 und 16.

14) Er straft die Richter wegen Ueberschreitungen ihrer Competenz *L. Vis.* II. 1, 17, nimmt die Beschwerde gegen einen verdächtigen Richter an *c.* 23, gegen den Bischof wegen Verschleuderung der Kirchengüter V. 1, 6, wegen dessen Contumacia in einem Civilprozeß II. 1, 18.

15) *L. Vis.* II. 1, 26.

16) *Sidon. Apoll. Ep.* VII. 2. (Heirathsgeschichte eines gewissen Lector) Summatibus (*cf. Ep.* 14) deinceps et tunc Comiti civitatis (*sc. Massiliensium*) non minus opportunis quam frequentibus excubiis agnosci, innotescere, familiarescere. — medio Episcopo, quia Lector, solatio Comitis, quia cliens, — uxorem petit, impetrat, ducit. *Ep.* 17. — amplissimi viri Victorii Comitis (*sc. Arvernorum* Note 11) quem iure saeculari patronum, iure ecclesiastico (als Bischof der Arverner) filium (also Katholik und Romane), excolo ut cliens, ut pater diligo. — Die Lex Visigothorum nennt den Comes regelmäßig Comes Civitatis und bezieht seine Gewalt auf das Territorium derselben, z. B. IX. 2, 1.

17) *L. Vis.* VIII. 1, 9. provinciarum Comites vel Iudices aut Villici. Lembke S. 178. Note 1 bestreitet dieß ohne Grund.

18) Für die Militärverwaltung des Comes Civitatis s. *L. Vis.* IX. 2. Doch wird später der als Commandeur ins Feld ziehende Comes exercitus von ihm unterschieden, s. c. 6.

19) Der Comes Timotheus in dem Commonitorium der Lex Romana kann ein Gothe sein, dem eine fromme gothische Mutter 150 Jahre nach Ulfilas diesen griechischen Namen gegeben; Victorius in Note 11. 16 war wohl ein Romane.

20) *L. Vis.* II. 1, 26. u. sonst.

zirk wohnenden Romanen [21]). Diesem scheint freilich zu widersprechen, daß die Lex Romana zwar den Milites, d. i. den Gothen, die, wie wir gesehen, das Heer bildeten, ihren Gerichtsstand vor ihrem militärischen Vorgesetzten, also dem Comes, anweist, den Privaten, d. i. den Romanen, aber vor dem Rector oder Judex Provinciae [22]), und die Anbringung einer Sache nicht bei diesem, sondern bei einem Militärbeamten, also anscheinend auch bei dem Comes, mit Androhung scharfer Strafen verbietet [23]), woraus jeden Falls so viel folgt, daß der Comes und der Rector Provinciae nicht, wie man angenommen hat [24]), identisch sein kann. Jener Widerspruch verschwindet aber, wenn die eigenthümliche Verfassung, welche das Gericht des Comes nach der Lex Visigothorum in der späteren Zeit hatte, berücksichtigt wird; und hierin liegt ein entscheidender Grund, sie mutatis mutandis auf diese frühere Zeit zu übertragen.

Nach jener späteren Einrichtung stehen dem Comes zwei Beamte als seine Gehülfen und Stellvertreter zur Seite, der Thiufadus oder Millenarius für Militärangelegenheiten [25]), und der Judex oder Vicarius in der Civilverwaltung. Beide nehmen auch auch an der Rechtspflege Theil und werden deshalb unter die Judices gezählt [26]). — Ihr Ver-

21) *L. Rom. Vis. Commonitor.* Timotheo V. S. Comiti. — in foro tuo.

22) *L. Rom. C. Th.* II. 1, 2. — quoties criminalis actio intercesserit inter illos, qui in armis nostris militant atque privatos, si militans privatum in iudicium vocaverit, Rector provinciae audiendi et iudicandi habeat potestatem. Si vero privatus servientem nobis in armis vel militantem forte pulsaverit, ille causam audiat, ad cuius ordinationem is respicit, qui militat, vel cui arma tenuerit.

23) *L. Rom. C. Th.* II. 1, 9. Quisquis contemto provinciae Iudice (= Rectore *Interpr. C. Th.* 1, 6) ad illos, qui armatis praeesse noscuntur, causam suam crediderit transferendam, exilio se deputandum esse cognoscat, et eum, qui causam illius susceperit proponendam, decem libras auri esse damnandum. *cf. Interpr. C. Th.* 1, 8.

24) Savigny cit. I. S. 303. Walter, D. Rechtsg. § 35 Note 2.

25) Thiufads leitet Helfferich S. 155, wie mir scheint am richtigsten, von Thiudafads, ein Führer von Kriegsvolk, her; daher thiufadia die Heeresabtheilung, die er befehligt und der er in dieser Periode auch im Frieden vorsteht. *L. Vis.* IX. 2, 1. 4.

26) *L Vis.* II. 1, 23. 26. XII. 1, 2. Diese Stellen nennen nur den Vicarius, wo sonst der Judex

hältniß zum Comes aber ist dieses. Der Judex oder Vicarius hat denselben Amtsbezirk wie der Comes, nämlich eine Civitas oder deren Territorium [27]), und theils vertritt er ihn, wie sein Name Vicarius besagt, so daß entweder er oder der Comes selbst thätig wird, insbesondere Rechtssachen annimmt, untersucht und entscheidet [28]), theils handelt er mit ihm gemeinschaftlich, namentlich in allen Criminaluntersuchungen [29]) und bei Verhaftung eines Mächtigen, dessen Widerstand er allein nicht zu überwinden vermag [30]). Auch steht der Judex vor dem Comes als seinem Vorgesetzten zu Recht [31]). — Der Thiufadus wird als Richter stets neben dem Comes, und zwar dem Judex oder Vicarius Comitis parallel, genannt [32]), nahm also zu jenem in Bezug auf seine Heeresabtheilung, die Thiufadia, eine ähnliche Stellung ein, wie jener, d. h. wenn wir den Comes einem Obristen vergleichen dürfen, so war er dessen Obristlieutenant, der unter ihm und an seiner Statt die dazu gehörigen Heerbannpflichtigen zur Fahne einberuft, befehligt [33]) und als-

neben dem Comes erscheint; bestimmt identificirt beide IX. 1, 6. Iudici vel (= *sive*) Vicario proximae civitatis aut territorii. Ein außerordentlicher Stellvertreter des Comes ist er hier offenbar nicht, wie Sybel S. 221 will.

27) *L. Vis.* IX. 2, 6. Note 26.

28) *L. Vis.* II. 1, 12. 14. 17. *tit.* 3, 10. IV. 2, 14. VI. 1, 1. VIII. 4, 26. 29 u. s. w.

29) *L. Vis.* VII. 1, 5. *Antiqua.* Comes tamen aut Iudex nullum discutere solus praesumat, ne aliquid possit esse colludium, ut innocens fortasse tormenta sustineat. — sub praesentia iudicum — in praesentia iudicum *rel.*

30) *L. Vis.* VII. 4, 2. (*Antiqua?*). Quotiens Gothus seu quislibet in crimine — accusatur, ad corripiendum eum Iudex insequatur. Quodsi forte ipse Iudex solus illum comprehendere — non potest, a Comite civitatis quaerat auxilium. Der Zusammenhang deutet darauf, daß, obgleich Gothen und Romanen jetzt rechtlich einander gleichstanden, thatsächlich doch die Gothen die angeseheneren und mächtigeren waren.

31) *L. Vis.* II. 1, 31. Iudex, si a quacumque persona fuerit pulsatus, sciat se vel ante Comitem civitatis, vel ante eos, quos ad suam personam Comes elegerit, rationem plenissimam legali ordine redditurum.

32) *L. Vis.* II. 1, 23. Si quis iudicem, vel Comitem aut Vicarium Comitis seu Tiuphadum, suspectos habere se dixerit *rel.* V. 1, 6. Comitibus, Tiuphadis atque Vicariis, sive quibuscumque personis, quos cognitio huius rei contigerit *rel.*

33) *L. Vis.* IX. 2, 1. 4. unter ihm commandirten der Quingentenarius, Centenarius und Decanus ihre Abtheilungen.

dann auch ihr Richter ist [34]). Also in dieser späteren Zeit entschied nicht die Nationalität, die überhaupt rechtlich nicht mehr in Betracht kam, über die Unterordnung unter den einen oder anderen der dem Comes beigegebenen Richter [35]), sondern die Lage, in der der Einzelne sich befand, ob er in seinem bürgerlichen Verhältniß zu Hause oder als Soldat bei der Fahne war.

Anders in der früheren Zeit des tolosanischen Staates, mit der wir es jetzt zu thun haben, hier entschied die Nationalität. Nur die in den verschiedenen Civitates angesiedelten Gothen waren heerbannpflichtig und hießen deshalb auch im Frieden Milites, die Romanen Privati. Beiden steht der Comes auch als Gerichtsobrigkeit vor; aber mit ihm oder an seiner Statt ist der gothische Thiufadus Richter der Milites, d. i. der Gothen; dagegen in derselben Weise ein Romane Richter der Privati, d. i. der Romanen, nämlich der römische Rector oder Judex Provinciae [36]), nur mit der Modification, daß er jetzt dem Comes als seinem Judex spectabilis untergeordnet [37]) und daß sein Amtsbezirk nicht mehr eine große römische Provinz [38]), sondern auf eine Civitas, die provincia Comitis, beschränkt ist. Es ist aber derselbe, den die Lex Visigothorum Judex schlechthin oder Vicarius Comitis nennt. Auch nimmt er dieselbe Stellung zum Comes ein, d. h. er bildet als Unterbeamter mit diesem nur Ein Gericht, daher der Comes für seine Gerichtsverwaltung verantwortlich gemacht werden kann [39]).

34) *L. Vis.* II. 1, 26. (iudex). c. 15. Cum ceteris negotiis (*sc.* militaribus oder civilibus?) criminalium etiam causarum Tiuphadis iudicandi concessa licentia sit *rel.* Auch sollen sie für ihre Abwesenheit Andere delegiren können. Natürlich nur über Leute ihrer Thiufadia und auch wohl nur, wenn diese zur Fahne einberufen sind.

35) S. *L. Vis.* VII. 4, 2. Note 30, wonach auch der Gothe als Angeklagter vom Judex, nicht vom Thiufadus verhaftet werden soll.

36) S. Note 21. 22. Ferner *L. Rom. C. Th.* I. 10, 3. 11, 2.

37) S. oben Note 20. Timotheo viro spectabili Comiti.

38) Er müßte sonst über dem Comes und dem Dux zur Seite stehen, wofür es an jedem Beweis fehlt. Mit dieser Modification, wodurch Hegels (Städteverfassung S. 325. Note 3) Einwand beseitigt wird, halte ich Eichhorns Ansicht für richtig. Der in *L. Vis.* XII. 1, 2. nur Einmal vorkommende rector provinciae scheint der Dux oder ein fiscalischer Beamter zu sein, vgl. Helfferich S. 55. 149. 155.

39) *L. Rom. Vis. Commo-*

Ist dieß richtig, so entsteht die weitere Frage nach der Competenz jener beiden Hülfsrichter des Comes, des gothischen Thiufadus und des römischen Judex, und nach welchem Recht sie richteten. Unzweifelhaft war jener competent unter Gothen und richtete nach gothischem Recht, dieser unter Romanen nach römischem Recht, und auch darüber, daß in beiden Fällen das rechte Gesetz zur Anwendung kam, wachte der Comes[40]). Aber wie bei gemischter Nationalität der Partheien? Nach der Lex Romana entschied der Grundsatz: actor rei forum sequitur, also die Nationalität des Beklagten, so daß also der Gothe den Romanen vor dem römischen Judex, der Romane den Gothen vor dem gothischen Thiufadus belangen mußte, und zwar ohne Unterschied in Civil- und Criminalsachen[41]). Nach welchem Recht dann entschieden wurde, ob wie bei den Burgunden nach dem Rechte des herrschenden Volkes, oder ob wie bei den Ostgothen eine Ausgleichung zwischen beiden gesucht wurde, darüber schweigen unsere Quellen. Doch ist mir das erstere wahrscheinlicher[42]), und wurde für die Romanen dadurch gemildert, daß das Gesetzbuch K. Eurichs ohne Zweifel schon viele römische Elemente in sich aufgenommen hatte. Für die Anwendung des gothischen Rechts auch in einem solchen gemischten Prozeß auf den Romanen und durch den römischen Judex sorgte der gothische Comes, daher die Klage eines Gothen gegen einen Ro-

nitorium. Comiti. — Providere ergo te convenit, ut in foro tuo nulla alia lex vel iuris formula proferri vel recipi praesumatur.

40) Das Commonitorium der Lex Romana Note 39 schließt nur den Gebrauch anderer römischer Rechtsquellen aus, nicht den der gothischen Gesetze K. Eurichs, die im Forum des Comes durch den Thiufadus unter Gothen zur Anwendung kamen.

41) S. Note 21. 22. *Interpr. L. 2.* sagt dieß zwar nur von Criminalsachen und beginnt damit: Etsi civilia negotia ad provinciarum Rectores iussimus pertinere, tamen *rel.* Allein da es undenkbar ist, daß alle Civilsachen der Gothen unter sich nicht vor den Thiufadus, sondern vor den römischen Judex gehörten, so sind diese Worte entweder dem Text gedankenlos nachgeschrieben, oder unter civilia negotia verstehen die Verfasser bürgerliche Sachen im Gegensatz der negotia militaria, oder Geschäfte der freiwilligen Gerichtbarkeit im Gegensatz der streitigen (causae criminales *sic*).

42) So auch Helfferich S. 90.

manen stets in dieser höheren Instanz und nicht in der unteren, vor dem Defensor, angebracht werden mußte.

Auch in allem Uebrigen war die Stellung der Gothen und der Romanen eine durchaus geschiedene.

Die Gothen als Heerbannpflichtige waren in der Thiufadia zu kleineren militärischen Abtheilungen unter deren Führern, dem Quingentenarius, Centenarius und Decanus, verbunden. Daß aber die Thiufadia, die Centena und Decania auch in bürgerlicher Beziehung. Volksgemeinden bildeten, bezweifle ich [43]). Von Volksgerichten, d. h. Vertretern der Gemeinde als Schöffen neben der Gerichtsobrigkeit, weiß wenigstens die Lex Visigothorum nichts, und K. Eurichs Gesetzbuch machte sie nicht nur entbehrlich, sondern in der That unmöglich. Denn wo der Buchstabe des Gesetzes entscheidet, findet die freie Bezeugung und Schöpfung des Rechts keinen Raum. Als Executivbeamte gebrauchte der Thiufadus die in der Lex Visigothorum vorkommenden Sajones [44]). Endlich gehörte der gothischen Gerichtsverfassung ohne Zweifel der Pacis Assertor an, den die Lex Romana als einen örtlichen Unterrichter über kleine Frevel neben dem römischen Defensor erwähnt [45]).

Für die Romanen war also die römische Provinzialverfassung wesentlich, jedoch in verkleinerten Provinzen, erhalten; nur die römischen Aufsichtsbeamten, die Präfecten und ihre Vicarien, sind weggefallen [46]), an deren Stelle der Gothen-

43) *Sidon. Apoll. Carm.* VII. *v.* 452 *sqq.* beschreibt den Rath der Alten, der sich am Neumond versammelt.

44) *L. Vis.* II. 1, 17. 25. X, 2, 5.

45) *L. Rom. Vis. C. Th.* II. 1, 8. Quoties de parvis criminibus — sub criminis nomine actio processerit, ad mediocres iudices, id est aut Defensores, aut Assertores pacis vindictam eius rei decernimus pertinere. Ad Rectorem vero provinciae *rel.* Ihm entspricht der Villicus in der *L. Vis.* IX. 1, 8. XI. 16. XII. 1, 2., während der Pacis assertor in *L. Vis.* II. 1, 16. 26. ein außerordentlicher königlicher Beamter zu sein scheint. Helfferich S. 159.

46) *L. Rom. C. Th.* 1, 5. *tit.* 6. de officio Vicarii gehört der Lex Romana nicht an, s. *Haenel ibid.* Nach Savigny I § 90 S. 302 wäre auch die ganze Provinzialverfassung weggefallen.

könig mit seinen Duces und Comites getreten ist. Der Rector Provinciae ist nicht nur in Civil- und Criminalsachen der Romanen Judex ordinarius, sondern auch in fiscalischen Prozessen, unter Vertretung des Fiscus durch den betreffenden Beamten desselben [47]). Auch die übrige Provinzialverwaltung besorgt er wie früher [48]) und empfängt dafür die vom Könige ihm angewiesene Besoldung [49]). Unterstützt wird er darin, wie in der Rechtspflege, durch seine verantwortlichen Büreaubeamten (officium), deren Zahl indeß sich vermindert haben mochte, und die nach den Vorschriften des Theodosischen Codex zur Erhebung von Sporteln nicht berechtigt waren [50]). Auch rechtskundige Beisitzer (Adsessores, Consiliarii) pflegte er zuzuziehen [51]), und einzelne Rechtssachen an Judices pedanei zu übertragen [52]).

Desgleichen besteht für die Romanen die frühere Municipalverfassung mit nur geringen Modificationen fort [53]), ja der Zustand der Städte erscheint unter gothischer Herrschaft ein verhältnißmäßig weniger gedrückter. Insbesondere sind die Stadtsenate oder Curien, auf denen der unerhörte Druck der Reichsverwaltung früher vorzugsweise lastete, zwar noch immer Corporationen, in welche einzutreten eine auf dem Vermögen haftende Pflicht ist [54]) und deren Glieder der Reihe nach alle

47) *L. Rom. Vis. C. Th.* II. 1, 5. Auch über die servi und coloni dominici *L. 1. eodem. cf. C. Th.* X. 1, 1.

48) Steuererhebung *L. Rom. C. Th.* XI. 3, 1. discurrit per provinciam, *C. Th.* I. 6, 4. soll die Schwachen gegen die Gewaltigen schützen. *L. 5. eod.* — Unter den fiscalischen Beamten scheint der Numerarius (Tabularius Provinciae) jetzt eine vorzügliche Bedeutung zu haben. *Sidon. Apoll. Ep.* II. 1. illudens Praefectis, colludensque Numerariis, — nova tributa perquirit. Vgl. Bd. 3. S. 150 folg.

49) *L. Rom. C. Th.* I. 3, 3.

50) *L. Rom. C. Th.* I. 6, 1. XI. 5. IX. 1, 9. XII. 1, 5. Räthselhaft ist die Bestimmung der *L. Rom. C. Th.* I. 11, 3, daß ein Cancellarius oder Domesticus des Judex Provinciae nicht anders als civium electione bestellt werden soll. Vgl. Savigny I S. 309.

51) *L. Rom. C. Th.* I. 11, 1. 2. II. 1, 6. 12. *Cassiodor. Var.* IV. 12. v. Glöden, R. R. im Ostgoth. Reich S. 68. Note.

52) *L. Rom. Paul.* V. 30.

53) Savigny I. §§ 91. 92. Helfferich S. 113 folg.

54) *L. Rom. C. Th.* XII. 1. *Nov. Theod.* 11, 1. 2. *Val.* 10. *Maior.* 1. *Paul.* I. 13 § 3. Merkwürdig ist, daß die degradirten Geistlichen noch zur Strafe in die Curie eintreten mußten. *C. Th.* XVI. 1, 5.

städtischen Aemter (munera) [55]) und die noch lästigere Erhebung der Staatssteuern unter solidarischer Verpflichtung für Contraventionen übernehmen müssen [56]). Allein sie bilden doch jetzt den ersten Stand, welchem dem Provinzialstatthalter gegenüber die Ehrenrechte der Honorati zustehen [57]). Die gewerbtreibenden niederen Stände (collegiati) tragen wie früher eigenthümliche Lasten [58]). — Von den Municipalmagistraten kommt nur noch der Curator vor [59]). Die städtische Gerichtbarkeit ist ganz auf den Defensor übergegangen, der zwar noch von der gesammten Bürgerschaft [60]), aber aus den Curialen nach Bekleidung sämmtlicher Munera gewählt wird und seine Bestallung vom Könige empfängt [61]). Er hat Strafgewalt wegen geringerer Verbrechen [62]) und Civiljurisdiction auch in früher ausgenommenen Sachen [63]), bildet also für die Romanen unter sich die erste Civilinstanz, der Rector Provinciae die zweite, vor dem, wie wir gesehen, die Romanen nur den Gothen gegenüber in erster Instanz zu Recht stehen müssen [64]). Wenn gesagt wird, daß Civilklagen auch bei der Curie angebracht werden können, so ist darunter das Gericht des Defensors zu verstehen, welcher Beisitzer aus der Curie zuziehen konnte [65]), wie er bei

55) *L. Rom. C. Th.* XII. 1, 4. 9.

56) *L. Rom. C. Th.* XII. 2.

57) *L. Rom. C. Th.* I. 7. Honorati provinciarum, id est ex Curiae corpore, haben das Ehrenrecht, an der Gerichtssitzung und der Salutatio des Judex Provinciae Theil zu nehmen. *C. Th.* IX. 15, 1. Curiae dignitate privatus, id est ut Honoratus esse non possit. *cf. Sidon. Apoll.* VII. 14. — inter summates viros, erat et frequens ordo. Doch sind sie von Tortur und körperlichen Strafen nicht unbedingt frei. *C. Th.* XII. 1, 5.

58) *L. Rom. C. Th.* XVI. 1, 5.

59) *L. Rom. C. Th.* XII. 1, 4.

60) *L. Rom. C. Th.* I. 10, 1. Hi instituantur civitatum Defensores, quos consensus civium et subscriptio universorum elegisse cognoscitur.

61) *L. Rom. C. Th.* XII. 1, 4.

62) *L. Rom. C. Th.* II. 1, 8. de parvis criminibus. *cf.* I. 10, 2.

63) *L. Rom. C. Th. Paul.* I. 7. Integri restitutio —. Hoc enim quod per Praetorem antea fiebat, modo per iudices civitatum agendum est. Ob auch ohne die frühere Einschränkung auf Sachen eines bestimmten Werthes, steht dahin, s. § 48 Note 26. Vgl. Savigny I S. 303.

64) So verstehe ich *L. Rom. C. Th.* II. 4, 2. apud Rectores provinciae vel Defensores, s. folgende Note.

65) *L. Rom. C. Th.* II. 4, 1. aut per Iudicem (*sc. provinciae*) aut per curiam.

Handlungen der freiwilligen Gerichtbarkeit (gesta municipalia) bald mit der Curie[66]), bald allein[67]), bald die Curie allein genannt wird[68]). Auch sein Büreau (officium) mit den nöthigen Gerichtsschreibern (exceptor, cancellarius, ammanuensis) war ihm wohl mit der Curie gemeinsam[69]).

Endlich waren die Romanen auch durch die Verfassung der katholischen Kirche unter ihren Bischöfen und Metropoliten den arianischen Gothen gegenüber zu einem großen selbständigen Ganzen verbunden, und wir haben gesehen, wie verderblich dieß schon in dieser Periode dem westgothischen Staate wurde. Die geistliche Gerichtbarkeit, die einen Theil dieser Verfassung bildet, bestimmt die Lex Romana wesentlich nach den Grundsätzen des Theodosischen Codex. Wegen religiöser Vergehen soll der Bischof nur von andern Bischöfen[70]), der Presbyter von seinem Bischof mit anderen Presbytern als Beisitzern gerichtet werden[71]). In allen gewöhnlichen Civil- und Criminalsachen stehen beide vor dem Judex ordinarius der Provinz zu Recht[72]). Dagegen wird die Episcopalis Audientia für Laien nicht mehr erwähnt[73]).

§ 45. Auch die materiellen und formellen Grundsätze der Rechtspflege waren für Gothen und Romanen verschiedene. Da uns aber das Gesetzbuch K. Eurichs, welches jene enthalten haben muß, nicht erhalten ist, so kann nur durch einen Rückschluß von der viel späteren Lex Visigothorum auf diese Zeit so viel darüber gesagt werden, daß, was sich darin von germanischen Grundsätzen findet, auch jetzt gegolten haben muß, und

66) *L. Rom. C. Th.* XII. 1, 8. Municipalia gesta non aliter fieri volumus, quam trium Curialium praesentia, excepto Magistratu (*sc. Defensore*?) et Exceptore. *C. Th.* III. 17, 1. primi patriae cum iudice (*sc. Defensore*?).

67) *L. Rom. C. Th.* III. 19, 4. adhibitis primatibus civitatis vel Defensore cum officio suo.

68) *L. Rom. C. Th.* III. 1, 3. IV. 4, 4. V. 1, 2. VIII. 5, 1. IX. 32, 2. *Gai.* I. 6.

69) *L. Rom. C. Th.* III. 19, 4. Note 67. IX. 15, 1. XII. 1, 8.

70) *L. Rom. C. Th.* XVI. 1, 2. *cf. tit.* 5, 1.

71) *L. Rom. C. Th.* XVI. 1, 3.

72) *L. Rom. C. Th.* XVI. 1, 3. *Nov. Val.* 12.

73) Der Titel *C. Th.* 1, 27. de episcopali definitione fehlt in der Lex Romana.

außerdem noch mehr. Wie viel aber, und worin anderer Seits römische Culturideen jene bereits verdrängt hatten, z. B. in Bezug auf Blutrache, Gottesurtheil u. a., darüber leere Vermuthungen aufzustellen, wäre unfruchtbar.

Dagegen sind uns die Grundsätze der Rechtspflege für die Romanen in der Lex Romana vollständig erhalten. Es sind die Vorschriften des römischen Actionen- und Criminalrechts und des Civil- und Criminalprozesses, wie sie im west- und oströmischen Reich vor Justinian in Gebrauch waren. Für unseren Zweck ist nur der Civilprozeß von Interesse, der noch kaum eine Spur des Einflusses germanischer Principien zeigt, aber in der folgenden Periode sich mit diesem zu einem neuen Ganzen vermischt hat.

Ueber das gerichtliche Verfahren in Civilsachen im Allgemeinen ist zu bemerken, daß es noch immer öffentlich war, d. h. im öffentlichen Gerichtslokal, in Gegenwart des gesammten Gerichtsunterpersonals (officium) und zufällig anwesender Standespersonen (honorati, curiales) stattfinden [1]), und daß das Urtheil selbst bei geöffneten Gerichtsthüren und unter Zulassung des Publicums gesprochen werden sollte [2]). Ferner ist das Verfahren mündlich, mit Ausnahme schriftlicher Anträge (libelli) [3]) und mit der Modification, daß über die gesammte Verhandlung von Gerichtswegen schriftliche Protokolle (gesta) aufgenommen werden [4]).

1) *L. Rom. C. Th.* I. 6, 3. Iudices postquam se de consessu publico in domum suam receperint, libellos a litigatoribus non accipiant, nec sine officio suo de causis alienis vel de statu aliquid cognoscant. *cf. L.* 4. *C. Th.* I. 7, 1. Honorati provinciarum id est ex Curiae corpore, — tempore, quo causae aliorum a Iudicibus ventilantur, cum Iudice — resideant *rel.*

2) *L. Rom. C. Th.* I. 6, 2. Iudex — sciturus, non se in secretis domus aut in quibuscumque angulis finitivam sententiam prolaturum, sed apertis domus suae ianuis intromissisque turbis, ut neminem lateat, quidquid secundum legum vel veritatis ordinem fuerit iudicatum.

3) *L. Rom. C. Th.* I. 6, 3. Note 1. IV. 8, 1. per chartam. II. 14, 1. libelli contradictorii, s. Note 17.

4) *L. Rom. C. Th.* II. 4, 2. gesta conficiuntur, s. unten Note 11.

Die Partheien werden durch die Gerichtsunterbedienten (officium), jedoch ohne Sportelzahlung eingeführt [5]), können sich durch Procuratoren mittelst einer schriftlichen Vollmacht, oder ohne diese mittels mündlicher Erklärung zu Protokoll, durch einen Cognitor, vertreten lassen [6]); nur dürfen sie dazu keinen Potentior [7]), also auch nicht einen Gothen (militantem) wählen [8]). Zum Vortrag ihrer Sache können sie sich eines Advocaten bedienen [9]).

Die Erhebung der Klage geschieht durch einen vom Kläger unterschriebenen Libell [10]), der bei dem competenten Gericht zu den Akten gegeben [11]) und durch dieses dem Beklagten mitgetheilt wird [12]). Der Beklagte hat dann eine gesetzliche Frist von vier Monaten zur Beantwortung der Klage [13]) und stellt deshalb Bürgschaft [14]). Versäumt der Kläger die Frist, so wird er in die Kosten verurtheilt und der Beklagte ab Instantia absolvirt [15]). Unterläßt dieser die Beantwortung nach dreimaliger

5) *L. Rom. C. Th.* I. 6, 1. Officiales omnium iudicum venales esse non audeant, neque pretium de introitu occurrentium aut litigantium vel egressu requirant. II. 1, 8. Officiales, qui negotia intromittunt.

6) *L. Rom. C. Th.* II. 12, 7. Procurator est, cui per mandatum causa committitur. Cognitor est, cui sine mandato causam suam agendam praesens praesente iudice litigator iniungit. Si procurator aut cognitor tantummodo *rel.*

7) *L. Rom. C. Th.* II. 13. 14.

8) *L. Rom.* II. 12, 6. Militantes non permittuntur legibus lites suscipere alienas *rel.* Vgl. § 39 Note 81.

9) *L. Rom. C. Th.* II. 10. 11.

10) *L. Rom. C. Th.* IV. 21, 1. ut prius titulum litis petitor scribat. IX. 2, 4. Tam civile negotium quam criminale accusationis professio manu accusatoris conscripta praecedat. II. 4, 4. per scripturam. 6. ordo ipsius causae petatur scriptus.

11) *L. Rom. C. Th.* II. 4, 1. aut per iudicem aut per Curiam. 2. apud Rectores provinciae vel Defensores. 6. apud acta proponat.

12) *L. Rom. C. Th.* II. 4, 4. per scripturam — et per publicam conventionem.

13) *L. Rom. C. Th.* II. 4, 1. ex eo tempora computanda sunt. 5. legitimus ad respondendum temporum cursus. *tit.* 6, 2. legitimis temporibus. 3. intra constitutum per scripturam (*sc. libellum*) tempus. *Nov. Val.* 12. intra quatuor menses. Hiernach ist Bd. 3. S. 242. Note 50 zu berichtigen.

14) *L. Rom. Nov. Val.* 12. sub fideiussione aut cautione.

15) *Nov. cit.* sumtus et expensas litis a petitore recipiat et liber abscedat, salva tamen integritate negotii illius petitoris.

Aufforderung, so wird in Contumaciam gegen ihn verfahren und in der Sache erkannt [16]).

Die Klagebeantwortung erfolgt entweder auch durch Einreichung einer Schrift (libelli contradictorii) [17]) oder mündlich zu Protokoll. Dieß ist Litis Contestatio und der Anfang des Prozesses [18]).

In summarischen Sachen wird ohne schriftliche Contestatio und ohne Frist nach mündlichem Vortrag der Sache sofort zum Beweise geschritten. Dahin werden gerechnet Schuldklagen und klare Urkunden, Fideicommisse, possessorische Interdicte, Querela inofficiosi, Vormundschaftssachen, Sachen unter 100 Solidi und Sachen der Kirchen [19]). Alles dieß ist Umbildung des Rechts der Litis Denuntiatio im Theodosischen Codex.

Den **Beweis**, sowohl was die Beweislast als die Beweismittel, namentlich Zeugen und Urkunden betrifft, bestimmt die Lex Romana ganz nach römischen Grundsätzen [20]). Nur beim Eide vermischen die Verfasser der Interpretatio den zugeschobenen und den nothwendigen Eid [21]) und es steht dahin, ob diese Verwirrung nicht auf Einflüssen des germanischen Rechts beruht.

Das **Urtheil** soll in Gegenwart der Partheien [22]) und öffentlich [23]), jedoch nur mündlich ausgesprochen werden [24]). Der Unterliegende muß dem Gegner die Prozeßkosten ersetzen [25]).

16) *Nov. cit.* post trinam conventionem sciat se contumacis sententiam subiturum. *Paul.* V. 5. § 6.

17) *L. Rom. C. Th.* II. 14, 1. Hiernach zu berichtigen Bd. 3. S. 249. Note 42, schon der Theodosische Codex kennt die contradictorii libelli.

18) *L. Rom. C. Th.* II. 12, 1. susceptam litem fuerit contestatus. *tit.* 4, 4. Posteaquam per scripturam lis fuerit contestata et per publicam conventionem, quisquis ille est qui pulsatur, agnoverit, tunc lis inchoata dicitur. *cf. L. 2. eod.*

19) *L. Rom. C. Th.* II. 4, 3. 5. 6. 7. IV. 21, 1.

20) *L. Rom. C. Th.* XI. 14. Die Beweislast ist in *L. 6.* ganz correct bestimmt und Constantius anomale Verordnung in *L. 1. C. Th. h. t.* weggelassen.

21) *L. Rom. Paul.* II. 1. §§ 1. 2. 3.

22) *L. Rom. C. Th.* IV. 15, 1. 2.

23) S. oben Note 2.

24) *L. Rom. C. Th.* IV. 15, 1 vgl. mit dem Theodosischen Text.

25) *L. Rom. C. Th.* IV. 16. 1. 2.

Von der streitigen Sache, zu deren Herausgabe der Besitzer verurtheilt ist, muß dieser von da ab das Doppelte der Früchte leisten [26]) und der Schuldner eine Summe Geldes nach Ablauf von zwei Monaten (tempus iudicati) die doppelte Centesima, d. h. 24 Prozent Zinsen zahlen [27]).

Die Execution erfolgt gegen den verurtheilten oder geständigen Beklagten [28]) nicht bloß in sein Vermögen durch Pfändung u. s. w., sondern auch gegen seine Person. Nur der durch Unglücksfälle Verarmte ist durch Cessio Bonorum dagegen geschützt [29]).

Die Rechtsmittel gegen das Urtheil sind die Appellation [30]) und In duplum revocatio [31]) nach den Grundsätzen des vorjustinianischen Rechts.

§ 46. Nachdem die Westgothen durch die Franken aus Gallien bis auf den schmalen Küstenstrich, der eine gothische Provinz (Narbona) blieb, vertrieben worden (531), behaupteten sie sich gegen wiederholte fränkische Angriffe jenseits der Pyrenäen, unterwarfen sich selbst das kleine Gebiet der Sueben, das heutige Gallicien (585), und hatten zwar wiederholt mit den nie völlig unterjochten Basken im Norden und während achtzig Jahren mit den Byzantinern, die sich an der Südküste festgesetzt (534—616), zu kämpfen, gründeten aber fortan ihre Herrschaft ganz auf das reiche und in sich abgeschlossene Hispanien. Während der noch zweihundertjährigen Dauer dieser ihrer Herrschaft entwickelte sie sich auf der neuen Basis zu einem Staate, in dem germanisches und romanisches Wesen sich je länger je mehr zu einem einheitlichen Ganzen verschmolz. Aber mehr als auf irgend einem anderen Punkte sollte sich hier zeigen, daß „Eisen und Thon sich zwar unter einander vermengen läßt, aber doch nicht aneinander hält", also kein dauerhaftes Gebäude begründet.

26) *L. Rom. Paul.* V. 10. § 3.
27) *L. Rom. C. Th.* IV. 17, 1.
28) *L. Rom. Paul.* V. 5. §§ 2—4.
29) *L. Rom. C. Th.* IV. 18, 1.
30) *L. Rom. C. Th.* XI. 8—13. II. 1, 6. *Nov. Theod.* 6. *Val.* 12. *Paul.* V. 35—39.
31) *L. Rom. Paul.* I. 19. § 1. V. 5. § 7.

Die Momente, welche, den Anstrengungen einzelner großer gothischer Könige zum Trotz, die Zerrüttung des Staats und seinen Untergang herbeiführten, waren hauptsächlich folgende [1]).

In Gallien war die wilde Kraft des Gothenheeres und seiner Führer, die einen neuen Adel bildeten [2]), durch die glückliche Erbfolge fünf tüchtiger Regenten aus Theoderichs I. Geschlecht in Zucht gehalten worden. Nach dem Erlöschen seiner Dynastie aber hatte zunächst der ostgothische Statthalter Theudes in Hispanien und dann nach dessen Ermordung in gleicher Weise eine Reihe von Usurpatoren mit Hülfe ihres Anhangs unter den Großen sich des Throns bemächtigt [3]). Zwar gelangte schließlich durch eine gute Wahl derselben K. Leovigild (567—586) zur Herrschaft, welcher durch glückliche Kriege, durch Demüthigung des Adels und Unterdrückung einer Empörung im eigenen Hause, auch durch weise Gesetzgebung, Gründung der Residenz in Toledo und selbst durch äußeren Prunk das Königthum zu neuem Glanze erhob [4]) und die Nachfolge seinem Sohne, K. Reccared I. (586—601), sicherte. Allein nachdem dieser, um dem religiösen Zwiespalt ein Ende zu machen, zum katholischen Bekenntniß übergetreten war und also den Romanen und ihrem Klerus diese große Concession gemacht hatte, erwachte unter seinem Sohne Liuwa (601—603) die Eifersucht der gothischen Großen, die nach Ermordung des jun-

1) Mit Aschbach und Lembke in den diese Periode betreffenden Abschnitten ist besonders Helfferichs treffliches Buch, welches neue Blicke in die innere Geschichte derselben eröffnet, zu vergleichen.

2) Daß aus dem Gefolge des Königs, dem er Aemter und Reichthum zuwandte, hier wie in anderen germanischen Staaten ein neuer erblicher Adel entstand, dagegen von den alten edlen Geschlechtern nichts erhalten war (der Amaler Eutharich ist eine ganz vereinzelte Ausnahme *Iordan.* 48.), dafür liegt der entscheidende Beweis darin, daß seit Alarich I. selbst von einem königlichen Geschlecht nicht mehr die Rede ist, und daß bei der Königswahl nur gothische Abstammung und freie Geburt verlangt wird, s. unten Note 5. Vgl. jedoch Helfferich S. 102 folg.

3) *Gregor. Tur.* III. 30. Sumpserant Gothi hanc detestabilem consuetudinem, ut si quis iis de regibus non placuisset, gladio eum adpeterent, et qui libuisset animo, hunc sibi statuerent regem.

4) Helfferich S. 8 folg.

gen Königs Einen der Ihrigen, K. Witterich (603—610) an seine Stelle setzten. Und so wurde im fortgesetzten Kampf der Partheien um den Thron und schließlich durch Regelung solcher Hergänge [5]) der westgothische Staat ein Wahlreich, nahm also eine Verfassung an, welche schon für sich allein das Königthum und mit ihm den Staat selbst dem Untergang entgegen führen mußte.

Allein es trat noch ein zweites Moment seiner inneren Zerrüttung, das religiöse oder kirchliche, hinzu. Der Arianismus der Gothen war bei aller Frömmigkeit im Ganzen nicht verfolgungssüchtig. Um so fanatischer erwies sich dagegen schon damals der Katholicismus der celtiberischen Romanen. Diesen gefährlichen Zwiespalt in seinem Volke glaubte K. Leovigild dadurch beseitigen zu können, daß er durch ein Concil der arianischen Bischöfe (592), ohne Zweifel unter Zustimmung der gothischen Großen, also durch ein Reichsgesetz, erleichternde Formen des Uebertritts vom Katholicismus zur arianischen Kirche aufstellen ließ [6]). Allein der Erfolg war nur ein sehr partieller; und so kam sein Sohn Reccared, der schon durch seine byzantinische Mutter der katholischen Lehre geneigt war, dazu, denselben Zweck, nämlich die Einheit des Staates, auf dem entgegengesetzten Wege anzustreben. Er bekannte sich mit einem Theil der arianischen Geistlichen und Großen zum katholischen Glauben, ließ dieß auf einer gemischten Reichsversammlung (580) bestätigen und erhob dadurch die katholische Kirche zur herrschenden [7]). Eine weitere Concession an die Romanen war, daß er zuerst den römischen Kaisernamen Flavius annahm, sich

5) Zuerst in den Beschlüssen des vierten (633), dann des fünften (635) und sechsten Toledanischen Concils (638) unter dem K. Sisenand und Chintila. In dem fünften c. 17 heißt es: Rege defuncto nullus sub religionis habitu detonsus (Geistliche) aut turpiter decalvatus (Ehrlose) aut servilem originem trahens (freie Geburt) vel extraneae gentis homo, nisi genere Gothus et moribus dignus provehatur ad apicem regni. Helfferich S. 76. 78. 83. 162.

6) Das Genauere über diesen interessanten Vorgang s. bei Helfferich S. 5 folg.

7) Aschbach S. 223. Lembke S. 78 folg. und vorzüglich Helfferich S. 27 folg.

feierlich salben und krönen ließ und seine Hofhaltung nach byzantinischem Muster organisirte [8]). Allein auch dadurch wurde der Zwiespalt nicht gehoben, sondern nur verändert. Mit der Herrschaft der katholischen Kirche erlangten deren Häupter, die katholischen Bischöfe, eine bis dahin unbekannte Macht, und übten fortan in ihren Provinzialsynoden auf die Staatsverwaltung, in den Reichsconcilien unter Zustimmung des Königs und seiner Hofbeamten auf die Gesetzgebung einen bedeutenden Einfluß. Die Reaction dagegen blieb, wie wir gesehen, nicht aus, nur daß der religiöse Gegensatz sich in einen Kampf des gothischen Adels gegen den überwiegend romanischen Klerus um die Herrschaft im Staate und die Besetzung des Throns verwandelte [9]). So folgte nach Ermordung des Usurpators Witterich, dem die Kirche ein geweihtes Begräbniß versagte, K. Gundemar (610), der sie begünstigte, und diesem der fromme und gelehrte Sisebut (610—621), der, während seine Generale glückliche Kriege führten, schön stylisirte Briefe und das Leben eines Heiligen schrieb, die erste Losung zu den grausamen Judenverfolgungen gab [10]) und an einer falschen Arzenei starb [11]). Welcher Contrast mit dem anziehenden Bilde eines Fürsten wie Theoderich II., in dem sich germanische Kraft mit feinerer römischer Sitte paarte! Freilich wird nach Sisebut einer seiner tapferen Generale, Suintila (621), von den Großen zum Thron erhoben; ihm aber folgt wieder ein Freund der Kirche, der Empörer Sisenand, und so geht es fort. Vergebens be-

8) Ueber diesen ordo palatinus s. Lembke S. 176 folg. und Helfferich S. 45 und 146 folg. Die Gardingi sind nach ihm S. 150 folg. eine Nobelgarde junger Adeliger, also Nachfolger der adulescentuli des *Tac. Germ.* 13. Auch am fränkischen Hof gab es solche junge Leute. Waitz, D. Verfassungsgeschichte II. S. 393 folg.

9) Helfferich S. 47 folg. weist dieß bei den einzelnen Regierungswechseln nach.

10) Helfferich S. 68. Die Juden müssen schon früh in großer Zahl sich in dem reichen Hispanien niedergelassen haben, da schon der Apostel Paulus (*Rom.* 15, 28), seine Missionsreisen, den Synagogen folgend, dahin ausdehnen wollte.

11) Charakteristisch für den hohen Culturstand Hispaniens und seinen verweichlichenden Einfluß auf die Gothen ist die Rolle, welche die Aerzte spielen. *L. Vis.* XI. 1.

mächtigt sich noch einmal ein großer Charakter, der greise Chindaswind (642—652), der Gewalt, hält mit eiserner Faust beide Partheien, Klerus und Adel, nieder und macht seinem milderen Sohne Receswind (649—672) es möglich, in den zwanzig Jahren seiner Alleinherrschaft zwischen beiden Partheien vermittelnd sich zu behaupten [12]). Allein bei der eingerissenen nationalen Auflösung konnte despotische Energie und Klugheit den Untergang des Staates nur hinausschieben, nicht abwenden.

Diese, die sociale Auflösung, bildet das dritte Moment seines Sinkens. Unter den Romanen war sie das Erbtheil des sinkenden Römerreiches. Was die Gothen betrifft, so tritt die Verwilderung und Zügellosigkeit des Adels in den erwähnten Partheikämpfen hervor. Unter den Gemeinfreien, also der Masse der gothischen Nation, war zu Anfang zwar durch die Heerverfassung, die Jeden an seine Centena und Decanie band, der kriegerische Sinn und Gehorsam, nicht aber durch eine lebendige Gemeindeverfassung ein kräftiger Gemeingeist erhalten worden. An deren Statt und im Anschluß an jene hatten sich früh feudalistische Abhängigkeits- und Schutzverhältnisse gebildet, der Patronat über Buccellarii [13]) und Sajones [14]), geeignet den Adel in seinen Partheikämpfen zu unterstützen, nicht aber einen edlen Freiheitssinn zu nähren. Jetzt mußte durch die Vereinzelung der Gothen im ruhigen Landleben [15]) und ihre Vermischung mit den verweichlichten Romanen, begünstigt durch das von K. Receswind gewährte Connubium [16]), auch die germanische Kriegslust und Tüchtigkeit allmählig schwinden. In erschreckender

12) Aschbach S. 248 folg. Lembke S. 96 und Helfferich S. 87 folg., der aus Chindaswinds Gesetzen das Bild seiner energischen Regierung zu ergänzen sucht.

13) Lembke S. 187 folg. Helfferich S. 104 folg. Ob das Verhältniß oder nur der Name aus dem Orient stammte, scheint mir doch zweifelhaft. Die *Antiqua* c. 310 setzt den Namen als bekannt voraus, *L. Vis.* V. 3, 1. braucht ihn nur einmal, nachdem sie ihn umschrieben hat.

14) Helfferich S. 111 folg.

15) *Orosius* VII. 38. barbari — gladios suos ad aratra conversi sunt (*Ioël.* 3, 15). Ueber den Ackerbau der Gothen s. Lembke S. 232. Helfferich S. 102.

16) *L. Vis.* III. 1, 1.

Weise tritt dieß in den die Heerbannspflicht schärfenden Gesetzen hervor, nach welchen die Führer der einzelnen Abtheilungen und die zur Einberufung der Pflichtigen bestellten Compulsores wegen Versäumniß ihrer Pflicht mit namhaften Geldbußen und Lebensstrafe, die Pflichtigen selbst mit hundert Peitschenhieben bedroht werden [17]. Freilich galt es jetzt nicht mehr Eroberung und Beute, sondern Vertheidigung des Landes. Wann die Heerfolge auf die Romanen ausgedehnt worden ist, wissen wir nicht. Mit ihrer Unterwerfung unter das gothische Gesetz durch K. Receswind [18] muß dies jedenfalls verbunden gewesen sein. Die Lage des Staates bei seinem Tode bezeichnet, daß der tapfere Wamba (672—680), von den Großen zum Könige erwählt, nur mit äußerstem Widerstreben die Krone annahm. Er erließ ein abermals verschärftes Heerbannsgesetz, welches alle Unterthanen, selbst die Geistlichen im Fall der Bedrohung durch äußere Feinde, heranzieht [19]. Nachdem er das Opfer der schändlichen Verschwörung eines seiner Hofbeamten, des Griechen Erwig mit der Geistlichkeit, geworden und dieser den Thron bestiegen hat (680—687), zwingt der Nothstand des Reichs die Rekrutirung auch auf die Sklaven auszudehnen [20]. Denn schon beginnen die Araber, die sich des nördlichen Afrika's bemächtigt haben (670—683), ihre Einfälle, und die zahlreichen, grausam verfolgten Juden unterhalten ein landesverrätherisches Einverständniß mit ihnen. Unter den letzten Königen, Egica (687—701) und seinem Sohne Witiza (698—711) muß trotz ihrer gothischen Reformversuche [21] die Fäulniß des Staats reißend fortgeschritten sein; sonst hätte er nicht mit dem Verlust Einer Schlacht unter dem tapferen K. Roderich (711) die Beute der siegreichen Araber werden können.

17) *L. Vis.* IV. 2, 1—5. Die Urheber dieser Gesetze sind nicht verzeichnet. Charakteristisch ist auch, daß nach Isidors Zeugniß die Gothen dem altgermanischen Kampf zu Fuß den bequemeren zu Roß vorzogen, worin ihnen die Araber natürlich überlegen waren.

18) *L. Vis.* II. 1, 5. 9. 10. Helfferich S. 186.

19) *L. Vis.* IX. 2, 8.

20) *L. Vis.* IV. 2, 9. Vgl. Helfferich S. 192 folg. 215.

21) Ueber diese s. Helfferich S. 204 folg. 218 folg.

So verschwinden die Westgothen, wie früher die Vandalen, als Nation vom Schauplatz der Weltgeschichte, bis die in die gallizischen und asturischen Gebirge geflüchteten gothischen Geschlechter, als Führer im hartnäckigen, endlich siegreichen Kampf der romanischen Celtiberer mit den Mauren wieder gestählt, der aus der Mischung so verschiedenartiger Elemente hervorgegangenen spanischen Nationalität mit dem germanischen Blut ihre ritterliche Tapferkeit und ihren poetischen Sinn zuführen.

§ 47. Die durchgreifende sociale und politische Umwandlung, die der westgothische Staat in Folge seiner Verpflanzung nach Hispanien erfuhr, mußte auch auf das Recht der Gothen einen entscheidenden Einfluß üben, und, da von freier nationaler Fortbildung desselben keine Rede sein konnte, nachdem schon die gothischen Könige in Gallien den Weg umfassender Gesetzgebung (Codification) betreten hatten, neue legislative Unternehmungen hervorrufen [1]).

Dazu bedurfte es freilich der befestigten königlichen Gewalt, wie sie zuerst Leovigild (567--686) wieder besaß, und da dieser große König auch sonst auf die Ordnung und Einigung des zerrissenen Staats bedacht war, so kann die Nachricht nicht überraschen, er habe das Gesetzbuch K. Eurichs, wo seine Bestimmungen roh schienen, verbessert, seine Unvollständigkeit ergänzt und vieles Ueberflüssige weggeschnitten [2]), also überhaupt dasselbe einer gründlichen Umarbeitung unterworfen. Zweierlei ist in dieser Nachricht beachtenswerth: einmal daß sich die Gesetzgebung K. Leovigilds nur auf das gothische Recht, nicht auf

1) Eichhorn, D. Rechtsg. § 34. Savigny, R. R. im M.A. II. §§ 24--27. Zusätze von Merkel VII. S. 42--47. Türk, Forschungen Heft 1. 1829. In neuerer Zeit hat das Bedeutendste für die Geschichte dieser Gesetzgebung Helfferich in dem mehr angeführten Buche geleistet. Ihm folgt im Wesentlichen Stobbe, Gesch. der D. Rechtsquellen I. § 6. Vgl. Walter, D. Rechtsg. §§ 36—38.

2) *Isidor. Chron. aerae hisp. a.* 608. (*vulg.* 570). In legibus quoque ea, quae ab Eurico incondite constituta videbantur, correxit, plurimas leges praetermissas adiiciens, plerasque superfluas auferens. *Chron. reg. Goth.* (*Du Chesne* I. *p.* 818) — leges Gothorum correxit.

K. Alarichs II. Lex Romana bezog, daß diese also in ihrer Geltung für die Romanen unverändert fortbestand, und sodann, daß es die erste Unternehmung dieser Art seit K. Eurich war. Auch welche Richtung seine Revision des gothischen Gesetzbuchs dieses Königs nahm, ist darin deutlich ausgesprochen. Seit dessen erster Abfassung war nicht nur ein Jahrhundert verflossen, in welchem die Gothen Vieles von römischer Cultur angenommen hatten, sondern K. Leovigilds Plan, den bürgerlichen wie den religiösen Gegensatz der beiden Nationalitäten möglichst auszugleichen, verlangte die Ausscheidnng der roheren germanischen und die Aufnahme möglichst vieler römischer Rechtselemente. Daß römisch gebildete Hofbeamte auch ihn dabei unterstützten und dem Ganzen noch mehr die Gestalt eines zusammenhängenden, systematisch geordneten Gesetzbuches gaben, ist nicht zu bezweifeln. Die Zustimmung seiner gothischen Großen geistlichen nnd weltlichen Standes aber konnte ihm dabei so wenig fehlen, als bei seinem kirchlichen Versöhnungsversuch [3]).

Aber wie dieser stand sein Gesetzbuch noch auf arianischem Standpunkt. Nach dem Uebertritt seines Sohnes Reccared I. (586—601) zur katholischen Kirche, verlangte diese natürlich manche Aenderung zu ihren Gunsten, insbesondere die Berücksichtigung der Beschlüsse des dritten Toledanischen Concils (589) [4]) und dieß war die Veranlassung zu einer abermaligen Gesetzrevision (591), die man bezweifelt hat, weil sie nur von einem späteren Chronisten bezeugt wird [5]). Aber die neuerdings wieder

3) Vgl. Helfferich S. 9, dessen Annahme S. 15, daß Leovigild materiell nur wenig an Eurichs Gesetzbuch geändert habe, ich jedoch nicht wahrscheinlich finde. Dieses denke ich mir der Lex Burgundionum ähnlich, die Revision K. Leovigilds der Antiqua K. Reccareds verwandt.

4) Daher z. B. die Vorschrift c. 18, daß alle Judices von den Bischöfen überwacht werden und auf dem Provinzialconcil erscheinen sollen, um von ihm Instructionen zu empfangen. Helfferich S. 37 Note 38. *cf. L. Vis.* II. 1, 30. Ferner c. 14 gegen die Juden. *L. Vis.* XII. 2, 12. Helfferich S. 42 und Andere. S. 45.

5) *Lucas Tudensis* (*post* 1236) *Chron. mundi a.* 680. (Bluhme, Antiqua S. XIII.) Anno regni sui sexto Gothicas leges compendiose fecit abbreviari.

aufgefundenen und zum ersten Mal kritisch edirten Bruchstücke der Antiqua, d. i. der älteren Bestandtheile der Lex Visigothorum [6]), welche aus überwiegenden Gründen eben diesem revidirten Gesetzbuch K. Reccareds I. zugeschrieben werden müssen [7]), bestätigen diese Nachricht. Zwar haben ältere und neuere Schriftsteher jene Bruchstücke dem K. Eurich zu vindiciren versucht [8]); andere dem K. Alarich II. [9]). Allein jener Annahme widerspricht nicht nur die Aufnahme einer Stelle des Breviariums [10]), sondern auch daß der Verfasser sich auf ein Gesetz seines Vaters bezieht [11]), während Eurich nach Isidors Zeugniß der erste König war, der den Gothen Gesetze gab; und der zweiten Annahme steht das andere Zeugniß desselben Chronisten entgegen, wonach Eurichs Gesetzbuch zuerst von K. Leovigild, also nicht von K. Alarich II., revidirt worden ist. Noch weniger kann von einem späteren Könige die Rede sein.

Für die frühere Zeit des hispanischen Staats spricht auch Form und Inhalt der Bruchstücke. Die Form, denn sie enthalten nicht, wie die älteren Volksrechte, selbst die ältesten Theile der Lex Burgundionum, einem Weisthum ähnliche Rechtssprüche über das Herkommen, sondern eine den Gedanken entwickelnde Gesetzessprache, welche juristische Bildung verräth [12]), jedoch ohne

6) Die westgothische Antiqua oder das Gesetzbuch K. Reccareds des Ersten, Bruchstücke eines Pariser Palimpsesten, herausgegeben von Friedrich Bluhme, 1847.

7) Bluhme cit. Vorrede S. IX—XX hat diese Gründe zuerst und vollkommen überzeugend entwickelt. Ihm sind Merkel, Zeitschr. für D. Recht XII. (1848) S. 279 folg. und in Savigny's R. R. im. MA. VII. S. 42, Helfferich cit. S. 14 und Stobbe cit. S. 76 beigetreten, unter Hinzufügung neuer Gründe und Widerlegung der Gegengründe.

8) Die Mauriner, und in neuerer Zeit Gaupp und G. Hänel.

9) Pétigny und ihm folgend Walter, dessen zweite Vermuthung, jene Stelle (Note 11) möge ein roher Auszug aus einem Gesetze K. Alarichs und Leovigild der Urheber der Sammlung sein, mir durch die Fassung der Stelle nicht unterstützt zu werden scheint; sie ist offenbar ein Theil des sorgfältig redigirten Gesetzbuches, dessen Verfasser sich auf ein Gesetz seines Vaters bezieht.

10) *C.* 285. *cf. Interpr. L.* 2. *C. Th. de usuris* (2, 33).

11) *C.* 277. — sicut et bonae memoriae pater noster in alia lege praecepit.

12) So z. B. *c.* 282. — iustum est enim, ut in simili casu non damnum solus excipiat, qui se gravibus periculis, dum sua maiora perdere et aliena minora liberare conatur, obiecerat.

die Breite und den rhethorischen Schwulst der späteren Lex Visigothorum. Was den Inhalt betrifft, so setzen diese Gesetze den rechtlichen Unterschied der Gothen und Romanen als noch bestehend voraus und bestimmen, wie wir für K. Eurichs Gesetzbuch annahmen, die Verhältnisse nicht bloß der Gothen unter einander [13]), sondern auch zu den Romanen [14]). Ob die Unterordnung dieser und jener unter verschiedene Gerichte, wie nach der Lex Romana, noch bestand, ist aus den erhaltenen Bruchstücken leider nicht erkennbar [15]). Der Rechtsstoff ist in dem uns erhaltenen Theil meist aus dem römischen Recht entlehnt, jedoch nicht ohne Mischung mit germanischem und willkührlichen Modificationen [16]).

In welchem Verhältniß dies Gesetzbuch K. Reccareds zu dem seines Vaters stand, läßt sich, da wir dieses nicht besitzen, mit Sicherheit nicht bestimmen. Doch ist es nicht wahrscheinlich, daß nach so kurzer Zeit eine durchgreifende Umarbeitung vorgenommen wurde; man wird sich auf einzelne, namentlich durch die kirchliche Rücksicht gebotene Aenderungen beschränkt haben [17]),

13) Dahin gehören *c.* 310. 311. über die buccellarii und saiones.

14) *C.* 276. 277. 302. 303. die Verhältnisse der consortes betreffend. *c.* 312. Schenkung einer res litigiosa von Seiten eines Romanen an einen Gothen als Potentior.

15) *C.* 276. 282. 289. 312. 322. sprechen unbestimmt vom iudex. Der letzten lückenhaften Stelle entspricht *L. Vis.* IV. 2, 14, wo es heißt: ad Comitem civitatis aut ad iudicem. vgl. Bluhme S. XVIII. *C.* 290. nennt locorum iudices.

16) Klagenverjährung in 30 Jahren *c.* 277. Dolus, Culpa und Casus bei Depositum, Commodat und Miethe, jedoch modificirt *c.* 278. 280. vgl. unten § 49. Auch bei Darlehn trifft der Casus nicht immer den Schuldner, *c.* 281. Zinsverbot *c.* 285. cautio *c.* 281. 285. Ungültigkeit des Kaufs wegen Zwang *c.* 286, der Schenkung *c.* 309. Dupla *c.* 289. 290. Tausch dem Kauf gleichgestellt *c.* 293. Bürgschaft für Eviction *c.* 295. Abschaffung der laesio ultra dimidium *c.* 294. Zinsen des Kaufpreises *c.* 296. Die Arrha ist Reukauf *c.* 297. Verbot des Verkaufs der res litigiosa *c.* 298. 312, der Kinder *c.* 299. Strafe des Freien, der sich als Sklave verkaufen läßt *c.* 300. Die Schenkung wird durch Tradition perfect *c.* 308, ist unter Ehegatten gültig *c.* 307, außer zur Strafe *c.* 319. Testament *c.* 317. 318. 324 u. s. w.

17) Dahin gehören die oben Note 4 erwähnten Schlüsse des dritten Toledanischen Concils. Auch *c.* 306 von der Veräußerung der Kirchengüter, *c.* 335 vom Erbrecht der Geistlichen und Mönche, könnte ein solcher Zusatz sein, ebensowohl aber auch aus Leovigilds Gesetzbuch stammen. — Die Abkürzung desselben,

so daß die auf uns gekommenen Bruchstücke von jenem im Wesentlichen ein Bild auch von dem Gesetzbuch K. Leovigilds geben.

Von den folgenden Königen bis auf Chindaswind ist eine neue Redaction nicht unternommen worden [18]); ihre legislative Thätigkeit beschränkt sich theils auf die von ihnen autorisirten Concilienschlüsse, die vielfach in das bürgerliche Recht übergriffen und zum Theil später in der Lex Visigothorum Aufnahme fanden [19]), theils auf einzelne Gesetze, insbesondere von K. Sisebut [20]).

Lehrreicher als diese ist für den gesammten Rechtszustand die unter dem genannten Könige (615) verfaßte Formelsammlung [21]). Denn während die darin aufgestellten Formulare für Rechtsgeschäfte und gerichtliche Verhandlungen in Form und Inhalt ihren romanischen Ursprung verrathen, also die fortdauernde Geltung der Lex Romana bezeugen, vielleicht theilweise selbst auf den Justinianischen Rechtsbüchern, welche durch die byzantinische Herrschaft an der Südküste ohne Zweifel nach Hispanien gekommen waren, beruhen [22]), so enthalten sie doch auch gothisches Recht [23]), beweisen also, daß eine Vermischung beider Rechte und ein Austausch derselben unter Gothen und Romanen bereits eingetreten war, ja sie müssen selbst, insofern sie zum Gebrauch Beider bestimmt waren, die Gemein-

die Lucas Tudensis (Note 5) berichtet, war jeden Falls nur Nebensache. Nach Bluhme's Berechnung S. XIX umfaßte diese Antiqua mehr als 360 Kapitel. Daraus, daß Reccareds I. neue Redaction überhaupt nur wenig änderte, erkläre ich mir Isidors allerdings auffallendes Schweigen über dieselbe.

18) Daß insbesondere K. Sisenand eine solche nicht gemacht, darüber s. Türk cit. S. 45 folg. Helfferich S. 75.

19) Ueber die einzelnen Concile s. Helfferich S. 55. 73 und über die bürgerliche Geltung ihrer Beschlüsse S. 142 folg.

20) Ueber Gundomars Gesetze s. Helfferich S. 52. Sisebuts S. 68. Suintila's S. 73.

21) Zuerst herausgegeben von *de Rozière, formules Wisigothiques, Paris* 1854. Abgedruckt in *Biedenweg, Commentatio ad formulas Visigothicas, Berol.* 1856. Vgl. Helfferich S. 57 folg. Stobbe S. 244 folg.

22) Helfferich S. 61.

23) Entschieden gothisch sind namentlich Nr. 14—20 die vom Mann herrührende Dos (Morgengabe) betreffend.

schaft des Rechts befördert haben, die nicht lange nachher gesetzliche Bestätigung erhielt.

Für unsern Zweck besonders merkwürdig sind zwei das gerichtliche Verfahren betreffende Formeln. Die eine, Nr. 40, enthält das Formular eines Protokolls über die Verhandlung und Entscheidung eines Eigenthumsprozesses [24]). Nachdem die Partheien lange hin- und hergestritten, befehlen ihnen die Richter [25]) bestimmte Erklärungen über die Sache abzugeben, also die Litis Contestatio [26]). Der Kläger behauptet, die streitige Sache von seinem Vater ererbt zu haben, und verlangt, daß der Beklagte den Titel seines Besitzes angebe. Der Beklagte bezieht sich auf den rechtmäßigen Erwerb von einem Dritten, und daß die Sache so und so viele Jahre in seines Vaters und seinem Besitz gewesen, daß er also jeden Falls durch Verjährung geschützt sei; vor Allem aber müsse der Kläger sein Recht beweisen [27]). Der Kläger ist dazu bereit und producirt Zeugen, welche die Richter einzeln und abgesondert verhören [28]). Bei der Prüfung ihrer Aussagen aber finden sie, daß die Zeugen Sklaven des Klägers oder Verwandte seiner Colonen, also unglaubwürdig sind, oder daß ihre Aussagen einander widersprechen. Nun werden die Partheien zur Beweis-Anfechtung und Ausführung gelassen [29]), wobei der Beklagte bestimmte Stellen eines Gesetzbuches anführt und vom Kläger verlangt, daß er seine Behauptungen durch glaubwürdigere Zeugen beweise [30]), worauf dieser andere Zeugen zu haben verneint. Dann legen die Richter einer der Partheien,

24) *Biedenweg cit. p.* 73. XL. Diiudicatio. Vgl. in *Nr.* 35. rem iuris mei debitam — de meo dominio, und *L. Vis.* X. 1, 6. cui terra ipsa debita fortasse manebat. *tit.* 3, 4. debitum dominium.

25) Sie nennen sich selbst arbitri, d. h. Urtheiler, ohne Zweifel eine Gerichtsobrigkeit mit Beisitzern (auditores). *L. Vis.* II. 2, 2.

26) Das Protokoll beginnt mit der Verhandlung in dem ersten gerichtlichen Termin, die Einleitung durch Ladung u. s. w. wird vorausgesetzt.

27) Beweislast des Klägers nach römischem Recht. Vgl. *L. Vis.* II. 2, 5.

28) Vgl. Bd. 3. S. 277.

29) Bd. 3. S. 279. 290.

30) Eine zweite Zeugenproduction binnen drei Monaten gestattet *L. Vis.* II. 1, 24. Vgl. oben Bd. 3. S. 279.

wahrscheinlich dem Beklagten, den Eid auf [31]), welchen dieser nicht zu schwören wagt, und sprechen demgemäß das Urtheil. Ueber dieses und die ganze Verhandlung wird eine Urkunde (iudicii pagina) aufgenommen [32]), welche, wie es scheint, die Gerichtsobrigkeit und einer der Beisitzer unterschreiben [33]). Man sieht, es kommen wesentlich Prozeßgrundsätze des römischen Rechts zur Anwendung, die sich aber in der nur dreißig Jahre späteren Lex Visigothorum wiederfinden.

Die zweite Formel, Nr. 39, enthält ein Zeugenprotokoll [34]), welches nach Vorschrift desselben Gesetzbuches in geringen Sachen an Stelle jener vollständigeren Urkunde dem Kläger ausgehändigt werden sollte [35]). Merkwürdig ist darin besonders die Formel des Zeugeneides [36]) durch die Anrufung aller denkbaren himmlischen Mächte und die Häufung der Verwünschungen des Meineidigen, nämlich charakteristisch für die klerikale Zeit; und sodann, daß der Vicarius Comitis als Gerichtsobrigkeit mit Beisitzern die Urkunde unterschreibt [37]). Jener mag schon jetzt, wie nach der Lex Visigothorum, der ordentliche Civilrichter für Gothen und Romanen, die Competenz des Thiufadus auf Soldaten beschränkt gewesen sein.

Auch die Formulare von Vollmachten zur Prozeßführung,

31) *L. Rom. Paul.* II. 1. §§ 1. 2. 3. *cf. L. Vis.* II. 1, 22. *tit.* 2, 5.

32) *L. Vis.* II. 1, 24. Si de facultatibus vel de rebus maximis *rel.*

33) *L. Vis. cit.* subscriptione roborata. In der Formel beziehe ich: Ille hanc iudicii paginam nostro in iudicio latam subscripsi[t], auf den Richter, etwa den Vicarius Comitis (s. Note 37) und: Ille rogatus a domino et fratre illo in hoc iudicium ab ipso et nostra coram praesentia latum subscripsi[t], auf einen Beisitzer.

34) *Biedenweg cit. p.* 71. XXXIX. Conditiones sacramentorum. Die Artikel und die Aussagen darüber, die den Hauptinhalt dieser conditiones bildeten, enthält das Formular nicht, sondern nur die Eidesformel.

35) *L. Vis. cit.* Note 32. Certe si de rebus modicis mota fuerit actio, solae conditiones, ad quos iuratur, apud eum qui victor exstiterit, pro ordine iudicii habeantur.

36) *Interpr. L. 2. C. Th. de fide test.* (11, 14). *cf. L. Vis.* II. 4, 2.

37) *Form. cit.* Ille vicem agens illustrissimi viri Comitis illius has conditiones ex nostra praeceptione latas subscripsi[t]. Ille has conditiones nostra coram praesentia latas subscripsi.

Nr. 41—45, beruhen auf dem der Lex Romana und Lex Visigothorum gemeinsamen Grundsatz möglicher Vertretung im Prozeß[38]).

Die Regierung des gewaltigen K. Chindaswind (642—652) ist Epoche machend für die westgothische Gesetzgebung, nicht durch eine neue Redaction von K. Reccareds Gesetzbuch[39]), sondern durch eine Reihe wichtiger einzelner Gesetze, durch welche er eine solche vorbereitete. Bis dahin hatten die Könige seit Eurich sich darauf beschränkt, durch bürgerliche Gesetzgebung die Rechtspflege zu reguliren und zu sichern. Chindaswind unternahm es, die königliche Gewalt gesetzlich neu zu befestigen, der Willkühr der Beamten zu steuern und also dem zerrütteten Staate neuen Halt zu verleihen[40]). Andrer Seits war die Verschmelzung der Gothen und Romanen nun schon so weit vorgeschritten, daß der Unterschied ihrer persönlichen Rechte aufgehoben und auch dadurch die Einheit des Staates gewahrt werden konnte. Nachdem die gothischen Gesetze vom römischen Recht

38) *Interpr. L. 7. C. Th. de cogn. et proc.* (2, 12). *cf. L. Vis.* II. 3.

39) Savigny cit. S. 69. „Diese beiden Könige (Chindaswind und Receswind), vielleicht in der Zeit ihrer gemeinschaftlichen Regierung (649—652), sind unstreitig als die Urheber der gegenwärtigen Sammlung anzusehen." Türk cit. S. 49 folg. schreibt K. Chindaswind die dritte Redaction des westgothischen Gesetzbuches zu, K. Receswind eine vierte. Ebenso Bluhme cit. S. XII. und Walter § 38. Allein *L. Vis.* II. 1, 5. Receswind überschrieben: leges in hoc libro conscriptas ab anno secundo bonae memoriae domini et genitoris mei Chindasvindi Regis — omni robore [valere] decernimus ac — consecramus, was auch der Sinn dieser Zeitbestimmung sein mag (Stobbe bezieht sie auf Chindaswinds einzelne Gesetze), beweist keines Falls, daß Chindaswind schon die neue Sammlung gemacht habe. Ebensowenig die Citate dieser Sammlung in sicher Chindaswindischen Gesetzen, z. B. *L. Vis.* II. 1, 9. *tit.* 3, 4., da sie bei der späteren Redaction umgeschrieben werden mußten. Vgl. Merkel zu Savigny VII. S. 45. Note i. Auch ist es geschichtlich höchst unwahrscheinlich, daß Chindaswind schon im zweiten Jahr seiner stürmischen Regierung ein Gesetzbuch promulgirt habe, zumal er im Lauf derselben so viele einzelne Gesetze erließ. So Helfferich S. 137 folg. Vgl. 181 und Stobbe S. 82.

40) S. z. B. seine Edicte XII. 1, 1. 2. Helfferich S. 87 folg. hat es versucht, diese Tendenz der Gesetze Chindaswinds nachzuweisen, was bei dem dermaligen Stand der Kritik in Betreff der Ueberschriften der Gesetze im Einzelnen dahingestellt bleiben mag; im Allgemeinen scheint es mir ein glücklicher historischer Blick.

alles, was auch für die Gothen anwendbar schien, aufgenommen, bedurfte es zu dem Ende nur noch des Verbots, dieses, das römische, oder sonst irgend ein fremdes Recht, in den Gerichten zu gebrauchen, während die wissenschaftliche Beschäftigung mit demselben auch ferner ausdrücklich erlaubt wurde [41]).

Sein Sohn und Nachfolger K. Receswind (649—672) aber hat, was der Vater vielleicht schon vorhatte, zur Ausführung gebracht, nämlich die noch brauchbaren Theile der Gesetzgebung K. Reccareds (Antiqua) mit den Concilienschlüssen politischen Inhalts und den späteren königlichen Gesetzen, mit Einschluß der von ihm selbst erlassenen, zu der Sammlung verbunden, die als Lex Visigothorum, nach Materien in zwölf Bücher und diese in Titel getheilt, auf uns gekommen ist [42]).

Was die späteren Könige dafür gethan, beschränkt sich auf die von jetzt an in Folge des Regierungswechsels gewöhnliche Bestätigung der Gesetze des Vorgängers und die Aufnahme derselben wie der eigenen in das Gesetzbuch. Jenes wird von K. Wamba ausdrücklich berichtet [43]); daß K. Erwig (680—687) eine neue Redaction veranstaltet, bezeugt er selbst in einem der Sammlung einverleibten Gesetz [44]). Die letzte Hand legte

41) *L. Vis.* II. 1, 9. *FLS. CNDS. REX.* Alienae gentis legibus ad exercitium utilitatis imbui et permittimus et optamus: ad negotiorum vero discussionem et resultamus et prohibemus. Quamvis enim eloquiis polleant, tamen difficultatibus haerent: adeo cum sufficiat ad iustitiae plenitudinem et perscrutatio rationum et competentium ordo verborum, [quae codicis huius series agnoscitur continere], nolumus sive Romanis legibus, sive alienis institutionibus amodo amplius convexari. Die eingeklammerten Worte müssen von K. Receswind umgeschrieben sein.

42) Helfferich S. 140 folg. 172 folg., welcher S. 180 den Abschluß der Sammlung und die Publication derselben in das sechste Regierungsjahr des Königs (654) setzt. Nach *L. Vis.* II. 1, 13. sollte es von seinem zweiten Regierungsjahr an gelten. Daß *L. Vis.* II. 1, 10 unter translatum librum nicht eine Uebersetzung ins Gothische, wie noch Savigny cit. S. 70 annahm, zu verstehen ist, sondern eine authentische Abschrift, ist jetzt allgemein und von ihm selbst anerkannt VII. S. 45. Note i. Vgl. *L. Vis.* II. 2, 7. vom schriftlich ausgefertigten Urtheil: exemplar fideliter translatum.

43) *Lucas Tudensis* bei Helfferich S. 184. Ueber die Bestätigung der Gesetze des Vorgängers s. Merkel in Savigny's R. R. im M.A. VII. S. 44—46.

44) *L. Vis.* II. 1, 1. Türk S. 53. Helfferich S. 200.

K. Egica (687—700) daran[45]; wenigstens ist uns von gesetzgeberischer Thätigkeit seines Sohnes und Mitregenten Witiza (697—701) nichts Sicheres bekannt[46], und der nahende Untergang des Staats ließ sie nicht wohl zu.

Soll nun über diese neueste Gestalt des Rechts der Westgothen, in der es auf uns gekommen ist[47], ein Urtheil gefällt werden, so ist Form und Inhalt zu unterscheiden, und an Beide nicht ein absoluter, sondern ein der Zeit ihrer Entstehung entnommener Maßstab zu legen[48].

In ihrer Form trägt sie durchaus das Gepräge des gesunkenen Römerthums, welches das einzige Bildungselement im gothischen Staate war. Nicht der Gothenkönig selbst, sondern seine romanischen oder römisch gebildeten Rathgeber waren natürlich die Redactoren seiner Gesetze und nahmen sich dabei den Theodosischen Codex, vielleicht auch die Justinianischen Rechtsbücher, zum Vorbilde. Daher die unfruchtbaren Abstractionen und der rhetorische Schwulst in den Eingängen[49] und die un-

45) Türk S. 56. Helfferich S. 207—214. Stobbe S. 87.

46) Türk S. 58.

47) Eine kritisch befriedigende Ausgabe ist in Pertz' Monumenten zu erwarten. Das meiste Material dazu liefert: Fuero juzgo en latin e castellano — par la real academia española. Madrid. 1815. fol. Der Abdruck in *Walter, C. I. Germ. T.* I. *p.* 383—669. (1824), nach welchem als dem verbreitetsten Text ich citire, ist aus Lindenbrogs Ausgabe und der spanischen ohne feste Principien componirt.

48) Bekannt ist das Urtheil von *Montesquieu, Esprit des lois* XXVIII. 1. *fin.* Les lois des Wisigoths, celles de Récesuinde, de Chindasuinde et d'Egica, sont puériles, gauches, idiotes; elles n'atteignent point le but: pleines de rhétorique et vides de sens, frivoles dans le fond et gigantesques dans le style. Savigny cit. S. 73 schließt sich diesem Urtheil im Wesentlichen an, indem er es auf seinen historischen Grund zurückführt.

49) *L. Vis. lib.* I. *de instrumentis legalibus* (erst nach Recceswind hinzugefügt? Merkel cit. S. 45. Note i) ist ein solcher phrasenreicher Prolog des ganzen Gesetzbuches. *Tit.* 1. *de legislatore* stellt allgemeine Grundsätze der Gesetzgebung auf, wobei mit merkwürdigem Selbstwiderspruch vor philosophischen Schlußfolgerungen und schönen Redefiguren gewarnt und bestimmte, auf Erfahrung gegründete Vorschriften (*c.* 1. 2. 4. 6), ferner die Möglichkeit und Gemeinnützlichkeit (*c.* 3), der allgemeine Beifall (*c.* 5), die rechte Mitte zwischen Strenge und Milde (*c.* 7), die Unterscheidung der öffentlichen und Privatverhältnisse (*c.* 8) und endlich die Berichtigung mangelhafter älterer Gesetze (*c.* 9) als Bedingungen guter Gesetzgebung empfohlen werden. *Tit.* 2. *de lege*

bestimmte Breite des Ausdrucks in dem dispositiven Theil der Gesetze. In beiden Beziehungen ist, wie schon erwähnt, im Vergleich mit der Antiqua K. Reccareds I. ein unglücklicher Fortschritt ins Schlimmere zu bemerken.

Rücksichtlich des Inhalts ist das öffentliche und das Privatrecht zu unterscheiden. In jenem ist jede Spur germanischer Freiheit verschwunden [50]); überall erscheint der Despotismus des Königs [51]), durch welchen der zerrüttete Staat noch zusammengehalten werden soll, und daneben die Unduldsamkeit einer bigotten Hierarchie [52]). Mit beiden einer Seits und anderer Seits mit der germanischen Rohheit hängt auch die Strenge, ja die Grausamkeit des Strafrechts zusammen. Das Privatrecht beruht auf einer Transaction zwischen germanischen und römischen Principien, die aber nicht als ein wahrer Fortschritt in der Culturgeschichte des Rechts bezeichnet werden kann. Denn jene, die Principien des germanischen Rechts, sind mehr abgestumpft, ihrer verletzenden Spitzen beraubt, als eigenthümlich entwickelt und veredelt; diese, die römischen Principien, nicht in ihrem ganzen Werth verstanden und an ihrem Ort zur Ergänzung benutzt. Was den Erfolg betrifft, so hat der romanistische Bestandtheil des Gesetzbuches, welches durch das ganze Mittelalter im Gebrauch blieb, der Verbreitung des mit dem Rechtsstudium im zwölften Jahrhundert neu belebten römischen Rechts in Spanien die Wege bereitet.

Endlich ist auch noch der Geltung des Gesetzbuches für seine Zeit nach der Absicht des Gesetzgebers zu gedenken, womit

handelt von den Motiven der Gesetze (*c.* 1), ihrem Wesen, Thun, Eigenschaften und Bestimmung (*c.* 2—5), endlich von ihrem Nutzen selbst für die auswärtige Sicherheit des Staats (*c.* 6). Vgl. auch die Phrasen in K. Erwigs Publicationspatent *L. Vis.* II. 1, 1. u. A.

50) Die nominelle Zustimmung der geistlichen und weltlichen Großen und des gesammten Volks zu den Gesetzen, welche K. Receswind und K. Erwig in Bezug auf ihre Gesetzbücher in *L. Vis.* II. 2, 1—5. bezeugen, ist ein Rest derselben. *cf.* I. 1, 5. universali consensu.

51) Der freilich an die Gesetze gebunden sein sollte. *L. Vis.* II. 1, 2. 4 und dessen Raubsucht verurtheilt wird *c.* 6.

52) Vgl. die zahlreichen Ketzer- und Judengesetze *L. Vis.* XII. 2, 1—18. *tit.* 3, 1—28.

zugleich eine wichtige Seite der Gerichtsverwaltung bestimmt ist. Es wird dem Gesetzbuch und seinen Novellen ausdrücklich ausschließliche Geltung zugeschrieben, mit Ausschließung jedes anderen Rechts, insbesondere des römischen[53]), und Androhung einer Strafe von fünfzig Pfund Goldes für die Parthei und den Richter, welche andere Gesetze anführen, ausgenommen in Bezug auf alte, nach älteren Gesetzen bereits entschiedene Rechtssachen[54]). Freie Rechtsschöpfung ist dem Richter auch in Fällen, die das Gesetzbuch nicht entscheidet, nicht erlaubt, sondern er soll sie dem Könige zur Entscheidung überweisen[55]).

Auf diese Weise bindet das Gesetzbuch alle Unterthanen, ohne Unterschied der Abstammung und des Standes, sie mögen Gothen oder Romanen sein[56]), dem Adel, den Gemeinfreien oder den Sklaven angehören, die drei Stände, in denen nun beide Nationen begriffen sind; nur daß allerdings das Gesetz selbst für diese verschiedenen Stände in vielen Fällen verschiedene Bestimmungen aufstellt[57]). Alle müssen also auch das Gesetz

53) *L. Vis.* II. 1, 9. *CNDS.*

54) *L. Vis.* II. 1, 10. 13. Für ältere, noch nicht entschiedene Fälle wird also dem Gesetzbuch rückwirkende Kraft beigelegt.

55) *L. Vis.* II. 1, 12.

56) Das Andenken der verschiedenen Abstammung war noch erhalten, daher der Unterschied der Nationalität noch erwähnt wird, namentlich in Bezug auf die gothischen und romanischen Landloose in *L. Vis.* X. 1, 8. 9. 16. *tit.* 2, 1, aber ohne für die Personen rechtliche Folgen daran zu knüpfen, z. B. in Bezug auf die Heerfolge *L. Vis.* IX. 2, 9. seu sit Gothus sive Romanus; mit alleiniger Ausnahme der Ehe unter Gothen und Romanen, wozu es der Erlaubniß des Comes bedarf. *L. Vis.* III. 1, 1. Daß zur königlichen Würde nur ein Gothe (genere Gothus) berufen werden soll, diese Bestimmung des fünften Toledanischen Concils (s. oben § 46 Note 5) ist in die neueste Redaction des Gesetzbuches nicht aufgenommen, vielleicht weil K. Egica, der diese machte, ein Grieche war; vgl. Helfferich S. 162.

57) Unter den Freigeborenen werden durchweg nur zwei Stände unterschieden. *L. Vis.* III. 1, 5. *CHDS.* quicunque ex palatii nostri Primatibus vel Senioribus gentis Gothorum — De ceteris *rel.* VI. 1, 2. *CHDS.* — nobilitate vel dignitate palatini officii — nobiles potentioresque personae, ut sunt Primates palatii nostri eorumque filii. — Inferiores vero humilioresque, ingenuae tamen personae *rel.* und so in vielen anderen Stellen, z. B. VII. 2, 20. *tit.* 5, 1. 2. u. s. w. häufig mit den Benennungen der römischen Kaiserzeit honestiores und inferiores. Auch IX. 2, 8 sive sit nobilis, sive mediocris viliorque persona bezeichnet nicht drei Klassen, wie Helffe-

kennen, und damit dieß möglich sei, wird der Preis des Gesetzbuches gesetzlich auf zwölf Solidi bestimmt [58]). Ueber der Reinheit des Textes der Gesetze, wie anderer königlicher Erlasse, hatten die vom Könige bestellten Notarii publici zu wachen [59]). Wer aber Rechtsunwissenheit zu seiner Entschuldigung vorwendet, oder behauptet, das Gesetz bedrohe die von ihm begangene Missethat nicht, der soll außer der gesetzlichen Strafe noch hundert Peitschenhiebe und die infamirende Decalvation erdulden [60]). — Nur die Rechtshändel überseeischer Kaufleute unter einander sollen von ihren Consuln (telonarii) nach dem Recht ihrer Heimath entschieden werden [61]).

§ 48. Auch die Gerichtsverfassung macht keinen Unterschied mehr zwischen Gothen und Romanen: in Bezug auf den Richter, der wie andere Beamte der einen oder anderen Parthei angehören kann [1]), und für die Gerichtsunterthanen, welche jetzt insgesammt denselben Gerichten unterworfen sind [2]).

Das Gesetzbuch enthält, ähnlich wie Justinians Gesetzgebung, eine Interpretationsregel, wer unter dem Richter (iudex) zu verstehen sei, und zählt bei dieser Gelegenheit die verschiedenen Aemter auf [3]), begreift aber darunter nicht bloß die eigentlichen Justizbeamten, sondern auch fiscalische Beamte und kirchliche Obere, die in ihrem Verwaltungszweige nur zufällig richterliche Functionen haben [4]).

rich cit. S. 161 will, sondern zwei; denn nachher heißt es: (1) ex officio palatino vel quaelibet persona dignitatis, (2) aut fortasse inferior. Daß diese zwei Klassen der Freigebornen nur auf höherer oder niederer bürgerlicher Stellung, Vermögen, Amt u. s. w., nicht auf ursprünglichem Geschlechtsunterschied beruhte, zeigt sich namentlich in dem System der Bußen, s. § 49. Note 18 folg. Bemerkenswerth ist, daß die coloni, welche die *L. Rom. Vis.* V. 9 11. *Nov. Val.* 9. noch kennt, jetzt nicht mehr vorkommen, also ohne Zweifel unter servi begriffen sind. *Isidor. Orig.* IX. 4. kennt das Wort coloni nur für freie Pächter.

58) *L. Vis.* V. 4, 22. *CHDS.*

59) *L. Vis.* VII. 5, 9.

60) *L. Vis.* VI. 4, 5. *CHDS.*

61) *L. Vis.* XI. 3, 2. Die Telonarii scheinen gothische Zollbeamte, welche die fremden Kaufleute zu ihren Beschützern und Richtern, also Consuln, erwählt haben.

1) Helfferich cit. S. 152.

2) Anders früher s. § 44.

3) *L. Vis.* II. 1, 26. — omnes, in quantum iudicandi potestatem acceperint, iudicis nomine censeantur ex lege.

4) *L. Vis. cit.* und IX. 1, 21

Mit der eigentlichen Justizverwaltung betraut sind vor Allem I) die vom Könige bestellten Richter, die wie andere königliche Beamte in römischer Weise Besoldung empfangen, während Naturallieferungen (annona) als Erpressung bezeichnet und verboten sind [5]).

Unter der höhern Aufsicht des Dux [6]) und unter der unmittelbaren Aufsicht und Mitwirkung des Comes Civitatis [7]) ist der ordentliche königliche Richter in Civil- und Criminalsachen der Vicarius Comitis oder Judex schlechthin [8]). Aber Jener, der Comes, kann auch selbst cognosciren, und bei Criminaluntersuchungen müssen beide zusammenwirken [9]). Wenn der Judex einen Mächtigen zu verhaften hat, kann er den Comes zu Hülfe rufen [10]). Sonst sind ihm Gothen und Romanen ohne Unterschied im Friedensstand unterworfen [11]). Sind sie zum Heer einberufen, so stehen beide unter dem Thiufadus oder Millenarius als dem Befehlshaber über das Tausend oder Bataillon (thiufadia), dem sie angehören, und haben ihn auch zum Richter, wie es scheint in Civil- und Criminalsachen [12]). Für den Gerichtsstand entscheidet zwar die Regel, daß der Beklagte nur vor seinem Richter zu Recht steht;

— universi, qui iudiciali functi exstiterint potestate.

5) *L. Vis.* XII. 1, 2. *RCSD.* Für das Heer sind Naturallieferungen noch im Gebrauch. *L. Vis.* IX. 2, 6.

6) S. § 44 Note 15.

7) S. § 44 Note 16 folg.

8) S. § 44 Note 27 folg.

9) *L. Vis.* VII. 1, 5. — accusator eius concurrat ad Comitem civitatis aut Iudicem, in cuius territorio est constitutus. — Comes tamen aut Iudex nullum discutere solus praesumat, ne aliquod possit esse colludium, ut innocens fortasse tormenta sustineat. — et sic in praesentia iudicum superius nominatorum quaestionis agitetur examen.

10) *L. Vis.* VII. 4, 2. Note 11.

11) *L. Vis.* VII. 4, 2. Quotiens Gothus seu quilibet in crimine — accusatur, ad corripiendum eum Iudex insequatur. Quodsi forte Iudex solus illum comprehendere vel distringere non potest, a Comite civitatis quaerat auxilium.

12) *L. Vis.* II. 1, 15. *RCSD.* Cum ceteris negotiis criminalium etiam causarum Tiuphadis iudicandi concessa licentia sit. Ob die cetera negotia Civilsachen sind, steht freilich dahin, zumal dieß Gesetz dem Thiufadus die Criminalgerichtbarkeit erst beizulegen scheint. Vgl. oben § 44 Note 34.

der Kläger kann aber die Sache vor diesem durch Vermittlung seines Richters anhängig machen [13]).

Was die Gerichtsbesetzung betrifft, so ist die altgermanische Mitwirkung der Gemeinen völlig verschwunden. Das Gesetzbuch verbietet ausdrücklich die Gegenwart aller an der zu verhandelnden Rechtssache nicht Betheiligten, also jede Gerichtsöffentlichkeit, woraus nur Störung entstehe [14]); um so mehr den Einspruch jedes Dritten, also das Schelten des Urtheils durch Volksgenossen. Nur wenn der Richter will, kann er auch andere Zuhörer oder Beisitzer (auditores) zuziehen und mit ihnen die Sache berathen [15]). Auch hat jeder königliche Richter, der Comes, Judex und Thiufadus, das Recht, einen andern Richter an seiner Statt zu delegiren und dieser wieder zu subdelegiren [16]). — Auch die Controle durch einen öffentlich angestellten Gerichtsschreiber ist dieser despotischen Zeit fremd. Denn die römischen Officialen, welche die Lex Romana noch kennt, sind verschwunden, und die königlichen Notarii haben andere Functionen [17]); die gerichtlichen Protokolle und Urtheile aber werden von dem Richter selbst und einem Beisitzer (auditor) geschrieben und unterschrieben [18]). Daher auch die gesetzlichen Sporteln ihm, dem Richter, für seine Mühwaltung gezahlt wer-

13) *L. Vis.* II. 2, 7.

14) *L. Vis.* II. 2, 2. (*Cod. Legion.* Antiqua) Audientia non tumultu aut clamore turbetur, sed in parte positis qui causam non habent, illi soli iudicium ingrediantur, quos constat interesse debere *rel.* Note 15. Dieß Gesetz erinnert an die Brandenburgische Verordnung von 1594, die „zur Verhütung einiger Unordnung bei dem Kammergericht zu Berlin und unleidlichen Getümmels in der Rathsstube" die bis dahin bestandene Gerichtsöffentlichkeit aufhob. — *L. Vis.* II. 2, 8. *Antiqua* ermächtigt den Richter, Freigeborene und Sklaven, die der Aufforderung sich zu entfernen nicht Folge leisten, mit 50 Peitschenhieben zu bestrafen.

15) *L. Vis. cit.* — Iudex autem si elegerit, auditores alios secum esse praesentes, aut forte causam quae proponitur cum eis conferre voluerit, suae sit potestatis. Si certe noluerit, nullus se in audientiam ingerat, partem alterius quacunque superfluitate aut obiectu impugnaturus *rel.*

16) *L. Vis.* II. 1, 14. 15. 17. 31.

17) S. oben § 47 Note 59. *Isidor. Orig.* IX. 4. erklärt exceptor durch scriba publicus, quia ea tantum, quae gestis publicantur, scribit, aber ich finde sonst nichts über deren Stellung und Geschäft.

18) *L. Vis.* II. 1, 24. 27. Vgl. § 47 Note 33. 37.

den [19]). Die Vollstreckung seiner Befehle jedoch darf er nur den öffentlich angestellten Gerichtsboten (saiones), nicht seinen Sklaven, übertragen [20]), welche gleichfalls gesetzlich bestimmte Sporteln von den Partheien empfangen [21]). Die Gerichtszeiten und Ferien sind nach römischem Vorbilde bestimmt [22]). Zwei Tage in der Woche und in den Nachmittagsstunden braucht der Richter keine Rechtssachen anzunehmen [23]).

Neben den königlichen bestehen noch II) Municipalgerichte. Die Erhaltung der römischen Municipalverfassung überhaupt bezeugen 1) die westgothischen Formeln aus K. Sisebuts Zeit, welche die Publication der Testamente vor der Curie nach Vorschrift des römischen Rechts [24]) und außerdem als städtische Beamte Principales, Curatores und andere Magistratus erwähnen [25]); Isidor, welcher Defensores, Numerarii, Decuriones oder Curiales, Principales und Magistratus als der Municipalverfassung seiner Zeit angehörige Begriffe erklärt [26]), und 3) vorzüglich die Lex Visigothorum selbst. Als Orte verschiedener Art nennt sie civitates, castella, vicus, villa, diversorium [27]), von denen wohl nur die beiden ersten Stadtverfassung hatten [28]). Als Organe derselben erwähnt sie die Curialen, die mit öffentlichen Functionen belastet sind und ihre Güter nur mit der darauf ruhenden Staatslast veräußern können [29]). Ferner den Defensor und den Nume-

19) *L. Vis.* II. 1, 25. de XX solidis vigesimum solidum.

20) *L. Vis.* II. 1, 17. Eide wurden vor dem Richter oder seinem Sajo geschworen. VI. 1, 5. v. Ita tamen servandum. — Er ist nicht zu verwechseln mit den Sajones, die wie die Buccellarii eine Art Lehnsleute von Privaten sind, s. *Antiqua* c. 311. *L. Vis.* V. 3, 2.

21) *L. Vis.* II. 1, 25. *cit.* decimum solidum; und außerdem müssen ihnen vom Kläger nach dem Werth der Sache und der Würde der Person zwei oder sechs Pferde zur Reise gestellt werden.

22) *L. Vis.* II. 1, 11.

23) *L. Vis.* II. 1, 19.

24) *Form. Vis.* 21. *cf. L. Rom. Paul.* IV. 6, 23.

25) *Form. Vis.* 25.

26) *Isidor. Orig.* IX. 4.

27) *L. Vis.* IX. 1, 21.

28) *L. Vis.* IX. 2, 6. nennt nur sie als Standorte für die Erhebung der Annona militaris, also wohl auch der Steuererhebung, die den städtischen Behörden oblag.

29) *L. Vis.* V. 4, 19. Curiales igitur vel privati, qui caballos ponere vel in arca pu-

rarius, welche beide von der gesammten städtischen Bevölkerung unter Leitung des Bischofs für Ein Jahr gewählt und durch den königlichen Provinzialbeamten sportelfrei bestätigt werden[30]). Sie sind auch Richter[31]); der erste natürlich in erster Instanz für geringe Straf- und Civilfälle[32]), der zweite wahrscheinlich in Steuersachen[33]). Als ländliche Gemeindebehörden kommen Villici, Praepositi[34]), Seniores Loci und der Conventus publicus Vicinorum vor[35]), ohne daß deshalb eine ausgebildete Ortsgemeindeverfassung oder gar Ortsgerichte daraus gefolgert werden könnten. Gothen und Romanen wohnten ohne Zweifel in den Städten und auf dem Lande vermischt, daher auch diese Gemeindebehörden sich auf beide bezogen.

Die Gerichtbarkeit III) des Königs selbst ist eine außerordentliche und tritt ein 1) auf Appellation[36]), 2) durch De-

blica functiones exsolvere consueti sunt, nunquam quidem facultatem suam vendere aut donare vel commutatione aliqua debeant alienare. Et tamen si contigerit, — ille qui accepit, censum illius a quo accepit, exsolvere procurabit; — functionem publicam impleturus est. Isidor cit. erklärt privati im Gegensatz von magistratus durch ab officiis Curiae absoluti, d. h. die alle bestimmte Municipalämter bekleidet haben, aber, wie unsere Stelle lehrt, den gemeinen Lasten der Curialen noch unterworfen sind.

30) *L. Vis.* XII. 1, 2. — comperimus, quod Numerarii vel Defensores annua vice mutentur —. Ideoque iubemus, ut Numerarius vel Defensor, qui electus ab Episcopo vel populis fuerit, commissum peragat officium (nämlich während seines Amtsjahres): ita tamen, ut dum Numerarius vel Defensor ordinatur, nullum beneficium Iudici dare debeat, nec Iudex praesumat ab eis aliquid accipere vel exigere.

31) *L. Vis.* II. 1, 26. IX. 1, 21.

32) So ist jetzt die Competenz zwischen dem Defensor und dem Vicarius Comitis getheilt zu denken. Vgl. oben § 44 Note 62 mit Bd. 3. S. 111 folg.

33) Der Tabularius Civitatis, der die städtischen Steuerrollen führt, und der Numerarius oder Tabularius Provinciae sind zu Einem städtischen Amt verschmolzen. Ueber beide in der römischen Reichsverfassung s. Bd. 3. S. 150 folg. 160. Ueber den Numerarius im Tolosanischen Staat s. oben § 44 Note 47. — Andere fiscalische Prozesse gehören zur Competenz des Comes Civitatis oder Iudex. *L. Vis.* II. 3, 10.

34) *L. Vis.* VIII. 1, 5. 9. IX. 1, 8. 9. X. 1, 16. XII. 1, 2.

35) *L. Vis.* VIII. 1, 3. *tit.* 4, 14. *tit.* 5, 6. Die Seniores loci mögen ein Rest des Raths der Alten sein, den Sidonius Apollinaris beschreibt, s. § 44 Note 44.

36) *L. Vis.* II. 1, 23. *cf. Antiqua c.* 277.

legation königlicher Commissare [37]) und 3) durch Consultatio, d. h. Ueberweisung eines in dem Gesetzbuch nicht entschiedenen Falles [38]), alles römische Begriffe.

IV) Die Bischöfe haben 1) Antheil an der bürgerlichen Gerichtbarkeit, selbständig in Sachen der Armen [39]), zur Controle des Judex suspectus, mit dem sie zu Gericht sitzen [40]), können auch auf Beschwerde das Urtheil des ordentlichen Richters reformiren [41]) oder deshalb an den König berichten [42]). 2) Geistliche Gerichtbarkeit in Kirchensachen über Geistliche, und zwar richtet über Presbyter der Bischof mit Presbytern als seinen Beisitzern, über einen Bischof der Metropolit mit andern Bischöfen [43]). In allen bürgerlichen Sachen hat auch der Geistliche seinen Gerichtsstand vor den bürgerlichen Gerichten [44]).

Endlich V) das häusliche Gericht des Vaters über seine Kinder [45]) und des Herrn über seine Sklaven wird anerkannt; doch ist auch dem Herrn im spätesten Recht nur Züchtigung [46]), nicht Tödtung oder Verstümmelung des Sklaven erlaubt [47]).

§ 49. Die Grundsätze der Rechtsverfolgung selbst betreffen zunächst das Verhältniß der Selbsthülfe zur richterlichen Hülfe.

Die Selbsthülfe, die auch das gothische Recht ursprünglich gewiß in demselben Umfang wie andere germanische Rechte zuließ, ist durch die Lex Visigothorum in die engsten Grenzen eingeschlossen. — Die Pfändung des Schuldners, selbst mit Urlaub des Richters, ist allgemein aufgehoben [1]); die Pfändung des Viehes auf fremdem Felde gesetzlich regulirt [2]). — Noch

37) *L. Vis.* II. 1, 31.
38) *L. Vis.* II. 1, 12.
39) *L. Vis.* II. 1, 19.
40) *L. Vis.* II. 1, 23. Die von den kirchlichen Quellen angeordnete Intercession der Bischöfe hatte hier die Anerkennung des Staats gefunden, wie in Justinians Gesetzen, s. Bd. 3. S. 115.
41) *L. Vis.* II. 1, 30.
42) *L. Vis.* XII. 1, 2.
43) *Concil. Tol.* III. 18. XIII. 12. *cf.* IX. 1.
44) *L. Vis.* II. 1, 18.
45) *L. Vis.* IV. 5, 1. verberandi sunt ante iudicem.
46) *L. Vis.* VII. 2, 21.
47) *L. Vis.* III. 4, 15. VI. 5, 12. *CHDS.* (Tödtung). 13. *Egica.* (Verstümmelung).

1) *L. Vis.* V. 6, 1. *RCSD.*
2) *L. Vis.* VIII. 3, 13—17. *tit.* 5, 1. 4. 6 *sqq.*

weniger ist von Privatrache (faida) wegen persönlicher Verletzungen, auch wenn sie einen Friedensbruch enthalten, die Rede. Nur der Ehebrecher und die Ehebrecherin können von dem Ehemann oder dem Vater der Frau, wenn er sie im eigenen Hause betrifft, zur Rächung der verletzten Hausehre getödtet werden, ein Grundsatz, der nicht aus dem gothischen Recht, sondern aus der Lex Romana entlehnt ist[3]).

Als eine der Lex Visigothorum eigenthümliche Modification des altgermanischen Rechts der Privatrache ist zu betrachten, 1) daß in vielen Fällen, z. B. wegen Mord, Ehebruch, Menschenraub u. s. w., der Verbrecher durch richterliches Urtheil dem Verletzten oder seinen Verwandten als Sklave zugesprochen wird, nicht bloß zu lebenslänglicher Dienstbarkeit, sondern auch mit der Befugniß, nach Belieben Rache an ihm zu nehmen, durch Züchtigung, Verstümmelung u. s. w.[4]), jedoch in der Regel mit Schonung seines Lebens[5]), in dem zuletzt genannten Fall des Menschenraubes selbst mit dem Recht ihn zu tödten, wenn der Kläger die Annahme des Wergeldes nicht vorzieht[6]); und 2) daß wegen schwerer körperlicher Verletzungen der Kläger die Wahl hat zwischen dem Erkenntniß auf Talion oder auf eine von ihm taxirte Buße[7]).

3) *L. Vis.* III. 4, 4. 5. 6. *cf.* *L. Rom. Paul.* II. 27.

4) *L. Vis.* III. 4, 2. — servituri tradantur, ut de his quod voluerit faciendi habeat potestatem.

5) *L. Vis.* III, 4, 13. — propinquis mariti adulterae — tradendi sunt servituri —, salvis tamen animabus, quas ad lamenta poenitentiae pietatis indulgentia reservamus, ea quae in detruncatione vel flagello corporis in eis impertire voluerint, licentiam per huius legis sanctionem decernimus. VI. 5, 16. — in potestate parentum et eorum, cuius (*l. quorum*) propinquus occisus fuerit, contradendus est, ut excepto mortis periculo quidquid de eo facere voluerint licentiam habeant.

6) *L. Vis.* VII. 3, 3. Qui filium aut filiam alterius ingenui vel ingenuae plagiaverit, — huius sceleris auctor patri aut matri fratribusque, si fuerint, sive proximis parentibus in potestate tradatur, ut illi occidendi aut vendendi eum habeant potestatem: aut, si voluerint, compositionem homicidii ab ipso plagiatore consequantur, id est solidos quingentos *rel.* Einen anderen Fall s. in § 50 Note 27. 28.

7) *L. Vis.* VI. 4, 3.

Bei Ertheilung der richterlichen Hülfe überwiegt nach germanischer Anschauung der Gesichtspunkt des zu verfolgenden Unrechts (crimen), welches aber nicht bloß durch eine an den Verletzten zu zahlende Buße (compositio), sondern auch durch zahlreiche und mannichfaltige öffentliche Strafen (poenae) dem Staate gegenüber gesühnt wird. Dieses ausgedehnte System von Verbrechen und Strafen (Criminalrecht) und sein Verhältniß zu dem System der Civilklagen (Actionenrecht) zeigt, in welchem Umfang das byzantinische Staatsprincip das germanische verdrängt hatte. Im Einzelnen freilich ist das Strafrecht aus germanischen, römischen und kirchlichen Elementen zusammengesetzt.

So vor Allem in der Haupteintheilung der Gesetzübertretungen in Capitalverbrechen (crimina capitalia) im römischen Sinne, die mit einer Capitalstrafe bedroht sind, und andere Vergehen (crimina non capitalia), die in germanischer Weise durch eine an den Kläger zu zahlende Buße (compositio) gesühnt werden [8]).

Capitalstrafen, d. h. solche wodurch die physische oder bürgerliche Existenz des Verbrechers vernichtet wird, sind 1) die Todesstrafe, die sehr häufig ist und stets öffentlich [9]), in einigen Fällen als Feuertod, vollstreckt wird [10]). 2) Verlust der

8) *L. Vis.* VI. 1, 2. in criminalibus causis. — Si capitalia, quae supra taxata sunt, accusata non fuerint, sed furtum factum dicitur vel aliud quodcunque illicitum. VII. 1, 5. Quicunque accusatur in crimine, id est veneficio, maleficio, furto aut quibuscunque factis illicitis. — Et si capitalia non admiserit, tunc ei, cui reus est, aut componere compellatur, aut, si non habuerit unde componat, serviturus tradatur. VII. 2, 4. Si quis — ingenuus cum servo alieno in crimine inventus fuerit, aut furtum forsitan faciant, vel aliquid rapiant, aut illicitum quodcunque committant, — medietatem eiusdem compositionis exsolvant, ita ut ambo publice fustigentur. — Quodsi capitalia forte commiserint, simul servus cum ingenuo morte dampnetur.

9) *L. Vis.* VII. 4, 7. *tit.* 5, 9. In welcher Weise sonst sie vollstreckt wurde, ist nicht ersichtlich; wahrscheinlich durch den Strang. Grimm, RA. S. 682.

10) Wegen Ehebruch einer Freien mit dem eigenen Sklaven *L. Vis.* III. 2, 2. Nothzucht an einer Freien 14. Brandstiftung in der Stadt VIII. 2, 1. Beraubung der Grä-

Freiheit durch Addiction als Sklave an den Verletzten [11]) oder an den König [12]) oder an einen vom Richter zu bestimmenden Dritten [13]), samt dem Vermögen, jedoch meistens mit Vorbehalt des Erbrechts der Kinder [14]). 3) Verbannung [15]) und 4) Eintritt ins Kloster [16]), in beiden Fällen des bürgerlichen Todes mit Beerbung durch die Nächstberechtigten.

Das allgemeine Recht der Buße, im weitesten Sinne des Worts [17]), hat in der Lex Visigothorum bereits mancherlei willkührliche Behandlung erfahren. So scheint beim Todtschlag der ursprüngliche Satz des Wergeldes, wo es überhaupt noch die Stelle der Todesstrafe vertritt, mit Rücksicht auf diese erhöht, nämlich für den ersten Stand auf 500 Solidi, für den zweiten auf 300 Solidi [18]). Wo der Werth einer Sache der Buße zum Grunde liegt, wird er auf das Neunfache oder Eilffache bestimmt [19]). Die „kleine Buße" für persönliche Verletzungen wurde nach der Antiqua vom Richter geschätzt [20]), ohne Zweifel unter Berücksichtigung der herkömmlichen Sätze, deren Grundzahl zehn gewesen zu sein scheint. Spätere Gesetze, namentlich von K. Chindaswind und Receswind, haben die Aufnahme der

der durch einen Sklaven XI. 2, 1. Vgl. unten Note 44.

11) S. Note 4—6.

12) Z. B. *L. Vis.* VII. 6, 2.

13) Z. B. *L. Vis.* III. 2, 2. VI. 6, 2.

14) Z. B. *L. Vis.* III. 4, 2. 13.

15) Z. B. *L. Vis.* III. 5, 6. wegen Incest.

16) Z. B. *L. Vis.* III. 5, 1. wegen Incest.

17) Wo es das Wergeld unter sich begreift, welches die *L. Vis.* auch compositio nennt. Vgl. Wilda, Strafrecht S. 314.

18) *L. Vis.* VIII. 4, 16. — si iugulaverit — quadrupes honestum D componatur. De ingenuis personis in annis viginti CCC solidi componantur, et ab hoc usque ad eum, qui annos L habuerit, unam compositionem iubemus stare. In andern Fällen wird jenes höhere Wergeld von 500 schlechthin angenommen. *L. Vis.* VI. 1, 3. — 5, 12. 14. VII. 3, 3. Ueber das ursprüngliche s. Wilda cit. S. 428 folg., dem ich jedoch darin nicht beistimme, daß in jener Stelle honestus den Gemeinfreien, ingenui den unter diesem stehenden Stand bezeichne. Vgl. oben § 47 Note 57.

19) Z. B. wegen Diebstahl und Tödtung eines fremden Thieres das Neunfache, wegen Raub mit Einbruch, Verwüstung fremden Eigenthums hominibus coactis das Eilffache. Vgl. Wilda cit. S. 321.

20) *L. Vis.* VI. 4, 8. *Antiqua.* — sicut a iudicibus fuerit aestimatum. Vielleicht hatte die Antiqua an einer andern Stelle diese Schätzung näher normirt, wie die Bußsätze einen Hauptbestandtheil aller alten Volksrechte ausmachten.

Bußtaxen in das Gesetzbuch vermittelt [21]). — Merkwürdig ist, daß die Lex Visigothorum kein Friedensgeld (fredus), welches neben der Buße an den Staat zu zahlen wäre, kennt; dessen Stelle eine gleich zu besprechende öffentliche Strafe vertritt. Dagegen ist ihm die römische Confiscation bekannt [22]).

Eine dritte Klasse der Strafen, die Leibesstrafen, die sich an die Buße und an die Capitalstrafen anschließen können, sind überwiegend germanischen Ursprungs, wie sehr sie den altgermanischen Begriffen von Freiheit und persönlicher Ehre zu widersprechen scheinen.

Die körperliche Züchtigung ließ die späteste römische Gesetzgebung, abgesehen von der militärischen Disciplin, nur für die untersten Stände zu, und zwar für Freie (plebeii, humiliores) durch Ruthen (fustes), für Sklaven mittels der Geißel (flagella) [23]). Den Germanen war sie ursprünglich nur zum Behuf der Subordination im Heereszuge bekannt [24]). Die Westgothen, nachdem sie seßhaft geworden, beschränkten sie nicht, wie die Burgunden, auf Sklaven, sondern wandten sie auch auf Freigeborene des niederen und selbst des höchsten Standes an [25]). Und, merkwürdig genug! obgleich durch eine gesetzlich bestimmte Zahl von Geißelhieben (flagella) bis zu dreihundert und öffentlich vor Gericht vollstreckt [26]), gilt sie an sich nicht für ent-

21) *L. Vis.* VI. 4, 1. *CHDS.* 3. *RCDS.* Vgl. Wilda cit. S. 359.

22) Z. B. *L. Vis.* VII. 6, 2. XII. 2, 2.

23) Walter, Röm. Rechtsg. §§ 825. 827.

24) S. oben § 31 Note 5.

25) *L. Vis.* VII. 2, 20. — si maioris loci persona est, extensus coram iudice — C flagella suscipiat —. Si certe minor persona fuerit, — et ipse C flagella suscipiat. — Si vero servus — CC flagella suscipiat. Daß diese Strafe den Verlust der Freiheit zur Folge hatte, folgert Grimm, RA. S. 704 mit Unrecht aus *L. Vis.* III. 3, 1 careat ingenuitatis suae statu; denn dieß geht auf die in diesem Fall damit verbundene Capitalstrafe: parentibus — in perpetuum serviturus.

26) *L. Vis.* III. 3, 3. ingenuus ducentos in conspectu omnium publice ictus accipiat flagellorum. 4, 17. puella ingenua trecentenis flagellis publice verberetur. VII. 2, 20 *cit.* maioris loci persona extensus coram iudice. VIII. 1, 3. extensus publice coram iudice sexaginta flagella suscipiat; — qui cum eo venerint, unusquisque ingenuorum L flagella suscipiant; servi

ehrend; denn das Gesetzbuch bemerkt ausdrücklich, daß sie in einigen Fällen mit Infamia verknüpft sei [27]), in anderen nicht [28]). Sie wird in unzähligen Fällen theils selbständig für gewisse Vergehen verhängt, theils im Anschluß an Capitalstrafen, oder an die Buße zur Sühne der verletzten Ordnung [29]), oder bei kleinen Bußen an deren Statt im Fall der Insolvenz [30]).

Die körperliche Verstümmelung als Strafe hat das späteste römische Recht, wahrscheinlich aus dem Orient stammend, nur in wenigen Fällen zugelassen [31]). In dem germanischen Strafrecht tritt sie früh auf und hat sich selbst über das Mittelalter hinaus erhalten. Ihrem Ursprung nach erklärt sie sich einer Seits als Surrogat der an dem Verbrecher geübten Privatrache [32]), anderer Seits als symbolischer Ausdruck der Vergeltung [33]). Der Grausamkeit des westgothischen Strafrechts entspricht ihre häufige und mannichfache Anwendung: 1) als Decalvation, d. h. Abreißung des Haupthaars, des Ehrenschmucks der Freien, sammt der Haut, für diesen eine infamirende Strafe [34]), 2) Blendung [35]), 3) Abhauen der rechten Hand [36]), 4) Castration u. s. w. [37]).

autem huius criminis socii singuli in conventu publico ad aliorum terrorem extensi coram iudice CC ictus accipiant flagellorum.

27) *L. Vis.* II. 4, 2. VIII. 1, 3.

28) *L. Vis.* II. 1, 18. 33. — 4, 10. III. 4, 15. Die Infamia macht unfähig zum Zeugniß VI. 4, 2.

29) Z. B. wegen Diebstahls, s. Note 61.

30) *L. Vis.* IX. 1, 2. — qui hoc fecerit, det domino servi solidos X. Si vero non habuerit unde componat, a iudice C flagella suscipiat.

31) Walter cit. § 825 Note 84. 85. Vgl. jedoch über die älteste Militärdisciplin Rudorff, Rechtsg. § 126 Note 28.

32) Daher wird sie in der *L. Vis.* als Rache an dem addicirten Verbrecher erwähnt, s. Note 5, und als eine häufig vorkommende Injurie, z. B. die Decalvation. *L. Vis.* VI. 4, 3. Quicunque ergo ingenuus ingenuum pertinaciter ausus decalvare. — Si vero servus — ingenuum decalvaverit. — Si servus servum — decalvare vel detruncare praesumpserit *rel.*

33) Grimm, RA. S. 701 folg. Wilda cit. S. 509.

34) *L. Vis.* VI. 4, 5 (§ 47 Note 60) — atque insuper publice C. flagellornm verberibus caesus ad perennem infamiam deformiter decalvetur. Vgl. Grimm cit. S. 702 folg. 704. 3).

35) *L. Vis.* II. 1, 7. VI. 3, 7. als Begnadigung von der Todesstrafe.

36) *L. Vis.* VII. 5, 1. wegen Fälschung eines königlichen Rescripts. 6, 2. Falschmünzerei eines Sklaven.

37) *L. Vis.* III. 5, 7. mit Ein-

Was die einzelnen Capitalverbrechen betrifft, und zwar I) gegen den Staat, so wird dem Verrath am eigenen Volk und Lande, den schon das älteste germanische Recht mit dem Tode strafte [38]), Hochverrath, überhaupt der Bruch oder die Verweigerung des dem Könige bei seiner Thronbesteigung zu leistenden Schwurs der Treue [39]), gleichgestellt. Durch königliche Gnade kann indeß die Todesstrafe und Confiscation des Vermögens in Blendung oder Decalvation mit hundert Peitschenhieben und ewiger Verbannung verwandelt werden [40]).

II) Den Verbrechen gegen die Sittlichkeit, die nicht mehr wie in jener Urzeit ein seltener Frevel, sondern zu herrschenden Lastern geworden sind, als widernatürliche Unzucht unter Männern [41]) und Lohnhurerei [42]), wird mit Capitalstrafen entgegengetreten. Nicht minder den Verbrechen gegen die Religion, der Häresie durch ewige Verbannung und Vermögensconfiscation [43]), und dem heimlichen Judenthum durch die Todesstrafe, welche die Judenschaft selbst bei dem Regierungsantritt des Königs, neben ihrem erzwungenen Bekenntniß zum Christenthum, durch Steinigung oder Feuertod zu vollstrecken feierlich geloben mußte. Doch konnte auch hier der König dem Uebertreter das Leben schenken und ihn nebst seinem Vermögen einem Beliebigen als Sklaven addiciren [44]).

tritt ins Kloster, wegen stuprum masculorum. Nach XII. 3, 4. werden Männer wegen Vollzugs der Beschneidung veretri ex toto amputatione, Frauen naribus abscissis gestraft.

38) Vgl. überhaupt § 31 Note 4.

39) *L. Vis.* II. 1, 34. *Egica.* — si in ipso suae electionis primordio — iurasse, ut moris est, pro fide regia distulerit, — dum discussor iuramenti in territorio illo accesserit, ubi eum habitare contingerit *rel.* 5, 19. V. 7, 19. Zu diesem erzwungenen Eide hatte die Huldigung „als freien Mannes Recht" sich verkehrt!

40) *L. Vis.* II. 1, 7. *cf.* VI. 1, 2. — Ueber das Majestätsverbrechen s. II. 1, 8.

41) *L. Vis.* III. 5, 5. 7. Castration und Eintritt ins Kloster.

42) *L. Vis.* III. 4, 17. Zum ersten und zweitenmal 300 Peitschenhiebe, zum drittenmal Addiction als Sklavin an einen Armen.

43) *L. Vis.* XII. 2, 2. — 3, 1.

44) *L. Vis.* XII. 2, 11. *RCDS.* Das feierliche Gelübde der Juden findet sich in c. 16. Die gehäuften Strafbestimmungen in einzelnen Fällen überhaupt s. in XII. 2 und 3. — Ueber die Strafen der Zauberei und Wahrsagerei (maleficium) s. VI. 2, 1. 3. 4. 5. VII. 1, 5.

Aber auch III) Verbrechen gegen die Person sind jetzt mit öffentlichen Capitalstrafen bedroht. So 1) der Todtschlag (homicidium)[45]), wenn nicht schuldlos (nesciens)[46]), oder in Nothwehr[47]) verübt, wird, an Stelle der Blutrache oder des Wergeldes, auf Antrag der Verwandten oder irgend eines Dritten oder von Amts wegen[48]) mit dem Tode gestraft[49]). Wenn der Mörder das Asylrecht in Anspruch nimmt, durch Addictio als Sklave an die Verwandten, um Rache an ihm zu nehmen, jedoch mit Schonung seines Lebens[50]). Das Wergeld zahlt nur noch der Anstifter des Mordes[51]) und der Eigenthümer eines bösen Thieres, das einen Menschen getödtet hat[52]). 2) Menschenraub (plagium) durch Addiction an die Verwandten, mit der Befugniß den Verbrecher zu tödten, oder, wenn sie es vorziehen, Zahlung des Wergeldes als Buße[53]). 3) Ehebruch[54]), 4) Bigamie[55]), 5) Entführung[56]) und 6) Nothzucht[57]) gleichfalls durch Addiction als Sklave an die persönlich Verletzten.

Und IV) selbst einige Verbrechen gegen das Eigenthum unterliegen einer Capitalstrafe; nämlich 1) die Brandstiftung

45) *L. Vis.* VI. 1, 2. — 5, 6. 11. 12. Tödtliche Verwundung bei sofortigem Tode ist Todtschlag. VI. 4, 8.

46) *L. Vis.* VI. 5, 1. 2. Culpa wird mit 1 Pfund Gold und 70 Peitschenhieben gebüßt *c.* 3. 7, vgl. jedoch VIII. 3, 3. Die Culpa des Arztes durch seine Addiction als Sklave. *L. Vis.* XI. 1, 6.

47) *L. Vis.* VI. 4, 2. 6 gegen einen Mörder. VII. 2, 15. 16. VIII. 1, 13 gegen einen Dieb. III. 3, 6 den Entführer. III. 4, 4. 5. 6 den Ehebrecher. VI. 5, 19. IX. 3, 2 in Abwehr grober Injurien.

48) *L. Vis.* VI. 5, 14. 15.

49) *L. Vis.* VI. 4, 2. 8. Ueber Parricidium s. *tit.* 5, 17. 18. Raubmord 12 Giftmischer *tit.* 2, 2.

50) *L. Vis.* VI. 5, 16. 18.

51) *L. Vis.* VI. 5, 12 propter iniquum consilium. Einen andern Fall s. unten § 50 Note 29.

52) *L. Vis.* VIII. 4, 16.

53) *L. Vis.* VII. 3, 3.

54) *L. Vis.* III. 4, 1. 2. 3. 12. 13. Auf Anklage des Mannes, des Vaters, der Söhne oder Verwandten oder, wenn diese nicht wollen, irgend eines Dritten, dem es der König erlaubt, wird der Ehebrecher und die Ehebrecherin ihnen addicirt, salvis tamen animabus. Ebenso nach III. 4, 9 auf Anklage der Frau wegen Ehebruch des Mannes die Ehebrecherin, ut in ipsius potestate vindicta consistat. Ehebruch mit dem eigenen Sklaven wird mit dem Feuertode gestraft III. 2, 2.

55) *L. Vis.* III. 2, 6.

56) *L. Vis.* III. 3, 1.

57) *L. Vis.* III. 4, 14.

in der Stadt, wegen ihrer Gemeingefährlichkeit[58]), 2) Fälschung von Urkunden[59]) und 3) Falschmünzerei[60]).

Nichtcapitale Verbrechen, die nur Zahlung einer Buße oder körperliche Züchtigung zur Folge haben, sind besonders 1) thätliche Injurien, die, wenn sie schwerer sind, durch die Talion oder eine vom Kläger willkührlich bestimmte Buße, leichtere mit Vorbedacht durch eine verschieden bestimmte Zahl von Peitschenhieben (flagella), im Streit verübt durch eine gesetzlich abgestufte Geldbuße gesühnt werden[61]). 2) Diebstahl durch den neunfachen Werth der Sache und 100 Flagella[62]). Raub oder Beschädigung mit Einbruch Mehrerer in ein Haus durch den eilffachen Werth[63]) u. s. w.

Allgemeine Grundsätze über Verbrechen, die mehr oder weniger von dem altgermanischen Recht abweichen, sind folgende. 1) Nur der Verbrecher haftet, nicht seine Verwandten[64]). 2) Der Erbe leidet die Strafe nicht, zahlt aber die Buße bis zum Betrag der Erbschaft[65]). 3) Wie der Befehl des Herrn den Sklaven, so entschuldigt auch der Befehl des Patrons den Vasallen (buccellarius, saio)[66]). 4) Vergleich in der rechtshängigen Straffache ist verboten[67]). 5) Das Asylrecht der Kirche kann die Milderung der Strafe zur Folge haben[68]), befreit aber nicht von Buße und Schadensersatz[69]).

Das westgothische Gesetzbuch zeigt darin einen Fortschritt im Verhältniß zu dem altgermanischen Prozeßrecht, daß ihm der reine Civilrechtsstreit bekannt ist. So wird 1) bei

58) *L. Vis.* VIII. 2, 1. 2.

59) *L. Vis.* VIII. 5, 2. humilis serviturus addicitur accusatori; potentiores büßen mit 1/4 ihres Vermögens, oder, wenn der Schaden mehr beträgt, gleichfalls mit der Freiheit; Beide durch 100 flagella.

60) *L. Vis.* VII. 6, 2. Der humilior wird einem Beliebigen addicirt; der ingenuus (= *nobilis*) verliert sein halbes Vermögen an den Fiscus, ein Sklave die rechte Hand.

61) *L. Vis.* VI. 4, 3.

62) *L. Vis.* VII. 2, 8. 10. 13. 14.

63) *L. Vis.* VI. 4, 2. VIII. 1, 6.

64) *L. Vis.* VI. 1, 8.

65) *L. Vis.* VII. 2, 19.

66) *L. Vis.* VI. 4, 2. VIII. 1, 1. 4.

67) *L. Vis.* VII. 4, 1.

68) S. oben Note 50.

69) *L. Vis.* IX. 3, 4.

widerrechtlicher Beschädigung zwar in den meisten Fällen mehrfacher Schadensersatz [70]) oder eine Buße gezahlt oder körperliche Züchtigung verhängt [71]); in mehreren Fällen aber der Schaden nur einfach ersetzt [72]). Auch 2) bei der Darlehnsklage ist von Buße nicht die Rede; ja die Zinsschuld [73]) und die Conventionalstrafe sind gesetzlich beschränkt [74]). Dagegen wird der Rechtsstreit um Eigenthum noch immer durch die Beschuldigung eines formellen Unrechts eingeleitet, doch sind die Grundsätze des germanischen Rechts theilweise modificirt.

Die bewegliche Sache, die dem Eigenthümer ohne seinen Willen abhanden gekommen, kann er als ihm gestohlen (res furtiva) mit genauer Angabe ihrer Merkmale bei Gericht [75]) von deren Besitzer vindiciren, wobei jedoch der symbolische Anefang nicht erwähnt wird [76]). Von der Vertheidigung des Besitzers durch ursprünglichen Erwerb ist nirgends die Rede; doch war sie gewiß möglich, da überall vorausgesetzt wird, daß der Kläger Eigenthümer (dominus) sei. Behauptet der Besitzer derivativen Erwerb, so kann er den Kläger nicht zunächst an seinen Auctor verweisen [77]), sondern muß diesen innerhalb einer vom Richter bestimmten Frist stellen [78]). Der Bonafide Emptor, der den Auctor nicht auffinden, aber seine Unschuld durch Eid oder Zeugen beweisen kann, restituirt dann die Sache vorläufig dem Kläger gegen Zahlung des halben Werthes, und Beide verpflichten sich eidlich, den Dieb ferner aufzusuchen.

70) Wegen Zerstörung von Bäumen und Früchten (*L. Vis.* VIII. 3, 1. 2. 5), von Zäunen (VIII. 3, 6. 7) das Duplum.

71) Wegen Tödtung oder Beschädigung von Thieren *L. Vis.* VIII. 4, 4. 8.

72) Wegen culposer Brandstiftung *L. Vis.* VIII. 2, 3. Verderb von Kleidern VIII. 4, 21. Ohne Zweifel unter Einfluß des römischen Rechts.

73) *L. Vis.* V. 5, 4 = *Antiqua* c. 281.

74) *L. Vis.* V. 5, 8. 9.

75) *L. Vis.* VII. 2, 1,

76) Doch gebraucht *L. Vis.* VII. 2, 8 den technischen Ausdruck: quod apud eum agnoscitur.

77) *L. Vis.* II. 2, 1.

78) *L. Vis.* VII. 2, 8. Universam rem nulli ingenuo liceat de incognito homine comparare, nisi certum fideiussorem adhibeat cui credi possit, ut excusatio ignorantiae auferatur. Quodsi aliter fecerit qui comparaverit, a iudice districtus auctorem praesentet infra tempus a iudice constitutum.

Bleibt dieß ohne Erfolg, so erhält der Kläger die ganze Sache definitiv, jedoch ohne Buße des Beklagten. Kennt der Kläger den Dieb und verheimlicht ihn, so muß er die ganze Sache an den Beklagten herausgeben. Wird der Auctor im Gericht sistirt und kann er sich nicht rechtfertigen, so zahlt er dem Kläger als Dieb den einfachen Werth der Sache als Buße, der Beklagte als Bonafide Emptor aber behält die Sache; oder wenn der Kläger lieber will, bekommt er die Sache selbst und der Beklagte die Buße [79]). Der Malafide Emptor dagegen muß seinen Auctor stellen und dessen ungeachtet als Diebsgenosse den einfachen Werth der Sache als Buße zahlen. Kann er ihn nicht stellen, so zahlt er die Buße doppelt [80]). Daß in allen diesen Fällen, wer die Diebstahlsbuße zahlt, auch hundert Peitschenhiebe erhält, ist nach den allgemeinen Strafbestimmungen unzweifelhaft [81]).

Wenn der Eigenthümer seine Sache einem Andern geliehen, zur Aufbewahrung gegeben, oder sonst anvertraut hat [82]), und dieser beweist, ohne Zweifel durch seinen Eid, daß sie ihm entwendet worden: so soll er den Dieb binnen einer vom Richter bestimmten Frist stellen, und wenn er dieß kann, die Sache herausgeben, die Buße für den gegen ihn verübten Diebstahl aber behalten. Der Eigenthümer hat also nach dem Grundsatz: Hand muß Hand wahren, die Klage gegen den dritten Besitzer nicht [83]). Wird der Dieb binnen der gesetzten Frist nicht gefunden, so soll der Beklagte den halben Werth der Sache dem Kläger zahlen, der Schaden also unter ihnen getheilt werden. Findet aber der Eigenthümer die Sache bei dem Empfänger, der die Entwendung vorgegeben, so muß dieser als Dieb büßen [84]). Auch andern Verlust oder die Beschädigung

79) *L. Vis. cit.* Note 78.

80) *L. Vis.* VII. 2, 9.

81) *L. Vis.* VII. 2, 13. 14.

82) *L. Vis.* V. 5. de commendatis et commodatis. c. 1. Si quis caballum — ad custodiendum susceperit. Nur das Faustpfand hat nach c. 6. de pignoribus besondere Grundsätze.

83) Denn zweimal soll der Dieb die Buße nicht zahlen. *cf. Ed. Liutpr.* 131. *fin.*

84) *L. Vis.* V. 5, 3. v. Si vero quae commendata fuerant, furto probantur ablata *rel.* = *Antiqua* c. 280.

der Sache durch Zufall kann der Empfänger beschwören und dann frei ausgehen. Nur der Depositar gegen Lohn trägt den Casus [85]).

Auch beim Eigenthumsstreit um Grundstücke wird vorausgesetzt, der Beklagte habe die Sache gegen den Willen des Klägers, also gewaltsam oder heimlich, in Besitz genommen. Daß er sich gegen diese Beschuldigung durch Stellung seines Auctors oder durch den Beweis, mit dem Willen des Klägers zu besitzen, rechtfertigen kann, wird vorausgesetzt. Kann er dieß nicht, so soll er, nach dem Grundsatz des römischen Rechts über Vis, zur Strafe der widerrechtlichen Anmaßung des Besitzers sein Eigenthum an den Kläger verlieren; wenn er aber nicht Eigenthümer ist, diesem die Sache herausgeben und außerdem ihren Werth zahlen [86]). Der Grenzstreit soll noch zu jeder Zeit nach den Grenzzeichen oder in deren Ermangelung durch Zeugen und Urkunden entschieden werden [87]). Von der gerichtlichen Auflassung finde ich keine Spur. Dagegen bildet die königliche Verleihung einen absolut gültigen Eigenthumstitel [88]).

Bei dem Streit um die Freiheit wird dem angeblichen Sklaven selbst gestattet gegen seinen vermeintlichen Herrn vor Gericht aufzutreten [89]). Ist er factisch im Zustand der Freiheit, so wird er während des Prozesses gegen Bürgschaft darin geschützt [90]). Die Entscheidung erfolgt nach Zeugenbeweis [91]); und wenn der Herr die gerichtliche Freilassung gegen besseres Wissen abgeleugnet hat, so wird nicht nur diesem vermeintlichen Sklaven die Freiheit zugesprochen, sondern Jener erleidet, wie bei Grundstücken, die poena dupli, d. h. er muß ihm zur Strafe einen andern Sklaven dazu geben [92]). Von Buße ist nicht die Rede.

85) *L. Vis.* V. 5, 1. 2. = *Antiqua c.* 278. 279.

86) *L. Vis.* VIII. 1, 2. *cf. L. Rom. C. Th.* 4, 20. *L. 2.* Diese poena dupli erwähnt auch *c.* 5. 7 in Bezug auf die Früchte. *tit.* 3, 5. Ferner X. 1, 5. 6. 7. *tit.* 3, 4. *fine.*

87) *L. Vis.* X. 3, 4. 5.

88) *L. Vis.* V. 2, 2.

89) *L. Vis.* V. 7, 3 in libertatem proclamare. *cf.* II. 2, 9.

90) *L. Vis.* V. 7, 4.

91) *L. Vis.* V. 7, 3. 8. 9.

92) So verstehe ich *L. Vis.* V. 7, 6.

Dem Criminal- und Actionenrecht gemein ist die Verjährung. Der westgothischen Gesetzgebung eigenthümlich ist die fünfzigjährige gegen die Vindication der Sors gothica oder romana, eines flüchtigen Sklaven und eines verpachteten Grundstücks vom Zeitpunkt der rückständigen Pacht an [93]). Die allgemeine dreißigjährige hat dieselbe aus dem römischen Recht entlehnt [94]). Von aller Verjährung ausgenommen ist nur die Vindication fiscalischer Sklaven [95]) und der Grenzstreit [96]). Den Gefangenen und Verbannten läuft keine Verjährung [97]).

§ 50. Die Unterscheidung des Criminal- und Actionenrechts, welche der westgothischen Gesetzgebung zum Grunde liegt, bedingt auch ein zwiefaches gerichtliches Verfahren, den Criminal- und Civilprozeß. Da indeß bei den meisten Civilansprüchen die Gesetzesübertretung durch eine Buße oder durch körperliche Züchtigung gestraft wird, so nehmen sie hierdurch einen gemischten Charakter an, aus der Civilsache kann sich eine Criminalsache entwickeln [1]).

Beiden gemein ist die Frage, wer die richterliche Hülfe anrufen oder sich dagegen vertheidigen, überhaupt als Parthei vor Gericht auftreten könne? Nach dem Untergang der altgermanischen Freiheit war es ganz consequent, daß der humane Despot Chindaswind auch den Sklaven dieß Recht beilegte und also ihre Vertretung durch den Herren entbehrlich machte [2]). — Dagegen gestattet das Gesetzbuch nur in dem Civilprozeß, auch dem gemischten, beiden Partheien, sich durch einen Bevollmächtigten (mandatarius) vertreten zu lassen [3]), der zugleich

93) *L. Vis.* X. 2, 1. 2. (= *Antiqua c.* 277). 16. 19.

94) *L. Vis.* X. 3, 3. (= *Antiqua c.* 277). 4. cum iam sic constanter inoleverit in negotiis actionum, ut non iam ex institutione humana, sed veluti ex ipsa rerum processisse natura videatur. Eine eigenthümliche Unterbrechung s. in *c.* 5. Gegen die Kirche V. 1, 6. *cf. Lex Rom. Nov. Val. tit.* 8.

95) *L. Vis.* X. 2, 4.

96) *L. Vis.* X. 3, 4.

97) *L. Vis.* X. 2, 6.

1) Ebenso später der Richtsteig des sächs. Ldr. *c.* 5.

2) *L. Vis.* II. 2, 9.

3) *L. Vis.* II. 2, 4. aut per se aut per mandatarios suos praesti sint in iudicio. *tit.* 3. de mandatoribus et mandatis. Der König und die Bischöfe nothwendig *c.* 1. Der Fiscus durch den

ihr Fürsprecher (assertor) ist, d. h. in mündlicher Rede die Sache führt[4]), und zwar so, daß der Erfolg des Prozesses vollständig für den Vollmachtgeber (mandator) eintritt[5]). Verboten ist nur, wie im römischen Recht, die Bevollmächtigung eines Mächtigern (potentior), der den Gegner erdrücken könnte[6]), und einer Frau[7]). Dagegen wird selbst ein Sklave als Bevollmächtigter seines Herrn und in Kirchen-, Armen- und fiscalischen Sachen zugelassen[8]). — In dem reinen Criminal- oder Capitalprozeß muß der Angeklagte natürlich persönlich erscheinen; und der Ankläger kann auf Tortur einer Person des ersten Standes nicht durch einen Bevollmächtigten antragen; gegen Andere bedarf es dazu einer besonders förmlichen Specialvollmacht[9]). Eines Fürsprechers können auch im Criminalprozeß sich beide Theile bedienen[10]). — Bei Verbrechen aller Art spielt der Anzeiger (index) eine eigenthümliche Rolle. Beim Diebstahl erhält er vom Beklagten im Falle der Verurtheilung zum Lohn den Werth der gestohlenen Sache[11]). Beim Capitalverbrechen muß der Ankläger, selbst wenn der Angeklagte seine Unschuld bewiesen zu haben scheint, den Anzeiger stellen, damit durch ihn die Wahrheit ermittelt werde. Im Fall der Freisprechung muß der Anzeiger Schadensersatz und Strafe zahlen[12]).

Allen Verbrechen ist es ferner gemein, 1) daß der Richter

betreffenden fiscalischen Beamten oder dessen Bevollmächtigten c. 10. Legitimation durch schriftliche Vollmacht c. 23. Wechsel des Bevollmächtigten c. 5. Tod c. 8.

4) *L. Vis.* II. 3, 3. Si quis per se causam dicere non potuerit aut forte noluerit, assertorem per scripturam suae manus vel testium signis aut subscriptionibus roboratam dare debebit — mandator —. Servo tamen non licebit per mandatum causas quorumlibet suscipere *rel. tit.* 1. 18. Quodsi quislibet Episcopus — assertorem dare distulerit *rel. tit.* 2, 3. nennt sie litigatores.

5) *L. Vis.* II. 3, 7. *cf.* 3. conludium. Also schon damals wie heutzutage vollständige Repräsentation mit Ueberspringung der römischen Vermittelungen. *cf. L. Rom. C. Th.* II. 12.

6) *L. Vis.* II. 3, 8. *Antiqua. tit.* 3, 9. *CHDS. cf. L. Rom. C. Th.* II. 14.

7) *L. Vis.* II. 3, 6.

8) *L. Vis.* II. 3, 3. *fine.*

9) *L. Vis.* II. 3, 4. Hierdurch ist *L. Rom. C. Th.* IX. 1, 9 modificirt.

10) Nur Eines, *L. Vis.* II. 2, 3.

11) *L. Vis.* VII. 1, 3. 4.

12) *L. Vis.* VII. 1, 1.

den Verdächtigen verhaften kann [13]); 2) daß der Ankläger im Fall der Freisprechung die Strafe leidet, mit der er den Gegner bedroht hat [14]), und daß 3) der Richter wegen Freisprechung aus Gunst der Strafe unterliegt, die er dem Verbrecher ersparen wollte [15]).

Der Criminalprozeß ist im Allgemeinen accusatorisch; doch soll der Richter wegen Capitalverbrechen, die das öffentliche Interesse berühren, auch von Amts wegen einschreiten [16]).

In Bezug auf den Beweis des Verbrechens aber ist er von doppelter Art. Zwar steht im Widerspruch mit dem altgermanischen Princip der wirkliche Beweis, d. i. die Ermittlung der wirklichen Wahrheit durch Zeugen u. s. w., in erster Linie. Aber wenn dieser keine Gewißheit über die Schuld oder Unschuld bringt, so kommt es entweder zum Reinigungseide oder zur Tortur des Angeschuldigten, die aus dem römischen Recht aufgenommen ist und merkwürdiger Weise nicht wie in diesem nur auf die untersten Stände, Sklaven und Plebejer [17]), sondern unter gewissen Voraussetzungen selbst auf Personen des höchsten Standes angewandt wird. K. Chindaswind [18]) verordnet in dieser Hinsicht: 1) in Capitalsachen, wenn a) beide Theile, der Angeklagte und der Ankläger, demselben Stande, dem ersten (nobiles) oder dem zweiten (humiliores ingenui), angehören, so findet Tortur statt. Dagegen kann b) ein Gemeinfreier

13) *L. Vis.* VII. 1, 5. *Antiqua.* — secundum legem causam discutiant et cum cognoverint crimen admissum, reum Comes et Iudex comprehendant. *tit.* 4, 2. Quotiens Gothus seu quislibet in crimine aut in furto accusatur, ad corripiendum eum Iudex insequatur *rel. cf.* 3. 4.

14) *L. Vis.* VII. 1, 5. — Ille vero qui accusavit, et poenam et damna suscipiat, quae debuit pati accusatus, si de crimine fuisset convictus.

15) *L. Vis.* VII. 1, 5. 6.

16) Wegen Landes- und Hochverrath, Verbrechen gegen die Sittlichkeit, z. B. durch Ehebruch einer Freigeborenen mit dem eigenen Sklaven *L. Vis.* III. 2, 2, nicht in andern Fällen des Ehebruchs 4, 13, wegen Todtschlag VI. 5, 14, Falschmünzerei VII. 6, 2 u. s. w.

17) Walter, Rechtsg. § 851. Die *L. Rom. C. Th.* IX. 25. *de quaestionibus* sagt nichts darüber und *Paul.* V. 31, 2 erwähnt nur die Ausnahmen für Majestätsverbrecher.

18) *L. Vis.* VI. 1, 2.

als Ankläger eines Adeligen sie nicht beantragen, dieser reinigt sich durch Eid. Im umgekehrten Falle war natürlich die Tortur möglich. 2) Wegen nicht capitaler Verbrechen, als Diebstahl u. A., hat a) der Adlige allgemein das Recht des Reinigungseides. b) Für den Gemeinfreien wird unterschieden: in Sachen von 500 Solidi Werth oder mehr findet Tortur statt, in geringeren der Reinigungseid. K. Egica, der auch sonst altgothische Reformen versuchte, hat dieß dahin modificirt, daß in Sachen von 300 bis zu 500 Solidi Werth zwar nicht die Tortur, aber das ihr ähnliche Gottesurtheil des siedenden Wassers eintreten soll [19]), welches sonst nirgends in dem westgothischen Gesetzbuch vorkommt.

Das Verfahren in Tortursachen war dann folgendes [20]). Wenn der Ankläger einen Anzeiger (index), der die Verantwortung seiner Anzeige übernimmt, nicht stellen will oder kann, so muß er durch förmliche Inscriptio mit der Unterschrift dreier Zeugen sich den Folgen der nicht durchgeführten Anklage unterwerfen [21]). Dann kommt es zunächst zum Beweis und Gegenbeweis, und wenn der Angeklagte seine Unschuld vollständig darzuthun vermag, so trifft die Strafe, die ihm drohte, den Ankläger [22]). Ist dagegen nur der Beweis dem Ankläger nicht gelungen, so kommt es zur Tortur [23]). Zuvor muß jedoch der Ankläger einen Eid vor Gefährde leisten [24]) und dem Richter

19) So verstehe ich das schlecht gefaßte Gesetz *L. Vis.* VI. 1, 3. — Ueber die Tortur der Sklaven und Freigelassenen s. *c.* 4. 5.

20) Hauptstelle ist *L. Vis.* VI. 1, 2. *cf.* VII. 1, 1. 5.

21) Auch die Inscriptio ist aus dem römischen Recht entlehnt, s. *L. Rom. C. Th.* IX. 1, 3. 4. 6. 8. 11.

22) *L. Vis.* VII. 1, 1. *cit.* Iudex reum qui accusatur antea non torqueat, quam ille qui accusat, si indicem praesentare noluerit, se per placitum trium testium roboratione firmatum ea conditione constringat, ut si is qui accusatus est manifestis indiciis innocens comprobatur, ipse poenam, quam alii intendit, excipiat. *cf.* VI. 1.

23) *L. Vis.* VI. 1, 2. *cit.* Quodsi probare non potuerit, coram Principe vel his, quos sua Princeps auctoritate praeceperit, trium testium subscriptione roborata subscriptio fiat et sic quaestionis examen incipiat.

24) *L. Vis.* VI. 1, 5. — Ita tamen servandum est, ut nec ingenuum quisque nec servum subdere prius quaestioni prae-

schriftliche Fragartikel überreichen, von denen er dem Angeklagten keine Kenntniß geben darf [25]). Die Tortur selbst wird in Gegenwart des Richters oder anderer zu diesem Behuf berufener ehrbarer Männer, während dreier Tage und zwar, horribile dictu! durch den Ankläger selbst mittelst beliebiger Peinigungen, nur mit Ausschluß an sich tödtlicher oder verstümmelnder, vollzogen [26]). Ist der Erfolg der Tortur 1) dennoch der Tod des Angeschuldigten, so wird der Ankläger den Verwandten desselben als Sklave zugesprochen, mit der Befugniß ihn in derselben Weise zu tödten, wie jener getödtet wurde [27]); deßgleichen der Richter, welcher tödtliche Peinigungen zuließ [28]). Kann er sich durch seinen Eid und den Eid der bei der Tortur gegenwärtigen Zeugen von dieser Schuld reinigen, so muß er doch, weil er den Getödteten über das Maaß peinigen ließ, dessen Wergeld mit 500 Solidi den Verwandten zahlen [29]). 2) Gesteht der Torquirte, was in den Fragartikeln behauptet worden, zu, so gilt

sumat, nisi coram Iudice vel eius Saione — districte iuraverit, quod nullo dolo vel fraude vel malitia innocentem faciat quaestionem subire.

25) *L. Vis.* VI. 1, 2. *cit.* Iudex tamen hanc cautelam in iudicio servare debebit, ut accusator omnem rei ordinem scriptis exponat, et iudici occulte praesentata sic quaestionis examinatio fiat. — Quodsi accusator prius quam occulte iudici notitiam tradat, aut per se aut per quemlibet de re quam accusat per ordinem instruxerit quem accusat, non liceat iudici accusatum subdere quaestioni, cum iam per accusatoris iudicium detectum constet ac publicatum esse negotium.

26) *L. Vis. cit. v.* Verumtamen — coram iudice vel aliis honestis viris a iudice convocatis, accusator tales poenas inferat, ne vitam exstinguat, aut quamcunque ipse, qui quaestioni subiiciendus est, membrorum debilitationem incurrat. Et quia per triduum quaestio agitari debet *rel.* — Si — talia tormenta fieri non prohibuit, unde mors occurreret, ipse iudex *rel.*

27) *L. Vis. cit.* Accusator autem in potestatem proximorum parentum mortui traditus, eadem mortis poena mulctetur, qua ille mulctatus est, qui per eius accusationem morte damnatus interiit.

28) *L. Vis. cit.* ipse iudex iniquitatis proximis parentibus simili vindicta puniendus tradatur.

29) *L. Vis. cit.* Si certe suo se sacramento innocentem reddiderit et testes iuraverint, qui fuerint praesentes —, pro eo quod indiscretus iudex superflua non prohibuit, quingentos solidos heredibus mortui compellatur exsolvere.

er für schuldig[30]). 3) Leugnet er beharrlich, so wird der Ankläger ihm als Sklave zugesprochen, wenn Jener nicht die Zahlung einer willkührlich von ihm bestimmten Buße vorzieht[31]).

Das Gesagte mag genügen, um die Criminalprozedur und den Geist dieser Gesetzgebung überhaupt, der mit dem altgermanischen im schneidensten Widerspruch steht, zu charakterisiren.

Auch der Civilprozeß zeigt die Vermischung germanischer und römischer Principien und Formen.

Die Klage wird nicht, wie die Lex Romana vorschrieb, schriftlich eingereicht[32]), sondern dem Richter mündlich vorgetragen. Dieser aber erläßt darauf an den Beklagten einen mit dem Gerichtssiegel versehenen Ladungsbrief (epistola, sigillum), der dem Beklagten durch den Gerichtsboten vor Zeugen insinuirt wird[33]) und natürlich den Anspruch enthält, über den er sich erklären soll. — Erscheint der am Gerichtsort wohnende Beklagte nicht binnen der gesetzlichen Frist von fünf Tagen, wenn er 100 Meilen entfernt wohnt binnen eilf, 200 Meilen binnen 21 Tagen u. s. w., so muß er dem Kläger für den Verzug eine Buße von fünf Solidi, und dem Richter für die Verachtung seines Befehls eine Wedde von gleichem Betrage zahlen, oder erhält im Fall seiner Insolvenz fünfzig Peitschenhiebe ohne Infamia, oder, wenn er zu der niederen Geistlichkeit gehört und der Bischof die Buße nicht für ihn zahlt, eine dreißigtägige Fastenstrafe. Mit Rücksicht auf Alter oder Krankheit soll der Richter diese Strafen ermäßigen. Der Bischof selbst, welcher der Ladung des Dux oder Comes nicht Folge leistet, zahlt fünfzig Solidi, wovon zwanzig dem Richter und dreißig dem Kläger

30) *L. Vis. cit.* Si eius professio compar fuerit cum verbis accusatoris *rel.*

31) *L. Vis. cit.* Si innoxius tormenta pertulerit *rel.*

32) Vgl. § 45 Note 10. 11.

33) *L. Vis.* II. 1, 18. *CHDS.* Iudex cum ab aliquo fuerit interpellatus, adversarium querelantis ammonitione unius epistolae vel sigilli ad iudicium venire compellat: sub ea videlicet ratione, ut coram ingenuis personis is, qui a iudice missus exstiterit, ei qui ad causam dicendam compellitur, offerat epistolam vel sigillum. 19. Si quis iudici pro adversario suo querelam intulerit, et ipse eum audire noluerit, aut sigillum negaverit *rel.*

zufallen [34]. Der Verächter einer Ladung des Königs zahlt drei Pfund Gold oder erleidet hundert Peitschenhiebe, die seine bürgerliche Ehre nicht mindern [35]. Außerdem weist der Richter den Kläger sofort in den Besitz des streitigen Objectes ein, unter Vorbehalt der Vertheidigung des Beklagten in der Sache selbst, zu welcher dieser indeß nur gegen Entrichtung jener Strafgelder zugelassen wird [36]. Der Beweis der Unmöglichkeit binnen der gesetzlichen Frist vor Gericht zu erscheinen, der durch Zeugen oder in deren Ermangelung durch Eid geführt wird, befreit von jenen Strafen [37]. Wird die Verhandlung durch Festtage oder sonstwie unterbrochen, so muß der Beklagte, wenn er eine glaubwürdige Person ist, sein Wiedererscheinen in einem bestimmten Termin durch simplen Vertrag mit einer Conventionalstrafe versprechen; desgleichen der Kläger [38]. Der verdächtige Beklagte muß Bürgen stellen oder bleibt in gerichtlicher Haft [39].

Von der Eröffnung der Verhandlung durch gegenseitige Erklärungen der Partheien (Litis Contestatio) ist in dem Gesetzbuch nicht die Rede; die Natur der Sache und die früher angeführte Formel aus K. Sisebuts Zeit [40] berechtigt aber zur Annahme derselben.

Die bedeutendste Abweichung vom altgermanischen Recht findet bei dem Beweise statt, sowohl was die Beweisordnung, als das Verhältniß des wirklichen Beweises zum förmlichen betrifft. Die Hauptstelle des Gesetzbuches [41] weist den Richter an,

34) *L. Vis.* II. 1, 18. *cit.*
35) *L. Vis.* II. 1, 83.
36) *L. Vis.* II. 1, 18. *cit.* confestim iudex ea quae pars petit querelantis, reservato negotio dilatoris, tradere non differat petitori: ita ut si contemptor in postmodum ad negotium dicendum successerit *rel.* VIII, 1, 7. Quodsi nec mandatum dederit, nec respondere voluerit, et sic in expeditionem profectus causam non dixerit, postquam fuerit convocatus a iudice, iudex adversario suo quae repetebat iubeat reformari. Illi tamen, dum reversus fuerit, actio reservetur.
37) *L. Vis.* II. 1, 18. 33. *citt.*
38) *L. Vis.* II. 2, 4.
39) *L. Vis.* II. 1, 11. XI. 1, 8.
40) S. § 47 Note 26.
41) *L. Vis.* II. 2, 5. *CHDS.* Quotiens causa auditur, probatio quidem ab utraque parte, hoc est tam a petente, quam

zunächst eigentlichen Beweis zur Ermittelung der wirklichen Wahrheit von beiden Theilen zu fordern und dann zu entscheiden, welcher der bessere sei; wenn aber auf diesem Wege die Wahrheit nicht ermittelt werden kann, dem Beklagten den Reinigungseid aufzuerlegen, und wenn er ihn ableistet, für ihn zu sprechen, den sachfälligen Kläger aber in eine Buße von fünf Solidi zu verurtheilen. Zahlreiche Stellen, welche Beweis oder diesen Reinigungseid oder auch nur diesen fordern, sind daher so zu verstehen, daß es zu letzterem nur eventuell kommt. Ein anderes Gesetz stellt es aber in des Richters Ermessen, wem von beiden Theilen in Ermangelung des Beweises der Eid aufzuerlegen sei [42]), so daß also unter Umständen auch der Kläger zum Erfüllungseide gelassen wird [43]). Offenbar liegt diesen Bestimmungen weder das Princip des germanischen, noch das des römischen Beweisrechts zum Grunde, sondern es ist ein principloses Gemisch beider, wobei schließlich dem Ermessen des Richters Alles überlassen bleibt; und der Gebrauch des Eides, den das ältere römische Recht dem Geschwornen im Nothfall gestattete, ist hier für den königlichen Richter zur allgemeinen Regel gemacht [44]).

Die Grundsätze über Zeugenbeweis sind überwiegend

ab eo qui petitur, debet inquiri, et quae magis recipi debeat, iudicem discernere competenter oportet. Tamen si per probationem rei veritas investigari nequiverit, tunc ille qui pulsatur, sacramentis se expiet, rem vel si quid ab eo requiritur, neque habuisse, neque aliqua de causa unde interrogatur se conscium esse, vel quidquam inde veritatis scire, nec id quod dicitur, et illi parti cui dicitur, commisisse.

42) *L. Vis.* II. 1, 22. *Antiqua.* Iudex, ut bene causam cognoscat, primum testes interroget, deinde scripturas inquirat, ut veritas possit certius inveniri, ne ad sacramentum facile veniatur. — In his vero causis sacramenta praestentur, in quibus nullam scripturam vel probationem, seu certa indicia veritatis discussio iudicantis invenerit. In quibus tamen causis et a quo iuramentum detur, pro sola investigatione iustitiae in iudicis potestate consistat.

43) Z. B. bei der Unterschlagung oder Zerstörung einer Urkunde durch den Beklagten, deren Inhalt auch durch die Instrumentszeugen nicht zu ermitteln ist. *L. Vis.* VII. 5, 2. Ferner im Fall Note 70.

44) Vgl. Bd. 2. S. 585 und oben § 45 Note 21. § 47 Note 31.

römisch; das Ziel desselben ist die Ermittelung der wirklichen Wahrheit; nur die Form der Zeugenaussagen zeigt noch eine gewisse Aehnlichkeit mit den alten Consacramentalen, welche selbst völlig verschwunden sind. Denn die Zeugen werden nicht, wie noch die Lex Romana es vorschrieb[45]), vor ihrer Vernehmung vereidet, sondern beschwören die von dem Produzenten eingereichten Artikel (conditiones) mit einer solennen Eidesformel[46]), jedoch nur aus bestimmter Wahrnehmung und Wissenschaft, persönlich im Gericht der Hauptsache oder vor einem deshalb requirirten Richter[47]), in Gegenwart des Producenten und Producten oder in contumaciam des Letzteren, wodurch dieser das Recht des Gegenbeweises durch Zeugen, nicht die Beweisanfechtung verliert[48]). Das Zeugenprotokoll wird beiden Theilen mitgetheilt und vertritt in kleinen Sachen die Stelle des schriftlich ausgefertigten Urtheils[49]). Die Fähigkeit zum Zeugniß ist bedingt durch freien Stand[50]), Unbescholtenheit[51]), Mündigkeit[52]) und Unpartheilichkeit[53]); die Verpflichtung zum Zeugniß ist eine allgemeine[54]), die Glaubwürdigkeit der Zeugen vom Richter nach den Aussagen und den Personen abzumessen[55]). Die übereinstimmende Aussage zweier tüchtiger Zeugen begrün-

45) *L. Rom. C. Th.* XI. 14, 2.

46) *L. Vis.* II. 1, 24. conditiones, ad quas iuratur. *tit.* 4. de testibus et testimoniis. *c.* 2. Iudex causa finita et sacramento secundum leges — a testibus dato, iudicium emittat. 3. conditionibus editis iurare non differat. 5. per conditionis seriem iurare procurent. Vgl. oben § 47 Note 34 folg.

47) *L. Vis.* II. 4, 5.

48) *L. Vis.* II. 1, 24.

49) *L. Vis.* II. 1, 24. *cit.* oben § 47 Note 35.

50) Servi regis in höheren Hofbedienungen sind fähig *L. Vis.* II. 4, 4. Andere in gewissen Sachen *c.* 9.

51) Ausgeschlossen sind homicidae, malefici, fures u. s. w. *L. Vis.* II. 4, 1. infames. VI. 5, 12.

52) *L. Vis.* II. 4, 11. mit vierzehn Jahren.

53) Verwandtschaft mit einer Parthei schließt aus *L. Vis.* II. 4, 12.

54) *L. Vis.* II. 4, 2. 10. Verweigerung macht den Nobilis für die Zukunft unfähig, der Gemeinfreie erhält außerdem 100 Peitschenhiebe.

55) *L. Vis.* II. 4, 2. discussa prius veritate verborum, quibus magis debeat credi iudicis aestimabit electio. 3. — non solum considerandum est, quam sint idonei genere, hoc est indubitanter ingenui, sed etiam si sint honestate mentis perspicui atque rerum plenitudine opulenti.

det einen vollen Beweis [56]). Der Meineid des Zeugen ist mit harten Strafen bedroht [57]).

Römisch ist auch der häufige Gebrauch der Urkunden mit Instrumentszeugen [58]) und der Vorzug derselben vor dem Zeugniß [59]); ferner der Beweis ihrer Aechtheit durch Schriftvergleichung (contropatio) [60]). Unterschlagung und Fälschung der Urkunden unterliegt gleichfalls harten Strafen [61]).

Das Urtheil (iudicium) wird von dem Richter in größeren Sachen schriftlich ausgefertigt und jeder Parthei ein Exemplar mitgetheilt; ein drittes bleibt bei den Acten des Gerichts. In kleinen Sachen vertritt, wie bemerkt, das Zeugenprotokoll seine Stelle. Nur wenn der Beklagte den Anspruch des Klägers einfach zugestanden hat, soll auch in solchen zur Sicherung des Beweises ein vom Richter unterschriebenes Urtheil ergehen [62]). Im Fall des absolutorischen Urtheils zahlt der Kläger, auch wenn die Klage nicht auf eine Buße gerichtet war, eine Buße von fünf Solidi, welche nach der Entfernung des Beklagten vom Gerichtsort sich steigert, also ein Ersatz für die gehabten Prozeß- und Reisekosten sein soll [63]).

Die Vollstreckung des condemnatorischen Urtheils, insofern es dem Beklagten die Zahlung einer Summe Geldes auferlegt, in seinem Vermögen wird in dem Gesetzbuch mehr vorausgesetzt als näher bestimmt. Gegen den Erben des Schuldners wird sie auf die Erbschaft beschränkt, durch deren Cession

56) *L. Vis.* II. 4, 3. In duobus autem idoneis testibus, quos prisca legum recipiendos sanxit auctoritas. II. 1, 24. — si duo testes non remanserint, qui digni in eodem testimonio maneant. *cf. L. Rom. C. Th.* XI. 14, 2.

57) *L. Vis.* II. 4, 6—8.

58) *L. Vis.* II. 5. de scripturis valituris *rel.*

59) *L. Vis.* II. 4, 3. — 5, 18.

60) *L. Vis.* II. 5, 15—17. — 4, 3.

61) *L. Vis.* VII. 5, 2.

62) *L. Vis.* II. 1, 24 s. oben § 47 Note 33. Ferner *c.* 23. conscribant subscribantque iudicium. *c.* 27. iudicia iniusta conscripserint, und von dem Urtheil des requirirten Richters des Beklagten (§ 48 Note 13), welches an den Richter des Klägers zur Publication eingesandt werden soll II. 2, 7. exemplar fideliter translatum, subscriptum, signatum.

63) *L. Vis.* II. 2, 5. 6. ein Sklave zahlt die Hälfte 9.

er sich liberirt [64]). Im Fall der Insolvenz tritt Schuldknechtschaft der härtesten Art ein, der Schuldner wird dem Gläubiger als Sklave zugesprochen [65]); nur bei kleineren Bußen tritt körperliche Züchtigung an deren Stelle [66]). Unter mehreren Gläubigern kann der Einzelne, der dem Andern durch Klage zuvorkommt, seine Befriedigung vorwegnehmen; klagen sie gleichzeitig, so wird ihnen die verhältnißmäßige Befriedigung durch Uebergabe des Vermögens und Addiction des Schuldners verschafft [67]). Dagegen kann der Schuldner nicht schon bei Contrahirung der Schuld durch Verpfändung seiner Person oder seines ganzen Vermögens diese Befugnisse dem Gläubiger einräumen [68]). Gegen die Civilexecution gewährt das Asylrecht keinen Schutz [69]).

Als **Rechtsmittel** kennt das Gesetzbuch nicht die ordentliche Appellation, sondern nur außerordentliche.

1) Wegen verweigerter oder verzögerter Justiz soll der Richter dem Kläger, der den Beweis darüber führt, als Buße den Betrag der Klage zahlen, die dieser dessen ungeachtet binnen der gesetzlichen Verjährungszeit noch anstellen kann. Auch soll er den zufällig einer Parthei oder beiden aus der Verzögerung entstandenen Schaden ersetzen [70]). Kann der Kläger jenen Be-

64) *L. Vis.* V. 6, 6. (*ex maleficio*) — iuxta quod possident de rebus defuncti — non morentur petenti facere cessionem. VII. 5, 8. (*ex contractu*) — quod ex rebus eius possident, cogendi sunt causidico facere cessionem.

65) So z. B. *L. Vis.* VII. 1, 5. Si non habuerit, unde componat, serviturus tradatur. V. 6, 5. in Note 67.

66) So z. B. *L. Vis.* IX. 1, 2.

67) *L. Vis.* V. 6, 5. Si una persona pluribus rea vel debitrix maneat, qui prior in petitione processerit, et aut per placitum, aut per probationem, sive per professionem eius, eum sibi reum vel debitorem esse docuerit, ipsi nihilominus aut iuxta qualitatem (?) debiti satisfacere cogendus est. Quodsi, quibus reus vel debitor manet, uno eodemque tempore contra eum agere coeperint: secundum quantitatem debiti vel reatus, aut reddere omnibus aut omnibus addicendus est serviturus *rel.*

68) *L. Vis.* II. 5, 8.

69) *L. Vis.* IX. 3, 4.

70) *L. Vis.* II. 1, 21. — Quodsi dolo vel calliditate aliqua ad hoc videatur iudex differre negotium, ut una pars aut ambae naufragium perferant, quidquid dispendii super octo

weis nicht führen, so muß der Richter seine Unschuld beschwören und geht dann frei aus[71]).

2) Ein ungerechtes Urtheil soll, selbst nachdem es vollstreckt ist, rückgängig gemacht werden; der Richter aber zahlt wegen Dolus den doppelten, oder wenn er dazu nicht im Stande ist, den einfachen Betrag als Buße, oder erhält im Fall absoluter Insolvenz fünfzig Peitschenhiebe. Schwört er, daß er aus Unwissenheit oder aus Furcht vor dem König oder auf Befehl desselben das ungerechte Urtheil gefällt habe, so wird das Urtheil zwar cassirt, er aber bleibt straflos [72]). Ein Vertrag, wodurch eine Parthei auf die Anfechtung des Urtheils verzichtet, ist ungültig [73]).

3) Gegen den verdächtigen Richter kann sich jede Parthei schützen durch Zuziehung des Bischofs zu der Verhandlung und Entscheidung, und gegen das also gefällte Urtheil ist Appellation an den König, jedoch ohne Suspensiveffect, möglich [74]).

In den beiden ersten Fällen wird die Behörde, an welche die Beschwerde gerichtet werden muß, nicht genannt; ohne Zweifel aber ist es der nächsthöhere Richter und in letzter Instanz der König.

IV. Die Ostgothen.

§ 51. Wenn die Burgunden und Westgothen nach ihrer Niederlassung auf römischem Boden, wie sie nicht wohl anders konnten, den unterworfenen Romanen die persönliche Freiheit, einen Theil ihres Grundbesitzes und den Gebrauch ihres bürgerlichen Rechts, ja ihre Municipal- und Provinzialverfassung zum Theil beließen, thatsächlich jedoch von ihnen den Einfluß römi-

dies, a die coeptae actionis, causantes pertulerint, redditо sacramento totum eis iudex reddere compellitur.

71) *L. Vis.* II. 1, 19.

72) *L. Vis.* II. 1, 20. 28. Principum metu aut iussu.

73) *L. Vis.* II. 1, 27.

74) *L. Vis.* II. 1, 23.

scher Cultur je länger je mehr, im westgothischen Staate bis zu völliger Verschmelzung beider Nationalitäten, erfuhren: so ist der Staat, den die Ostgothen im Mittelpunkt des weströmischen Reichs, in Italien und den benachbarten Provinzen, gründeten, dadurch ausgezeichnet, daß ihr großer König Theoderich den bewußten Plan verfolgte, die römischen Staatseinrichtungen vollständig zu conserviren und sein Volk denselben einzufügen, ja allmählig zu assimiliren. Wir erinnern auch hier nur kurz an die geschichtlichen Momente, die dieß vorbereiteten [1]).

Nach Ueberwältigung der Ostgothen in ihrem Sitz zwischen Don und Dniester durch die Hunen und dem tragischen Ende ihres mächtigen Königs Ermanarich (375 n. Chr.) erscheinen fortan dessen Nachkommen als Vasallen, ihr nach Westen gedrängtes Volk als ein Glied des großen Hunenreichs. So fechten die drei königlichen Brüder aus dem Geschlechte der Amaler, Walamir, Theodimir und Widimir, in der großen Hunenschlacht bei Chalons (451) mit ihrem Volk in Attila's Heer. Nach dessen Tode (453) und der Auflösung des Hunenreichs gewinnen sie mit den andern zu demselben gehörigen Völkern ihre Selbständigkeit wieder. Wenn berichtet wird, der oströmische Kaiser Marcian habe diesen Völkern ihre Sitze angewiesen, den Ostgothen in Pannonien [2]), welches die drei Brüder ge-

1) Manso, Geschichte des Ost-Gothischen Reiches in Italien. Breslau 1824. Für die Vorgeschichte der Ostgothen s. Zeuß, die Deutschen S. 420 folg. Köpke, die Anfänge des Königthums bei den Gothen, Berlin 1859. S. 136 folg. Dahn, die Könige der Germanen II. München 1861. S. 51—123. Für ihre Einrichtungen in Italien Savigny, Gesch. des R. R. im MA. I. §§ 103—104. v. Glöden, das römische Recht im Ostgothischen Reiche Jena 1843, und die Recension von Walch in der Jen. Allg. Litt.-Zeitung 1845. Nr. 10—12. 14. Gaupp, die germanischen Ansiedlungen, Breslau 1844. §§ 66 71. Hegel, Städteverfassung von Italien, Leipzig 1847. S. 99—125. Dahn cit. S. 123—175. Abth. IV. 1866.

2) *Iordan. c.* 50. qui (sc. barbari) Hunnorum regimini inviti famulabantur, — a Principe tunc Marciano gratissime suscepti distributas sedes, quas incolerent, accepere. — Gothi maluerunt a Romano regno terras petere, quam cum discrimine suo invadere alienas, accipientes Pannoniam *rel. c.* 72. Plerique Ostrogothorum, qui in Pannonia sub rege Walemir eiusque germanis Theodimir et Widimir morabantur *rel.* *Cassiodor. Var.* III. 23. ad

meinschaftlich, jedoch nach Regionen getheilt, beherrschen [3]), während diese Länder der römischen Herrschaft längst entzogen waren, so ist dieß so zu verstehen, daß der genannte verständige Fürst dabei als Vermittler auftrat, um den kriegerischen Reibungen der Völker unter einander, welche auch die römischen Grenzen bedrohten, ein Ziel zu setzen. Zu dem Ende bewilligte er auch den Ostgothen als Föderaten einen jährlichen Tribut. Aber weder die Kämpfe derselben mit ihren Nachbarn, noch das zweideutige Verhältniß zu dem byzantinischen Hofe war damit auf die Dauer beseitigt. Denn an kriegerisches Umherschweifen gewöhnt und durch die Anweisung neuer Wohnsitze längst nicht in friedliche Ackerbauer verwandelt, trieb sie selbst die Noth zu stets erneuerten Ansprüchen oder Raubzügen. Als die bedungenen Jahrgelder ausbleiben und eine ostgothische Gesandtschaft sie vergeblich reclamirt, während der Führer eines andern gothischen Söldnerhaufens, Theoderich des Triarius Sohn, nicht aus königlichem Geschlecht, am Hofe des Kaisers Gunst und Reichthum genießt, überziehen und plündern sie Illyricum. Bei dem alsdann mit K. Leo erneuerten Friedensschluß war es, wo der siebenjährige Sohn K. Theodimirs, Theoderich, der spätere Begründer des ostgothischen Staates, als Geissel an den kaiserlichen Hof kam, und römische Bildung erhielt [4]), ohne die ritterlichen Tugenden seines Stammes einzubüßen. Dann fällt in einer siegreichen Schlacht gegen die benachbarten Sciren K. Walamir, und auf das stürmische Verlangen des Volkes nach neuem Raub einigt sich Theodimir mit seinem Bruder Widimir, daß dieser mit einer Abtheilung Italien und das westliche Reich überziehen soll, wo diese sich dann (474) in Gallien

Sirmiensem *Pannoniam*, quondam sedem Gothorum.

3) *Iordan. c.* 52. *cit.* quamvis divisa loca, consilia tamen habuere unita. Vgl. *c.* 54 und das frühere Verhältniß der Brüder c. 48.

4) Das Schreiben lernte freilich seine kriegerische Faust nie, zur Unterschrift gebrauchte er eine goldene Schablone *Anon. Val. p. m.* 560. Aber beider Sprachen, der griechischen und lateinischen, muß er mächtig gewesen sein, und das Verständniß des römischen Staatswesens beweist seine spätere Politik.

mit den Westgothen vermischt[5]; er behält sich vor, den Kampf mit Constantinopel wieder aufzunehmen. Sein Sohn Theoderich, welcher nun achtzehnjährig, mit unverminderter germanischer Kriegslust und Tüchtigkeit zu ihm zurückgekehrt ist, hilft bei der Eroberung eines Theils von Thracien und Macedonien und folgt ihm bei seinem Tode (475) unter Zustimmung des Volkes in der königlichen Würde. Die folgenden Jahre zeigen ihn mit seinem Nebenbuhler am byzantinischen Hofe, jenem Theoderich des Triarius Sohn, bis zu dessen Tode (481) bald im Kampf, bald vereinigt gegen die hinterlistige Politik des K. Zeno. Auch daß er nun (483) von diesem zum Magister Militum präsentalis und Patricius ernannt, zum Consul für das folgende Jahr designirt und mit einem Theil von Dacia ripensis und Moesia inferior nebst der festen Stadt Novae beschenkt wurde, hinderte ihn nicht vier Jahre später (487), nachdem er als Föderat eine Empörung gegen den Kaiser gedämpft, selbst einen Raubzug bis unter die Mauern von Constantinopel zu unternehmen. Als nun K. Zeno, um die zweideutigen Freunde los zu werden, ihm vorschlug, nach Italien zu ziehen und dieses dem Usurpator Odoakar zu entreißen, war es eine zu lockende Aussicht, statt des fruchtlosen Kampfes gegen das oströmische Kaiserthum, in dem zerrütteten Westen sich eine unabhängige Herrschaft, seinem Volk ruhige Wohnsitze zu verschaffen, als daß er dieser Einladung nicht hätte folgen sollen[6].

In Italien nehmlich hatte erst Julius Nepos auf Anregung des byzantinischen Hofes den von den Burgunden eingesetzten K. Glycerius gestürzt (474) und war dann selbst durch seinen Magister Militum Orestes, von pannonischer Abkunft, vertrieben worden, der seinen Sohn Romulus, von den Römern seiner Jugend wegen Augustulus genannt, mit dem Purpur bekleidete (475). Als er aber dem aus Sciren, Rugiern und He-

5) S. oben § 42 Note 14.

6) Die Zweideutigkeit auch dieser Verhandlung erklärt die abweichenden Berichte des Jordanis *c.* 57. und *Procop. de bello Goth.* I. 1. II. 6. Manso S. 37. Köpke S. 162 folg. Dahn S. 74 folg.

rulern zusammengesetzten barbarischen Söldnerheer die Forderung, ihnen einen Drittheil der Ländereien ihrer Hospites anzuweisen, abschlug, empörten sie sich unter Führung eines Officiers der kaiserlichen Leibwache, des Odoakar aus edlem scirischen Geschlecht [7]), tödteten den Orestes und wählten jenen nach germanischer Anschauungsweise zu ihrem Könige (476). Dieser bewilligte ihnen das verlangte Drittheil Land und schenkte dem entthronten jungen Kaiser aus Mitleid das Leben und selbst Lebensunterhalt, fand es aber nicht nöthig, ihm einen Nachfolger zu geben. Vielmehr suchte er, wohl mehr um den Römern gegenüber das nöthige Ansehen zu gewinnen, als aus Veneration für das Kaiserthum, die Anerkennung des byzantinischen Hofes als Statthalter desselben durch Verleihung des Titels eines Patricius nach. In gleicher Zweideutigkeit verwies ihn zwar K. Zeno deshalb an den als Prätendent in Dalmatien noch lebenden Nepos, gab ihm aber in seinem Schreiben bereits den begehrten Titel [8]). Thatsächlich beherrschte Odoakar im Besitz der Militärmacht Italien während dreizehn Jahren in vollkommener Selbständigkeit, führte Krieg und schloß Bündnisse mit anderen germanischen Völkern, ließ aber die römische Civilverwaltung über die italischen Römer unverändert fortbestehen [9]); ja selbst die Verfassung des aus den verschiedensten Nationalitäten gemischten Heeres scheint dieselbe geblieben zu sein [10]). Daß diese unter sich nach ihren verschiedenen Stammesrechten lebten, ist in Ermangelung specieller Nachrichten nur aus den allgemeinen Berichten zu schließen [11]). Dagegen besitzen wir nicht

7) Dahn S. 35. Der Ausdruck Procops: *ἐς τοὺς βασιλέως δορυφόρους τελῶν*, bezeichnet ihn nur als zur kaiserlichen Leibwache (Domestici et Protectores, Scutarii u. s. w.) gehörig; daß er aber eine höhere Stellung in ihr einnahm, versteht sich von selbst.

8) *Exc. e Malchi hist. c.* 3. *ed. Bonn. p.* 235 *sq.* Dahn S. 38 folg.

9) Beweis, der Fortbestand derselben unter ostgothischer Herrschaft. Ueber die Steuererhebung s. *Cassiodor. Var.* IV. 38. sicut Odoacris tempore tributa solverunt. Für den Fortbestand der Municipalverfassung s. die Urkunden Note 12.

10) S. den Comes Domesticorum Pierius in den Urkunden Note 12.

11) Synesius und Theodoret bei v. Sybel cit. S. 163.

bloß für den Fortbestand des römischen Rechts unter den Römern, sondern auch für den Gebrauch desselben bei Rechtsgeschäften zwischen beiderlei Nationen, also als gemeines Recht, ein merkwürdiges Zeugniß in der Schenkungsurkunde des Königs an den Comes Domesticorum Pierius, worin die bekannten römischen Formen vollständig beobachtet sind [12]). Indessen war die Herrschaft des Odoakar von zu kurzer Dauer und noch zu tumultuarisch, um sich zu einem harmonischen Staatswesen zu entwickeln.

Im Jahr 488 rief Theoderich, was von seinem Volke am Eroberungszuge Theil nehmen wollte, in seiner Residenz Novae zusammen [13]), auch Rugier schlossen sich an [14]) und andere Abentheurer [15]); eine ganze Welt von Männern, Weibern und Kindern mit ihrem Hausrath auf Wagen gepackt bildeten den Wanderzug [16]), der, nachdem er sich gegen die Gepiden durchgeschlagen, seinen Unterhalt durch Raub und Jagd suchend, im Frühjahr 489 in Venetien anlangte. In zwei Schlachten, am Isonzo und bei Verona, wurde Odoakar besiegt, der indeß durch Verrath und Abfall in Theoderichs Heer und die Hülfe der Burgunden wieder erstarkte und erst nach einer abermaligen, mit Hülfe der Westgothen ihm beigebrachten Niederlage an der Adda (490) in Ravenna Zuflucht suchen mußte. Bei dem Ungeschick der Gothen in der Belagerungskunst erlangte Theoderich erst

12) *Marini, pap. dipl.* 82. 83. *Spangenberg. Tab. neg. sol.* 27. Savigny, R. R. im MA. I. S. 343 folg.

13) *Iordan. c.* 57. omnem gentem Gothorum, qui tamen ei praebuere consensum, assumens. Köpke S. 166. Es war also ein Mittelding zwischen freiem Aufgebot und Volkskrieg. Daß Ostgothen in Thracien zurückblieben, zeigt *Procop. de bello Goth.* I. 16.

14) *Procop. cit.* II. 14. III. 2.

15) Z. B. Artemidor, ein Verwandter des Kaisers. *Cassiodor.* I. 43.

16) *Ennodii, Panegyr. c.* 6. bei Manso *p.* 452 und *Procop. cit.* καὶ αὐτῷ ὁ τῶν Γότθων λεὼς εἵπετο, παῖδάς τε καὶ γυναῖκας ἐν ταῖς ἁμάξαις ἐνθέμενοι καὶ τὰ ἔπιπλα ὅσα φέρειν οἷοί τε ἦσαν. Köpke S. 168 berechnet die streitbaren Männer auf 50,000 bis 60,000, die Gesammtzahl auf 200,000 Menschen; wohl zu gering, da fünfzig Jahre später Totilas sich eines Heeres von 200,000 Mann rühmen konnte. *Procop.* III. 4, 21. Schon Vitiges stellte 150,000. *Idem* I. 16.

im dritten Jahr (493) durch einen Vergleich, welcher beiden germanischen Königen gleiche Rechte sicherte, den Einlaß, und, nachdem er seinen Gegner, dem Treubruch zuvorkommend, beim Gastmahl mit eigener Hand erschlagen, und nun als Sieger die noch übrigen feindlichen Barbaren für sich gewonnen hatte[17]), war er unbeschränkter Herr von Italien. Als dazu gehörig beherrschte er auch Sicilien und die rhätischen und norischen Alpen, als ursprüngliche Sitze der Ostgothen Pannonien und Illyricum. Später erwarb er von den Westgothen (509) und Burgunden das südöstliche Gallien bis an die Rhone und (523) das heutige Savoyen[18]). Ein in sich wohl abgerundetes Territorium, durch den Besitz der Gebirgspässe von den cottischen bis zu den julischen Alpen gegen die Einfälle anderer Barbaren geschützt, durch die Fruchtbarkeit Siciliens, Istriens, der Lombardei und Provence in seinem Unterhalte selbständig und durch den Glanz der alten Roma wie durch die feste kaiserliche Residenz Ravenna noch immer ein würdiger Repräsentant des römischen Occidents.

§ 52. Wenn bis dahin Theoderich nur als eine der Heldengestalten erschien, an denen das germanische Mittelalter so reich ist, so zeigt die Einrichtung und Leitung des von ihm gegründeten Staates einen über seine Zeit und sein Volk hervorragenden Genius, der insofern den Namen „des Großen" wohl verdiente. Denn während alle andern germanischen Fürsten der Völkerwanderung nur mit dem Instinct der Macht ihre Herrschaft zu begründen und durch Eroberung auszudehnen, im Innern zu befestigen trachteten: so war er im klaren Bewußtsein einer höheren Staatsidee bemüht, die ihm durch sie gestellte Aufgabe zu lösen. Diese seine Politik näher zu betrachten, sind wir um so mehr veranlaßt, weil die Versöhnung des Germanenthums und Römerthums ihr Ziel war. Die vollständigsten und sichersten Aufschlüsse darüber geben die zahl-

17) *Procop. cit.* *καὶ ἀπ' αὐτοῦ (sc. Ὀδοάκρου) βαρβάρων τῶν πολεμίων προσποιησάμενος, ὅσους περιεῖναι ξυνέπεσεν rel.* Nur das Gefolge des Odoakar wurde mit ihm getödtet. Manso S. 46.

18) Manso S. 47. 66. 68 und Beil. V. S. 321 folg.

reichen, von seinem ersten Minister Cassiodor verfaßten und uns erhaltenen Staatsschriften [1]), insoweit der Kern ihrer schwülstigen Rhetorik durch die Thaten des Königs bestätigt wird. Seine Politik betrifft theils die auswärtigen Verhältnisse des ostgothischen Staates, theils seine innere Organisation und Verwaltung.

Nach Außen, d. h. im Verhältniß zu anderen Staaten, bewährte Theoderich ebenso viel Mäßigung als Umsicht. Mäßigung, denn im Gegensatz zu seiner stürmischen Jugend ist er, im Vollbesitz der Macht, während einer drei und dreißigjährigen Regierung nur bemüht, die Grenzen seiner Herrschaft nicht zu erweitern, sondern zu sichern. Umsicht aber bewährt er dadurch, daß er in großartigem Ueberblick des Systems von Staaten um ihn her mit allen friedliche, mit mehreren selbst verwandtschaftliche Verbindungen anknüpft, der drohenden Uebermacht eines Einzelnen aber mit diplomatischer und kriegerischer Intervention entgegentritt.

Das wichtigste äußere Verhältniß, auch für das Innere seines Staates, war das zu dem byzantinischen Hofe. Die Zweideutigkeit desselben, schon beim Beginn seines Unternehmens [2]), war ihm gewiß nicht verborgen. Aber selbst nachdem er sein Ziel erreicht und selbständiger Herr des Westens (rerum dominus) [3]) geworden, duldete er den inneren Widerspruch, d. h. ließ die Scheinabhängigkeit vom Kaiser fortbestehn, weil dieß die Bedingung des Friedens war und ihm den Römern gegenüber ein legitimes Ansehen gab. Deshalb nahm er den Kaisertitel nicht an, sondern begnügte sich mit der Königswürde, die sein Gothenheer nach dem Siege ihm durch erneute Huldigung be-

1) *Cassiodori, Variorum libri* XII. *in Opp. ed. Garetii. Ven.* 1729. *fol. Vol.* I. *p.* 1—187. Ueber Cassiodor und seine Laufbahn s. Manso Beil. 7 und Köpke S. 85 folg. Für die Verfassung des Staates benutzten wir Cassiodors Staatsschriften auch nach Theoderichs Tod.

2) S. § 51 Note 6.

3) Der gewöhnliche Titel, den ihm die Römer gaben (s. die Stellen bei Glöden cit. S. 140 Note b), während der westgothische König princeps genannt wird, s. § 44 Note 2. Dagegen nennt Theoderich die römischen Kaiser schlechthin Principes. *Ed. Theod.* 24.

stätigte [4]). Nach Constantinopel aber schickte er einen römischen Senator als Gesandten an K. Zeno mit der Bitte, ihm als Anerkennung seiner Herrschaft den kaiserlichen Purpur (regia vestis) zu senden [5]), erlangte ihn auch, da dieser mittlerweile gestorben war, von seinem Nachfolger Anastasius nebst den übrigen Reichskleinodien durch einen förmlichen Friedensschluß [6]) und hat ihn als Zeichen seiner Herrscherwürde stets getragen [7]). Auch in solennen Acten erscheint das Zwitterverhältniß: es sind zwei Staaten (res publicae) in dem einen ungetheilten römischen Reiche (orbis romanus), dessen nominelle Spitze noch immer der Kaiser in Constantinopel bildet [8]). Daß indeß weder dieses staatsrechtliche, noch das fingirte Pietätsverhältniß [9]) der

4) *Anonym. Vales. p. m.* 555. Gothi sibi confirmaverunt Theodericum regem, non exspectantes iussionem novi Principis (*sc. Anastasii*). *Procop. de b. Goth.* I. 1. *καὶ βασιλέως μὲν τοῦ Ῥωμαίων οὔτε τοῦ σχήματος οὔτε τοῦ ὀνόματος ἐπιβατεῦσαι ἠξίωσεν, ἀλλὰ Ῥήξ τε διεβίω καλούμενος (οὕτω γὰρ σφῶν τοὺς ἡγεμόνας οἱ βάρβαροι καλεῖν νενομίκασι). τῶν μέντοι κατηκόων τῶν αὐτοῦ προύστη ξύμπαντα περιβαλλόμενος ὅσα τῷ φύσει βασιλεῖ ἥρμοσται.*

5) *Anonym. Vales. p. m.* 555. Et mittens legationem Theodericus Festum (*l.* Faustum) caput senati ad Zenonem imperatorem, et ab eodem sperans vestem se inducere regiam. — Theodericus enim, qui in legationem direxerat Faustum Nigrum ad Zenonem *rel.*

6) *Anonym. Vales. p. m.* 557. Facta pace cum Anastasio imperatore per Festum de praesumtione regni, et (*l. is*) omnia ornamenta palatii, quae Odoachar Constantinopolim transmiserat, remittit. *Cassiodor. Var.* I. 1. ist wahrscheinlich das deshalb an K. Anastasius gerichtete Schreiben. Manso S. 49 Note l. Köpke S. 182.

7) *Cassiodor. Var.* I. 2. betrifft die Anfertigung dieser sacra vestis.

8) Den bestimmtesten Ausdruck enthält das Schreiben an K. Anastasius Note 6. Vos enim estis regnorum omnium pulcherrimum decus, vos totius Orbis salutare praesidium, quod ceteri Dominantes iure suscipiunt *rel.* — pati vos non credimus in utrasque respublicas, quarum semper unum corpus sub antiquis Principibus fuisse declaratur, aliquid discordiae permanere. Die praktische Folge ist z. B. die Nachsuchung der Bestätigung des von ihm designirten Einen Consuls. *Cassiodor.* II. 1. *Procop.* II. 6. Die Prägung der Münzen mit des Kaisers Bildniß. Manso S. 50 folg.

9) Die adoptio per arma von Seiten K. Zeno's (*Iordanis c.* 57. *Cassiodor. Var.* VIII. 1.) war der Ausdruck desselben; so auch zwischen Theoderich und dem Könige der Heruler. *Cassiodor.* IV. 2. vgl. Glöden S. 111. Auch dem K. Anastasius gegenüber sagt er: cuius adhuc amore profici-

beiden Herrscher im Fall collidirender Interessen selbst einen mehrmaligen blutigen Zusammenstoß nicht ausschloß, lag in der Natur der Sache [10]); und der diplomatische Verkehr mit den listigen Griechen wurde stets als äußerst schwierig betrachtet [11]).

Unter den germanischen Völkern waren die Vandalen durch die stets wiederholte Plünderung des kornreichen Siciliens und durch die Handelsverbindung mit Afrika für Italien besonders wichtig; daher Theoderich schon im J. 491 den früher von Odoakar mit ihnen geschlossenen Vertrag erneuerte und später dem Könige Trasamund seine Schwester zum Weibe gab [12]). Von dem burgundischen Könige Gundobad, der den Odoakar gegen ihn unterstützt hatte, erlangte er schon 494 durch eine Gesandtschaft die Herausgabe der zahlreichen aus Italien weggeführten Gefangenen und sicherte sich ein freundschaftliches Verhältniß mit ihm durch die Vermählung seiner Tochter mit dessen Sohne Sigismund [13]). Als die am gewaltigsten aufstrebende Macht aber erkannte er die des Frankenkönigs Chlodwich und verband sich deshalb auch mit diesem verwandtschaftlich, indem er dessen Schwester zu seiner Königin machte [14]). Als dieser die Alamannen überwältigt hatte (496), nahm er die Flüchtlinge derselben in Rhätien auf und richtete ein Schreiben an ihn, worin er ihm zu dem Siege Glück wünscht und ihn zur Mäßigung in der Verfolgung desselben ermahnt [15]). Besonders aber, als das Zerwürfniß zwischen Chlodwich und dem westgothischen Könige Alarich II., Theoderichs Schwiegersohn, drohte, bietet er zunächst durch eigene diplomatische Intervention und die befreundeter Könige Alles auf, um es zu verhüten [16]). Nach-

mus — ne suspendatis a nobis gloriosissimam charitatem quam ego sperare debui.

10) So zwischen Theoderichs Feldherrn Pitzia und dem byzantischen Heere (a. 505). Drei Jahre später (508) ließ K. Anastasius durch seine Flotte die appulische und calabrische Küste plündern. Manso S. 49 folg.

11) S. die Instruction des gothischen Gesandten an den byzantinischen Hof. *Cassiodor.* II. 6.

12) Manso S. 35. 56. 71.

13) Manso S. 57. 71.

14) Manso S. 71.

15) *Cassiodor. Var.* II. 46. Manso S. 59 folg.

16) S. die merkwürdigen Schreiben an Alarich und Chlodwich bei *Cas-*

dem aber der Versuch mißglückt und durch eine unglückliche Schlacht (507) die westgothische Herrschaft in Gallien zertrümmert ist, schreitet er mit seinem Heere unter einem tüchtigen Feldherrn ein (508) und stellt sie im südwestlichen Gallien gegen die Franken und Burgunden, in Spanien gegen einen Usurpator zu Gunsten seines unmündigen Enkels Amalrich wieder her (511). Daß er bei dieser Gelegenheit sich das Land bis zur Rhone und Dürance aneignete, mochte als Lohn für die geleistete Hülfe und als Stützpunkt für die vormundschaftliche Verwaltung des westgothischen Staates gerechtfertigt erscheinen [17]. Die Eroberung Burgundiens durch die Söhne Chlodewichs (523) gab ihm Veranlassung, auch durch den Erwerb von Savoyen seine nordwestliche Grenze zu sichern [18]. — Seine östliche Grenze schützte er gegen die unruhigen Gepiden durch Wiedereroberung des festen Sirmiums [19]. Der König der Heruler, von den Langobarden bedrängt, trat zu ihm in ein Vasallenverhältniß [20]. Dem Könige der Thüringer vermählte er seine Nichte [21]. Die jenseits derselben wohnenden Warner und die fernen Aestyer (Esthen) huldigten ihm durch Gesandtschaften und Geschenke [22]. So weit war der Ruhm seiner in der That einzigen Stellung unter den germanischen Völkern verbreitet; kein Wunder, daß auch die Sage ihn sich angeeignet und poetisch verherrlicht hat.

Im Innern war ihm die schwierige Aufgabe gestellt, zwei Völker verschiedenster Art und Bildung, Gothen und Römer, in Einem Staat zu vereinigen. Man hat ihm zum Vorwurf gemacht, daß er nicht sofort auf Verschmelzung beider in einer

siodor. Var. III. 1. 4. an den König der Burgunden Gundobad *ep.* 2. und an die Könige der Heruler, Warner und Thüringer, die er an ihre Freundschaft mit den Westgothen und die gemeinsame Gefahr erinnert. *ep.* 3.

17) Manso S. 61 folg.

18) Manso S. 67.

19) Manso S. 61.

20) *Cassiodor.* IV. 2. *Iordan. c.* 3. Herulorum — quibus Rodulf rex fuit, qui ad Theoderici Gothorum regis gremium convolavit et ut desiderabat invenit. Manso S. 56. Beil. VI.

21) *Iordan. c.* 58.

22) *Cassiodor.* V. 1. 2.

neuen römisch-germanischen Staatsform bedacht war, und in dem dem ostgothischen Staate eingepflanzten Dualismus den Grund seines frühen Unterganges gesucht [23]). Allein, wer bedenkt, daß auch im Staate nur mit vorhandenen Elementen und Kräften gebaut werden kann, und daß Treibhauscultur die Völker am sichersten zu Grunde richtet, wovon wir an den Westgothen ein abschreckendes Beispiel kennen gelernt, der wird auch darin Theoderichs weise Mäßigung bewundern, daß er die eigenthümlichen Gaben der einen und andern Nation zu erhalten und dem Ganzen dienstbar zu machen suchte, die Verschmelzung beider aber nur vorbereitete.

Nun hatte er schon in Constantinopel die Römer als Erben der gesammten classischen Bildung im Besitz der Künste des Friedens, auch der Staatskunst, kennen gelernt: was war natürlicher, ja berechtigter, als daß er das Erzeugniß derselben und die Bedingung ihrer Wirksamkeit, den in seiner Art bewunderungswürdigen Organismus der Behörden, den er in Italien vorfand, beibehielt [24]) und nur die Verwaltung durch seinen persönlichen Einfluß und durch Heranziehung der edelsten Kräfte [25]) von ihren moralischen Krebsschäden zu heilen suchte. In der That sehen wir die gesammte Verfassung des Kaiserstaates, wie wir sie früher ausführlich geschildert haben [26]), in den Edicten und Rescripten des gothischen Königs und noch deutlicher in Cassiodors Anstellungspatenten mit verhältnißmäßig wenigen Modificationen erhalten [27]); die kaiserliche Hofhaltung, mit dem

23) Manso S. 89. 170. Hegel S. 102.

24) Vgl. das Schreiben an K. Anastasius bei *Cassiodor*. I. 1. — et nos maxime, qui divino auxilio in republica vestra didicimus, quemadmodum Romanis aequabiliter imperare possimus. Regnum nostrum imitatio vestra est. — Hortamini me frequenter, ut diligam Senatum, leges Principum gratanter amplectar, ut cuncta Italiae membra componam. *Iordan*. 58. (*Zeno*) — Senatum, populum ei commendans Romanum.

25) Z. B. Cassiodor Vater und Sohn, Liberius, obgleich er dem Odoakar gedient hatte u. A. Manso S. 85. 169. Köpke S. 176.

26) S. oben Bd. 3.

27) Daher diese Bd. 3 unter den Quellen im Allgemeinen S. 3 angeführt und im Einzelnen vielfach benutzt werden konnten.

Oberhofmeister (Magister officiorum), dem Kanzler (Quaestor s. palatii) und dem Geheimenrath (Consistorium principis); den römischen Senat, dieses ehrwürdige Symbol altrömischer Größe, noch immer in sich schließend, was durch Bildung und Gesinnung hervorragte; die Urbs aeterna mit ihrem genußsüchtigen Pöbel unter dem kaiserlichen Präfecten; den Präfectus Prätorio Italiae mit seiner zahlreichen Kanzlei und den Vicarien an der Spitze der Verwaltung dieses gesammten Reichstheils [28]); den Provinzen ihre Consulares, Correctores und Praesides mit deren Officien vorgeordnet; unter diesen die Municipalverfassung zwar im äußersten Verfall, aber der Form nach conservirt; überall Justiz und Steuerverwaltung im alten Gange [29]). Daß aber der König, der an des Kaisers Statt über allem diesem die Spitze bildete, nachdrücklichst Gerechtigkeit und Milde in die Verwaltung wieder einzuführen bemüht war, beweisen nicht nur zahlreiche Rescripte bei Cassiodor, die freilich zugleich von dem unter den Römern noch immer herrschenden Verderben Zeugniß ablegen [30]), sondern vor allem der Erfolg, daß Italien sich während des von Theoderich begründeten vierzigjährigen Friedens zu früher unbekanntem Wohlstand erhob [31]), und daß seine tadelsüchtigen römischen Unterthanen selbst nach seinem Tode ihm das einstimmigste Lob ertheilten [32]). Besonders verdient auch seine religiöse Duldsamkeit, die er als Arianer der orthodoxen Kirche erwies, und seine weise Zurückhaltung ihren

28) Auch das occidentale Illyricum stand ja von jeher unter dem Pr. Pr. Italiae. Nach der Annectirung von Südgallien wurde diesem ein Vicarius Pr. Pr. vorgesetzt. *Cassiodor.* III. 16. 17. Später ein eigener Präfect VIII. 6. S. Bd. 3. S. 51.

29) Die Schilderung im dritten Bande unter Bezugnahme auf die ostgothischen Quellen überhebt mich der Wiederholung. Vgl. die Zusammenstellung bei Manso Beil. VIII. Für die Municipalverfassung insbesondere s. Hegel I. S. 109 folg. Für die Steuerverwaltung Savigny, verm. Schr. II. S. 116.

30) Manso S. 103. 105. 381.

31) *Anon. Val. p. m.* 555. Cuius temporibus felicitas est secuta Italiam per XXX annos *rel.* Manso S. 126 (Ackerbau). S. 130 (Handel). Ueber Theoderichs Sorge für die Wissenschaft S. 132 folg. und die Verschönerung der Städte S. 136 folg.

32) *Procop.* I. 1. *δικαιοσύνης τε γὰρ ὑπερφυῶς ἐπεμελήσατο rel.*

inneren Streitigkeiten gegenüber, Anerkennung [33]). Nur am Ende seiner Regierung ließ er sich durch die Verwicklung der religiösen Frage mit den Ränken des byzantinischen Hofes zu den bekannten Bluturtheilen gegen Boëthius und Symmachus hinreißen [34]).

§ 53. Welches aber war inmitten dieser römischen Verfassung die Stellung seines Volkes, der Gothen? Auch diese war eine gegebene, nothwendige, und die nächste Aufgabe nur, Art und Geist seines Volkes lebendig zu erhalten, und für den Staat zu verwerthen. Sie waren ihm als ein Volksheer mit Weib und Kind gefolgt und waren als Sieger in die Stelle der germanischen Söldnerhaufen des Odoakar eingetreten. Das Natürliche war, daß, während die Römer die bürgerlichen Gewerbe und die Civilverwaltung vertraten und selbst keine Waffen tragen durften [1]), die Gothen auch ferner als Heer (exercitus) [2]) die Vertheidigung des Staates gegen äußere Feinde übernahmen [3]). Wenn, wie von Anfang an, auch ferner Germanen andrer Stämme in dem Heere Aufnahme fanden und selbst Römer zu Befehlshaberstellen gelangten, so raubte ihm dieß, da die Majorität aus Gothen bestand, seinen nationalen Charakter nicht [4]). Was

33) Manso S. 143 folg. Auch der Unduldsamkeit der orthodoxen Kirche gegen die Juden trat er entgegen, worauf sich das schöne Wort bei Cassiodor bezieht II. 27. Religionem imperare non possumus, quia nemo cogitur, ut credat invitus. Wie anders im westgothischen Staate!

34) S. Manso S. 157 folg., der jene Bluturtheile zu entschuldigen sucht.

1) *Anonymus Vales. p. m.* 560. Item, ut nullus Romanus arma usque ad cultellum uteretur, vetuit.

2) Gothi = exercitus *Cassiodor.* III. 40. 42.

3) *Cassiodor.* VII. 3. Comitiva Gothorum. Gothos,— qui universam rem publicam per bella defendunt. VIII. 3. nec aliud (*inter Gothos Romanosque*) esse divisum, nisi quod illi labores bellicos pro communi utilitate subeunt, hos autem civitatis Romanae habitatio quieta multiplicat. IX. 14. Gothorum laus est civilitas custodita: vos armis iura defendite, Romanos sinite legum pace litigare. XII. 5. — dum belligerat Gothorum exercitus, sit in pace Romanus.

4) Glöden S. 44 folg. führt Beispiele an und bemerkt S. 149, daß Theoderichs Edict c. 32 unter barbari, quos certum est rei publicae militare auch die nichtgothischen Germanen begreife, folgert aber daraus mit Unrecht, daß das Heer aus einem „Völkerconglomerat“ ohne bestimmte Nationalität bestan-

aber geschah für die Erhaltung der mit dieser Nationalität so nah verbundenen kriegerischen Tüchtigkeit des Volkes? welches war die sociale Stellung und die Verfassung desselben?

Wenn Theoderich seinen Gothen schon beim Aufruf zum Eroberungszuge die Aussicht auf eine bessere Lage als in dem verwüsteten Thracien und Pannonien eröffnet hatte, so gehörte dazu vor Allem, was die Germanen von jeher auf ihren Wanderzügen gesucht, feste häusliche Einrichtung und gesicherte Nahrung durch eigenen Landbesitz. Eben diesen hatten Odoakars Schaaren begehrt und in dem Drittel der Ländereien ihrer Hospites erlangt. Nach ihrer Besiegung traten die Gothen auch in dieser Beziehung an ihre Stelle, sie erhielten eben dieses Drittheil [5]), d. h. die Drittheile derjenigen Barbaren, die in dem Kampfe gefallen oder vertrieben waren, und, da diese natürlich nicht zureichten um die zahlreichen Gothen anzusiedeln, ohne Zweifel ebenso viel von anderen römischen Grundbesitzern [6]). Daß die Ostgothen sich also mit einem Drittheil begnügen mußten, während die Burgunden und Westgothen den unterworfenen Romanen zwei Drittheile wegnahmen, davon lag der Grund eines Theils in jenem Vorgang Odoakars, anderen Theils in der Schonung, welche Theoderich als Befreier der Römer diesen angedeihen ließ. In demselben Sinne übertrug er die Anweisung der Drittheile (tertiarum deputatio) und die Auseinandersetzung der römischen und gothischen Theilhaber (consortes) in höchster Instanz einem hohen römischen Staatsbeamten, dem Präfectus Prätorio Liberius, der seine edle Gesinnung bei dem Wechsel der Herrscher bewährt hatte und jene an sich für die Römer verletzende Maßregel in der Ausführung so zu mildern verstand, daß die Eintracht beider Nationen dadurch gefördert wurde [7]).

den habe. S. dagegen Köpke S. 198 folg. und die von ihm angeführten Stellen des Cassiodor und Procop.

5) *Procop.* I. 1. τῶν χωρίων τὴν μοῖραν ἐν σφίσιν αὐτοῖς Γότθοι ἐμείναντο, ἅπερ Ὀδόακρος τοῖς στρατιώταις τοῖς αὐτοῦ ἔδωκεν.

6) Gaupp, germ. Ansiedlungen S. 469 folg.

7) *Cassiodor.* II. 16. *Ennod. Ep.* IX. 23. Ueber die Formen der Anweisung (tertiarum de-

Die Größe des gothischen Antheils (sors barbarica) [8]) hing natürlich von der Größe des Ganzen ab. Des Königs Gefolge, der gothische Adel, wurde ohne Zweifel auf die Latifundien der römischen Großen, der gemeine gothische Heerbannsmann als Militärcolonist auf ein für seine Ernährung zureichendes Bauerngut angewiesen, und der ganz kleine römische Grundbesitzer mit der Theilung verschont. Abweichend von der altgermanischen Anschauung und dem Vorgang andrer Staaten der Völkerwanderung, insbesondere der Vandalen, Burgunden und Westgothen, ist es auch, daß der Ostgothe Grundsteuer zahlen mußte [9]). Dafür erhielt er aber, so lange er kriegstüchtig war, bei der jährlichen Heerschau vom Könige ein Donativ [10]); Naturallieferungen regelmäßig nur auf dem Heereszuge [11]) und auf Grenzstationen [12]). Die Haustruppen des Königs zu Fuß und zu Pferd (Domestici et Protectores) wurden in römischer Weise aus der Casse des Präfecten besoldet [13]).

In dieser Weise waren die Gothen in den Provinzen Italiens angesiedelt [14]). In jeder derselben war den römischen Provinzialen ein römischer Statthalter, den Gothen aber ein gothischer Beamter vorgesetzt, der den Rang eines Comes primi

putatio) s. *Cassiodor.* I. 18. Gaupp S. 474. Für consortes s. *Cassiodor.* VII. 3.

8) *Cassiodor.* VII. 26. cum vos et sortes alant propriae. *Marini, pap. dipl.* 115. — sors barbarica. Savigny I. S. 333.

9) *Cassiodor.* I. 19. IV. 14. Auch die Regalien I. 28. Die Barbaren des Odoakar (antiqui barbari) scheinen steuerfrei gewesen zu sein. *Idem* V. 14. Auch in den östlichen Provinzen waren die Gothen der Grundsteuer unterworfen, s. V. 15. universis possessoribus in Savia constitutis vgl. mit IX. 9. Manso S. 100.

10) *Cassiodor.* IV. 14. V. 26. 27. 36. VIII. 26. *Procop.* I. 12.

11) *Cassiodor.* III. 40. 41. 42. IV. 13. V. 13. XII. 5. *cf.* II. 8. Desgleichen barbarische Hülfsvölker, die Heruler IV. 45. Die Gepiden, zum Theil in Geld V. 10. 11.

12) *Cassiodor.* II. 5. Ueber die Gothen in Sicilien s. unten Note 29.

13) *Cassiodor.* I. 10. Dagegen spricht V. 14. IX. 13, welche Manso S. 117 hierauf bezieht, von Officialen (domestici) des Comes Gothorum. *Gothofr. in C. Th.* 1, 21.

14) *Cassiodor.* IV. 14. per Picenum sive duas Tuscias. V. 27. Piceni et Samnii. I. 17. Universis Gothis et Romanis Dertonae consistentibus. VIII. 26. — Reatinis et Nursinis (*sc. Gothis*). *Agathias* I. 15. *Γότθοι δὲ οἱ Αἰμίλειάν τε καὶ Λιγουρίαν καὶ τὰς ἐχομένας χώρας οἰκοῦντες.*

Ordinis (spectabilis) hatte und deßhalb Comes Gothorum[15]), mit Rücksicht auf seine Provinz Comes Provinciae hieß[16]). Da die Gothen Milites sind, so trägt auch ihr Comes militärische Abzeichen, sein Amt aber ist ein friedliches[17]); ein Commando im Felde erhält er erst durch besonderen königlichen Auftrag[18]). Er übt die Disciplin über die ihm untergebenen Gothen und wehrt insbesondere ihren Gewaltthätigkeiten gegen die römischen Provinzialen[19]). Von seiner damit zusammenhängenden Richtergewalt wird später (§ 54) die Rede sein.

Auch in den illyrischen Provinzen, wo von früher her Gothen und andere Barbaren mit den Romanen vermischt wohnten[20]), ohne daß die Verhältnisse des Grundbesitzes uns bekannt wären, scheint in der Regel Jenen ein Comes Gothorum, diesen ein römischer Statthalter vorgestanden zu haben[21]). Die Nachbarschaft feindlicher Barbaren und die häufige Kriegführung mit diesen veranlaßte indeß, daß öfter die Militär- und die volle Civilgewalt einem gothischen Comes illustris übertragen wurde, der über

15) *Cassiodor.* VII. 3. Formula Comitivae Gothorum per singulas provincias. Der Name Comes Gothorum neben dem Iudex Romanus kommt sonst nur noch Einmal V. 14. vor. Die Meinung Glödens S. 47 folg., daß Gothi auch hier nur milites, Comes Gothorum den Iudex militaris ohne Rücksicht auf Nationalität bezeichne, ist von Walch cit. S. 42 folg. und Hegel cit. I. S. 117 folg. gründlich widerlegt. Vgl. Dahn IV. S. 157. Auch der Comes Gothorum selbst ist regelmäßig ein Gothe. *Cassiodor.* III. 13. Sunihadus (*Comes Gothorum*) intra provinciam Samnii. Vgl. Note 21. 22.

16) *Cassiodor.* VII. 1. Formula comitivae provinciae. *cf.* III. 13. intra provinciam Samnii.

17) *Cassiodor. cit.* tua dignitas gladio bellico rebus etiam pacatis accingitur *rel.*

18) So z. B. der Comes Vandil im gallischen Kriege. *Cassiodor.* III. 38. Der Comes Marebadus in Marseille c. 34. ist ein außerordentlicher mit Civil- und Militärgewalt. Sonst heißen die Führer und Richter im Felde auch Duces. IV. 17. V. 30. 33.

19) *Cassiodor.* VII. 1. hebt deshalb die Criminalgewalt hervor.

20) *Cassiodor.* III. 24. Universis Barbaris et Romanis per Pannoniam constitutis. IV. 49. Universis provincialibus et capillatis — in Suavia (= Savia) constitutis. IX. 9. Universis Gothis et Romanis (in Dalmatiis).

21) Wenigstens einen Consularis provinciae Dalmatiae nennt *Cassiodor.* V. 24, einen Comes (Gothorum) derselben Provinz VII. 24. 25.

Gothen und Römer die höchste Richtergewalt übt [22]), die gothischen Wehrmänner in Kriegsbereitschaft hält [23]) und vorkommenden Falls ins Feld führt [24]). In der zu Italien gehörigen Grenzprovinz Rhätien dagegen ist der Dux Rhätiarum mit gleichem Rang wie der gewöhnliche Comes Gothorum zwar auch Richter und zugleich Befehlshaber der dort stationirten barbarischen Milites [25]), aber neben ihm den Romanen ein Präses vorgesetzt, der

22) Theoderich schreibt (IV. 49. *cit.*) an die Provinzialen und Gothen der Provinz Savia: Fridibadum locis vestris praeesse censuimus, qui abactores animalium legitima severitate coërceat, homicidia resecet, furta condemnet *rel.* — nullum natio, nullum promeritus honor excuset. Athalarich IX. 8. Osuin, viro illustri, Comiti: illustrem magnitudinem tuam ad Dalmatiarum atque Suaviae provincias iterum (*cf.* I. 40. Note 23) destinamus, ut quidquid pro utilitatibus nostris esse cognosces, aequabili ordinatione disponas *rel.* und *Ep.* 9. an alle Gothen und Romanen in diesen Provinzen: illustrem Comitem Osuin et palatio nostro clarum — Dalmatiis decernimus praesidere. Den Severinus sendet er nicht als ordentlichen Statthalter, wie Walch S. 43 annimmt, sondern als außerordentlichen Bevollmächtigten, um dort, wie früher in anderen Provinzen (*cf.* V. 15.), an Stelle des früheren Comes Patrimonii die Steuerverhältnisse zu ordnen.

23) *Cassiodor.* I. 40. Assuin (*l.* Osuin) illustri Comiti Theodericus rex. — ante distribuenda sunt arma, quam possit flagitare necessitas. — Proinde illustris sublimitas tua Salonitanis militibus, ut cuique se expediendi facultas obtulerit, pro nostra iussione arma necessaria procurabit. — Discat miles in otio, quod perficere possit in bello: animos subito ad arma non erigunt, nisi qui se ad ipsa idoneos praemissa exercitatione confidunt.

24) *Cassiodor.* III. 23. Colossaeo, viro illustri, Comiti, Theodericus rex. — ad Sirmiensem Pannoniam, quondam sedem Gothorum proficiscere, illustris cinguli dignitate praecinctus, commissamque tibi provinciam armis protege, iure compone und *Ep.* 24. *cit.* schreibt er allen Barbaren und Romanen in Pannonien: Colossaeo viro illustri, — gubernationem vestram defensionemque commisimus, und empfiehlt ihnen Gehorsam in Allem, quae pro regni nostri utilitate rationabiliter agenda praeceperit. IV. 14. befiehlt er dem Comes Privatarum Senarius: ut Colossaeo viro illustri pro laboribus et meritis ad Sirmiensem Pannoniam destinato iuxta consuetudinem veterem victualia praebeantur. — Disciplinam siquidem non potest probare ieiunus exercitus *rel.* Der Name des Colossaeus läßt einen romanisirten Barbaren vermuthen. Ein solcher Comes illustris war auch Pitzia *Cassiodor.* V. 29., der den Krieg gegen die Gepiden und Byzantiner führte. Manso S. 50.

25) *Cassiodor.* VII. 3. Formula Ducatus Rhaetiarum. Quamvis spectabilitatis honor

noch lange nachdem diese Provinz von den Ostgothen an die Franken gekommen war, erwähnt wird [26]).

Eigenthümlich ist die Einrichtung von Sicilien. Theoderich hatte schon während der Belagerung von Ravenna die Provinz durch die Zusicherung, daß sie möglichst mit Besatzungen verschont werden solle, für sich gewonnen [27]) und sie gegen die Einfälle der Vandalen durch den Friedensvertrag mit diesen gesichert [28]), Beides weil es die Kornkammer für Rom und ganz Italien war. Nun findet sich bei Cassiodor das Anstellungspatent eines Comes Syracusanorum Civitatis, der diesen Namen nur von seiner Residenz hat und Richter der bei den Provincialen einquartirten Friedensbesatzung, also ein Comes Gothorum ist. Die ihm untergebenen Milites beziehen aber eine zu Geld angeschlagene Annona, weil ihnen kein Antheil an den Aeckern ihrer Hospites angewiesen worden [29]). Damit stimmen

unus esse videatur, nec in his aliquid aliud nisi tempus soleat anteferri: tamen — multum his creditum videtur, quibus confinales populi deputantur. — per illam indictionem Ducatum tibi credimus Rhaetiarum, ut milites et in pace regas et cum eis fines nostros solenni alacritate circumeas. — Ita tamen ut milites tibi commissi vivant cum provincialibus iure civili, nec insolescat animus qui se sentit armatum, quia clypeus ille exercitus nostri quietem debet praestare Romanis *rel.* I. 11. wendet dieß an auf die Breones, welche zu den gothischen Grenzern gehörten. Vgl. Note 20.

26) Joh. v. Müller, Schweizergeschichte I. S. 129. 161. 184—186.

27) An ihn selbst läßt Cassiodor K. Theoderich schreiben I. 3. In ipso imperii nostri — exordio, — Siculorum suspicantium mentes ab obstinatione praecipiti derivasti. Vgl. Manso S. 87 Note 9. Die Zusicherung, welche Theoderich auf die Verwendung der Römer wegen der Annona Roms den Siciliern bewilligte, erwähnt Totilas in seiner Rede bei *Procop.* III. 16. — *διόπερ κατ' ἀρχὰς ἐδέοντο Θευδερίχου Ῥωμαῖοι, μὴ πολλῶν ἐνταῦθα Γότθων καταστῆναι φρουράν.*

28) S. oben § 52 Note 12.

29) *Cassiodor.* VI. 22. Formula Comitivae Syracusanae. — per indictionem illam Comitivam tibi Syracusanae civitatis — concedimus — Militum tibi numerus nostris servit expensis. Redderis inter arma pacatus — exercitu uteris pacato, nec pericula belli subis, et armorum pompa decoraris, verum inter haec civilia cogita disciplinam. Non permittas milites esse possessoribus insolentes. Annonas suas sub moderatione percipiant: causis non misceantur extraneis (*Edict. Theod.* 43). Pro securitate se omnium videatur electum (*sc. hospes*), qui se glo-

zwei Schreiben K. Athalarichs überein, deren erstes diesem Comes von einem Erlaß der Grundsteuer, also auch der damit verbundenen Annona in Kenntniß setzt[30]), das zweite seiner Gerichtbarkeit, gegenüber den Judices ordinarii, die Schranken anweist, die sonst dem Comes Gothorum gesetzt sind[31]). Nicht zu verwechseln ist er also mit dem in andern Städten vorkommenden Comes Civitatis (secundi ordinis), einem dem ostgothischen Staate allerdings eigenthümlichen Beamten, der sich aber nicht auf die gothischen Milites bezieht, sondern über die römischen Stadtbewohner im Namen des Königs höhere polizeiliche und richterliche Functionen übt[32]).

Der Comes Gothorum hat, wie die römischen Statthalter, zu seiner Unterstützung eine Kanzlei (officium)[33]), an deren Spitze ein vom Könige zu seiner Controle gesandter Princeps steht[34]). Unter ihm beaufsichtigen Tribuni oder Priores die in der Provinz angesiedelten Gothen[35]), und Befehlshaber über ein Tausend sind die Millenarii[36]).

Die Gothen selbst wurden im Frieden in den Waffen geübt[37]) und zu dem Ende ohne Zweifel zu regelmäßigen Zeiten in ihrer Provinz versammelt. Einmal im Jahre erschienen sie, durch Königsboten (saiones) berufen und von ihren Millenarien geführt, am königlichen Hofe zur Heerschau, um bei der Musterung das gewöhnliche Donativ oder eine disciplinarische Strafe zu empfangen[38]). Durch jene Königsboten wurden sie

riatur habere armatum (= *Gothum hospitem*).

30) *Cassiodor*. IX. 11. Gildiae viro sublimi Comiti Syracusanae civitatis.

31) *Cassiodor*. IX. 14. Gildiae *rel*. s. unten § 55 Note 11.

32) *Cassiodor*. VII. 26. 27. Anders Hegel I. S. 122. Ein solcher ist auch der Comes von Neapel VI. 23—25., nur wahrscheinlich primi ordinis. Die Milites sind seine apparitores. Ebenso der Comes von Rom und Ravenna VII. 13. 14. Vgl. Manso S. 369 folg.

33) Zu dieser gehörten auch die Domestici. *Cassiodor*. V. 14. IX. 13.

34) *Cassiodor*. VII. 24. 25. Vgl. Bd. 3. S. 143. Manso S. 359 folg. mißversteht dieß.

35) *Cassiodor*. VII. 30. *cf*. *Ep*. 1. VIII. 26.

36) *Cassiodor*. V. 27.

37) *Cassiodor*. V. 23. Ostentent iuvenes nostri bellis, quod in gymnasio didicere virtutis. I. 40. Note 23.

38) *Cassiodor*. V. 26. 27.

auch beim Aufbruch zum Kriege zusammengerufen[39]). Daß es Theoderich auf diese Weise gelang eine Achtung gebietende Kriegsmacht zu unterhalten, beweist nicht nur der lange Frieden, den er durch sie zu schützen wußte, sondern auch der Erfolg der wenigen Heereszüge unter tüchtigen Feldherrn, zu denen er genöthigt wurde.

Dagegen scheint er auf Erhaltung der Institutionen altgermanischer Freiheit nicht bedacht gewesen zu sein. Denn daß seine Gothen gemeindeweise ihre Angelegenheiten berathen[40]) oder in einer Reichsversammlung, abgesehen von der neuen dem Könige zu leistenden Huldigung, Rechte geübt, davon findet sich keine Spur. Jenes war wohl durch ihre zerstreute Ansiedlung erschwert, dieses durch das überwiegende Ansehn ihres großen Königs, so lange er lebte, entbehrlich gemacht. Auch ihre Liebe folgte ihm ins Grab[41]).

§ 54. Dieser inneren Politik Theoderichs entsprach auch die von andern germanischen Staaten ganz abweichende Behandlung von Gesetz und Recht[1]).

Die Könige der Burgunden und Westgothen hatten nach deren Niederlassung auf römischem Boden es nöthig gefunden, das Recht ihres Volkes den unterworfenen Romanen gegenüber als gemeines Reichsrecht durch schriftliche Aufzeichnung zu sichern, und diesen nur unter sich den Gebrauch des römischen, als ihres particularen Rechts gestattet, auch zu diesem Behuf eine neue Codification desselben veranstaltet. Da Theoderich die gesammte Verfassung des römischen Staates beibehielt und ihr nur sein gothisches Heer einfügte, so war es ganz consequent, daß auch das römische Recht in Kraft blieb[2]); zunächst für die Römer

39) *Cassiodor.* I. 24.

40) Dahn cit. S. 126 (?). 130.

41) *Procop.* I. 1. — *ἔρως τε αὐτοῦ ἔν τε Γότθοις καὶ Ἰταλιώταις πολὺς ἤκμασε.*

1) Für die früher herrschende Ansicht s. Eichhorn, D. RG. § 41. Savigny, R. R. im MA. II. §§ 60—63. Dagegen v. Glödens oben § 51 Note 1 angeführte gelehrte und scharfsinnige Schrift, deren Ansicht jedoch durch Walch cit. auf ihr rechtes Maaß zurückgeführt ist. S. auch Hegel cit. und Stobbe cit. § 7.

2) Im Allgemeinen sagen dieß

unter sich, dann aber auch in ihrem Verkehr mit den Gothen, nur etwa unter billiger Ausgleichung mit deren Anschauungen und Sitten[3]). Denn diese mit einemmal auszurotten, war unmöglich; daher auch den Gothen unter sich der Gebrauch ihres Nationalrechts bis auf einen gewissen Punkt gestattet werden mußte. Also gerade umgekehrt wie in jenen Staaten, war in dem ostgothischen das römische Recht gemeines Recht beider Nationen, das germanische nur ein zur Zeit und in gewissen Grenzen geduldetes Particularrecht der Gothen, das indeß bei fortschreitender Cultur des Volkes dem römischen Rechte unfehlbar weichen mußte. Zu einer Codification des einen und andern war keine Veranlassung: denn das römische war bereits schriftlich verzeichnet in den recipirten Schriften der Juristen und den Sammlungen kaiserlicher Constitutionen, deren Verständniß den römischen Beamten die Rechtsschule in Rom[4]), dem Comes Gothorum ein römischer Beisitzer vermittelte[5]); das gothische Recht aber wurde nicht codificirt, weil man auf dessen dauernde Erhaltung keinen Werth legte. Der Beweis dieser Sätze liegt in Folgendem.

Die bei weitem wichtigste Rechtsurkunde aus Theoderichs Regierung ist sein Edict (edictum oder edicta Theoderici), ein nur in zwei, jetzt verlorenen Handschriften auf die neuere Zeit gekommenes Gesetz dieses Königs[6]), wahrscheinlich vom Jahr 500 n. Chr.[7]). Ein Blick auf dasselbe lehrt, daß es nicht wie die burgundischen und westgothischen Gesetzbücher eine das gesammte Recht umfassende Codification, sondern wie der Prolog ausdrücklich sagt, ein auf häufige Beschwerden wegen Nichtbefol-

die von Glöden S. 76 angeführten Stellen, entscheiden also nicht über die näheren Modalitäten.

3) S. unten § 55 Note 21—23.

4) K. Athalarich bestätigte den Lehrern an der Rechtsschule zu Rom ihre Emolumente und Privilegien. *Cassiodor.* IX. 21.

5) S. unten § 55 Note 8.

6) v. Glöden § 3. Die gedruckten Ausgaben s. in § 1 Note c.

7) Die gewöhnliche Annahme. Gegen v. Glödens § 5 Behauptung, die Lex Romana Visigothorum sei darin benutzt, das Gesetz also nach 506 erlassen, welcher Stobbe I. § 7. beipflichtet, s. Walch cit. S. 59 folg. und *Haenel, Lex Rom. Vis. p.* XCI. *sq.*

gung der Gesetze vom Könige erlassener Bescheid ist, durch welchen die in der Rechtspflege bemerkten Gesetzwidrigkeiten und Mißbräuche abgestellt werden sollten [8]). Das Gesetz beschränkt sich daher auf Gegenstände der Rechtspflege, nehmlich auf die allgemeinen Pflichten der Gerichtsbeamten [9]), die von denselben zu befolgende Procedur in Civil- und Criminalsachen [10]) und das von ihnen anzuwendende Criminal- [11]) und Privatrecht. Kein Theil dieses letzteren bleibt ganz unberührt [12]), obgleich Vollständigkeit nicht angestrebt, noch irgend ein Princip bei der Auswahl der Materien befolgt, sondern nur die in der Erfahrung vorgekommenen und deshalb ferner zu befürchtenden Zweifel und Abweichungen von den Gesetzen berücksichtigt werden [13]). Zu dem Privatrecht gehört nun auch das Recht des Fiscus, der, wie ausdrücklich bemerkt wird, vor denselben Gerichten und nach denselben Grundsätzen wie die Privaten Recht nimmt [14]). Dieser

8) *Ed. Theod. Prolog.* Querelae ad nos plurimae pervenerunt, intra provincias nonnullas legum praecepta calcare. Et quamvis nullus iniuste factum possit sub legum auctoritate defendere: nos tamen, cogitantes generalitatis quietem et ante oculos habentes, quae possint saepe contingere, pro huiusmodi casibus terminandis praesentia iussimus edicta pendere *rel.*

9) *Ed. Theod.* 1—3. Bestechung und Erpressung des Richters. 4. Mehrforderung der Officialen, *cf.* 73, woran sich Vorschriften über die Procedur schließen.

10) Ueber diese s. § 56.

11) Fast alle Verbrechen und deren Strafen werden darin erwähnt, nicht nur um den häufig vorkommenden Freveln zu steuern, sondern auch um dem römischen Criminalrecht, gegenüber den germanischen Gebräuchen der Gothen, seine Anerkennung zu sichern. S. § 56 Note 4.

12) Aus dem Personenrecht der Geburtsstand Art. 65—67. Freiheit und Sklaverei 94—96, auch Colonat 68. 142 und sonst. Aus dem Sachenrecht die Schenkung 51—53 und sonst. Besitz- und Eigenthumsrecht 76. 136—138. 148. Aus dem Obligationenrecht Kauf 147 und Evictionsleistung 139—141. Zinsverbot 134. Bürgschaft 133. 135. Delegation 127. Aus dem Erbrecht Intestaterbfolge 23—27 und Testament 28—33. 72. Aus dem Familienrecht Ehe 36. 37 54 und väterliche Gewalt 93—95.

13) *Prolog.* Note 8. quae possunt saepe contingere, pro huiusmodi casibus terminandis. *Epilog.* — quae nobis ad praesens occurrere potuerunt. Insofern sagt Savigny cit. S. 175 mit Recht: „Die Verhältnisse des bürgerlichen Rechts werden theils ganz übergangen, theils nur sehr kurz und für die Anwendung ungenügend behandelt."

14) *Art.* 24. *fin.* Nobis enim, sicut Principes voluerunt, ius cum privatis volumus esse com-

Bestimmung des Edicts entspricht es, daß hauptsächlich die Befolgung der bestehenden Gesetze eingeschärft, und neues Recht nur zufällig aufgestellt wird. Das bestehende Recht aber wird ausschließlich aus den römischen Rechtsquellen, Schriften der Juristen (iura) und Gesetzen der Kaiser (leges), geschöpft [15]). Da nun ferner die Geltung des Edicts für alle Unterthanen, Barbaren und Römer [16]), und für alle Gerichte, also auch für das des Comes Gothorum [17]), vorgeschrieben wird, so ist die Absicht klar, dem römischen Recht, wenigstens in den Bestimmungen des Edicts, die Geltung eines gemeinen Rechts beizulegen und mit dessen Einführung unter den Gothen einen Anfang zu machen [18]).

Wie aber rücksichtlich der zahlreichen Fälle, die in dem Edict nicht entschieden sind? Da dasselbe auf Vollständigkeit gar nicht berechnet war, so verstand es sich eigentlich von selbst, daß solche Fälle nach dem sonst bestehenden Gesetz und Recht zu entscheiden seien. Der Prolog [19]) und der Epilog [20]) be-

mune. 25. Unumquemque possessorum fisci nomine apud competentem iudicem statuimus debere pulsari. Ueber Bonis cediren *Art.* 34. 35. Steuerprozesse 144. Vgl. Bd. 3. S. 78. Eigentlich staatsrechtliche Materien werden nicht berührt. Anders Stobbe cit.

15) *Epilog.* — quae ex novellis legibus ac veteris iuris sanctimonio pro aliqua parte collegimus. *Art.* 12. privilegia antiquis vel novellis legibus concessa. Vgl. Savigny cit. § 69 und *Rhon, Comm. ad edictum Theodorici regis Ostrogothorum. Halae* 1816. 4.

16) *Ed. Theod. Prolog.* ut, — quae Barbari Romanique sequi debeant super expressis articulis, edictis praesentibus evidenter cognoscant. *Epilog.* — quae omnium Barbarorum sive Romanorum debet servare devotio. *cf. Art.* 34. 43. 44. 70. Speciell auf die Barbaren gehen *Art.* 32. 145.

17) *Ed. Theod. Epil.* — scituris Cognitoribus universis ac iura dictantibus, quod si in aliquo haec edicta fuerint violata *rel. cf. Art.* 10. omnes per provincias iudices. Für den Comes Gothorum und die Gothen unter sich s. *Cassiodor.* VII. 3. — qui secundum Edicta nostra inter duos Gothos litem debet amputare.

18) So namentlich in den Note 12 angeführten Materien des Privatrechts, z. B. dem Recht der Schenkungen und Testamente, welche die Gothen als Milites unförmlich errichten können. *Ed. Theod.* 32.

19) *Prolog.* — salva iuris publici reverentia et legibus omnibus cunctorum devotione servandis.

20) *Epilog.* Quae comprehendere nos vel Edicti brevitas, vel curae publicae non siverunt, quotiens oborta fuerint,

merken dieß aber ausdrücklich; auch wird in dem Edict selbst dem Richter die allgemeine Anweisung ertheilt, seine Urtheile nach Gesetz und Recht zu fällen [21]). Ebenso ein späteres Edict K. Athalarichs, welches ganz wie das K. Theoderichs zur Steuer vorgekommener Ungesetzlichkeiten nur über einzelne Materien des Criminal-, Privat- und Prozeßrechts Verfügungen trifft und übrigens zur Vermeidung jedes Mißverständnisses auf die eigenen Gesetze und die seines Großvaters und auf das sonst geltende Recht verweist [22]). Was aber darunter zu verstehen sei, darüber findet sich nirgends eine ausdrückliche Bestimmung, daher es unter den Neueren sehr bestritten ist. Zwar darüber besteht kein Zweifel, daß die Römer unter sich nach wie vor nach römischem Recht lebten und gerichtet wurden. Aber ob auch die Gothen unter sich den im Edict nicht enthaltenen Vorschriften des römischen Rechts unterworfen waren, oder ob das gothische als Particularrecht für sie fortbestand, und wie es im Verkehr der Gothen und Römer unter einander gehalten wurde, das ist die Frage.

Man hat die unbedingte Unterwerfung der Gothen unter römisches Recht theils aus allgemeinen Aussprüchen der gothischen Könige, theils aus einzelnen Rechtsfällen zu beweisen versucht [23]). Allein was zunächst jene allgemeinen Aussprüche betrifft, so ist für deren Auslegung entscheidend, daß sie sämmtlich aus der Feder des Cassiodor geflossen sind, der mit römischem Selbstgefühl in seiner schwülstigen Rhetorik die ideale Intention seines Königs und den Anfang ihrer Verwirklichung als realen Zustand behandelt, insbesondere die römischen Ge-

custodito legum tramite terminentur.

21) *Edict. Theod.* 7. — id solum iudicare debet, quod iuri et legibus viderit convenire. *cf. Art.* 1. — contra leges et iuris publici cauta.

22) *Cassiodor.* IX. 18. bei Manso Beil. 13. § XII. Sed ne pauca tangentes reliqua credamur noluisse servari, omnia edicta tam nostra quam domini avi nostri, — et usualia iura publica, sub omni censemus districtionis robore custodiri.

23) v. Glöden cit. § 20. Aussprüche der gothischen Könige, § 24. Fälle der Anwendung des römischen Rechts auf die Gothen bei Cassiodor, § 25. in den Papyrusurkunden bei Marini.

setze als die Gesetze schlechthin betrachtet und die unter den Gothen geduldeten barbarischen Gebräuche ignorirt. Wenn er also ein königliches Rescript[24]), worin die Gewaltthat eines römischen Großen gerügt wird, mit der Reflexion eröffnet, daß, nachdem selbst fremde Völker dem Gesetz unterworfen seien und alle Italien verbundenen Länder dem römischen Rechte dienen, um so mehr dem Mittelpunkt der Civilisation (Rom) die Ehrfurcht vor den Gesetzen gebühre: wer möchte darin die Behauptung finden, den in Italien angesiedelten Gothen sei der Gebrauch ihres angestammten bürgerlichen Rechts entzogen? Noch weniger kann dieß daraus gefolgert werden, daß Cassiodor in einem andern Rescript[25]), um die darin angeordnete Restitution entlaufener Sklaven an ihre Herrn in dem eroberten südöstlichen Gallien zu motiviren, den König sagen läßt: es gereiche ihm zur Befriedigung, daß die dortigen Provinzialen, nachdem er sie von den Barbaren (Franken) befreit, (wieder) nach römischem Recht oder überhaupt nach Gesetzen lebten, da hier von den Gothen gar keine Rede ist. In einer Reihe anderer königlicher Erlasse wird allerdings bezeugt, daß Gothen und Römer nicht nach verschiedenen, sondern nach demselben gemeinsamen Rechte lebten[26]). Allein es kann dieß entweder auf die auch

24) *Cassiodor.* I. 27. Si exterarum gentium mores sub lege moderamur, si iuri Romano servit quidquid sociatur Italiae: quanto magis decet ipsam civilitatis sedem legum reverentiam plus habere *rel.*

25) *Cassiodor.* III. 43. Delectamur iure Romano vivere, quos armis cupimus vindicare: — Quid enim proficit barbaros removisse confusos, nisi vivatur ex legibus. Auch wenn nach Savigny's Vorschlag quod (*sc.* ius Romanum) statt quos zu lesen wäre, also der König von sich sagte, daß er nach römischem Recht lebe, so müßte dieß auf seine staatsrechtliche Stellung bezogen werden, und für das Recht der Gothen folgte daraus nichts. Vgl. Walch cit. S. 47.

26) *Cassiodor.* III. 12. Sunihado (*sc. Comiti Gothorum* intra provinciam Samnii) — Si quod negotium Romano cum Gothis est, aut Gotho aliquod emerserit cum Romanis, legum consideratione definies; nec permittimus in discreto iure vivere, quos uno voto volumus vindicare. VIII. 3. Populo Romano Athalaricus rex. — vobis fecimus polliceri, iustitiam nos et aequabilem clementiam — custodire, et Gothis Romanisque apud nos ius esse commune, nec aliud inter vos

in andern Erlassen bezeugte formale Rechtsgemeinschaft, die sg. Gleichheit vor dem Gesetz, welche nur den willkührlichen, nicht den gesetzlich begründeten Unterschied ausschließt[27]), oder auf die bereits überwiegende materielle Rechtsgleichheit der Römer und Gothen, welche die Verfassung und die königlichen Edicte begründeten[28]), bezogen werden. — Auch durch einzelne Rechtsfälle ist die allgemeine Anwendung des römischen Rechts auf die Gothen nicht bewiesen. Denn theils sind dieß solche, wo der König aus höchster Machtvollkommenheit entscheidet und sowohl unter dem Beirath seines Quaestor sacri Palatii als seiner principiellen Intention gemäß römisches Recht, häufig mit willkührlichen Modificationen, zur Anwendung bringt[29]), theils Fälle, wo die Vorschriften seines Edicts einschlagen[30]), theils endlich solche, wo aus anderen Gründen römisches und nicht gothisches Recht galt. Letzteres insbesondere bei Veräußerung von Grundeigenthum, welches nach dem alten Grundsatz

esse divisum, nisi quod illi labores bellicos pro communi utilitate subeunt, vos autem civitatis Romanae habitatio quieta multiplicat. Vgl. Walch S. 47. 3. Auch aus diesen letzten Worten nec aliud *rel.* ist in diesem Zusammenhange nicht zu schließen, daß die Gothen unter sich nicht nach gothischem Recht gelebt hätten, wie Glöden S. 86 Note c) will. X. 5. — aequabilia plus amemus. Privata siquidem studia (zu Gunsten seiner Hofleute) a nostro animo probantur exclusa. — Si quis habuerit cum altero forte negotium, ad communia iura descendite, fora vos tueantur, non iniqua praesumptio.

27) *Cassiodor.* VII. 3. ut unicuique sua iura serventur, et sub diversitate iudicum una iustitia complectatur universos. — unam nobis in omnibus esse charitatem. 4. — milites tibi commissi vivant cum provincialibus iure civili. 25. (*Gothi*) assueti bellis, videamini legibus vivere cum Romanis. 39. Superfluum quidem videtur tuitionem specialiter a Principe petere, cuius est propositi universos communiter vindicare. — nec decet Principem loqui, — adversus Gothos illa, adversus Romanos illa *rel.*

28) Auf das gleiche Recht in der Ackervertheilung und dem dadurch begründeten Verhältniß der hospites zu einander geht *Cassiodor.* II. 16.

29) So entscheidet Theoderich bei *Cassiodor.* IV. 27, daß der Sajo Amara, ein Gothe, das einem Römer, dem Petrus, Erpreßte in duplo erstatten soll (*cf. Edict.* 4.), und auf gleicher Willkühr beruhen die von Glöden S. 39 angeführten, dem römischem Recht nicht conformen Entscheidungen.

30) So die Fälle bei Glöden S. 113 folg. Appellation, Schutz des Besitzes und die Formen der Schenkung S. 116. Ueber die Handlungs-

der Realstatuten unter der Herrschaft des römischen Rechts stand [31]).

Wenn es also an Beweisen für die allgemeine Geltung des römischen Rechts unter den Gothen fehlt, so ist schon nach der allgemeinen Präsumtion der Fortdauer eines nicht erweislich geänderten Rechtszustandes anzunehmen, daß sie auch nach ihrer Einwanderung in Italien ihre angestammten Rechtsgebräuche, so fern sie nicht durch königliche Gesetze beseitigt wurden, beibehalten haben. Hielten sie doch ihre gesammte nationale Tradition, insbesondere die Sagen über ihren und ihrer edlen Geschlechter Ursprung und frühere Schicksale, in lebendiger Erinnerung [32]), und sie sollten das Eigenste, was ein Volk besitzt, Sitte und Recht so leicht gewechselt haben? Ihr großer König aber, wie sehr er sein Volk zu römischer Cultur zu erziehen wünschte, erwies ihnen gewiß rücksichtlich unschuldiger Rechtsgewohnheiten nicht weniger Gunst, als — den Juden, denen er in seinem Edict ausdrücklich das Privileg bestätigte, unter sich nach ihren Gesetzen zu leben und von ihren eigenen Vorständen gerichtet zu werden [33]). Und da er für seine Gothen eigene Richter ihrer Nationalität, die Comites Gothorum, einsetzte: welchen andern Zweck konnte dieß haben, als auch ihnen in ihren Rechtshändeln unter einander den Gebrauch ihres nationalen Rechts zu sichern, wovon bei der Gerichtsverfassung (§ 55) noch ausführlicher zu reden sein wird.

fähigkeit der schenkenden Frau ohne Vormund vgl. Walch cit. S. 56.

31) Daher nicht bloß Schenkung, sondern auch Verkauf der Grundstücke unter römischen Formen in den Urkunden bei Marini. Glöden S. 117 folg. Für den alten Grundsatz s. oben Bd. 2. S. 133.

32) Aus ihren Mittheilungen schrieb Cassiodor seine zwölf Bücher de origine actuque Getarum, von denen leider nur Jordanis' Auszug auf uns gekommen ist. Vgl. Köpke cit. S. 49—77.

33) *Edict. Theod.* 114. Circa Iudaeos privilegia legibus delata serventur: quos inter se iurgantes et suis viventes legibus, eos habere iudices necesse est, quos habent observantiae praeceptores. Die von Glöden S. 36 angeführte *L. 10. C. Th. de iurisdict.* (2, 1) gab ihnen allerdings nur das Recht von Schiedsrichtern nach ihren Gesetzen gerichtet zu werden; aber zu solchen wählten sie in Rechtsstreitigkeiten unter sich constant ihre Rabbiner.

In der That wird dieß auch von den Gegnern unsrer Ansicht in einem gewissen Umfang zugestanden, nehmlich für das Familienrecht, insoweit es nicht durch Theoderichs Edict römisch bestimmt werde [34]), weil dieser Rechtstheil zu genau mit den sittlichen Anschauungen und den Sitten des Volkes zusammenhänge, um einem willkührlichen Wechsel zu unterliegen [35]). Auch besitzen wir ausdrückliche Zeugnisse, daß z. B. die Mündigkeit des Ostgothen, mithin das Ende der Vormundschaft, nicht nach römischem Recht vom vollendeten vierzehnten Jahre, sondern von seiner Wehrhaftigkeit und dem Eintritt ins Heer abhing [36]). Ferner wird dem gothischen Ehemann ein Züchtigungsrecht über seine Frau eingeräumt, wovon das römische Recht nichts weiß, das also auf das germanische Mundium zurückgeführt werden muß [37]). Nach diesen zufällig erhaltenen Beispielen ist also die Geltung des gothischen Familienrechts unter den Gothen unbestritten. Mit dem Familienrecht steht aber das Intestaterbrecht in so genauem Zusammenhang, daß auch für dieses, worüber das Edict nur ganz allgemeine Sätze enthält [38]), dasselbe angenommen werden muß. Und wenn einmal das gothische Recht, so weit es nicht durch römische Prohibitivgesetze (ius publicum) aufgehoben war [39]), als particulares Statut oder

34) Die Bestimmungen des *Ed. Theod.* 93—95. über väterliche Gewalt, Verbot des Zwangs zur Ehe, des Verkaufs und der Verpfändung der Kinder, lassen die sonstige Gestaltung dieses Verhältnisses frei.

35) Glöden S. 37 folg.

36) *Cassiodor.* I. 38. vgl. Walch S. 53 gegen Glöden S. 95 folg. Wenn *Ed. Theod.* 12. von pupillaris aetas spricht, so bleibt die nähere Bestimmung dieses Begriffs vorbehalten. Nach der ratio legis mußte die Verjährung gegen einen Gothen nur so lange sistirt werden, als er unter Vormundschaft war, also bis zu seiner Wehrhaftmachung.

37) *Cassiodor.* V. 32. — maritalis districtio — domestica districtio. Glöden S. 33. In andern Punkten wird das Eherecht der Gothen durch *Ed. Theod.* 36. 37. 54. bestimmt.

38) *Ed. Theod.* 23. 24. sichert den Descendenten, Ascendenten und nächsten Seitenverwandten, sowie den überlebenden Ehegatten nur ihr Erbrecht vor dem Fiscus, stellt aber keine Erbfolgeordnung auf.

39) Wenn der in den Stellen Note 19. 21. 22 gebrauchte Ausdruck ius publicum in diesem engeren Sinne genommen wird, so wäre das Particularrecht der Gothen durch Stillschweigen vorbehalten.

Observanz der Gothen fortbestand, warum sollte dieß nicht auch für ihren Vermögensverkehr unter einander gegolten haben? [40])

Welches Recht freilich im Verkehr und in den Rechtshändeln zwischen Gothen und Römern zur Anwendung kam, ist eine andere Frage, die erst im Folgenden in Verbindung mit der Gerichtsverfassung beantwortet werden kann.

§ 55. Diese, die Gerichtsverfassung, ist unter den ostgothischen Königen für die Römer dieselbe, die sie unter den römischen Kaisern gewesen war. Für geringere Civilprozesse der Römer unter einander bilden die städtischen Defensoren die erste Instanz [1]) — die Duumvirn werden auch hier nur noch als Glieder der Curie bei Handlungen der freiwilligen Gerichtbarkeit erwähnt [2]) —; für größere Civil- und für Criminalsachen die Provinzialstatthalter [3]); die höhere Instanz der Praefectus Praetorio und seine Vicarien [4]).

40) Vgl. Hegel cit. S. 118. Stobbe S. 98. Andere vermeintliche Beweise für unsere Thesis beseitigt v. Glöden § 21 mit Recht, namentlich *Procop.* IV. 35, wo *αὐτόνομοι* nicht die eigenen Gesetze, sondern die politische Unabhängigkeit bezeichnet. Auch *Cassiodor.* XI. 8. legibus patriis estote contenti, worin Dahn cit. S. 139 einen neuen Beweis entdeckt zu haben meint, ist ein solcher nicht, denn der Präfectus Prätorio spricht in diesem Edict zu den römischen Provinzialen.

1) *Cassiodor.* VII. 1. Formula Defensoris cuiuslibet civitatis. — qui suscipit negotia civitatis. — Defensorem te itaque illius civitatis per indictionem illam civium tuorum supplicatione permota nostra concedit auctoritas. Der Defensor ist jetzt also der einzige Civilrichter der Stadt und wird von sämmtlichen Bürgern gewählt, aber vom Kaiser bestätigt. Auch sonst erwähnt Cassiodor als Vorstände der Stadt neben den Honorati, Possessores und Curialen vor Letzteren nur die Defensoren II. 17. III. 9. 49. IV. 7. 45. 49. Den Curator Civitatis, als einen vom Kaiser erwählten städtischen Verwaltungsbeamten, VII. 12. Ueber dessen Bedeutung s. Marquardt, röm. Alterth. III. 1. S. 362 folg.

2) *Ed. Theod.* 52. 53. Vgl. Hegel cit. S. 112 folg.

3) *Cassiodor.* VI. 20. Formula Consularitatis. — Secures et fasces — ut iurisdictio concessa — summi iudicis — largire iustitiam. 21. Formula Rectoris provinciae. — iudices ad provinciam mitti, ne possit ad nos veniendo mediocritas ingravari. Qui enim ferret latronum audaciam, si longe positam cognoscerent disciplinam — crimina vindicare? — Qui enim audeat peccare, cum supra cervices suas districtionem cognoverit imminere? *rel.* Ein Corrector Lucaniae Bruttiorumque kommt vor bei *Cassiodor.* III. 47. Vgl. Bd. 3. S. 42. VII. 2. Formula Praesidatus, erwähnt

Für die in den verschiedenen Provinzen Italiens angesiedelten Gothen aber sind die ihnen vorgeordneten Comites Gothorum die ordentlichen Richter, und zwar in Civil- und Criminalsachen [5]). Für ihre Competenz in Bezug auf die verschiedenen Nationalitäten ist das königliche Patent entscheidend, durch welches ihre Ernennung den römischen Provinzialen bekannt gemacht wurde [6]). Im Eingang hebt der König die für die Provinzialen wichtigste Bestimmung des Comes Gothorum, jedem Anlaß zum Streit zwischen Gothen und Römern, insbesondere zwischen den Theilhabern Eines Gutes zu steuern, hervor [7]), und im Schluß empfiehlt er, unter Betheuerung seiner gleichen Liebe für Alle, beiden Nationen Frieden und Eintracht [8]). Die hiermit zusammenhängende Competenzbestimmung für diese Beamten aber ist folgende: Den Rechtsstreit unter zwei Gothen soll der Comes Gothorum allein entscheiden; unter einem Gothen und einem Römer derselbe, aber unter Zuziehung eines römischen Rechtsgelehrten als Beisitzers; unter zwei Römern

freilich nur die Finanzverwaltung, nicht die Justiz. Aber s. VII. 3. Formula Comitivae Gothorum per singulas provincias. — Inter duos autem Romanos Romani audiant, quos per provincias dirigimus, Cognitores. *cf.* IX. 14. (Sicilien) Duorum negotia Romanorum *rel.* — Ordinariis Iudicibus administrationum suarum potestas illibata servetur.

4) *Cassiodor.* VI. 3. Formula Praefecti praetorio. 15. Formula Vicarii urbis Romae. Vgl. § 52 Note 28.

5) Für letztere s. *Cassiodor.* VII. 1. Formula Comitivae provinciae. — Scito puniendi remedium datum tibi pro salute multorum. Walch S. 43 leugnet dieß.

6) *Cassiodor.* VII. 3. Formula Comitivae Gothorum per singulas provincias.

7) Cum Deo iuvante sciamus Gothos vobiscum habitare permixtos, ne qua inter consortes, ut assolet, indisciplinatio nasceretur, necessarium duximus illum sublimem virum. — ad vos Comitem destinare *rel.*

8) Scitote autem unam nobis in omnibus aequabiliter esse charitatem. — In causa possint iura, non brachia. Nam cur eligant quaerere violenta, qui praesentia probantur habere iudicia? — Unum vos amplectatur vivendi votum, quibus unum constat esse imperium. Audiat uterque populus quod amamus: Romani vobis, sicut sunt possessionibus vicini, ita sint et charitate coniuncti. Vos autem Romani magno studio Gothos diligere debetis, qui et in pace numerosos vobis populos faciunt et universam rem publicam per bella defendunt *rel.*

dagegen sollen die römischen Provinzialstatthalter richten [9]). Mit dieser allgemeinen Vorschrift stimmen auch zwei specielle königliche Rescripte überein: das eine, worin Theoderich einen Comes Gothorum für die Provinz Samnium ernennt und als seine Hauptaufgabe die Schlichtung der Streitigkeiten zwischen Gothen und Römern und zwar ohne Unterschied, wer Kläger und wer Beklagter sei, bezeichnet [10]), und das andere von K. Athalarich, der einem Comes Gothorum für Sicilien unter andern Unregelmäßigkeiten es verweist, daß er Rechtshändel zweier Römer gegen ihren Willen vor sein Gericht ziehe, und ihm befiehlt, nicht ferner in die Jurisdiction der Provinzialstatthalter einzugreifen [11]).

Bei Gelegenheit dieser Competenzbestimmung wird auch das von dem Comes Gothorum anzuwendende Recht erwähnt, und dieß bedarf einer besonderen Betrachtung, weil es Licht auf die Stellung dieses Beamten wirft und die Beantwortung der allgemeinen Frage über die Geltung des römischen und gothischen Rechts (§ 54) ergänzt.

Die Rechtshändel zweier Gothen unter einander soll der Comes Gothorum, sagt Theoderich in jenem Patent, secun-

9) Note 7. ad vos Comitem destinare, qui secundum edicta nostra inter duos Gothos litem debet amputare: si quod etiam inter Gothum et Romanum natum fuerit fortasse negotium, adhibito sibi prudente Romano, certamen possit aequabili ratione discingere. Inter duos autem Romanos Romani audiant, quos per provincias dirigimus, Cognitores: ut unicuique sua iura serventur, et sub diversitate iudicum una iustitia complectatur universos. Die Nebenbestimmungen werden nachher erwogen werden.

10) *Cassiodor.* III. 13. Sunivado — Intra itaque provinciam Samnii, si quod negotium Romano cum Gothis est, aut Gotho emerserit aliquod cum Romanis, legum consideratione definies; nec permittimus in discreto iure vivere, quos uno voto volumus vindicare. Censebis ergo in commune, quae sunt amica iustitiae: quia nescit personas aspicere, qui meram cogitat aequitatem.

11) *Cassiodor.* IX. 14. Gildiae — Comiti Syracusanae civitatis (*cf.* VI. 22. und oben § 53 Note 29). — Duorum negotia Romanorum, etiam his invitis, ad tuum diceris vocare iudicium, quae si cognoscis facta, ulterius non praesumas. — Ordinariis Iudicibus administrationum suarum potestas illibata servetur. Cognitores suos legitima turba comitetur. — Gothorum laus est, civilitas custodita. — Vos armis iura defendite: Romanos sinite legum pace litigare.

dum edicta nostra entscheiden. Diese Worte können allerdings von einem besonderen, die Competenz dieses Beamten regulirenden Gesetze verstanden werden [12]). Da aber ein solches sonst nirgends erwähnt [13]) und in desselben Königs Rescript an den Comes Gothorum in Samnium [14]) und sonst [15]) auf die Gesetze überhaupt verwiesen wird, so ist dieser Sinn wohl vorzuziehen [16]). Hiernach enthält die Stelle allerdings nur eine Bestätigung dessen, was sonst feststeht, daß die königlichen Gesetze auch die Gothen banden und das unter ihnen geltende gothische Gewohnheitsrecht beschränkten. Es entspricht aber durchaus der Tendenz Theoderichs sein Volk allmählig durch Gesetze zu einer höhern Stufe der Civilisation zu erziehen, daß er den gothischen Beamten deren Befolgung bei dieser Gelegenheit ausdrücklich einschärft.

Wichtiger ist, was das Patent über die Norm sagt, nach welcher die Rechtshändel zwischen Gothen und Römern entschieden werden sollen. Betrachten wir die Frage zunächst im Allgemeinen und im Vergleich mit dem, was in dieser Beziehung im burgundischen und westgothischen Staate galt, so würde sich daraus Folgendes ergeben. Aller Rechtsverkehr beruht auf einem den unter einander Verkehrenden gemeinsamen Rechte [17]). In jenen Staaten wurde von Anfang an das Recht des herrschenden Volkes als gemeines Recht betrachtet und den Römern im Verkehr mit den eingewanderten Germanen auferlegt [18]).

12) So v. Glöden S. 50 folg.

13) Auch nicht in *Cassiodor.* IX. 14. Memor enim prius debeo esse Edicti, qui inter alios mavis a te sequenda constitui. Denn darunter ist das unmittelbar vorher erwähnte Organisationsedict für Sicilien von K. Theoderich zu verstehen: Edicta vero gloriosi Domini avi nostri vel universa praecepta, quae ad Siciliam pro componendis universorum moribus destinavit.

14) Note 10. legum consideratione.

15) Z. B. *Cassiodor.* I. 5. statutis legitimis. IV. 27. secundum edictorum normas.

16) Eine bestimmte Beziehung auf das uns erhaltene Edictum Theoderici möchte ich nicht mit Savigny II. S. 174 annehmen.

17) S. Bd. 1. S. 9 folg. Wie das System der persönlichen Rechte im fränkischen Reiche sich zu diesem Grundsatz verhält, wird später besprochen werden.

18) S. oben § 38 Note 15. § 43 Note 3. § 44 Note 42.

Die Anwendung desselben war gesichert durch germanische Gerichtsobrigkeiten, denen jedoch zum Behuf thatsächlich unpartheiischer Entscheidung bei den Burgunden der römische Judex Deputatus [19]), bei den Westgothen der Vicarius Comitis beigegeben war [20]). Auch Theoderich, wie sehr er die Römer begünstigte, konnte nicht umhin, seine Gothen dadurch gegen Benachtheiligung zu schützen, daß er ihnen in allen Rechtshändeln mit Römern einen Gothen zum Richter setzte. Aber um auch den Römern nicht zu nahe zu treten, schrieb er vor, daß derselbe in diesem Falle einen Römer als Beisitzer zuziehen müsse. Dieses gemischte Gericht verbürgte in dem gemischten Prozeß beiden Partheien auch zunächst ein thatsächlich gerechtes Urtheil. Aber welches Gesetz sollte von diesem Gericht zur Anwendung gebracht werden? Hier zeigt sich der höhere Standpunkt des ostgothischen Staates und seines Königs. Wahrer Gerechtigkeit entsprach es, eine billige Ausgleichung beider Rechte zu suchen, auf welche denn das Patent auch in den gewiß nicht zum Ueberfluß gebrauchten Worten aequabili ratione hinweist. Es erneuerte sich auf diese Weise in dem gemischten Gericht des Comes Gothorum zwischen Gothen und Römern die Erzeugung eines aequum ius, welches in ältester römischer Zeit zwischen römischen Bürgern und Peregrinen durch die Recuperatoren [21]), später in den Gerichten des Prätor peregrinus und der Provinzialstatthalter [22]) zu dem System des Jus Gentium entwickelt worden war. Dazu freilich kam es jetzt nicht; aber die Aufstellung des allgemeinen Princips war den juristischen Begriffen der römischen Rathgeber K. Theoderichs durchaus gemäß und die Anwendung desselben geeignet, im einzelnen Fall, so gut es eben ging, Beschwerden zu verhüten [23]).

19) S. § 39 Note 13.
20) S. § 44 Note 41.
21) S. Bd. 1. S. 53. 73.
22) S. Bd. 2. S. 15. 35. 134 Note 17.
23) Z. B. konnte bei Rechtsgeschäften zwischen Gothen und Römern die Form der Stipulation, der Mancipation u. s. w. nicht gefordert werden. Aehnlich Walch S. 44 a. E. und Hegel S. 120. Ueber Ehen der Gothen und Römer s. Glöden S. 131.

Als Zweck dieser Bestimmungen wird zum Schluß bemerkt, daß auf diese Weise Jedem seine Rechte gesichert seien und unter verschiedenen Richtern dieselbe Gerechtigkeit Alle umfasse [24]). Man hat Jenes als Beweis für die Geltung des gothischen Rechts für die Gothen, des römischen für die Römer betrachtet. Allein die „Rechte eines Jeden" können nur dessen subjective Rechte sein, so daß unmittelbar über das objective Recht damit nichts ausgesagt ist. Mittelbar indeß bestätigt auch dieß unsere Ansicht, insofern die Anerkennung der subjectiven Rechte und die gleiche Gerechtigkeit für Alle nicht ohne Berücksichtigung der verschiedenen Nationalrechte möglich war, und diese durch die Richter verschiedener Nationalität gesichert werden sollte [25]).

Was die Gerichtsbesetzung betrifft, so wird in dem angeführten Patent dem Comes Gothorum nur für den Fall eines Rechtsstreits zwischen Gothen und Römern die Zuziehung eines Beisitzers und zwar eines römischen Rechtsgelehrten vorgeschrieben. Daß die römischen Gerichtsbeamten in Prozessen unter Römern sich noch immer eines solchen bedienten, ist anderweit bezeugt [26]). Dagegen fehlt es an jedem Beweise dafür, daß der Comes Gothorum in Prozessen unter Gothen das Urtheil nicht selbst gefällt, sondern durch gothische Schöffen habe sprechen lassen, ja das Patent scheint dieß auszuschließen [27]). Auch diese Institution altgermanischer Freiheit war den Ostgothen, wie andern germanischen Stämmen beim Uebergang in römische Zustände, verloren gegangen; nur die Nationalität ihrer Gerichtsobrigkeit bürgte ihnen also für die Achtung ihres nationalen Rechtes.

24) S. Note 9. ut unicuique sua iura serventur, et sub diversitate iudicum una iustitia complectatur nniversos.

25) So Walch S. 43ª gegen v. Glöden S. 53 folg., der auch hier zu weit geht.

26) Für die Consiliarii des Präfectus Prätorio *Cassiodor*. VI. 12. Dagegen sind die drei von den Partheien erwählten Honorati als rechtsgelehrte Beisitzer königlicher Commissarien etwas Außerordentliches. *Cassiodor*. IV. 12. 46. In Criminalsachen der Senatoren bestand noch das römische indicium quinquevirale. *Cassiodor*. VI. 22. 23. Vgl. Bd. 3. S. 61.

27) S. oben Note 9. qui secundum edicta nostra inter duos Gothos litem debet amputare. Anders Walch S. 44ª.

Auch rücksichtlich des Hülfspersonals der Gerichte überwog die römische Einrichtung. Allen richterlichen Beamten stehen die zahlreichen Kanzleien (officia) mit ihren Schreibern und Gerichtsboten zur Seite [28]), den Comes Gothorum nicht ausgenommen [29]), so daß wir uns also im ostgothischen Staate die gesammte römische Büreaukratie mit ihrem ausgedehnten Schreibwerk in Thätigkeit denken müssen. Von dem darin herrschenden, die thatsächliche Wahrheit durch schwulstige Rhetorik verhüllenden Kanzleistyl giebt Cassiodor ein abschreckendes Bild. — Das gothische Amt der Sajones ist auf den Dienst des Königs beschränkt, welcher unter diesem Namen vornehme Gothen als seine Gerichtsboten [30]), zu militärischen Zwecken [31]), zur Unterstützung der ordentlichen Verwaltungsbeamten [32]), namentlich in Beitreibung der Steuern und anderer fiscalischer Rechte [33]) oder mit andern außerordentlichen Aufträgen [34]), z. B. als sauvegarde zum Schutz Einzelner gegen Gewaltthätigkeiten [35]), aussendet, wofür sie allgemein ein Donativ empfangen [36]) und sich der Staatspost bedienen [37]). Sie sind also

28) *Edict. Theod.* 4. Officium cuiuslibet iudicii. 10. omnes per provincias iudices — vel eorum Officia. *Cassiodor.* VII. 2. Ideo enim (zur Handhabung der Gerechtigkeit) emolumenta Iudicibus damus, ideo tot Officia diversis largitatibus continemus.

29) *Cassiodor. cit.* erwähnt die Officia im Patent des Comes Gothorum. Vgl. den Princeps und die Domestici desselben oben § 53 Note 32. 33. Dagegen spricht *Cassiodor.* VI. 23—25. VII. 27. 28 vom Officium des Comes civitatis.

30) *Cassiodor.* II. 13. III. 20 (mit einem römischen Apparitor). IV. 39 (im Interdictsprozeß). VIII. 24 (Verhaftung des Beklagten). IX. 14 (gegen Sporteln). *Ed. Athal.* § 5. indulta executione Saionum, ultionem sentiat vigoris regii.

31) *Cassiodor.* I. 24 (Einberufung des Heeres zum Kriege). V. 27 (zur Heerschau). 10. 23 (Führung einzelner Truppentheile zum Heere). III. 48 (Einrichtung eines Castells).

32) Des Präfectus Prätorio und Magister Officiorum in Beaufsichtigung der Staatspost. *Cassiodor.* IV. 47. V. 5.

33) *Cassiodor.* II. 14. 32. 34. XII. 3.

34) *Cassiodor.* II. 30. III. 43. V. 19. 20. VIII. 27.

35) *Cassiodor.* IV. 27. 28. Auch hierfür erhalten sie gesetzliche Sporteln, was in diesem Fall zu Erpressung und Mißhandlung des Schützlings mißbraucht wurde. VII. 42 auf Antrag des quaestor sacri palatii.

36) *Cassiodor.* VII. 42.

37) *Cassiodor.* IV. 47.

Bevollmächtigte des Königs, die überall in seinem Auftrag selbst sehen und persönlich handeln sollen, und dienten insofern zur Ergänzung und Berichtigung der römischen Büreaukratie.

Der König ist der höchste Richter über Römer und Gothen und erkennt 1) auf Supplication entweder außerordentlicher Weise in erster Instanz selbst, insbesondere über gothische Große [38]), oder verweist die Sache durch Rescript an den ordentlichen Richter oder außerordentliche Commissarien [39]); 2) auf Relation des Richters erster Instanz, z. B. wegen Uebermacht einer Parthei [40]) und 3) auf Appellation [41]). Der Quästor sacri Palatii ist dabei sein rechtsgelehrter Gehülfe [42]) und außer diesem eine bestimmte Zahl von Referendarien [43]). Also überall wie der römische Kaiser.

§ 56. Auf keinem Punkte wich das altgermanische und das römische Recht stärker von einander ab als in den Grundsätzen der Rechtsverfolgung, diesem Mittelpunkt der gesammten Rechtsordnung, und auf keinem war deshalb Theoderich mehr bemüht, die barbarischen Gebräuche seines Volks auszurotten und römische Sitte zur Geltung zu bringen. Es ist dieß ein Hauptgegenstand seines Edicts und vieler andern Verfügungen.

Jeder Art der Selbsthülfe, zu der seine Gothen noch immer nur zu geneigt waren, insbesondere der gewaltsamen De-

38) *Cassiodor.* IV. 39. V. 12.

39) *Cassiodor.* III. 16. 17. 45. IV. 11. 18. 28. *cf.* 27. Häufig ein Gothe und ein Römer I. 18. V. 39. VIII. 27. Vgl. Glöden S. 103.

40) *Edict. Theod.* 16. *Athal.* § 5.

41) *Cassiodor.* I. 5 (vom Comes Gothorum). Vgl. *Edict. Theod.* 55. *Athal.* c. XI. Auch auf Supplication gegen ein Strafurtheil mildert er dieses. *Cassiodor.* III. 46. 47.

42) *Cassiodor.* VI. 5. Formula Quaesturae.

43) *Cassiodor.* VI. 17. Formula Referendariorum. — Per eum nobis causarum ordines exponuntur: per eum interpellantium vota cognoscimus, et ipsis responsa reddimus, ut negotia compedita solvamus. Magnum est in hoc agone principali servire prudentiae *rel.* Vgl. *Nov. Iust.* 10. 113. 124. c. 4. *Rubr. L. 2. C. I. de off. eius qui vicem* (1, 50). In der Notitia Dignitatum und im Theodosischen Codex kommen sie noch nicht vor.

jection aus dem Besitz [1]), der Verhaftung des Schuldners [2]) und der eigenmächtigen Pfändung desselben oder eines Angehörigen statt seiner [3]), tritt er mit Strafdrohung entgegen.

Ueber Verbrechen [4]) und öffentliche Strafen [5]) enthält sein Edict so zahlreiche und zwar nur römische Bestimmungen, daß angenommen werden muß, es sei die Absicht gewesen, das römische Criminalrecht in seinem ganzen Umfang zur Geltung zu bringen. Die Grundsätze des deutschen Rechts, insbesondere die Bußen, erscheinen nirgends [6]). Bemerkenswerth ist in dieser Hinsicht, daß das Edict im Fall der Entführung ausdrücklich verbietet, die öffentliche Strafe durch Vergleich abzukaufen [7]).

Auch im Criminalprozeß wird in römischer Weise die Anklage nur im eigenen Namen, durch Inscriptio und mit Uebernahme der dem Angeklagten drohenden Strafe zugelassen; daher beide Theile während des Prozesses in Haft bleiben; nur wegen geringer Verbrechen tritt Bürgschaft ein und ein Vornehmer (nobilis) wird auf sein Wort freigelassen [8]). Von dem Verbrechen kann sich auch im Gericht des Comes Gothorum der Angeklagte nicht durch Eid reinigen, sondern der Ankläger kann und muß dasselbe beweisen [9]). Tortur kennt zwar das

1) *Ed. Theod.* 10. Verlust der Sache oder ihres Werthes und doppelte Früchte. 75. Criminalstrafe wegen Gewalt. *cf. Ed. Athal.* c. I. *Cassiodor.* IV. 39. VIII. 27.

2) *Ed. Theod.* 8. 9. Capitalstrafe der Gewalt.

3) *Ed. Theod.* 123. 124. (Ersatz des Vierfachen) und das Edict für Campanien und Samnium, *Cassiodor.* IV. 10. (Verlust der Forderung im ersten und Strafe des Duplum im zweiten Fall).

4) Todtschlag *Ed. Theod.* 15. 16. 99. 152. Entführung 17—22. Incest, Verletzung des Trauerjahres, Ehebruch 36—38. *cf. Ed. Athal.* 4—6. Falsum 40—42. 90 *sq.* Viehdiebstahl 56. 57. Stuprum 59—64. Begräbnißstörung 75. 110. Plagium 78 *sqq.* Aufruhr 107. Zauberei 108. *Ed. Athal.* c. IX.

5) Bemerkenswerth ist Feuertod wegen falscher Delation *Ed. Theod.* 35. 48—50. Stuprum (eines Sklaven?) mit einer Wittwe 61. Aufruhr 107. Körperliche Züchtigung (fustibus) nur gegen Geringe und Arme 75—83. 89—97. 111.

6) Vgl. Glöden S. 106 folg.

7) *Ed. Theod.* 18. 19.

8) *Ed. Theod.* 13. 14.

9) *Cassiodor.* VII. 1. Formula Comitivae provinciae (*sc.* Gothorum) — Reus qui dicitur et probetur, scheint dem germanischen Grundsatz, daß die Beschuldigung schon zur Verurtheilung genüge, wenn der Beklagte sich nicht reinigt, entgegenzutreten.

Edict nur gegen Sklaven [10]); aber ihre Anwendung selbst gegen freie Gothen war nicht ohne Beispiel [11]).

Auch das römische Actionenrecht erscheint in dem Edict in zahlreichen Anwendungen [12]) und nur mit geringen Modificationen, dagegen nirgends germanische Grundsätze.

Endlich ist auch der Civilprozeß durchaus römisch. Eingeleitet wird er durch eine richterliche Ladung (conventio), bei deren Insinuation der Gerichtsbote (apparitor) vom Beklagten gesetzlich bestimmte Sporteln und das Versprechen vor Gericht zu erscheinen empfängt [13]). Stellvertretung durch Procuratoren ist allgemein möglich [14]). Nach dreimaliger Ladung kann auch gegen den Abwesenden das Urtheil gefällt werden [15]). Im Interdictsprozeß wegen Dejection ergeht gegen den Beklagten ein bedingtes Mandat, entweder zu restituiren oder vor Gericht zu erscheinen und sich zu vertheidigen [16]).

Vorzüglich die Beweisgrundsätze sind, im Allgemeinen, rein römische. Der Hauptbeweis liegt dem Kläger, nicht dem Beklagten ob [17]). Zum Eide kommt es nur, entweder nach Uebereinkunft der Partheien, d. h. Zuschiebung und Annahme des Eides, oder durch richterliches Urtheil, und der geleistete Schwur kann nicht wegen Meineid angefochten werden [18]). Nur in einem einzelnen Fall findet sich in dem Edict eine abweichende Be-

10) *Ed. Theod.* 100–102.

11) *Cassiodor.* III. 46. Der Gebrauch der Tortur wird vom Könige nicht gerügt, sondern die Strafe des geständigen Angeklagten gemildert.

12) Klagverjährung in 30 Jahren *Ed. Theod.* 12. 69. Actio furti 85. 86. und zwar beim Viehdiebstahl auf das Vierfache 57. Die gerichtliche Anzeige verirrten Viehs klingt germanisch 58. Interdictum unde vi 76. (*Cassiodor.* IV. 39.) liberalis causa 96. Actio noxalis gegen den Herrn 109. 117 *sq.* 120, gegen den Vater 128. Klage gegen Schiffer und Wirthe 119. Actio de peculio 121. Wegen Tödtung eines Sklaven entweder Criminalanklage oder Civilklage (actio legis Aquiliae) auf zwei Sklaven gleichen Werthes 152.

13) *Edict. Theod.* 73. — conventum sufficiat promittere, se ad iudicium esse venturum, nihil ultra praesumat apparitor, d. h. nicht satisdatio. Für die Sporteln s. *Cassiodor.* IX. 14. *Ed. Theod.* Ausschließung der Feiertage 154.

14) *Ed. Theod.* 43—47.

15) *Ed. Theod.* 5. 145.

16) *Cassiodor.* IV. 39. 40. 44. V. 12.

17) *Ed. Theod.* 96. 132.

18) *Ed. Theod.* 106.

stimmung, die vielleicht auf germanischen Einfluß zurückzuführen ist. Bei den Klagen gegen Schiffer und Wirthe soll der Beklagte seine Unschuld beschwören und damit der Strafe des Doppelten entgehen, der Kläger aber den Werth der verlorenen Sache eidlich bestimmen und dann den einfachen Ersatz erhalten [19]). Der Fortschritt der Cultur auf diesem Punkte tritt am Bestimmtesten darin hervor, daß, da unter den in Pannonien wohnenden Barbaren der Reinigungseid und der gerichtliche Zweikampf noch im Gebrauch war, Theoderich die Abstellung dieser Mißbräuche, nach dem Beispiel seiner civilisirten Gothen, dem dorthin gesandten Comes illustris befiehlt [20]).

Römisch ist es auch, daß nach Beendigung der Verhandlung der Partheien und ihrer Beweisführung der Richter in ihrer Gegenwart ein schriftlich verfaßtes Urtheil fällen [21]), und allemal den unterliegenden Theil in die Prozeßkosten verurtheilen soll [22]).

Die Execution verfügt der Richter der Hauptsache und überträgt sie seinem Officium [23]), insbesondere die Pfändung

19) *Ed. Theod.* 119.

20) *Cassiodor.* III. 23. — ut inter nationum consuetudinem perversam Gothorum possis demonstrare iustitiam, qui sic semper (?) fuerunt in laudis medio constituti, ut et Romanorum prudentiam caperent, et virtutem gentium possiderent. Remove consuetudines abominanter inclitas: verbis ibi potius non armis causa tractetur: non sit convicium negotium perdere, cum pro re abiuratur aliena furtum, non animam reddat, ne plus intentio civilis rapiat, quam bella consumant. — Et ne quem forte ad mortem videatur praecipitare paupertas, redde pro talibus gloriosum plane damnum *rel.* Der Kläger soll nicht mehr nach germanischer Sitte den Reinigungseid des Beklagten durch Berufung auf gerichtlichen Zweikampf anfechten können, dieser nicht mehr, weil er nicht zahlen wollte oder konnte, das Leben verlieren. Von Selbsthülfe, insbesondere Blutrache, worauf man es bezogen hat, ist überall nicht die Rede. *Ep.* 24. verbietet dasselbe barbaris et Romanis per Pannoniam constitutis. — Cur ad monomachiam recurritis, qui venalem Iudicem non habetis? — Quid opus est homini lingua, si causam agat manus armata? — Imitamini certe Gothos nostros, qui foris praelia, intus norunt exercere modestiam *rel.*

21) *Ed. Theod.* 5—7.

22) *Ed. Theod.* 11. 74.

23) *Ed. Theod.* 6. 73.

des Schuldners, wenn er binnen zwei Monaten nicht zahlt [24]) und die Restitution des Besitzes [25]).

Die Appellation wird durch Libelli eingewandt, welche der Unterrichter anzunehmen und sich dann jeder weiteren Verfügung in der Sache zu enthalten hat; im Fall der Abwesenheit des Richters durch öffentlichen Protest. Sie geht von den Provinzialstatthaltern an die kaiserlichen Appellationsgerichte (sacri cognitores) [26]), von dem Comes Gothorum an den König [27]), jedoch stets in derselben Sache nur Einmal [28]).

§ 57. Der rasche Verfall des ostgothischen Staates und der völlige Untergang des Volkes selbst [1]) wenige Jahrzehnte nach Theoderichs Tode (526) beruhte auf persönlichen und sachlichen, d. h. in der Natur dieses Staates liegenden Gründen. Letztere interessiren uns vorzugsweise, weil sie mit der Frage zusammenhängen, inwiefern es hier gelungen war, römisches und germanisches Wesen zu einer neuen lebensfähigen Schöpfung zu verbinden. Zunächst aber erinnern wir kurz an jene.

Theoderich hatte nicht versäumt, für die Erhaltung und Fortführung seines großartigen Werkes durch einen tüchtigen Nachfolger zu sorgen und zu dem Ende, da ihm ein Sohn versagt war, seine Tochter Amalasuntha dem Eutharich, einem ausgezeichneten westgothischen Prinzen aus dem Geschlecht der Amaler, vermählt. Allein da dieser vier Jahre vor ihm (522) starb, so konnte er bei seinem Tode doch nur seinen unmündigen Enkel Athalarich als Thronerben unter der Vormundschaft seiner Mutter bezeichnen. Dieser wurde nun zwar als solcher in feierlicher Huldigung, mit gegenseitigem Eidschwur, von Gothen und Römern anerkannt [2]), auch die zweideutige Verbindung

24) *Ed. Theod.* 123. 131. *Cassiodor.* IV. 10.

25) *Cassiodor.* III. 20. trägt die Restitution einem Sajo und einem Apparitor auf.

26) *Ed. Theod.* 55.

27) *Cassiodor.* I. 5.

28) *Ed. Athal.* c. XI. Vgl. Bd. 3. S. 328.

1) Vgl. die Geschichte bei Manso S. 175–285 und Dahn S. 178–242. Erklärungsversuche von Manso S. 286–302. Hegel cit. S. 102. Dahn S. 140 folg.

2) *Cassiodor.* VIII. 3–7. *cf.* X. 17. 18. Aecht germanisch s. oben § 6 Note 8. 10.

mit dem östlichen Bruderreiche erneuert [3]). Aber daß die Herrschaft nicht mehr in einer festen männlichen Hand lag, zeigte sich alsbald in den inneren und auswärtigen Verhältnissen des Staates. Die Gothen, unzufrieden mit der römischen Erziehung, welche Amalasuntha dem jungen Könige giebt, verlangen, daß sie ihnen überlassen werde, und führen durch Ausschweifungen, denen er sich nun hingiebt, seinen frühen Tod (534) herbei. Nun sucht die königliche Frau eine Stütze gegen die meuterischen gothischen Großen einerseits beim byzantinischen Hofe, andererseits bei dem letzten Amaler, dem feigen verrätherischen Theodat, mit dem sie die Herrschaft theilt, und findet durch ihn ihren Untergang. Im Auswärtigen fühlen sich die benachbarten germanischen Staaten von dem überwiegenden Einfluß des großen Theoderichs befreit und reißen ein Stück des Staates nach dem andern an sich. Der oströmische Kaiser Justinian aber, nachdem es ihm geglückt, Afrika von den Vandalen wieder zu erobern (534), nimmt die Intriguen am ostgothischen Hofe, in die er hereingezogen wird, zum Vorwande, um auch der ostgothischen Herrschaft ein Ende zu machen. Zunächst bemächtigt er sich Dalmatiens (535); Sicilien, mit seiner schwachen Friedensbesatzung, ergiebt sich Belisar freiwillig (536), der im Besitz dieser Kornkammer Italiens dieses nun aushungern kann [4]); die Eroberung des festen Neapels (537) macht ihn zum Herrn des ganzen Südens der Halbinsel. Nun erwacht zwar der Unmuth der Gothen über die Schlaffheit ihres Königs, des letzten Amalers, und sie wählen einen tapferen Gemeinfreien, Vitigis, zu ihrem Führer. Allein, da nun Alles von den kriegerischen Erfolgen abhing, und Vitigis zwar persönlich tapfer, aber kein Feldherr war, so gelang es Belisars ausgezeichneter Kriegskunst mit seinem kleinen Söldnerheer die

3) *Cassiodor.* VIII. 1. Ebenso die folgenden Könige: Amalasuntha und Theodat X. 1. Theodat allein X. 19. 20. mit Gudelin 22. 24. und Vitigis 32. 33, der noch von utraeque res publicae spricht.

4) Von der durch Ein Mißjahr in Italien erzeugten Hungersnoth s. *Procop.* II. 20. und über die Bedeutung Siciliens die Rede des Totilas III. 16.

Gothen bis auf wenige Punkte Norditaliens zu verdrängen, ja durch die Täuschung, daß er, selbst barbarischer Abkunft, mit Vitigis, wie einst Theoderich mit Odoakar, die Herrschaft über Italien theilen wolle, in Ravenna einzuziehen (540)[5]. Zwar veranlaßt der Neid des byzantinischen Hofes seine Abberufung, und den enttäuschten Gothen ersteht in Totilas (542) ein Heldenkönig von seltener Begabung im Kriege und weiser Mäßigung im Siege, der, gegen die byzantinischen Generale siegreich, sich ganz Italien, die Inseln Sicilien, Sardinien und Corsica unterwirft und gegen Belisar, als dieser mit unzureichenden Mitteln auf dem Kampfplatz wieder erscheint, behauptet (550). Aber endlich ergreift der byzantinische Hof das richtige Mittel zum Zweck, wirbt mit seinen Schätzen ein großes barbarisches Söldnerheer und setzt ihm in dem Eunuchen Narses einen Führer vor, der mit seinem überwiegenden Feldherrntalent in Einer siegreichen Schlacht, in welcher Totilas selbst bleibt, die Macht der Gothen für immer bricht (553). Denn der Kampf seines Nachfolgers Tejas war nur noch ein Verzweiflungskampf, und die Hülfe der Franken und Alamannen mehr ein barbarischer Raubzug durch Italien, der gleichfalls durch römische Kriegskunst zurückgeschlagen wurde (554).

Wenn also die persönliche Unfähigkeit der gothischen Herrscher, dann die Ueberlegenheit der byzantinischen Feldherrn den Untergang des ostgothischen Staates an sich hinreichend erklärt, so bleibt doch die Frage nach den tiefer liegenden sachlichen Gründen, die dazu mitgewirkt, übrig.

Wir können sie in dem Einen Wort zusammenfassen, daß, während ein lebenskräftiger Staat nicht ohne die Naturbasis einheitlicher Nationalität gedacht werden kann, der ostgothische ein auf zwei Nationalitäten gegründetes Kunstproduct war, von denen keine für sich ihm Lebenskraft mitzutheilen vermochte und die in ihrem Zwiespalt seinen Untergang beschleunigen mußten.

5) Dahn S. 221 folg. meint, Belisar hätte Kaiser des Occidents werden sollen; allein er erkennt selbst an, daß Procop βασιλεὺς auch für den König gebraucht.

Theoderichs Grundgedanke war, wie der des Westgothen Athaulph, das gesunkene Römerreich, das auch ihm in dem Glanze antiker Cultur als ein ewiges erschien, durch sein tapferes Gothenheer militärisch zu stützen und zu erneuern. Allein er übersah, daß die nicht auf bürgerliche Freiheit, sondern auf Despotismus berechnete römische Staatsform durch jene äußere Stütze nicht gebessert und der an Knechtschaft gewöhnte Geist der Römer auch durch die humanste Behandlung weder veredelt, noch wahrhaft gewonnen werden konnte. Die Widrigkeit derselben gegen ihre barbarischen und ketzerischen Beherrscher zeigte sich auch im offenen Abfall, sobald ein byzantinisches Heer ihnen die Möglichkeit dazu bot, und weder die grausamste Reaction von Seiten der Gothen, noch Totilas' Milde vermochte sie zu überwinden. — Von seinen Gothen hatte Theoderich gehofft, daß sie durch kriegerischen Ruhm und eine behagliche Existenz befriedigt, den Römern befreundet bleiben und von diesen mildere Sitten annehmen würden, ohne ihre Tapferkeit einzubüßen. Allein der nationale Gegensatz trat schon bei der Erziehung seines Enkels Athalarich feindlich hervor; von Freundschaft konnte dann bei dem Verrath der Römer nicht mehr die Rede sein, und die römische Cultur war bei ihnen nicht tief gedrungen [6]). Eine Abnahme an persönlicher Tapferkeit zwar ist nicht bemerkbar, denn nur die mangelhafte Führung ließ sie den barbarischen Söldnerheeren der Byzantiner unterliegen. Allein daß auch sie eigentlich nur tapfere Landsknechte ohne Staats- und Vaterlandsgefühl waren, zeigte sich darin, daß im Lauf des Krieges wiederholt gothische Abtheilungen, wenn sie sich nicht mehr zu halten vermochten, in den Dienst des Kaisers übertraten [7]), ja daß ihre Gesammtheit mit ihrem Könige Vitigis unter gewissen Bedingungen sich Belisar unterwirft [8]). Als dann die Rugier den Erarich zum

6) Ein überliefertes Wort Theoderichs ist merkwürdig (*Anonym. Vales. p. m.* 556): Romanus miser imitatur Gothum, et utilis Gothus imitatur Romanum.

7) So die Besatzungen von Urbinum *Procop.* II. 19, die von Auximum 27, in den cottischen Alpen 28.

8) *Procop.* II. 29. III. 1.

König erheben, ist selbst Totilas bereit, mit der Besatzung von Tarvisium zu den Byzantinern überzugehen [9]). Nach Erarichs Sturz selbst von seinem Volk zum König erwählt, gelingt es ihm durch eine Reihe von Siegen noch einmal ihr einheitliches Nationalgefühl zu erwecken. Nachdem aber auch er in der unglücklichen Schlacht gefallen und das von Tejas wieder zusammengeraffte Gothenheer den Verzweiflungskampf für erfolglos erkennt, erkaufen sie ihr Leben und den ruhigen Besitz ihrer Güter durch die Verpflichtung, wenigstens nicht mehr gegen den Kaiser zu fechten [10]). Und als auch ihre Bundesgenossen, die Franken und Alamannen, zurückgeschlagen sind, ergeben sich die letzten siebentausend Gothen, die sich unter dem hunischen Führer Ragnaris in eine Bergfeste geworfen, und werden als brauchbare Soldaten nach Constantinopel übergeschifft [11]).

So endet das Volk der Ostgothen als solches; denn in der Zerstreuung der Einzelnen [12]) verschwindet ihr Gesammtname. Ihrem großen Könige Theoderich ist aber nur insofern eine Schuld beizumessen, als er das zur Zeit allein Mögliche, im Erfolg aber Unmögliche versucht hat, die Verschmelzung des Germanen- und Römerthums [13]), welcher in diesem Stadium der Weltgeschichte fast alle germanischen Völker zum Opfer fielen und aus der erst nach Jahrhunderten neue lebenskräftige Gestalten hervorgehen sollten.

9) *Procop.* III. 2.

10) *Procop.* IV. 35. *Agathias* I. 1.

11) *Agathias* II. 13. 14.

12) Gothen kommen noch vor in den Urkunden bei *Marini* 86. 79. *Spangenb.* 31. 20. vom J. 553 und 557. In Verona leisten sie noch a. 563 Widerstand. *Muratori Ann. h. a.* Was unter den gewaltigen politischen und socialen Umwälzungen der letzten zwanzig Jahre aus ihren Sortes geworden, wissen wir nicht. Savigny I. S. 399. *Vesme, Proprietà in Italia p.* 9 glaubt, sie seien von Justinian confiscirt worden und Hegel S. 131 ist derselben Ansicht. Allein weder Procop, noch die Sanctio pragm. melden, noch die Urkunden bei Marini beweisen dieß, letztere eher das Gegentheil. Auch nach *Marini* 86. hatten a. 553 Gothen noch Grundbesitz, und die *Sanct. pragm. c.* 2. vernichtet nur Alles, was unter Totilas geschehen.

13) Insofern stimme ich Manso cit. und Hegel cit. nicht bei, welche meinen, wenn er es anders angefangen, hätte sein Versuch gelingen können.

V. Die Langobarden.

§ 58. Während die Vandalen, die Burgunden, die West- und Ostgothen keine bleibende Frucht für die Culturgeschichte des Rechts gebracht, haben die Langobarden vermöge ihrer besonderen Begabung mehrmals in verschiedener Richtung darin Epoche gemacht: nehmlich indem sie 1) ihr eigenthümliches germanisches Recht gegen die romanisirenden Einflüsse Italiens vollständiger und länger als jene Völker behauptet, dann 2) im eilften Jahrhundert dasselbe in der Schule von Pavia zum ersten Mal wissenschaftlich bearbeitet, 3) im zwölften einen Theil desselben, das Lehnrecht, in die Form gebracht, in der es sich über das neuere Europa verbreitet hat, und endlich 4) zu derselben Zeit das römische Recht in der Schule von Bologna zu neuem Leben erweckt haben. Nur beiläufig erwähnen wir zum Beweise der diesem Volksstamme eigenen schöpferischen Kraft, daß aus seiner Mischung mit der erstorbenen Römerwelt in Italien die Freiheit der lombardischen Städte und die unvergleichliche Blüthe italienischer Poesie und Kunst hervorgegangen ist.

Die Geschichte der Langobarden [1]) vor ihrer Niederlassung in Italien führt uns zurück in die Urwälder Germaniens [2]) und ihre Volkssage bis zu dem skandinavischen Norden [3]).

Denn von da leiteten sie selbst ihren Ursprung ab, indem ein Drittheil ihres Stammes, durch Hungersnoth vertrieben,

1) Für das Detail der Geschichte s. Leo, Geschichte der italienischen Staaten Th. 1. S. 55—203. Türk, Forschungen Heft 4. Die Langobarden und ihr Volksrecht, Rostock 1835. Hegel, Geschichte der Städteverfassung von Italien Bd. I. 1847. Flegler, das Königreich der Langobarden in Italien, Leipzig 1851. Ueber die Quellen s. L. Bethmann, Paulus Diaconus und die Geschichtschreibung der Langobarden, Hannover 1849.

2) Zeuß, die Deutschen und ihre Nachbarstämme S. 109. 471. *Bluhme*, in *Mon. Germ. Leg.* IV. *p.* IX. *sq.*

3) *Origo gentis Langob. Mon. Germ. Leg.* IV. *p.* 641 *sqq. Paul. Diac.* I. 2. 3. 7. 8. L. Bethmann cit. S. 93 folg.

unter Führung zweier Fürsten (duces) und ihrer Mutter, der Seherin Gambara, über die See geschifft und, obgleich gering an Zahl, gegen die mächtigeren Vandalen mit Hülfe der Götter, Freia und Wodan, an den Ufern der Niederelbe sich unabhängige Wohnsitze erkämpft habe. Hier war es auch, wo nach geschichtlichen Zeugnissen Tiberius, als er mit seinem gerüsteten Heere bis an die Elbe vordrang, den Widerstand dieses, selbst unter den Germanen durch wilde Tapferkeit ausgezeichneten Volkes brechen mußte, ohne es bleibend unterwerfen zu können[4]); wo dann die Langobarden mit andern suebischen Völkern von dem Despoten Marbod abfielen, um mit Arminius für die germanische Freiheit zu kämpfen[5]), später seinen von den Cheruskern zum König erwählten Neffen Italicus gegen seine aufrührerischen Volksgenossen unterstützten[6]), und noch im zweiten Jahrhundert, als jene längst durch innere Zwietracht bei äußerem Frieden tief gesunken waren, den Ruhm behaupteten, von mächtigeren Stämmen umringt durch Tapferkeit ihre Unabhängigkeit zu bewahren[7]). Die letzte sicher bezeugte Nachricht in dieser Periode ist, daß auch sie sich an dem großen Markomannenkriege gegen die Römer unter M. Aurel betheiligten[8]).

Doch scheint es nicht, daß sie schon in der großen Völkerbewegung des dritten Jahrhunderts, wie die Gothen, Vandalen und Burgunden, oder wenigstens im vierten Jahrhundert ihre heimischen Sitze verließen und sich nach dem Süden verpflanzten[9]). Die Sage zwar spricht von ihrer Wanderung durch

4) *Vell. Paterc.* II. 106. receptae Cauchorum nationes; — fracti Langobardi, gens etiam Germana feritate ferocior; — denique — ad flumen usque Albim, — Romanus cum signis productus exercitus.

5) *Tac. Ann.* II. 44—46.

6) *Tac. Ann.* XI. 17.

7) *Tac. Germ.* 36. Cherusci — nunc inertes ac stulti vocantur. 39. (Semnones) — centum pagis habitant; magnoque corpore efficitur, ut se Suevorum caput credant. 40. Contra Langobardos paucitas nobilitat; plurimis ac valentissimis nationibus cincti non per obsequium, sed praeliis et periclitando tuti sunt.

8) *Petri Patricii Exc.* 6. *ed. Bonn. p.* 124.

9) *Prosp. Aquit. Chron.* setzt ihren Auszug aus Skandinavien ins Jahr 379, beweist also nichts für diese späteren Wanderungen.

verschiedene Gaue, die wir aber weder dem Ort noch der Zeit nach zu bestimmen vermögen [10]). Ihr Auftreten an der unteren Donau und ihre wechselvollen Kämpfe mit den Bulgaren und Herulern fallen jeden Falls erst in das fünfte Jahrhundert [11]), wo sie auch den Oströmern unter K. Anastasius als theilweise zum Christenthum bekehrte Barbaren und als Sieger über die Heruler bekannt werden [12]). Unter K. Justinian, mit dessen Zustimmung sie (a. 526) Pannonien besetzen und während vierzig Jahren inne haben, treten sie zuerst mit dem byzantinischen Hofe in Verbindung, der ihre Feindschaft mit den Gepiden nährt [13]), und den sie bei der Besiegung der Ostgothen in Italien durch ein Hülfsheer unterstützen [14]).

Aber das kurze Bündniß mit den Römern hatte ihnen nichts von deren Cultur eingetragen, der flüchtige Einblick in den reichen Süden sie nur nach dessen Schätzen lüstern gemacht. Als daher ihr im Liede gefeierter Heldenkönig Alboin die Gepiden mit Hülfe der noch wilderen Avaren vernichtet hat, räumt er diesen seinen Bundesgenossen Pannonien ein und bricht nach Italien auf (a. 568), um den Byzantinern die kaum gewonnene Herrschaft über dieses schöne Land zu entreißen und seinem Volke hier eine bleibende Wohnstätte zu bereiten.

Diese Vorgeschichte der Langobarden ist entscheidend für den Charakter des Volkes, für die erste Einrichtung des neuen Staates und seine ferneren Schicksale, ja mittelbar für die innere Geschichte Italiens im ganzen Mittelalter geworden. Sie waren nicht wie die Vandalen eine durch langes Umherschweifen

10) *Origo cit. p.* 642. *Paul Diac.* I. 13. Dieses Stück Sage steht mit den andern nicht in unmittelbarer Verbindung. *Bluhme l. c.* hat es zu deuten versucht.

11) *Origo cit. p.* 643. *Paul. Diac.* I. 15—20.

12) *Procop. de bello Goth.* II. 14. 15.

13) *Procop. de bello Goth.* III. 33. *sq.* IV. 18. 25.

14) *Procop. de bello Goth.* IV. 25. 26. Früher hatte Vitigis die Hülfe des Langobardenkönigs Wacho durch eine Gesandtschaft vergeblich nachgesucht, weil dieser dem byzantinischen Hofe verbunden war. *Idem* II. 22. Nach dem Siege über Totilas schickt Narses das gefährliche Hülfsheer sogleich zurück. *c.* 33. Ob er sie später, aus Rache gegen den byzantinischen Hof, nach Italien eingeladen, wie *Paul. Diac.* II. 5. erzählt, mag dahingestellt bleiben.

verwilderte Horde, nicht wie die Burgunden alte Freunde der Römer, auch nicht so weich und empfänglich für deren Cultur wie die West- und Ostgothen: sondern ein edler, urkräftiger germanischer Stamm, der verhältnißmäßig spät in den Strom der Völkerwanderung eingetreten war, sich bis dahin nur in Behauptung seiner Selbständigkeit mit andern Barbaren herumgeschlagen hatte und nun in wildem Eroberungszuge in die römische Welt hereinbricht, sich auch das Binnenland von Italien rasch unterwirft, aber mit den Byzantinern, die sich an den Küsten behaupten, in einem zweihundertjährigen Kampfe bleibt.

Hieraus erklärt sich zunächst, daß die Langobarden mehr von ihrer ursprünglichen Verfassung und Sitte als die genannten Völker in die neuen Wohnsitze mitbrachten. Dahin gehört vor Allem die merkwürdige Erhaltung ihrer Geschlechter (farae) [15]), und zwar so, daß edlere ausgezeichnet werden, aus denen sie der altgermanischen Sitte gemäß ihre Könige wählen [16]), das Institut aber als ein gemeinsames die ganze Nation umfaßt, und, wie in der Urzeit, die kleineren Abtheilungen im Heere [17]) und die örtlichen Wohnsitze bestimmt [18]); daher auch

15) *Paul. Diac.* II. 9. — Langobardorum faras, hoc est generationes vel lineas *rel.* — praecipuas prosapias.

16) *Tac. Germ.* 7. reges ex nobilitate -- sumunt. Die Königsreihe in der *Origo gentis Langobardorum,* in dem Prolog des *Edict. Rotharis* und bei *Paul. Diaconus* verzeichnet auch deren Geschlechter: der erste Agilmund Gugingus *Paul. Diac.* I. 14. Von den folgenden bis Waltari sagt derselbe. c. 21. Hi omnes Lithingi fuerunt, sic enim apud eos quaedam nobilis prosapia vocabatur. Audoin und sein Sohn Alboin waren ex genere Gausus, Clef ex genere Beleos (*Paul. Diac.* II. 31. nobilissimus), Agilulf Turingus ex genere Anawas, Arivald ex genere Caupus, Rothari ex genere Harodus *Paul. Diac.* IV. 44.

17) Wenn nach *Paul. Diac.* II. 9. Note 15 Alboins Neffe Gisulfus den Ducat von Friaul zum Schutz gegen die Avaren nicht anders übernehmen wollte, nisi ei quas ipse eligere voluisset Langobardorum faras, hoc est generationes vel lineas tribueret: factumque est, et annuente sibi rege quas optaverat Langobardorum praecipuas prosapias, ut cum eo habitarent, accepit, atque ita demum ductoris honorem adeptus est, so kann ich darunter nicht Adelsgeschlechter, sondern nur besonders tapfere, durch Sippe verbundene Heeresabtheilungen verstehen. *cf. Tac. Germ.* 7. non casus nec fortuita conglobatio turmam aut cuneum fa-

ein eigentlicher Adel als abgeschlossener Stand nicht unterschieden [19]), sondern alle volksfreie Langobarden als Edle (nobiles) bezeichnet werden [20]).

Was die Staatsverfassung der Langobarden betrifft, so nennt ihre Sage, wie die Geschichte der meisten germanischen Stämme, namentlich der ihnen verwandten Sachsen, ursprünglich eine Mehrzahl von Fürsten [21]), an deren Stelle dann erst durch freie Wahl des Volkes ein König tritt, der es als Heerkönig auf der Wanderung bis in seine bleibende Wohnstätte, Italien, führt [22]). Derselbe übt daher herzogliche Gewalt und mit der Herrschaft über die Römer wächst sie auch über seine freien Volksgenossen [23]). Diese werden, weil Volk und Heer dasselbe ist, Heermannen (arimanni, exercitales, milites) [24]),

cit, sed familiae et propinquitates. Nur aus einem relativ edlen dieser Geschlechter in Friaul stammte Paul Diaconus selbst. Vgl. L. Bethmann S. 12.

18) Nach *Edict. Roth.* 177. bedurfte ein Langobarde der königlichen Erlaubniß, um sich mit seinem Geschlecht (fara) an einem anderen Ort niederzulassen. *Du Cange v. fara* giebt Stellen, wo fara einen Ort in Italien bezeichnet. *cf. Caesar de bello Gall.* VI. 22. magistratus — gentibus cognationibusque hominum, qui una coierunt, quantum et quo loco visum est agri attribuunt, oben § 29 Note 15. 17. — Auch die fremden Hülfsvölker der Langobarden wurden in eigenen Dörfern angesiedelt. *Paul. Diac.* II. 26.

19) Die langobardischen Gesetze wissen nichts von den Adalingen anderer Volksrechte, insbesondere der Sachsen, Angeln und Friesen, sondern unterscheiden nur Freigeborene, Freigelassene und Unfreie; und *Cap. Liutpr.* 62. giebt nur dem vornehmeren Freien (exercitalis primus) im Gegensatz des geringeren (minimus) ein höheres Wergeld.

20) *Liutpr. Prolog. a.* VIII. nennt universi nobiles Langobardi, und dieselben in *Prolog. a.* I. V. IX. u. s. w. reliqui Langobardi und fideles nostri. Ebenso unterscheidet *Cap. Liutpr.* 89. den iudex, reliqui nobiles homines (Freigeborene) und quiscunque alter homo. *Ed. Roth.* 75. 378. bezeichnet durch nobilitas oder generositas die freie Geburt. Aber, wie sie von jeher ihre kleine Volkszahl durch Freilassungen vermehrt hatten, so wird auch jetzt noch der vollkommen Freigelassene „volksfrei". *Ed. Roth.* 224. *Bluhme, Mon. Leg.* IV. *p.* 670. *v. fulcfree.* Das Testament des Bischofs Walprand von Lucca a. 754 (*Troya Nr.* 686) sagt: ut liveri omnes esse debeant, — sicut illi homines qui ex nubile genere procreati et nati esse videntur.

21) Die Duces Ibor und Ajo *Origo cit. Paul. Diac.* I. 3. 7.

22) S. Note 16.

23) Vgl. Flegler Note 31.

24) Arimanni J. Grimm, RA. S. 291 folg. Exercitales *Bluhme cit. p.* 669. *h. v.* Für milites *Sicardi pactio Rubr.* 7. *p.* 216. § 7. *p.* 219. exercitalem vel militem.

und, weil sie dem Könige verpflichtet sind, seine Getreuen (fideles) genannt [25]), jedoch von dem Dienstgefolge desselben (gasindii) unterschieden [26]). Allein neben dem Könige tritt das aristokratische Element der Fürsten doch stets wieder hervor. Zunächst darin, daß Alboin schon beim Beginn seiner Eroberung ein selbständiges, nur durch Vasallentreue ihm verbundenes Herzogthum Friaul als Grenzwacht gegen die Avaren gründet [27]); daß dann nach seiner und K. Clefs Ermordung die sechsunddreißig Unterfeldherrn (duces) sich während zehn Jahren in die Herrschaft theilen [28]), und daß selbst nach Wiederherstellung des Königthums unter Clefs Sohn Authari (584—590) im Süden Italiens sich die selbständigen Herzogthümer von Spoletum und Benevent behaupten, die mit dem Königreich nur lose zusammenhängen. Nur auf der Höhe des Königthums unter Grimoald (662—671) und Liutprand (712—743) gelang es diesen ihre Oberherrschaft über sie geltend zu machen [29]). Auf diese

25) *Liutpr. Prol. cit.* Note 20. Für ihren Fidelitätseid *Fredegar. Chron. c.* 70. Gundoberga regina, eo quod omnes Longobardi eidem fidem cum sacramentis firmaverant.

26) *Cap. Liutpr.* 62. Auch die Duces, nicht aber Gemeinfreie konnten ein solches Gesinde haben. *Ed. Roth.* 225. *Ratchis* 10. vgl. Pabst, in Forschungen zur D. Gesch. II. S. 514.

27) Ueber die Gründung dieses Herzogthums s. *Paul. Diac.* II. 9. Seine Erbfolge und Kriege IV. 38. 40. 41. Die Einsetzung eines Dux durch K. Grimoald und seine Empörung gegen diesen V. 17. *sqq.* 23. Die Usurpation eines anderen VI. 3. u. s. w. In dieser späteren Zeit scheint der Herzog ganz abhängig, daher der Ducat auch zu Austrien gehört.

28) *Paul. Diac.* II. 32. — III. 16. Mit dem Herzog von Mailand, den einige Handschriften auslassen, sind es 36. Vgl. Leo S. 58. 60. Pabst, in Forschungen zur D. Geschichte II. S. 416.

29) Wann diese Herzogthümer gegründet worden, ist streitig. *cf. Muratori in Paul. Diac.* III. 32. Note 211. *Vesme p.* 135. Da *Paul. Diac.* II. 32. erzählt, unter den 36 Duces sei der größte Theil von Italien den Langobarden unterworfen worden, diese Duces ihre Herrschaft auch nach andern Seiten, z. B. nach Gallien, auszubreiten suchten, so scheint es mir das Wahrscheinlichste, daß eben damals einzelne Duces im Süden ihre Herrschaft gründeten und nach Herstellung des Königthums ihre Selbständigkeit behaupteten. Ueber die Erbfolge der Herzöge, ihre selbständigen Kriege und ihre Unterwerfung seit Grimoald s. *Paul. Diac.* III. 32. IV. 17. 19. 45. *sqq.* V. 7. 16. 25. VI. 27. 30. 39. 44. 55. *sqq.* Vgl. Pabst, das Herzogthum der Langobarden, in Forschungen zur D. Geschichte II. S. 452 folg. 467. 474 folg. und unten § 60 und 61, auch Beilage I.

Weise brachten es die Langobarden, gleich ihren in Germanien zurückgebliebenen Brüdern, nie zum vollkommenen Einheitsstaate. Freilich trug dazu auch die im Mittelpunkt Italiens neu aufkommende Macht des Papstthums bei; zunächst durch Gregors des Großen (590—604) umsichtige und energische Thätigkeit [30]); dann durch die Intriguen seiner Nachfolger mit den langobardischen Fürsten des Südens, und schließlich durch die von ihnen angerufene Hülfe der Franken, die den langobardischen Staat (774) ihrem großen Reiche einverleibten.

Auch innerhalb des eigentlichen Königreichs spielte die neu aufgekommene Aristokratie der vom Könige eingesetzten Duces [31]) eine große, für den Staat oft verderbliche Rolle. Denn sie bestimmten die Thronfolge nicht bloß durch regelmäßige Wahl und Huldigung, sondern oft auch durch Empörungen, die Einem aus ihnen zum Thron verhalfen. Auf den regelmäßig im Frühjahr gehaltenen Landtagen nahmen sie Theil an der Gerichtbarkeit [32]) und Gesetzgebung des Königs [33]); das versammelte Volk und Heer an allem diesem wohl nur als Umstand durch unförmliche Acclamation [34]). Dagegen findet sich keine Spur, daß die in den einzelnen Gauen (civitates) und Ortschaften (vici) angesessenen Gemeinfreien in altgermanischer Weise sich regelmäßig versammelt und Beschlüsse gefaßt hätten; vielmehr enthalten die Gesetze mehrfach Verbote von Zusammenrottungen (concilia), die der Autorität des Königs und seiner Beamten gefährlich werden konnten [35]).

Wenn also die Langobarden es zu keiner dauerhaften Staatenbildung brachten, weil sie in die neue Lage den alten Frei-

30) S. die treffliche Ausführung von Hegel S. 154 folg. und Leo S. 144. 181.

31) Mit Unrecht behauptet *Vesme p.* 153. *sq.* auch deren Erblichkeit, leugnet überhaupt jeden Unterschied von den Duces majores, vgl. § 61.

32) S. § 61.

33) S. § 60 Note 11. 39. 44. 50. 51.

34) *Ed. Roth.* 386. *Grimoald Prolog.* und die Prologe des K. *Liutpr. Ratchis Prol.* c. 5. nobis et nostris iudicibus atque Langobardis adstantibus iustum comparuit.

35) *Ed. Roth.* 8. 280. *Ratchis* 10.

heitstrieb mitgebracht, die Grundlage geordneter Freiheit aber, die altgermanische Gemeindeverfassung in der Zerstreuung über das eroberte Land eingebüßt hatten: so zeigen auch ihre Sitten die Vorzüge und Nachtheile der Unerzogenheit eines edel angelegten Volkes. Es ist nicht dieses Orts, die einzelnen Züge ritterlicher Großmuth, welche die Geschichte verzeichnet, neben den rohen Gewaltthaten, zu denen innere Fehden und der stets sich erneuernde Krieg mit den Römern sie hinriß, aufzuführen [36]). Ein charakteristischer, ächt germanischer Zug aber werde hervorgehoben: ihre Achtung vor den Frauen, die es Königinnen wie Theodelinde und Gundoberga möglich machte, durch ihre Gattenwahl dem Volk zwei ihrer tüchtigsten Könige, Agilulf und Rothari, zu geben und einen mildernden Einfluß auf die Volkssitte zu üben [37]). Auch tritt dieser Sinn für das schwächere Geschlecht in mehreren merkwürdigen Bestimmungen ihrer Gesetze hervor [38]). Wie sie in heidnischer Zeit den Seherinnen eine höhere Weisheit zutrauten [39]), so in der christlichen den Zauberinnen eine übermenschliche Macht [40]). — Was die Religion selbst betrifft, so hing nicht bloß bei der ersten Niederlassung neben der arianischen Lehre ein Theil des Volkes seinem alten Götterglauben an, sondern heidnische Gebräuche erhielten sich unter ihnen noch lange nachher [41]). Durch der Königin Theodelinde Einfluß gewann die katholische Lehre allmählig das

36) Dem lichten Gesammturtheil von Türk S. 166 stehen wir näher, als dem düsteren von Leo S. 167 folg. Auch Hegel nennt die Langobarden durchweg ein zwar rohes, aber edles Volk, z. B. S. 362 folg.

37) Türk S. 68. 83.

38) Z. B. in der hohen Buße von 900 Solidi für jede Beleidigung. S. unten § 63 Note 77. Vgl. auch die merkwürdige Bestimmung *Ed. Roth.* 257. Osenbrüggen, Strafrecht der Langobarden S. 122. Auf die Schwäche des weiblichen Geschlechts verweist *c.* 278, auf die weibliche Zucht *c.* 378.

39) S. oben Note 3 die Seherin Gambara.

40) *Ed. Roth.* 376. — strigam —; quod christianis mentibus nullatenus credendum est, nec possibile, ut mulier hominem vivum intrinsecus possit comedere. Vgl. jedoch *Bluhme, L. L. index p.* 678.

41) Türk S. 145. 148. Herzog Ariulf von Spoleto war noch Heide *Paul. Diac.* IV. 17. K. Liutprand bedroht noch (a. 727) die heidnischen Gebräuche mit Strafen *Cap. Liutpr.* 84. 85.

Uebergewicht über den Arianismus [42]) und seit K. Grimoald (664) ist sie die herrschende [43]). — Um dieselbe Zeit scheinen die Langobarden auch in Tracht und äußeren Sitten sich den Italienern genähert zu haben [44]). Die lateinische Sprache, freilich in großer Corruption, muß schon unter K. Rothari (636) wenigstens den königlichen Beamten geläufig gewesen sein, da er das langobardische Recht in ihr für sie aufzeichnen ließ, während ohne Zweifel das eigenthümliche Idiom des Volkes im gemeinen Leben noch lange im Gebrauch blieb [45]).

Diese Aenderungen deuten auf einen bedeutenden Einfluß der besiegten römischen Bevölkerung auf ihre Sieger, und dieß führt uns zu der viel bestrittenen Frage, welches das Schicksal und die rechtliche Lage Jener unter langobardischer Herrschaft gewesen sei.

§ 59. Diese berühmte Controverse, welche in Italien und Deutschland die bedeutendsten Forscher und Schriftsteller bis zur neuesten Zeit in verschiedene Lager getheilt hat, in ihrem ganzen Umfang abzuhandeln, würde uns zu weit von unserem Ziele abführen. Wer sich eine selbständige Ueberzeugung darüber bilden will, wird nicht umhin können, die Hauptwerke selbst einzusehen [1]). Bei einem so lebhaft geführten Streit, in welchem

42) Schon ihr Gemahl K. Agilulf (592) trat zum katholischen Glauben über. K. Rothari (636) findet es nöthig, katholische Taufen zu verbieten. *Greg. M. Ep.* I. 17.

43) Leo S. 153. 162. Türk S. 147 fol.

44) Ueber die Tracht s. *Paul. Diac.* VI. 23. Ueber die Aenderung der Sitten im Allgemeinen Leo S. 146 folg. Türk S. 161.

45) Wie unter den eingewanderten Bulgaren *Paul. Diac.* V. 29. -- quamquam et latine loquantur, linguae tamen propriae usum minime amiserunt. Vgl. Leo S. 128 folg. Türk S. 151 folg. Ueber das barbarische Latein und den Gebrauch langobardischer Worte vor Gericht s. unten § 60 Note 18. 29.

1) Als Wegweiser dient Hegel, Städteverfassung von Italien I. Kap. 3, der auch zur Sache Bedeutendes beibringt, dessen Endurtheil aber über das Standesverhältniß der Römer ich nicht beistimmen kann. Ihm tritt in Allem bei *Haulleville, Histoire des communes Lombardes, Paris* 1857. *vol.* I. *Chap.* 1. Hegel scheint mir von den neueren italienischen Schriftstellern dem trefflichen Werk von *Baude di Vesme* und *Fossati, Vicende della proprietà in Italia, Torino* 1836. 4. zu wenig, und *Troya, Della Condizione dei Romani vinti da' Longobardi, Milano* 1844. 8.,

die Unvollständigkeit der Quellenzeugnisse der Neigung für Hypothesen um so größeren Raum läßt, Alle überzeugen zu können, wäre eine eitle Hoffnung. Ich beschränke mich daher auf Hervorhebung derjenigen Gründe, welche meine Ueberzeugung bestimmen und stelle dem Leser das Urtheil anheim.

Darüber freilich ist kein Streit, daß die Langobarden, die nicht wie die Burgunden, West- und Ostgothen als zweideutige Föderaten der Römer, sondern gleich den Vandalen als wilde Eroberer den größten Theil von Italien besetzten und den Krieg gegen die Byzantiner mit kurzen Unterbrechungen während zweihundert Jahren fortführten, nicht nur in der Hitze des Kampfes, sondern auch nach dem Siege aus Raubsucht sich gegen die Besiegten Gewaltthaten und Grausamkeiten aller Art erlaubten, daß Städte zerstört, die Einwohner getödtet oder als Sklaven verkauft, ganze Landstriche in Einöden verwandelt wurden und daß Alles, was fliehen konnte, vor dem wilden Eroberungszuge die Flucht ergriff, dem dauernden Druck sich in der Ferne zu entziehen suchte. Gleichzeitige Schriftsteller, vor Allen Gregor der Große, schildern diese Vorgänge mit lebhaften Farben [2]). Auch Paulus Diaconus, der zwar zweihundert Jahre später die Geschichte seines Volkes schrieb, aber nicht bloß aus der Tradition, sondern auch aus älteren Quellen schöpfte [3]), bestätigt sie. Allein er merkt auch den Unterschied an, daß schon bei der ersten Eroberung K. Alboin, ohne Zweifel in kluger Berechnung, den Römern mehrfach Schonung angedeihen ließ [4]); und daß zwar unter der kurzen Regierung seines Nachfolgers Clef [5]) und in dem zehnjährigen Interregnum der sechsunddrei-

den Savigny, Merkel (R. R. im MA. VII. S. 20) und Bluhme (*Mon. Leg.* IV. *p.* X. Note 11) treffend beurtheilen, zu viel einzuräumen.

2) Hegel cit. S. 358 – 361. 369.

3) Gegen Hegel cit. S. 349 folg., der ihn wohl zu gering schätzt, s. L. Bethmann cit. S. 32 folg. 71.

4) Dem Bischof von Tarvisium, der ihm freundlich entgegen kam, bestätigte er den Besitz seiner Kirchengüter. *Paul. Diac.* II. 12. Die Bevölkerung von Pavia verschonte er, als die Stadt nach dreijähriger Belagerung sich ergab. *ibid.* c. 27. Ueber spätere Fälle freiwilliger Ergebung der Römer s. Hegel cit. S. 369. 414.

5) *Paul. Diac.* II. 31. Hic

ßig Herzöge jene Gewaltthaten vorherrschten [6]), daß aber endlich nach Herstellung des Königthums unter K. Authari eine Zeit der Ruhe und Ordnung folgte [7]). Und, was die Hauptsache ist, solche Mißhandlungen treffen stets doch nur Einzelne, wenn auch Viele, und bestimmen nicht das Loos einer ganzen, Millionen umfassenden Bevölkerung [8]). Wie wenig die Eroberer, die stets eine Minorität bilden [9]), geneigt sein mögen, dem besiegten Volke Achtung oder Rücksicht zu zeigen: die Unmöglichkeit es zu vernichten, der natürliche Wunsch, die Früchte der Eroberung sicher und ohne Mühe zu genießen, nöthigt sie dann doch zu Einrichtungen, welche den Unterworfenen in gewissen Grenzen ihre persönliche Freiheit und ihren Besitz gewähren. So selbst bei den Vandalen [10]). Alles kommt daher darauf an, welches die Einrichtungen waren, die von den Langobarden nach theilweise vollendeter Eroberung rücksichtlich der unterworfenen Römer getroffen wurden. Zwei Stellen des Paulus Diaconus beziehen sich darauf, die zwar kurz und deshalb durch Hineintragung verschiedener Voraussetzungen verschieden gedeutet worden sind, aber doch ein zu bestimmtes Gepräge tragen, als daß

multos Romanorum viros potentes alios gladio exstinxit, alios ab Italia exturbavit.

6) *Paul. Diac.* II. 32. Per hos Langobardorum duces, septimo anno ab adventu Alboïn et totius gentis, spoliatis ecclesiis, sacerdotibus interfectis, civitatibus subrutis, populisque — exstinctis *rel.* Daß er diese Worte von Gregor d. Gr. entlehnt, der sie in einem allgemeineren Sinne gebraucht, beweist nichts gegen die Zeitbestimmung. Vgl. Note 8.

7) *Paul. Diac.* III. 16. unten Note 21. 22.

8) Daß die Bevölkerung von Italien nach den Verheerungen des gothischen Krieges sich wieder gemehrt, bezeugt *Gregor. M. cit.* populis, qui more segetum excreverant, exstinctis. Daß sie den Langobarden gegenüber die große Majorität bildeten, wird durch das Uebergewicht des lateinischen Elements in der italienischen Sprache bewiesen.

9) Die Zahl der eingewanderten Langobarden zu bestimmen, fehlt uns jeder Anhalt. Als ein kleines Volk werden sie ursprünglich geschildert, s. § 58 Note 7. Auch in Pannonien waren sie den Herulern und Gepiden an Volkszahl nicht gewachsen. *Procop.* II. 14. III. 34. Damit stimmt, daß sie von jeher durch Freilassungen (*Paul. Diac.* I. 13) und durch Aufnahme fremder Völker (*Idem c.* 20. 27), auch bei dem Zug nach Italien (*Idem* II. 26), insbesondere durch 20,000 Sachsen (*Idem* III. 5 *sqq.*), ihr Heer verstärkten.

10) S. oben § 35 Note 7—9.

wir sie auf bloßes Hörensagen oder gar auf Erfindung des ehrlichen Paulus zurückführen könnten; vielmehr sind sie wahrscheinlich, wie viele andere Stellen, aus dem Werk des Geschichtsschreibers der Langobarden zur Zeit ihrer Einwanderung, des Bischofs Secundus von Trident († 612), wörtlich entlehnt[11]).

Unter der tumultuarischen Herrschaft der sechsunddreißig Herzöge, erzählt er[12]), seien viele edle Römer aus Habsucht, also um sich ihrer Güter und Schätze zu bemächtigen, getödtet, die übrigen aber unter die Langobarden als ihre Hospites vertheilt und denselben tributär, d. h. verpflichtet worden, ihnen den dritten Theil der Früchte ihres Landeigenthums abzugeben. Also Todtschlag und Beraubung trifft zwar viele edle Römer, aber natürlich doch nur eine Minderzahl im Verhältniß zu der großen Zahl der Besitzenden überhaupt. Die durchgreifende Maßregel aber, durch welche den Siegern die Frucht der Eroberung zugewendet, denselben eine gesicherte Existenz verschafft werden soll, ist eine ähnliche, wie sie bei den Burgunden, den West- und Ostgothen vorkam. Da sie nicht, wie die Vandalen, in einer einzelnen Provinz angesiedelt wurden, sondern wie jene sich über das ganze eroberte Land zerstreut hatten, so nahmen sie auch nicht einen Theil des gesammten Areals in ihren ausschließlichen Besitz, sondern wurden auf die römischen Grundbesitzer (possessores) ihres Wohnorts zum Mitgenuß ihres Landeigenthums in einem bestimmten Verhältniß angewiesen. Es ist daher gleichgültig, ob man die Worte des Paulus Diaconus „die übrigen“ (reliqui) auf die edlen Römer (nobilium Romanorum) oder auf Römer überhaupt (Romanorum) bezieht: keines Falls traf die Maßregel die gesammte römische

11) L. Bethmann cit. S. 107. „Secundus wird von P. D. an drei Stellen genannt, III. 28. IV. 42. 27. — cuius saepe fecimus mentionem, wo das Worte saepe zeigt, daß Paulus ihn noch an vielen andern Stellen ausgeschrieben und nur seinen Namen zu nennen vergessen hat.“

12) *Paul. Diac.* II. 32. His diebus multi nobilium Romanorum ob cupiditatem interfecti sunt; reliqui vero per hostes (*al.* hospites) divisi, ut tertiam partem suarum frugum Langobardis persolverent, tributarii efficiuntur.

Bevölkerung; die Nichtbesitzenden, also Kaufleute, Künstler, Handwerker, überhaupt die Plebejer in den Städten waren nicht darunter begriffen [13]), sondern nur der Stand der Possessoren und Curialen, die, wie noch heutzutage in Italien die possidenti, die erste Klasse der Stadtbewohner bildeten [14]) und ihren Landbesitz durch leibeigene Bauern (servi massarii), die früheren Colonen, bebauen ließen [15]). Da die Langobarden in dieser Beziehung zu den ihnen zugetheilten römischen Grundbesitzern hospites, oder in späterer Form hostes genannt werden, so könnte man daraus schließen, daß sie auch, wie andere germanische Einwanderer, bei diesen regelmäßig einquartirt gewesen seien. Aber aus einem gleich anzuführenden Grunde, ist dieß doch nur mit einer wesentlichen Modification anzunehmen.

Die Hauptabweichung dieses ersten langobardischen Verfahrens von dem jener anderen Völker bestand also einmal darin, daß nicht durch eine Realtheilung ein selbständiger Landbesitz an den langobardischen Hospes abgetreten wurde, sondern daß der Römer, gleichsam als Verwalter des Ganzen, nur einen Theil der Früchte abgab und also diesem tributär wurde [16]). Es war

13) Wie Hegel S. 353 Note 1 und 354 Note 2 dieß bestreiten kann, ist mir nicht begreiflich; denn was wären die fruges dieser Nichtbesitzenden gewesen, von denen sie $^1/_3$ abgeben sollten? Daß auch nicht die Colonen unter den „übrigen" gemeint sein können, wie Leo will, ist an sich klar. Vgl. auch unten Note 15.

14) In Gallien und Hispanien selbst honorati genannt wurden, s. oben § 44 Note 57.

15) Schon unter den Ostgothen wurden durch *Ed. Theod.* 142, welches mancipia originaria unter die Haussklaven aufzunehmen und uneingeschränkt zu verkaufen gestattete, der frühere Unterschied der coloni und servi dem Wesen nach aufgehoben. Die servi massarii der langobardischen Gesetze, welche einen Bauerhof (casa) bewohnen (*Ed. Aistulf.* 2. casae massariciae) und bestimmte Abgaben davon leisten (s. z. B. *Troya, Cod. dipl.* 620. 622.) und von andern servi rusticani, insbesondere Hirten (porcarii, pecorarii, caprarii, armentarii) unterschieden werden (*Roth.* 132—137. 234), sind ihre Nachfolger. So auch Hegel cit. S. 408. Nur in römisch gebliebenen Landschaften unterscheidet Gregor d. Gr. noch die Colonen von den eigentlichen Sklaven. Savigny, Verm. Schriften S. 13. 23. 40. Auch in den westgothischen Gesetzen werden sie unter servi begriffen, s. § 47 Note 57. Diese ackerbauenden Servi bildeten den Uebergang zu der germanischen Leibeigenschaft und Hörigkeit, vgl. Savigny cit. S. 53.

16) Die vorbereitende ideelle

dieß offenbar auf die Bequemlichkeit des langobardischen Hospes berechnet; er wollte sich nicht mit der Bewirthschaftung des Gutes, der Beaufsichtigung der Sklaven u. s. w. befassen, alles dieß lag seinem römischen Wirth ob. Zweitens war dieser Einrichtung eigenthümlich, daß der Langobarde nicht wie der Burgunde und Westgothe zwei Drittheile, sondern gleich dem Heer des Odoakar und den Ostgothen nur Ein Drittheil empfing, natürlich nicht von dem Brutto, sondern von dem Reinertrag des Grundstückes nach Abzug der Wirthschaftskosten [17]. Man hat dieß bei der sonstigen, rauhen Behandlung der Römer durch die Langobarden auffallend, ja unglaublich gefunden. Allein der Vorgang des Odoakar und der Ostgothen in Italien mag dabei zum Vorbilde gedient haben; und, wenn wir auch keinen Grund dafür anzugeben vermöchten, so stände doch die Thatsache durch ein unanfechtbares Zeugniß fest. Wir sind also berechtigt, umgekehrt aus dieser Thatsache auf die Behandlungsweise der Langobarden überhaupt einen Schluß zu ziehen: nehmlich den, daß neben allen Gewaltsamkeiten, die sie sich nach ihrer noch ungezähmten Rohheit gegen Einzelne erlaubten, bei ihrer bleibenden Einrichtung die Masse der römischen Bevölkerung, vor Allem die große Zahl der Besitzenden, nicht in Armuth und Knechtschaft gestürzt wurde. Zumal dazu kein Bedürfniß vorlag; denn bei der verhältnißmäßigen Minorität der eingewanderten Langobarden konnte dem einzelnen eine Mehrzahl römischer Possessoren zugetheilt werden, deren Tribut ihm einen sehr reichlichen Unterhalt gewährte. Ob er bei allen diesen oder nur bei Einem das Recht der Wohnung hatte, bleibt ungewiß; denn das Wort hospes oder hostis, welches ursprünglich aller-

Theilung bei den Westgothen (s. § 42 Note 9) begründete ein ähnliches Verhältniß.

17) Vgl. Savigny, R. R. im MA. I. S. 402 und die Berichtigung VII. S. 17, wo nur die Beziehung auf den Colonat nicht zutrifft, s. Note 15. Die Wirthschaftskosten bestanden jetzt in dem Unterhalt der servi massarii und der andern servi rusticani, ihrem peculium u. A.; die von ihnen an den Herrn abzuliefernden Früchte waren also insofern ein Reinertrag. Daß die Grundsteuer weggefallen war, bemerkt Savigny mit Recht.

dings von der Einquartirung hergenommen wurde, konnte schon damals den allgemeineren Sinn angenommen haben, den es durch das ganze Mittelalter hindurch behielt [18]).

Ueber den persönlichen Stand der Römer, insbesondere dieser Possessoren, ob es Freiheit oder Unfreiheit war, sagt Paulus Diaconus nichts [19]), und was aus anderen Quellen darüber erhellt, untersuchen wir hier noch nicht. Aber mittelbar folgt aus jener Nachricht soviel: mag immerhin nach germanischen Begriffen Freiheit von Abgaben ein Kennzeichen persönlicher Freiheit und wahren Grundeigenthums sein, ein großer Grundbesitzer, der noch über zwei Drittheile seiner Einkünfte verfügt, während sein langobardischer Hospes nur Ein Drittheil davon bezieht, kann nicht dessen Höriger, die Römer, welche dieses Schicksal traf, können nicht privatrechtlich Unfreie gewesen sein.

Ueberdieß mußte in einem völlig beruhigten und geordneten Zustand jenes persönliche Hospitalitäts- und Abgabenverhältniß, wie bei den Westgothen das Miteigenthum an einer Quote, durch Naturaltheilung sich in Sonderbesitz des einen und andern Theils verwandeln [20]), womit jeder Grund persönlicher Abhängigkeit des Römers unter seinen langobardischen Hospes wegfiel. Auch für diese fernere Entwickelung der Verhältnisse des Grundbesitzes ist Paulus Diaconus oder der Bischof Secundus Zeuge, wenn sein Zeugniß nur richtig gelesen und gedeutet wird. Er erzählt [21]), daß nach jener wilden Zeit eines

18) S. unten Note 35. 36.

19) Der Ausdruck tributarii efficiuntur ist für privatrechtliche Unfreiheit deshalb nicht beweisend, weil er sonst bei den Langobarden nicht dafür technisch ist. Casa tributaria findet sich in den Gesetzen zweimal, *Ed. Roth.* 252. *Liutpr.* 59, und bezeichnet ein zinspflichtiges Gut, was in den verschiedensten Formen vorkam. Gaupp S. 510.

20) Auch Gibbon, Savigny cit. S. 404 und Eichhorn § 27 Note f halten eine solche spätere Landtheilung für wahrscheinlich, jedoch ohne Rücksicht auf die Stelle des Paulus Diaconus Note 21.

21) *Paul. Diac.* III. 16. At vero Langobardi, cum per annos decem sub potestate Ducum fuissent, tandem communi consilio Authari, Clephonis filium supra memorati principis, regem sibi statuerunt. — Huius in diebus ob restaurationem

zehnjährigen Interregnums unter allgemeiner Zustimmung K. Clefs mittlerweile großjährig gewordener Sohn Authari zum König erwählt, daß derselbe von Seiten der Duces mit der Hälfte ihres Besitzthums zur Bestreitung des königlichen Hofhaltes und der Verwaltung ausgestattet worden, und fügt hinzu [22]), daß nun eine Zeit des Friedens und der Ordnung gefolgt sei. Mitten zwischen Diesem und Jenem stehen die Worte, die nach der gewöhnlich angenommenen Lesart so lauten:

> Populi tamen aggravati per Langobardos hospites partiuntur.

und man erklärt sie so: die (römische) Bevölkerung aber wurde oder vielmehr blieb (mit Abgaben) belastet unter die langobardischen Hospites vertheilt [23]). Allein schon der Ausdruck bezeugt nicht die Fortdauer eines früheren Zustandes, sondern eine neue Thatsache; jene zu berichten wäre auch gar keine Veranlassung gewesen, und der Zusammenhang mit dem Folgenden läßt eine Besserung des Zustandes, eine Erleichterung der bedrückten Unterthanen erwarten. Führt endlich, wie oben bemerkt worden, auch die Natur der Sache darauf, daß bei definitiver Ordnung des Hospitalitätsverhältnisses eine Ablösung der Drittelsabgabe durch Grundeigenthum oder eine Naturaltheilung

regni Duces, qui tunc erant, omnem substantiarum suarum medietatem regalibus usibus tribuunt, ut esse possit, unde rex ipse, sive qui ei adhaererent eiusque obsequiis per diversa officia dediti, alerentur.

22) *Ibid.* Erat sane hoc mirabile in regno Langobardorum: nulla erat violentia, nullae struebantur insidiae, nemo aliquem iniuste angariabat, nemo spoliabat, non erant furta, non latrocinia: unusquisque quo libebat secure sine timore pergebat.

23) Selbst Savigny cit. S. 403. „Die Römer (die hier als das durch die Fruchtabgabe belastete Volk bezeichnet werden) waren fortwährend unter die einzelnen Langobarden als ihre Hospites vertheilt, und dieses darf durchaus nicht als etwas neues, sondern nur als die Fortdauer des vorher erklärten Zustandes gedacht werden, wie schon der völlig gleiche Ausdruck beweist (?). Daß nachher der Zustand des Landes als gerecht und friedlich beschrieben wird, steht damit nicht im Widerspruch" u. s. w. Ebenso Hegel S. 353. Darüber, daß unter populi die römische Bevölkerung zu verstehen sei, ist man einig und in der That wird diese stets populus genannt im Gegensatz der gens Langobardorum, s. Note 77. 78.

stattgefunden habe, so ist man geneigt, eben diese hier bezeugt zu finden [24]). Dieß ist aber der Fall, wenn man mit dem Ambrosianischen Codex liest:

Populi tamen aggravati pro Langobardis hospitia partiuntur [25]).

Der Sinn und Zusammenhang der Stelle ist dann ein durchaus natürlicher und zwar folgender: die Duces gaben dem erwählten Könige die Hälfte ihres Besitzthums als Krongut ab; die (durch die Drittelsabgabe) belasteten römischen Unterthanen aber (tamen) theilten zu Gunsten der Langobarden die bis dahin mit ihren Hospites gemeinschaftlich genutzten Grundstücke (hospitia); überhaupt trat mit der Wiederherstellung des Königthums eine Zeit der Ordnung und des inneren Friedens ein.

Daß auf diese Weise die Drittelsabgabe aufhörte und durch Landtheilung ersetzt wurde, das wird auch durch das Schweigen der langobardischen Gesetze und Urkunden über jene Abgabe bestätigt; denn daß die Langobarden ohne Ersatz auf dieselbe verzichtet haben sollten, ist nicht denkbar [26]). Zwar kommen zweihundert Jahre später in den Verträgen der Herzöge von Benevent mit den Neapolitanern über die im Comitat von Capua streitigen Ländereien (terrae Leburiae) Tertiatores vor [27]), die man für die drittelspflichtigen Römer erklärt

24) So Gaupp cit. S. 514 ohne die Lesart des Ambrosianischen Codex zu berücksichtigen.

25) Die Ausgabe in *Muratori, Script.* I. *p.* 444. Note 109 merkt sie an. Der eben so gescheidte als gelehrte Mascov, Gesch. der Teutschen XIV. 24. 2) folgt ihr stillschweigend. *Vesme cit. p.* 190 rechtfertigt sie, wobei jedoch der vom Deponens partiuntur hergenommene Grund insofern nicht entscheidend ist, als partiri ausnahmsweise selbst in der classischen Latinität passivisch gebraucht wird. *Forcellini h. v.* Hegel cit. S. 354 Note, fertigt sie kurz ab: „Ich denke die Lesart und ihre Auslegung verurtheilen sich schon hinlänglich durch ihre dem Geschichtschreiber ganz unangemessene Künstlichkeit; wozu noch kömmt, daß das wichtige (?) tamen ganz überflüssig erscheint."

26) Vgl. Savigny cit. S. 404.

27) *Pactiones de Leburiis cum Neapolitanis factae* in *Mon. Leg.* IV. *p.* 213 *sqq.*: des Herzogs Arechis von Benevent a. 774, des Sicardus a. 836. Dazu die Noten von Bluhme, der jedoch auch die Tertiatoren mit der Drittelsabgabe in Verbindung bringt und für Aldii hält.

hat [28]). Allein, so schwierig die vollständige Deutung dieser Urkunden ist, so ergiebt sich daraus so viel mit Sicherheit, daß jene Tertiatores leibeigene Bauern sind [29]), welche ihrem Grundherrn, es mag dieß ein Langobarde oder ein Neapolitaner, also ein Römer sein, nicht das Drittheil der Früchte, sondern einen Geldzins (solidi) [30]) und Frohndienste (angariae) [31]) und außerdem dem Staat mancherlei Abgaben leisten [32]). Sie scheinen demnach ein Rest der alten Colonen in diesem zwischen den Langobarden und Neapolitanern streitigen Landstrich [33]), und ihr Name möchte eher aus der Landtheilung unter K. Authari, als aus der Drittelsabgabe zu erklären sein [34]). Die Grundstücke aber heißen hospitatica in demselben Sinne, wie durch das ganze Mittelalter, vermöge einer der vielen ihm eigenthümlichen Sprachwandlungen, hospes bald den Grundherrn [35]), bald den Hintersassen, den bäuerlichen Wirth [36]), bezeichnet. Auch eine noch später in Italien häufig vorkommende Drittelsabgabe beweist die Fortdauer jener vorübergehenden Einrichtung bei der ersten Einwanderung der Langobarden in keiner Weise [37]).

28) *Troya cit.* § 27. und ihm folgend Hegel cit. S. 404.

29) Sie können verkauft werden. *Sicardi Principis pactio* § 4. *p.* 219.

30) *Arechis Princ. pact.* §§ 2—4. 9. 10. census § 1. censilis homo § 12. pensio *Sicardi Pr. pact.* § 14. *cf. Radelgisi et Siginulfi divisio* § 13. *p.* 222. homines, qui sunt sub tributo.

31) *Arechis* § 12. servire. *Sicardi* § 14. angariae.

32) *Sicardi* § 14. responsaticum, angariae et calcariae rei publicae, xenium Duci. *cf. Rubr.* 26. 29. Nach *Rubr.* 20. 21. sind sie vom Kriegsdienst ausgeschlossen.

33) Darauf deutet der regelmäßige, aber nicht unauflösliche Zusammenhang des Tertiator mit dem Grundstück. *Arechis* §§ 5. 11. 12. fundora fundata und exfundata, dazu Bluhme; die Beschränkung ihres Verkaufs, *Sicardi* § 4 und der Ausdruck coloni tertiatores *Rubr.* 32 und massarii, *Arechis* § 10.

34) Nehmlich als zu dem den Langobarden abgetretenen Drittheil gehörige Colonen, welches Drittheil später an Römer in Neapel veräußert sein konnte. Denn bei der Auseinandersetzung soll derjenige, an den bisher die Solidi gezahlt worden sind, den dritten Theil des Landes erhalten. *Arechis* §§ 3. 9. 10. Aehnlich Walter, D. Rechtsg. § 43 Note 5.

35) So nach der italienischen Form hostis in den Florentiner Statuten von 1415. Hegel S. 407.

36) *Du Cange v. hospes.*

37) In dieser Periode *Troya, Cod. dipl. Nr.* 526. III. *p.* 677. tertia quae a populo colligitur de massa. Später s. bei Hegel S. 407.

Man hat ferner die vermeintlich unfreie und zinspflichtige römische Bevölkerung in den Aldien der langobardischen Gesetze zu finden geglaubt [38]). Allein schon der Umstand, daß diese in denselben verhältnißmäßig selten und nur als Einzelne vorkommen, spricht dagegen; denn nach jener Annahme müßten sie die überwiegende Zahl der Bevölkerung des Königreichs gebildet haben. Entscheidend aber ist, was die Quellen über den Stand des Aldius bezeugen. Er ist ein unvollständig, d. h. mit Vorbehalt von Diensten freigelassener Sklave [39]). Die Hauptentstehungsart dieses Standes ist daher eine solche Freilassung [40]) und nur folgeweise Geburt, wenn beide Eltern oder nur Ein Theil diesem Stande angehört, weil das Kind nach dem germanischen Princip der ärgeren Hand folgt [41]). Der Aldius ist daher einerseits ein Freier [42]), aber andererseits dem Skla-

38) Auch diese Ansicht hat zuerst *Troya cit.* §§ 24 *sqq.* aufgestellt und Hegel cit. S. 371. 398. 405 ist ihm darin gefolgt. Ebenso *Haulleville cit. p.* 100 *sqq.* S. dagegen Walter cit. § 43 Note 6 und § 415. *Vesme cit. p.* 167 *sqq.* hält die Aldien für die römischen Colonen, was durch das im Text und oben Note 15 Bemerkte widerlegt wird; Gaupp S. 498 folg. für früher eingewanderte Germanen, eine reine Hypothese.

39) *Du Cange v. Aldius* I. p. 294. Papiae dicitur: Qui adhuc servit patrono. Glossae vett. laudatae a Lindenbrogio: Aldius, statu liber. Aldius est libertus cum impositione operarum factus. *cf. Ariprandi et Alberti in leg. Lang. Comm. ed. Anschütz. Heidelb.* 1855. II. 34. Eine Vereinigung mit Troya's Ansicht wäre auf doppelte Weise denkbar: 1) alle Römer wurden bei der ersten Eroberung Sklaven der Langobarden und dann durch einen Staatsact freigelassen und Aldien ihrer Herren; aber dafür fehlt es an jedem geschichtlichen Zeugniß, ja was Paulus Diaconus über das Schicksal der Römer sagt, widerspricht dieser Annahme. Oder 2) die Römer wurden bei der Eroberung den unvollständig Freigelassenen gleichgestellt und so unter die Langobarden vertheilt; aber auch für dieses künstliche Verfahren fehlt es am Beweise; denn der Ausdruck des genannten Schriftstellers tributarii wird sonst nirgends für die Aldien gebraucht.

40) *Ed. Roth.* 224. *Liutpr.* 23. Die angeführten späteren Commentatoren sehen jede unförmliche Freilassung (nuda voluntas) als eine solche an.

41) *Ed. Roth.* 218. 219. *Liutpr.* 106. Doch können, wenn die Mutter volksfrei war, nach dem Tod des Vaters, die Kinder durch Zahlung des Einkaufsgeldes der Mutter und Verzicht auf das väterliche Vermögen frei werden. *Roth.* 216. Auf diesen Ausnahmefall bezieht sich *Roth.* 205. die Urkunde bei *Brunetti, Cod. dipl. Tosc.* XXVI. *v.* 5. und die Glosse der cavenser Handschrift *Bluhme p.* 652.

42) *Ed. Roth.* 217. libertatem amittat.

ven, namentlich dem Hausdiener (servus ministerialis) darin ähnlich [43]), daß er dem Patron noch bestimmte Dienste leisten muß [44]), in seinem Besitz ist [45]) und von ihm vor Gericht vertreten werden muß [46]), auch von ihm veräußert und vindicirt werden kann [47]). Er hat zwar Vermögen, kann aber wie der Sklave nichts davon veräußern [48]), weil es bei seinem Tode in Ermangelung von Kindern dem Patron wieder zufällt [49]). Daß er dagegen allgemein durch den Besitz eines dem Patron eigenthümlich gehörigen Grundstücks zu einer Abgabe von den Früchten und zu Diensten verpflichtet gewesen, was bei jener Annahme vorausgesetzt wird, sagen die Quellen nirgends [50]). Ebensowenig stimmt mit der persönlichen Abhängigkeit des Aldius von seinem Patron, was wir sonst über die verschiedenen Klassen der Römer unter langobardischer Herrschaft wissen.

43) Auch darin, daß er kein Wergeld hat, sondern für seine Tödtung dem Patron eine Buße von 60 Sol. gezahlt wird, *Ed. Roth.* 129. 376, für den servus ministerialis 50 Sol. 130, wegen Verletzungen gleiche Bußen 77—81.

44) S. Note 39. *Cap. Grim.* 1. verbietet die Steigerung der operae.

45) Die Aldia kann dem Patron geraubt werden. *Ed. Roth.* 208—210.

46) *Cap. Liutpr.* 68. Anders der fränkische Litus, was meist übersehen wird.

47) *Cap. Ratchis.* 7. *Radelgisi divisio* § 18. *p.* 223. Die Veräußerung des Aldius kommt häufig in Urkunden vor, s. z. B. *Troya* § 182.

48) *Ed. Roth.* 235. *cf.* 233.

49) Für das Erbrecht der Kinder *Ed. Roth.* 216, für das Recht des Patrons *ibid.* 224. Der Aldius war hierin dem Latius Junianus ähnlich. Die angeführten späteren Commentatoren scheinen ein reines Peculium anzunehmen. — pro servis habentur fere, quod nihil suum habent; dominus vero omnia habet et viventibus et morientibus eis.

50) Hegel S. 406 Note 1 beruft sich auf *Brunetti Cod. dipl. Tosc. Nr.* 69; allein die hier vorkommenden romani werden nicht aldii, sondern massarii genannt, sind also servi, leibeigene Bauern. Noch weniger beweist in Note 2 *Brunetti Nr.* 16, wo nur von einer casa tributaria die Rede ist. Auch daß die Aldien allgemein öffentliche Abgaben und Dienste geleistet, steht nirgends; die aldiones ad ius publicum pertinentes (Hegel S. 402 Note 3) sind eben unvollkommen Freigelassene des Königs. Natürlich konnten servi massarii unter Vorbehalt ihrer Dienste und Abgaben als Aldien freigelassen werden, wovon Beispiele in den Urkunden vorkommen; auch konnte ein Aldius ein zinspflichtiges Grundstück besitzen; einen solchen Fall enthält *Brunetti cit. Nr.* 26, wo aber der Beklagte seine freie Geburt von der Mutter her behauptet und den Umfang der Abgaben bestreitet. *Nr.* 28 bestimmt den Stand des Bauern gar nicht. Anders *Vesme p.* 169.

Am spärlichsten freilich sind die Zeugnisse über vornehme und begüterte Römer (possessores), was sich theils aus der Dürftigkeit solcher Nachrichten überhaupt, theils daraus erklärt, daß gegen jene Klasse vorzugsweise die Raubsucht der Langobarden gerichtet war; aber sie fehlen doch nicht ganz. Grundbesitz der Römer beweist unwidersprechlich die Erzählung des Paulus Diaconus, daß K. Grimoald (684) die verrätherische Ermordung seiner Brüder an den römischen Einwohnern von Opitergium durch Zerstörung der Stadt und Vertheilung ihrer Güter gerächt habe [51]). Ebenso das Testament des Bischofs Constantius von Mailand, worin er seiner Schwester liegende Gründe vermachte [52]). Vornehme Römer aber muß es noch gegeben haben, da unter K. Cunibert (680) von einem Mädchen aus sehr edlem römischen Geschlecht die Rede ist [53]). Ein Römer scheint auch der in einer Urkunde von 714 vorkommende reiche und vornehme Mann Namens Senator in Pavia gewesen zu sein [54]).

51) *Paul. Diac.* V. 28. Erat quidem Grimoaldo contra Romanos non mediocre odium, pro eo quod eius quondam germanos Tassionem et Cacconem in sua fide decepissent. Quam ob causam Opitergium civitatem, ubi ipsi exstincti sunt, funditus destruxit, eorumque qui ibi aderant fines Foroiulianis, Tarvisianisque et Cenetensibus divisit. Hegel cit. S. 377 bezieht es nur auf das „Stadtgebiet"; aber wie wären dadurch die römischen „Einwohner" gestraft worden? Die Vertheilung geschah ohne Zweifel an Langobarden der genannten Districte.

52) *Greg. M.* XII. 38. *Vesme cit. p.* 197. 9°. Weniger beweist der von Vesme unter Nr. 13 angeführte Brief des Exarchen an den Frankenkönig Childebert, worin er diesen bittet im Krieg gegen die Langobarden das Eigenthum der Römer zu schonen, denn es kann sich dieß auf römische Landstriche beziehen.

53) *Paul. Diac.* V. 37. Theodotem puellam ex nobilissimo Romanorum genere ortam. Daß dieses edle römische Geschlecht aus Albien bestanden, ist schwer glaublich, wenn auch Hegel S. 380 folg. zuzugeben ist, daß die Langobarden einen römischen Adel rechtlich nicht anerkannten. Die nobilissimi viri und nobiles, welche nach *Greg. M. Ep.* III. 30. IV. 29. die Erklärung des Bischofs von Mailand über die drei Artikel unterschrieben, kommen insofern nicht in Betracht, als sie mit dem Bischof nach Genua geflohen sein können. Anders *Vesme p.* 196. *Nr.* 6 und 8.

54) *Troya* § 116. *Cod. dipl. Nr.* 401. Hegel S. 391 fertigt diese beiden Zeugnisse etwas zu leicht ab.

Um so häufiger erscheint die Klasse der gewerbtreibenden Bevölkerung der Städte (plebeii), die Kaufleute, Künstler und Handwerker, welche ohne Zweifel Römer, nicht Langobarden sind, und die eine mit der Dienstbarkeit der Aldien unvereinbare Rolle spielen, insbesondere auch Grundeigenthum besitzen. Einen bedeutenden Seehandel trieben die Pisaner, der sie in den Stand setzte, unter K. Agilulf (603) Kriegsschiffe gegen die römischen Küsten auslaufen zu lassen [55]). Kaufleute und Künstler auf weiten Reisen erwähnt K. Liutprands Edict über Todeserklärungen [56]). Schiffsbauer sandte K. Agilulf dem König der Avaren [57]). Geschickte Maler schmückten den Palast der Königin Theodelinde mit Darstellungen aus der langobardischen Geschichte [58]). Am berühmtesten sind endlich die Maurermeister (magistri Comacini), die ihre Kunst in allen Zweigen römischer Bauweise und ihre freie Zunftverfassung erhalten hatten [59]). Nur als Freie können auch die zahlreichen katholischen

55) *Gregor. M. Ep.* XIII. 33. Hegel S. 369. 415. Zu der freien römischen Bevölkerung von Pisa gehörten auch die Verkäufer eines Grundstücks Pinculu et Macciulu, viri honesti und der Käufer Mauricciuni, Canovario domini nostri regi in *Troya, Cod. dipl. Nr.* 481. *cf.* 424. 477. 478. Römer als Grundbesitzer in Tarvisium in *Troya Nr.* 457.

56) *Cap. Liutpr.* 18. *Troya* § 153. Note 2 citirt eine Urkunde von 722, worin ein Goldschmidt Justus einen Weinberg veräußert und bemerkt selbst, daß er ein Freier gewesen sein müsse.

57) *Paul. Diac.* IV. 21.

58) *Paul. Diac.* IV. 23.

59) *Ed. Roth.* 144. 145. (*Grimoaldi s. Liutprandi*) *Memoratorium de mercedibus Commacinorum, Mon. Leg.* IV. *p.* 76 *sqq.* Die Ableitung des Namens ist bestritten. 1) Nach *Du Cange h. v.* von macio, maçon (oder machina Gerüst?), also commacini die Zunft der Maurer (oder Gerüstleute). So auch *Bluhme l. c.* 2) *Gloss. Lindenbrogii* bei *Du Cange.* Von der insula Comacina in Romanula (Romagna), also Comacchio? welches aber Comaclum hieß (*Troya, Cod. dipl. Nr.* 480), die Einwohner Comaclenses (Urk. von 852. *Muratori, Antiq.* II. *p.* 952). 3) Von Como und dem Comer See (lacus Comacinus *Paul. Diac.* V. 39. insula Comacina III. 26. IV. 3. VI. 19. 21. in lacu Lario V. 38. civitas Comacii in Urk. v. 880. *Muratori Antiq.* V. 930. Porta Comasina heißt noch heutzutage das nach Como gewandte Thor von Mailand) leitet es *Canciani, leg. Barb.* I. *p.* 72. ab und bezeugt, daß noch zu seiner Zeit viele Maurer in Italien aus jener Gegend kamen. Hiernach wären sie Comacini, mit Einem m, zu schreiben. — Daß sie freie Leute waren, ergiebt sich aus den Bestimmungen der angeführten Gesetze. In einer Urk. v. 739 (*Brunetti,*

Geistlichen gedacht werden, die, wenigstens in der ersten Zeit, sämmtlich der römischen Nationalität angehörten und gewiß nicht alle Freigelassene der Langobarden waren.

Dürfte es also feststehen, daß die Römer durch ihre Unterwerfung nicht privatrechtlich Unfreie oder Halbfreie (aldii) geworden, so ist es andererseits bei der Dürftigkeit unserer Quellen schwierig, ihr öffentliches Recht und ihr davon abhängiges Standesverhältniß positiv zu bestimmen. Das freilich darf nach neueren Untersuchungen gleichfalls für erwiesen gelten, daß nicht nur die römische Provinzialverwaltung mit ihrem ausgedehnten Beamtenpersonal[60]), sondern auch die Municipalverfassung der zahlreichen italienischen Städte durch die Langobarden aufgehoben wurde[61]), daß also weder jene, noch diese den Römern eine eigenthümliche öffentliche Stellung gewährte. Beide erschienen den Langobarden unverträglich mit der Herrschaft ihres Königs und seiner Beamten, insbesondere der Duces, die in eben jenen Städten ihren Sitz aufschlugen und das Stadtgut an sich rissen[62]). Bemerkenswerth ist, daß damit zugleich das römische Steuersystem, das in den Händen der Provinzial- und Municipalbehörden lag, insbesondere die drückende

Cod. dipl. Tosc. XXXI.) verkauft ein Magister Comacinus Grundeigenthum, woraus *Troya* § 153. mit Recht schließt, daß er ein freier Mann gewesen sein müsse.

60) Nicht nur die Provinzialstatthalter, sondern auch ihre bureaukratischen Kanzleien (officia), von denen in allen anderen germanischen Staaten sich noch Ueberbleibsel erhielten, sind hier völlig verschwunden.

61) Vgl. Savigny, R. R. im MA. I. §§ 120—132, der ihre Fortdauer behauptet, und dagegen *Vesme e Fossati cit.* (1836). *p.* 177—185. Hegel cit. (1847) S. 367 und Kap. V. S. 473—499, der übrigens die Fortdauer einzelner städtischer Einrichtungen, namentlich des Curator und selbst der Curialen, annimmt, und auf die städtischen Münzen und Münzmeister (monetarii) von Lucca und Pisa aufmerksam macht, die nach *Ed. Roth.* 242 nicht ohne königliche Bewilligung bestehen konnten. Aehnlich Flegler cit. (1851) S. 21 folg. 49 folg. Endlich mein Buch: Ursprung der lombardischen Städtefreiheit, Bonn 1846, worin versucht worden, Savigny's Gründe zu widerlegen und die spätere Entstehung der lombardischen Stadtverfassung des zwölften Jahrhunderts nachzuweisen.

62) Ueber königliche Städte, die unter einem Gastaldius standen, s. *Vesme p.* 150 und unten § 61.

Grundsteuer, wegfiel [63]), woraus das landwirthschaftliche Aufblühen Italiens, trotz der Verheeruugen des fortdauernden Krieges sich erklärt [64]). Einen Ersatz für die Vertretung der römischen Stadtbewohner durch Municipalbehörden bildeten gewissermaßen die von ihnen, unter Zustimmung des Königs, erwählten katholischen Bischöfe, die ja schon unter byzantinischer Herrschaft eine halb bürgerliche Stellung zu den Stadtgemeinden eingenommen hatten [65]) und diese in demselben Grade mit mehr Erfolg zu schützen im Stande waren, als der langobardische König und sein Volk sich der katholischen Kirche zuneigte [66]), des wachsenden Einflusses nicht zu gedenken, den der Papst von Rom aus auf die gesammte römische Bevölkerung des langobardischen Italiens übte [67]).

Aber wie standen die Römer zu der langobardischen Volks- und Heerverfassung und zu ihrem Haupt, dem Könige? Auch hierüber, namentlich über die successive Entwickelung dieser Verhältnisse geben die Quellen nur sehr unvollständigen Aufschluß.

Als unzweifelhaft dürfen wir annehmen, daß in der ersten Zeit nach der Eroberung die Römer vom Heere (exercitus) und, da Heer und Volk der Langobarden eins war, auch von den Rechten der großen Volksgemeinde ausgeschlossen waren. Mit der kriegerischen Ehre fehlte also dem einzelnen Römer

63) Savigny cit. S. 403. *Vesme p.* 186. Vgl. indeß Hegel cit. S. 490.

64) *Vesme p.* 174.

65) Hegel cit. S 138 folg.

66) Ueber den katholischen und arianischen Bischof in jeder Stadt, den Zusammenhang des ersten mit den römischen Stadtbewohnern (cives Brixiae *Greg. M. Ep.* IV. 39), seine Wahl mit Genehmigung des Königs und den wachsenden Einfluß der katholischen Geistlichkeit s. *Vesme p.* 203 *sqq.* Hegel S. 362. 366—374.

67) *Greg. M. Ep.* IV. 47. Quia si in morte Langobardorum me miscere voluissem, hodie Langobardorum gens nec regem, nec duces, nec comites haberet, atque in summa confusione esset divisa. Hegel S. 364. 367. Die häufigen Anschreiben Gregors und anderer Päpste an den Ordo und die Plebs langobardischer Städte beweisen diesen Zusammenhang; weniger die persönliche Freiheit der Römer und am wenigsten die Fortdauer römischer Stadtverfassung, insbesondere der Curie, da diese Adresse Curialstyl war. Hegel I. S. 193 folg. Ursprung der lomb. Städtefreiheit S. 16 folg.

nach germanischen Begriffen die volle Freiheit; der Langobarde war Heermann (exercitalis, arimannus), der Römer nur ein freier Mensch (liber homo), d. h. nicht Servus oder Aldius. Da in K. Rotharis Edict (636) Beide unterschieden zu werden scheinen [68]), so ist es möglich, daß damals, siebzig Jahre nach der Eroberung, dieß Verhältniß noch bestand. Neunzig Jahre später kennen wir aus K. Liutprands Gesetzen vom J. 726 die Heeresverfassung dieser Zeit [69]), und ein Gesetz K. Aistulfs vom J. 750 liefert die Ergänzung dazu [70]). Hiernach bestand das Heer aus drei Waffengattungen: 1) den Schwergerüsteten, als welche sämmtliche große Grundbesitzer ohne Ausnahme mit Stellung einer nach dem Umfang ihres Grundbesitzes abgemessenen Zahl von Pferden zur Heerfolge verpflichtet sind; 2) den Leichtergerüsteten, nehmlich den kleineren Grundbesitzern mit Einem Pferde [71]), und 3) den Bogenschützen aus den kleinen Leuten ohne Grundbesitz. K. Liutprand ermächtigt die mit der Aushebung betrauten Beamten, aus der zweiten und dritten Klasse eine bestimmte Zahl von der Heerfolge zu beurlauben, die dafür andere Dienste leisten müssen. K. Aistulf zieht auch die Kaufleute je nach ihrem verschiedenen Vermögen in der ersten und zweiten Klasse heran. Hieraus wird klar, das jetzt auch die Römer, die unter der hundertfünfzigjährigen Herrschaft der Langobarden diesen an Barbarei und Tapferkeit ähnlich geworden, zur Heerfolge berechtigt und verpflichtet, also auch unter den Exercitalen begriffen sind. Es ist dieß aber ein Beweis mehr,

68) *Ed. Roth.* 20. (22). 23. 24. erwähnt den Exercitalis als Gerichtsunterthan des Dux und Gastaldius (21. von der Heerfolge) 373. als vollkommenen Freien im Gegensatz des servus regis. Sonst überall ist nur vom liber homo die Rede. Vgl. *Vesme cit. p.* 193. Der Ausdruck arimannus kommt in Rotharis Edict überhaupt nicht vor.

69) *Liutpr. c.* 83.

70) *Aistulf. c.* 2. 3.

71) *Cf. Ratchis c.* 4. *a.* 745. — unusquisque arimannus, quando cum Iudice caballecaverit, unusquisque per semet ipsum debeat portare scutum et lanceam *rel.* Also die erste und zweite Klasse that Reiterdienst, der aber nicht ausschloß, daß sie nach altgermanischer Sitte vom Pferde abspringend auch zu Fuß kämpften.

daß sie nicht Unfreie oder Halbfreie gewesen sein können, da diese vom Kriegsdienst ausgeschlossen waren [72]).

Auch das Verhältniß der Römer zum Könige ist gewiß nicht dasselbe geblieben. Ursprünglich waren nur die Langobarden sein Volk und nur sie erschienen als Heer (exercitus) in der Reichsversammlung [73]). Die Römer als Fremde, die sich dem Könige ergeben hatten, konnten nach germanischen Begriffen nur als Schutzverwandte unter seiner Vogtei (sub scuto regis) stehen [74]), eine Schutzherrschaft, die er übrigens ebensowohl durch die Duces als durch seine Gastalden ausüben konnte [75]). Sehr beachtenswerth ist, daß K. Authari (585), unter dem zuerst nach vollendeter Eroberung Ordnung und Frieden in das Reich einkehrte, unter Zustimmung seines Volkes den römischen Kaisernamen Flavius annahm, den dann alle seine Nachfolger gleichfalls führten [76]). Seinen Langobarden gegenüber gewann er dadurch gewiß nichts an Ansehen; aber seinen römischen Unterthanen that er sich damit als ihren Fürsten kund und bestätigte ihnen seinen Schutz. Dennoch nannte er sich nach wie vor den König seines Volkes (rex gentis Langobardorum); erst K. Aistulf gedenkt daneben ausdrücklich „des ihm von Gott anvertrauten Volkes der Römer" (populus Romanorum) [77]). Wenn

72) Auch *Liutpr. c.* 62. unten Note 89 nimmt liber homo und exercitalis, abgesehen vom gasindius regis, für gleichbedeutend. Ueber die Unterscheidung jener beiden Benennungen in einer Urkunde von 715 *Troya Nr.* 406. s. Beilage II. Ueber die Befreiung der Aldien vom Kriegsdienst s. die Urkunde bei *Fumagalli p.* 173, wonach zwei Freie sich in den Aldionat ergeben hatten, um sie zu erlangen.

73) Vielleicht noch unter Rothari, s. Note 68. *Ed. Roth.* 386. — pari consilio parique consensu cum primatis iudicibus cunctoque felicissimo exercitu nostro — per gairethinx secundum ritem gentis nostrae confirmantes.

74) Wie die eingewanderten Fremdlinge (wargangi). *Ed. Roth.* 367.

75) Leo S. 94 nur durch die Gastalden.

76) *Paul. Diac.* III. 16. At vero Langobardi — communi consilio Authari — regem sibi statuerunt: quem etiam ob dignitatem Flavium appellaverunt, quo praenomine omnes qui postea fuerunt Langobardorum reges feliciter usi sunt.

77) *Aist. prol.* I. — rex gentis Langobardorum, [*post*] traditum nobis a domino populum Romanorum *rel.*

übrigens noch K. Liutprand bei Erlaß seiner Gesetze nur „seine getreuen Langobarden" als Mitberathende auf dem Reichstag, das übrige Volk nur als dabei stehend erwähnt[78]), so ist dieß wohl nur althergebrachter und auch nach veränderten Verhältnissen beibehaltener Kanzleistyl; denn auch die Römer waren jetzt im Exercitus zugegen, so daß thatsächlich das öffentliche Recht der Langobarden und Römer dasselbe war. Doch ist zu beachten, daß geschichtlich in hohen Staatsämtern fast nur langobardische Namen erscheinen[79]).

Die öffentliche Stellung bedingt endlich nicht nur den Stand, sondern auch den persönlichen Werth des Einzelnen, der im Fall des Todtschlags als Wergeld (wergild, pretium)[80]), regelmäßig den zur Blutrache (faida) verpflichteten Verwandten, gezahlt wird. Daß nun die Römer ein Wergeld hatten, bestritten frühere Schriftsteller[81]), woraus folgen würde, daß sie Unfreie oder Halbfreie (aldii) gewesen seien[82]). Jetzt wird es allgemein und mit Recht angenommen[83]), wonach denn auch aus diesem Grunde ihre Freiheit zugegeben werden muß[84]). Ursprünglich fiel es ohne Zweifel an Stelle der Verwandten dem Könige vermöge seines Schutzrechts zu[85]); später scheinen nur die Kinder des Getödteten als nächste Erben dem Könige vorgegangen zu sein[86]). Die Höhe des Wergeldes der Römer in

78) *Liutpr. prol.* I. — cum omnibus iudicibus meis —, vel cum reliquis fidelibus meis Langobardis, et cuncto populo adsistente.

79) *Vesme p.* 199. behauptet, daß auch Römer solche bekleidet hätten, führt aber keine Beispiele an. K. Liutprands Majordomus Ambrosius ist wohl ein solcher. *Troya, Cod. dipl. Nr.* 400.

80) *Bluhme, Mon. leg.* IV. *p.* 679. *v. wergild.*

81) Rogge, Gerichtswesen der Germanen S. 10 folg. Türk cit. S. 196.

82) *Troya* §§ 23 *sqq.* Denn ein eigentliches Wergeld hatte der Unfreie nicht. *Ed. Roth.* 129. 130. Vgl. jedoch Wilda, Strafrecht S. 363 und *Liutpr. not. de act. regis c.* 3—4.

83) *Liutpr. c.* 127., worauf Rogge's Ansicht sich hauptsächlich stützte, richtig erklärt, begründet sie nicht; die Glosse zu *Liutpr. c.* 13. das Gegentheil. Vgl. Wilda cit. S. 681 Note 3. Flegler cit. Note 37. Hegel S. 425 folg. Walter §§ 43. 91. — *Liutpr. c.* 91. schreibt den Notaren, welche wohl meist Römer waren, ein Wergeld zu.

84) Anders Hegel S. 427.

85) *Arg. Liutpr. c.* 13. Wie nach fränkischem Recht. Rogge cit.

86) Dieß folgt aus *Gl. ad Cap.*

früherer Zeit kennen wir nicht, da K. Rotharis Edict dasselbe überhaupt nur nach dem Geburtsstande bestimmt wissen will[87]), daher es vielleicht geringer als das der freien Langobarden war[88]). Nachdem die Römer aber in das Heer eingetreten, also unter den Exercitalen begriffen waren, mußte auch auf sie die allgemeine Bestimmung in K. Liutprands Edict bezogen werden, daß der Exercitale erster Klasse ein Wergeld von 300, der geringerer Klasse von 150 Solidi haben sollte[89]).

Waren also im Laufe der Zeit die Römer den Langobarden im öffentlichen Recht gleichgestellt worden, diese auch als Katholiken mit jenen in denselben kirchlichen Verband getreten, und selbst Ehen unter ihnen möglich[90]), so ist doch eine völlige Vermischung beider Nationen nicht anzunehmen, vielmehr erhielt sich das Andenken verschiedener Abstammung nicht nur in dieser, sondern auch in der folgenden Periode, was nur aus der geschlossenen Geschlechtsverfassung der Langobarden und ihrem aristokratischen Familienstolz erklärlich ist[91]).

Liutpr. c. 13 und eine Analogie dafür enthält diese Stelle selbst, die wegen Tödtung eines Langobarden in Ermangelung der Verwandten das Wergeld zur Hälfte der Tochter, zur Hälfte dem König zuschreibt.

87) *Ed. Roth.* 11. (*cf.* 12. 377. 387) sicut adpreciatum fuerit, id est wergild. 74. secundum qualitatem personae. 75. 374. 378. secundum generositatem, nationem, nobilitatem suam. Nur aus *Ed. Roth.* 200. 201. 381. kann geschlossen werden, daß es im Allgemeinen dasselbe war, wie nach K. Liutprands Gesetz. Wilda S. 424 folg.

88) *Arg. Ed. Roth.* 194. Die ancilla gentilis wird höher geschätzt als die ancilla Romana. Vgl. Wilda S. 680.

89) *Liutpr. c.* 62. — qui hominem liberum occiserit — componat secundum qualitatem personae: nunc autem statuere providemus, quomodo sit ipsa qualitas consideranda. Consuetudo enim est, ut minima persona qui exercitalis homo esse invenitur CL solidis componatur; et qui primus est, CCC solidis. De Gasindiis vero nostris *rel. cf.* 136. Der exercitalis primus gehörte wohl der ersten Klasse der Heereseintheilung Note 69. 70 an; der minimus der zweiten und dritten. *Aregis Cap.* 4: 150, sicut de laicis, qui exercitalibus militant armis, läßt den primus unerwähnt.

90) *Liutpr.* 127.

91) Paulus Diaconus († 799) konnte seine Fara bis auf die Zeit der Einwanderung zurückführen IV. 38. Der König nannte alle Langobarden nobiles, s. oben § 58 Note 20. Die Professionen des langobardischen Rechts in der folgenden Periode waren Folge und Kennzeichen langobardischer Abkunft.

Bei dem Fortbestand des nationalen Unterschiedes bleibt also noch die Frage, welche Bedeutung derselbe für das bürgerliche Recht hatte, ob in dieser Beziehung für Langobarden und Römer vollkommene Rechtsgemeinschaft bestand, oder ob für jene langobardisches, für diese römisches Recht galt.

§ 60. Um diese Frage beantworten zu können, ziehen wir zunächst Recht und Gesetze der Langobarden überhaupt in Betracht [1]).

Wie sehr die Langobarden an ihrem angestammten Volksrecht nach Form und Inhalt festhielten, zeigt sich schon darin, daß sie nicht, wie die Burgunden und Westgothen, alsbald nach ihrer Niederlassung auf römischen Boden dasselbe codificirten, sondern bis zum Jahre 643, also fünf und siebenzig Jahre lang nach ihrer Einwanderung sich an ihren ungeschriebenen Gewohnheiten, Willkühren und Weisthümern genügen ließen. Denn Willkühren dürfen wir die ungeschriebenen Gesetze nennen [2]), die der König mit den Großen und dem Volk auf Reichs-

1) Türk cit. S. 167 folg. Merkel, die Geschichte des Langobardenrechts, Berlin 1850. S. 17 folg. II. Die Geschichte der langob. Gesetze. Stobbe § 10. Walter, D. RG. § 46. — Die neueste kritische Ausgabe der langobardischen Gesetze von Bluhme in *Mon. hist. Germ. Leg.* IV. *p.* 1—234. macht alle früheren entbehrlich. Ueber deren Geschichte, Handschriften u. s. w. handelt die *Praefatio p.* I *sqq.* Durch die Güte von Pertz war es mir möglich, diese Ausgabe in albis zu benutzen. — Eine specielle Bearbeitung des langobardischen Rechts selbst in seinem vollständigen Zusammenhang ist noch zu erwarten. Auf die Wichtigkeit desselben machte schon Wilda, Strafrecht S. 106 folg. aufmerksam. Eine übersichtliche Darstellung der eigenthümlichsten Institute gab Leo S. 99 folg. Osenbrüggen, das Strafrecht der Langobarden, Schaffhausen 1863, löst jetzt jene Aufgabe für einen Theil, der uns besonders interessirt.

2) *Ed. Roth. Prolog.* — praesentem legem, quae priores omnes renovet. *Epilog. c.* 386. — antiquas legis patrum nostrorum, quae scriptae non erant — quod — de antiquas legis Langobardorum tam per nosmet ipsos quam per antiquos homines memorare potuerimus, auch c. 12. sicut lex habet. *Paul. Diac.* IV. 44. — Langobardorum leges, quas sola memoria et usu retinebant. Da nach dem allgemeinen Sprachgebrauch dieser Zeit lex auch Gewohnheitsrecht bezeichnet, so könnte dieß hier unter leges gemeint sein. *c.* 369. antiqua consuetudo. *Liutpr. a.* IV. *Epilog. p.* 120. anterior consuetudo. So Türk S. 208. Allein s. Note 3. und *Bluhme Praef.* § 3. Note 9.

tagen vereinbarte [3]) und wodurch die alten Gebräuche den neuen Verhältnissen angepaßt wurden [4]); Weisthümer, die Urtheilsprüche der Gerichte, insbesondere des königlichen Gerichtshofes, welche das Herkommen bezeugten [5]) oder durch richterliche Autonomie fortbildeten [6]).

Aber, daß auch diese alten Formen der Rechtsbezeugung und Erzeugung den neuen Verhältnissen nicht mehr ganz entsprachen, machte sich jetzt fühlbar. Auf dem Heereszug und in der Zerstreuung über das weite eroberte Land waren mit der altgermanischen Gemeindeverfassung auch die Volksgerichte abhanden gekommen [7]), und die königlichen Beamten mißbrauchten ihre nicht mehr von unten controlirte Autonomie zur Bedrückung der Kleinen und selbst zur Rechtfertigung ihrer Gewaltthaten gegen Große [8]). Diesen Uebeln zu steuern beschloß K. Rothari das Recht seines Volkes mit den nöthig erkannten Verbesserungen [9]) in einem Gesetzbuch niederschreiben zu lassen [10]), welches nach seiner Vollendung auf dem Reichstag mit seinen

3) *Ed. Roth.* 386. per gairethinx s. unten Note 11.

4) Z. B. die hohe Buße von 900 Solidi wegen groben Friedensbruches stammte gewiß ebenso wenig aus den germanischen Wäldern, als sie erst durch Rothari eingeführt wurde.

5) Einzelne Stücke des Edicts, z. B. die Bußtaxen *Ed. Roth.* 46—73. 76 · 126. 129—137, tragen ganz das Gepräge solcher Weisthümer, die man, nun schriftlich verzeichnet, darin aufnahm. Ebenso Osenbrüggen S. VIII, nur daß er die frühere Aufzeichnung dieser Weisthümer annimmt.

6) Der technische Ausdruck dafür war bei den Langobarden und Sachsen gawarfida. *Liutpr. c.* 77. 133. *Prolog. a.* XIV. *p.* 135. — alii per consuitutinem, alii per arbitrium iudicare estimabant. *Chron. Goth. p.* 645, 11. Rothari — nam antea per cadarfada et arbitrio seu ritus finierunt causationes. *cf. Bluhme Praef.* § 3. Note 11. *Index v. gawarfida p.* 671 = communis deliberatio. J. Grimm, RA. S. 747 altnordisch und bei den Friesen warf = Gerichtsstätte, Ding.

7) S. § 58 Note 35 und unten § 61 Note 110.

8) *Ed. Roth. Prolog.* — tam propter adsiduas fatigationes pauperum, quam etiam superfluas exactiones ab his qui maiore virtute habentur, quos vim pati cognovimus.

9) *Ed. Roth. Prolog.* — presentem corregere legem, quae priores omnes renovet et emendet, et quod deest adiciat et quod superfluum est abscidat. Beispiele *c.* 74. 364.

10) *Prolog. cit.* In unum previdimus volumine complectendum. *c.* 386. in hoc membranum scribere iussimus.

Beamten und dem Heer durch die symbolische Vertragsform des langobardischen Rechts (per gairethinx) bestätigt [11]) und am 22. November 643 zur Nachachtung in allen noch nicht entschiedenen Rechtsfällen unter dem Namen Edictus [12]) im königlichen Palast zu Pavia publicirt wurde [13]). Auch bestimmte der König, zur Verhütung von Fälschungen, daß nur die von seinem Notar beglaubigten Exemplare des Gesetzbuches in den Gerichten Geltung haben sollten [14]).

Wir besitzen dieses Gesetzbuch in einer nicht lange nach Rothari von einem Langobarden verfertigten Handschrift [15]), also in seiner ursprünglichsten Gestalt. Da die Hauptaufgabe bei dessen Abfassung in der Verzeichnung des ungeschriebenen Volksrechts bestand, so waren die Verfasser ohne Zweifel nicht wie bei den Burgunden und Westgothen Römer, sondern Langobarden. Erfahrene ältere Männer bezeugten, was ihnen aus der Rechtsübung erinnerlich war [16]) und ein königlicher Nota-

11) *Ed. Roth.* 386. Praesentem vero dispositionis nostrae edictum — pari consilio parique consensum cum primatos iudices cunctosque felicissimum exercitum nostrum constituimus — quin etiam et per gairethinx secundum ritus gentis nostrae firmantes, ut sit haec lex firma et stabelis *rel.*

12) *Bluhme, Praef.* § 4. Note 12.

13) *Ed. Roth. Prolog.* — anno — regni mei octabo — indictione secunda et post adventum in provincia Italiae Langobardorum — anno septuagesimo sexto feliciter. Dato Ticino in palatio. *c.* 388. Et hoc addimus et decernimus, ut causae, quae fenitae sunt, non revolvantur; quae autem non sunt fenitae et a presente vigesima secunda diae mensis huius Novembris indictione secunda incoatae aut commotae fuerint, per hoc Edictum incidantur et finiantur. Ueber das Datum vgl. Türk S. 206 folg. Merkel S. 17. *Paul. Diac.* IV. 44. Hic Rothari rex Langobardorum leges, quas sola memoria et usu retinebant, scriptorum serie composuit, codicemque ipsum Edictum appellari praecepit. Erat autem iam, ex quo Langobardi in Italiam venerant, annus septuagesimus septimus, sicut idem rex in sui Edicti testatus est prologo.

14) *Ed. Roth. Epilog.* Et hoc generaliter damus in mandatis, ne aliqua fraus per vicium scriptorum in hoc Edictum adibeatur: si aliqua fuerit intentio, nulla alia exemplaria credatur aut suscipiatur, nisi quod per manus Ansoald notario nostro scriptum aut recognitum seu requisitum fuerit, qui per nostram iussionem scripsit.

15) Ueber das Alter der Sangaller Handschrift s. *Bluhme Praef.* § 10.

16) *Ed. Roth.* 386. quod —

rius schrieb es nieder[17]), natürlich, da das Langobardische nicht Schriftsprache war, in dem barbarischen, aus dem vulgären Dialekt der Römer und Langobarden entstandenen Latein[18]), jedoch mit Einmischung einzelner technischer Worte aus der langobardischen Gerichtssprache[19]). Auch die einzelnen Artikel tragen das Gepräge überlieferter Urtheilssprüche, welche der Entscheidung künftiger Rechtsfälle zum Vorbild dienen sollten; sie empfingen von der thatsächlichen Voraussetzung und der daran geknüpften rechtlichen Folge die ihnen nachgerühmte Klarheit und Bestimmtheit[20]). Nur selten enthalten sie allgemeine Verbote[21]) und noch seltner erheben sie sich zur Abstraction eines Rechtsgrundsatzes[22]).

Den Stoff bildet, was vor Gericht vorkommt, also bürgerliches, Criminal- und Prozeßrecht, und zwar, in germanischer Weise, mit überwiegender Berücksichtigung des Unrechts und seiner Strafen. Die Anordnung ist keineswegs eine zufällige oder willkührliche[23]), sondern folgt einem bestimmten Plan. Im Ganzen sind sechs Hauptabschnitte und ein Anhang sicher

de antiquas legis Langobardorum tam per nosmetipsos quam per antiquos homines memorare potuerimus.

17) Auch die königlichen Notarien führen meist langobardische Namen. *Ed. Roth. Epilog.* Ansoald. *Liutpr. a.* I. *Epil.* Poto. *Brunetti cit.* VIII. IX. Guntheram. XI. Ultianus (?).

18) Vgl. *Bluhme, Praef.* § 11. *p.* XVI. Die Barbarismen beruhten auf der Aussprache und betrafen daher mehr die Orthographie und die Endbiegungen der Worte als die Syntax. Fraglich bleibt auch, ob der königliche Notar Ansoald selbst oder der langobardische Abschreiber des Codex Sangallensis sie alle verschuldet. Wo es für den Inhalt gleichgültig ist, habe ich mir daher des Verständnisses wegen zuweilen erlaubt die Orthographie zu berichtigen.

19) Actogild, anagrif, andegauēre, angar-gathungi u. s. w., die in Bluhme's Register verzeichnet und erläutert sind.

20) Fast alle Artikel beginnen daher mit si quis. Stobbe S. 125. „Es zeichnet sich durch Klarheit und Bestimmtheit in der Fassung, durch Genauigkeit, womit die wichtigsten Rechtsfälle normirt werden, — aus."

21) Nulli liceat *rel.* Z. B. 155. 168—170. 174. 185. 233. 247. 368. 376. meist zur Einleitung der Strafbestimmung.

22) Z. B. das allgemeine Princip der Intestaterbfolge *c.* 153. Die Unterwerfung der Frauen unter ein Mundium *c.* 204. Die Arten der Freilassung *c.* 224—226. Das Recht der Wargangi *c.* 367 u. s. w.

23) Wie noch Savigny cit. II. S. 210 annahm.

erkennbar [24]). I. Verbrechen gegen den Staat und gegen die Person (c. 1—152). II. Erbrecht und zwar zuerst Intestaterbfolge (c. 153—167), dann Testament und Schenkung von Todes wegen (c. 168—177). III. Eherecht und Verbrechen gegen dasselbe (c. 178—222). IV. Freilassungen (c. 223—226). V. Eigenthum und dessen Verletzung (c. 227—358). VI. Prozeß (c. 359—368). VII. Der Anhang enthält vermischte Rechtsfälle (c. 369—385. 387), die vielleicht erst nach der ersten Publication zur Ergänzung und Berichtigung des Frühern hinzugefügt wurden, woran sich jedoch der ursprüngliche Epilog des Gesetzbuches anschließt (c. 386. 388 sq.) [25]). Auch in den einzelnen Abschnitten ist eine übersichtliche Anordnung des Stoffs mehr oder weniger befolgt [26]), und die einzelnen Titel, wenn man sie so nennen darf, werden zuweilen durch allgemeine Bemerkungen eingeleitet oder resumirt [27]). Die Ueberschriften aber scheinen von den Abschreibern später hinzugefügt [28]). Ein Anfang formaler Cultur in Unterscheidung und Verknüpfung des nationalen Rechtsstoffs ist also nicht zu verkennen [29]).

Denn im Ganzen enthält das Gesetzbuch rein germanisches Recht, insbesondere nicht ohne Verwandtschaft mit dem sächsischen und scandinavischen [30]). Römische Rechtssätze, die in den langobardischen Gerichten schon Eingang gefunden oder durch das

24) Anders Türk cit. S. 220 und wieder anders *Bluhme, Praef.* § 4. *p.* X, der nur 3 Theile annimmt. Vgl. Stobbe cit. S. 124 folg.

25) Vgl. Stobbe cit. Note 10. Offenbar hat sich *c.* 387 in die Mitte des Epilogs verirrt, zu welchem *c.* 386. 388 und der nicht bezifferte Schlußsatz gehört.

26) Z. B. der erste Abschnitt mischt Anfangs allerdings die Staatsverbrechen (*c.* 1—8. 17—26. 35—40) mit den Verbrechen gegen die Person (*c.* 9—16. 26—34) durch einander; dann aber folgen diese nach bestimmten Gesichtspunkten: *c.* 41 *sqq.* Verletzungen eines freien Menschen. *c.* 76—137 der Aldien und Servi u. s. w.

27) Z. B. *c.* 45. 74. 126—128 u. s. w. Die ratio legis einzelner Bestimmungen in *c.* 32. 249.

28) Denn sie beziehen sich regellos bald auf den einzelnen Artikel, bald auf mehrere zusammengenommen.

29) Stobbe cit. S. 125 nennt es, nicht mit Unrecht, „die vollkommenste Schöpfung deutscher Gesetzgebung in dieser Periode."

30) Stobbe cit. Note 17. 18. Auch im Prozeß s. oben § 23 Note 29.

Gesetzbuch eingeführt werden sollten, finden sich darin nur in geringer Zahl [31]); von katholischem Kirchenrecht natürlich keine Spur, da K. Rothari noch Arianer war [32]). Der allgemeine Einfluß römischer und christlicher Principien in Erweiterung der Staatsgewalt und Milderung der rohen germanischen Sitten ist auf mehreren Punkten zu bemerken [33]).

Auch in Betreff der beabsichtigten Geltung des Gesetzbuches ist das germanische Princip freier Rechtserzeugung zwar durch dasselbe eingeschränkt, aber nicht aufgehoben. Allerdings sollte dasselbe nicht bloß zur Belehrung der Richter dienen, sondern ihren Ungerechtigkeiten steuern [34]), indem es als Gesetz sie unbedingt band. Allein es nahm nicht, wie die Lex Burgundiorum und Visigothorum, ausschließliche Geltung in Anspruch; das nicht darin verzeichnete Gewohnheitsrecht sollte dadurch nicht abgeschafft [35]), noch die freie Rechtsschöpfung des Richters in nicht entschiedenen Fällen aufgehoben sein [36]). — Auf welche Districte der langobardischen Herrschaft, und auf welche Personen seine Geltung sich erstreckte, kann erst später untersucht werden.

31) Vgl. Savigny II. S. 219. Türk S. 217. Flegler S. 17. 52 folg.

32) Vgl. *Ed. Roth.* 185. mit *Liutpr.* 30—34. Unter Kirchen und Geistlichen sind auch die arianischen zu verstehen. *Roth.* 35. 272. Die christlichen Formeln: in Dei nomine, Deo propitiante, considerantes Dei omnipotentis gratiam u. s. w. sind auch dem arianischen König geläufig, s. *Prolog. p.* 1.

33) Vgl. unten § 62, auch oben § 58 Note 39, und Flegler S. 53 folg. Zuviel sagt wohl Stobbe cit. S. 126, durch humanen und aufgeklärten Geist zeichne es sich aus.

34) S. oben Note 8.

35) Der K. Rothari behält sich ausdrücklich die fernere Erforschung und Verzeichnung der alten Rechtsgewohnheiten vor, die also nicht aufgehoben sein sollten. *c.* 386. — sub hoc tamen capitulo reservantes, ut quod adhuc — per subtilem inquisitionem de antiquas legis Langobardorum tam per nosmet ipsos quam per antiquos homines memorare potuerimus, in hoc edictum subiungere debeamus. Für die Geltung des noch nicht verzeichneten Gewohnheitsrechtes s. auch die folgende Note.

36) Daher *Liutpr. Prolog. a.* XIV. *p.* 135. noch sagen konnte: quod multae causae ad difiniendum incognitae erant, quia alii per consuitutinem, alii per arbitrium iudicare estimabant. S. oben Note 6 und unten Note 49.

Das Edict K. Rothari's ist später nicht umgearbeitet oder durch ein anderes ersetzt, sondern nur durch Hinzufügung der Gesetze späterer Könige erweitert worden [37]). So zunächst von K. Grimoald im J. 668 mit ausdrücklicher Beziehung auf K. Rothari's Vorbehalt [38]), aber mit der ausgesprochenen Absicht dasselbe nicht sowohl zu ergänzen, als was darin bei Berathung mit den königlichen Richtern unter Zustimmung des Volks hart und unfromm erschienen, abzuändern [39]). In der That zeigt sich in den wenigen Gesetzen, die er dem Edict hinzufügte, der vermehrte Einfluß des römischen Rechts [40]), der Billigkeit [41]) und sittlicher Principien [42]). Daß die katholische Kirche unter diesem Könige zur Herrschaft gelangt war, wird noch nicht sichtbar.

Um so mehr in den zahlreichen Gesetzen, die K. Liutprand während seiner langen Regierung auf fünfzehn Landtagen (713—735) mit seinen Richtern und dem Volk vereinbarte und in eben so vielen Büchern (volumina) dem Edicte hinzufügte [43]).

37) *Bluhme, Praef.* §5. *p.* XI.

38) *Cap. Grim. p.* 91. Incipit quod Domnus Grimuald addidit. Superiore pagina huius Edicti legitur ita, quod adhuc annuente Domino memorare potuerimus de sincolas causas, quae in presente non sunt adficte, in hoc Edictum adiungere debeamus *rel.*

39) *Ibid.* per suggestione iudicum omniumque consensu, ea quae illis dura et impia in hoc Edictum visa sunt, ad meliorem statum et clementiorem remedium corregere et revocare previdemus. *Paul. Diac.* V. 33. Grimoaldus —. Hic Edicto, quod Rothari rex composuerat, aliqua quoque capitula legis, quae ei utilia visa sunt, adiecit.

40) Die dreißigjährige Verjährung wird hier zuerst anerkannt *c.* 1. 2. 4.

41) Das Repräsentationsrecht der Enkel *c.* 5. — quia inhumanum et impium nobis videtur *rel.* Beschränkung der Haftung des Herrn für den Sklaven *c.* 3. 9.

42) In den eherechtlichen Bestimmungen zum Schutz der Frau *c.* 6—8.

43) *Paul. Diac.* VI. 58. *fin.* — legum augmentator. *Bluhme, in Mon. Leg.* IV. *p.* 107—175. ordnet die 153 capitula nach den Reichstagen, numerirt aber nicht die volumina, was die Citate erleichtern würde, obgleich die Prologe zu *a.* IX. *p.* 116. bis zu *a.* XII. die sechs ersten Volumina zählen, und bei den folgenden dieß wohl nur zufällig unterlassen, auch der *Prolog. a.* XVII. 729. *p.* 150 darauf Bezug nimmt. Vgl. jedoch *praef. p.* VII. XXX. XXXVI. Die früheren Ausgaben rechnen alle folgenden Gesetze zum sechsten Volumen. Ich citire die Prologe nach den Regierungsjahren des Königs, die einzelnen Gesetze (capitula) nach den durchlaufenden Nummern bei Bluhme.

Nicht nur die Prologe[44]), sondern auch die Gesetze zeigen den clericalen Einfluß[45]), ferner die steigende Macht des Königs und den Einfluß römischer und rationeller Principien[46]), jedoch ohne die Grundlage des germanischen Rechts zu verlassen. Die Ergänzungen und Abänderungen des Edicts werden meist durch das in der Gerichtsverwaltung hervorgetretene Bedürfniß motivirt[47]) und haben deshalb noch immer die Form von Entscheidungen einzelner Rechtsfälle, stehen jedoch in Kürze und Präcision denen des K. Rothari nach. Die gestiegene monarchische Gewalt erscheint auch darin, daß K. Liutprand ohne Mitwirkung des Reichstags Verordnungen erließ, die dem Edicte nicht angehängt wurden, uns aber sonst handschriftlich erhalten sind[48]). Dem Buchstaben der Gesetze wird aber auch jetzt keine ausschließliche Geltung beigelegt, vielmehr die freie Rechtsschöpfung des Richters in nicht entschiedenen Fällen ausdrücklich anerkannt[49]).

Von seinem Nachfolger K. Ratchis besitzen wir 1) vier die Justizverwaltung betreffende Verordnungen, die er mit seinen Judices, jedoch ohne Mitwirkung des Volks, vereinbarte und deshalb dem Edict nur theilweise einverleibte, gleichsam

44) Besonders der erste Prolog, der den arianischen König Rothari nur rovustissimus decessor noster atque emenentissimus nennt, und die eigene königliche Gesetzgebung auf göttliche Inspiration zurückführt.

45) Schon der erste Prolog nennt als Quelle die lex Dei. Einzelne Bestimmungen dieser Art s. bei Stobbe Note 40—44.

46) Belege in § 62.

47) *Prolog. a.* XIII. *p.* 133. dum rememorassem, quod venientis homenis nostri in presentia nostra adduxerunt causas inter se altercantes, quae nec per usum fuimus certi ad terminandum, nec in edicti corpore ante insertae *a.* XIV. *p.* 135. Ferner bestimmt vorgekommene Rechtsfälle in *c.* 99. 122. 123. 125. 135—138 u. s. w.

48) *Memoratorium de mercedibus Comacinorum,* von Liutprand oder Grimoald, *p.* 176 *sqq.* und *Notitia de actoribus regis a.* 733. *p.* 180 *sqq.*

49) *Liutpr. c.* 28. Wenn der Richter gegen den Buchstaben des Gesetzes geurtheilt hat, so soll er eine Buße von 40 Solidi zahlen. Wenn er aber per arbitrium geurtheilt hat und dem Könige schwört, daß er nicht iniquo animo oder bestochen geurtheilt, so ist er straflos. Das burgundische und westgothische Gesetz weist, gleich dem römischen Recht, den Richter an, in gesetzlich nicht entschiedenen Fällen sofort an den König zu berichten, s. oben § 38 Note 18 und § 47 Note 55.

gemeine Bescheide des königlichen Gerichts; 2) eigentliche Reichstagsgesetze vom J. 746, die dem Edicte angehängt wurden, und 3) Verordnungen des Königs, die er ausdrücklich von demselben ausschloß und denen er nur vorübergehende Geltung (in breve) beilegte [50]).

Endlich K. Aistulfs Gesetze, die auf den Reichstagen von 750 und 755 angenommen wurden, schließen die Reihe der Zusätze zu dem Edict aus der Zeit des selbständigen langobardischen Königreiches [51]).

Was nun die Geltung aller dieser königlichen Gesetze betrifft, so ist es außer Zweifel, daß sie sich nicht bloß auf das eigentliche Königreich, sondern auch auf die großen Ducate von Süditalien bezog, welche nur die Oberherrlichkeit des Königs anerkannten. Dies ergiebt sich auf das Bestimmteste aus den Gesetzen, welche die Herzoge von Benevent, nachdem sie mit der Unterwerfung des Königreiches unter die Franken ganz selbständig geworden waren, erließen; denn sie beziehen sich theils im Einzelnen auf das Edict als bis dahin geltendes Recht [52]), theils erkennen sie es im Allgemeinen als solches an [53]). Schwieriger ist es zu bestimmen, auf welchem Rechtsgrunde diese Geltung beruhte. Denn die Theilnahme dieser sg. Duces majores an den Reichstagen des Königreichs steht nicht urkundlich fest, da die Prologe des Edicts theils nur allgemein von der Mitwirkung der Judices und des Volks der Langobarden reden [54]), theils ausdrücklich nur Austria, Neustria und Tuscia als repräsentirt erwähnen [55]), und die Ducate von Spoletum und Bene-

50) *Bluhme p.* 183—193. Vor der letzten steht die Bemerkung: Ista, quae superius scripta tenentur, in edictum scribantur; et ista capitula dua de subtus in breve previdimus statuere. Ueber die Deutung von in breve vgl. Stobbe Note 55.

51) *Bluhme p.* 195—204.

52) *Aregis capitula Bluhme p.* 207. *Canciani* I. *p.* 260, Savigny I. S. 283 behauptet beiläufig das Gegentheil.

53) *Adelchis Cap. Prolog. p.* 210.

54) So die Prologe des Edicts von K. Rothari und Grimoald.

55) Die Prologe *Liutpr. a.* I. *p.* 108. *a.* V. *p.* 109. *a.* VIII. *p.* 113. *a.* XVII. *p.* 150. *Ratchis a.* 746. *p.* 186. *Liutpr. a.* XIV. *p.* 183. erwähnt nur Austria und

vent keineswegs, wie neuere Schriftsteller angenommen haben, zu Tuscien gehörten [56]). Dieser scheinbare Widerspruch erklärt sich wohl nur aus dem schwankenden staatsrechtlichen Verhältniß dieser Herzogthümer zu dem Königreiche. Ursprünglich war die Verbindung eine sehr lose. K. Grimoald, der selbst als Herzog von Benevent den Königsthron usurpirte, das Herzogthum seinem Sohn verlieh und eben so willkührlich über das von Spoletum verfügte [57]), übte natürlich auch für diese die gesetzgebende Gewalt und konnte K. Rothari's Edict, wenn es gleich Anfangs dort nicht publicirt worden sein sollte, jeden Falls darin einführen. K. Liutprand hatte fortwährend mit den meuterischen Herzogen des Südens zu kämpfen, und wenn er ihrer auch Herr wurde [58]), so war es doch natürlich, daß man in der königlichen Kanzlei die althergebrachte Formel der Reichstagsbeschlüsse, die sie ignorirte, beibehielt. Unter K. Ratchis werden sie einmal geradezu als feindliches Land bezeichnet [59]), und unter seinen Nachfolgern stieg die innere Auflösung des Königreichs, bis zu dessen Untergang [60]). Diese politischen Schwankungen und Wechsel übten aber auf die Geltung des unter der höchsten langobardischen Autorität verzeichneten Volksrechts keinen Einfluß.

Noch wichtiger, aber auch bestrittener ist die Frage, für welche Personen innerhalb der langobardischen Herrschaft das langobardische Recht galt, ob als strenges Territorialrecht für alle dieser Herrschaft Unterworfene, oder ob nach dem System

Neustria. Pabst cit. S. 474 erklärt dieß aus der augenblicklichen politischen Situation.

56) Türk S. 212. *Vesme* p. 129. Allerdings wird Tuscia, trans Alpes, als eine entfernte Provinz bezeichnet *Ed. Liutpr.* 44; allein ebenso Austria *c.* 61., und Beneventum und Spoletum werden ausdrücklich von Tuscia unterschieden *c.* 88. Wenn dagegen *Paul. Diac.* II. 16. Spoletum eine Stadt in Tuscien nennt, so denkt er an die römische Eintheilung Italiens; ebenso bei Benevent.

57) *Paul. Diac.* IV. 53. V. 1. 7. 16. 18. 22—25.

58) Leo S. 179 folg.

59) *Ratchis c.* 9.

60) Leo S. 184 folg. — Vgl. auch das schwankende Verhältniß der Herzogthümer zu dem Königreiche rücksichtlich des Domaniums §61 Note 72 und Beilage II.

der persönlichen Rechte die Langobarden nach langobardischem, die Römer nach römischem Rechte lebten [61]).

Für die Grundanschauung der Langobarden von der Herrschaft ihres Rechts ist die Bestimmung in K. Rotharis Edict entscheidend, daß alle Fremdlinge (waregang), die sich unter königlichem Schutz (sub scuto regis) im Reiche aufhalten, nach langobardischem Rechte leben sollten, außer wenn sie durch königliche Gnade den Gebrauch eines andern, also namentlich ihres heimathlichen Rechtes erlangt hätten [62]). Denn offenbar betrachteten die Langobarden hiernach ihr Recht als ein Territorialrecht, welchem jeder, der den langobardischen Boden betrete, abgesehen von besonderer Bewilligung eines andern, unterworfen sei. Weniger beweisend ist der bekannte Vorgang mit den zwanzigtausend Sachsen, welche die Langobarden bei der Eroberung von Italien unterstützt hatten. Denn diese verlangten nicht bloß den Gebrauch des persönlichen Rechts der Einzelnen, sondern die politische Unabhängigkeit unter eigenen Fürsten, mit deren Gewährung freilich auch jenes verbunden gewesen wäre [63]).

61) Dieß behauptet Savigny I. §§ 33. 39. 40. *Troya* § 34. dagegen den völligen Untergang des römischen Rechts, und §§ 141—143 seine Wiedereinführung durch Liutprand. Hegel S. 382. 416. 419 - 424 die Erhaltung des römischen Rechts für die Römer im Allgemeinen als Aldien nach Hofrecht; für Einzelne, Städte und Gebiete durch besondere königliche Begnadigung, ferner als Kirchenrecht und seit K. Liutprand für fremde Römer. Flegler S. 17 erklärt sich nicht bestimmt darüber, wie „das römische Gewohnheitsrecht" (?) neben den für Alle geltenden langobardischen Gesetzen fortdauerte. Ebenso Stobbe S. 127 und Walter § 43 Note 7. Türk S. 201—204 bezeichnet das langobardische als Territorialrecht, das römische als persönliches der Römer im Verkehr unter einander, und dieß halte ich im Wesen für die richtige Ansicht.

62) *Ed. Roth.* 367. Omnes waregang, qui de exteras fines in regni nostri finibus advenerint, seque sub scuto potestatis nostrae subdederint, legibus nostris Langobardorum vivere debeant, nisi si aliam legem ad pietatem nostram meruerint. Si filiûs legitimûs *rel.* Das Folgende enthält eine Anwendung auf das Erbrecht. Vgl. die Unterwerfung der fremden Barbaren unter das burgundische Volksrecht oben § 38 Note 3.

63) *Paul. Diac.* III. 6. Certum est autem hos Saxones ideo ad Italiam cum uxoribus et parvulis advenisse, ut in ea habitare deberent. Sed, quantum

Welches war nun das Recht der Römer nach ihrer Unterwerfung unter die Langobarden? Für diese erste Zeit fehlt uns jedes ausdrückliche Zeugniß; wir sind daher nur auf Schlußfolgerungen und Analogien angewiesen. Wir haben oben gezeigt, daß die Römer anfangs, da sie nicht in den langobardischen Exercitus aufgenommen wurden, also auch nicht die vollkommene Volksfreiheit genossen, nur unter königlicher Schutzherrschaft (sub scuto regis) stehen konnten [64]). Hieraus folgt, daß sie gleich den Fremdlingen (waregang) den langobardischen Gesetzen unterworfen waren, insoweit ihnen der König nicht den Gebrauch ihres eigenthümlichen Rechts gestattete. Ihnen diesen in reinen Privatangelegenheiten unter einander zu versagen, hatte der König durchaus kein Interesse. Dagegen mußte er seinen Langobarden ihr Recht im Verkehr mit den Römern sichern und diese auch allen im Interesse der öffentlichen Ordnung erlassenen Gesetzen unterwerfen. So war es ja auch bei den Burgunden [65]) und, wie wir annehmen durften, bei den Westgothen [66]), während bei den Ostgothen nach K. Theoderichs eigenthümlichem Staatsprincip gerade umgekehrt das römische Recht das herrschende und das germanische nur das geduldete Particularrecht der Gothen war [67]). Nur darin besteht auch zwischen dem ostgothischen Staate und dem langobardischen eine gewisse Analogie, daß es nicht nöthig gefunden wurde, das nur geduldete Particularrecht zu codificiren.

Hieraus erkläre ich mir, daß die erste langobardische Gesetzgebung, K. Rothari's Edict, auf die Römer und ihr eigenthümliches Recht keine Rücksicht nimmt [68]). Berieth sich doch der König nur mit seinem auf dem Reichstage versammelten

datur intelligi, noluerunt Langobardorum imperiis subiacere. Sed neque eis a Langobardis permissum est in proprio iure subsistere, ideoque aestimantur ad suam patriam remeasse. Vgl. Hegel S. 337.

64) S. oben § 59 Note 75.

65) S. § 38 Note 2.

66) S. § 44 Note 42.

67) S. § 54 Note 2—4.

68) Es ist längst bemerkt, daß K. Rothari's Edict seine Rechtssprüche durchweg mit si quis beginnt, ohne Unterschied der Nationalität.

langobardischen Volke (exercitus) und nahm deshalb nur das überlieferte und von ihm verbesserte Recht dieses Volkes in sein Edict auf. Den Langobarden als dem herrschenden Volke war dadurch der Gebrauch ihres Rechts auch im Verkehr mit den Römern gesichert; nicht minder die Beobachtung der auf die öffentliche Ordnung und Sicherheit berechneten Bestimmungen festgestellt [69]). Das nur geduldete Particularrecht der Römer in Familien- und Vermögensstreitigkeiten derselben unter einander wurde ignorirt und zwar um so mehr, da es weder der Aufzeichnung noch der Besserung bedürftig war [70]). In Einem Fall aber mußte im Interesse des langobardischen Rechts auf den Unterschied der Nationalität Rücksicht genommen werden, und die darüber getroffene, wenngleich vereinzelte, Bestimmung ist für die rechtliche Bedeutung dieses Unterschiedes entscheidend.

Nach langobardischem Recht standen alle Frauen in dem Mundium ihres Ehemanns, ihrer nächsten Verwandten oder endlich des Königs, und ohne die Zustimmung ihres Mundwalds konnten sie von ihrem Vermögen nichts veräußern [71]). Die Römerinnen dagegen waren längst von der alten Geschlechtstutel und von der Manus des Ehemanns befreit, also in allen Vermögensangelegenheiten selbständig. Nun stellt das Edict jenen Grundsatz ausdrücklich nur für die nach langobardischem Recht lebenden Frauen auf [72]), und erkennt damit an, daß es auch Frauen gab, die nach einem anderen Rechte lebten. An privilegirte germanische oder römische Fremde (waregang) wurde dabei gewiß nicht gedacht; denn deren Zahl war zu ge-

79) Näheres hierüber in § 62.

70) Wie es vor Gericht war, untersuchen wir in § 61—63.

71) Walter, D. RG. §§ 478 folg.

72) *Ed. Roth.* 204. Nulli mulieri liberae sub regni nostri ditionem lege Langobardorum viventi liceat in suae potestatis arbitrio, id est selpmundia vivere, nisi semper sub potestate virorum aut certe regis debeat permanere; nec aliquid de rebus mobilibus aut immobilibus sine voluntate illius, in cuius mundio fuerit, habeat potestatem donandi aut alienandi. Die barbarische Orthographie des Codex Sangallensis bei Bluhme, die ich des Verständnisses wegen verbessert habe, kann den Sinn nicht zweifelhaft machen.

ring, als daß das Gesetz auf sie besondere Rücksicht genommen hätte. Anders die sehr zahlreiche Klasse der Römerinnen, welche nach römischem Rechte lebten, für welche also jenes Gesetz nicht gelten sollte.

Doch ist zum vollen Verständniß der Stelle noch Folgendes zu beachten. Wir wissen bestimmt, daß eine Langobardin, die einen Römer heirathete, von dem Mundium befreit und dadurch eine Römerin werden konnte [73]). Wurde das Mundium nicht abgelöst, so blieb sie in dem ihrer nächsten Verwandten. In jenem Fall bedurfte sie als Römerin, weil sie weder in dem Mundium ihres Mannes, noch in dem ihrer Verwandten, sondern nach römischem Recht selbständig war, keiner Zustimmung zu Veräußerungen, wurde also in dieser Beziehung nicht nach ihrem Geburtsrecht beurtheilt. In dem umgekehrten Fall, wenn eine Römerin einen Langobarden heirathete und in sein Mundium trat, wurde sie nach demselben Grundsatz ohne Zweifel eine Langobardin und bedurfte zu Veräußerungen seiner Zustimmung. Eine solche Römerin lebte also ausnahmsweise nach langobardischem Recht und war unter jenem Gesetze begriffen. Eben deshalb konnte dasselbe sich nur so ausdrücken wie es geschehen und nicht den Unterschied der Geburt zur Grundlage seiner Bestimmung machen. Die Verschweigung dieses Unterschiedes ist also auch kein Grund, ihm die Bedeutung für ein verschiedenes persönliches Recht abzusprechen.

Für die fortdauernde Geltung des römischen Rechts unter den Römern auch nach ihrer Unterwerfung unter die Langobarden darf auch noch dieß geltend gemacht werden, daß es sonst unerklärlich wäre, wie dasselbe auf die langobardische Gesetzgebung Einfluß üben konnte.

Wie aber wurde es, als die Römer in die langobardische Volks- und Heeresverfassung eintraten und gleiches öffentliches

73) *Liutpr. c.* 127 in Note 80.

Recht mit den Langobarden erlangten? Der Verlust ihres besonderen Privatrechts war damit nicht nothwendig verbunden, und daß ihnen dasselbe erhalten blieb, dafür enthalten K. Liutprands Gesetze die entscheidenden Beweise.

Zunächst ist es beachtenswerth, daß dieselben überhaupt den Unterschied der Nationalität mehrfach erwähnen. Natürlich; da das auf dem Reichstag versammelte Volk aus Langobarden und Römern bestand, so konnte der unter ihnen bestehende Unterschied des Rechts nicht mehr ganz unberücksichtigt bleiben. Zwar die meisten Entscheidungen werden mit der allgemeinen Formel: si quis *rel.* oder noch bestimmter: Si qualiscunque *rel.* eingeleitet und enthalten deshalb im Zweifel Bestimmungen, welche beide Nationen betrafen. Aber wenn es in vielen Stellen heißt: Si quis Langobardus *rel.*, so ist darin mit demselben Recht eine nur die Langobarden betreffende Anordnung vorauszusetzen, wie die Formel: Si quis Romanus homo *rel.* unbestritten ein nur die Römer betreffendes Gesetz einleitet [74]). Und wenn jenes häufiger, dieses nur Einmal geschieht, während das eigenthümliche Recht der Römer doch auch sonst noch in anderer Weise erwähnt wird, so zeugt dieß nur dafür, daß der Gesetzgeber auch jetzt noch vorzugsweise die Langobarden als das herrschende Volk berücksichtigte. In welchen Fällen das Eine, in welchen das Andere geschieht, verdient eine nähere Untersuchung, weil sich daraus die Theile des Rechtssystems ergeben müssen, in welchen das eine und das andere Recht herrschte.

Nun ist es merkwürdig, daß die meisten Gesetze mit dem Eingang: Si quis Langobardus, das Erbrecht betreffen, welches in der That, sowohl bei der Verwandtenerbfolge als bei der Verfügung von Todeswegen, für Langobarden und Römer nach verschiedenen Grundsätzen beurtheilt wurde [75]). Außerdem

74) Hegel S. 420 meint in der Formel: Si quis Langobardus, seien auch die Römer begriffen.

75) *Liutpr.* c. 1—5. (14). 102. 113. *Aistulf.* 10. 12. 13. 14. Das römische Testament zu Gunsten der Kirche gestattete erst *Liutpr.* c. 6. (Walter § 595. Note 11). Daher ist gefälscht *Troya, Cod. dipl. Nr.* 350.

betrifft Eines die nur bei den Langobarden mit dem Erbrecht verknüpfte Verpflichtung zur Blutrache [76]), ein anderes die langobardische Morgengabe[77]); ein drittes bestimmt die Großjährigkeit der Langobarden nach dem vollendeten achtzehnten Jahre im Gegensatz der pupillaris und minor aetas [78]). Am unzweifelhaftesten ist der Sinn dieser Formel in dem Gesetz, welches das Geburtsrecht überhaupt nach dem Rechte des Vaters bestimmt, und zwar auch in dem Fall, wenn der langobardische Vater nach Erzeugung der Kinder durch den Eintritt in den geistlichen Stand ein Römer geworden [79]).

Ebenso handelt die einzige Stelle mit: Si quis Romanus homo, vom Geburtsrecht der Römer und bemerkt, daß auch im Fall einer gemischten Ehe die Kinder dem Rechte des Vaters folgen, also, wenn dieser ein Römer ist, Römer sind, vorausgesetzt, daß es eine römisch vollkommene Ehe ist, wo die Frau durch Ablösung des langobardischen Mundiums das Geburtsrecht ihres Mannes annimmt. Beiläufig wird bemerkt, daß für Römer die Pflicht der Blutrache nicht bestehe und daß sie deshalb auch die darauf beruhenden Vortheile nicht genießen [80]).

76) *Liutpr. c.* 13.

77) *Liutpr. c.* 7.

78) *Liutpr. c.* 19.

79) *Liutpr. c.* 153. Si quis Langobardus uxorem habens filios aut filias procreaverit, et postea — clericus effectus fuerit, tunc filii aut filiae qui ante eius conversionem nati fuerint, ipsa lege vivant, qua ille vivebat, quando eos genuit, et causam suam per ipsam legem finire debeant. Hegel S. 438 folg versteht unter lex hier nicht das Volksrecht, sondern den Geburtsstand, das subjective Recht, ein Sinn, den das Wort allerdings in den von ihm S. 439 Note 1 angeführten Stellen hat; in dem Schlußsatz unserer Stelle scheint mir aber unter lex nur das objective Recht verstanden werden zu können. Auch bemerkt Hegel, daß Unfreie, z. B. Aldien, nicht Geistliche werden konnten und daß diese kein eigenthümliches Wergeld hatten. Welcher „Personenstand" also hier gemeint sein könnte, ist nicht ersichtlich. Vgl. auch unten Note 87. — Warum auch *Ratchis c.* 7. *Aistulf. c.* 11. 16. 18. 19. mit. Si quis Langobardus, beginnen, wage ich nicht zu bestimmen.

80) *Liutpr. c.* 127. Si quis Romanus homo mulierem Langobardam tulerit et mundium ex ea fecerit, et post eius decessum ad alium ambulaverit maritum sine voluntate heredum prioris mariti, faida et anagrip non requiratur; quia postquam Romano marito se copu-

Wird also hiernach Familien- und Erbrecht schlechthin nach den verschiedenen Volksrechten beurtheilt, weil diese Rechtstheile dem ius publicum, quod privatorum pactionibus immutari non potest, angehören, so kommt dieser Unterschied natürlich auch in der anderen Sphäre des reinen Privatrechts, dem Vermögensverkehr und den darauf bezüglichen Rechtsgeschäften, in Betracht. Die schriftliche Abfassung derselben durch Tabelliones, jetzt Scribae und Notare genannt, hatte sich in Italien aus römischer Zeit erhalten und war auch auf die Langobarden übergegangen. Nun verordnet K. Liutprand, daß der instrumentirende Notar für die gesetzliche Abfassung des Rechtsgeschäfts bei Strafe seines Wergeldes verantwortlich sein soll, und zwar so, daß auch Rechtsunkunde ihn nicht entschuldigt, da er sich ja bei Anderen Raths erholen oder sich der Ausübung seines Gewerbes in dem einzelnen Fall enthalten könne. Als das zu beobachtende Gesetz oder Recht nennt der König ein zwiefaches, das Recht der Langobarden und das der Römer, und setzt natürlich dabei voraus, daß in der Regel jeder nach dem Rechte seiner Geburt handle. Doch soll die Autonomie der Partheien, nicht nur rücksichtlich der Disposition selbst, insofern sie das Gesetz zuläßt, nicht ausgeschlossen sein, sondern K. Liutprand erlaubt ihnen auch das eine oder andere Nationalrecht nach freier Wahl zur formellen Richtschnur zu nehmen. Hierdurch war es insbesondere bei Verträgen im Fall gemischter Nationalität den Contrahenten möglich gemacht, Ein Nationalrecht zur Grundlage zu nehmen und somit eine vollständige

laverit et ipse ex ea mundium fecit, Romana effecta est, et filii, qui de eo matrimonio nascuntur, secundum legem patris Romani fiunt et lege patris vivunt; ideo faida et anagrip minime componere debet, qui eam postea tulit, sicut nec de alia Romana. Vgl. die Erklärung dieser Stelle bei Wilda Strafrecht S. 681 Note 3. Beiläufig beweist diese Stelle das Connubium zwischen Langobarden und Römern und die Unmöglichkeit, daß letztere Aldien gewesen seien; das Kind folgt dem Stande des Vaters nicht als der ärgeren Hand, sondern weil es nach Ablösung des Mundiums in einer, auch vom Standpunkt des langobardischen Rechts betrachtet, vollkommen gültigen Ehe erzeugt ist. *cf. Liutpr. c.* 126.

Rechtsgemeinschaft herzustellen. Als von der Autonomie ausgenommen werden jedoch ausdrücklich letztwillige Dispositionen genannt, für deren Form und möglichen Inhalt das langobardische und das römische Recht verschiedene, schlechthin bindende Bestimmungen aufstellte. Bemerkenswerth ist auch, daß das Recht der Langobarden als ein (natürlich diesen) allgemein bekanntes Volksrecht bezeichnet wird, während das römische von den Notaren aus seinen schriftlichen Quellen erlernt werden mußte [81]).

Alle diese Bestimmungen K. Liutprands sind so sehr in der Natur der Verhältnisse und des Gegensatzes der beiden Nationalrechte begründet, daß wir sie als von jeher geltende Grundsätze betrachten dürfen, nur daß die erhöhte öffentliche Stellung der Römer sie jetzt in die Reichsgesetze aufzunehmen veranlaßte [82]). Unter den hier genannten Römern nur Eingewanderte aus Rom oder dem Exarchat zu verstehen, ist nicht wohl möglich, weil deren Zahl nicht groß genug war, um eigene Gesetze für sie zu erlassen [83]).

81) *Liutpr. c.* 91. De scribis hoc prospeximus, ut qui chartulas scribunt, sive ad legem Langobardorum, quoniam apertissima et pene omnibus nota est, sive ad Romanorum, non aliter faciant, nisi quomodo in ipsis legibus continetur; nam contra legem Langobardorum aut Romanorum non scribant. Quodsi non sciunt, interrogent alios, et si non potuerint ipsas leges pleniter scire, non scribant ipsas chartulas. Et qui aliter facere praesumpserit, componat wirgild suum: excepto eo si aliquid inter conlibertos convenerit. Et si quiscunque de lege sua discedere voluerit et pactiones aut convenientias inter se fecerint et ambae partes consenserint, istud non imputetur (*s.* reputetur) contra legem, quia ambae partes voluntarie faciunt; et illi, qui tales chartulas scribant, culpabiles non inveniantur esse: nam quod ad hereditandum pertinet, per legem scribant. Savigny I. S. 155 folg. bezieht beide Sätze: Excepto eo, und Et si quiscunque auf die materielle Autonomie; mir scheint der zweite durch discedere de lege sua die formelle zu bezeichnen. Die Anwendung des römischen Rechts bei Kauf, namentlich der Dupla, kommt in Urkunden sehr häufig vor, unter Römern *Troya Nro.* 457. 477. 478. 481. 555, unter Langobarden *Idem Nr.* 311. 426. 453, bei anscheinend gemischter Nationalität *Idem* 424.

82) *Troya* §§ 141—143. glaubt in diesen Gesetzen eine wichtige politische Maaßregel K. Liutprands zu erkennen, was schon Hegel S. 421 widerlegt.

83) Anders Hegel S. 427. *Aistulf c.* 4. meint allerdings unter

Das persönliche Recht wurde, wie wir gesehen, bei Freigebornen durch die Geburt bestimmt, und zwar bei ehelicher Geburt nach dem Rechte des Vaters zur Zeit der Erzeugung [84]). Bei Freigelassenen wahrscheinlich nach dem Rechte des Patrons; sichere Zeugnisse dafür besitzen wir nicht [85]). Es ändert sich das Geburtsrecht der Frauen durch die vollkommen gültige Ehe mit einem Manne von anderem Recht [86]); das persönliche Recht der Langobarden durch Eintritt in den Stand der Priester, welche, insofern sie sich ihr Geburtsrecht nicht vorbehalten, als Römer betrachtet und nach römischem Recht beurtheilt werden [87]). Dasselbe galt ohne Zweifel auch für die Kirche [88]) und für

Romani homines die Römer und Byzantiner, welche den Langobarden als Feinde gegenüber standen; aber daraus folgt nichts für jene Gesetze K. Liutprands, die seine römischen Unterthanen betreffen.

84) *Liutpr. c.* 153. 127. Note 79. 80. Für uneheliche Kinder fehlt es aus dieser Zeit an Zeugnissen. Vgl. Savigny I. S. 140. Note e.

85) Man hält für solche *Ed. Roth.* 224--226. *Liutpr. c.* 126. Savigny I. § 40. Türk S. 202. Allein die Stellen sagen eigentlich nur, daß der Freigelassene und seine Kinder das subjective Recht haben, welches der Patron ihnen durch die Freilassung ertheilt hat, vollkommene Freiheit, Aldionat u. s. w. Indeß ist nicht zu übersehen, daß die Commentatoren *Ariprand* und *Albert* II. 34. es auf das objective Recht beziehen.

86) *Liutpr. c.* 127. Note 80.

87) *Liutpr. c.* 153. Note 79. Savigny I. S. 143. Türk S. 200. Die Urkunden bei Troya, aus welchen Hegel S. 437 das Gegentheil folgert, dem selbst Walter § 47 Note 9 folgt, beweisen nur 1) daß im Prozeß langobardisches Recht auch für Geistliche galt, 2) daß Buße und Wergeld für sie bestand; für Beides s. oben § 59. 3) daß sie Aldien haben können, wie ohne Zweifel auch andere Römer, und 4) daß sie das Mundium über verwandte Frauen, z. B. die Schwester, durch den Eintritt in den geistlichen Stand nicht verlieren, eine sehr natürliche Ausnahme von der Regel. Daß sie sich ausnahmsweise ihr Geburtsrecht überhaupt vorbehalten konnten und Viele dieß thaten, zeigt nur das Uebergewicht des langobardischen Rechts. Die Eidesformel, womit die langobardischen Bischöfe dem Papst versprachen, ut semper pax — inter rempublicam (Romanam) et nos, hoc est gentem Langobardorum conservetur, beweist für das persönliche Recht der Geistlichen nichts. Anders Hegel S. 443. 3).

88) Weil in der carolingischen Zeit. Savigny I. S. 143. Daß das eigentliche Kirchenrecht römisch war, geben selbst Troya und Hegel S. 437 zu. Ueber die vermeintliche Urkunde von 752 s. jetzt Merkel, zu Savigny's R. R. im MA. VII. S. 66 folg. In dem Placitum *Troya Nr.* 779. *a.* 726. V. *p.* 166 von dem Dux von Benevent beruft sich der Abt auf die sacri canones; das Urtheil ergeht nach dem *Ed. Roth.* In *Nr.* 592. IV. *p.* 221. secundum praecepta Canonum.

Klöster, deren langobardische Stifter ihnen nicht ausnahmsweise langobardisches Recht verliehen hatten [89]).

Endlich entsteht noch die Frage, aus welchen Quellen das römische Recht geschöpft wurde. In ostgothischer Zeit waren es die ältern Quellen, der Theodosische Codex mit seinen Novellen und die Schriften der Juristen nach K. Valentinians Citirgesetz. Mit der byzantinischen Eroberung Italiens wurde Justinians Gesetzgebung darin eingeführt [90]). Natürlich behielten die Römer auch unter langobardischer Herrschaft diese im Gebrauch, zumal sie die authentischen Urkunden derselben fortwährend aus den byzantinisch gebliebenen Theilen Italiens erhalten konnten. Es ist daher nicht zu verwundern, daß gegen das Ende dieser Periode Paulus Diaconus vollständige Kenntniß von denselben zeigt [91]). Doch war die Benutzung derselben durch Vermittlung der Notare gewiß nur eine sehr unvollständige und mangelhafte [92]).

§ 61. Treten wir nun unserer eigentlichen Aufgabe, den Anstalten zum Schutz des Rechts bei den Langobarden, näher, so ist zuvörderst ihre Gerichtsverfassung zu bestimmen [1]).

89) Das Kloster Farfa im Sabiner Gebirg machte sein langobardisches Recht als ein besonderes Privileg geltend.

90) *Sanctio pragm. c.* 11. Vom späteren Gebrauch des Theodosischen Codex s. unten § 63 Note 64.

91) *Paul. Diac.* I. 25. Auch Savigny II. S. 239 schließt daraus auf „eigene Anschauung" dieser Rechtsbücher.

92) Wie dieß namentlich bei der Anführung römischer Rechtssätze in den langobardischen Urkunden dieser und der folgenden Periode hervortritt. Vgl. Savigny II. §§ 80—83.

1) Auch hierfür sind die Quellen dieser Zeit unvollständig, daher Vieles streitig ist. Neben den Gesetzen sind die Urkunden besonders wichtig, deren Gebrauch, statt in den verschiedenen Originalwerken, durch die Zusammenstellung von Troya erleichtert wird. Von der ersten Ausgabe seines *Codice diplomatico Longobardo, Neap.* 1845. *Fol.*, sind nur 2 Lieferungen *fol.* 1—27 gedruckt. Von der zweiten in Octav als Fortsetzung seiner *Storia d' Italia* IV. 1 *sqq.* sechs Bände *Tom.* 1—5b. *Neap.* 1852—55. Wenn der Plan, wonach mit den Urkunden im gewöhnlichen Sinne auch die Gesetze, Schreiben der Päpste, Stellen der Geschichtsschreiber u. s. w. verbunden werden, obgleich an sich nicht zweckmäßig, durch den Vorgang anderer Sammlungen, z. B. Brequigny und Pardessus, auch entschuldigt werden kann, so ist doch der Mangel an Kritik in der Auswahl der eigentlichen Urkunden höchst tadelnswerth; die Sammlung ist

Auch diese, wie ihre Staatsverfassung überhaupt, ist rein germanischen Ursprungs, und auch die besiegten Römer sind ihr unterworfen. Es ist aber darin ein zwiefacher Organismus zu unterscheiden: der eine stammt aus der alten freien Volksverfassung, der andere ist durch das Königthum geschaffen [2]). Am bestimmtesten tritt dieser Gegensatz in dem langobardischen Königreich, das wir zuerst betrachten, hervor; die Einrichtungen der selbständigen Herzogthümer in Süd- und Mittelitalien sind zum Theil abweichend.

Den Mittelpunkt der altgermanischen Volksverfassung bildeten die Gaugemeinden und ihre Vorstände, welche Gerichtsobrigkeiten im Frieden und Führer des Aufgebots im Kriege waren [3]). Wie solche bei allen andern Stämmen auf der Wanderung und nach ihrer Niederlassung auf römischen Boden unter verschiedenen Namen, meist Comites oder der entsprechenden deutschen Benennung Grafen, vorkommen, denen als Gau (pagus) eine römische Civitas mit ihrem Gebiet untergeben wurde, so auch bei den Langobarden. Welche deutsche Benennung sie für diese Obrigkeiten hatten, ist uns unbekannt [4]); im Lateinischen entlehnten sie dafür von ihren Gegnern, den Byzantinern, bei welchen Duces in den Hauptstädten der einzelnen Provinzen Befehlshaber der kaiserlichen Besatzung, später Civil-

daher nur mit großer Vorsicht, d. h. unter Berücksichtigung ihrer Quellen, zu gebrauchen. Ueber die sämmtlich gefälschten cremoneser Urkunden vgl. Waitz, in G. G. A. 1856. S. 1553 folg. und *Wüstenfeld* im *Archivio storico Italiano, nuova serie, Parte* X. *p.* 68 *sqq.* Literatur: Savigny, R. R. im MA. §§ 83. 84. 73. Leo S. 83—98. *Vesme p.* 129 *sqq.* — Ursprung der lomb. Städtefr. §§ 9—11. Hegel S. 455—472. Flegler S. 13 folg. Walter, D. RG. § 45. H. Pabst, Geschichte des langobardischen Herzogthums, in Forschungen zur D. Geschichte II. S. 405—518. Die hier versuchte Unterscheidung der verschiedenen Perioden dieser Geschichte wäre noch fruchtbarer, wenn die Quellen nicht versagten. Rückschlüsse selbst aus der carolingischen Zeit sind nicht unbedingt zu verwerfen.

2) Dieser schon früher von mir (s. Ursprung S. 64) hervorgehobene Unterschied wird auch von Hegel S. 461 anerkannt.

3) S. oben §§ 29—31.

4) *Paul. Diac.* V. 36. sagt von einem baierischen Comes, quem illi Gravionem dicunt, bezeugt also, daß diese Benennung seinem Volke fremd war.

und Militärobrigkeiten der bewaffneten Bürgerschaft waren [5]), diesen sehr passenden Namen. Denn die Führer der größeren Abtheilungen des Volksheeres waren es, die schon bei der ersten Eroberung mit den Ihrigen in einer größeren Stadt und ihrem Gebiet angesiedelt wurden [6]), diese dann nach K. Clefs Tode selbständig beherrschten [7]) und nach Wiederherstellung des Königthums als vom König auf Lebenszeit bestellte Volksbeamte verwalteten [8]), eine Einrichtung, die auch auf die später eroberten Theile des Königreichs übertragen wurde [9]). Ihren Sitz hatten diese Duces in einem königlichen Hofe (curtis) jener Hauptstadt [10]), ihren Unterhalt bezogen sie, abgesehen von ihrem Privatbesitz, wahrscheinlich aus einem Theil des zur Curtis gehörigen Krongutes [11]), und in dem Stadtgebiete (territorium), welches andere kleinere Städte in sich begriff [12]) und meist mit einer bischöflichen Diöcese zusammenfiel [13]), waren ihnen nicht nur die darin angesiedelten Langobarden, sondern auch die einheimischen Römer unterworfen [14]). Das Geschäft der Duces ist

5) Ursprung § 34. Hegel S. 129. 225 folg.

6) So Gisulf als Dux von Forum Julii, *Paul. Diac.* II. 9.

7) *Paul. Diac.* II. 32. Unusquisque — Ducum suam civitatem obtinebat. Zabon Ticinum, [Alboin Mediolanum], Wallari Bergamum, Aladius Brixiam, Euin Tridentum, Gisulfus Forum Iulii. Sed et alii extra hos in suis urbibus triginta Duces fuerunt.

8) Die Einsetzung der Duces durch den König wird häufig erwähnt und nach *Ratchis* c. 1. scheinen sie dem Könige ein schriftliches Gelöbniß der Treue geleistet zu haben. Erblichkeit, die *Vesme* p. 153 behauptet, ist nur für die Duces majores erweislich. Das Amt der Duces ist aber nicht wie das der Gastalden widerruflich, sondern lebenslänglich und ihre Absetzung zur Strafe nach *Ratchis* c. 1. 10. hatte häufig Widersetzlichkeit zur Folge. Vgl. *Paul. Diac.* IV. 3. 14. 28.

9) Verzeichnisse der früheren und späteren Ducate haben aufzustellen versucht *Vesme* p. 134. Pabst S. 437. 483. 491.

10) In carolingischer und späterer Zeit werden diese Curtes häufig erwähnt. S. Ursprung § 5 Note 24.

11) Bei der Erneuerung des Königthums gaben sie nur einen Theil davon an den König ab, *Paul. Diac.* III. 16, und daß sie die andere Hälfte als Zubehör ihres Amtes gleichsam zu Lehn behielten, dafür spricht, was unten Note 69 über das Domanium der großen Herzogthümer gesagt werden wird. Dieß ist freilich der dunkelste Punkt ihrer Stellung. Pabst S. 440. 489.

12) Pabst S. 434. 4 und 5. Ursprung S. 63 Note 4.

13) Pabst S. 437. Ohne Zweifel auch zusammenfallend mit früheren byzantinischen Verwaltungsbezirken.

14) Leo's Meinung, der Fleg-

sowohl die Aushebung [15]) und Führung des Aufgebots aus ihrem Gebiet [16]), als die Verwaltung des höchsten Richteramtes in demselben [17]), und ein Theil der in beiden Verwaltungszweigen verfallenen Strafen fällt ihnen zu [18]). Um des zweiten Geschäfts willen hießen sie auch im Gegensatz anderer, ihnen untergeordneter Beamten Judices schlechthin [19]) und ihr Amtssprengel, die Civitas mit ihrem Gebiet [20]) Judiciaria [21]). Die Identität dieser Judices mit den Duces aber ergiebt sich am Bestimmtesten daraus, daß auch sie als die höchsten, mit der Aushebung des Heerbanns betrauten Beamten genannt werden [22]).

Der Amtssprengel dieser Duces oder Judices war aber zu ausgedehnt und die Einwohnerschaft zu zahlreich, als daß sie in seinem ganzen Umfang die erste und einzige Gerichtsinstanz bilden konnten. Diesem Bedürfniß wurde, wie im fränkischen Reiche, dadurch genügt, daß der erweiterte Gau, der in der Urverfassung mit der Hunderte eins war, in mehrere Hunderte zerlegt, und jeder derselben ein niederer Gerichtsbeamter vorgesetzt wurde [23]). Daher zerfällt das Territorium der Civitas

ler folgt, daß die Römer den königlichen Gastalden untergeben waren, ist schon oben als unerwiesen und unwahrscheinlich bezeichnet worden.

15) *Ed. Roth.* 21. Si quis in exercitum ambulare contempserit aut in sculca, det regi et duci suo solidos XX. Ueber sculca s. *Gloss. Pap.* id est cabalcata bei *Bluhme*, *Index h. v.*

16) *Ed. Roth.* 6. Si quis foris in exercitum seditionem levaverit contra ducem suum, aut contra eum, qui ordinatus fuerit a rege ad exercitum gubernandum, — sanguinis sui incurrat periculum. Also der regelmäßige Führer seiner Abtheilung ist der Dux, doch giebt es auch andere vom König eingesetzte Feldherrn.

17) *Ed. Roth.* 20. Si quis de exercitalibus ducem suum contempserit ad iustitiam, viginti solidos regi et duci suo componat. 22. Si quis de ipso exercitu (= *exercitalis*) duci ad iustam causam peragendam denegaverit solacia (Verweigerung der Rechtshülfe), unusquisque componat regi et duci suo solidos viginti.

18) *Ed. Roth.* 20. 21. 22. Note 15. 17.

19) *Liutpr.* c. 25—27. 44. 85. *Ratchis* c. 1.

20) *Liutpr.* c. 27. in aliam civitatem. c. 80. — unusquisque iudex in civitate sua, kann freilich auch den Gastaldus begreifen, s. unten Note 45.

21) *Liutpr.* c. 27. sub sua iudiciaria. 44. in alia iudiciaria. *Ratchis* c. 1. 13. *Aistulf.* c. 21.

22) *Liutpr.* c. 83.

23) S. oben § 29 Note 6. 13. 14, und für das fränkische Reich § 65 Note 51 folg.

in kleinere Bezirke, welchen der dem Dux untergeordnete **Sculdahis** vorsteht[24]). Sein Name bezeichnet ihn als Richter[25]) und er bildet als solcher die ordentliche erste Instanz in Civilsachen[26]); die Einziehung der Bußen für den königlichen Fiscus ist nur ein damit verbundenes Nebengeschäft[27]). Doch ist auch er an der Aushebung des Heerbanns betheiligt[28]). Sein seltener vorkommender Amtsname **Centenarius** bezeichnet ihn als den Anführer einer Abtheilung desselben und ist ein Ueberbleibsel des altgermanischen Decimalsystems in der Heeresordnung[29]).

Aus demselben Grunde heißt der Vorsteher der ländlichen Ortsgemeinde **Decanus**, als Markrichter **Saltarius**. An der ordentlichen Rechtsprechung hat er keinen Antheil, sondern leistet nur polizeiliche Hülfe[30]), wohl aber an der Aushebung

24) *Paul. Diac.* VI. 24. Rector loci istius, quem Sculdahis lingua propria dicunt. Als Unterbeamten des Dux bezeichnen den Sculdahis die Stellen Note 19, wo in Bezug auf ihn von iudex suus die Rede ist.

25) Waitz, Verfassungsgeschichte II. S. 305. Note 8. Hegel S. 467. Pabst S. 498 leiten den Namen von der Beitreibung fiscalischer und anderer Schulden her, mit Berufung auf J. Grimm, RA. S. 311, der dieß jedoch nicht sagt. Da jede Klage nach germanischen Begriffen sich auf Schuld gründete, so konnte der Richter, der über diese spricht, auch Scultheizo genannt werden.

26) *Ed. Roth.* 256. (Execution) *Liutpr. c.* 25—28. (Annahme der Klage und Urtheil). Daß alle Civilsachen, auch der Streit um Grundeigenthum, der bei den Franken in carolingischer Zeit dem Centenar entzogen war, vor den Sculdahis gehörten, beweist eine Urkunde aus dieser Zeit *a.* 844. *Muratori* I. *p.* 467. Ursprung S. 64 Note 7. Die Beschränkung seiner Gerichtbarkeit aber ergiebt sich aus *Liutpr.* 25. *cit.* Si vero talis causa fuerit, quod ipse Sculdahis deliberare minime possit *rel.* Hegel S. 471. Note.

27) Worin er dem Gastaldus gleichsteht. *Ed. Roth.* 15. 35. 189. 221. Als königlichen Beamten bezeichnet ihn *c.* 374.

28) *Liutpr.* 82.

29) Als Führer im Kriege erwähnt ihn *Paul. Diac. l. c.* Für den Namen Centenarius s. *Ratchis* 1. In Urkunden kommt er häufiger vor. Hegel S. 417. Pabst S. 500. Sein Amtsbezirk wird nicht, wie im fränkischen Reiche, Centena genannt, sondern in späteren Urkunden Sculdasia, s. Ursprung S. 64 Note 6.

30) *Liutpr.* 44. Der Decanus oder Saltarius als Unterbeamter des Sculdahis ergreift flüchtige Sklaven und übergiebt sie diesem zur Auslieferung an den Judex, zahlt auch die Zögerungsbuße an jenen, wie dieser an den Dux. Nach *Liutpr.* 85. leistet er polizeiliche Hülfe bei der Verfolgung von Zauberinnen und ist dem Sculdahis und Dux untergeordnet. Sein Amts-

des Heerbanns, bildet also die unterste Stufe der Volksverfassung[31]). Alle diese Beamte sind freilich insofern jetzt königliche, als der König sie ernennt, ohne daß von einer Wahl oder Mitwirkung des Volks dabei die Rede ist. Dagegen scheint der Locopositus ein vom Dux bestellter Vertreter desselben in der Hauptstadt, ähnlich dem fränkischen Vicarius, zu sein[32]).

Zur Bildung eines zweiten Systems rein königlicher Verwaltungsbeamten, die jedoch mehrfach in die Volksverfassung eingreifen, gab das reiche durch die Eroberung gewonnene Krongut Veranlassung.

Die ordentlichen Verwalter desselben sind die Gastalden[33]), welche den königlichen Höfen (curtes regiae) in den Städten und auf dem Lande nebst den dazu gehörigen Gütern im Auftrag des Königs vorstehen. Unter ihrer Aufsicht besorgen Actores Regis die einzelnen Geschäfte[34]). Beide sind zwar freie Leute[35]); doch soll jedes während ihrer Verwaltung ihnen gemachte Geschenk der Curtis zufallen, wenn der König ihnen nicht gestattet, es für sich zu behalten, eine Vorschrift, wodurch Bestechung verhütet werden sollte[36]). Ihre Ver-

bezirk heißt decania in Urkunde v. 813. *Muratori, Antiq.* I. *p.* 520.

31) *Liutpr. c.* 83. Er ist also nicht als ein dem Gastaldus untergeordneter Domänenbeamter zu betrachten, wie ich selbst früher mit Savigny annahm. Dieß bestätigt auch die von Savigny § 84 Note b angeführte Urkunde von 1218, wonach saltuarii Communalförster sind, silvani oder gualdemanni die ihnen untergeordneten Waldwärter. Dagegen sind in *Troya Nr.* 610. die silvani nostri königliche Waldwärter, die zur Grenzbestimmung eines Domänenwaldes mitwirken.

32) In dieser Periode kommt er nur selten vor *Ratchis* 1. 13, in carolingischer Zeit häufiger, s. Ursprung S. 63 Note 5.

33) Beide Formen Gastaldio oder ius und Gastaldus kommen vor. Hierüber und über die Ableitung des Wortes s. J. Grimm, RA. S. 754 und Pabst S. 442. *Bluhme, Index.*

34) Eine Instruction für Beide ist K. Luitprands Notitia de actoribus regis *ed. Bluhme p.* 180.

35) *Ed. Roth.* 374, woraus Troya und Osenbrüggen, Strafrecht S. 19 mit Unrecht schließen, sie seien servi regis oder Aldien gewesen. Pro homine libero heißt: nur als freier Mensch, nicht als Sculdahis, Actor Regis. *cf. Not. de act. regis c.* 5. Pabst S. 451. Ob, wie die porcarii (Sauhirten) der Privaten (*Ed. Roth.* 135. 352), auch die des Königs (*Troya Nr.* 340. 590) servi regis waren, steht dahin.

36) *Ed. Roth.* 375. Si Ga-

waltung scheint eine sehr freie gewesen zu sein; denn nur wenn sie zur Curtis gehörige Grundstücke verschenken oder durch Versäumniß abhanden kommen lassen, sind sie verantwortlich und sollen die für entwendetes Königsgut bestimmte Buße zahlen [37]). In allen die Curtis betreffenden Prozessen (causae regiae) vertreten sie dieselbe [38]). Sie fordern also auch die an die Curtis verfallenen Strafgelder ein [39]) und verfolgen auch sonst Verbrecher im öffentlichen Interesse [40]), jedoch Beides in Concurrenz mit dem lokalen Volksbeamten, dem Sculdahis, und können insofern auch königliche Richter (iudices) genannt werden [41]).

Indessen steht der Gastalde höher im Rang als der Sculdahis und gewissermaßen dem Dux zur Seite, zu dessen Controle er vom Könige gebraucht wird, ähnlich wie in der früheren römischen Kaiserzeit der Procurator Cäsaris zur Controle des Provinzialstatthalters. Denn wenn ein freier Langobarde (exercitalis) sich durch seinen Dux bedrückt glaubt, so kann er sich an den Gastalden des Orts wenden, der ihn im Gerichte des Dux unterstützt und ihm eventuell vom Könige Recht schafft [42]).

staldius aut quicunque Actor regis, post susceptas aut commissas ad gobernandum curtes regis et causas (*al.* aut casas) regias, aliquid per gairethinx, id est donationem ab alio quocunque factam conquesierit, sit illi stabile, si per praeceptionem indulgentiae regis in eum fuerit confirmatum. Alioquin quidquid — post susceptam administrationem per gairethinx adquesierit, hoc totum regi adquirat *rel.*

37) *Liutpr.* 59. Si quis Gastaldius vel Actor, curtem regiam habens ad gobernandum, ex ipsa curte alicui sine iussione regis casa tributaria, vel terram, silvam, vitis, vel prata ausus fuerit donare, — vel si requirere neglexerit quod per fraudem tultum est: omnia ipse, qui hoc contra iussionem regiam ausus fuerit, in dublum actogild componat, sicut qui res regias furavit. Im Folgenden wird die Verantwortung des Gastaldus als des Vorstandes und des Actor als seines Unterbeamten näher bestimmt. Vgl. den Eid des Actor in *Not. de act. regis c.* 1.

38) *Liutpr.* 78. qui aliquid de publico habet — si aut Iudex aut Actor noster ipsum, qui possessionem talem habet, pulsaverit. — Et si — Gastaldius aut Actor probare potuerit *rel.*

39) *Ed. Roth.* 15. — si parentes non fuerint proximi, tunc Gastaldius regis aut Sculdahis requirat culpam ipsam et ad curtem regis exigat.

40) *Ed. Roth.* 189. 221.

41) *Ed. Roth.* 25. 35. *cf.* 189. 221. *Liutpr.* 78. Note 38. Pabst S. 446 folg.

42) *Ed. Roth.* 23. Si Dux

Umgekehrt kann aber auch ein Exercitale gegen das Unrecht, das der Gastalde in seiner Jurisdiction ihm zufügt, bei dem Dux als einem Richter höheren Ansehns Abhülfe verlangen [42]).

Noch bedeutender aber griffen die Gastalden in die Volksverfassung dadurch ein, daß der König ausnahmsweise Städte, in denen sich eine Curtis regia mit bedeutenden Gütern befand, nebst ihrem ganzen Gebiet nicht einem Dux, sondern dem Gastalden dieser Curtis untergab und ihm herzogliche Rechte über alle Einwohner, Langobarden und Römer, verlieh. Durch die Widerruflichkeit dieser Vollmacht war der Gastalde abhängiger vom Könige als der für Lebenszeit ernannte Dux, und solcher in königliche Verwaltung genommener Städte gab es wenigstens später im Königreich nicht wenige [44]). Der Gastalde konnte dann Judex Civitatis genannt werden [45]). Denn er übte im

exercitalem suum molestaverit iniuste, Gastaldius eum solaciet, quousque ad praesentiam regis aut certe apud Ducem suum ad iustitiam perducat. Der Gastalde soll also bei dem Dux selbst auf Abhülfe dringen und nur eventuell sich an den König wenden.

43) *Ed. Roth.* 24. Si Gastaldius exercitalem suum molestaverit contra rationem, Dux eum solaciet, quousque veritatem suam invenerit. Auf die Beschwerde gegen den Gastalden leistet also der Dux selbst Abhülfe. Exercitalem suum glaube ich jetzt nicht auf die ausnahmsweise Unterwerfung freier Langobarden unter einen Gastalden, sondern auf dessen regelmäßige Competenz in fiscalischen Prozessen beziehen zu müssen. Diese gegenseitige Controle setzt natürlich voraus, daß beide, der Dux und Gastaldus, derselben Stadt oder demselben Stadtgebiet angehören. Pabst S. 443. 451.

44) *Vesme p.* 150. hat zuerst die eigenthümliche Stellung solcher königlichen Städte hervorgehoben und zählt solche auf. Vgl. Ursprung S. 65 folg. Hegel S. 458 folg. Pabst S. 462 folg., der die Entstehung dieses abnormen Verhältnisses für einzelne Städte geschichtlich zu erklären sucht und darauf aufmerksam macht, daß auch diese Gastalden willkührlich vom König ein- und abgesetzt wurden. In der Urkunde v. 674 (*Troya Nr.* 340. II. *p.* 534) nennt der König Berthárit Parma und Placentia domus nostrae oder dominii nostri civitates. Die Könige Desiderius und Adelchis *a.* 772 (*Troya Nr.* 962) civitatem nostram Brixiensem; ferner civitatis nostrae Regiensis Pabst S. 464 Note 5. Dagegen kommt der Ausdruck civitas domnicata ad manus regis erst in dem Scriptum von 1057 (*Troya Nr.* 389) für Siena vor.

45) In dem Zeugenverhör über den Rechtsstreit zwischen den Bischöfen von Siena und Arezzo vom J. 715 (*Troya Nr.* 406) wird der Gastalde von Siena iudex Senensis oder iudex civitatis Senensis genannt.

Auftrag des Königs die volle Gerichtbarkeit in ihr [46]) und alle andern königlichen Rechte [47]), vertrat sie auch als Stadtobrigkeit in ihren Rechtshändeln mit andern Städten im königlichen Gericht [48]) und wurde von der Einwohnerschaft so sehr als ihr Haupt betrachtet, daß sie Fehden seinetwegen aufnahmen [49]). Solche mit herzoglichen Rechten über ein Stadtgebiet ausgestattete Gastalden sind wahrscheinlich, nur durch einen höhern Titel ausgezeichnet, die **Comites**, die im Königreiche jedoch nur selten vorkommen [50]).

46) In dem Rechtsstreit der Bischöfe von Siena und Arezzo sagt der zweite Zeuge, ein Presbyter (*Troya cit. p.* 189), daß sie die Weihe stets vom Bischof von Arezzo, also nicht in Siena empfangen, nisi si de seculares causas nobis oppressio fiebat, veniebamus ad Iudicem Senensem, eo quod in eius territorio sedebamus. Als der Judex Senensis Godebert in den streitigen Kirchspielen Gericht hielt und dem Bischof von Arezzo nicht die gebührende Achtung bewies, wurde er von den Aretinern ermordet, nach der Erzählung bei *Troya Nr.* 389.

47) In demselben Fall ertheilte der Gastalde als Judex Senensis die Staatsgenehmigung zur Weihe der Presbyter durch den Bischof von Arezzo. *Troya cit. p.* 189. Tertius presbyter: — Electus ambulavi cum epistola Iudici de Sena. *p.* 190. Quintus: — quia misit me Willerat a B. episcopum Aretine ecclesie, ut ipse me consecraret. — *p.* 191. (VIII). Cum epistola Warnefrit rogaturus ambulavi ad L. Aretine ecclesie episcopum. *p.* 193. (XII). per rogo Warnefrit Iudici meo. *p.* 198. (XXI). Warnefrit Gastaldus — cum epistola Warnefrit. *p.* 201. (XXIII). Willerat Gastaldus. Im Urtheil der Bischöfe *Troya Nr.* 407. III. *p.* 216. lectas epistolas rogatorias de singulis Iudicibus civitate Senense.

48) *Troya Nr.* 340. *a.* 674 in dem Grenzstreit von Parma und Placentia im Gericht des K. Bertharit.

49) Als die Aretiner den Gastalden Godebert von Siena erschlugen, entstand daraus eine Fehde der beiden Städte. *Troya Nr.* 389. III. *p.* 120. *Nr.* 408. *p.* 229. Geständniß des Bischofs von Siena: dum inter Aretine civitatis habitatores et Senensem populum inimicitia de morte Godalberti Iudicis consobrini mei tempore gloriosissimi Aritpergi regis fuisset. Daß ein solcher Gastalde auch den Heerbann seiner Stadt führte, folgert Hegel S. 457 Note 2 aus dem Vorgang in Cumä, also im Herzogthum Benevent. S. aber Pabst S. 470. Note 8.

50) Im Königreich werden bestimmt nur der Comes de Lagare im Gebiet von Trident (*Paul. Diac.* III. 9) und ein Comes im Gebiet von Lucca genannt. *Troya Nr.* 471. Die Comites des Dux von Forum Julii (*Paul. Diac.* V. 23) sind seine Gefährten. Allgemein führt Duces, Comites, Gastaldii etc. die Schlußclausel königlicher Urkunden auf, z. B. *Troya Nr.* 521. III. *p.* 663. *Nr.* 556. IV. *p.* 113 u. s. w. und *Gregor. M. Ep.* IV. 47. In den Ducaten von Spoleto und Benevent kommen sie häufig vor. Die hier angenommene Erklärung ist von Hegel S. 461 und Pabst S. 441 folgt ihr.

Ueber beiderlei Gerichten, den Duces und Gastalden steht als höchster Richter der König, der zwar in Concurrenz mit jenen jede Rechtssache annehmen kann [51]), doch aber regelmäßig nicht mit Ueberspringung der untern Instanzen angegangen werden soll [52]). Dagegen giebt es ausgenommene, d. h. dem königlichen Gericht vorbehaltene Sachen. Dahin gehören alle das königliche Recht als Schutzrecht berührende Sachen (causae regales), die das Eigenthümliche haben, daß jede Buße, abgesehen von der Hochbuße von 900 Solidi für Friedensbruch, doppelt gezahlt werden muß [53]), also namentlich der Streit um königliches Grundeigenthum [54]) und um das Gebiet königlicher Städte [55]). Ferner Verbrechen, worauf Todesstrafe steht, die nur der König aussprechen kann [56]), und einige andere [57]). Außerdem kann jede Sache, vermöge der Oberaufsicht, die der König über alle Richter führt [58]), durch Appellation [59]) oder durch Beschwerde wegen Justizverweigerung [60]) an ihn gebracht werden.

51) *Liutpr. c.* 130. — ad palatium et ad iudices habuit proclamare. Z. B. ein Streit um Freiheit *Troya Nr.* 632, ohne Zweifel, weil der factisch Unfreie gegen seinen Herrn in den ordentlichen Gerichten nicht auftreten konnte. *Ratchis* 7. s. Beil. III.; um eine Erbschaft *Idem Nr.* 791; weil eine fromme Stiftung in Frage stand, welche früher auf Desiderius, des damaligen Herzogs von Tuscien, Bitte von K. Aistulf bestätigt worden war, s. Beil. IV. Die königlichen Urtheile in *Liutpr.* 135—138. scheinen Fälle zu betreffen, wo die Entscheidung zweifelhaft war.

52) *Ratchis.* 2. 10.

53) *Ed. Roth.* 369. (De causas regales) Omnes vero regales causas, quae ad manum regis pertinent, unde compositio expectatur aut culpa quaeritur, duplicetur secundum antiquam consuetudinem compositio, excepto mundio de mulieris, aut morth, aut alias que similes sunt, unde nongenti solidi iudicantur *rel. Liutpr.* 59.

54) *Liutpr.* 14. *Not. de act. regis c.* 2.

55) So der Grenzstreit zwischen Parma und Placentia *Troya Nr.* 340.

56) *Ed. Roth.* 9. 36. 163. *Liutpr.* 17.

57) Die Trennung einer blutschänderischen Ehe und die Bestrafung freier Frauen wegen Unzucht soll der König aussprechen. *Ed. Roth.* 185. 189.

58) *Paul. Diac.* VI. 35. (Cunibertus) diligenter, qualem iustitiam singuli iudices populo suo facerent, investigabat.

59) *Liutpr.* 28. *Ratchis* 10. 14.

60) *Liutpr.* 25. *Ratchis* 2. 11.

In allen diesen Fällen läßt der König die Sache entweder vor ihm selbst verhandeln und erkennt mit seinen Judices, d. h. Hof- und Reichsbeamten, die mit ihm zu Gericht sitzen [61]), wobei der königliche Referendarius oder Notarius das Urtheil dictirt [62]) und ein anderer Notarius es niederschreibt [63]), oder er überträgt die Untersuchung [64]) und Entscheidung [65]) königlichen Commissarien (missi regis) [66]), meist in der Mehrzahl, die er auch aus jenen Hof- und Reichsbeamten wählt [67]), so

61) *Liutpr.* 136. nobis et nostris iudicibus rectum paruit esse. 137. 138. *Troya Nr.* 408. *a.* 715. (III. *p.* 225). — Tunc nostra Excellentia una cum — illustribus Iudicibus nostris, qui nobiscum aderant, id est Audualdo Duce, Gaidualdo et Landonio, Aufris et Aufirt Stratoribus, Senone, Rotfrit et Ruberto Maiordomo, hanc audientes vestram alligationem, interrogavimus. *p.* 230. Hanc igitur professionem nostra Excellentia — per illustres Iudices nostros audientes, rectum nobis paruit *rel.* Ueber die Hofbeamten s. Hegel S. 465.

62) *Troya Nr.* 340. *a.* 674. (II. *p.* 537). ex dictato Theodoraci Refer*(endarii)*. *Nr.* 405. III. *p.* 184. (?). Ex edicto Domni Regis per Posonem Notarium et ex edicto Sigifredi Notarii.

63) *Troya Nr.* 408. (III. *p.* 231). Ex edicto Domini Regis per Senonem illustrem virum scripsi ego Ioannes Notarius.

64) Häufig nur diese, z. B. in dem Grenzstreit zwischen Parma und Placentia *a.* 674 (*Troya Nr.* 340 *cit.*) hatte K. Bertharit seine Missi, den Spalarius Audechis und Notarius Ausone zunächst nur beauftragt, die Sache an Ort und Stelle zu untersuchen. Auf ihren Bericht erkennt der König mit seinen Judices auf Eid. Der Eid wird in Gegenwart der dazu deputirten Judices geleistet, das Endurtheil aber spricht der König selbst. — Ebenso war in dem Diöcesanstreit zwischen Siena und Arezzo *a.* 715 (*Troya Nr.* 400. III. *p.* 185) dem königlichen Notarius Guntheram nur das Verhör der Zeugen aufgetragen, worüber er ein Protokoll (breve) abfaßt; auf Grund desselben und der verlesenen Urkunden erkennt die Versammlung der Bischöfe auf Eid (*Troya Nr.* 407. *p.* 216) und der König relecta inquisitione spricht das Endurtheil (*Troya Nr.* 408. *p.* 225). — In dem Grenzstreit des Klosters Bobbio übertrug K. Ratchis *a.* 747 (*Troya Nr.* 610. IV. *p.* 260) die Untersuchung an Ort und Stelle drei Commissarien, darunter einem königlichen Notarius.

65) So trifft der Majordomus Ambrosius als Missus des K. Liutprand in dem Diöcesanstreit von Siena und Arezzo *a.* 714 (*Troya Nr.* 400. III. *p.* 158) eine erste Entscheidung. Desgleichen der committirte Notarius in dem Rechtsfall *Troya Nr.* 632. IV. *p.* 354.

66) Die Gesetze erwähnen den Missus regis nur Einmal, bei Ertheilung der Veräußerungserlaubniß für Minderjährige *Liutpr.* 149, und für einen ähnlichen Fall einen Missus Iudicis *c.* 74. 75.

67) Mehrere z. B. in den Fällen *Troya* 340. 610. Note 64. *Nr.* 791. (V. *p.* 195). *a.* 762 im Auftrag des K. Desiderius Gisilbert (Dux) von Verona, Bursio Major-

jedoch, daß deren Entscheidung regelmäßig der königlichen Bestätigung unterbreitet wird [68]).

Die Besonderheiten in der Verfassung der großen Herzogthümer von Spoleto und Benevent hängen mit ihrem staatsrechtlichen Verhältniß zum Königreich zusammen und dieses wieder mit ihrer Entstehung. Als nach dem zehnjährigen Interregnum der Duces das Königthum wiederhergestellt und mit der Hälfte ihres herzoglichen Besitzes ausgestattet wurde, behaupteten sich die beiden genannten Ducate in größerer Selbständigkeit, d. h. sie leisteten zwar dem Könige formelle Huldigung, erwiesen sich aber als mächtige Vasallen von zweifelhafter Treue. Das Herzogthum Benevent, weil dem Königreich ferner liegend, zeigt durchweg noch größere Unabhängigkeit als das von Spoleto.

Für Beides, das Verhältniß zum Königreich und die innere Verfassung der Herzogthümer, ist vorzüglich das Schicksal des Domaninalgutes entscheidend. Ein solches war auch diesen Herzögen bei der Eroberung aus den kaiserlichen Domänen, den städtischen Kämmereigütern und durch Beraubung großer römischer Grundbesitzer zugefallen. Daß sie davon die Hälfte an den König abgegeben hätten wie die Herzöge des Nordens, ist an sich nicht wahrscheinlich. Wirklich finden wir sie im Besitz alles öffentlichen Grund und Bodens (publicum) in ihrem Lande, so jedoch, daß sie den König formell als Obereigenthümer anerkennen. Der Genuß und die Verwaltung des Domaniums, insbesondere die Abgaben der Domänenbauern (coloni), kommen ihnen uneingeschränkt zu; aber über die Substanz können sie streng genommen nur mit Genehmigung des Königs verfügen, auch in Prozessen, welche dieselbe betreffen, nur unter Mitwirkung eines königlichen Missus entscheiden. Doch ist im Herzogthum Spoleto ein bedeutender Wechsel zu bemerken. In

domus und Arsiulf Gastaldus; nur Einer in den Fällen *Troya Nr.* 400. 406. und anscheinend in *Nr.* 632.

68) So das Urtheil des Majordomus Ambrosius *Troya Nr.* 405. und in den Fällen *Troya Nr.* 632. 791.

der früheren Zeit verfahren die Herzöge selbständig; erst König Liutprand und seinen Nachfolgern gelingt es, mit seiner Oberherrlichkeit auch sein Obereigenthum zur Geltung zu bringen. Die Herzöge verfügen aber auch jetzt noch häufig einseitig, unter vorausgesetztem Einverständniß des Königs oder ohne alle Rücksicht auf ihn. Im Herzogthum Benevent scheint dieses letztere die Regel gewesen zu sein [69].

Zur Verwaltung des Domaniums setzte der Herzog den Curtes in den einzelnen Städten des Herzogthums Gastalden vor, denen er, da er nicht wieder Duces unter sich haben konnte, regelmäßig die obrigkeitliche Gewalt über Langobarden und Römer in der Stadt und ihrem Gebiet übertrug, so daß die Einrichtung, die im Königreich nur ausnahmsweise eintrat, hier allgemein war [70]), ja insofern noch strenger durchgeführt wurde, als der Gastalde auch Führer des städtischen Heerbanns ist [71]). Einige dieser Gastalden führten auch hier den Titel Comes [72]). Unter ihnen üben Sculdasii in kleineren Bezirken eine

69) Für das Herzogthum Spoleto enthalten die Regesten des Klosters Farfa die entscheidenden Beweise der Behauptung des Textes, die, um den Zusammenhang hier nicht zu unterbrechen, in Beilage I. gegeben werden sollen. Aus dem Herzogthum Benevent fehlt uns eine solche Reihe glaubwürdiger Urkunden. Einseitig verfügten die Herzöge über das Domanium in den Fällen *Troya Nr.* 380. 420. (?) 529. 582. 625. 642. 857. 860, also vielleicht immer. Eine Bestätigung ihrer Schenkungen durch K. Aistulf enthält *Nr.* 653. IV. *p.* 397. von zweifelhafter Aechtheit. Nur beiläufig und nicht ganz genau spricht davon Pabst S. 468.

70) Viele dieser Städte und ihre Gastalden s. bei Pabst S. 469 folg. Als der Herzog Romuald von Benevent dem Bulgarenherzog Alzeco und seinem Volke Sitze anwies, konnte er ihm daher nur den Titel eines Gastalden geben. *Paul. Diac.* V. 29.

71) Bei der Einnahme von Cumä durch die Römer heißt es: Langobardos fere trecentos cum eorum Gastaldione interfecerunt. *Anastas. bibl.* bei Hegel S. 457 Note 2, der dieß nur mit Unrecht auch auf die Gastalden des Königreichs bezieht. Vgl. Pabst S. 470 Note 8. — Da sie die allgemeine Obrigkeit der Stadt sind, so wird in Urkunden auch ihre Verwaltungszeit angemerkt. Z. B. *Troya Nr.* 567 unter Herzog Trasimund, 709. 714. 718 unter Herzog Alboin von Spoleto. Später in *Nr.* 829—833. 853 u. s. w.

72) Insbesondere der von Capua, der auch als Führer im Kriege erscheint. *Paul. Diac.* IV. 53. V. 9. 16. Hegel S. 462. Im Herzogthum Spoleto *Troya Nr.* 622. IV. *p.* 339. drei Comites als Zeugen, dahinter zwei Gastalden.

beschränkte Gerichtbarkeit [73]). In der Verwaltung des Domaniums sind Actores oder Actionarii, darunter auch Porcarii und Archiporcarii, die Hülfsbeamten der Gastalden [74]).

Der Herzog selbst nahm in seinem Herzogthum die Stellung eines germanischen Königs ein, dem sein Volk huldigt und zu Treue verpflichtet ist [75]). Er führt in Urkunden den Titel gloriosus et summus Dux, auch mit dem Zusatz gentis Langobardorum [76]), und die Zeit wird nach seiner Regierung bezeichnet neben der des Königs, in Benevent selbst ohne diese [77]). Er hat dieselben Hofbeamten wie der König [78]) und sitzt in seinem Palast mit diesen und seinen Judices, Gastalden, Sculdasien u. a., in höchster Instanz zu Gericht [79]), oder überträgt

73) Die Sculdasien werden in Urkunden häufig, und stets hinter den Gastalden genannt. Im Herzogthum Spoleto kommt die Form Sculdore vor; die Identität mit Sculdasius, die Troya bezweifelt, beweist *Cod. dipl. Nr.* 602, wo derselbe Alpareus *p.* 241 Sculdore und *p.* 244 Sculdasius genannt wird.

74) In dem mehr erwähnten Prozeß *Troya Nr.* 602. treten die Actionarii als Hülfsbeamte der Domanialverwaltung, und eben deshalb auch als Zeugen über dieselbe auf. Ebenso die Porcarii und Archiporcarii; derselbe Lucanus wird *p.* 243 Actionarius und *p.* 244 Actor vel Archiporcarius genannt. Vgl. die Unterschrift von *Nr.* 596. IV. *p.* 231. Sub B. Gastaldio, et C. Archiporcario vel G. Actionario nostro. Ebenso *Nr.* 764. V. *p.* 127. Sub A. Gastaldio et Archiporcario nostro. Die Schweinezucht bildete einen wichtigen Zweig der Bewirthschaftung in den Domänenwaldungen der Apenninen. *Troya Nr.* 702. IV. *p.* 618. nennt einen gualdus Spoletanus porcaricius et cerquiricius, im Gegensatz des gualdus publicus pecorum Spoletanorum.

75) *Paul. Diac.* VI. 39. Defuncto itaque Gisulfo Beneventanorum duce Samnitum populus Romoaldum eius filium ad regendum se sublimavit. *c.* 55. Beneventanorum populus, qui suis ductoribus semper fidelis exstitit. *c.* 57. Beneventanis Gisulfi fidelibus. Nur durch Unterstützung ihres Volkes konnten auch den Herzogen von Spoleto die mehrmahligen Empörungen gelingen.

76) In Spoleto ist der Zusatz seltener; die empörerischen Herzoge Trasamund und Alboin haben ihn. *Troya Nr.* 567. 709. 714. 718. Herzog Lupo *Nr.* 641. In Benevent regelmäßig und der König selbst giebt ihn dem Herzog in der (vielleicht unächten) *Nr.* 653.

77) In Spoleto läßt der Herzog Alboin das Regierungsjahr des Königs weg, s. Note 75. In *Nr.* 993. erscheint an Stelle des Königs der Papst, dem der Herzog gehuldigt hatte.

78) Pabst S. 471 folg.

79) *Troya Nr.* 641. IV. *p.* 371. dum residerem ego domnus Lupo — Dux — in Spoleto, in palatio una cum Iudicibus nostris, id est Gademario, Arechis, Diac. Perto (ohne Zweifel Ein Na-

ihnen richterliche Functionen[80]). Für die Möglichkeit der Appellation vom Herzog an den König findet sich kein sicheres Zeugniß[81]).

Wir haben bisher die Geistlichen und die Kirche außer Betracht gelassen, deren Verhältniß zu der geschilderten Gerichtsverfassung nachzutragen ist. Daß die arianische Geistlichkeit und Kirche in dieser Hinsicht durchaus kein Privileg genoß, sondern der nationalen Verfassung in jeder Hinsicht eingeordnet war, darf vorausgesetzt werden, obgleich es an ausdrücklichen Zeugnissen fehlt. Auch über die katholische Kirche, nachdem sie anerkannt und selbst zur herrschenden geworden, ihre Corporationen und Beamten und deren Gerichtsstand, geben die Quellen nur spärliche Nachricht; doch ist Folgendes mit Sicherheit daraus zu entnehmen. — Daß die Geistlichen als solche in bürgerlichen Rechtssachen nicht von den ordentlichen Gerichten eximirt waren, bezeugt eine Urkunde aus dem Anfang des achten Jahrhunderts ausdrücklich[82]). Aus dersel-

me) Stol. (*esaiz*, Schatzmeister) Allone Sculd. Camerino Gastaldo de Valva, Immo de Reate Gastaldo *rel.* *Nr.* 703. IV. *p.* 619. (Benevent) residentes nos — Leoprand summus Dux Langobardorum, adstantibus (?) erga nos Ingelbertone, Sosigeni et Ioanne Merepahis vel severis (*l.* ceteris) Iudicibus nostris. In *Nr.* 548. IV. *p.* 85. *Nr.* 779. V. *p.* 167. sitzt der Herzog von Benevent (in curte nostra) allein zu Gericht. In *Nr.* 602. IV. *p.* 241. in einer Domänensache der königliche Missus mit dem Missus des Herzogs und anderen Judices. In *Nr.* 756. V. *p.* 108 in einer gleichen der Herzog mit dem königlichen Missus und seinen Judices. *Nr.* 643. IV. *p.* 377. iudici nostro. Dagegen macht mir der iudex palatii nostri in *Nr.* 388. III. *p.* 116. die Urkunde verdächtig.

80) *Troya* *Nr.* 548. IV. *p.* 88. pro ampliori agnoscenda et certa veritate direximus in eundem locum G. Gastaldum et P. Vestararium, qui per gentes in eodem loco cognoverunt *rel.* *Nr.* 763. V. *p.* 124. At ubi ipse domnus suos deputavit Iudices, qui ambarum partium audirent altercationes *rel.* Auch in *Nr.* 677. IV. *p.* 478. können die urtheilenden Richter nur Commissarien des Herzogs sein. Zur Abnahme des Eides in *Nr.* 623. IV. *p.* 339. *Nr.* 980. V. *p.* 700.

81) *Troya* *Nr.* 857. V. *p.* 364. ist verdächtig. Pabst S. 473.

82) *Troya* *Nr.* 406. III. *p.* 189. In dem Diöcesanstreit von Siena und Arezzo sagt ein Priester der ersten Diöcese als Zeuge aus: die Weihe hätten sie stets vom Bischof von Arezzo empfangen, nisi si de seculares causas nobis oppressio fiebat, veniebamus ad iudicem Senensem, eo quod in eius territorio sedebamus.

ben ergiebt sich ferner, daß ein Diöcesanstreit zwischen Bischöfen vom König entschieden werden mußte [83]) und ein zweiter ähnlicher Fall bestätigt dieß [84]); natürlich, denn dafür, wie für den Grenzstreit zwischen zwei Städten [85]), war der Dux oder Gastalde der einen und anderen nicht competent. Es war eine Rücksicht auf die kirchliche Natur des Streitgegenstandes und die kirchenrechtlichen Grundsätze, die dabei zur Anwendung kamen, daß in beiden Fällen der König mit weltlichen Beamten auch Bischöfe und andere Geistliche bei der Untersuchung und Entscheidung zuzog [86]). Alle Rechtshändel der unter königlichem Schutz (sub defensione regis) stehenden Klöster, Kirchen und milden Anstalten gehörten gleichfalls als causae regales in das königliche Gericht [87]); die Sachen anderer Kirchen vor das Gericht des Bischofs, unter dem sie stehen [88]). Daß die Bischöfe

83) Der erwähnte Diöcesanstreit von Siena und Arezzo wurde von Anfang bis zu Ende vor dem Könige und königlichen Commissarien verhandelt, s. Beil. II.

84) *Nr.* 414. III. *p.* 249. Diöcesanstreit zwischen Lucca und Pistoja.

85) S. oben Note 55.

86) Zwischen Siena und Arezzo traf die erste Entscheidung der Majordomus als königlicher Commissarius (*Nr.* 400. III. *p.* 158) und der König bestätigte sie *Nr.* 405. *p.* 182. Bei Wiederaufnahme der Sache wurde die Beweisaufnahme des königlichen Notars Guntheram (*Nr.* 406) vier Bischöfen zur Vorentscheidung vorgelegt. *Nr.* 407. *p.* 212. Das definitive Urtheil fällte der König selbst unter Zuziehung eines Bischofs, eines Abtes und zweier Presbyter außer seinen Judices. *Nr.* 408. — Der Streit zwischen Pistoja und Lucca *Nr.* 414 wurde auf Befehl des Königs vor dem Notar Ultianus als königlichem Missus, einem Bischof, dem Dux von Lucca und einem Gastalden verhandelt; die Verhandlung reicht nur bis zur Eidesleistung; das Endurtheil des Königs besitzen wir nicht.

87) Deshalb wurden in diesen Sachen, wie in allen causae regales, die Bußen doppelt gezahlt; *cf. Ed. Roth.* 399. K. Aistulf schrieb einfache Bußen vor. *Aistulf* 17. *cf.* 19. Auch aus diesem Grunde ohne Zweifel gehörte die Sache des Klosters Farsa vor den Herzog und den König. Im Fall *Nr.* 677. IV. *p.* 478. wurde ein Bischof mit herzoglichen Beamten committirt. In dem Fall *Nr.* 592. *p.* 221. entscheidet der Herzog von Benevent selbst zwischen einem Kloster und einer Kirche secundum praecepta canonum. In *Nr.* 548. *p.* 85. zwischen einem Kloster und seinen Colonen. Vgl. *Nr.* 779. V. *p.* 166.

88) *Troya Nr.* 827. V. *p.* 302. Der Presbyter der Kirche von St. Cassiano hatte einen Bauerhof gekauft und bei seinem Abgang von dieser Kirche im Besitz behalten. Sein Nachfolger behauptet, der Hof gehöre der Kirche, weil er mit ihrem Gelde gekauft sei. Die Sache wird vor dem Bischof von Lucca, zu dessen Diöcese jene Kirche gehört, ver-

auch Rechtshändel Einzelner als Schiedsrichter oder durch Vermittlung eines Vergleichs schlichten konnten, mag besonders den Römern in der ersten Zeit nach der Eroberung den langobardischen Obrigkeiten gegenüber zu Gute gekommen[89]) und auch später noch im Einzelnen geschehen sein, war aber nicht von durchgreifender Bedeutung.

Endlich ist noch die wichtige und sehr bestrittene Frage der Gerichtsbesetzung, insbesondere ob nach altgermanischer Weise der Richter nur Vorstand des Gerichts war, die Urtheilfällung aber der Gemeinde oder ihren Vertretern zukam, einer sorgfältigen Untersuchung zu unterziehen. Da die Langobarden fester als andere in das römische Reich eingewanderte Volksstämme an ihrem angestammten Volksrecht festhielten, so ist die Voraussetzung wohl begründet, daß sie vor Allem diese eigenthümliche, die Fortpflanzung und lebendige Erzeugung des Rechts bedingende Einrichtung sich bewahrt hätten, und man tritt an die Quellen mit der Erwartung heran, dieselbe nicht in dürftigen Resten, wie bei den Burgunden, West- und Ostgothen[90]), sondern wie bei den Franken, wenn auch nicht in der von Carl dem Großen geschaffenen Gestalt[91]), doch in voller

handelt und nach Einsicht des Kaufinstruments und geleistetem Eide von demselben für den Beklagten entschieden. Auch in *Nr.* 940. *p.* 598, wo es sich um die Bedienung einer Kirche und die Wohnung in dem Pfarrhaus handelt, weist der König die bei ihm angebrachte Sache an den Bischof von Lucca zurück, weil sie zu dessen Competenz gehörte.

89) *Vesme p.* 207, der dafür ein Beispiel aus *Greg. M. Ep.* XI. 16. anführt.

90) Die Judices deputati bei den Burgunden § 39 Note 13. die Auditores bei den Westgothen § 48 Note 15 und der Assessor romanus bei den Ostgothen § 55 Note 21. 26.

91) Daß eigentliche Schöffen, Scabini, d. h. ein für allemal erwählte Beisitzer des Gerichts bei den Langobarden nicht vor der fränkischen Herrschaft vorkommen, hat schon Savigny, R. R. im MA. I. § 73 zugegeben, der sonst den germanischen Grundsatz am entschiedensten behauptet, und es ist dieß jetzt von allen deutschen Schriftstellern anerkannt; insbesondere daß die drei rein langobardischen Urkunden, welche scabini erwähnen sollen, unächt oder unrichtig gelesen sind. Nehmlich 1) Urk. v. 724. *Troya Nr.* 446. III. *p.* 385. † ego Alfuso scavino ss., deren richtige Lesart *Troya* a. a. O. und IV. *p.* 434 *sq.* standhaft behauptet, auch *Vesme p.* 131. annimmt. Savigny hat sie übersehen, Hegel S. 470 Note 2 erklärte sie für unächt. Merkel in einem Zusatz zu

Wirksamkeit zu finden. Allein solche Voraussetzungen und Analogien können den schriftlichen Zeugnissen der Quellen gegenüber, zumal bei einem so wichtigen Institut der Gerichtsverwaltung, welches sie unmöglich blos zufällig mit Stillschweigen übergangen haben können, nicht entscheiden. Bei erneuerter unbefangener Prüfung der zahlreichen Gesetze und Urkunden hat sich mir folgendes Resultat ergeben [92]).

Im Allgemeinen ist nicht zu übersehen, daß von den Langobarden das richterliche Urtheil in dem dafür gebrauchten technischen Ausdruck (gawarfida, communis deliberatio) als Product gemeinsamer Berathung Mehrerer, welche Zeugniß von dem Herkommen ablegen oder neues Recht finden, gedacht wurde [93]). Die Sprache, dieser Zeuge vorhistorischer Zustände, bestätigt also die Voraussetzung, daß auch bei den Langobarden ursprünglich der Gemeinde die von Tacitus berichtete Mitwirkung bei der Gerichtsverwaltung zustand. Aber auch in der historischen Zeit, nach Einwanderung der Langobarden in Italien und schriftlicher Verzeichnung ihres Volksrechts, kommt dieser Aus-

Savigny VII. S. 6 folg. nach Einsicht der Urkunde erklärt diese für ächt, bezeugt aber, daß die Unterschriften der Zeugen einer viel späteren Zeit angehören. 2) Urk. v. 727 oder 28. *Troya Nr.* 467. III. *p.* 485. Teutpald vir devotus scaro. Muratori bemerkte die abweichende Lesart scavino, die Brunetti und *Vesme p.* 130 begierig aufgriffen. Selbst *Troya* a. a. O. verwirft sie mit Recht. 3) Urk. v. 752. *Troya Nr.* 666. IV. *p.* 434. Scripta per manum Ello notarii et scavini. Nach Tiraboschi von Savigny § 69 Note a. § 73 Note f und Hegel S. 470 Note 1 für unächt erklärt. Troya a. a. O. behauptet ihre Aechtheit. Die von Dragoni fabrizirten Cremoneser Urkunden, z. B. *Troya Nr.* 707 u. a. bleiben natürlich bei der ganzen Untersuchung außer Betracht.

92) Ich hatte in Ursprung der langob. Städtefreiheit § 11 gegen Savigny das Fehlen solcher Urtheiler aus dem Volk behauptet. Auf Savignys Seite trat Leo S. 121 folg. und Hegel S. 468 folg. neuerdings auch *Wüstenfeld, Archivio storico N. S.* X. *p.* 76. und Pabst cit. S. 449 Note 3. Die erneuerte Untersuchung hat mich zu keinem wesentlich anderen Resultate geführt, und zu meiner Freude stimmt Ficker, Forschungen zur Reichs- und Rechtsgesch. Italiens, Innsbr. 1868. S. XXXVI. 280 Note 152 mir zu, obgleich er mit Recht Hegels Auslegung von *Liutpr.* 25—27. der meinigen vorzieht, die ich, wie die von *Ratchis* 14, jetzt als irrig erkenne.

93) S. oben § 60 Note 6. 49. Ueberhaupt daß deliberare für urtheilen gesagt wird, z. B. *Liutpr.* 25—27.

druck vor; die collegialische Urtheilfällung aber, die er bezeichnet, fand doch nicht immer und noch in verschiedener Weise statt. Der König sitzt in der Regel mit seinen Judices, d. h. den Hof- und Reichsbeamten, die er dafür auswählt, zu Gericht[94]). Ebenso die Herzöge von Spoleto und Benevent[95]). Uebertragen sie die Untersuchung und Entscheidung einer Rechtssache einem Missus, so werden auch diesem meistens mehrere andere weltliche und geistliche Beamte beigegeben, unter deren Beirath er das Urtheil fällt; zuweilen wird nur er als Einzelner genannt[96]). Für die ordentlichen Gerichtsobrigkeiten in den verschiedenen Civitates, die Duces und Gastalden, fehlt es leider an ausdrücklichen Zeugnissen, wie überhaupt an Urkunden über ihre gerichtlichen Verhandlungen und von ihnen gefällte Urtheile. Doch ist es nach Analogie jener außerordentlichen Gerichte sehr möglich, daß auch sie regelmäßig Einzelne aus den ihnen untergeordneten Gerichtsbeamten, insbesondere der Sculdasien, als Beirath zuzogen[97]). Für diese unterste Gerichtsinstanz, den Sculdasius, fällt diese Möglichkeit weg. Dagegen bestand auch für sie die für alle gerichtlichen Verhandlungen bezeugte Gerichtsöffentlichkeit und die Sitte, daß sich regelmäßig zu denselben gerichtseingesessene freie Leute in größerer oder geringerer Zahl als Umstand des Gerichts (adstantes) versammelten[98]). Zunächst als Zeugen der Verhandlung[99]), sodann aber auch, um

94) S. oben Note 61.

95) S. oben Note 79, wo auch zwei Fälle erwähnt sind (*Troya Nr.* 548. 779), in denen der Herzog von Benevent allein zu Gericht sitzt.

96) S. oben Note 67. 80. Im ersten Fall ist die gewöhnliche Formel: rectum nobis comparuit.

97) Leo S. 121 scheint dieß anzunehmen.

98) Der Beirath sitzt mit dem Richter nach allgemeiner germanischer Sitte zu Gericht. *Troya Nr.* 407 (die Bischöfe) als Beirath des königlichen Missus, residentes una cum misso domni Liutprandi regis. *Nr.* 756. — residentes una cum G. misso domni regis atque reliquis nostris Iudicibus. *Nr.* 791. — dum ex iussione domni praecell. Desiderii regis resedissemus nos *rel.* Den Umstand bezeichnet der Ausdruck adstantes in vielen Urkunden; nur in *Troya Nr.* 703. IV. *p*, 619. sagt der Herzog von Benevent von seinen Beisitzern: adstantibus erga nos — Iudicibus nostris, was mir die Urkunde verdächtig macht. In fränkischen Gesetzen und Urkunden sind die Rachineburgii residentes und adstantes bekannt.

99) *Ratchis* 5. schreibt vor, daß gegen das Zeugniß des Rich-

nach der Aufforderung des Gerichts oder auf Antrag der Partheien über die streitigen Thatsachen aus eigener Wissenschaft Zeugniß abzulegen [100]). Da nach germanischer Anschauung Recht und Thatsache nicht scharf geschieden wird, so ist es immerhin möglich und nicht unwahrscheinlich, daß Einzelne aus dem Umstand vom Richter auch über das Herkommen befragt wurden, wie ja auch K. Rothari bei Abfassung seines Gesetzbuches nicht bloß seine Beamten, sondern auch andere erfahrene Männer darüber hörte [101]). An sichern Zeugnissen dafür fehlt es freilich [102]). Von der andern Seite aber ist von entscheidender Bedeutung für unsere Frage, daß in allen diesen Fällen der Richter es ist, der das Urtheil nicht nur ausspricht, sondern allein dafür verantwortlich ist, er mag es aus dem Gesetzbuch oder aus seiner freien rechtlichen Ueberzeugung schöpfen [103]), während bei-

ters und der freien Leute, die bei der Verhandlung gegenwärtig waren, der Eid nicht zugelassen werden soll, bedenkt aber als möglich auch den Fall, daß solche nicht dabei gewesen seien; ihre Gegenwart ist also zufällig.

100) *Troya Nr.* 548. IV. *p.* 88. direximus in eundem locum G. Gastaldium et P. Vestararium, qui p e r g e n t e s in eodem loco cognoverunt *rel.* Zum Behuf einer solchen inquisitio wurden auch in dem Prozeß des Klosters Farfa mit den Colonen (*Troya Nr.* 602. IV. *p.* 240) die Einwohner der Stadt Reate (cum reliquis habitatoribus civitatis Reatine) zugezogen, und dann Einzelne, besonders freilich herzogliche Actionarii und Porcarii, als Zeugen vernommen.

101) S. oben § 60 Note 16.

102) *Troya Nr.* 632. IV. *p.* 354. Beilage III., worauf S a v i g n y sich beruft, kann dafür nicht gelten; denn wenngleich der königliche Missus, wahrscheinlich ein Notar, darin bald im Plural, bald im Singular spricht, so bleibt es doch ganz ungewiß, ob die drei am Schluß Genannten mit urtheilten oder nur Zeugen waren. Für letzteres spricht der Ausdruck: ivi mecum stante *rel.* Für Alamanni oder Aliamanni, wie F u m a g a l l i las, schlägt T r o y a arimanni vor. — Ich war einen Augenblick geneigt, eine Stelle in K. Liutprands *Notitia de actoribus regis c.* 2. für ein solches Zeugniß zu halten, da der König als Motiv, die Domänensachen seiner Entscheidung vorzubehalten, anführt: quia iudices nostri, n e q u e a r i m a n n o s, nec actores nostri possunt sic disciplina discingere sicut nos. Allein die arimanni sind wahrscheinlich hier nicht als Urtheiler, sondern, wie die actores regis, als Gehülfen des Richters bei der Execution genannt. *cf. Liutpr.* 44. Darauf deuten die Worte disciplina discingere, und daß vorher von widerrechtlichem wifare und pignerare die Rede ist.

103) *Liutpr.* 28. Si — Sculdahis aut Iudex *rel.* — Et si Iudex c o n t r a l e g e m iudicaverit, componat solidos XL., medietatem regi et medietatem,

des nach fränkischem und späterem deutschen Recht das eigenthümliche Recht der Beisitzer aus dem Volk oder der Schöffen bildet [104]). Insofern kann also mit Grund behauptet werden, daß diese Institution den Langobarden fremd war [105]). Auch vom Schelten des Urtheils durch Einzelne aus dem Umstand, welches damit so genau zusammenhängt, findet sich bei ihnen keine Spur [106]). Es scheint mir daher festzustehen, daß wenigstens seit der schriftlichen Verzeichnung des langobardischen Rechts die Urtheilfällung, in ähnlicher Weise wie bei den Baiern, den Friesen und den skandinavischen Stämmen auf den Gerichtsvorstand überging. Ja es ist möglich, daß bei der Auflösung der alten Gemeindeverfassung, wie sie durch die straffe Heeresordnung und die Zerstreuung des Volks über das weite Land bewirkt wurde, schon früher der Antheil der Gemeinde an der Gerichtsverwaltung sich auf jenes Minimum beschränkte [107]).

Bei der Anwendung des langobardischen Gesetzbuches und des römischen Rechts, nach welchem die Römer lebten, bedurfte der Richter, wenn er der Schrift nicht kundig war, — und dieser Fall kam gewiß nicht selten vor, — einer anderen Hülfe; diese leisteten die Notarien. Von deren häufigem Vorkommen in Italien geben die zahlreichen Urkunden dieser

cuius causa fuerit. Et si forsitan Iudex causam per arbitrium iudicaverit -- praebeat sacramentum regi —; nam si iurare non presumpserit, componat ut supra dictum est. Desgleichen zahlt der unterliegende Appellant eine Buße von 20 Solidi an den Sculdahis als Judex, dessen Urtheil er angefochten hat.

104) *L. Sal.* 57. § 2. Ebenso der Judex deputatus nach burgundischem Recht, s. § 39 Note 14. Das Sächsische Landrecht II. 12. § 9 kennt kein geschriebenes Gesetz; und der Schöffe ist schuldfrei, der das Urtheil „nach seinem Sinne" gefunden. Nach dem Schwäbischen Landrecht Art. 116. Laßb. muß er schwören, wie nach *Liutpr. cit.* Note 103.

105) Hegel S. 471. Note, wird auch dieß vielleicht zu „subtil" finden; allein es kommt hier auf die principielle rechtliche Anschauung an. Daß später die Langobarden sich in die fränkische Vorstellung nicht zu finden wußten, bemerkt Ficker cit.; noch weniger die Romanen, wofür Hegel S. 301. Note, Beweise anführt.

106) *Liutpr.* 28. *cit.* weiß nur von der Anfechtung des Urtheis durch eine Parthei und den Folgen für dieselbe.

107) S. oben § 58 Note 35 und § 60 Note 7.

Periode Zeugniß[108]). Nicht nur zu den Hofbeamten des Königs gehörte ein Notarius sacri Palatii, welcher die Gesetze[109]) und andere Erlasse des Königs (praecepta) schrieb, oder durch einen Gehülfen schreiben ließ und beglaubigte[110]), sondern auch die Kirchen und Klöster hatten solche unter ihren Geistlichen, die zu kirchlichen Verwaltungsacten und zur Abfassung von Privaturkunden mitwirkten[111]). Außerdem hatte das freie Gewerbe der Tabelliones sich unter diesem Namen und dem gleichgeltenden der Scribae erhalten, welche unter gesetzlicher Anerkennung und Verantwortlichkeit die Partheien bei Abfassung von Rechtsgeschäften durch ihre Rechtskenntniß unterstützten[112]) und Urkunden darüber in römischer Weise abfaßten und beglaubigten[113]). In Verhandlungen der streitigen Gerichtbarkeit verfaßten sie auf Befehl des Richters das Protocoll über das Verfahren und das Urtheil[114]). Auch wo im Verlauf der Ver-

108) Von diesen handeln *Muratori, Antiq.* I. *Diss.* 12. Savigny, R. R. im MA. I. §§ 16. 140. Oesterley, das deutsche Notariat Th. 1. Geschichte (1842). §§ 11. 12.

109) *Ed. Roth.* 388. nisi quod per manus Ansoald Notario nostro scriptum aut recognitum seu requisitum fuerit, qui per nostram iussionem scripsit. *Liutpr. Epilog. Vol.* I. Potoni notario sacri palatii nostri comprehendenda et ordinanda precipimus. Daraus hat ein Abschreiber Protonotarius gemacht, der sonst nirgends vorkommt, und die früheren Herausgeber haben den Epilog mit dieser Lesart zum zweitenmal hinter *Vol.* II. abdrucken lassen.

110) Der Notarius Regis kommt vor in *Troya Nr.* 400. III. *p.* 163. *Nr.* 414. *p.* 251. Das Verfahren in *Troya Nr.* 246. I. *p.* 510. Ex dicto domni regis et ex dictato A. Notarii scripsi ego B. *Nr.* 556. IV. *p.* 113. Ebenso bei den Duces majores *Nr.* 557. dictavi ego E. Referendarius tibi G. Notario scribendum. *Nr.* 558. 583. 586. 596.

111) So z. B. *Troya Nr.* 595. IV. *p.* 228. — G. presbyter una cum P. cler. discipulo eius scribere rogavi. Ex dictato suprascripto G. Magistro meo scripsi ego P. Dieselben in *Nr.* 594. *p.* 226. u. s. w.

112) *Liutpr. c.* 91.

113) S. z. B. die mailändische Urkunde vom J. 742. *Troya Nr.* 549. IV. *p.* 93. wo der Donator sagt: Quam — donationis mee cartulam Protasium Notarium scribere rogavi, und der Notar: Ego Protasius Notarius qui supra scriptor huius cartule donationis post traditum complevi et dedi. Vgl. oben Bd. 3. S. 171 folg.

114) Im Gericht des Königs *Troya Nr.* 405. III. *p.* 189. Ex edicto domini Regis per Posonem Notarium et ex edicto (*l.* dictato) Sigifredi Notarii (*sc.*

handlung Schriftkenntniß nothwendig war, z. B. bei der Verlesung von Urkunden und Gesetzen, waren sie dem Richter zur Hand [115]). Daß sie ihn auch sonst durch ihre Gesetzkenntniß unterstützten, ist nicht zu bezweifeln, und nur daraus ist es erklärlich, wie sich unter langobardischen Obrigkeiten für die Römer die freilich dürftige Anwendung des römischen Rechts erhalten konnte. Gesetzlich nothwendig war übrigens die Zuziehung eines solchen Gerichtsschreibers zur Controle des Richters und Beglaubigung der Verhandlung nicht, da der Beweis darüber auch durch Zeugen geführt werden konnte [116]), und der Notar selbst häufig als Delegirter des Königs zugleich Richter war.

Auch das Amt des Gerichtsboten kennen die langobardischen Gesetze nicht als ein festgeordnetes und technisch bezeichnetes. Der allgemeine Ausdruck missus iudicis [117]), auch wohl preco [118]), wird für ihn gebraucht und beiläufig angedeutet, daß der Richter sich zu polizeilichen oder gerichtlichen Executivhandlungen irgend Eines der ihm unterworfenen Arimannen bedienen könne [119]). In K. Liutprands Zeit scheint der fiscalische Unterbeamte, Actor regis oder publicus [120]),

Regis) *Nr.* 408. *p.* 231. Ex edicto domni Regis, per Senonem illustrem virum, scripsi ego Ioannes Notarius. Der Duces majores *Nr.* 641. IV. *p.* 375. ex iussione suprascriptae potestatis scripsi ego D. Notarius. *Nr.* 779. V. *p.* 170. Quod iudicatum definitionis, ex iussione nominatae potestatis, dictavi ego Gundemarius Referendarius tibi Beato Notario scribendum. Königlicher oder herzoglicher Missi *Nr.* 400. III. *p.* 163. hanc notitiam — S. Notarium regis scribere admonuimus. *Nr.* 414. 602. 623.

115) *Troya Nr.* 407. III. *p.* 216. Von dem königlichen Missus Guntheram, selbst Notarius, heißt es: et insuper lectas epistolas rogatorias de singulis Iudicibus civitatis Senense. *p.* 218. fecimus ipsam inquisitionem et manus de ipsis presbyteris —, sed et epistola Iudicum Senensium civitatis sive Episcoporum ecclesiae Senensis relegere. Wenn in *Nr.* 779. V. *p.* 169. der Herzog von Benevent sagt: iussimus adduci edictum gentis nostrae Langobardorum, so wurde er auch hierin ohne Zweifel durch seinen Referendarius oder Notarius unterstützt.

116) *Ratchis c.* 5.

117) *Liutpr.* 26. *Aistulf.* 16. Derselbe Ausdruck für Privatboten. *Ratchis* 9.

118) *Liutpr.* 85.

119) *Liutpr.* 44. arimanno. Daß die Exercitalen ihrem Dux auch sonst Rechtshülfe zu leisten verpflichtet sind, sagt *Ed. Roth.* 22.

120) *Liutpr.* 42. actor publicus.

auch Publicus schlechthin [121]), dazu gebraucht worden zu sein, und für diese kommt auch der langobardische Namen Scario, Scherge, vor [122]).

Bestimmte Gerichtszeiten und Tage scheint es nicht mehr gegeben zu haben; wenigstens verordnet K. Ratchis, daß alle Richter täglich zu Gericht sitzen, d. h. den Partheien zugänglich sein sollen [123]).

§ 62. Welches war endlich das materielle und formelle Prozeßrecht der Langobarden? [1]) Nach allem bisher Bemerkten dürfen wir erwarten, daß auch darin die altgermanischen Grundsätze sich in größerem Umfang als in den Staaten der Burgunden, West- und Ostgothen erhalten hatten und nur allmählig und im Einzelnen durch römische und christliche Culturideen modificirt worden sind. So vor Allem in Bezug auf die Zulässigkeit der Selbsthülfe.

1) Die Fehde (faida, inimicitia) [2]), d. h. die Rächung

121) Durch den Publicus geschieht die Uebergabe von Grundbesitz *Liutpr.* 148. Die Einweisung der Gläubiger *Liutpr.* 57. Ergreifung des Diebes *c.* 56, entlaufener Sklaven *c.* 144, tumultuirender Weiber *c.* 143. Uebergabe des addicirten Verbrechers *c.* 63. 121.

122) Ueber den Wortsinn s. J. Grimm, RA. S. 466. 883. Als fiscalischen Beamten nennt ihn *Aistulf. c.* 20. Si quis cum curte regis causam habuerit, et evenerit ut pars curtis regis sacramentum deducere debeat, si maior causa fuerit, per sacramentum ove-scarioni cum Actoribus finiatur; si vero minor causa fuerit, Actor de loco cum Actoribus — persolvant sacramentum. Bluhme Note 16 schlägt vor hobe-scarioni zu lesen; vgl. *Index p. h. v. p.* 672. *cf. v.* ho-berus, curtis ruptura. *Ed. Roth.* 278. 373. 380, also Hof-Scherge. Als Instrumentszeuge kommt der abiscaro vor in *Troya Nr.* 662. 687, ein scarion Regis de curte que dicitur Seniano *Nr.* 406, und einfach scario oder scaro *Nr.* 425. 467. 667. Vgl. Pabst S. 495 folg.

123) *Ratchis c.* 1.

1) Für das materielle Prozeßrecht ist besonders zu vergleichen die Schrift von Osenbrüggen, das Strafrecht der Langobarden, Schaffhausen 1863, die es mir möglich macht, darüber kürzer zu sein. Außerdem das classische Buch von Wilda, Strafrecht der Germanen, Halle 1842, welcher das langobardische Recht durchweg berücksichtigt; endlich die allgemeinen Werke über Deutsche Rechtsgeschichte, namentlich Walter, drittes Buch: die Rechtspflege.

2) Nach Wilda S. 191 folg. und J. Grimm, RA. S. 646 bezeichnet Fehde (faida) zunächst die Rache, und insofern kann von einem Fehderecht gesprochen werden; dann aber auch den daraus möglicher

der persönlichen Verletzung durch den Verletzten selbst und seine Familie an dem Verletzer und seinen Angehörigen, welche die Gesetzgebung jener Staaten bereits völlig ausschloß, finden wir hier noch im Gebrauch, wenngleich im Einzelnen beschränkt. Wir haben uns also den Rechtszustand so zu denken, wie er ja auch in Deutschland selbst bis gegen Ende des fünfzehnten Jahrhunderts gedauert hat. In Italien spielte als letzter Rest desselben der Trieb der Privatrache noch in den Kämpfen der Guelfen und Ghibellinen eine große Rolle.

Die langobardischen Gesetze enthalten weder ein allgemeines Verbot der Fehde, noch eine ausdrückliche Zulassung derselben in bestimmten Fällen, sondern nur beschränkende Bestimmungen, woraus geschlossen werden muß, daß wo diese nicht zutreffen, alles was zur Rächung des Unrechtes geschah, straflos war. Insbesondere kommt hier das Verhältniß des Sühngeldes, wodurch die Fehde (inimicitia) beigelegt wird (compositio), zur Fehde selbst in Betracht. Bei Todtschlag, wenn er willenlos war, kann schon nach K. Rothari's Edict, dann nach K. Liutprands Gesetzen nur das Wergeld gefordert werden [3]); im Fall des Mordes findet also noch die Blutrache statt, d. h. die Verwandten des Ermordeten haben die Wahl, ob sie gegen den Mörder klagen oder selbst die That an ihm rächen wollen [4]). Haben sie freilich das Wergeld angenommen und, wie es dann gewöhnlich war, eidlich auf die Fehde verzichtet, so ist der Bruch des geschlossenen Friedens doppelt strafbar [5]). Wegen körperlicher Verletzungen hat K. Rothari die Bußen erhöht, nicht bloß

Weise entstehenden Privatkrieg und den Zustand der Feindschaft (inimicitia), der von Seiten des Verletzers widerrechtlich ist; endlich heißt faida auch die Buße, die zur Abwendung der Fehde gezahlt wird, z. B. in *Ed. Roth.* 387. 74. *Liutpr.* 127. Weniger scharf unterscheidet Osenbrüggen § 2.

3) *Ed. Roth.* 387. *cf.* 15. 138. *Liutpr.* 136. Um so viel mehr bei Tödtung durch ein Thier soll der Eigenthümer nur das Wergeld zahlen. *Ed. Roth.* 326. *cf.* 324. 325.

4) *Liutpr. c.* 119. nennt dieß inimicitiae homicidii. *c.* 135. de mortuo crescat faida.

5) *Ed. Roth.* 143.

um den Verletzten zum Abstand von der Fehde zu bewegen [6]), sondern auch so daß diese gesetzlich wegfallen soll, wenn der Verletzer die Buße zahlt [7]). Daß, wenn er sie verweigerte, die Fehde berechtigt war, ist nicht zu bezweifeln. Auch bei andern Bußbestimmungen der Gesetze wird der Wegfall der Fehde als Zweck derselben bezeichnet [8]).

Ausgeschlossen war die Fehde ferner durch einen besonderen Frieden [9]). Dahin gehört 1) der Königsfriede, unter dem nicht nur des Königs Residenz und Palast [10]), sondern jeder steht, der in öffentlichen Angelegenheiten an des Königs Hof zieht [11]); 2) der Kirchenfriede [12]), womit das Asylrecht, d. i. das Recht der Kirche einen Verbrecher, der sich zu ihr geflüchtet, gegen jede Verfolgung zu schützen und die Sühne zu vermitteln, in Verbindung steht [13]); 3) der Friede öffentlicher Versammlungen [14]); ja 4) selbst der innerhalb einer Stadt [15]) oder eines Dorfes zu beobachtende Friede [16]). Endlich 5) der Friede in Haus und Hof, in welche auch im Fall gerechter Fehde nicht

6) *Ed. Roth.* 74. In omnes istas plagas aut feritas superius scriptas — ideo maiorem compositionem posuimus quam antiqui nostri, ut faida, quod est inimicitia, post acceptam supra scriptam compositionem postponatur et amplius non requiratur, nec dolus teneatur, sed sit sibi causa finita, manente amicitia.

7) *Ed. Roth.* 45. De feritas et compositionis plagarum — per hoc tinorem sicut subter adnexum est componatur, cessante faida, hoc est inimicitia.

8) *Ed. Roth.* 188. componat — propter faidam (*sc. evitandam*). *Liutpr. c.* 119. ut inimicitiae cessent et faidam non habeant. c. 135. melius est ut se vivo componat wirigild suum, quam de mortuo crescat faida inter parentes et compositio maior. *Aistulf. c.* 15. ne pro hac causa scandala vel homicidia surgant.

9) Ueber diese s. Osenbrüggen § 3.

10) *Ed. Roth.* 36—38.

11) *Ed. Roth.* 17. 18.

12) *Ed. Roth.* 35.

13) Osenbrüggen § 4. Die langobardischen Gesetze sprechen nur von flüchtigen Unfreien; daß es aber wie in anderen germanischen Staaten auch für freie Verbrecher galt, ist nach *Ed. Roth. c.* 35. *cit.* nicht zu bezweifeln.

14) *Ed. Roth.* 8. Si quis in consilio vel in quolibet conventu scandalum commiserit, nongentos solidos sit culpabilis regi.

15) *Ed. Roth.* 39. 40.

16) *Ed. Roth.* 19. Si quis pro iniuria sua vindicanda super quemcunque manu armata aut exercitu usque ad quattuor homines in vico intraverit *rel.* c. 279. curtis.

von Außen geschossen oder gewaltsam eingebrochen werden soll[17]) Also auf offener Heerstraße oder im freien Felde soll man seinen Feind aufsuchen und auch hier nicht heimlich oder hinterlistig überfallen[18]). Auch der von der Obrigkeit durch einen Executivbeamten (Publicus) gebotene Friede (treuwa) muß geachtet werden[19]).

Die Fehde findet nur unter freien Leuten statt[20]). Berechtigt und selbst verpflichtet, insbesondere zur Blutrache, sind die nächsten männlichen Verwandten[21]), nicht die Frauen, welche eben deshalb auch das Wergeld nicht fordern können[22]). Ferner wird dieses auch den Römern abgesprochen, weil die ganz in germanischer Volkssitte wurzelnde Blutrache ihnen fremd war[23]). Daß auch an den Verwandten des Todtschlägers Rache genommen werden konnte, wird nirgends erwähnt, und ist um so mehr als abgeschafft zu betrachten, als in einem besonders strafbaren Fall, bei Brudermord, der Sohn des Mörders zur Zahlung des Wergeldes nur bis zum Betrag der Erbschaft verpflichtet wird[24]).

2) Die Pfändung (pigneratio) als Selbsthülfe ist zu doppeltem Zweck gestattet. a) Zur Beitreibung jeder Schuld[25]),

17) *Ed. Roth.* 34. Si quis in curtem alterius irato animo sagittaverit aut lanceam iactaverit. c. 277. Si quis in curtem alienam irato animo ingressus fuerit *rel.* c. 278. Mulier curtis rupturam facere non potest, quod est oberus *rel.* *Liutpr.* c. 143.

18) *Ed. Roth.* 41. Si quis hominem liberum insidiatus fuerit cum virtute (allein) aut cum solatio (mit Hülfe Anderer), videns eum imparatum simpliciter ambulantem aut stantem subito super eum adveniens *rel.* *cf.* c. 14. Si quis homicidium in absconso penetraverit *rel.*

19) *Liutpr.* c. 42.

20) *Ed. Roth.* 74. inter liberos homines. *cf.* c. 45. 19. 249. *Liutpr.* 49.

21) *Ed. Roth.* 162. giebt den filii naturales einen Antheil am Wergeld, um zu verhüten, daß sie nicht Blutrache nehmen. *Liutpr.* 119. 135.

22) *Liutpr.* c. 13. – quia filiae eius, eo quod femineo sexu esse probantur, non possunt ipsam faidam levare. Ideo prospeximus ut ipsam compositionem non recipiant.

23) *Liutpr.* c. 127. *cf.* 13. Si quis Langobardus *rel.* vgl. § 60 Note 76. 80.

24) *Liutpr.* c. 17. — de ipsa substantia homicidae — compositionem dare debet. *cf.* *Ed. Roth.* 163.

25) *Ed. Roth.* 245. *sqq.* Vgl. Siegel, D. Gerichtsverfahren § 5.

später nur einer unleugbaren, d. h. durch Wadia vor zwei oder drei Zeugen und mit Bürgen contrahirten und fälligen Schuld[26]); gegen den Hauptschuldner und seine Bürgen[27]) und den nächsten Erben selbst bei Lebzeiten des Schuldners; nicht gegen Dritte[28]). Nur wer nach ergangenem Aufgebot des Königs zum Heere zieht, ist auch gegen diese Art der Selbsthülfe geschützt[29]). Gepfändet werden dürfen bewegliche Sachen aller Art, Sklaven, Vieh u. A.[30]). Pferde und Schweine in Heerden[31]) und gezähmte Pferde und Rinder sollen nur auf Befehl des Königs[32]), Letztere wenn der Schuldner keine andern Mobilien besitzt, auch mit Erlaubniß des Sculdahis gepfändet werden[33]). Unbedingt ausgenommen sind Grundstücke[34]). Der Gläubiger muß aber zuvor den Schuldner dreimal zur Zahlung auffordern[35]) und dann die gepfändeten Sachen auf seine Gefahr während einer gesetzlich bestimmten Frist aufbewahren, nach deren Ablauf sie ihm für den Betrag der Schuld verfallen sind. K. Rothari bestimmte die Frist zur Einlösung des Pfandes, wenn Gläubiger und Schuldner bis zu hundert Meilen von einander entfernt wohnen, auf 20, für größere Entfernung auf 40 Tage[36]). K. Liutprand mit Rücksicht auf den Wohnsitz Beider in Austrien und Neustrien oder des Einen in dem ent-

S. 35 folg. Sohm, Prozeß der Lex Salica S. 52 folg.

26) K. Rothari spricht von jeder Schuld; erst *Liutpr. c.* 15 beschränkt es auf die unleugbare. *cf. Ratchis c.* 5. *Lomb. Comm.* II. 21. *Liutpr. c.* 41 auf die fällige Schuld. vgl. Siegel cit.

27) *Liutpr. c.* 15—108.

28) *Ed. Roth.* 247. 248. Die Pfändung Dritter wegen Justizverweigerung scheint erst später aufgekommen zu sein, s. *Sicardi Pact. cum Neapolitanis. c.* 8. 17.

29) *Aist. c.* 21.

30) *Ed. Roth.* 245. in his rebus, quas pignerare licitum est. c. 252. servos, ancillas, vaccas, pecoras.

31) *Ed. Roth.* 249.

32) *Ed. Roth.* 250.

33) *Ed. Roth.* 251. *Liutpr. c.* 109. permissum.

34) *Ed. Roth.* 252. casa ordinata tributaria. Osenbrüggen S. 144 versteht darunter „eine zinspflichtige eingerichtete Hütte", die als bewegliche Sache weggenommen, d. h. abgebrochen werden konnte. Allein casa bezeichnet in dieser Zeit einen Bauerhof, und bei dem italienischen Steinbau konnte ohnedieß von Abbrechen zum Pfänden nicht die Rede sein. Nur das Inventar (servos, ancillas, vaccas, pecoras), nicht das Grundstück selbst soll gepfändet werden.

35) *Ed. Roth.* 245. 246.

36) *Ed. Roth.* 252.

fernteren Tuscien auf dreißig oder sechszig Tage und erlaubt dem Gläubiger nach zwölf Tagen das Pfand zu gebrauchen. Ferner gestattet er dem Gläubiger eine mehrmalige Pfändung bis zum doppelten Betrag der Schuld und daneben die Klage [37]). — b) Zum Schutz des Grundeigenthums ist die Pfändung fremder Thiere und Menschen, die auf meinem Felde [38]), von Wagen und Pferden, die in meinem Walde betroffen werden [39]), das Festnehmen (ligare) eines Freien oder eines Sklaven, der sich bei Nacht in mein Haus und Hof eingeschlichen hat, also des Diebstahls verdächtig ist [40]), gestattet. Natürlich auch die Vertheidigung im Besitz gegen einen gewaltsamen Angriff [41]).

Mehr dem Hausgericht als der Selbsthülfe gehört es an, daß der Ehemann die im Ehebruch betroffene Frau mit dem Ehebrecher straflos tödten [42]), sie auch wegen anderer Unkeuschheit züchtigen kann [43]). Unzucht einer Freien strafen die Verwandten, und nur wenn sie es unterlassen der König [44]).

Die richterliche Hülfe wird allen Unterthanen, wie wir gesehen, durch dieselben Gerichte, und eben deshalb nach denselben, dem öffentlichen langobardischen Recht angehörigen Grundsätzen gewährt. Ein Unterschied der Nationalität, zwischen Langobarden und Römern, des Standes, zwischen Laien und Geistlichen, auch der bürgerlichen Communen und kirchlichen Corporationen, wird in dieser Hinsicht nicht gemacht [45]).

In materieller Hinsicht ist das Ziel der richterlichen Hülfe nach germanischer Anschauung nicht sowohl der Schutz des Rechts als die Aufhebung des Unrechts, und diese wird entweder durch eine öffentliche die Person des Thäters treffende Strafe oder durch Zahlung einer Buße bewirkt.

37) *Liutpr.* 108—110.

38) *Ed. Roth.* 343. *sqq. Liutpr.* 86—146.

39) *Liutpr. c.* 82. *cf. Aregis. c.* 11.

40) *Ed. Roth.* 32. 33. 42. *Liutpr.* 111. *cf.* 149.

41) *Ed. Roth.* 29.

42) *Ed. Roth.* 212. *cf.* 206.

43) *Liutpr. c.* 121.

44) *Ed. Roth.* 189. 221. *Liutpr. c.* 24.

45) Die daher entlehnten Argumente beweisen also nicht, daß auch im Privatrecht die Nationalität keinen Unterschied begründete. S. oben § 60.

Die öffentlichen Strafen der langobardischen Gesetze schließen sich in subjectiver und objectiver Hinsicht an das älteste germanische Recht an. In subjectiver, an das in der herzoglichen Gewalt liegende Recht über Leben und Tod der Heergenossen. Nur daraus erklärt es sich, daß die Todesstrafe ein Hoheitsrecht des Königs ist, welches er nach der Volksvorstellung aus göttlicher Eingebung übt[46]). Daher auch die Gesetze, wo sie dieselbe anordnen, sagen: das Leben des Verbrechers stehe in der Hand des Königs[47]). Auch andere Strafen[48]), insbesondere Fesselung[49]) und Züchtigung[50]) verhängt er willkührlich. — Gesetzlich steht die Todesstrafe wie im ältesten Recht auf dem Hochverrath[51]) und Landesverrath[52]), Aufruhr, besonders im Heer[53]), in diesen Fällen mit Confiscation des Vermögens, endlich auf Verbrechen gegen die Sittlichkeit[54]). Neu ist, daß in den schwersten Fällen des Mordes, nehmlich des Verwandtenmordes[55]) und Herrenmordes[56]) außer der Blutrache und dem Wergelde auch vom Könige die

46) Nachdem *Ed. Roth. c.* 1. die Lebensnachstellung gegen den König verpönt hat, sagt *c.* 2. wer auf des Königs Geheiß einen Menschen tödte, d. h. des Königs Todesurtheil vollstrecke, sei straflos, quia — corda regum in manu Dei esse credimus. Nach *Tac. Germ.* 7. verkündeten die Priester dem Herzog den göttlichen Willen. *cf. Ed. Roth. c.* 11. sine regis consilio. Daher auch die Anklage auf Todesstrafe beim Könige angebracht wird. *Ed. Roth.* 9. Si quis qualemcunque hominem ad regem incusaverit, quod animae pertineat periculum *rel.*

47) *Ed. Roth.* 163. — de anima autem illius — sit in potestate regis iudicare quod illi placuerit. *Liutpr. c.* 17 c. 1. 3. 5. 6. 7. 213. animae incurrat periculum. Nur *c.* 13. 211. sagen unbedingt occidatur, was keinen praktischen Unterschied begründet.

48) *Ed. Roth.* 189. Si puella aut mulier libera voluntarie fornicaverit — liceat Gastaldio regis aut Sculdahis ipsam ad manum regis tollere, et iudicare de ipsa quod regi placuerit.

49) *Ed. Roth.* 42. Si quis hominem liberum legaverit absque iussione regis *rel.*

50) *Ed. Roth.* 41. Si quis hominem liberum — battuerit sine iussione regis *rel.*

51) *Ed. Roth.* 1. Lebensnachstellung gegen den König. Nach *Ratchis c.* 12 Erspähung und Verrath königlicher Geheimnisse.

52) *Ed. Roth.* 3—5. *Ratchis* 9. *cf. Aist.* 4.

53) *Ed. Roth.* 6. 7. Auf anderen Aufruhr ausgedehnt durch *Liutpr.* 35.

54) *Ed. Roth.* 211 213. 189. (quod regi placuerit). *Liutpr.* 130.

55) *Ed. Roth.* 163. 203. *Liutpr. c.* 17.

56) *Ed. Roth.* 13.

Todesstrafe verhängt werden kann. Ist der Mörder ein Sklave, so kann sein Herr statt der Zahlung des Wergeldes ihn den Verwandten zur Tödtung hingeben [57]). — Als gesetzliche Leibesstrafe kennt K. Rothari's Edict nur das Handabhauen als Strafe der Fälschung von Münzen oder Urkunden [58]), also zum Schutz des Verkehrslebens, in welches die Langobarden in Italien eingetreten waren. Erst K. Liutprand hat Gefängnißstrafe für den ersten, Decalvation und Brandmarkung für den zweiten, Verkauf als Sklaven in die Fremde für den dritten Diebstahl angeordnet [59]), und die Ruthenstrafe für tumultuirende Weiber [60]). Nach einem Gesetz des K. Ratchis soll diese allgemein an die Stelle der Buße treten im Falle der Insolvenz [61]). Dieß, so wie die Uebergabe des Verbrechers an den Verletzten als Sklaven, die in dieser spätesten Zeit aufkam, erinnert allerdings an die westgothische Criminalgesetzgebung [62]).

Die Buße im weitesten Sinne des Wortes (compositio), durch deren Zahlung in allen andern Fällen das Unrecht gesühnt wird, ist gleichfalls altgermanisches Recht. Wegen Verletzung der öffentlichen Ordnung und des Friedens fällt sie dem Könige zu, und ist entweder in den königlichen Schatz (palatium) auf Betrieb des betreffenden Hofbeamten (stolesaz), oder durch den Gastalden an eine königliche Curtis zu zahlen [63]). In den Fällen des gemischten Unrechts wird sie zwischen dem Könige und dem Verletzten getheilt, ohne daß der königliche Antheil durch einen besonderen Namen (multa, fredus), ausgezeichnet würde [64]). Auch in den Bußsätzen sind altgermanische Principien noch erkennbar; aber nicht nur die Steigerung der-

57) *Ed. Roth.* 142. 370.

58) *Ed. Roth.* 242. 243.

59) *Liutpr. c.* 86.

60) *Liutpr. c.* 141.

61) *Ratchis c.* 2.

62) *Liutpr. c.* 20. 63. 80. 121. *Aist.* 22. *cf. Aregis.* 6. Gegen die Parallele der westgothischen Gesetzgebung, welche Wilda S. 108 hervorhob, bemerkt Osenbrüggen S. 29 mit Recht, daß sie nur in diesen wenigen Fällen zutrifft.

63) Diesen Unterschied bemerkt Pabst, Herzogthum der Langobarden S. 444.

64) Vgl. *Tac. Germ.* 12.

selben, die ausdrücklich bemerkt wird [65]), sondern auch die vielfach willkührlichen Bestimmungen zeigen die Gesetzgebung im Kampf mit der ungebändigten Rohheit des Volks.

Nach der Strafbarkeit der That an sich unterscheiden die Gesetze die schwersten Verbrechen, welche durch Zahlung der hohen Buße von 900 Solidi, an den König oder in gemischten Fällen an diesen und an den Verletzten, gesühnt werden, und leichtere Missethaten (culpa minor), wo geringere Bußen eintreten [66]). Der Ursprung dieser sg. Hochbuße wird dadurch klar, daß die Gesetze sie in mehreren Fällen alternativ mit der Todesstrafe vorschreiben [67]) und daß sie dem verdreifachten höchsten Wergelde gleichkommt [68]); sie ist das Sühngeld, durch welches der Verbrecher sein Leben erkaufen kann. Doch muß sie auch für einen Sklaven, der kein Wergeld hat, gezahlt werden, wenn der Herr nicht vorzieht, dem Verletzten den Sklaven zur Tödtung hinzugeben [69]). Den Servus Regis trifft die Todesstrafe selbst unbedingt, damit der Fiscus durch die hohe Buße nicht belastet werde [70]). Alternativ ist die Hochbuße vorgeschrieben 1) in einem Fall des Landesverraths [71]), 2) wegen

65) *Ed. Roth.* 74. ideo maiorem compositionem posuimus quam antiqui nostri *rel.*

66) *Ed. Roth.* 369. — alias (*sc.* causas) que similes sunt, unde noningenti solidi iudicantur. *c* 371. De alias vero causas, unde liberi et servi — noningentos solidos culpabiles fiunt. *c.* 373. — culpam minorem.

67) *Ed. Roth.* 5. animae suae incurrat periculum, aut componat regi solidos nongentos. *c.* 19. moriatur aut certe componat solidos DCCCC, medietatem regi et medietatem, cui iniuria illata fuerit. *c.* 249. aut moriatur, aut componat solidos DCCCC, medietatem regi et medietatem cui pignus abstulerit.

68) Vgl. *Bluhme L. L. Index v. wergild* II., der auch den von Osenbrüggen S. 15 angenommenen Unterschied von widrigild und wergild widerlegt.

69) *Ed. Roth.* 371. Note 66. — et servi. *Grim. c.* 3. Si servus talem culpam fecerit, unde DCCCC solidi — iudicantur, ut dominus pro servo deberet componere, et hoc amputare iussimus: ut si factum fuerit, nihil aliud componat dominus eius nisi ipsam personam tradat ad occidendum *rel.*

70) *Ed. Roth.* 371. — unde nongenti solidi queruntur — servus regis si fecerit animae suae incurrat periculum, et DCCCC solidi non requirantur a curte regis.

71) *Ed. Roth.* 5. Verbergung oder Speisung feindlicher Spione (scamarrae). Osenbrüggen S. 44.

Racheübung mit Bewaffneten innerhalb des Dorffriedens [72]) und 3) wegen Pfändung der unter dem besondern Schutz des Königs stehenden Pferde- und Schweineheerden [73]). Unbedingt tritt die Hochbuße ein 1) im Fall des Mordes, natürlich neben dem an die Verwandten zu zahlenden Wergeld des Ermordeten [74]), 2) wegen Gewaltthätigkeit gegen einen im Königsfrieden zu Hof Ziehenden [75]), 3) wegen Gewaltthat in öffentlichen Versammlungen [76]), auch 4) merkwürdiger Weise wegen jeder Verletzung des freien Frauen gebührenden Schutzes, von geringeren Beleidigungen [77]) bis zum Todtschlag [78]), und 5) in einigen andern Fällen [79]). — Der behauptete Ursprung der Hochbuße wird auch noch dadurch bestätigt, daß K. Rothari's Edict wegen einiger Verbrechen alternativ die Todesstrafe oder die Zahlung des einfachen Wergeldes des Verbrechers, also je nach seinem Stande 300 oder 150 Solidi, um sich von jener zu lösen, anordnet [80]). Auch wer Jemanden fälschlich auf den Tod anklagt, soll statt der dem Andern gedrohten Todesstrafe, die dem Ankläger eigentlich gebührte, sein Wergeld halb an diesen, halb an den König zahlen [81]). Die Gesetze der spätern Könige haben diese Wergeldsbuße noch in vielen andern verschiedenartigen Fällen vorgeschrieben [82]). Endlich konnte der König schon nach K. Rothari's Edict die Todesstrafe allgemein gegen eine willkührlich von ihm bestimmte Buße erlassen [83]).

72) *Ed. Roth.* 19. 279.
73) *Ed. Roth.* 249. 371.
74) *Ed. Roth.* 14. 369.
75) *Ed. Roth.* 18.
76) *Ed. Roth.* 8.
77) *Ed. Roth.* 369. mundium de libera. 371. de muliere libera, si viam antesteterit, aut iniuriam fecerit. *Aist.* 15. vgl. *Bluhme, Index s. v. horbitaria.*
78) *Ed. Roth.* 186. (Zwang zur Ehe). 191. *Liutpr.* 30. 31. (Entführung). *Roth.* 200. 201. (wegen Todtschlag tritt zu den 900 Solidi das höchste Wergeld von 300). Wenn Frauen sich in ein Handgemenge mischen, so fällt die Hochbuße weg. *Roth.* 378.
79) *Ed. Roth.* 15. (Grabraub). c. 13. (Vertheidigung des Mörders seines Herrn.)
80) *Ed. Roth.* 268. 280.
81) *Ed. Roth.* 9.
82) Das ganze Wergeld oder einen Theil desselben, Osenbrüggen S. 16. „als Entgeld für die verwirkte Persönlichkeit.“
83) *Ed. Roth.* 9. Wenn der Angeklagte des todeswürdigen Verbrechens überführt ist, aut det animam, aut qualiter regi placuerit componat.

Den geringeren Bußsätzen wegen leichterer Missethaten (minor culpa), deren Kataloge in K. Rothari's Edict einen großen Raum einnehmen, liegt ein zwiefaches System, das Duodecimal- und Decimalsystem zum Grunde, ohne daß ein Princip für die Anwendung des Einen und andern zu erkennen wäre [84]). Jenes tritt in den Theilzahlen 3, 6, 9, 12 bis 24, dieses besonders in der Verdoppelung als Buße von 20, 40, 80 Solidi hervor. Damit hängt denn auch der Unterschied von Sachen, wo die Buße 20 Solidi oder mehr und wo sie weniger als 20 beträgt zusammen [85]). Doch finden sich schon in K. Rothari's Edict willkührliche Bußsätze, die weder auf das eine noch auf das andere System zurückgeführt werden können [86]). Auf die einzelnen Fälle einzugehen, gehört nicht zu unserer Aufgabe; nur eine zwiefache Bemerkung ist hier am Ort. Einmal daß ohne Zweifel ursprünglich nach altgermanischem Grundsatz in jedem Rechtsstreit das Unrecht durch eine Buße gestraft wurde, daß aber in der langobardischen Gesetzgebung der Rechtsstreit auch ohne diesen Zusatz in seiner Reinheit vorkommt [87]). Sodann daß, wie in allen andern Volksrechten, bei den Körperverletzungen die Buße nach dem Werth des verletzten oder zerstörten Gliedes abgemessen, und insofern dieses Glied einen wesentlichen Theil des Ganzen repräsentirt, durch einen Theil des Wergeldes gebüßt wird [88]), was den Uebergang zu dem Folgenden bildet.

Denn offenbar ist es nicht sowohl die Strafbarkeit der That an sich, als der Werth des Objectes derselben, welcher

84) Wilda S. 358 folg. 465. Osenbrüggen § 7. S. 24 folg.

85) *Ed. Roth.* 359. bemißt die Zahl der Eideshelfer jenachdem die Sache 20 solidi oder mehr, weniger bis zu 12 beträgt oder geringer ist, was zunächst auf die Buße geht. Ausdrücklich spricht von dieser *Liutpr. c.* 152. — 1) solidi viginti aut supra. — 2) minus de viginti solidos — neque ad sex et duodecim solidos.

86) Z. B. 1, 2, 5, 8, 16. u. s. w. s. *Bluhme Index v. Solidi.*

87) S. unten Note 96.

88) Für ein Auge, die Nase, die Hand, den Fuß die Hälfte. *Ed. Roth.* 48. 49. 62. 68. *cf.* 377. für ein Ohr ein Viertheil *c.* 53. für den Daumen ein Sechstheil des Wergeldes *c.* 63. u. s. w. Auch für Durchprügeln $^1/_2$ *c.* 41, für Fesseln $^2/_3$ *c.* 42.

bei der Tödtung eines freien Menschen an Stelle der Blutrache nach der Vorstellung, daß nur Ein Leben dem andern gleich gilt, als Sühngeld oder Buße (compositio) die Zahlung des nach dem Stande des Getödteten abgemessenen Preises (pretium), des Wergeldes, an seine nächsten Verwandten bestimmt [89]). Ein solches hat deshalb nur der Freie; der Unfreie und Halbfreie zwar auch einen Preis (pretium), der die an seinen Herrn oder Patron zu zahlende Buße bildet, aber dieß ist sein Eigenthumswerth [90]). Da das Wergeld sich nach dem Geburtsstande bestimmt [91]) und alle Langobarden ursprünglich gleich edel waren, so möchte man für sie in der ältesten Zeit auch ein gleiches Wergeld, nur für die Römer ein geringeres annehmen [92]). K. Liutprand, zu dessen Zeit die Römer bereits Exercitalen geworden, bestimmt es mit Berufung auf die bestehende Gewohnheit für die erste Klasse derselben auf 300, für alle andern auf 150 Solidi [93]), verordnet aber dessen Zahlung nur für Tödtung in der Nothwehr; andere Fälle des Todtschlags sollen durch Hingabe des ganzen Vermögens gebüßt werden [94]).

Der Werth des Objectes bestimmt die Buße auch bei Verbrechen gegen das Eigenthum, z. B. bei Diebstahl auf den achtfachen Werth der Sache [95]), bei absichtlicher Zerstörung der-

89) *Ed. Roth.* 141. pretium mortui secundum qualitatem personae. *c.* 11. 12. 377. 387. sicut adpretiatus fuerit. In der langobardischen Gerichtssprache angar-gathungi. *c.* 14. 48. 74. *Bluhme Index h. v.*

90) *Ed. Roth.* 14. si servus aut libertus (*sc. occisus fuerit*) componat ipsum ut adpretiatus fuerit. *cf. c.* 377. Osenbrüggen S. 13 folg.

91) *Ed. Roth. c.* 75. secundum generositatem. *c.* 378. secundum nobilitatem suam. Auch Frauen *c.* 198. secundum nationem suam.

92) S. oben § 59 Note 88. Ob für jene 300, für diese 150 Solidi? s. oben Note 68. *Bluhme, Index v. wergild*, nimmt 100 als die ursprüngliche Zahl an.

93) *Liutpr.* 62. — secundum qualitatem personae: nunc autem statuere previdemus qualiter sit ipsa qualitas consideranda. Consuetudo enim est, ut minima persona *rel.*

94) *Liutpr. c.* 20. 62. *cit.*

95) *Ed. Roth.* 253. *sqq.* de furtis. 329. Osenbrüggen § 46 folg. Rechtsfälle enthalten *Troya, Cod. dipl. Nr.* 757. 763.

selben auf den dreifachen Werth, bei der unabsichtlichen genügt der einfache Ersatz [96]).

Beiläufig sei hier bemerkt, weil wir beim Beweise davon Gebrauch machen werden, daß das langobardische Recht bereits eine ziemlich entwickelte Theorie von Dolus und Culpa hat. Es unterscheidet den bösen, auf das Unrecht gerichteten Willen (asto animo) und den Fall, da ein Mensch zwar durch sein Thun, aber ohne es zu wollen (nolendo), den Schaden bewirkt hat; in jenem Fall tritt Strafe, in diesem einfacher Ersatz ein. Auch dieser nicht, wenn der Andere sich selbst beschädigt hat. Für einen durch Sachen, Thiere u. s. w. entstandenen Schaden haftet nicht unbedingt der Eigenthümer, sondern wer sie in seinem Gewahrsam hatte und zur Obhut verpflichtet war [97]). Es ist dieß wohl nicht auf den Einfluß des römischen Rechts, dessen Feinheiten auch die römischen Notare dieser Zeit nicht verstanden, sondern auf die natürliche Begabung der Langobarden zurückzuführen, welche die Richter in der Discussion (gawarfida) auf diese in der Sache begründeten Unterschiede führte [98]).

Für die Grundanschauung der Germanen vom Recht in seiner Einheit mit Sittlichem und Religiösem sind die in den langobardischen Gesetzen und gerichtlichen Urkunden vorkommenden religiösen Bezüge charakteristisch. So erläßt der König seine Gesetze „im Hinblick auf die Gnade des allmächtigen Gottes" und „dem göttlichen Gesetz gemäß" [99]), und in einer einzelnen Rechtssache, die er selbst entscheiden soll, beschwört er den Beklagten, die Wahrheit zu bekennen, damit er und seine Beisitzer ohne Gefahr der Versündigung urtheilen können [100]);

96) Z. B. bei Brandstiftung *Ed. Roth.* 146. 147. Der einfache Ersatz wird durch Lieferung einer gleichen Sache (res similis) geleistet, wofür ferquido der langobardische Ausdruck ist. *Bluhme, Index h. v.*

97) Näheres bei Osenbrüggen § 12.

98) Ein Beispiel davon giebt *Liutpr. c.* 136. 137.

99) *Ed. Roth. Prolog.* — considerantes Dei omnipotentis gratiam. *Liutpr. Prol.* I. — quae iuxta legem Dei nobis congrua paruerunt.

100) *Troya Nr.* 408. Beil. II.

hier freilich handelte es sich um kirchliche Rechte. Aber ebenso fordert in einem Streit um Freiheit oder Knechtschaft der königliche Missus den Kläger auf, wenn er Zeugen seiner Freilassung habe, diese zu benennen, damit er das Seelenheil seines Königs nicht durch ein ungerechtes Urtheil gefährde [101]).

§ 63. Auch das formelle Prozeßrecht ist für alle Unterthanen dasselbe, nehmlich das langobardische, hat aber bereits, besonders im Beweisrecht, unter dem Einfluß römischer und christlicher Cultur Modificationen erlitten. Die Gesetze geben darüber nur unvollständige Nachricht, und auch die Urkunden füllen nicht alle Lücken aus.

Das Verfahren ist wesentlich dasselbe, es mag einen Civilanspruch oder die Bestrafung eines Verbrechens zum Gegenstand haben, nehmlich in letzterem Fall ist es accusatorisch und nach denselben Beweisgrundsätzen verlaufend [1]). Doch sind auch die königlichen Beamten, namentlich die Gastalden, angewiesen, in Vertretung des öffentlichen Interesses von Amtswegen einzuschreiten [2]). Sowohl der Ankläger, als der Richter kann in Verfolgung des Verbrechers die Hülfe freier Leute (solatia, das Gerüfte) in Anspruch nehmen [3]). Der Anzeiger des Diebstahls wird durch die Buße belohnt [4]).

Unmündige erscheinen vor Gericht mit ihren Verwandten [5]); Frauen werden durch ihren Mundwald, nicht nur in der Ver-

101) *Troya Nr.* 632. Beil. III.

1) *Ed. Roth* 9. Anklage auf Todesstrafe vor dem König mit Eideshelfern und Kampf.

2) Nicht nur wegen der für den König einzuziehenden Bußen, sondern auch zum Behuf der Bestrafung, z. B. *Ed. Roth.* 189. (gegen Unzucht). *Liutpr.* 85. (gegen Zauberei).

3) *Ed. Roth.* 13. — qui illius mortui iniuriam vindicandam denegaverit solacia, siquidem rogatus fuerit, unusquisque componat solidos quinquaginta. c. 22. si quis duci suo ad iustam causam persequendam denegaverit solacia, unusquisque componat regi et duci suo solidos viginti.

4) *Ed. Roth.* 255. Si quis per proditorem, id est per certum indicatorem, furtum invenerit, sibi nonum qui furtum fecit ei restituat.

5) *Liutpr.* 75. Unter den parentes befand sich natürlich auch der Mundwald. Walter, D. RG.

handlung, sondern auch durch Eid und gerichtlichen Zweikampf [6]) und im Unterliegungsfall durch Zahlung der Buße vertreten [7]). Unfreie und Halbfreie in gleicher Weise durch ihren Herrn oder Patron [8]). Als Kläger gegen ihren Herrn oder Patron können sie die behauptete Freiheit nur im Gericht des Königs geltend machen [9]). Der Grundherr ist für den freien Grundholden bei Todtschlag nur in bestimmten Grenzen verantwortlich [10]). Die Führung einer Sache durch einen Bevollmächtigten und Fürsprecher ist Wittwen, Waisen und Rechtsunwissenden mit Urlaub des Richters gestattet [11]). Die städtischen Communen werden durch die ihnen vorgesetzten Beamten vertreten [12]), Kirchen durch ihren Bischof [13]) oder ihren Presbyter [14]), Klöster durch den Abt [15]), der für sich auch andere Bevollmächtigte stellen kann [16]).

Die Klage wird mündlich [17]) bei dem Richter erster Instanz, d. i. in der Regel dem Sculdahis, angebracht, und zwar, wenn der Beklagte nicht schon gegenwärtig ist [18]), mit dem Gesuch, kraft seiner Amtsgewalt denselben vorzuladen (distrin-

§ 514. Note 3. In deren Ermangelung bestellt ihnen das Gericht einen Tutor, *Troya*, *Cod. dipl. Nr.* 940. Die Mündigkeit (legitima aetas) war nach *Ed. Roth.* 155. das vollendete zwölfte, nach *Liutpr.* 117. das achtzehnte Jahr.

6) *Ed. Roth.* 202. *Grim.* 7. *Liutpr.* 93.

7) *Liutpr.* c. 148. Walter cit. § 479. Note 6.

8) *Liutpr.* c. 68. 97. u. s. w.

9) *Ratchis* c. 7. *Troya Nr.* 632. s. Beil. III.

10) *Liutpr.* c. 92.

11) *Ratchis* c. 3. 11. Beispiele *Troya* 791. s. Beil. IV.

12) *Troya Nr.* 340.

13) *Troya Nr.* 400. 408. 414.

14) *Troya Nr.* 592. 602. IV. *p.* 245. *Nr.* 827. V. *p.* 302.

15) *Aistulf.* c. 19. *Troya Nr.* 548. 592. 703. 779.

16) *Troya Nr.* 762. V. *p.* 123. — venerunt in nostra presentia V. et A. monachi monasterii S. Mariae, qui per concessum Halani abbatis sui causam monasterii peragebant. *cf. Nr.* 756. *p.* 109. Ioannes monachus. *Nr.* 602. IV. *p.* 241. Undemius s. Beil. I.

17) *Troya Nr.* 400. III. *p.* 160. ibique veniens ad nos beatissimus in L. episcopus huius Aretinae civitatis ecclesiae et suggessit nobis. *Nr.* 779. V. *p.* 167. — in curte nostra quae vocatur M. ubi vivens M. venerabilis Abbas — et suggessit nobis.

18) In den meisten Urkunden erscheinen die Partheien von vorn herein beide vor dem Richter, namentlich in dessen ordentlicher Gerichtssitzung, z. B. *Troya Nr.* 407. 791. u. a.

gere). Wenn der Sculdahis damit, abgesehen von Abwesenheit oder Krankheit des Beklagten, vier Tage zögert, so zahlt er dem Kläger und seinem vorgesetzten Dux eine Buße von sechs Solidi [19]). Wohnt der Beklagte in einer andern Sculdasia, so geht der Kläger mit einem Boten oder Brief seines Sculdahis an den dortigen Sculdahis, der die Ladung in derselben Frist erlassen muß [20]). Uebersteigt die Sache die Competenz des Sculdahis, so soll er beide Theile binnen sechs Tagen an den Dux weisen, der binnen gleicher Frist die Sache entscheiden oder, wenn auch er nicht competent ist, binnen zwölf Tagen die Sache dem Könige überweisen soll. Für die Versäumniß dieser Frist zahlt der Dux eine höhere Buße an den Kläger und an den König [21]). Ob diese richterliche Ladung [22]) ursprüngliches langobardisches Recht, oder wie bei den Franken erst später an die Stelle der Privatladung getreten ist, wissen wir nicht.

Sind beide Partheien vor Gericht gegenwärtig, so wird die Sache in mündlichen Wechselreden der Partheien, Wiederholung und Begründung der Klage, Antwort des Beklagten, Replik, Duplik u. s. w. verhandelt [23]). Doch kann auch der Richter zur Aufklärung der Sache Fragen an sie thun (inquirere) [24]). Ist Beweis nothwendig, so wird dieser durch ein Beweisurtheil dem einen oder dem andern Theil auferlegt.

19) *Liutpr.* c. 25. Woraus Pabst S. 440 schließt, daß der Dux den Bann(?) gehabt, weiß ich nicht.

20) *Liutpr.* c. 26.

21) *Liutpr.* c. 15. 26.

22) *Troya Nr.* 400. *a.* 714. III. *p.* 160. Hoc audito fecimus suprascriptum Adeodatum una cum Taiperto Gastaldio Senensis civitatis in nostram venire presentiam, quatenus cum iam dictus(*o*) L. episeopus(*o*) Aretine civitatis de praedictis ecclesiis causam dicere deberet. *Nr.* 632. IV. *p.* 354. Et fecimus ipso Totune venire in ante nus estum Luciune iudicium avendum. *Nr.* 779. V. *p.* 167. Nos quippe dum talia audissemus, continuo iussimus ante nostra vestigia ipsos homines *rel.*

23) S. Beil. IV. Ferner *Troya Nr.* 407. 408. 414. 548. 592. 641. 703. 756. 763. 827.

24) In Beil. III. und *Troya Nr.* 779. kommt der Richter Unfreien durch diese Fragen zu Hülfe; in *Nr.* 940. war der fragende Bischof selbst beschuldigt; in *Nr.* 763. V. *p.* 124. *sq.* thun die Richter zur Aufklärung der Sache nöthige Fragen.

Ueber das Beweisrecht stellt K. Rothari's Edict den allgemeinen Grundsatz auf, daß der Beklagte, wenn er die der Klage zum Grund liegende Beschuldigung leugnet, sich durch Eid rechtfertigen (idoneare) oder reinigen (purificare) kann[25]. Dieser Eid muß aber mit einer nach der Größe der Sache bestimmten Zahl von Eideshelfern (aidi, sacramentales), von denen der Kläger die eine Hälfte aus den nächsten Verwandten des Beklagten, die andere der Beklagte, ihn selbst mit einbegriffen, wählt, geschworen werden[26]. Zur Ableistung des Eides wird dem Beklagten, der sich förmlich und mit Bürgen dazu verpflichten muß, über zwölf Nächte Frist gegeben, wegen gerechter Verhinderung diese Frist auch erneuert[27]. Des Beklagten oder eines der Eideshelfer Ausbleiben in dem Termin oder Verweigerung des Eides (sacramentum ruptum) macht Jenen sachfällig[28], ebenso das Ausbleiben des Klägers diesen[29].

25) *Ed. Roth.* 364. Si pro quacunque culpa (*al.* causa aut culpa) homo pulsatus fuerit ab alio et negaverit, liceat ei se ideonare secundum legem et secundum qualitatem causae. Si autem manifestaverit se fecisse, componat —; nam nulli liceat, postquam prius manifestaverit, postea per sacramentum negare quod non sit culpabilis, postquam se ipsum culpabilem adsignavit. Die spätere Lesart causa aut culpa bezeichnet den Fortschritt der Rechtsentwickelung, da nicht mehr jede Sache auf Schuld gegründet wurde. Für purificare s. *c.* 179. 195. *sq.* 198 u. s. w.

26) *Ed. Roth.* 359. (*de sacramentis*) Si qualiscunque causa inter homines liberos evenerit, et sacramentum dandum fuerit, si usque ad viginti solidos fuerit causa ipsa aut amplius, ad evangelia sancta iuret cum XII. aidis suis, id est sacramentalibus: ita ut sex illi nominentur ab illo qui pulsat, et septimus sit ille qui pulsatur, et quinque quales voluerit liberos, ut sint duodecim. Quodsi minor fuerit causa de viginti solidis usque ad duodecim, sibi sextus iuret ad arma sacrata; tres ei nominet qui pulsat, et duos liberos sibi eligat quales voluerit qui pulsatur, et sextus sit ipse. Et si minor sit causa de duodecim solidis, sibi tertius iuret ad arma; unum ei nominet, et alium sibi querat, et tertius sit ipse. — Ueber ad evangelia und ad arma s. Walter § 660. *c.* 360. — proximiores sacramentales qui nascendo sunt debet nominare. *c.* 362. — de proximis legitimis, aut de natis, aut de gamahalis, id est confabulatis, *cf. Bluhme Index v. gamahali.* *Aregis c.* 1. gestattet einem Armen, der keine Verwandten hat, allein zu schwören.

27) *Ed. Roth.* 361. 362.

28) *Ed. Roth.* 363. — *Liutpr.* 61. gestattet dem Beklagten an Stelle eines den Eid verweigernden Eideshelfers ein anderen zu suchen.

29) *Ed. Roth.* 361. Et e con-

Wenn aber der Beklagte sich zum Eid erbietet, kann der Kläger auf Gottesurtheil durch gerichtlichen Zweikampf (pugna) antragen [30]), oder der Beklagte, der vielleicht die nöthige Zahl von Eideshelfern nicht findet, sich dazu erbieten, dessen Ausgang als Beweis (probatio) für den Einen oder andern entscheidet [31]). Auch der wirklich abgeleistete Eid kann noch angefochten und der Meineid im gerichtlichen Zweikampf erwiesen werden [32]). Eine Ausartung des alten Instituts war es schon, daß gemiethete Kämpfer zugelassen wurden [33]); auch fand man es nöthig, eine Untersuchuug vorausgehen zu lassen, ob der Kämpfer sich nicht durch Zauberkräuter den Sieg verschaffe [34]). So war der Glaube an das Gottesurtheil schon durch einen Aberglauben andrer Art im Volk erschüttert, und die Aufklärung setzte das Institut bei den Gebildeten in Ungunst. Dieß zeigt sich in der Ausschließung desselben in gewissen Fällen [35]) und in der Forderung eines Gefährdeeides von dem, der darauf anträgt [36]). K. Liutprand sagt geradezu, das Gottesurtheil sei ihm zweifelhaft, weil er die Erfahrung gemacht, daß Viele ihre

trario, si ille qui wadia suscepit dilataverit sacramentum audire *rel.*

30) *Liutpr. c.* 121. — habeat licentiam ipse qui compellat aut ad pugnam aut ad sacramentum ipsum hominem quaerere qualiter voluerit. *Ed. Roth.* 9. liceat ei qui accusatus fuerit cum sacramentalibus satisfacere et se idoneare. Etsi — adest homo in presentia qui crimen (*im*)mittit, liceat ei (*sc. qui accusatus fuerit*) per camfionem, id est per pugnam, crimen ipsum super se, si potuerit, eiicere. Hiernach konnte auch der Beklagte auf Gottesurtheil provociren. Nur dieses läßt zu *Roth.* 198. 381. Die meisten Stellen reden unbestimmt, z. B. *Ed. Roth.* 202. 213. per sacramentum aut per camfionem se purificare. *Liutpr.* 11. *Troya Nr.* 340. per pugnam aut per sacramentum.

31) *Ed. Roth.* 9. *cit.* et si ei probatum fuerit. — Et si probare non potuerit und öfter.

32) *Liutpr. c.* 144. bestimmt, daß der des Meineids Ueberführte die Sache an den Gegner verlieren und sein halbes Wergeld als Buße diesem zahlen soll. Daß die Ueberführung nur durch Kampf geschehen kann, *Adelchis c.* 6.

33) *Liutpr. c.* 118. ad camfionem ipsius, quem conductum habuit.

34) *Ed. Roth.* 368. de camfionibus.

35) *Ed. Roth.* 164. — quia grave et impium videtur esse, ut talis causa sub uno scuto per pugnam dimittatur. *c.* 165. 166. *Liutpr. c.* 72. — per pugnam non fatigetur.

36) *Liutpr. c.* 72.

gerechte Sache im gerichtlichen Zweikampf verloren hätten; aber weil dieser in der Gewohnheit der Langobarden zu tief gewurzelt sei, könne er ihn nicht verbieten [37]). Der Kesselfang kommt nur bei Sklaven vor, wenn der Herr nicht für ihn schwören oder kämpfen wollte [38]).

Von der andern Seite sind diese förmlichen Beweismittel durch den wirklichen Beweis mittelst Zeugen und Urkunden bereits erheblich eingeschränkt. Zwar daß das Gerichtszeugniß den Eid ausschließt, war gewiß uraltes Recht auch bei den Langobarden [39]). Aber die Stelle des Gerichts vertritt nach den langobardischen Gesetzen bei förmlichen Rechtsgeschäften die Gegenwart von freien Leuten, deren eidliches und durch den Eid der Producenten bekräftigtes Zeugniß vollständigen Beweis macht und den Eid des Beklagten ausschließt [40]). Auch das Nachbarzeugniß über gemeinkundige Thatsachen wird zugelassen [41]) und

37) *Liutpr.* c. 118.

38) *Liutpr.* 50. Daß ein Servus der Königin Gundoberga nach *Paul. Diac.* IV. 49. zum Kampf mit dem Ankläger wegen Ehebruch zugelassen wurde, war etwas Außerordentliches.

39) *Ratchis* c. 5. Si quis admodum in praesentia regis vel iudicis qualicunque modo wadia dederit, et postea negare voluerit, — non habeat licentiam iurare — nisi qualiter iudex qui iudicavit se rememoraverit. *Aist.* c. 16. et fuerint inter Missus regis vel Pontifices seu Iudices.

40) *Ed. Roth.* 172. Si quis res suas alii thingare voluerit, non absconse sed ante liberos homines ipsum gairethinx faciat, quatenus qui thingat et qui gisel fuerit liberi sint, ut nulla in posterum oriatur intentio. *Liutpr.* c. 8. Si qualiscunque causa inter conlibertos aut parentes convenerit aut acta fuerit, et homines boni tres aut quattuor interfuerint, non reprobetur postea ipsa causa, nisi eorum testimonio ambae partes credant qui fuerint inter. Pro cuius autem causa testes illi testimonium reddiderint, ipse homo causatori suo per sacramentum satisfaciat. *c.* 15. Quicunque homo sub regni nostri dicione cuicunque amodo wadia dederit et fideiussorem posuerit, in praesentia duorum vel trium testium, quorum fides admittitur, in omnibus complere debet — si in praesentia duorum vel trium testium stipulatio ipsa facta fuerit eorum testimonio, ut sacramentum inter dantes et accipientes minime proveniat, credatur. *c.* 133. — ut causa ipsa non veniat ad periurium. *Ratchis c.* 5. *cit.* liberi homines. *Aist. c.* 16. — aut tales homines tres, quorum fides admittitur. Solche Zeugen für die geschehene Uebergabe des Bauerhofes an das Kloster Farfa in *Troya Nr.* 757. V. *p.* 111 und *Nr.* 763. *p.* 125.

41) *Troya Nr.* 632. Beil. III

bei Fragen, welche nur dadurch ermittelt werden können, z. B. beim Grenzstreit, eine Befragung der Nachbarn von Amtswegen (inquisitio) vorgenommen. Die Bekräftigung ihres Zeugnisses durch ihren Eid und durch den des Klägers ist auch hier nothwendig [42]). Wegen Ableistung dieser Eide in einem spätern Termin wird Bürgschaft bestellt und durch die Verweigerung wird der Kläger sachfällig [43]).

Die zahlreichen öffentlichen Schreiber (scribae publici, notarii) [44]) und der häufige Gebrauch der durch sie verfaßten **Urkunden**, welchen die Langobarden von den Römern in Italien überkommen hatten, mußten gleichfalls die Anwendung jener förmlichen Beweismittel einschränken. Nicht nur eigentlich öffentliche Urkunden, z. B. ein schriftlich ausgefertigter Befehl (praeceptum) oder ein Urtheil (iudicatum) des Königs [45])

et iudicavi ei ut ostenderet per liveris homenis qualiter diceret cot fecet istum per trigenta annus pro bona volontas nam non per pertinentiam. set dixet cot minime potere. Et pro anima domni regis salvandum dixi ut diceret quales homenis eius libertate savere ego illos per me diligenter inquirere *rel.*

42) Beil. I. und II. *Troya Nr.* 340. Grenzstreit zwischen Placentia und Parma: per porcarios et per sensores homines cognovimus. *Nr.* 548. per gentes in eodem loco cognoverint. *Nr.* 610. Grenzstreit des Klosters Bobbio: Ideo accedentes inibi Missi nostri — inquirentes per Silvanos nostros — veritatem — Silvani nostri, id est O. et P., firmaverunt in suprascriptorum presentia. Im Fall der Beil. II. ist merkwürdig, daß der Bischof von Arezzo als Kläger zur Bekräftigung der Inquisitio mit sechs Eideshelfern schwört.

43) So in Beil. II. *Nr.* 4 und 8.

44) *Liutpr. c.* 22. 29. 91. 117. *Ratchis c.* 8. *Adelchis c.* 8.

45) *Troya Nr.* 340. III. *p.* 533. (Grenzstreit zwischen Placentia und Parma vor K. Berthari) praevidimus Missos nostros — apud ipso loco dirigere ut cognoscerent rei veritate(*m*): et de otilit (*detulit*) pars Placentina iudicatum bon. me. Arioldi regis, ubi legebatur, quod pro ipsius tempore causa finita fuisset — ; et cognoverunt omnia rei veritate qualiter ipso iudicatum designabat. Nos vero volueramus, si aliter cognovissent, ut per pugna(*m*) aut per sacramentum in tempore domus nostrae civitates determinarent — *p.* 536. nos cum iudicibus nostris decrevimus, ut iudicata (et) praecepta (*a*) praedecessoribns nostris regibus (*emissa*?) a nobis roborari inconvulsa debeant. *Nr.* 548. IV. *p.* 87. (von dem Herzog von Benevent) praecepta nostrae liberalitatis. *p.* 88. iudicatum — fecimus relegi praeceptum et indictum (*l.* iudicatum) — praeceptum et chartulas libertatis. *p.* 89. praeceptum, ut si haberent char-

oder Schreiben (epistolae) und Berichte (breve) der Beamten[46]), endlich gerichtliche Protokolle (notitia), sondern auch von jenen öffentlichen Schreibern verfaßte und von ihnen oder von tüchtigen Zeugen unterschriebene Urkunden über Privatgeschäfte (chartulae, volumina)[47]), als Freilassungen[48]), Verkäufe[49]), Eheverträge[50]), Erbverträge und Testamente[51]) u. s. w.[52]), wenn der Kläger solche im Original producirt, und der Richter sie für ächt erkennt[53]), schließen den Eid des Beklagten und das Gottesurtheil aus[54]). Doch kann, wie beim Zeugenbeweis, den Producenten zu ihrer Bekräftigung noch ein Eid auferlegt werden[55]). Daß der Notar und die Instrumentszeugen schwören mußten, finde ich nicht.

Diese allgemeinen Grundsätze über den Beweis gestalten sich zum Theil eigenthümlich in Anwendung auf verschiedene Rechtssachen.

1) Wegen Verbrechen und Vergehen kommen die

tulas in eorum praesentiam adducerent — ; illi vero neque chartulas Wandulphi neque praecepta ostendere potuerunt. In *Nr.* 602. Beil. I. unter Nr. 3. berufen die Partheien sich auf praecepta des Königs und des Herzogs von Spoleto. Ebenso in *Nr.* 677.

46) In Beil. II. *Troya Nr.* 467. die epistolae rogatoriae der Judices Senenses.

47) *Ratchis c.* 8. si — a scriba publico scripta vel a testibus idoneis roborata fuerit — sacramentum exinde non procedat. *Liutpr. c.* 7. — per scriptum a testibus roboratum — ; ut in futuro pro hac causa periurium non incurrat. In *Troya Nr.* 641. wird einer solchen von Notar und Zeugen unterschriebenen Urkunde unbedingte Beweiskraft gegen eine andere eingeräumt.

48) *Ed. Roth.* 224. *fin.* Haec sunt quattuor genera manumissionum. Tamen necesse est propter futuri temporis memoriam, ut qualiter liberum aut liberam thingaverit, ipsa manumissio in cartola manumissionis memoretur ; et si cartolam non fecerit tamen libertas ei permaneat.

49) *Ed. Roth.* 227. *Liutpr.* 22. 29. 115. 116. 149. *Ratchis* 8.

50) *Ed. Liutpr.* 7. 117.

51) *Aist.* 12. *Troya. Nr.* 641. 791.

52) *Liutpr.* 102. cartula convenientiae.

53) Beil. IV. *Troya. Nr.* 791.

54) S. Note 45. 47. *Adelchis c.* 7.

55) *Troya Nr.* 340. (K. Bertharit) tractantes cum iudicibus nostris utile nobis visum fuit, ut per sacramentum pars Placentina ipsum iudicatum (*sc. regis Arioldi*) firmaret, quod nulla fraus facta fuisset in ipsum iudicatum ; — tamen pro amputanda intentione ipse sacramentus datus a parte Placentina *rel. Nr.* 641. 677. 703.

förmlichen Beweismittel des Reinigungseides und des gerichtlichen Zweikampfs regelmäßig zur Anwendung, es mag auf Strafe [56]) oder nur auf Buße geklagt werden [57]). Ohne Zweifel auch bei der reinen Schadensklage auf einfachen Ersatz, wenigstens der Reinigungseid [58]). Die Bestimmung des spätern langobardischen Rechts, daß, wenn der Richter von der behaupteten Verwundung des Klägers sich durch den Augenschein überzeugt, dieser den Thäter durch seinen Eid feststellen kann, beruht gleichfalls auf allgemeinen Grundsätzen [59]).

2) Auch bei der Schuldklage kann der Schuldner und sein Erbe die Schuld mit der nach dem Betrage der Schuld bestimmten Zahl von Eideshelfern abschwören oder durch gerichtlichen Zweikampf sich liberiren [60]). Dieß gilt auch wenn der Gläubiger behauptet, die Schuld sei förmlich mit Bürgschaft contrahirt (wadia) und der Schuldner eben dieß leugnet; doch soll nur er und nicht der Bürge zu schwören verpflichtet sein [61]). Nur wenn bei Contrahirung der Schuld durch Wadia zwei oder drei tüchtige Zeugen zugegen waren und der Gläubiger mit diesen zu schwören bereit ist, wird der Beklagte nicht zum Eide gelassen [62]). Wegen einer solchen unleugbaren Schuld hat der Gläubiger auch das Pfändungsrecht [63]). Die Beweiskraft der Cautio über den Erfolg des Darlehns wird von K. Liutprand davon abhängig gemacht, daß binnen fünf, zehn und zwanzig Jahren geklagt oder die Cautio erneuert worden, eine Bestimmung, die offenbar aus jenem in Justinians Sammlung nicht aufgenommenen Gesetz des K. Honorius geflossen ist, dessen Gebrauch sich also mit dem Theodosischen Codex trotz Justinians Sanctio Pragmatica in Italien erhalten haben muß [64]).

56) *Ed. Roth.* 9.

57) *Ed. Roth.* 364. Si pro quacunque culpa *rel. Liutpr.* 11. 121.

58) S. oben § 61 Note 96.

59) *Adelchis* 2. vgl. oben § 19 Note 4.

60) *Ed. Roth.* 365. — ut praebeat filius sacramentum secundum qualitatem (= quantitatem) pecuniae unde pulsatur, quod pater ipsius ei debitor non fuisset, aut per pugnam defendat, si potuerit.

61) *Ed. Roth.* 366.

62) *Liutpr. c.* 8. 15. *Ratchis* 5.

63) S. oben § 62 Note 26.

64) *Liutpr. c.* 16. *cf. L. un. C. Th. si certum petatur* (22, 7).

3) Bei der Klage um eine bewegliche Sache werden die beiden Fälle unterschieden, daß sie dem Besitzer ohne seinen Willen abhanden gekommen, oder daß er sie einem Andern anvertraut hat. Im ersten Fall klagt er gegen jeden Dritten, bei dem er sie findet und für die seinige erkennt (cognoscit)[65]. Dieser kann dann schwören, daß er weder der Dieb noch Diebsgenosse sei, sondern die Sache redlich gekauft habe, seinen Auctor aber nicht namhaft machen könne, diesen auch anzeigen wolle, wenn er ihn je finden sollte. Nach Ableistung dieses Eides giebt er die Sache ohne Buße, aber auch ohne Erstattung des gezahlten Kaufgeldes, an den Kläger heraus. Ein Beweis wird von diesem nicht verlangt, ihm aber das Eigenthum nicht zugesprochen; denn wenn es sich zeigt, daß er die Sache ohne Recht vindicirt hat, so muß er sie dem Dritten, der sein Recht erweist, mit der Diebstahlsbuße, d. i. dem achtfachen Werth, herausgeben[66]. Ein Gesetz K. Liutprands hat dieß dahin abgeändert, daß der Beklagte, nur wenn er die Sache auf offenem Markt in Gegenwart von zwei oder drei Leuten gekauft hat, durch deren Zeugniß sich reinigen könne. Kann er dieß nicht, so muß er als präsumtiver Dieb den Diebstahl neunfach, d. h. durch Herausgabe der Sache und ihres achtfachen Werthes büßen[67]. Macht der Beklagte seinen Auctor namhaft, so

S. oben Bd. 3. S. 287. Savigny scheint dieß entgangen zu sein.

65) *Ed. Roth.* 342. et dominus proprius eum cognoverit. 343. dominus qui eum cognoscat. *Liutpr. c.* 79.

66) *Ed. Roth.* 232. Si quis cavallum emerit et auctorem ignoraverit, et venerit certus homo, qui ipsum cavallum suum dicat: tunc ille qui emerit — si auctorem non habuerit, nec scit de quo comparasset, praebeat sacramentum emptor, quia nec fur sit nec collega furoni, nisi simpliciter cum pretio suo comparasset; et insuper addat in ipso sacramento, si quoquo tempore auctorem invenerit, non negare. Tunc post praestitum sacramentum reddat cavallum, et sit sibi contentus. Ille autem qui se proprium dominum dicit esse, sub tali titulo eum tollat, ut si cognitum fuerit quod malo ordine vindicasset, et alter certus auctor venerit qui suum fecerit, ipse cavallus sibi nonus ei reddatur.

67) *Liutpr.* 79. Daß des K. Rothari's Edict in dieser Hinsicht aufgehoben ist, ergeben die Schlußworte: nisi simpliciter dixerit, quod comparavi de Franco, aut nescio de quali homine, componat ipsum cavallum pro furto. *cf. Sicardi* pactio 15.

muß er sich mit dem Kläger zu diesem hinbegeben. Wenn dieser dann sein Recht an der Sache (durch originären Erwerb) nicht beweisen kann, aber seine Unschuld beschwört, so muß er dem Kläger die Sache herausgeben und dem Beklagten den Kaufpreis zurückzahlen [68]). Wer von einem Sklaven gekauft hat, muß die Sache dem Kläger herausgeben und verliert den gezahlten Kaufpreis [69]). Die gefundene Sache muß der Finder dem Richter oder der Gemeindeversammlung anzeigen, sonst muß er sie dem Eigenthümer mit der Diebesbuße herausgeben [70]). Sehr merkwürdig ist, daß auch bei beweglichen Sachen der Besitz von fünf Jahren den Beklagten überall berechtigt, sein Recht an der Sache durch Eid oder Kampf zu erhärten [71]). — In dem zweiten Fall, wenn der Besitzer die Sache einem Andern anvertraut hat, so kann er nur gegen diesen klagen auf Restitution der Sache oder ihres Werthes. Ist sie diesem entwendet, so hat er die Klage gegen den dritten Besitzer und verlangt von diesem, wenn er sich vom Verdacht der Entwendung nicht reinigen kann, die Sache mit dem achtfachen Werth derselben als Buße. Als Grund dieser Anordnung wird angegeben, daß der Dieb nicht von Zweien, also doppelt verfolgt werden dürfe [72]).

68) *Ed. Roth.* 231. Si quis comparaverit ancillam alienam, et postea venerit alter homo qui eam suam dicat esse, revertant pariter ad auctorem. Tunc auctor, si vindicare non potuerit, praebeat sacramentum, quod conscius non sit fraudi, nec ullo colludio fecisset; reddat pretium tantum, quantum in die illa quando eam tradidit accepit, et ancilla ipsa proprio domino restituatur (und zwar mit dem von ihr geborenen Kinde). Wenn der Auctor ohne Erben gestorben und sein Vermögen dem Fiscus zugefallen ist, und der Beklagte dieß beschwört, so fällt jede repetitio weg. Für Diebesschuld gilt auch, wenn der Auctor wissentlich eine fremde Sache verkauft hat. *Ed. Roth.* 229. Bei dem Kauf wurde regelmäßig die Dupla stipulirt, s. oben § 60 Note 81. Ueber die Evictionsleistung bei Schenkung s. *Liutpr.* 43.

69) *Ed. Roth.* 233.

70) *Ed. Roth.* 260—343. *cf.* 16. Wenn er sie für die seinige hielt, so soll er dies beschwören. *c.* 242.

71) *Ed. Roth.* 228. stellt diese Regel allgemein für bewegliche und unbewegliche Sachen auf.

72) *Liutpr.* 131. Wenn ein entlaufener Sklave die Sachen seines Herrn ausleiht, so kann sie jener als ihm entwendet verfolgen. *Ed. Roth.* 262.

4) Auch die Klage um Grundeigenthum gegen einen Dritten wird darauf gegründet, daß der Beklagte den Besitz widerrechtlich ergriffen habe (malo ordine possidere)[73]), was je nach dem Grad der Friedensstörung mit zwanzig oder sechs Solidi gebüßt wird[74]). K. Liutprands Gesetzgebung kennt aber auch eine schlichte Klage, wo der sachfällige Beklagte nur die Sache mit den nach erhobener Klage gezogenen Früchten ohne Buße herausgiebt[75]). Ferner ist auch der Fall berücksichtigt, daß der Kläger die Rückgabe eines dem Beklagten nur zum Genuß überlassenen Grundstücks fordert, dieser Kauf behauptet[76]). In allen diesen Fällen kam es schon deshalb seltener zum Eide des Beklagten oder zum gerichtlichen Zweikampf, weil der Erwerb des Grundbesitzes in der Regel statt durch gerichtliche Auflassung, welche die langobardischen Gesetze nicht mehr kennen, vor Zeugen oder mittelst einer notariellen Urkunde geschah, deren Production von Seiten des Klägers oder des Beklagten jene formellen Beweismittel ausschloß[77]). Der Gebrauch derselben war aber auch dadurch beschränkt, daß nicht der momentane, sondern nur ein fünfjähriger Besitz dem Beklagten die Befugniß zur eidlichen Erhärtung seines Rechts durch Eid

73) *Ed. Roth.* 228. Si quis alium de re mobili aut immobili pulsaverit, quod malo ordine possideat.

74) Wifare hieß die symbolische Besitzergreifung. s. *Bluhme, Index h. v.* Osenbrüggen § 54. Gewaltsam mit Hülfe anderer soll es nach *Liutpr. c.* 134. mit 20 Solidi; sonst nach *c.* 148 und *Ed. Roth.* 355 mit 6 Solidi gebüßt werden. In *Troya Nr.* 757 wird die Buße auf 20 Solidi bestimmt.

75) *Liutpr.* 90

76) *Ed. Roth.* 227.

77) Durch die Zeugen der Uebergabe führt das Kloster Farfa als Kläger den Beweis in *Troya. Nr.* 763. V. *p.* 124. *sq.* Daß die Urkunden unter allen Umständen entscheiden sagt *Liutpr. c.* 116. Daher es in den spätern Formeln so oft heißt: mea propria ipsa terra est, ecce carta. Ferner *Ed. Roth.* 227. *cit.* (der Kläger) — ostendat libellum scriptum ubi rogatus fuisset praestandi. Et si libellum non habuerit, nihil aliud faciat emptor (der Beklagte), nisi praebeat sacramentum secundum qualitatem (= *quantitatem*) pecuniae, quod cum pretio suo res ipsas comparasset *rel.* Auch die Zahlung des Launigild als Bedingung der Schenkung *Ed. Roth.* 175. und des Kaufpreises konnte der Beklagte beschwören oder durch das Kaufinstrument beweisen *Ratchis* 8. Den Gegenbeweis der carta falsa läßt zu *Liutpr. c.* 115.

und Kampf gewähren sollte [78]). Es erinnert dieß an den Besitz von Jahr und Tag, der nach dem Sächsischen Landrecht den Vorzug im Beweis begründet [79]). Woher aber die fünfjährige Frist rührt, steht dahin. Aus dem römischen Recht ist die dreißigjährige Besitzzeit entlehnt, welche nach K. Grimoalds Gesetz zum Eide berechtigen, aber die Verpflichtung zur Uebernahme des Zweikampfs [80]) und nach K. Liutprands Verordnung selbst den Urkundenbeweis des Klägers ausschließen soll [81]). Unter Brüdern und Miterben [82]) und unter Kirchen und Klöstern ist die Frist auf vierzig Jahre erstreckt worden [83]); gegen den königlichen Fiscus auf sechzig Jahre [84]). Wenn der Beklagte sich auf seinen Auctor beruft, so ist dieser zur Uebernahme der Vertheidigung unter denselben Bedingungen verpflichtet, und wenn er sie nicht durchführen kann, so muß das Grundstück an den Kläger auch ohne Beweis seines Rechts herausgegeben werden; der Auctor aber ist verpflichtet, dem Beklagten (außer dem Kaufpreis) auch die auf das Grundstück verwandten Kosten zu ersetzen [85]). Vom Kläger werden die Kosten eines auf seinem Grundstück errichteten Gebäudes dem Beklagten nicht ersetzt, er mußte sich vorsehen [86]); die Culturkosten eines ländlichen Grundstücks nur dann nicht, wenn er, der Beklagte, in mala fide war [87]). Die Früchte muß dieser doppelt herausgeben [88]) und alle Beschädigungen ersetzen [89]). So ausgebildet war auch auf diesem Punkt die langobardische Jurisprudenz.

5) Bei dem Rechtsstreit um Freiheit oder Unfreiheit veranlaßt die in der Klage enthaltene Beschuldigung, daß der Freie wider seinen Willen zu Diensten gezwungen werde, oder

78) *Ed. Roth.* 228 *cf.* 227. — et quinque annos inter praesentes personas possederit.
79) S. oben § 24 Note 32.
80) *Grim. c.* 4.
81) *Liutpr. c.* 54.
82) *Liutpr. c.* 70.
83) *Aist. c.* 18.
84) *Liutpr. c.* 78.
85) *Liutpr. c.* 116.
86) *Ed. Roth.* 151. — quia omnes scire debent, quod suum non alienum est.
87) *Ed. Roth.* 354. — sciens non suum.
88) *Ed. Roth.* 354. 355.
89) *Ed. Roth.* 379.

daß der Unfreie sich wider Recht der Dienstbarkeit entziehe, die Rechtfertigung des Beklagten durch Eid oder gerichtlichen Zweikampf. Doch ist auch hier deren Gebrauch durch die späteren königlichen Gesetze eingeschränkt worden. Zunächst kommt es auf den Besitzstand, dann nach K. Grimoalds Gesetzgebung auch auf dessen Dauer an.

Wer sich im Besitz der Freiheit befindet, kann, wenn ein Anderer ihn als seinen Servus oder Aldius in Anspruch nimmt, sich durch Eid mit den gesetzlichen Eideshelfern rechtfertigen (idoneare), der Kläger aber dagegen auf gerichtlichen Zweikampf provociren. Nur nach dreißigjährigem Besitz der Freiheit braucht der Beklagte sich nicht mehr auf diesen einzulassen[90]). Wenn der Freigelassene seinem Patron noch freiwillig Dienste leistet, so wird ihm in einem Gesetze K. Liutprands gerathen, sich bei Gericht oder seinen Nachbarn das Zeugniß über seine Freilassung für alle Zeit zu sichern[91]). Auch der Zeugenbeweis ist also vor und nach Ablauf jener Frist möglich.

Wer im Zustand der Unfreiheit sich befindet, also einem Andern knechtische Dienste leistet, kann zwar nicht vor den ordentlichen Volksgerichten, wohl aber vor dem Könige seine Freiheit geltend machen[92]), selbst nach dreißig Jahren; seine Freiheit verjährt nicht[93]). Nur soll er dann nicht mehr als Kläger auf gerichtlichen Zweikampf provociren können, woraus wir schließen dürfen, daß er es vor Ablauf jener Frist konnte[94]). Dagegen

90) *Grim. c.* 2. De liberis, de quibus constat XXX annis in libertate sua permansisse, nullam per pugnam patiantur violentiam, sed liceat eis in libertate sua permanere; et si eos quicunque pulsaverit, liceat illis cum sacramentalibus legitimis se idoneare. *Aist. c.* 22. — libertatem suam idoneare — per possessionem iuxta legem (d. h. mit Eid und Eideshelfern).

91) *Liutpr. c.* 55.

92) *Ratchis c.* 7. spricht dieß aus; factisch galt es schon früher. *Troya Nr.* 632. Beil. III.

93) *Aist. c.* 22.

94) *Grim. c.* 1. Si servus aut ancilla per triginta annos, qualiter rei veritas cognita fuerit, per triginta annos dominis suis servisset, et per superbiam aut iniusta patrocinia se voluerit de domino suo proprio per pugnam vindicare, nullatenus ei permittimus. — Similiter et si haldius fuerit *rel.* Ob der Knecht selbst fechten konnte, steht dahin; die

kann er den Beweis seiner Geburt von freien Eltern, oder seiner Freilassung durch Zeugen oder Urkunden führen [95]), durch welche also der Eid des Herrn, als Beklagten, ausgeschlossen erscheint. Die Unfreiheit zur Strafe beweist dieser durch das gerichtliche Urtheil [96]).

6) Die Verwandtschaft, insbesondere die eheliche Geburt als Bedingung des Erbrechts beweist der Besitzer des Erbgutes, als Beklagter gegen jeden Dritten, der sie bestreitet, durch seinen Eid und den der gesetzlichen Eideshelfer mit Ausschluß des gerichtlichen Zweikampfs [97]). Ebenso der Ehemann sein Mundium über die Ehefrau gegen einen Verwandten, der dieses für sich in Anspruch nimmt [98]).

Incidentfragen in verschiedenartigen Rechtssachen werden durch Eid entschieden, 1) wenn es gilt, ein Nichtwissen zu erhärten [99]) oder die böse Absicht auszuschließen [100]), was dem Begriff des Unschuldseides durchaus entspricht. Dagegen wird 2) nur in Einem Fall eine positive Behauptung und zwar vom Kläger beschworen; nehmlich wenn bei böswilliger Brandstiftung der Werth der im Hause verbrannten Mobilien in Frage kommt, so sollen zunächst die Nachbaren ihn schätzen; wenn aber der Kläger sich dabei nicht beruhigt, so kann er ihn beschwören [101]). Der Grund ist, weil es sich um eine objective Thatsache handelt, deren Beweis nicht möglich ist.

Das Endurtheil (iudicatum) wird von dem Richter oder, wenn es mehrere sind, von Einem derselben mit der herkömmlichen Formel: daß es ihnen so recht geschienen, mündlich ausgesprochen und regelmäßig durch einen Notar mit der gesamm-

Ancilla bedurfte jeden Falls eines Vertreters, worauf das Wort patrocinia zu deuten scheint.

95) *Aist.* c. 22. *cf. Liutpr.* c. 55. *cit.* Note 90. 91. Für Zeugen und Urkunden s. *Troya Nr.* 632. Beil. III. für Urkunden s. oben Note 48 und *Troya. Nr.* 548. 779.

96) *Aist.* 22.

97) *Ed. Roth.* 153. 164.

98) *Ed. Roth.* 165. — quia iniustum videtur esse, ut tam grandis causa sub uno scuto per pugnam dimittatur.

99) *Ed. Roth.* 229. 230. 342. *Liutpr.* 59. 121.

100) *Ed. Roth.* 344. 381. *Grim.* 7.

101) *Ed. Roth.* 146.

ten vorausgehenden Verhandlung schriftlich verzeichnet [102]). Daß rechtskräftige Urtheile selbst durch neue Gesetze nicht alterirt werden sollen, sagt schon der Epilog zu K. Rothari's Edict [103]). Ebenso die Epiloge K. Liutprands [104]). Auch fehlt es in gerichtlichen Verhandlungen nicht an der Berufung auf frühere, schriftlich vorliegende Urtheile. Merkwürdig ist nur, daß in Einem Fall dem Producenten noch ein Eid darüber auferlegt wird, daß das Urtheil nicht betrüglich erlangt sei [105]). Und die Urtheile der königlichen Missi bedürfen nicht nur der Bestätigung durch den König [106]), sondern dieser steht auch nicht an, in einer wichtigen Rechtssache eine wiederholte Untersuchung anzuordnen [107]).

Als **Rechtsmittel** kennen die langobardischen Gesetze 1) das **Schelten des Urtheils** mit Berufung auf den König von Seiten einer Parthei, die sich dabei nicht beruhigt, weil sie es für ungerecht hält, also Appellation [108]). Hierbei wird nun der merkwürdige Unterschied gemacht: war das Urtheil nach Maaßgabe des geschriebenen Gesetzes gesprochen und wird vom Könige bestätigt, so muß die unterliegende Parthei dem Richter für die ungerechte Beschuldigung einer Gesetzwidrigkeit eine Buße von zwanzig Solidi zahlen [109]); wird es reformirt, so zahlt der Richter der Parthei eine gleiche Buße und ebenso viel dem Könige als Strafe der Gesetzesübertretung [110]). War dagegen

102) S. die königlichen Urtheile *Liutpr.* c. 136. *Troya Nr.* 408 und königlicher Missi *Nr.* 791. Beil. IV. und sonst.

103) *Ed. Roth.* c. 388.

104) *Liutpr. a.* XIV. und XVI.

105) *Troya Nr.* 340. 548. oben Note 45. 55.

106) S. oben § 61 Note 68.

107) S. den Diöcesanstreit von Siena und Arezzo in Beil. II.

108) *Liutpr.* c. 28. Si quis causam habuerit, — et ipse stare in eodem iudicio (= *iudicato*) minime voluerit, — et ad regem reclamaverit *rel.*

109) *Liutpr. c. cit.* — et Sculdahis aut Iudex ei secundum Edicti tenorem et per legem iudicaverit, — componat illi qui iudicavit solidos XX.

110) *Liutpr. c. cit.* Et si iudex contra legem iudicaverit, componat solidos XL, medietatem regi et medietatem cuius causa fuerit. *Ed. Roth.* c. 25. — si Dux aut Iudex qui in loco ordinatus est a rege (*sc. Sculdahis aut Gastaldus*) veritatem aut iustitiam non servaverit, componat regi, quam ei cuius causa est, solidos viginti, causa manente.

das Urtheil aus freier Rechtsüberzeugung (per arbitrium) geschöpft und wird bestätigt, so ist die unterliegende Parthei, die eine andere Ueberzeugung geltend machte, unschuldig und frei von Buße [111]); und im Fall der Abänderung des Urtheils durch den König zahlt der Richter jene Buße nur dann, wenn er nicht schwören kann, er habe nicht in böser Absicht oder bestochen, sondern weil es ihm recht geschienen, so geurtheilt [112]). — 2) Wegen Justizverzögerung des Sculdahis, und dafür gilt, wenn er nach angebrachter Klage binnen vier Tagen die Ladung des Beklagten nicht erläßt, zahlt er eine Buße von sechs Solidi dem Kläger und ebenso viel seinem vorgesetzten Dux, an den also die Beschwerde zu richten ist. Wegen gleicher Justizverzögerung des Dux binnen sechs Tagen kann beim Könige geklagt werden auf eine an den Kläger zu zahlende Buße von zwölf Solidi und zwanzig an das königliche Palatium [113]). — 3) Wegen Justizverweigerung läuft dem Kläger keine Verjährung; gegen den Erben erst nach Einem Jahr [114]). Der Richter, der nach erfolgter Klage den Diebstahl zu verfolgen unterläßt, soll selbst für den Diebstahl büßen, wenn er nicht schwört, daß er nichts versäumt und den Dieb nicht habe auffinden können [115]). Ob er auch in andern Fällen den Schaden ersetzen mußte, steht dahin. K. Ratchis bedroht die Richter wegen Justizverweigerung mit Entsetzung vom Amte [116]).

Die Execution des Urtheils erfolgt, wenn sie die Be-

111) *Liutpr. c. cit.* Note 109. nam de ea causa, quae per arbitrium iudicata fuerit, et ipse sibi non crediderit (*quod*) legem iudicasset, — non sit culpabilis.

112) *Liutpr. c. cit.* Et si forsitan iudex causam per arbitrium iudicaverit, et iudicium eius rectum non comparuerit, non sit culpabilis; nisi praebeat sacramentum regi, quod non iniquo animo aut corruptus a praemio causam ipsam non iudicasset, nisi sic ei legem comparuisset, et sit absolutus; nam si iurare non praesumpserit, componat ut supra dictum est.

113) *Liutpr. c.* 25. *cf. Ed. Roth.* 150.

114) *Liutpr. c.* 94.

115) *Liutpr. c.* 81.

116) *Ratchis c.* 1. 2. Der König klagt: quoniam iam teste Deo dicimus, quia nec alicubi vel ad orationem possumus exire aut ubicunque caballicare, propter reclamationes multorum hominum.

sitzübergabe eines Grundstücks betrifft durch Einweisung von Seiten des gerichtlichen Hülfsbeamten [117]), die Beitreibung einer Schuld durch Pfändung, die beim Sculdahis gesucht wird und die dieser in Ermangelung anderer auch auf von der Privatpfändung ausgenommene bewegliche Sachen erstrecken kann [118]). Wegen Insolvenz werden die Gläubiger von Gerichtswegen in den Besitz sämmtlicher Güter eingewiesen [119]). Die Uebergabe des Schuldners in Schuldknechtschaft verfügt K. Liutprand nur noch für den Fall, daß die Buße für ein Verbrechen aus seinem Vermögen nicht beschafft werden kann, und zwar mit dem Unterschied, daß er wegen einer Buße von zwanzig oder mehr Solidi für immer Knecht des Klägers werden soll, wegen geringerer Bußen sich durch Bezahlung noch lösen kann [120]).

VI. Die Franken [1]).

§ 64. Seit der Mitte des dritten Jahrhunderts n. Chr. werden die am rechten Rheinufer vom Main abwärts ansässigen germanischen Völkerschaften, unter denen am Mittelrhein die Chatten, am niederen die Sygambren besonders hervorragen, von den Römern mit dem gemeinsamen Namen der **Franken** bezeichnet [2]), den sie ohne Zweifel sich selbst beilegten, als Aus-

117) *Liutpr. c.* 148.

118) *Ed. Roth. c* 251.

119) *Liutpr. c.* 57. (*creditores*) a Publico intromissi fuerint. Gegen den Erben nur in die Erbschaft; doch muß er schwören, daß er nicht mehr davon besitze (Manifestationseid), und für das Unterschlagene büßt er wie für Diebstahl.

120) *Liutpr. c.* 154.

1) Die Geschichte, die Zustände und die Verfassung des fränkischen Reiches unter den Merowingern ist früher von französischen und deutschen Schriftstellern so vielfach behandelt und neuerdings insbesondere durch Löbell, Gregor von Tours und seine Zeit, Leipzig 1839. Waitz, Deutsche Verfassungsgeschichte, Bd. 2, Kiel 1847, vgl. das alte Recht der salischen Franken, Kiel 1846, und Roth, Geschichte des Beneficialwesens, Erlangen 1850, so gründlich und abschließend bearbeitet worden, daß ich mich darüber kurz fassen und auf meine Hauptaufgabe beschränken kann. Eine lichtvolle übersichtliche Darstellung giebt Walter, Deutsche Rechtsgeschichte § 47 folg.

2) Man könnte denken, die Schrift-

druck, nicht sowohl ihrer Stammeseinheit oder eines sie vereinigenden Völkerbundes, als der stolzen Freiheit, die sie gegen die Römer nicht bloß wie ihre Väter vertheidigungsweise, sondern in stets erneuerten immer siegreicheren Angriffen bewährten [3]). Doch fehlte es auch an den früher geschilderten leicht zu lösenden Bündnissen und andern zweideutigen Verhältnissen zu den Römern nicht [4]). Die Gründung eines fränkischen Staates auf römischem Boden aber bewirkten sie nicht, wie die bisher betrachteten Völker, durch einen Zug ihrer Gesammtheit als Föderaten oder Eroberer in ferne Provinzen, sondern durch schrittweises Vorrücken in dem benachbarten Gallien und zwar zunächst in zwei Abtheilungen, den salischen und ripuarischen Franken, welches beides für die Bildung des neuen Staates von entscheidenden Folgen war.

Das fette Weideland an den Ausflüssen des Rheins und der Maas ins Meer, das heutige Holland, in welchem früher die chattischen Stämme der Bataver und Chattuarier sich niedergelassen hatten, lockte zu Ende des dritten Jahrhunderts auch die fränkischen Sygambren und Chamaven. Dem Cäsar Constantinus und Constantin dem Großen gelang es noch, sie daraus zu vertreiben [5]). Unter dessen Söhnen aber müssen sie sich hier und selbst weiter westlich an der Schelde in Toxandrien festgesetzt haben; denn Julian besiegt sie zwar (a. 358), muß aber den Sygambren, oder wie diese fortan heißen, den salischen Franken, diese Sitze gegen Anerkennung römischer Oberherrlichkeit belassen, während ihre Hintermänner, die Cha-

steller des vierten Jahrhunderts übertrügen den Namen auf die frühere Zeit; allein er kommt schon in dem Soldatenlied zum Ruhme Aurelians und in den Senatsverhandlungen über K. Probus vor. *Vopisc. Aurelian* 7. *Probus* 12.

3) Dieser gewöhnlichen Deutung des Namens folgt auch Zeuß S. 325, auf den ich für die Geschichte ihrer Ansiedlungen verweise. Vielleicht nannten sie sich so im Gegensatz der den Römern unterworfenen Germanen, der Laeti u. A.

4) *Vopisc. Firmus, Proculus* c. 13. — prodentibus Francis, quibus familiare est ridendo fidem frangere.

5) *Eumenii, Panegyr. Constantio* 8. 9. *Constantino* 5. terram Bataviam — omni hoste purgavit.

maven, ihre völlige Unabhängigkeit behaupten [6]). Als dann aber Stilicho (a. 400) die Legionen aus Gallien zurückzog, um in Italien den Westgothen die Spitze zu bieten [7]), konnten auch jene das römische Joch abschütteln [8]) und sich in Belgica secunda noch weiter ausbreiten. Die Wohnsitze dieser salischen Franken reichten um diese Zeit bis zum Kohlenwalde und dem Leyefluß [9]). Von ihrem Könige Chlojo wird berichtet, daß er um die Mitte des fünften Jahrhunderts seine Herrschaft über jene Grenzen hinaus erweitert habe durch die Eroberung von Cambray und des Landes bis an die Somme [10]). In der Gegend von Arras hat er mit Aëtius gekämpft [11]). Dieser Zeit gehört auch die erste schriftliche Aufzeichnung des Rechts der salischen Franken (lex Salica tit. 1—65) an [12]), welche uns in ihrer Art einzige Aufschlüsse über die Zustände und die Verfassung des ältesten auf römischem Boden gegründeten germanischen Staates giebt [13]).

Das ganze Volk der salischen Franken hatte hiernach das Land innerhalb jener Grenzen in Besitz genommen und die

6) *Amm. Marc.* 17, 8. Francos, eos videlicet, quos consuetudo Salios appellavit, ausos olim in Romano solo apud Toxiandriam locum habitacula sibi figere praelicenter — dedentes se cum opibus liberisque suscepit. Chamavos itidem ausos similia adortus — trepidantes ad sua — abire interim permisit innocuos. Zeuß S. 329 folg. 335. Ohne Zweifel wurden die Salier zur Recrutenstellung verpflichtet, da Abtheilungen derselben in der Not. Dign. vorkommen; vielleicht auch zu Naturalabgaben, wie die Quaden *Amm. Marc.* 30, 6. quaedam utilia.

7) *Claudian de bello Get.* v. 419. Agmina quin etiam flavis obiecta Sicambris quaeque domant Chattos immansuetosque Cheruscos. Huc omnes vertere minas totumque remotis excubiis Rhenum solo terrore relinquunt.

8) Das Andenken daran enthält der größere Prolog der Lex Salica.

9) *L. Sal. de filtortis* (47) citra Ligere aut Carbonaria.

10) *Gregor. Tur.* II. 9. Daß er alle salischen Franken beherrscht, ist mir nicht wahrscheinlich, da selbst Chlodwich noch Reguli neben sich hatte.

11) Nach des *Sidon. Apoll. paneg. Maioriani v.* 212 *sqq.* Beschreibung war es mehr ein Streifzug und Ueberfall, als eine siegreiche Schlacht der Römer.

12) Waitz, das alte Recht S. 44—66. 75—92. Stobbe, D. Rechtsquellen S. 39.

13) Waitz, Verf. II. S. 19 folg., das alte Recht S. 97 folg. Roth S. 64 folg.

Masse der römischen Bevölkerung daraus vertrieben [14]). Noch ist es heidnisch und seine Verfassung rein germanisch, nur in Vergleich mit der ursprünglichen jenseits des Rheins durch die Wanderung und die neuen Verhältnisse modificirt. Den herrschenden Stand bilden die freien Franken, unter denen nur einzelne Germanen anderen Stammes mit gleichem Rechte wohnen [15]). Sie sind auf dem vorgefundenen Sondereigen in ländlichen Ortsgemeinden (villae) angesiedelt und treten in der Hundertschaft unter einem selbstgewählten Vorstande (Tunginus, Centenarius) zu Gericht und Willkühr zusammen [16]). Aber an Stelle der vom Volk erwählten Fürsten (principes, duces) herrschen in den verschiedenen Landschaften erbliche Könige (reges) aus dem edelsten Geschlechte [17]) als Führer im Kriege und Beschützer des gemeinen Friedens, die ihre Gefolgsleute (in truste dominica) zu einem neuen Adel (antrustiones) erheben und Einen derselben, einen Grafen, jedem aus mehreren Hundertschaften gebildeten Gau (pagus) mit höchster Executivgewalt vorsetzen [18]). Wenngleich die Salier die zahlreiche

14) Daher keine Landtheilung mit den Römern. Daß schon hier das eroberte Land dem Könige gehörte und von ihm an seine Franken vergeben wurde (vgl. Roth S. 79 folg.), macht *L. Sal.* 14, 4. mir wahrscheinlich.

15) *L. Sal.* 41, 1. ingenuo Franco aut barbarum qui legem Salicam vivit. Waitz, das alte Recht S. 97 folg. Man denkt zunächst an Friesen und Sachsen aus der Nachbarschaft und an die früheren Einwohner des Landes, Bataver und Chattuarier, die doch nicht alle zu Knechten gemacht wurden. Die von Tiberius angesiedelten Sygambren wohnten höher hinauf am Rhein und vermischten sich also wie die Ubier, wenn sie nicht schon romanisirt waren, mit den Ripuariern.

16) So kam die Lex Salica selbst per tres mallos zu Stande. Neben dem Sondereigen, welches das Gesetz überall voraussetzt, erwähnt den Gemeindewald *L. Sal.* 27, 15. und das Recht in der gemeinen Mark zu roden *tit.* 45.

17) *Greg. Tur.* II. 9. Cum multa de eis Sulpicii Alexandri narret historia; non tamen regem primum eorum ullatenus nominat, sed duces eos habuisse dicit. — Tradunt enim multi eosdem — transacto Rheno Thoringiam transmeasse, ibique iuxta pagos vel civitates reges crinitos super se creavisse de prima et, ut ita dicam, nobiliori suorum familia. Waitz, Verf. II. S. 14 folg.

18) *L. Sal.* 50, 2. 3. Waitz, das alte Recht S. 104. Die Etymologie des Wortes graf nach J. Grimm, RA. S. 753 würde seine Bestellung aus dem Gefolge des Königs bestätigen. Aber s. Müllenhoff bei Waitz, das alte Recht S.

römische Bevölkerung in diesen fruchtbaren Landstrichen, wie gesagt, theils vertrieben, theils getödtet hatten [19]), um sich selbst in den Besitz des ganzen Landes zu setzen, so bezeugt doch die Lex Salica das Gegentheil von principieller Feindschaft gegen die Romanen; denn sie kennt einzelne im Lande wohnende freie römische Grundbesitzer (Romani possessores), ja selbst Römer am Hofe des Königs (Romani convivae regis) und gewährt diesen und jenen das halbe Wergeld des freien Franken in gleicher Lage [20]). Kämpfte doch auch einer ihrer Könige, Childerich, als Bundesgenosse der Römer gegen die Gothen, und als er von seinem Volk vertrieben wurde, soll der römische Magister Militum Aegidius an seine Stelle berufen worden sein [21]). Von Einfluß römischer Cultur und christlicher Sitte findet sich aber in dem Gesetz kaum eine Spur; nur die schriftliche Abfassung desselben in lateinischer Sprache mit Hinzufügung einzelner aus der fränkischen Gerichtssprache entlehnter Worte, der sg. malbergischen Glosse, ist darauf zurückzuführen.

Nicht so bestimmt können wir die erste Ansiedelung und Einrichtung der später so genannten ripuarischen Franken am Mittel- und Niederrhein nachweisen [22]). Nachdem auch sie in der nachconstantinischen Zeit sich des linken Rheinufers bemächtigt und Cöln zehn Monate lang besessen hatten, gelang es Julian noch einmal, diese wichtige römische Stadt und alle anderen Grenzfesten wieder zu erobern, die Ampsivarier selbst bis über den Rhein zu verfolgen [23]). Bei der Kraftlosigkeit und inneren Zerrüttung des römischen Reichs zu Ende des

283. Dafür, daß er in truste dominica ist, entscheidet das Wergeld. *L. Sal.* 54, 1.

19) Ueber diese harte Behandlung s. Roth S. 65 folg.

20) *L. Sal.* 41, 3. Die *L. Sal. em.* 43, 7. erklärt Rom. possessor, id est qui res in pago ubi commeasset proprias possidet. Anders Roth S. 93. Auch sonst wird der Romanus und Francus unterschieden *L. Sal.* 14, 2. 3. 39, 4. 42, 3.

21) *Gregor. Tur.* II. 12. 18. Löbell S. 534 folg.

22) Zeuß S. 338 folg. Roth S. 80.

23) *Amm. Marc.* 20, 10, wo Zeuß S. 341 statt Attuarii die Lesart Amsuarii vorzieht, weil *Sulp. Alex.* bei *Gregor. Tur.* II. 9. diese neben den Chatten als Franken nennt.

vierten Jahrhunderts sind diese und ihre Nachbarn, die Chatten, unter ihren Fürsten Sunno und Marcomer der Schrecken der Provinzialen [24]), welche dann Stilicho durch Verträge mit denselben Fürsten vergeblich zu schützen sucht [25]). Denn nachdem er die Grenzlegionen auch hier zurückgezogen, breiten sich jene Stämme unaufhaltsam über Germania secunda und Belgica prima aus; Cöln wird von ihnen bleibend besetzt, Trier viermal zerstört. Bei Attila's Einfall in Gallien (a. 450) waren es ohne Zweifel die ripuarischen Franken, bei denen zwei Königssöhne um die Alleinherrschaft stritten; der eine, den die Hunen unterstützen, unterliegt mit diesen, der andere siegt mit Aëtius. Schon dieß deutet darauf, daß die beiden im Sprachdialekt sich unterscheidenden Stämme, nehmlich die Chatten, die sich am untern Main und an der Mosel ausgebreitet, und die Ripuarier am Niederrhein [26]), unter Einem Könige vereinigt waren. Als solcher wird in der zweiten Hälfte des fünften Jahrhunderts K. Sigbert genannt, der mit ihren südlichen Nachbarn, den Alamannen, Kämpfe zu bestehen hat [27]). Von ihrer Verfassung wissen wir sonst nichts Bestimmtes, da das Recht der ripuarischen Franken erst im folgenden Jahrhundert unter der Herrschaft salischer Könige verzeichnet wurde [28]). Aber

24) *Sulp. Alex. cit.* Eo tempore (*a.* 388) Genobande, Marcomere et Sunnone ducibus Franci in Germaniam prorupere, ac pluribus mortalium limite inrupto caesis, fertiles maxime pagos depopulati, Agrippinensi etiam coloniae metum incussere. — Er erzählt dann, wie der Franke Arbogast, K. Valentinians II. Magister Militum, mit den genannten fränkischen Fürsten (reguli) erst Frieden geschlossen, dann sie bei Cöln und jenseits des Rheines verfolgt, endlich als er den Eugenius zum Kaiser erhoben, mit ihrer Hülfe gegen Theodosius gezogen sei. Er scheint auch die Brukterer zu den Franken zu rechnen, welche Zeuß S. 350 ausschließt.

25) Den Verrath dieser Fürsten und ihr Ende erwähnt *Claudian de laud. Stil.* I. *v.* 241.

26) Die Sprachgrenze in der Gegend von Andernach hat sich bis auf den heutigen Tag erhalten.

27) *Gregor. Tur.* II. 37. Hic Sigibertus pugnans contra Alamannos apud Tolbiacense oppidum (Zülpich) percussus in geniculo claudicabat. Es war ein Einfall der Alamannen bis in die Nähe von Cöln. Vor ihm um 450 wird ein König Theodebald genannt. Zeuß S. 345.

28) Nach der neuesten Untersuchung von Sohm, Zeitschr. für Rechtsg. V. S. 404 der älteste Theil

da nach gleichzeitigen Nachrichten die römische Bevölkerung und Sprache auch hier verschwand [29]), so dürfen wir annehmen, daß auch die Ripuarier das ganze Land in Besitz nahmen und sich nach rein germanischer Weise in Volksgemeinden einrichteten [30]).

Aber nicht ihnen, sondern den salischen Franken und einem ihrer Könige war die Gründung eines fränkischen, ganz Gallien und die verschiedensten germanischen Stämme in sich schließenden Reiches bestimmt. Denn während die Ripuarier nicht über die Ardennen hinauskamen, machte der gewaltige Sygambre Chlodwich, des zu Tournay verstorbenen K. Childerichs Sohn (481) aus dem edlen Geschlechte der Merowinger, die seitdem öfter bewährte Entdeckung, daß aus den Niederlanden der kürzeste, durch kein Naturhinderniß erschwerte Weg nach der fruchtbaren Ebene der Aisne und Seine, damals dem letzten Rest römischer Herrschaft in Gallien, führe. Hier herrschte Syagrius, der Sohn jenes kaiserlichen Magister Militum Aegidius, nach dem Erlöschen des römischen Kaiserthums in Italien (476), ganz selbständig. Ihn schlug Chlodwich mit Hülfe seines Mitkönigs Ragnachar bei Soissons (486) und bemächtigte sich des Landes bis an die Seine, dann bis an die Loire. Nun waren im Osten die mächtigen Alamannen auch seine gefährlichen Nachbarn und er ließ es nicht bei der Abwehr bewenden. Nachdem er sie in einer Hauptschlacht, in der ihr König blieb, besiegt (496) [31]), unterwarf sich ihm das Volk diesseits und jenseits des Oberrheins [32]) und er würde sie noch weiter verfolgt haben,

(Tit. 1—31) in der ersten Hälfte des sechsten Jahrhunderts, vielleicht schon unter Theoderich I. Vgl. Stobbe S. 60.

29) *Sidon. Apoll. Ep.* IV. 17. bezeugt um 472, daß die lateinische Sprache in diesen Gegenden verschwunden war. Die Lex Ripuariorum in ihrem ältesten Theil (1—31) erwähnt die Romanen gar nicht und im zweiten (*tit.* 36, 3) nur den advena Romanus.

30) Daß sie auch hier Sondereigen antrafen und beibehielten, ist nicht zu bezweifeln; doch hat sich in den Moselgegenden die altgermanische jährliche Austheilung der gemeinen Mark bis auf den heutigen Tag erhalten. S. Hanssen oben § 29 Note 19. *L. Rip.* 76. weiß nur von silva communis.

31) Keines Falls bei Zülpich, s. v. Sybel in Jahrb. der Alterth. im Rheinlande III. S. 39 folg. Zeuß S. 322.

32) *Gregor. Tur.* II. 30. Ala-

wäre nicht der große König der Ostgothen, Theoderich, der in richtiger Erkenntniß der neu aufsteigenden Macht sich ihm verschwägert hatte, vermitteld eingetreten [33]). Als jene Schlacht schwankte, hatte Chlodwich den Christengott, den seine burgundische Gemahlin ihm predigte, angerufen und nahm dann, in dem Sieg ein Gottesurtheil erkennend, mit Dreitausend der Seinigen die Taufe an [34]), nach katholischem Ritus, wodurch er die gesammte römische Geistlichkeit Galliens zu seinen Bundesgenossen gewann. Gewiß war dieß nicht ohne Einfluß, als die Provinzialen von Armoricum, die sich schon früher von dem sinkenden Kaiserreich unabhängig gemacht hatten, sich jetzt Chlodwich durch Vertrag unterwarfen [35]). Das Königreich der Burgunden, das er durch Verrath des K. Godegisel zu gewinnen sucht, behauptet sich zwar unter K. Gundobad; dieser aber muß als sein Vasall ihm Tribut und Kriegshülfe leisten [36]). Nur im Süden Galliens bestand noch die Herrschaft der Westgothen, deren gewaltiger König Eurich unlängst selbst die salischen Franken gedemüthigt hatte [37]). Seinen schwächeren Sohn Alarich II. beschließt Chlodwich, von der römischen Geistlichkeit, die des

manni terga vertentes, in fugam labi coeperunt. Cumque regem suum cernerent interemtum, Chlodowechi se ditionibus subdunt, dicentes: Ne amplius, quaesumus, pereat populus, iam tui sumus. At ille prohibito bello, coartatoque populo, cum pace regressus *rel.* Sie wurden tributpflichtig, behielten aber ihr eigenes Recht, also ohne Zweifel auch ihr communales selfgovernement. Ob schon damals auch eigene Herzöge, die sie später hatten? vgl. *Merkel, de re publ. Al.* §§ 5. 6.

33) *Cassiodor. Var.* II. 41. Die völlige Unterwerfung aller Alamannen erfolgte nach *Fredegar. hist. ep.* 21. erst nach neun Jahren. In die Zwischenzeit und nach Chlodwichs und seiner Schwester Uebertritt zum Christenthum fällt die Verschwägerung mit Theoderich und jener Brief.

34) *Gregor. Tur.* II. 30. 31. Der Hergang ist so ganz im Geist der Zeit, daß er nicht bezweifelt werden kann

35) *Zosim.* VI. 5. *Procop. de bello Goth.* I. 12. Χριστιανοὶ γὰρ ἀμφότεροι ὄντες ἐτύγχανον. Er bemerkt, daß andere verlassene römische Besatzungstruppen Galliens, die sich den westgothischen Arianern nicht unterwerfen wollten, diesem Beispiel gefolgt seien.

36) *Gregor. Tur.* II. 32. 33. Avitus in dem für K. Gundobad verfaßten Schreiben an Chlodwich nennt ihn dessen Miles, und in dem westgothischen Kriege stehen die Burgunden auf fränkischer Seite.

37) *Sidon. Apoll. Ep.* VIII. 3. 9.

arianischen Jochs müde ist, eingeladen, anzugreifen [38]), und seines Schwagers Theoderichs diplomatische Intervention vermag ihn nicht aufzuhalten. Eine siegreiche Schlacht, in der K. Alarich bleibt (507), entscheidet auch hier über das Schicksal des Königreichs, das nur durch Theoderichs Hülfe in einem Küstenstrich Galliens und jenseits der Pyrenäen dem unmündigen Amalrich erhalten wird [39]), während Chlodwich das Arvernerland und ganz Aquitanien seinen Besitzungen hinzufügt (508). Seine Residenz schlug er nun im Mittelpunkt des gewonnenen weiten Ländergebietes, in Paris, auf. Charakteristisch für den Zauber, den der bloße Name des zertrümmerten römischen Kaiserreichs noch immer für die Germanen hatte, ist es, daß der Eroberer Galliens, von dem byzantinischen Kaiser Anastasius durch eine Gesandtschaft beschickt, die Annahme der Insignien eines Patricius und Consuls nicht verschmähte, eine Auszeichnung, die freilich in den Augen der Romanen sein Ansehen stärken mußte [40]). Ein realerer Zuwachs an Macht als diese Courtoisie aus der Ferne war es, daß Chlodwich nun im Innern seines Reichs sich die Alleinherrschaft sichert, indem er zuerst die Könige der Ripuarier, Vater und Sohn, die ihn gegen die Westgothen unterstützt hatten, aus dem Wege räumt, worauf das Volk ihm unbedenklich huldigt [41]), dann auch seiner Vettern und Mitkönige über die Salier in gleicher Weise sich entledigt [42]). So ist es eine gewaltige Persönlichkeit, deren Herrschsucht keine Mittel

38) *Gregor. Tur.* II. 36. Multi iam tunc ex Gallis habere Francos dominos summo desiderio cupiebant. *rel.* 37. Igitur Chlodowechus rex ait suis: Valde moleste fero, quod hi Ariani partem teneant Galliarum *rel.* vgl. oben § 42.

39) S. oben § 52 Note 16.

40) *Gregor. Tur.* II. 38. Waitz, Verf. II. S. 50. Note 3.

41) *Gregor. Tur.* II. 40. — At illi ista audientes, plaudentes tam parmis quam vocibus, cum clypeo evectum super se regem constituunt.

42) *Gregor. Tur.* II. 41. Ragnachar, der ihn treulich unterstützt hatte, und dessen Bruder hieb er selbst mit der Streitaxt nieder; Chararich, der sich zweideutig benommen, und das ganze übrige königliche Geschlecht ließ er umbringen: interfectisque et aliis multis regibus vel parentibus suis primis, de quibus zelum habebat, ne ei regnum auferrent.

scheut und vor der die Völker, Germanen und Romanen, sich beugen, welche das fränkische Reich gründete und mit der Macht gleichen Sinn auf seine Nachkommen vererbte.

Denn als er in voller Manneskraft (a. 511) starb, folgten ihm in dem Königthum der Franken, das nach germanischer Anschauung Gemeingut seines Geschlechts war, ohne Volkswahl seine vier Söhne, die sich nicht sowohl in das Reich, als in die Reichsregierung theilten [43]) und alsbald dasselbe durch neue Eroberungen erweiterten. Der älteste, Theoderich, dessen Reichstheil Ripuarien sich jenseits des Rheins in das innere Germanien erstreckte, unterwarf sich durch Krieg und Verrath das mächtige Volk der Thüringer; ein Theil der Sachsen und Friesen wurde ihm zinspflichtig (530). Seinen Brüdern gelang es durch dieselben Mittel nach einem ersten nur theilweise geglückten Versuch (524) das Königreich Burgund (534) mit dem fränkischen zu vereinigen. Von dem ostgothischen Staatsgebiet mußten die schwachen Nachfolger des großen Theoderich die Provence und das noch unabhängige Alamannien nebst Rhätien den Franken überlassen, und um dieselbe Zeit wurden die Herzöge der Baiern Vasallen der fränkischen Könige (vor 554), wodurch deren Reich zu dem Umfang anwuchs, den es erst in der folgenden Periode, unter Carl dem Großen, überschritt.

Es umfaßte also mannigfaltige Bestandtheile, deren innere Zustände durch ihre Geschichte sehr ungleich bestimmt waren. Das salische und ripuarische Land war rein germanisch bevölkert und verfaßt. Ebenso Alamannien, das fränkische Südthüringen und Baiern. In Burgund, das durch Personalunion dem fränkischen Reiche verbunden und worin sonst nichts geändert war [44]), überwog von früher die römische Bevölkerung. Hauptsächlich aber fragt es sich, wie die Franken bei

43) Waitz Verf. II. S. 94 folg. Ueber das Princip dieser und der folgenden Theilungen s. Roth S. 55 folg. Daß das Reich als Eines betrachtet wurde, zeigte sich bei dem mehrmaligen Wiederzusammenfallen in Eine Hand, gleichsam iure accrescendi.

44) Roth S. 57.

der Unterwerfung der übrigen Theile von Gallien, bei Zerstörung des letzten Restes römischer und der westgothischen Herrschaft[45]), gegen die Provinzialen verfuhren und welcher neue sociale Zustand sich hier bildete. Neuere Untersuchungen haben es festgestellt, daß die römische Bevölkerung in diesem großen Ländergebiet eine mildere Behandlung von Seiten der Franken erfuhr als in allen übrigen germanischen Staaten[46]). Den Romanen blieb im Großen und Ganzen nicht nur ihre persönliche Freiheit, sondern auch ihr Grundbesitz; insbesondere fand eine durchgreifende Landtheilung nicht statt. Zwar finden sich die Franken auch hier, natürlich in einer verhältnißmäßigen Minorität, über Stadt und Land verbreitet und auch mit Grundbesitz versehen, nach dessen Ursprung man fragt. Abgesehen von einzelnen Beraubungen, die ohne Zweifel vorkamen, ist das Wahrscheinlichste, daß grundsätzlich dem Könige bei der Eroberung nicht nur die ausgedehnten kaiserlichen Domänen, sondern auch alles herrenlose, insbesondere das von vertriebenen, getödteten oder flüchtigen Privatbesitzern verlassene Land zufiel und von ihm seinen fränkischen Heergenossen zugetheilt wurde[47]). Der Grund der milderen Behandlung der Romanen aber ist nicht in einem höheren Culturstande der Franken zu suchen, da sie in dieser Beziehung vielmehr hinter den Burgunden und Gothen zurückstehen und eher den Vandalen und Langobarden verglichen werden können, sondern einmal darin, daß insbesondere die Salier schon längere Zeit mit den Römern friedlich verkehrt hatten, sodann daß nach der Eroberung von Gallien ihnen nicht wie den Langobarden eine feindliche römische Macht gegenüberstand, und endlich vorzüglich in dem folgenreichen Uebertritt Chlodwichs zur katholischen Kirche. Die kirchliche Gemeinschaft und der große Einfluß, den von Anfang an die rö-

45) Sämmtliche Gothen müssen nach Septimanien und Hispanien ausgewandert sein, denn sie werden im merowingischen Reiche nicht genannt. Waitz S. 51.

46) Schon Löbell cit. hat die früheren Ansichten berichtigt und dann besonders Waitz, Verf. II. S. 46 folg. und Roth S. 63 folg.

47) Roth S. 69. vgl. mit Beseler, der Neubruch § 4. in Symbolae, Berol. 1868.

mische Geistlichkeit gewann, mußte die wesentliche Gleichstellung beider Nationalitäten auch in bürgerlicher und staatlicher Hinsicht zur Folge haben [48]).

Dieß vorausgesetzt ist für unsere Aufgabe, nehmlich das Verhältniß der germanischen und römischen Rechtselemente zu einander im fränkischen Reiche, die weitere culturgeschichtliche Frage, wie römische Bildung und germanische Rohheit auf einander wirkten, von der größten Bedeutung. Was zuvörderst die Romanen betrifft, so ist an ihnen die tiefgreifendste Umwandlung zu bemerken. Während in der ersten Hälfte des fünften Jahrhunderts Gallien noch durch litterarische Bildung, freilich im Geschmack des sinkenden Römerreichs, vor andern Provinzen hervorragt, finden wir hundert Jahre später die finsterste Barbarei vorherrschend [49]). Auch die Sitten, ja der Charakter des Volkes ist ein anderer geworden. Zwar hatten die Gallier auch unter römischer Herrschaft sich stets mehr Nationalkraft bewahrt als z. B. die Italiener, wie dieß namentlich in den Aufständen der früheren und späteren Kaiserzeit und in der Selbständigkeit hervortritt, welche nach der Auflösung des Reichs die Arverner und Armoriker beweisen. Aber diese Kraft verwandelt sich jetzt je länger je mehr in eine Rohheit und kriegerische Tapferkeit, in der sie mit ihren barbarischen Siegern wetteifern [50]). Die Franken aber, hervorgegangen aus den kräftigsten Stämmen des nordwestlichen Germaniens und weder verwildert durch langes Umherschweifen, noch verweichlicht durch die Einflüsse eines südlichen Himmelsstrichs, wie die Van-

48) Für den Einfluß der Geistlichkeit s. Löbell S. 315 folg. Für die Gleichstellung und Vermischung beider Nationen war das Connubium entscheidend, s. Löbell S. 149 folg. Mit den Armorikern in Folge ausdrücklicher Uebereinkunft *Procop. cit.* Note 35. *L. Rip.* 58, 11. spricht von Freigelassenen.

49) Löbell S. 375 folg. Man vergleiche in Gedanken Sidonius Apollinaris und Gregor von Tours.

50) Löbell S. 75 folg. Hatten sie sich doch, von ihrem Kaiser verlassen, noch eine Zeit lang selbständig der Barbaren erwehrt und konnten, nachdem sie den Franken unterlegen waren, sofort in deren Heer eintreten. Nach *Procop. cit.* Note 35. führten sie zu seiner Zeit noch ihre alten römischen Feldzeichen.

dalen, brachten die ganze Ursprünglichkeit tüchtiger Naturmenschen mit, die freilich, von den Banden heimathlicher Sitte gelöst, in dem Rausch unumschränkter Macht, da die Befriedigung jedes Gelüstes erlaubt schien, zur größten Zügellosigkeit ausartete [51]). Wie das Christenthum beschaffen war, welches von jenen Romanen und ihrer Geistlichkeit den so gearteten Franken mitgetheilt werden konnte, ist leicht zu begreifen; aber es ist anderer Seits nicht zu übersehen, daß der unter Aberglauben und todtem Formalismus verborgene, unzerstörbare sittlich-religiöse Kern desselben dennoch einen mildernden und bildenden Einfluß auf das Leben Einzelner und auf die öffentlichen Einrichtungen üben mußte [52]).

Jene Ausartung der germanischen Natur tritt am frappantesten in der Geschichte des Königsgeschlechtes hervor [53]). Zwar in den ersten Generationen nach Chlodwich erscheinen unter den Königen noch ihm ähnliche Heldengestalten und selbst geistig reichbegabte Naturen. Aber auch in den Schattenseiten seines Charakters sind sie ihm verwandt. Die Theilung der Gewalt unter seinen Söhnen weckt selbst inmitten der gemeinsamen Unternehmungen zur Erweiterung des Reichs deren Eifersucht und Mordlust zu Wegräumung des unbequemen Nebenbuhlers. Und nachdem das Reich unter Chlotar I. wieder in Eine Hand zusammengefallen und dann bei seinem Tode abermals unter seine vier Söhne getheilt war (561), nimmt die Feindschaft der Brüder unter dem Einfluß rachsüchtiger Weiber und Buhlerinnen einen noch gehässigeren, weil hinterlistigeren Charakter an [54]). Das Aergerniß über diese Zerwürfnisse im Königshause führt dann schon zu Ende des sechsten Jahrhunderts zu einer nationalen Reaction, an deren Spitze die neu emporgekommene Aristokratie der großen Staats- und Hofbeamten, be-

51) Löbell S. 44 folg.

52) Löbell S. 257 folg.

53) Löbell S. 21 folg.

54) Die in dem Königsgeschlecht jetzt einreißende Unzucht ist bei der sonst von den Germanen, selbst den Vandalen, bezeugten Keuschheit nur aus keltischer Ansteckung zu erklären und hat gewiß dazu beigetragen, jenes Geschlecht schon in der dritten Generation zur Nichtigkeit herabsinken zu lassen.

sonders in dem überwiegend germanischen östlichen Reichstheil, Austrasien, steht [55]). Zwar behauptet sich das Königthum mit einigen dieser Aristokratie gemachten Concessionen [56]), und Chlotar II. beherrscht noch einmal das ganze Reich (613). Aber da im Lauf des siebenten Jahrhunderts Chlodwichs Dynastie nur noch durch den Glauben des Volks und nicht mehr durch bedeutende Persönlichkeiten getragen wird, so bemächtigt sich in allen drei Reichstheilen, Austrasien, Neustrien und Burgund, der erste Hofbeamte, der Major Domus, factisch der Gewalt [57]). Leicht hätte hierdurch und durch den nationalen Gegensatz dieser Reichstheile und der thüringischen, alamannischen und bairischen Herzogthümer das fränkische Reich auseinander fallen und seine große Bestimmung vereitelt werden können [58]). Der Tüchtigkeit des austrasischen Hausmeiers Pipin von Heristal und seines Geschlechtes ist es zu danken, daß das Reich nicht nur in seiner Einheit erhalten, sondern gewissermaßen neu begründet und über germanische und romanische Gebiete erweitert wurde. Dieß aber gehört der folgenden Periode an [59]); hier war nur daran zu erinnern, daß bei aller Verwilderung der Franken in den ersten zwei Jahrhunderten ihre härtere Natur sie zugleich vor zu rascher und äußerlicher Aneignung römischer Bildung, die den Westgothen so verderblich wurde, bewahrt hat, und daß der glücklich erhaltene Zusammenhang des rein germanischen Ostens mit dem romanischen Westen und Süden die erste gelungene Ausgleichung der beiden Culturprincipien der alten Welt mit dem Germanenthum vorbereitete, die wir später in ihrem Einfluß auf Recht und Gericht schildern werden [60]).

55) Löbell S. 171. 233 folg. Waitz, Verf. II. S. 611 folg.

56) Vertrag von Andelot *a.* 588. *Pertz Leg.* I. *p.* 5. Löbell S. 253 folg. Waitz cit. S. 614.

57) Waitz cit. 623 folg.

58) Waitz cit. S. 639 folg.

59) Pipins und der Austrasier Sieg über die Neustrier bei Testri *a.* 687 war für die Einheit des Reiches und für die Herrschaft seines Geschlechts entscheidend, obgleich erst sein Enkel *a.* 752 an Stelle des letzten Merowingers zum König erhoben wurde.

60) Gelungen dürfen wir diese Ausgleichung, wie sie namentlich in Carls des Großen Person und Thun hervortritt, nennen, weil er bei aller Bewunderung für Roms

§ 65. Das fränkische Reich war also nach dieser seiner Entstehungsgeschichte nicht bloß wie die andern von germanischen Stämmen auf römischem Boden gegründeten Staaten ein aus zwei Nationalitäten, Germanen und Romanen, gemischtes, sondern begriff außerdem als ein Reich im eigentlichen Sinn des Wortes eine Mehrzahl germanischer Völker in sich. Doch war die Staatsverfassung [1]) eine einheitliche und zwar überwiegend fränkisch, also germanisch [2]), wenngleich nicht ohne einzelne römische Elemente. Die Eigenthümlichkeit der verschiedenen Völker aber war durch administrative und communale Einrichtungen und durch die damit zusammenhängende Gerichtsverfassung gesichert.

Denn an der Spitze des Reichs steht der König der Franken [3]) als des herrschenden Volkes [4]), dessen zwei Stämme, Salier und Ripuarier, gleichberechtigt, dessen freie Glieder daher auch durch gleiches Wergeld ausgezeichnet sind [5]), während den andern unterworfenen germanischen Stämmen in dieser Hinsicht nur ihr Recht [6]), den Romanen dagegen, selbst in ihrer

Herrlichkeit und als eifriger Beschützer des Christenthums die Eigenthümlichkeit seines Volkes in Sprache, Poesie, communaler Freiheit und persönlichem Regiment zu schätzen und zu fördern verstand.

1) Wegen deren ich im Allgemeinen auf Waitz, deutsche Verfassungsgeschichte Bd. 2, in einigen Punkten auf Roth, Beneficialwesen, verweise. Geht man freilich auf die Quellen zurück, so wird man überrascht, wie dürftig sie in dieser Periode sind, und wie manche der wichtigsten Punkte daher Hypothese bleiben.

2) Nicht fränkisch für die Franken, römisch für die Romanen. Waitz S. 89. Roth S. 140.

3) Rex Francorum ist sein Titel in Gesetzen, z. B. Childebertus Rex Francorum (*Pertz leg.* I. *p.* 9) und Urkunden. *Bréquigny, Dipl. ed. Pardessus* I. *p.* 190.

4) Daher auch regnum Francorum als Eines, trotz der Theilungen.

5) Zweihundert Solidi *L. Sal.* 41, 1. *L. Rip.* 7. 36, 1. Der advena Francus ist vor Allen der Salier.

6) *L. Rip.* 36, 2. Si quis Ripuarius advenam Burgundionem interfecerit, 160 solidis culpabilis indicetur. 4. Si quis Ripuarius advenam Alamannum seu Fresionem vel Baiuvarium aut Saxonem interfecerit, 160 solidis culpabilis indicetur. Bemerkenswerth ist, daß die Burgunden, als das herrschende Volk in dem annectirten Königreich, von anderen unterworfenen Germanen unterschieden werden. Daß der Burgunde mittleren Standes schon früher das gleiche Wergeld wie der Franke hatte (*L. Burg.* II. 2), war zufällig. Daß dasselbe aber auch dem medius Alamannus (*L. Al.* 68, 4) und später den Thü-

ersten Klasse, nur der halbe persönliche Werth eines Franken zugestanden wird [7]).

Ueber das ganze Reichsgebiet [8]) und alle freien Einwohner desselben hat der König dieselbe Gewalt, und diese ist im Vergleich mit dem Königthum der germanischen Urzeit durch die Eroberung, des großen Begründers Werk, durch die Analogie der unterworfenen Romanen und die höhere von der katholischen Kirche ihm verliehene Weihe erheblich gesteigert. Alle, Germanen und Romanen, sind ihm dieselbe Treue schuldig, bestätigen sie bei seinem Regierungsantritt durch ihren Eid [9]) und heißen deshalb seine Leute (leudes) oder Getreuen (fideles), unterschieden von dem engeren Kreis seines Gefolges (antrustiones) [10]).

Von den einzelnen Bestandtheilen dieser Gewalt ist 1) der Heerbann, d. h. das Recht alle Freien zur jährlichen Heerschau im März und zu Vertheidigungs- und Eroberungskriegen willkührlich aufzubieten, aus der germanischen Herzogsgewalt entsprungen, aber von Anfang an auf die Romanen übertragen worden [11]). — 2) Das Besteuerungsrecht des Königs dagegen war als mit der germanischen Freiheit unverträglich den Franken ursprünglich fremd. In dem eroberten Gallien aber fan-

ringern allgemein zugestanden wurde (*L. Angl. et Ver.* 1, 2), scheint doch, wie auch das halbe Wergeld der Romanen, auf einer Vergleichung der Nationalitäten zu beruhen. Anders Waitz S. 181. Roth 94.

7) *L. Sal.* 41, 3. *L. Rip.* 36, 3.

8) Francia, Waitz S. 89.

9) Roth S. 109 führt die Beweisstellen aus Gregor an. Die Formel des königlichen Befehls an den Comes, alle Einwohner des Gaues (pagenses), Franken, Romanen und anderer Nationalität zu versammeln und ihnen diesen Eid (leudesamio) abzunehmen, enthält *Marculf* I. 40. Den Eid der Antrustionen 18.

10) Diesen Sinn von leudes hat Roth S. 276 folg. überzeugend dargethan, während alle früheren Schriftsteller, auch Löbell und Waitz, den Ausdruck von dem königlichen Gefolge oder ähnlichen speciellen Verpflichtungen verstehen. Ueber fideles s. Roth S. 291.

11) *L. Rip.* 65, 1. 2. Für die Verpflichtung der Romanen von Anfang an s. Löbell S. 146. 526 folg. Nicht bloß die Grundbesitzer, wie noch Waitz S. 473 annimmt, s. Roth S. 142. 169--202. 402. Sohm, Zeitschr. für Rechtsg. V. S. 444. Knechte und Halbfreie (liti) zogen mit ihren Herrn ins Feld. *L. Sal. text.* III. 26, 1.

den die Könige das römische Steuersystem, auf der Grund- und der sie ergänzenden Kopfsteuer beruhend, vor und behielten es als vortheilhaft, wenngleich mit wesentlichen Modificationen, bei [12]). Eine Hauptänderung lag schon darin, daß, da alle Staatsbedürfnisse durch Natural-Dienste und Leistungen bestritten wurden, der Ertrag der Steuern dem Könige persönlich zufloß. Um so drückender mußte nun die früher nach dem Staatsbedürfniß bemessene willkührliche Steigerung der Abgaben [13]) erscheinen. Der Widerstand, den die Könige bei mehrmaligen Versuchen fanden, führte daher zur Fixiruug der Grund- und Kopfsteuer, die sich dadurch in ständige Real- und Personallasten verwandelten [14]) und, weil sie nicht alle Unterthanen trafen, auch rücksichtlich des Verpflichteten einen privatrechtlichen Charakter annahmen. Der Kopfsteuer waren schon nach römischer Verfassung nur die Colonen und die Plebejer, d. h. die nicht besitzenden Städter unterworfen; diese entrichteten sie nun an den fränkischen König und wurden deshalb als nicht vollkommen frei betrachtet [15]). Die Versuche sie auch den freien Franken aufzuerlegen, fanden daher den härtesten Widerstand und konnten nicht allgemein durchdringen [16]). Die Grundsteuer als Reallast bestand nachweislich in dem eroberten Gallien allgemein, vielleicht nur mit Ausnahme der den Franken vom Könige zugetheilten Ländereien und der von früher her steuerfreien Loose der Burgunden und der ausgewanderten Westgothen, welche den Franken zufielen [17]). Das alte salische Land und Ripuarien

12) Waitz S. 510 folg. Roth S. 85—90, dem ich das Folgende entlehne. Vgl. auch Walter § 127.

13) Vgl. Bd. 3. S. 69.

14) S. besonders Roth cit.

15) Waitz S. 174. Note 2. Mit ihm halte ich daher den Romanus tributarius der *L. Sal.* 41. 3. für den kopfsteuerpflichtigen Plebejer; unmöglich konnten diese alle getödtet oder zu Sklaven gemacht sein und also in der Aufzählung nicht fehlen. Nicht mit Roth S. 91 für den Colonen, obgleich allerdings in römischer Zeit der Ausdruck nur für diese nachgewiesen werden kann.

16) Waitz S. 523 folg. Roth S. 87.

17) Waitz S. 525 folg. Ich bin geneigt, mit *Pardessus* die Steuerfreiheit nur für das Allode (Erbgut) der Franken, also die Terra salica in diesem Sinne anzunehmen; daß sie nicht für das von Franken den Romanen abgekaufte Grundeigenthum gelten konnte, ist klar.

aber dürfen wir jeden Falls, abgesehen von den wenigen darin zurückgebliebenen römischen Possessoren, als steuerfrei denken. Der den Alamannen, Thüringern, Sachsen und Friesen bei ihrer Unterwerfung auferlegte Zins dagegen wurde fortentrichtet [18]). Allgemeine Sitte war es, dem Könige jährlich bei der Märzversammlung und andern festlichen Gelegenheiten freie Gaben darzubringen [19]). Sein Haupteinkommen aber bestand in dem Ertrag der Krongüter [20]). — 3) Das Recht der Gesetzgebung und 4) die Richtergewalt des Königs werden später erörtert werden.

Zur Ausübung dieser höchsten Regierungsgewalt bedient sich der König im Mittelpunkt des Reichs seiner Hof- und Hausbeamten, in dessen verschiedenen Theilen der von ihm bestellten Provinzialbeamten, und zu beiden befördert er ohne Unterschied Franken und Romanen [21]).

Daß jene, die königlichen Hof- und Hausbeamten, mehr oder weniger auch an der Reichsregierung Theil nahmen, war eine Folge des durchaus persönlichen Charakters derselben [22]). Vorzüglich gilt dies für die Domestici, welchen die Verwaltung des königlichen Hauses und der Domänen oblag [23]), und deren erster, der Major Domus, im Lauf des siebenten Jahrhunderts die gesammte Regierungsgewalt an sich riß [24]). Desgleichen vom Comes Palatii, von dem als dem Gehülfen des Königs in der Gerichtsverwaltung nachher zu sprechen sein wird. Die Referendarii, deren Amt byzantinischen Ursprungs ist [25]), besorgen mit Hülfe der ihnen untergebenen Cancellarii und Notarii [26]) das gesammte Schreibwerk am kö-

18) Waitz S. 504 folg.
19) Waitz S. 499 folg.
20) Waitz S. 555 folg.
21) Löbell S. 140 folg.
22) S. hierfür und für die einzelnen Hofämter Waitz S. 358—398.
23) *Marculf* II. 52. weist bei der Geburt eines Prinzen alle Domestici an, von jeder königlichen Villa drei Sklaven freizulassen. Ausnahmsweise scheint dem Comes die Verwaltung der in seinem Comitat gelegenen königlichen Villen übertragen worden zu sein. So verstehe ich *Marculf* I. 39. Vgl. Waitz S. 365 folg.
24) Vgl. Waitz S. 367 folg.
25) S. oben § 55 Note 43 (Ostgothen) und § 61 Note 62 (Langobarden).
26) Waitz S. 380 folg.

niglichen Hofe, und der Umfang ihrer Thätigkeit ist daher bezeichnend für die Natur der fränkischen Staatsverwaltung, namentlich wenn wir sie mit der ostgothischen vergleichen. Denn abgesehen von königlichen Edicten und Gesetzen, deren Beglaubigung den Referendaren oblag [27]) und der Abfassung der Steuerrollen durch dieselben [28]), enthalten die chartae regales in Marculfs Formelsammlung aus der Mitte des siebenten Jahrhunderts, nicht, wie Cassiodors Werk, alle Zweige der Verwaltung betreffende Erlasse, sondern einmal Schreiben an andere Könige und sodann für das Innere nur königliche Urkunden aus der Gerichtsverwaltung, Schenkungen und Privilegien, endlich Ernennungen geistlicher und weltlicher Beamten, welche persönlich die gesammte Verwaltung in Händen hatten; das ausgedehnte Schreibwerk der römischen Büreaukratie, wodurch die ganze Administration maschinenartig geregelt wurde und wovon selbst die Westgothen noch Einiges beibehalten hatten [29]), ist verschwunden. Persönlich greift der König auch in die Reichsverwaltung ein durch außerordentliche Gesandte (missi), die von seinem Hofe in die Provinzen ausgehen, um Mißbräuche der Beamten abzustellen, Aufruhr der Bevölkerung zu stillen oder einzelne Rechtssachen zu erledigen [30]).

Auch die ordentlichen königlichen Provinzialbeamten (agentes, actores publici) [31]) sind germanischen Ursprungs. Die höhere Aufsicht über eine aus mehreren Gauen bestehende Provinz, meist aus ältern keltischen oder germanischen Stammland-

27) *Childeberti* II. *Decr. a.* 596. (*Pertz* I. *p.* 10) Asclipiodotus recognovit. *Chlotacharii* II. *edictum a.* 614. *p.* 15. Hamingus.

28) Ueber diese Steuerrollen (libri descriptionum, census), die vom königlichen Hofe an die Comites gesandt wurden, s. Waitz S. 512 folg. Den Referendarius des K. Chilperich wollte das Volk wegen der Steuererhöhung tödten. *Gregor. Tur.* V. 29.

29) S. oben § 44 Note 49.

30) Waitz S. 398 folg. Die jährliche Aussendung solcher Missi, Carls des Großen glückliche Schöpfung, knüpfte an diesen Gebrauch an.

31) Beweisstellen bei Waitz S. 403. Note 2. Die Verwaltung heißt actio. *Marculf* I. 8. tibi actionem Comitatus, Ducatus, ac Patriciatus — commisimus.

schaften gebildet [32]), hatte ein Dux [33]), wie sein Name besagt ursprünglich Herzog über eine größere Abtheilung des Volksheers und auch jetzt noch vorzugsweise Heerführer, aber zugleich auch höchster Verwaltungsbeamter in seiner Provinz [34]), und nicht mehr vom Volke gewählt, sondern vom Könige auf Zeit ernannt, der ihm beliebig einen Nachfolger giebt und also seiner Abhängigkeit versichert ist [35]). Anders nur in den deutschen Stammlanden der Alamannen, Thüringer und Bajoarier, wo die Herzoge allmählig selbständige, nur durch Vasallentreue dem fränkischen Könige verpflichtete Fürsten werden [36]). Ganz anomal und ein Vorspiel der Usurpation des Königthums war es dagegen, wenn Pipin von Heristal sich Dux der austrasischen Franken nennen ließ [37]).

Die Gaue (pagi), aus welchen die Provinz besteht, sind nicht mehr die kleinen Hundertschaften der Urzeit, sondern nach der Ausbreitung der Franken über ein weites romanisches Land größere Bezirke, nach natürlichen oder historischen Grenzen gebildet; im eigentlichen Gallien sind es die als Territorien der größeren römischen Städte (civitates) und als Bischofssprengel erhaltenen Gebiete altkeltischer Völkerschaften [38]). Jedem solcher größern Gaue steht in altgermanischer Weise eine Obrigkeit vor, der Graf oder Comes [39]). Dieß ist aber nicht mehr

32) Z. B. provincia Ripuaria *L. Rip.* 31, 5. 88. infra, extra ducatum 33, 1. 72, 2. Aber auch intra pagum Ripuarium 31, 3.

33) Waitz S. 342 folg.

34) Die Bestallungsformel *Marculf* I. 8. ist dieselbe für den Dux und den Comes, so daß also Jener Diesem überall Concurrenz machen konnte.

35) *Marculf cit.* quem (sc. ducatum) antecessor tuus usque nunc visus est egisse, tibi ad agendum regendumque commisimus, ita ut semper erga regimine nostro fidem inlibatam custodias. Ueber die willkührliche Abberufung s. Waitz S. 343. Note 1.

36) Waitz S. 298 folg. 446 folg. 642 folg. Walter §§ 119—121.

37) Waitz S. 636 folg.

38) *Guérard*, *Essai sur le système des divisions territoriales de la Gaule.* 1832. Waitz S. 277 folg. Ueber die Gaue des salischen Landes s. S. 281 und das alte Recht S. 138 folg. Ripuarien hatte deren auf dem linken Rheinufer fünf. Eichhorn I. § 83. Note d. Ueber andere deutsche Gebiete Waitz S. 280.

39) *L. Sal.* 73. *Merkel.* — iudex, hoc est Comis aut Grafio. *L. Rip.* 53. *rubr.* De eo qui Grafionem interfecerit.

der vom Volk erwählte Princeps, sondern, wie in allen Staaten der Völkerwanderung, ein vom Könige auf Zeit ernannter Beamter [40]), den er willkührlich nicht bloß aus den freien Franken, sondern auch aus den Romanen, ja aus seinen Dienstleuten und Freigelassenen erwählt [41]). Erst K. Chlotars II. Edict von 614 bestimmte für das ganze unter ihm wieder vereinigte Reich, daß alle Gerichtsobrigkeiten aus den mit Grundeigenthum in der Provinz Angesessenen gewählt werden sollten und sicherte hierdurch auch dem Amt des Grafen einen mehr volksthümlichen Charakter [42]). Ursprünglich war er der Führer der im Gau angesiedelten Franken; aber auch die eingesessenen Romanen und Germanen anderer Stämme sind ihm unterworfen [43]). Als dem Verwalter der königlichen Rechte liegt ihm nicht nur die Civil- und Criminal-Gerichtbarkeit und Polizei, wovon nachher besonders, sondern auch die Erhebung fiscalischer Gefälle, insbesondere der Steuern und Zölle ob [44]), weshalb er auch Judex fiscalis heißen kann [45]). In königlicher Vollmacht hat er den Bann, d. h. das Recht, Strafbefehle zu erlassen und die verwirkte Königsbuße von sechszig Solidis einzuziehen [46]). So, wenn er die Eingesessenen des Gaus (pagenses) zur Ablei-

c. 1. Si quis iudicem fiscalem, quem Comitem vocant, interfecerit. *Paul. Diac.* V. 36. cum Comite Baiuariorum, quem illi Gravionem dicunt. Waitz S. 322. Note 4. Bestimmt unterschieden werden die Titel z. B. in dem sicher ächten Placitum *Bréquigny ed. Pard. Nr.* 431, wo acht Comites und acht Grafiones als Beisitzer des K. Chlodwich III. vorkommen. In romanischen Gegenden, wo vorzugsweise Romanen Comites waren (Roth S. 172 folg.), mag jener, in fränkischen dieser gebräuchlich gewesen sein. Savigny, R. R. im MA. I. § 80.

40) *Marculf cit.* Note 35. actionem Comitatus, quem *rel.*

41) *L. Rip.* 53, 2. *cf. L. Sal. Pard. text.* IV. 89. 2 (*Merkel* 54, 2).

42) *Chlotacharii* II. *edictum* (*a.* 614). *c.* 12. (*P.* I. *p.* 15.)

43) *Marculf cit.* in pago illo — omnis populus ibidem commanentes tam Franci, Romani, Burgundiones, quam reliquae nationes sub tuo regimine et gubernatione degant et moderentur.

44) *Marculf cit. fin.* quidquid de ipsa actione in fisci ditionibus speratur, per temet ipsum annis singulis nostris aerariis inferatur. Für Steuern s. *Gregor. Tur.* V. 27. IX. 30. für den Marktzoll in Paris *Bréq. ed. Pard. Nr.* 477.

45) *L. Rip.* 32, 3. 51. 53.

46) Wilda, Strafrecht S. 469 folg.

stung des Huldigungseides vor den königlichen Missus beruft [47]), oder zu einem Kriegszuge aufbietet, in welchem er ihr Führer ist [48]). Daß die Gesammtheit der Gaugenossen sonst zur Berathung gemeinsamer Angelegenheiten und zum Gericht unter Leitung des Grafen zusammengetreten wäre, davon findet sich in dieser Periode keine Spur, so daß also der Gau keine Genossenschaft mehr, wofür er zu ausgedehnt schien, sondern nur einen Administrationsbezirk bildet [49]).

Eben deshalb war es nicht bloß das Bedürfniß einer administrativen Unterabtheilung, sondern zunächst die Erhaltung des communalen Elementes der alten Gaugemeinde, welches die Franken schon im salischen Lande veranlaßte, den Gau in Hundertschaften (centenae) zu theilen [50]) und diese Einrichtung dann auf das ganze Reich zu übertragen [51]). Hiermit war dann nothwendig eine zweite Neuerung verbunden, nämlich der Hunderte oder Centena einen besonderen Vorstand zu geben, der im alten salischen Recht unter dem Namen Tunginus und unter dem gleichbedeutenden lateinischen Centenarius jetzt auch im übrigen Reiche vorkommt [52]). Geringeren Ranges als der Graf ist er doch nicht als dessen Stellvertreter, überhaupt nicht als königlicher, sondern als Communalbeamter zu betrachten, denn er wird von den Eingesessenen seines Bezirks gewählt [53]). Diese

47) *Marculf.* I 40.

48) Waitz S. 331. Note 1.

49) Waitz S. 444. IV. S. 309. Schon die Lex Salica kennt keine Gauversammlung. Waitz, Recht der Sal. S. 209.

50) Tunginus aut Centenarius Note 52 läßt nothwendig auf eine centena schließen, während nach *L. Sal.* 50, 2. dem pagus der grafio vorsteht. Waitz, das alte Recht S. 139.

51) *Childeberti* II. *decr.* (*a.* 596). *c.* 9. 11. 12. (*Pertz* I. *p.* 10). *Chlotacharii* II. *decr.* *c.* 1. 8. *p.* 11. 13. Auch condita genannt Waitz S. 276 Note 1 und pagus S. 277 Note 1. Für Alamannien s. *L. Alam.* 36, 1, wo der Ausdruck huntare häufig dafür vorkommt. J. Grimm, RA. S. 532. Waitz S. 274. Note 3. Nur in Baiern scheint Gau- und Hundertschaft noch Eins zu sein. Waitz S. 276.

52) *L. Sal.* 44, 1. 46, 1. Tunginus aut Centenarius. *Form. Lang.* 20. *Walter* III. *p.* 556. tongino vel centenario. *L. Rip.* 50, 1. ad mallum ante Centenarium vel Comitem. *Decr. Child. Chlot.* *L. Alam. citt.*

53) *Chlotacharii* II. *decr.* c. 8. zweimal electi Centenarii. *cf. L. Alam.* 14, 1. Waitz, das alte Recht S. 137 folg. Verf. II. S. 316.

versammeln sich auch nun unter seinem oder des Grafen Vorsitz regelmäßig, nicht nur zum Gericht, sondern, wie von jeher die Gemeindeversammlungen Beides vereinigten, auch zur Ordnung und Verwaltung der gemeinsamen Angelegenheiten [54]). Durch königliche Gesetze ist dann dieser Hunderte noch eine andere Bedeutung gegeben worden: sie ist für die in ihrem Bezirk vorkommenden Verbrechen verantwortlich gemacht und ihr Vorstand, der Centenarius, zur Verfolgung und Verhaftung der Verbrecher mit Hülfe der Eingesessenen verpflichtet worden [55]).

In diesen drei Stufen, des Dux, des Comes und des Centenarius, ist die fränkische Verwaltungsordnung abgeschlossen. Ein Vorstand der Ortsgemeinde, etwa unter dem bei den Langobarden vorkommenden Namen Decanus, ist in den fränkischen Quellen dieser Periode nicht nachzuweisen [56]).

Was aber ist von der römischen Provinzial- und Municipalverfassung Galliens, die unter burgundischer und westgothischer Herrschaft zum Theil fortbestanden hatte [57]), im fränkischen Reiche noch vorhanden? Von der Provinzialverfassung am Wenigsten. Dahin gehört der römische Titel Patricius, welcher besonders in Burgundien dem fränkischen Dux oder Comes gegeben wird und diesem einen höhern persönlichen Rang verleiht [58]). Der Titel Präses Provinciae hat sich für den königlichen Provinzialbeamten in dem fast ganz von Romanen bewohnten Churrhätien noch bis in die folgende Periode erhalten [59]). Ferner halte ich den Vicarius Comitis, der

54) Die freie Rechtsschöpfung der Gemeinde schließt Gericht, Gesetzgebung und Verwaltung je nach dem verschiedenen Gegenstande in sich. Vgl. J. Grimm, RA. S. 745. Waitz, Verf. I. S. 316.

55) *Childeberti* II. *Chlotacharii* II. *decr. citt.* Waitz II. S. 283.

56) Waitz, Verf. I. S. 459 folg. II. S. 317. Was derselbe über einen Ortsvorsteher mit dem Namen Schultheiß S. 307 folg. ausführt, überzeugt mich nicht. Von dem Tribunus nachher.

57) Unter den Burgunden s. § 37 Note 41. 42, den Westgothen § 44 Note 46—69.

58) *L. Rip.* 59, 1. *Marculf.* I. 8. 35. II. 49. Waitz II. S. 541 folg. Geschichtliches auch bei Löbell S. 143. 239. 247 folg.

59) *Merkel, de re publ. Al.* § 8 Note 2. Walter § 118. Daß

in dem früher westgothischen Gallien als königlicher Beamter in gerichtlichen und fiscalischen Functionen neben dem Comes vorkommt, für einen Rest der frühern westgothischen Provinzialverfassung, nur daß er bei der völligen Gleichstellung der Romanen und Franken nicht mehr bloß für jene, sondern für Beide den Grafen, sei es im ganzen Gau bei dessen Verhinderung oder in einem Theil desselben oder bei einzelnen Geschäften vertrat[60]). Endlich tragen auch die Tribuni, welche als untergeordnete königliche Steuer- und Polizeibeamte in allen Theilen des Reichs vorkommen, einen römischen Namen, welcher durch Vermittlung der römischen und fränkischen Heeresverfassung sich erhalten haben mochte[61]).

Wichtiger ist die Fortdauer der römischen Municipalverfassung, namentlich in den Hauptstädten des mittleren und südlichen Galliens, wofür wir entscheidende Beweise besitzen[62]). In Formelbüchern und Urkunden dieser und der folgenden Periode erscheint der Stadtsenat, die Curie, den Defensor an ihrer Spitze, in voller Thätigkeit; zwar nur in Handlungen der freiwilligen Gerichtbarkeit[63]), aber hier mit

der Name zuweilen auch für den fränkischen Comes gebraucht wird, bedeutet weniger Waitz S. 324.

60) Dieser Periode gehören sicher nur zwei Fälle an, beide in Tours. *Gregor. Tur.* VII. 23. bei der Steuererhebung. X. 5. bei der Gerichtsverwaltung: qui iudiciaria potestate regebat pagum. Dieser pagus könnte auch eine Centena oder vicaria der späteren Zeit sein. Die Chronologie von *Marculf App.* 1. 3. 6, worin der Vicarius als Richter vorkommt, ist ungewiß. Vgl. Waitz S. 339 folg. Für die westgothische Zeit s. oben § 44 Note 36 folg. Eichhorns Ansicht nehme ich also für die fränkische Zeit nur zur Hälfte an.

61) Waitz S. 304 folg. Löbell S. 186 folg.

62) Savigny, R. R. im MA. I. § 95—98. II. § 41. Löbell S. 138 folg. Hegel, Gesch. der Städteverfassung in Italien II. S. 329 -378. Seine Kritik der französischen Litteratur über diesen Gestand überhebt mich des Zurückgehens auf dieselbe. Savigny gegenüber begeht er denselben Fehler wie dieser, nur in umgekehrter Richtung: weil in Italien die römische Municipalverfassung durch die Langobarden wirklich ganz aufgehoben worden, legt er ihrer Erhaltung im fränkischen Reiche zu wenig Bedeutung bei. Waitz S. 287 folg. — Churrhätien, wo die römische Municipalverfassung sich am vollständigsten und längsten behauptete, bleibt hier außer Betracht.

63) Den einzigen Fall streitiger Gerichtbarkeit, den Savigny S. 312 anführt, *Gregor. Tur.* VII.

solchen anschaulichen Einzelheiten, z. B. dem Dialog zwischen der Parthei und dem Defensor u. A., daß an gedankenloses Nachschreiben althergebrachter Formeln nicht gedacht werden kann [64]). Und für diese rein formelle Mitwirkung zu Privatgeschäften allein, nur um den Vorschriften des römischen Rechts zu genügen, sind die Väter der Stadt gewiß nicht zusammengetreten; gehörten doch jetzt, nachdem unter der Herrschaft der Barbaren der Druck der kaiserlichen Verwaltung auf die unglücklichen Curien längst aufgehört hatte, die vornehmsten und reichsten Provinzialen zu diesen städtischen Senatoren [65]), in deren Händen der fränkische König die Selbstverwaltung aller städtischen Angelegenheiten um so sicherer belassen konnte [66]), als der in der Stadt residirende Graf die Staatsinteressen vertrat [67]). Politische Bedeutung hatten also die Städte und ihre Senate allerdings nicht; nur von der Selbstverwaltung der ländlichen

47 (in iudicio civium) halte ich mit Hegel S. 348 und Waitz S. 288 für nicht begründet. Der negative Beweis wird ergänzt durch das Vorkommen anderer Gerichte in den Städten, s. unten § 66 Note 17 folg.

64) Die Fälle, welche ich für beweisend halte, sind: 1) Testamentserrichtung vor der Curie *Marculf* II. 37. 38. *App.* 53—55. 2) Testamentseröffnung *Marculf* II. 17. *Form. Lindenbrog.* 72. 73. *Baluz.* 72. Notarielle Testamente, worin die Eröffnung vor der Curie angeordnet wird: von 615 *Bréq. Nr.* 230. von 642 *Nr.* 300. von 721 *Nr.* 514. Auch dieß letzte ist ein Privattestament, und ob der unterschriebene Defensor der Vorstand der Curie in dem Castrum Semür war (?), ist sehr zweifelhaft. vgl. Savigny S. 313. 3) Schenkungen *Marculf* II. 37. 38. *Form. Sirmond.* 2. 3. 17. Donatio propter nuptias *Form. Andegav.* 1, 3. Urkunden von 804 und 823 bei Savigny I. S. 314. 317. 4) Adoption *Form. Lind.* 59. *Sirm.* 23. 5) Bestellung eines Tutors *Form. Sirm.* 24. 6) Generalvollmacht *Form. Andegav.* 1, 1. 2. 47. *Arvern.* 3. 4. *Sirm.* 20. 7) Protest wegen verlorener Urkunden *Form. Arvern.* 1. 2. *Sirm.* 28.

65) Vgl. oben § 37 Note 41 und § 44 Note 57 und Löbell S. 138. 168. — Hegel S. 350 folg. hat dieß übersehen und hält sie für Nachkommen von „Reichssenatoren", welche traditionell diesen Titel fortgeführt (?). Daß *Gregor. Tur.* X. 31. Senatoren erwähnt, die in verschiedenen Städten Bürgerrecht hatten, beweist dieß nicht.

66) Ob Antheil an der Steuererhebung, wie Hegel cit. annimmt, steht dahin, da es an jedem Zeugniß dafür fehlt.

67) Der deshalb auch Comes civitatis heißt. Löbell S. 188. Ein gewisser Galactorius aus Bordeaux war erst Defensor der Stadt, dann durch Ernennung des Königs Judex (Vicarius ?), endlich Comes. *Venant. Fortunat.* X. 22. Löbell S. 187.

Centenen sind wenigstens die vollständig organisirten größeren Städte als eximirt zu denken. Doch hatten sie Selbstgefühl genug, um unter sich, gleich den Großen des Reichs, Fehden zu führen [68]). Die Franken, welche in der Stadt wohnten [69]), traten natürlich in alle Rechte der Bürger und, wenn sie wollten, auch in jene städtischen Aemter mit ein und mögen durch ihren ungebundenen kriegerischen Geist auch zu jenen Fehden beigetragen haben.

Römischen Ursprungs und von großer Bedeutung zunächst für die Romanen, dann für das ganze Reich war auch der Organismus der katholischen Kirche, die Hierarchie, insbesondere in ihren Häuptern, den Bischöfen [70]). Diesen Organismus fanden die Franken in Gallien vor; Chlodwich gewann durch seinen Eintritt in die katholische Kirche die Unterstützung ihrer Geistlichkeit, die ihm bei der Erweiterung des Reichs so wesentliche Dienste leistete und auf diese Weise ein wichtiges Glied desselben wurde. In der ersten Zeit wurden die Bischöfe, wie früher, aus den großen senatorischen Familien gewählt, welche allein die dazu nöthige Bildung besaßen und ihre einflußreiche Stellung neben dem fränkischen Comes zur Beschützung ihrer Stammgenossen gebrauchten. Als aber dieser Einfluß, unterstützt durch den zu großen Herrschaften erweiterten Grundbesitz der Kirche, im Lande und bei Hofe je länger je mehr wuchs, sehen wir auch Franken dieselbe einnehmen. Daß nur dem König ergebene Männer dazu gelangten, war nun für diesen vom größten Interesse, daher der Kampf zwischen Staat und Kirche auf diesem Punkte schon jetzt beginnt. Die Kirche nahm das Recht der freien Wahl durch den Clerus und das Volk in Anspruch; der König das Recht nicht nur der Prüfung der Würdigkeit des Gewählten und seiner Bestätigung, sondern auch der Bezeichnung des von ihm für würdig Erkannten zum voraus, die durch das königliche Ansehn und den Beirath von geistlichen und welt-

68) Löbell S. 139.

69) Löbell S. 105. Hegel S. 347—356.

70) Löbell S. 315—358. Waitz S. 348.

lichen Großen unterstützt die Natur einer directen Ernennung annahm[71]).

Ganz eigenthümlich sind dem fränkischen Reiche als exceptionelle Glieder seiner Verfassung die Immunitäten. Da sie aber in die Gerichtsverfassung eingreifen, so bleibt die Untersuchung besser dieser vorbehalten.

Nachdem das Reich eine solche Ausdehnung gewonnen, daß es Franken, Romanen und mehrere andere germanische Völker in sich schloß und nach mehrmaligen Theilungen nur vorübergehend Einem Könige gehorchte, konnte von Rechten des Volkes als einer Einheit und von Ausübung derselben in einer Volksversammlung nicht mehr die Rede sein[72]). Thatsächlich wußten Chlodwich und seine nächsten Nachfolger die Zustimmung ihres kriegslustigen Volksheeres zu Heereszügen noch durch ihr persönliches Ansehn zu erlangen, während später die Widersetzlichkeit desselben nicht selten war. Daß die jährliche Versammlung zur Heerschau am ersten März in Gebrauch blieb, steht wenigstens für Austrasien fest. Doch konnten diese und andere außerordentliche Versammlungen politische Bedeutung erst dann gewinnen, als aus den großen Hof- und Provinzialbeamten,

71) Die Concilienschlüsse von Orleans und Paris, welche das Recht der Kirche aussprechen s. bei Waitz S. 350 Note 3. Für das Recht des Königs besonders *Chlotacharii* II. *edictum* (*a.* 614) *c.* 1. (*Pertz* I. *p.* 14). — ut episcopo decedente, in loco ipsius, qui a metropolitano ordinari debet cum provincialibus, a clero et populo eligatur, et, si persona condigna fuerit, per ordinationem principis ordinetur; vel certe, si de palatio eligitur, per meritum personae et doctrinae ordinetur. *Marculf* I. 5. 6. enthält die königliche Ernennung (sollicitudine congrua una cum pontificibus vel proceribus nostris plenius tractantes, decrevimus) und den an den betreffenden Metropolitan und die Bischöfe gerichteten Befehl zur Consecration; *Form.* 7. ein Bittgesuch von Diöcesanen um Ernennung eines Bestimmten. Ueber die wirklichen Vorgänge s. Löbell und Waitz citt.

72) Löbell S. 208 folg. Waitz S. 468 folg. Walter § 95. Waitz, das alte Recht S. 209 bemerkt richtig, daß die Lex Salica von regelmäßigen Volksversammlungen nichts wisse; eine außerordentliche Versammlung des ganzen Volks mit ihren Fürsten in Bezug auf die Abfassung des Gesetzes bezeugt aber die dem Prolog zum Grunde liegende Sage.

die zugleich die größten Grundbesitzer waren, sich eine neue Aristokratie gebildet hatte, deren Beirath und Zustimmung nun von den Königen bei Reichstheilungen, Staatsverträgen und Gesetzen regelmäßig eingeholt wurde. Daß auch die Bischöfe als geistliche Optimaten entscheidenden Antheil daran nahmen, entsprach ihrer einflußreichen Stellung. Wenn aber regelmäßig auch die Mitwirkung des Volkes erwähnt wird, so kann dies nur von der Gegenwart einer unbestimmten Menge freier Volksgenossen und deren Acclamation verstanden werden. Aehnliche Versammlungen kommen bei den Alamannen, Baiern und Thüringern vor, denen jedoch vermöge der nur relativen Selbständigkeit dieser Stämme keine politische, sondern nur communale und autonome Bedeutung zugeschrieben werden kann[73]).

§ 66. An diese Verfassung des fränkischen Reichs schließt sich die Gerichtsverfassung[1]) auf das Genaueste an. Sie ist für uns dadurch vom höchsten Interesse, daß sie mehr als die irgend eines anderen Staates der Völkerwanderung von ursprünglich germanischen Einrichtungen erhalten und diese dann zeitgemäß umgebildet auf das ganze Mittelalter fortgepflanzt hat.

So vor Allem ist es nichts Neues, sondern dem Grundsatz des ältesten germanischen Königthums gemäß[2]), daß die gesammte Rechtsordnung, Recht und gemeiner Friede, in dem Könige ihren höchsten Schutzherrn findet. Ihm fällt daher die Buße für den verletzten Frieden (fredus) zu, wenngleich sie von seinen Beamten, namentlich dem Grafen, in Empfang genommen wird[3]). Er ist es auch, der dem beharrlich das Recht Weigernden diesen Schutz entzieht, d. h. ihn für friedlos erklärt[4]).

73) Waitz S. 446 folg. — Näheres unten bei der Gesetzgebung § 67.

1) Eichhorn, D. RG. §§ 74. 75. Savigny, R. R. im MA. §§ 68—72. 75—81. Rogge, Gerichtswesen der Germanen §§ 9. 10. 13—15. Weiske, Grundlagen der früheren Verf. Teutschlands, Leipz. 1836. Unger, Die altdeutsche Gerichtsverfassung, Göttingen 1842. Waitz, Recht der sal. Franken S. 138—154. 209 folg. Verf. II. S. 417—439. 451—458. Walter, D. RG. § 616—618.

2) S. oben § 30 Note 63.

3) *Gregor. Tur. de mir. S. Mart.* IV. 26. Compositionem fisco debitam, quam illi fredum vocant. *L. Sal.* 50, 2. — tercia parte Grafio freto ad

Die Gerichte aber, welche diesen Schutz handhaben, sind hauptsächlich zweierlei, nehmlich entweder das des Königs selbst außerordentlicherweise, oder das der ordentlichen Gerichtsbeamten, welcher Gegensatz mit Rücksicht auf die örtliche Bestimmung durch in palatio oder in pago bezeichnet wird. [5])

I) Im Gau (in pago) gab es, so viel aus den Quellen dieser Zeit ersichtlich ist, nicht Eine Gerichtsstätte für den ganzen Umfang desselben und alle Eingesessenen [6]), sondern jede Hunderte (centena) hatte ihren Mallus [7]), ursprünglich eine gottesdienstliche Stätte in einem Haine, auf einem Berge, daher noch Malberg genannt [8]), obgleich jetzt auch in Städten und anderen Orten [9]), wo die Centgemeinde sich regelmäßig alle acht oder vierzehn Tage zu Gerichts- und anderen Verhandlungen versammelt [10]), oder wohin sie außerordentlich berufen wird [11]).

se recolligat, si tamen fretus iam ante de ipsa causa non fuerit solutus. *tit.* 53. *L. Rip.* 89. Nec nullus iudex fiscalis — freda non exigat, priusquam facinus componatur. — Fredum autem non illi iudici tribuat, cui culpam commisit, sed illi qui solutionem recipit; tertiam partem fisco tribuat, ut pax perpetua permaneat. *Chlotacharii* II. *decr.* (*a.* 595) c. 8.

4) *L. Sal.* 56. Tunc si ille, qui illum admallat, ista omnia impleverit, et ille qui admallatus est ad nullum placitum venire voluerit, tunc rex, ad quem mannitus est, eum extra sermonem suum ponat. *tit.* 96. *Chilperici edictum* c. 9. (*Pertz* II. *p.* 11). — ipsum mittemus foras nostro sermone, ut quicunque eum invenerit, quando sic ante pavido interfitiat. Auch der besondere Schutz des Königs wird verbum regis genannt. *L. Sal.* 13, 3.

5) *Form. Andegav.* 1, 1. 2. 51. *Marculf* I. 21. 24. Die frühere Bezeichnung ist in *L. Sal.* 46. aut ante regem, aut in mallo — ad mallum und ad regis praesencia. In *L. Rip.* 33, 1. ad regis stapplum, vel ad eum locum ubi mallus est.

6) Eichhorn § 74 Note d. Waitz II. S. 433. vgl. I. S. 323. IV. S. 312 folg.

7) Ueber Etymologie und Bedeutung s. J. Grimm, RA. S. 447. Waitz, Recht der Sal. S. 143. Müllenhoff S. 289.

8) *L. Sal.* 46. in mallo publico legitimo, hoc est in mallobergo. 54, 3. in singulis mallobergis. 56. 57. rachineburgii in mallobergo sedentes. Waitz cit. J. Grimm S. 801.

9) *Form. Andegav.* 49. Andecavis civitate ante — illo Comite vel reliquis racineburdis. *Marculf. App.* 1. in civitate illa in mallo publico. 2. castro illo in mallo publico. 9. admallare per mallos, vicos, castella, oppida et civitates, necnon etiam, si necessitas incumbuerit, in palatio.

10) *L. Sal. Em.* 56, 4. (*Nov.*

Eine Hauptfrage ist nun, welche Gerichtsobrigkeit diese Verhandlungen leitete, ob der Graf als königlicher Beamter, oder der Centenar als erwählter Vorstand der Hunderte. Die Beantwortung dieser Frage hat nicht geringe Schwierigkeit; jeden Falls ist zwischen verschiedenen Zeiten und Orten zu unterscheiden [12]). Was die Quellen mit Sicherheit ergeben, ist Folgendes.

Nach dem alten salischen Recht (lex Sal. 1—65) und im salischen Lande ist der Tunginus oder Centenarius der ordentliche Vorstand des Mallus, und zwar sowohl in der gesetzlichen, als in der von ihm berufenen Gemeindeversammlung, bei Verhandlungen der freiwilligen [13]) und der streitigen Gerichtbarkeit [14]).

334). in singulis mallobergis, id est plebs quae ad unum mallum convenire solet. *L. Alam. Hloth.* 36. ut conventus secundum consuetudinem antiquam fiat in omni centina. — Ipse placitus fiat de sabato in sabatum — de septe in septe noctis, quando pax parva est in provincia; quando autem melior est, post 14 noctes fiat conventus in omni centina. *L. Baiuv.* II. 14. Ut placita fiant per kalendas aut post 15 dies, si necesse est ad causas inquirendas, ut sit pax in provincia. Et omnes liberi conveniant constitutis diebus. Vgl. die Fristen in septem noctes *L. Sal.* 40, 4.5. Waitz I. S. 319 und für die Versammlungen am Neumond und Vollmond in der Urzeit oben § 31 Note 21.

11) *L. Sal.* 44, 1. 46, 1. ut Tunginus aut Centenarius mallum indicant. Auch von dieser Versammlung heißt es hier: in mallo publico legitimo, hoc est in mallobergo ante teoda (s. theuda = vor der Volksgemeinde). Vgl. Müllenhoff in Waitz, R. der Sal. S. 292. Dieser Ausdruck ist also nicht auf das „echte Ding" des späteren Mittelalters beschränkt, wofür *L. Sal. cit.* postea aut ante regem aut in mallo kein besonderes Wort hat. — Vollzählig war die Hunderte wohl selten versammelt, am wenigsten bei besonderer Berufung; dennoch galt sie für gegenwärtig.

12) Eichhorn § 74. 2). S. 394 folg., welchem Savigny § 81 und wesentlich auch Rogge § 10 und Weiske S. 64 folgen, schließt von der späteren auf die frühere Zeit. Dagegen hebt Waitz, Sal. R. S. 135. Verf. II. S. 432 folg. den Unterschied der Zeiten mit Recht hervor, nur betont er ihn vielleicht zu sehr. Ihm folgt Walter § 100.

13) *L. Sal.* 44. *de reipus* (Verheirathung der Wittwe). *tit.* 46. *de adfathamire* (Vergabung von Todeswegen). — ut tunginus aut centenarius mallum indicant et in ipso mallo scutum habere debent. *tit.* 60. *de eum qui se de parentilla tollere vult.* In mallo ante tunginum.

14) *L. Sal.* 50, 1. *de fides factas.* — ad mallum eum mannire debet et sic nexti canthichius mallare debet: »rogo te Tungine« *rel.* Auch Tit. 45, 1 *de migrantibus* — tunc man-

Der Graf dagegen wird außerhalb des Mallus zum Behuf executivischer Handlungen angerufen [15]). Das Gericht erscheint also noch ganz in den Händen der Volksgemeinde und ihres Vorstandes; der königliche Beamte greift nur, wo es nöthig ist, mit zwingender Gewalt ein.

Nach der Gründung und Erweiterung des fränkischen Reichs durch Chlodwich und seine Söhne mußte die Steigerung der königlichen Gewalt und das Bedürfniß, unter den gemischten Bevölkerungen Ordnung und Friede zu erhalten, hierin nothwendig eine Aenderung herbeiführen; auch die Gewalt der königlichen Beamten, also namentlich des Grafen, mußte erweitert, das Recht der Volksgemeinden und ihrer Vorstände, der Centenarien, beschränkt werden. Und so erscheint es in den Quellen des sechsten und siebenten Jahrhunderts. Dem Grafen wird vom Könige die ordentliche Civil- und Criminalgerichtbarkeit im ganzen Gau übertragen [16]) und er hält in deren Ausübung nicht nur in der Hauptstadt Gericht, sondern reist auch nach den einzelnen Gerichtsstätten im Gau umher [17]). Die der Gerichts-

niat eum ad mallum, würde den Tunginus als Vorstand des Mallus nennen, wenn das fernere Verfahren vor Gericht beschrieben wäre.

15) *L. Sal.* 50. *cit.* § 2. Wenn der Schuldner in Folge der gerichtlichen Verurtheilung und des Erfüllungsgelöbnisses nicht zahlt: tunc ille cui fides facta est ambulet ad Grafionem loci illius, in cuius pago manet — et dicat verbum: »tu Grafio« — mitte in furtuna sua manum.« — Tunc Grafio collegat septem rachineburgius [idoneos] et sic cum ipsis ad casa illius, qui fidem fecit, ambulet *rel.* *tit.* 51. Si quis Grafionem ad res alienas tollendum invitaverit *rel.* 45, 1. *cit.* — Si ipse cui testatum est noluerit venire — tunc ipse qui testavit super furtuna sua ponat et roget Grafionem, ut accedat ad locum ut eum inde expellat. Sohm S. 169 läßt die Aufforderung an den Grafen unter Berufung auf *Chilp. Ed.* 7. in der öffentlichen Gerichtsversammlung vor sich gehen; aber erst in dieser späteren Zeit trat der Graf in regelmäßige Verbindung mit derselben.

16) *Marculf.* I. 8. iudiciariam dignitatem — tibi actionem comitatus in pago illo — commisimus, ita ut — eos (*sc.* tam Francos, Romanos, Burgundiones quam reliquas nationes) recto tramite secundum legem et consuetudinem eorum regas, viduis et pupillis maximus defensor appareas, latronum ac malefactorum scelera a te severissime reprimantur. In *form.* 28. wird er vom Könige wegen Justizverweigerung zur Rechenschaft gezogen.

17) *Gregor. Tur.* VIII. 18. Gundobaldus autem comitatum

versammlung vorsitzende Obrigkeit (iudex)[18]) ist daher jetzt in der Regel der Graf[19]). Aber auch der Centenar wird durch den Ausdruck iudex als solche bezeichnet[20]), ist also keines Falls seines Rechts, der Gemeindeversammlung und dem Gericht vorzustehen, beraubt[21]). Auch nennt das ripuarische Gesetz ausdrücklich als Vorstand des Mallus den Grafen oder den Centenarius[22]). Ebenso kennt das Alamannische Gesetz diese fränkische Einrichtung und nennt außerdem einen vom Centenarius verschiedenen Stellvertreter des Comes (missus Comitis)[23]). Die disjunctive Erwähnung des Grafen oder des Cen-

Meldensem — accipiens, ingressusque urbem causarum actionem agere coepit: exinde, dum pagum urbis in hoc officio circumiret *rel.*

18) *Childeberti* II. *decr. c.* 6. (*P.* I. *p.* 10) in mallo — iudex — acquiescit istum farfalium custodire. *L. Rip.* 31, 1. in praesentia iudicis. *tit.* 77. ante iudicem in haraho coniuret. *Form. Sirmond.* 39. 42.

19) *L. Sal.* 71. (*Chlodowechi*? *Pertz* II. *p.* 4) — in mallo iudici, hoc est Comite aut Grafione. *Chilperici ed. c.* 7. (*p.* 11). — tunc in proximo mallo ante rachymburgiis sedentes et dicentes, quod ipsi illum ante audierit, sic invitetur Graphio *rel.* — Et si Graphio ante Rachymburgiis sedentes non fuerit invitatus *rel.* vgl. Note 15. *Form. Andegav.* 12. per iudicio illustri illo Comite. 49. ante viro inlustre illo Comite vel reliquis racimburdis, qui cum eo aderant. Auch *Marculf App.* 1—6., wo nur Rachineburgii, nicht Scabini als Beisitzer des Grafen vorkommen, gehören wohl noch der merowingischen Zeit an. *cf. Cap. Syn. Vern. a.* 755. *c.* 29. (*Walter* II. *p.* 44). ad illum Comitem in mallo ante Rachineburgios. Einzelne Fälle s. bei Waitz S. 420 Note 1.

20) *Child.* II. *decr. c.* 9. Si quis Centenario aut cuilibet iudici *rel. cf. c.* 7. 8. 10. 11. *Chlot.* II. *decr. c.* 8. electi Centenarii. *c.* 10. Si quis a iudicibus hunc decretum violare praesumpserit *rel.*

21) Wie Waitz II. S. 432 behauptet. In *L. Rip.* 88. wird der Centenar nicht genannt, weil nur von Optimaten oder königlichen Beamten die Rede ist, zu denen der Centenar nicht gehörte.

22) *L. Rip.* 50, 1. Si quis testes ad mallum ante Centenarium vel Comitem — necesse habuerit — et fortasse testes noluerint ad placitum venire *rel.* Es scheint mir willkührlich, wenn Waitz S. 438 dieß nur als „Erinnerung an frühere Zustände oder Hinweisung auf außerordentliche Umstände" (welche?) auffaßt.

23) *L. Alam.* 36, 1. Conventus autem secundum consuetudinem antiquam fiat in omni centena coram Comite aut Misso, et coram Centenario, d. h. die Versammlung findet statt vor dem Comes oder seinem Missus, und ebensowohl vor dem Centenar. *c.* 2—6. nennt sie stets disjunctiv. Daß es eine fränkische Einrichtung war s. *Merkel, de re publ. Al.* § 8. Note 10.

tenars läßt keinen Zweifel, daß der Eine oder der Andere und zwar in allen Civilsachen ohne Unterschied dem Gerichte vorstehen konnte[24]); denn die bekannte Unterscheidung, wonach der Streit um Grundeigenthum und Freiheit die Gegenwart des Grafen verlangt, gehört erst der carolingischen Zeit an[25]). Nur wenn Beide zugegen waren, trat der Centenar zurück oder dem Grafen als dessen Gehülfe zur Seite[26]). Vorbehalten ist dem Grafen auch jetzt die Civilexecution[27]) und sodann die Verhängung öffentlicher Strafen[28]); in der Criminalpolizei[29]) wird er durch den Centenar unterstützt[30]). Auch in der freiwilligen Gerichtbarkeit zeigt sich die Beschränkung der Rechte des Centenars, indem Handlungen, die früher in der Gemeindeversammlung vor ihm vorgenommen wurden, jetzt unter Mitwirkung des Grafen[31]) oder nur vor dem Könige vollzogen werden[32]). Im romanischen Gallien hat auch der westgothische Vicarius Comitis Antheil an der Gerichtsverwaltung, theils als Gerichtsvorstand an des Grafen statt[33]), theils als Vollstrecker seiner Befehle bei der Civilexecution[34]); er scheint hiernach nicht dem Centenar, sondern dem alamannischen Missus Comitis gleichzustehen. Dagegen findet sich von der streitigen Gerichtbarkeit, welche der Defensor Civitatis noch unter burgundischer und westgothischer Herrschaft hatte, keine Spur mehr.

24) *L. Alam.* 36, 2. Ipsum placitum fiat de sabbato in sabbatum, aut quali die Comes aut Centenarius voluerit. c. 3. — de qualicunque causa.

25) Eichhorn § 74. Note e. Diese Neuerung bestätigt die Annahme des Textes für die frühere Zeit.

26) Waitz S. 425, 2 und 429. 2) führt Fälle an. Ueber den Judex der *L. Alam.* 41. und *L. Baiuv.* II. 15, der vom Centenar verschieden ist, s. unten Note 73.

27) *L. Rip.* 32, 1—4. *tit.* 51. *Chilp. ed. c.* 7. (*Pertz* II. *p.* 10).

28) Waitz S. 327. 434.

29) *L. Sal.* 73. (*Chlod.* 9. *Pertz* II. *p.* 4), das alterthümliche Verfahren, wodurch der Graf den Mörder eines zwischen zwei Dörfern aufgefundenen Leichnams ermittelt. Waitz S. 328.

30) Bei der Verfolgung und Verhaftung von Räubern. *Child.* II. *decr. c.* 9. 11. *Chlot.* II. *decr. c.* 8. S. oben § 65 Note 55.

31) *L. Sal.* 71. (reipus). vgl. oben Note 13.

32) *L. Rip.* 48. (adfathamire). *Marculf* I. 13. Die Verhandlung vor dem Tunginus ist weggefallen. Vgl. oben Note 13.

33) *Gregor. Tur.* X. 5.

34) *Marculf. App.* 1. 3. 6.

Noch bedeutender und der fränkischen Gerichtsverfassung eigenthümlicher ist es, daß unter der Leitung dieser Gerichtsobrigkeiten die wichtigste Richterfunction, die Urtheilfällung, in altgermanischer Weise entweder der versammelten Volksgemeinde selbst oder Einzelnen aus ihr als ihren Vertretern zukam. Ob aber das Eine oder das andere, darüber gehen die Meinungen der Geschichtsforscher auseinander. Die Einen behaupten, das Urtheil sei, wie nach Tacitus Beschreibung in der germanischen Urzeit [35]), so auch jetzt noch bei den Franken stets von der versammelten Volksgemeinde in ihrer Gesammtheit gesprochen worden [36]); die Andern nehmen eine Vertretung derselben, zwar nicht durch ein stehendes Schöffenamt [37]), aber durch einzelne, für den einzelnen Fall aus der Gemeinde erwählte Urtheiler an [38]). Für diese letztere Ansicht spricht schon der Umstand, daß die Urtheiler in den Gesetzen und Urkunden technisch Rachineburgen genannt werden [39]), und daß dieser Ausdruck seinem etymologischen Sinn [40]) und seinem constanten Gebrauch nach [41]) nicht die freien und vollberechtigten Volksgenossen überhaupt bezeichnet, sondern nur diejenigen, die durch ihren Rechtsspruch

35) S. oben § 31 Note 13. 14.

36) Savigny §§ 61. 69. Waitz, Sal. R. S. 150 folg. Verf. I. S. 334. II. S. 421. IV. S. 325.

37) Daß die Scabinen nicht vor Carl dem Gr. vorkommen, ist jetzt allgemein zugestanden, s. Waitz, Verf. II. S. 422 Note 1.

38) Eichhorn § 75. S. 402. Rogge S. 72 folg. Weiske S. 72. Maurer, Gerichtsverfahren S. 16—19. J. Grimm, RA. S. 294. 774 folg. *Pardessus, loi salique p.* 577. Unger S. 112 folg. Walter § 616 Note 3. Siegel, Gerichtsverfahren S. 106 folg. S. 144 folg. Sohm, Prozeß der Lex Salica § 21. S. 150.

39) *L. Sal.* 56. Si quis ad mallum *rel.* — quod ei a rachineburgiis iudicatum fuerit — ubi rachineburgii iudicaverunt — quando rachineburgii iudicaverunt. *tit.* 57, 1. Si quis rachineburgii in mallo sedentes, dum causam inter duos discutiunt, legem noluerint dicere. 2. Si vero illi rachineburgii sunt et non secundum legem iudicaverunt. *L. Rip.* 55. *Marculf App.* 4. *Form. Bign.* 26. *cf. Cap. Syn. Vern. a.* 755. *c.* 29. *Walter* II. *p.* 44.

40) J. Grimm, RA. S. 293 folg. (frühere Meinung) S. 774 (letzte) und übereinstimmend Müllenhoff in Waitz, Sal. R. S. 291). Rachineburgius = consilium ferens, consilii lator, sententiam proferens.

41) Dieß bemerkte gegen Savigny cit. schon *Pardessus cit.* und dann Waitz, Sal. R. S. 151.

der Gerichtsobrigkeit bei Entscheidung des Rechtsstreits oder bei der Execution zur Seite sind [42]) oder über das vor ihnen Verhandelte Zeugniß ablegen [43]). Zwar könnte man einwenden, daß die freien Volksgenossen eben in diesen Functionen den Namen führten und daß derselbe insofern über jene Frage nicht entscheide [44]). Allein durchschlagend ist die ausdrückliche Bestimmung der Lex Salica, daß nur sieben Rachineburgen, an welche der Kläger die Urtheilsfrage richtet, für deren Nichtbeantwortung verantwortlich seien, d. h. die dafür bestimmte Buße zahlen sollen [45]). Auf dieselbe Zahl von Urtheilern ist ohne Zweifel auch die Verantwortlichkeit für ein wider das Gesetz gefälltes Urtheil zu beschränken, obgleich sie das Gesetz hier nicht wiederholt [46]), denn K. Chilperichs Edict nennt ausdrücklich sieben zur Urtheilfällung aufgeforderte und die Sache untersuchende Rachineburgen [47]). Dieselbe Zahl soll ferner der Graf auch bei der Execution zur Legalisirung seines Thuns und zur Abschätzung der zu pfändenden Sachen des Schuldners zuziehen [48]).

Wie aber wurden die sieben Urtheiler aus der Gesammtheit der anwesenden Volksgenossen ausgewählt? Frühere Schriftsteller nahmen an, daß dieß Sache der vorsitzenden und die Verhandlung leitenden Gerichtsobrigkeit gewesen sei, wie es für die Theilnehmer an der Execution ausdrücklich bezeugt ist [49]). Neuerdings ist behauptet worden, in der Urtheilsfrage sei auch

42) Für jenes s. Note 30. Für dieses *L. Sal.* 50, 2. *Chilperici Ed.* c. 7.

43) *Chilp. Ed.* c. 7. *L. Rip.* 32, 2. 3.

44) So Waitz cit.

45) *L. Sal.* 57, 1. *cf. Nov.* 151. 260. 343 und Sohm S. 151 Note 1, der gegen Siegel S. 145 mit Grund geltend macht, daß nach dem Gesetz nicht der Zuletztredende, sondern allemal der Kläger die feierliche Aufforderung an die Urtheiler richte.

46) *L. Sal.* 57, 2. Si vero illi rachineburgii sunt et non secundum legem iudicaverunt *rel.*

47) *Chilp. Ed.* c. 7. — adducat septem rachineburgiis ferebannitus, qui antea audissent causam illam. Sohm cit. S. 154.

48) *L. Sal.* 50, 2. Tunc Grafio collegat septem rachineburgius [idoneos] et sic cum ipsis ad casa illius, qui fidem fecit, ambulet *rel.*

49) Eichhorn cit. S. 403. mit Berufung auf *L. Sal. cit.* Note 48. Rogge S. 73. Unbestimmt läßt es Unger S. 112.

die Wahl der Urtheiler enthalten, Beides also ein Recht des Klägers gewesen [50]). Indessen mußte schon eine geordnete Verhandlung zur Unterscheidung beider Acte führen, und sodann scheint diese exorbitante Bevorzugung des Klägers, wonach die Auswahl der Urtheiler aus der Gesammtheit der anwesenden Volksgenossen ausschließlich in seine Hand gelegt worden wäre, weder mit der billigen Rücksicht auf den Beklagten, noch mit der einflußreichen Stellung der Gerichtsobrigkeit vereinbar. Folgende mittlere Ansicht dürfte der Natur der Sache und den Quellenzeugnissen mehr entsprechen.

Es war allgemein germanischer Gerichtsgebrauch, daß, wie die Obrigkeit zu Gericht saß, so auch die Urtheiler sitzend das Urtheil sprachen, während die Menge gleichberechtigter Volksgenossen das Gericht umstand. Jenes bezeugt auch das salische Recht für die urtheilenden Rachineburgen, und die Gegenwart der mehr oder weniger vollzählig versammelten Gemeinde liegt in dem Ausdruck Mallus für die Gerichtssitzung [51]). Spätere Formeln und Urkunden erwähnen auch ausdrücklich einen zahlreichen Umstand [52]). Eine erst neuerdings beachtete Stelle enthält ferner die merkwürdige Andeutung, daß schon nach salischem, wie nach späterem deutschen Gerichtsgebrauch, vier Bänke für die Urtheiler aufgestellt wurden, innerhalb deren der höhere

50) Zuerst von Siegel S. 107. 145, der aber dieß Recht nach Umständen der einen oder der anderen Parthei beilegt; dagegen Sohm S. 154 mit Grund nur dem Kläger.

51) *L. Sal.* 57, 1. Si qui[s] rachineburgii in mallobergo sedentes *rel.* Vgl. *tit.* 46. in mallobergo ante teoda (*s.* theuda). *Chilperici Ed. c.* 7. ante rachineburgiis sedentes et dicentes, quod ipsi illum ante audierit.

52) *Marculf App.* 6. in illa civitate in mallo publico ante illustri viro illo Comite et ante apostolico viro illo vel praesentibus quam pluribus viris venerabilibus Rachineburgis, qui ibidem ad universorum causas audiendum vel recta in dei iudicia terminandum residebant vel adstabant, quorum nomina subter tenentur adnexa. Der Mallus in einer Stadt, die Theilnahme des Bischofs und anderer Geistlichen, deuten auf spätere fränkische Zeit. Für den Wortsinn von rachineburgii und dafür, daß nur die residentes geurtheilt, ist die Stelle allerdings nicht beweisend. Für die versammelte Menge s. Savigny cit. S. 216. 241 und unten Note 67.

Gerichtsfriede galt [53]). Ist nun hiernach die Vermuthung zu gewagt, daß von der Gerichtsobrigkeit für den Gerichtstag aus der versammelten Gemeinde, der altgermanischen Zwölfzahl gemäß, regelmäßig zwölf Rachineburgen zu diesen vier Bänken berufen worden seien, und daß der Kläger dann an die Majorität derselben, also sieben, die feierliche Urtheilsfrage gerichtet, weil eben diese den entscheidenden Ausspruch zu thun berechtigt und dafür verantwortlich waren? [54]). Ist doch die Zwölf- und die Siebenzahl auch noch für die Scabinen Carls des Großen [55]), ja selbst für die Schöffen der Rechtsbücher bedeutend geblieben [56]). Auch entspricht diesem Zusammenwirken der Gerichtsobrigkeit und des Klägers bei Bestimmung der eigentlich entscheidenden Urtheiler, daß bei der Execution der Graf zwar sieben Rachineburgen wählt, mit denen er vor der Wohnung des Schuldners erscheint, daß aber dieser dann unter ihnen zwei bezeichnet, welche die zu pfändenden Sachen abschätzen [57]).

53) Sohm cit. S. 155. Note 7 hat zuerst darauf aufmerksam gemacht, daß in *Septem causae* VII. 6. Merkel S. 96: Si quis Franco inter quattuor solia occiserit, solidis 600, diese Einrichtung vorausgesetzt und daß hiernach für den im Gerichtsring, also mit Bruch des Gerichtsfriedens, getödteten Franken, das dreifache Wergeld gezahlt wird, wie nach *L. Sal.* 63. in hoste und sonst mit Bruch eines besonderen Friedens.

54) *L. Sal.* 57, 1. Si qui[s] rachineburgii in mallobergo sedentes. — Quodsi ille legem dicere noluerint, septem de illis rachineburgiis — solidos 3 solvant. Daß buchstäblich genommen alle zu Gericht sitzenden Rachineburgen das Urtheil zu fällen, aber nur sieben zur Zahlung der Buße verpflichtet werden, ist ein innerer Widerspruch und aus ungeschickter Fassung zu erklären, s. Sohm S. 152. *Chilp. Ed. c.* 7. nennt nur die sieben rachineburgii ferbanniti, d. h. zur Urtheilfällung aufgeforderte und verpflichtete.

55) Nach Carls des Gr. *Cap. min. a.* 303. *c.* 20. (*Pertz* I. *p.* 115) sollen zu jedem Placitum die sieben Schöffen geladen werden, und nach Ludwigs des Fr. *Cap. legi Sal. add. c.* 2. (*p.* 225) soll der Graf zum Placitum des Missus zwölf Scabinen mitbringen oder die Zahl durch andere Biedermänner des Gaus ergänzen. Vgl. jedoch Waitz IV. S. 330.

56) Sächs. Ldr. I. 8. § 1. Schwäb. Ldr. 172. Laßb. Vgl. überhaupt Unger § 29.

57) *L. Sal.* 50, 2. Tunc Grafio collegat septem rachineburgius [idoneos] et sic cum ipsis ad casa illius, qui fidem fecit, ambulet — et dicat: — elege tu duos, quos

Was die Befähigung zur Function der Rachineburgen betrifft [58]), so liegt es im Wesen der ganzen Institution, daß sie freie und vollberechtigte Volksgenossen sein mußten. Ob zu diesen schon nach dem alten salischen Recht außer den freigebornen Franken und den nach salischem Recht lebenden Barbaren auch der Romanus Possessor gehörte und deshalb jene Befähigung besaß, steht dahin [59]). Nach dem fränkischen Reichsrecht, welches die Gemeindeverfassung über ganz Gallien ausgedehnt und auch die Römer darunter begriffen hatte, kann es nicht zweifelhaft sein [60]). Der kopfsteuerpflichtige Plebejer (Romanus tributarius) dagegen, weil nicht vollkommen frei [61]), war gewiß so gut wie der Litus, der Colone und der Servus, davon ausgeschlossen. Diesen erweiterten Begriff der Freien bezeichnet jetzt der Ausdruck boni homines, welcher constant für die Gerichtsversammlung, die Urtheiler und den Umstand, gebraucht wird [62]). — Aber nicht minder liegt es im Begriff der Rachineburgen, daß sie Glieder dieser bestimmten, zum Gericht versammeltn Volksgemeinde sein müssen. Insofern heißen sie Pagenses, d. h. Angehörige der Hunderte oder des Pagus [63]), in den Städten Cives [64]), und erhalten, da sie natürlich aus den Angesehenern gewählt zu werden pflegten, zu denen auch

volueris [idoneos] cum rachineburgius istos, de quo solvere debeas, adpreciare debeant *rel.*

58) *L. Sal.* 50, 2. rachineburgius [idoneos]. So Merkel, obgleich das Wort idoneos in *Cod.* 1 2. 3. wenigstens einmal, in *Cod. Pardessus texte* IV. zweimal vorkommt. Keines Falls kann mit Savigny I. S. 216 daraus auf die weitere Bedeutung von rachineburgii geschlossen werden.

59) Vgl. *L. Sal.* 41, 1. 3.

60) Waitz, Verf. II. S. 421 folg.

61) *Marculf.* I. 19. bene ingenuus — et in polyptico publico censitus non est. *Gregor. Tur.* VII. 15. — multos de Francis, qui tempore Childeberti regis senioris ingenui fuerant, publico tributo subegit. Waitz S. 522 folg. Roth, Beneficialwesen S. 90.

62) *Form. Andegav.* 5. 6. 12. 46. *Bignon.* 8, 13. *Marculf* II. 9. *App.* 1. 22. 29. 32. 33. 34. 51. Savigny § 62. Waitz S. 420.

63) *Form. Bignon.* 12. fecit iudicatum ipso placito ante ipsum Vigarium vel ante ipsos pagenses. Waitz S. 421, 1.

64) *Gregor. Tur.* VII. 47. — cum in iudicio civium convenissent. — Inito placito. — Tunc partes a Iudice ad civitatem deductae — inventumque est a iudicibus *rel.*

die Geistlichen gehörten, die auszeichnenden Beinamen Seniores, magnifici, venerabiles Viri [65]). In der Angehörigkeit an diese bestimmte Volksgemeinde lag dann zugleich für die germanischen Reichsgenossen die Bürgschaft, daß jeder, wenigstens in seiner Heimath, von seinen Stammesgenossen, der Salier von salischen, der Ripuarier von ripuarischen, der Burgunde von burgundischen Rachineburgen u. s. w. gerichtet wurde, während es in dieser Periode nicht bezeugt ist, daß ihnen in der Fremde und den Romanen überall solche Rücksicht gesetzlich zukam [66]).

Daß der Umstand, d. h. die versammelte Gemeinde selbst, einen unförmlichen Einfluß, durch Acclamation u. s. w. auf die Urtheilfällung übte, wär erhaltener altgermanischer Gebrauch oder Mißbrauch [67]). Von förmlichen Schelten des Urtheils durch Einzelne aus der Versammlung findet sich in fränkischen Quellen keine Nachricht.

Sehr dunkel ist die Stellung und Function der Sachebaronen [68]), deren nach altsalischem Recht nicht mehr als drei

65) *Gregor. Tur.* V. 49. Sigibertus — adsumto comitatu — si in iudicio cum senioribus vel laicis vel clericis resedisset. *Form. Andegav.* 32. Comes — cum reliquis venerabilibus et magnificis rei puplicae viris. *Marculf. App.* 3. illa civitate in mallo publico ante illustre viro illo Comite et ante illo Episcopo vel aliis plures magnificis viris, qui ibidem resedebant. 6. praesentibus quam plurimis viris venerabilibus rachineburgiis. Gegen Savigny § 87, welcher den Decurionen ein Vorrecht zuschreibt, s. Waitz, S. 423 Note 2. In *Form. Andegav.* 32. wird ihnen nur die Anzeige von Verbrechen zur Pflicht gemacht.

66) Vgl. *L. Rip.* 31, 3-5. *tit.* 33, 1—4. und unten § 67 Note 69. Die auf römisches Recht bezüglichen, also für Romanen bestimmten *Form. Andegav.* und *Sirmond.* bestimmen nirgends die Nationalität der Urtheiler. Thatsächlich mögen indeß die Gerichte in romanischen Gegenden regelmäßig aus Franken und Romanen gemischt, oder aus letzteren allein besetzt worden sein.

67) *Vita S. Amandi c.* 12. *Bouquet* III. 533. Comes quidam ex genere Francorum cognomine Dotto congregata non minima multitudine Francorum in urbe Tornaco, ut erat illi iniunctum, ad dirimendas resideret actiones. Tunc — praesentatus est quidam reus, quem omnis turba acclamabat dignum esse morte. *Gregor. Tur.* VI. 8. insultante vulgo atque vociferante, quod si hic dimitteretur, neque regioni neque iudici possit esse consultum. Deshalb wird auch der Umstand unter den urtheilenden boni homines mitbegriffen, s. Note 62.

68) *L. Sal.* 54, 2. 3. Vgl.

in jeder Gerichtsversammlung gegenwärtig sein sollten [69]). Ihrem Stande nach sind sie entweder Freie oder Pueri Regis und haben vermöge ihres Amtes das dreifache sonst ihrem Stande zukommende Wergeld [70]). Jener Umstand, daß sie Pueri Regis sein können, und diese für königliche Beamte gewöhnliche Bestimmung des Wergeldes [71]), läßt keinen Zweifel, daß sie solche gewesen seien. Daß sie nicht unthätige Zeugen der gerichtlichen Verhandlungen waren, sondern an der Entscheidung der streitigen Rechtssachen Theil nahmen, besagt der etymologische Sinn ihres Namens [72]). Die meisten Schriftsteller haben sich daher in der Vermuthung geeinigt, daß sie Rechtskundige gewesen, welche über schwierige Rechtsfragen ein Urtheil abgegeben hätten, das selbst von dem Grafen nicht umgestoßen werden konte [73]). Allein der Text des Gesetzes, der dieser Ansicht zum Grunde liegt, gehört einer spätern Zeit an, wo die Institution längst verschwunden und seine Bedeutung den Abschreibern nicht mehr sicher bekannt war [74]). Auch steht es im Widerspruch mit dem Wesen der altgermanischen Gerichtsverfassung, daß eine zweifelhafte, d. h. durch das Herkommen nicht bestimmte Rechts-

Eichhorn § 75. S. 403. Savigny § 78. S. 261. Rogge S. 69. Maurer § 10. Grimm, RA. S. 783. Unger S. 197. Waitz, Sal. R. S. 140. vgl. Müllenhoff S. 292. Verf. I. S. 335. II. 439. Sohm S. 231 folg.

69) *L. Sal. cit.* § 3. Sacebaronis vero in singulis mallobergis plus quam tres non debent esse.

70) *L. Sal. cit.* § 2. Si quis sacebarone occiderit, qui puer regis fuit — solidos 300 culpabilis iudicetur. Si quis sacebarone, qui ingenuus est, occiderit, — solidos 600 culpabilis iudicetur. Ueber pueri regis *L. Sal.* 13, 4. *tit.* 42, 3. Ueber ihr Wergeld *Cap. extravag.* 24. *Pardessus p.* 340. Vgl. Waitz, Sal. R. S. 100. Walter, RG. § 402.

71) Namentlich den Grafen *L. Sal.* 54, 1.

72) Grimm cit. sagibaro = Sagemann. Müllenhoff cit. nach der constanten Lesart der Handschriften sacebaro = Sachemann, vir litis s. causae forensis.

73) Maurer, Savigny, Rogge, Grimm, Eichhorn, Unger, Waitz cit.

74) *L. Sal. Heroldi.* 57, 4. *Pardessus p.* 256. — et si de causa illi aliquid sanum dixerint, penitus gravio nullam habeat licentiam removendi. *Emendata* 56, 4. *Pard. p.* 314. Et si causa aliqua ante illos (= ab illis) secundum legem fuerit definita, ante grafionem removere eam non licet.

frage, durch freie Rechtsschöpfung königlicher Beamten und nicht weiser Volksgenossen, die damit das Recht auch für sich setzten, entschieden worden wäre. Auf die rechte Spur dürfte der ursprüngliche Text des Gesetzes leiten, welcher Zweierlei über ihre Thätigkeit aussagt: nehmlich allerdings 1) daß sie einen Spruch gethan, aber 2) daß ihnen etwas gezahlt worden, und daß die Sicherheit, die sie deshalb ausgestellt, jede Verantwortlichkeit des Grafen ausschließe [75]). Das Wahrscheinlichste dünkt mir daher, daß sie als königliche Beamte Wächter über das unter des Königs Gewähr stehende Gesetz (leges dominicae) waren, als der lateinischen Sprache und Schrift Kundige den Rachineburgen das Gesetz dolmetschten, die Zahlung der darin verzeichneten Bußen vermittelten und den dem Könige gebührenden Antheil, das Friedensgeld (fredus), im Namen des im Mallus nicht gegenwärtigen Grafen einnahmen [76]). Damit würde übereinstimmen, daß, als im fränkischen Reich Sprach- und Schriftkunde allgemeiner wurde und der Graf selbst regelmäßig im Gericht gegenwärtig war, das Amt der Sachebaronen einging. Zuletzt werden sie in einer salfränkischen Urkunde aus der Mitte des siebenten Jahrhunderts erwähnt [77]).

In ähnlicher Weise stand nach der eigenthümlichen Gerichtsverfassung der Baiern und Alamannen dem Comes ein

75) *L. Sal.* 54, 3. *Merkel* nach dem Münchener Codex, welchem *Pardessus p.* 214. das unentbehrliche si einrückt: et [si] de causa aliquid, id est quod eis solvitur, factum dixerint, hoc ad Grafionem non requiratur, unde illi securitatem fecerunt. *cf.* 50, 3. tercia parte Grafio freto ad se recolligat, si tamen fretus iam ante de ipsa causa non fuerit solutus. Ueber securitas vgl. *Form. Andegav.* 6. 43 und sonst. Schon Waitz, Sal. R. S. 141 macht darauf aufmerksam, daß ihnen etwas gezahlt wurde; Sohm S. 233, daß ad grafionem requiratur die Dativ-, nicht die Ablativbeziehung ausdrückt. Seine Deutung scheint mir aber zu künstlich und die Worte si de causa aliquid dixerint nicht zu erklären; sie waren nicht bloß Empfänger des Fredus, wie die Wittiscalci, sondern an der Urtheilfällung betheiligt.

76) Vgl. Note 3.

77) So auch Waitz S. 143. In einer Schenkungsurkunde von 648 *Bréquigny ed. Pard. Nr.* 312 kommen unter den Zeugen sechs mit dem Zusatz sac. oder sacebaronis (*sc. signum*) vor. Die Urkunde ist datirt von Ascium, jetzt Aix en Erguy, im département du Nord, also im alten Salierlande, wo die Einrichtung sich am längsten erhielt.

Judex zur Seite als Vertreter des geschriebenen Gesetzbuches, durch welchen jedoch die Theilnahme der versammelten Gemeinde in Bezeugung des Herkommens und in freier Rechtsschöpfung nicht ausgeschlossen war [78]).

Die Gerichtsobrigkeit selbst, der Centenar oder der Graf, nahm nach altsalischem Recht an der Rechtsprechung keinen Antheil und sollte gewiß, da sie Sache der Gemeinde war, auch keinen Einfluß darauf üben. Mit der steigenden Gewalt des Königs und seiner Beamten und der Vermehrung königlicher Gesetze, zu deren Wächtern diese bestellt waren, mußte auch dieß sich ändern. Hieraus erklärt es sich, daß häufig das Urtheil geradezu den königlichen Beamten, insbesondere den Grafen, zugeschrieben [79]) und diese für bestochene oder sonst ungerechte Urtheile verantwortlich gemacht werden [80]), woraus auf den Wegfall der Urtheiler aus der Volksgemeinde nicht geschlossen werden darf. Die fortdauernde Theilnahme derselben, auch in Criminalsachen, ist mehrfach bezeugt [81]).

78) *L. Baiuv.* II. 15, 2. Comes vero suum habeat iudicem, qui ibi constitutus est iudicare, et librum legis, ut semper rectum iudicium iudicet de omni causa quae componenda sunt. *cf. c.* 16—19. *L. Alam. Hlot.* 41, 1. Nullus causas audire praesumat, nisi qui a Duce per conventionem populi iudex constitutus est, ut causas iudicet — secundum legem *rel.* 2. 3. Wegen dieser nicht fränkischen Institution s. Näheres bei Rogge § 14. Maurer S. 22. Eichhorn § 75 S. 401. Savigny § 78 S. 264. J. Grimm, RA. S. 781. *Merkel, de re publ. Alam.* § 8 Note 14. Waitz II. S. 424—432, welcher indeß manche von Judices überhaupt redende Stellen hierher zieht und den Judex mit dem Centenar identificirt (?).

79) *Chlotacharii* I. *const. a.* 560. *c.* 1. (*Pertz* I. *p.* 2) nulla sententia a quolibet iudicum vim firmitatis obtineat, quae modum legis atque aequitatis excedit. *Guntchramni Ed. a.* 585. *p.* 4. Cuncti itaque iudices iusta, sicut deo placet, studeant dare iudicia. *Chlotacharii* II. *Ed. a.* 614. *c.* 4. *p.* 14. Ut nullus iudicum de quolibet ordine clericos de civilibus causis, praeter criminalia negotia, per se distringere aut damnare praesumat.

80) *L. Rip.* 88. -- iubemus, ut nullus optimatum, Maior domus, Domesticus, Comes, Grafio, Cancellarius vel quibuslibet gradibus sublimatus, in provincia Ripuaria in iudicio residens munera ad iudicium pervertendum non recipiat. *Chlotacharii* I. *const. a.* 560. *c.* 6. (*Pertz* I. *p.* 2) Si iudex aliquem contra legem iniuste damnaverit, in nostri absentia ab episcopis castigetur.

81) S. Note 67. *Form. An-*

II) Das Gericht des Königs [82]) war schon im Salierlande, wie in der Urzeit das des Herzogs, an die Stelle der großen Volksversammlung (concilium) getreten [83]), nicht nur in Capitalsachen [84]), sondern auch in der Friedloserklärung des beharrlich das Recht weigernden Civilbeklagten [85]). Auch nach fränkischem Reichsrecht soll das Todesurtheil über einen freigebornen Franken und die Friedlosigkeit wegen beharrlicher Contumacia im königlichen Gericht ausgesprochen werden [86]). Ebenso die Uebergabe des Schuldners, der die Buße nicht zahlen kann, an den Gläubiger, um an ihm Rache zu nehmen [87]). An den König als höhere Instanz wendet sich jetzt 1) der Schuldner, welcher sich der Execution widersetzt [88]). 2) Nach ripuarischem Recht scheint die Entscheidung durch gerichtlichen Zweikampf stets vor dem Könige stattgefunden zu haben [89]). 3) Nach demselben Recht soll der Besitzer einer beweglichen Sache, seinen Auctor, wenn dieser außerhalb des Königreiches wohnt,

degav. 49. *Bignon.* 8. vgl. mit *Childeberti* II. *decr. a.* 596. *c.* 5. (*Pertz* I. *p.* 10).

82) Eichhorn § 74. S. 398. Waitz, Sal. R. S. 138. 153. Verf. II. 451—460. Walter § 618.

83) S. oben § 31 Note 4. 5.

84) *L. Sal.* 18. Si quis ad regem innocentem hominem accusaverit *rel. L. Rip.* 38. Die Beschränkung auf Capitalsachen, zu denen auch die Aechtung wegen Leichenraub (*L. Sal.* 55, 2) und ohne Zweifel auch Treubruch gegen den König (*L. Rip.* 69, 1) gehörte, ist freilich in jener Stelle nicht ausgesprochen. *L. Sal. Em.* 20. *Pard. p.* 290. unterscheidet für das carolingische Recht 1. de minoribus culpis und 2. crimina unde mori debuisset.

85) *L. Sal.* 56.

86) *Child.* II. *decr. a.* 596. *c.* 8. (*Pertz* I. *p.* 10). — ut unusquisque iudex criminosum latronem ut audiret, ad casam suam ambulet, et ipsum ligare faciat; ita ut si Francus fuerit, ad nostra praesentia dirigatur; et si debilioris personas fuerit, in loco pendatur. *cf. c.* 65. Unter Francus ist auch wohl der Romanus Possessor begriffen. *L. Rip.* 79. Si quis homo — propter furtum — iudicio Principis pendutus. *cf. tit.* 73, 1. — Für die Friedloserklärung wegen Contumacia *L. Sal.* 96, 1. *Chilp. Ed. c.* 9.

87) *Chilp. Ed. c.* 7. (*Pertz* II. *p.* 11). — nos ordinamus, cui malum fecit tradatur in manu, et faciant exinde quod voluerint.

88) *Chilp. Ed. c.* 7. (*Pertz* II. *p.* 11). *L. Sal.* 50, 2. weiß davon noch nichts.

89) *L. Rip.* 32, 4. gegen die Execution *tit.* 59, 4. wegen Fälschung einer Urkunde *tit.* 67, 5. wegen Erbschaft oder Freiheit. *cf.* 57, 2.

vor dem Könige stellen [90]. 4) Wegen Justizverweigerung klagt man bei dem Könige [91]) und 5) überhaupt gegen Beamte wegen Amtsvergehen [92]). In erster Instanz gehören vor das Gericht des Königs alle die königlichen Domänen und Gerechtsame betreffenden Streitigkeiten [93]). Ueber Personen und Sachen in besonderm königlichem Schutz (in mundeburdio regis) soll wenigstens im Nothfall der König selbst entscheiden [94]). Endlich kann er beliebig auch andere Rechtssachen in erster Instanz vor sein Gericht ziehen [95]).

Handlungen der freiwilligen Gerichtbarkeit vor dem Könige sind 1) die Vergabung von Haus und Hof an einen Fremden (adfathamire) [96]), 2) die vollkommene Freilassung eines Knech-

90) *L. Rip.* 33, 1.

91) *Marculf* I. 28.

92) *Gregor. Tur.* VII. 23. X. 5. *Chlot.* I. *const. c.* 6. (*Pertz* I. *p.* 2). in nostri absentia. *cf. L. Sal.* 50, 3.

93) *Bréquigny ed. Pard. Nr.* 349. *a.* 663. — iurgia palatii nostri, nostra. In *Nr.* 477. *a.* 710. entscheidet K. Childebert III. über den Marktzoll von Paris zwischen dem Fiscus und dem Monasterium St. Dionysii. In *Nr.* 478. *a.* 710. derselbe König darüber, ob eine Mühle zu der villa dominica oder zu demselben Kloster gehöre. In *Nr.* 591. *a.* 747. der Major Domus an des Königs statt in einer ähnlichen Sache.

94) *Marculf* I. 24. Der Vertreter der Kirche oder des Klosters soll unter dem Schutz des Major Domus, dem das königliche Mundeburdium übertragen ist, deren Rechtshändel zwar regelmäßig tam in pago quam in palatio führen; aber in Sachen, quae in pago absque eius (*sc. ecclesiae s. monasterii*) gravi dispendio definitae non fuerint, in nostri praesentia. *Bréquigny ed. Pard. Nr.* 168. *cf. Form. Lind.* 18. 177. Hierauf beruht es, daß der König so häufig in Sachen der Kirchen *Marc. App.* 30. *Bréquigny Nr.* 349. der Bischöfe *Marculf* I. 26. *Gregor. Tur.* VIII. 43 und anderer Geistlichen *Marculf* I. 27, entweder durch ein Mandatum cum Clausula einschreitet, oder sie einem Bischof committirt oder selbst untersucht und entscheidet. *Bréquigny ed. Pard. Nr.* 349. — iurgia — aut ecclesiarum seu sacerdotum. Vgl. *Nr.* 331. 332. 424. 429 u. a. — Daß die Antrustionen keinen privilegirten Gerichtsstand vor dem Könige hatten, sagt *L. Sal.* 96.

95) *L. Rip.* 58, 18. Ueber die Mißheirath einer ripuarischen Freien mit einem Sklaven wird a rege seu a Comite entschieden. *Marc.* I. 29. wegen eines Raubes erläßt der König ein Mandatum cum Clausula. *form.* 25. bezeichnet er cunctorum iurgia als zu seiner Entscheidung gehörig. *Bréquigny Nr.* 349. *cit.* iurgia — nostrorum fidelium. Fälle in *Nr.* 394. 418. 431. — Erst Pipins *Cap. Vern. a.* 755. *c.* 29. (*Walter* II. *p.* 44) verbietet Klagen in erster Instanz beim Könige anzubringen.

96) Das Adfathamire begann nach altsalischem Recht im gebotenen Ge-

tes, wodurch dieser den Stand der Freigebornen erhält [97]), 3) die Bestellung eines allgemeinen Vertreters vor Gericht [98]).

Wo und mit welchen Urtheilern der König im Salierlande zu Gericht saß, wissen wir nicht. Im fränkischen Reich dienten ihm dazu seine zahlreichen Palatien [99]), wo er auf öffentlicher Tribüne (stapplum regis) [100]) mit seinen Hofbeamten und andern geistlichen und weltlichen Großen des Reichs sitzend [101]) an fest bestimmten und andern Tagen Gericht hielt [102]). Wesentlich ist die Gegenwart und Mitwirkung des Comes Palatii, welcher nach Fällung des Urtheils bezeugt, daß die Sache ordnungsmäßig verhandelt und so entschieden sei, worauf dann der König die weitere Folge durch seinen Befehl bestimmt [103]). Bei der sinkenden politischen Macht der merowingischen Könige seit

richt des Tunginus und wurde vor dem Könige oder im echten Ding vollendet *L. Sal.* 46. Jetzt geschieht es nur vor dem Könige *L. Rip.* 48. *Marculf* I. 13. *cf.* 12. Für den Widerspruch des Erben nach salischem Recht s. *L. Sal. cit.* si contra hoc aliquis aliquid dicere voluerit und *Marculf* I. 12. Anders Walter § 588.

97) *L. Rip.* 57, 1. *Marculf* I. 22. *App.* 24. Walter § 413.

98) *Marculf* I. 21.

99) Ueber diese s. *Mabillon, de re dipl.* IV. *p.* 243 *sqq.* Beispiele: *Bréquigny ed. Pard. Nr.* 424 Noviento = St. Cloud. *Nr.* 434. 440 Compendio = Compiegne u. a. Vgl. jedoch *Nr.* 456 Carraciaco villa.

100) *L. Rip.* 33, 1. 67, 5. 75. J. Grimm S. 804. Waitz, Verf. II. S. 459. Sohm S. 63 Note 17. Der bis in neuere Zeit erhaltene, jetzt restaurirte Königsstuhl in Rense bei Coblenz giebt davon ein Bild.

101) *Marculf* I. 25. cum nos — ibi in palatio nostro ad universorum causas recto iudicio terminandas una cum domnis et patribus nostris Episcopis, vel cum pluribus Optimatibus nostris illis, patribus illis, Referendariis illis, Domesticis illis, vel Siniscalcis illis, Cubiculariis et illo Comite palatii, vel reliquis quam pluribus nostris Fidelibus resideremus. Die königlichen Placita bei *Bréquigny* nennen in folgender Ordnung 1) Bischöfe in *Nr.* 349. 429 vier, *Nr.* 431 zwölf, *Nr.* 440 sieben; 2) Grafen in *Nr.* 334. 429, in 431 acht Comites und acht Grafiones; 3) Domestici in *Nr.* 431 vier, *Nr.* 440 drei; 4) Referendarii in *Nr.* 332. 431 vier; 5) Siniscalci in *Nr.* 332. 334. 429. 431. 440 zwei; 6) den Comes Palatii in allen und 7) andere Fideles in *Nr.* 431. 440. Nur der Major Domus in *Nr.* 440. 456 geht den Grafen noch vor.

102) *Marculf* I. 28. 29. 37. ad kalendas illas. Die Placita bei *Bréquigny* nennen die verschiedensten Tage. Waitz S. 459 Note 2.

103) *Marculf* I. 37. 38. *Bréquigny ed. Pard. Nr.* 331. 349. 394. 418. 429. 431. 434. 440. Ein Stellvertreter des Comes Palatii kommt vor in *Nr.* 478. 604.

der zweiten Hälfte des siebenten Jahrhunderts blieb ihnen der Vorsitz im königlichen Gericht als formaler Ausdruck ihrer Würde, bis dann im achten der Major Domus auch hier ihre Stelle einnahm [104]). Daß der König sowohl die Untersuchung und Entscheidung einzelner Rechtssachen als die Abhaltung allgemeiner Gerichtstage geistlichen oder weltlichen Großen als seinen Vertretern (missi regis) übertrug, kam schon früher vor [105]).

III) Mehr oder weniger eximirt von der bisher geschilderten Gerichtsverfassung des Reichs waren die Immunitäten, deren Entstehung und rechtliche Natur wir daher hier in Betracht ziehen [106]).

Ursprünglich kam diese Exemtion den königlichen Gütern oder Herrschaften zu, in welchen die dafür bestellten Hofbeamten, die Domestici, alle Rechte des Königs mit Ausschluß anderer Beamten, insbesondere der Grafen, übten, also alle fiscalischen Einkünfte erhoben und über alle Einsassen ohne Zweifel die volle königliche Gerichtbarkeit hatten [107]). Doch war zuweilen dem Comes mit der Verwaltung der in seiner Graf-

104) Von den neunzehn königlichen Placitis bei *Bréquigny* kommen vier auf Chlotar III. *Nr.* 332. 333. 334. 349, zwei auf Theoderich III. *Nr.* 388. 394, vier auf Chlodwich III. *Nr.* 418. 424. 429. 431, sieben auf Childebert III. *Nr.* 434. 440. 456. 473. 477. 478. 479. Eines auf Chilperich II. *Nr.* 497 und Eines auf Theoderich IV. *Nr.* 535. Placita der Majores Domus sind von Grimoald mit dem Beweisurtheil, das Definitivurtheil fällt der König selbst, *Nr.* 478, von Carl Martell an des Königs statt *Nr.* 509, von Pipin *Nr.* 589, von Carlmann *Nr.* 591 und von Pipin dem Kurzen *Nr.* 603. 604, der bald darauf *a.* 752 sich die Königskrone aufsetzte.

105) *Marculf* I. 20. 27. *App.* 4. 7. 9. Waitz S. 400.

106) Montag, Gesch. der deutschen staatsbürgerlichen Freiheit I. 1. Bamberg 1812. Eichhorn, RG. § 86. Weiske, Grundlagen S. 88 folg. *Pardessus, loi salique p.* 583 *sq.* v. Sybel, D. Königthum S. 216. 251. 258—264. Waitz, Verf. II. S. 290—296. 317. 439 folg. 571 folg. 608 folg. Walter, D. RG. §§ 108—116.

107) Ueber die Verwaltungsrechte der Domestici s. Waitz S. 366 folg. Als Gerichtsobrigkeit nennt sie *L. Rip.* 88. *Form. Lind.* 177. Daß der Domesticus auch über die auf königlichem Grund und Boden sitzenden Freien Richter war, folgt aus dem Immunitätsrecht der Kirchen und Klöster und des Adels an den vom König ihnen geschenkten Gütern (s. das Folgende) und aus dem Rechte der carolingischen Zeit. S. z. B. *Cap. de villis c.* 52.

schaft belegenen Domänen natürlich auch die Gerichtbarkeit darin übertragen [108]).

Nächst dem Könige waren die Kirchen und Klöster die größten Grundbesitzer. Unter römischer Herrschaft waren sie keineswegs von allen öffentlichen Lasten, sondern nur von den außerordentlichen Steuerzuschlägen (superindictum) und von niederen Dienstleistungen (sordida munera) befreit gewesen [109]). Auch die fränkischen Könige änderten hieran im Allgemeinen nichts, ja der Reichthum der bischöflichen Kirchen reizte Chlotar I. zu dem Versuch, das Drittel ihrer Einkünfte für den Fiscus in Anspruch zu nehmen [110]). Aber der Einfluß, den die katholische Geistlichkeit von Anfang des Reichs gewann, war die Veranlassung, daß einzelnen Kirchen und Klöstern schon früh [111]) und dann immer häufiger Steuerfreiheit oder vielmehr das Recht, alle fiscalischen Gefälle von den Einsassen ihrer Herrschaft für sich zu erheben [112]), vom Könige ertheilt wurde. Bei

108) Für die Verwaltung des Comes s. *Marculf* I. 39. Dieß hat v. Sybel S. 258, dem ich sonst hier folge, übersehen.

109) *LL. 2. 15. 40. C. Th. de episc.* (16, 2). *LL. 15. 18. 21. 22. C. Th. de extr. s. sord. mun.* (11, 16).

110) *Gregor. Tur.* IV. 2. Löbell S. 328.

111) Chlotar I. selbst gab der Kirche und Stadt Tours Steuerfreiheit *Gregor. Tur.* IX. 30. und bestätigte die schon von seinem Großvater, dem heidnischen K. Childerich, seinem Vater Chlodwich und seinem Bruder Childebert I. ertheilten Freiheiten. *Chlot.* I. *const. a.* 560. *c.* 11. (*Pertz* I. *p.* 3). vgl. Roth S. 224 Note 102. Für Chlodwichs Zeit s. *Concil. Aurel.* I. *a.* 511. *c.* 5. Waitz S. 574 Note 1. Das Testament des Bischofs von Arles von 542 *Bréq. ed. Pard. Nr.* 139 erwähnt unter den seiner Kirche erwiesenen göttlichen Wohlthaten, quod deus — etiam immunitatem tributorum, tam iuxta urbem et infra, quam etiam in suburbanis et villis ex maxima parte concessit. Freiheit von Einquartirung *L. Rip.* 65, 3. Zollfreiheit im ganzen Reiche giebt K. Theoderich III. dem Kloster St. Dénis. *Bréq. ed. Pard. Nr.* 397. Gewisse Abgaben und Lasten werden ausgenommen in *Nr.* 400. 463.

112) So vielleicht schon Chlodwich der Kirche von Rheims, Waitz S. 571 Note 3. Bestimmt K. Dagobert I. (622—638) der Kirche von Tours Waitz S. 516 Note 1, und Bischof Ibbo überträgt diese Rechte auf das Kloster St. Martin, *Bréq. ed. Pard. Nr.* 512, wie auch sonst die Könige ihre fiscalischen Rechte verschenkten, z. B. Chilperich der Fredegundis von mehreren Städten. *Gregor. Tur.* V. 35. Den Marktzoll in Paris schenkte K. Chlodwich II. dem Kloster St. Dénis. *Bréq. ed. Pard. Nr.* 477. Ueber die rückständigen Abgaben der Pagenses stellen die Einnehmer dem Bischof von Mans eine Urkunde aus in *Nr.* 517.

dem Erwerb fiscalischer Grundstücke durch Schenkung oder Kauf wurde dieß Privileg regelmäßig auf die Kirche übertragen [113]). Mit demselben war dann natürlich die Freiheit vom Eintritt der öffentlichen Beamten (immunitas ab introitu iudicum publicorum) zur Erhebung fiscalischer Gefälle, nicht aber zur Ausübung ihrer Gerichtbarkeit, verbunden. Indeß lag zur Ausdehnung dieser Befreiung auch auf die Gerichtbarkeit eine natürliche Veranlassung nicht nur in der gerichtlichen Erhebung der Friedensgelder (fredus), sondern auch in dem Vertretungsrecht (mitium) [114]), welches nach altfränkischem, wie nach allen andern germanischen Rechten, für den Herrn in Bezug auf seine Knechte und Hörigen galt [115]). Da nehmlich jetzt auch freie Leute theils sich persönlich dem Schutz Anderer, namentlich der Kirchen und Klöster, unterwarfen [116]), theils Grundstücke von ihnen zur Benutzung annahmen, womit ihnen ein wesentliches Kennzeichen freien Gemeinderechts, der freie Grundbesitz im Gau, verloren ging [117]), so lag es nahe, jene Vertretung auch auf

113) In *Bréq. ed. Pard. Nr.* 400. *a.* 682 ertheilt K. Theoderich einem Kloster dieß Privileg für alle vom Fiscus erkauften Grundstücke.

114) Nach verschiedenen mißlungenen Erklärungsversuchen dieses in den Quellen häufig vorkommenden Wortes (s. J. Grimm in Merkels *L. Sal. pag.* XI. *sqq.* Waitz S. 292) hat zuerst Roth S. 163–165 den Sinn durch „Vertretung" m. E. richtig bestimmt, wovon die Nebenbedeutung, nehmlich der Inbegriff derer, die vertreten werden, also Herrschaft in diesem Sinne, leicht abfließt. Aber auch die nothwendige Vertretung der eigenen Person vor Gericht (defensio) wird durch mitium bezeichnet in *L. Sal.* 96, 1. ad illo mallobergo respondere aut convenire, ubi antrustiones [si] mithio redebent. *Chilp. ed. c.* 6. ut mitium fidem faciant. Roth folgt auch Walter § 76 Note 10.

115) Nach salischem Recht wegen Todtschlag *L. Sal.* 35, 4. wegen Diebstahl und anderer Verbrechen *tit.* 40. Nach ripuarischem Recht *L. Rip.* 17, 2. 18, 2. 19, 3. 20. 22. 28. 29. 30, 1. 2. Ferner s. *Chilp. ed. c.* 5. *Child.* II. *et Chlot.* II. *pactum a.* 593. *c.* 5. 6. *Child.* II. *decret. a.* 596. *c.* 10. *Chlot.* II. *decr. c.* 4.

116) Ueber diese verschiedenen Schutzverhältnisse s. Waitz S. 171 folg. Walter § 74. Die gesetzliche Vertretung des ingenuus in obsequio bestimmt *L. Rip.* 31, 1. 2. Auch *tit.* 58, 1. (tabularii) non alibi nisi ad ecclesiam, ubi relaxati sunt, mallum teneant, begründet nur eine bedingte Exemtion, wie sich aus *Chlot.* II. *edict. a.* 614. *c.* 7. (*Pertz* I. *p.* 15) ergiebt. Anders Sohm, Zeitschr. für RG. V. S. 440.

117) Waitz S. 173. Walter § 75.

diese zu erstrecken und, insofern sie geleistet wurde, den königlichen Richtern die Ausübung ihrer Gerichtbarkeit auch gegen diese freien Einsassen der Herrschaft zu untersagen. Auch diese gerichtliche Immunität (immunitas ab introitu iudicum publicorum) wurde Kirchen und Klöstern frühzeitig in Verbindung mit Ertheilung des besonderen königlichen Schutzes (mundeburdium) theils für frühere Besitzungen [118]), theils bei neuen Schenkungen verliehen [119]). Daß damit aber keine unbedingte, sondern nur eine durch jene Vertretung vor den königlichen Gerichten bedingte Exemtion begründet werden sollte, ergiebt sich unwidersprechlich daraus, daß die Befreiung ausdrücklich auf den Umfang jener Vertretung (unde legitimo redebet mitio) beschränkt [120]) und daß in der entsprechenden Formel bei Marculf als Folge derselben angeordnet wird, der Vogt der Kirche oder des Klosters solle ihre und ihrer Angehörigen Rechtshändel sowohl im Gericht des Grafen (in pago) als in dem des Königs (in palatio), unter dem Schutz des mit Ausübung des

118) Das älteste Privileg dieser Art wäre von Chlodwich *a.* 497 für Rheims *Bréq. ed. Pard. Nr.* 58. sub nostra emunitate et mundeburdio — nemo praedictas res eorum inquietare audeat, nec in eorum vicos vel villas et curtes ad causas audiendas, — nec ullas functiones requirendas ingredi praesumat, sed sub nostra tuitione et mundeburdio praedictum monasterium — requiescat, wenn es nicht gefälscht wäre. Gleichem Verdacht unterliegt die Bestätigung Chlotars I. *a.* 539. *Nr.* 136.

119) So das älteste ächte Diplom von Childebert I. *a.* 528. *Nr.* 111. über Schenkungen an das Kloster Anisola, worin der König seinen Beamten befiehlt, ut neque vos neque successores vestri nec aliquis de fidelibus nostris, in causas aut in rebus ipsius sancti viri ingredere non praesumatis —; sed liceat eis — sub immunitatis nostrae tuitione vel mundeburde quiete residere.

120) *Bréq. ed. Pard. Nr.* 144. *a.* 546. von K. Childebert I. für Anisola: expetiit (*sc. abbas?*) ut eum et ipsum monasterium, una cum omnibus rebus vel omnibus suis, gasindis, amicis, susceptis, vel qui per ipsum monasterium sperare videntur, vel unde legitimo redebet mitio, vel (*l. sub*) sermone tuitionis nostrae vel mundeburde recipere debemus, worauf den Beamten befohlen wird: ut — ipsi D. abbate vel monachis ipsius, vel qui per ipsum monasterium sperare videntur, nec condemnare nec inquietare — praesumatis *rel.* Ebenso Chilperich I. *a.* 562 für dasselbe Kloster in *Nr.* 168, worin die Einsassen bezeichnet werden: qui per eum sperare videntur vel unde legitimo debet mitio.

königlichen Mundeburdium beauftragten Major Domus, führen [121]). Daß spätere Urkunden und Formeln das Mundeburdium Regis und jene Vertretungspflicht (mitium) nicht mehr erwähnen, bezeichnet keine Aenderung des Rechts [122]). Der Natur der Sache nach bezog sich die Vertretung, von welcher die Ausschließung der ordentlichen Gerichtbarkeit abhing, nur auf die Civilansprüche Dritter gegen die Einsassen und auf die Verfolgung öffentlicher Verbrecher [123]). Innerhalb der Herrschaft übte der Herr über die Unfreien von jeher eine häusliche Richtergewalt, und über die freien Einsassen war mit der Ausschließung der öffentlichen Gerichte stillschweigend die Ertheilung einer patrimonialen Gerichtbarkeit für alle Streitigkeiten derselben unter einander und mit der Grundherrschaft verbunden [124]). Dieß sind denn die Sachen, in welchen der Abt des

121) *Marculf* I. 24. — quod nos apostolico (aut venerabile) viro illo de civitate (aut de monasterio in honore sancti illius constructo) — cum omnibus rebus vel hominibus suis aut gasindis vel amicis, seu undecunque legitimo reddebit mitio, iuxta eius petitionem — sub sermone tuitionis nostrae visi fuimus recepisse, ut sub mundeburde vel defensione viri illius Maioris domus nostri — quietus debeat residere, et sub ipso viro illo inlustri[s] vir ille causas ipsius Pontificis aut Abbatis, vel ecclesiae aut monasterii, vel qui per eum sperare videntur, vel undecunque legitimo reddebit mitio, tam in pago quam in palatio nostro persequi deberet. Unter vir ille ist der agens, actor oder advocatus der Kirche oder des Klosters zu verstehen, wie sie im königlichen Gericht vorkommen bei *Bréq. ed. Pard. Nr.* 331. 332. 334. 349. 424. 589 u. A.

122) *Marculf* I. 2—4. 16. *App.* 44. *Form. Lind.* 6. 7. und viele Urkunden. Z. B. K. Chlotar III. *a.* 659 mit einer Schenkung an das Kl. Corbei an der Somme *Bréq. ed. Pard. Nr.* 336. K. Theoderich III. *a.* 683 dem Kl. Sithia für gekaufte fiscalische Grundstücke *Nr.* 400. Derselbe *a.* 688 mit einer Schenkung an das Kl. St. Denis *Nr.* 410 u. A. Eines der spätesten Immunitätsprivilegien, wo auf das Mitium Bezug genommen wird, ist *Nr.* 575 von Childerich III. *a.* 744 für Stablo, worin es heißt: de ingenuos aut de servientibus. quae ad ipsos casus legitimo redibunt mitio. — Das Mundeburdium Regis mag in dieser späteren Zeit nicht immer mit der Immunität verbunden gewesen sein.

123) S. *Pardessus p.* 592. Waitz S. 608 Note 2. — *L. Sal.* 66. de mitio fristito scheint von der frustrirten, d. h. verhinderten Vertretung bei Verfolgung eines Diebes oder der entwendeten Sache (dum vestigio minant) zu reden.

124) Wenn Weiske cit. Waitz cit. und S. 575 Note 2 und Walter § 109 Note 6 eben dieß gegen

Klosters selbst oder der Präpositus desselben oder ein Beamter der Kirche (agens) zu Gericht sitzt; jedoch nicht allein, sondern nach dem volksmäßigen Grundsatz mit Urtheilern aus den freien Einsassen [125]. Nach einem auf der Synode zu Paris im J. 614 erlassenen Gesetz K. Chlotars II. sollte bei allen Streitigkeiten der Unterthanen einer Kirche mit freien Volksgenossen der Präpositus der Kirche gemeinschaftlich mit dem Judex publicus das Gericht halten, eine Einrichtung, die auch in einzelnen Fällen vorkommt. Allgemeine Geltung aber scheint sie nicht erhalten zu haben [126].

Endlich hatte auch der Adel einen sehr bedeutenden Grundbesitz, den seine unfreien und freien Hintersassen bebauten, für welche ihm häufig, besonders in Verbindung mit Schenkungen königlicher Güter, unter der Bedingung, daß er sie im öffentlichen Gericht vertrat, die Immunität und mit dieser die eigene Gerichtbarkeit in dem angegebenen Umfang vom König verliehen wurde [127].

Eichhorn § 86 (Letzterer auch gegen mich, Ursprung der lomb. Städtefr. S. 89 folg.) behaupten, so beruht dieß auf einem Mißverständniß; nur „eine Patrimonialgerichtbarkeit in unserm Sinne dieses Wortes", vermöge deren der Hintersasse auch Dritten gegenüber seinen allgemeinen Gerichtsstand vor dem Herrn hat, leugnete Eichhorn; eine solche haben die Kirchen und Klöster erst in der späteren carolingischen Zeit durch Verleihung der Grafschaft erlangt. Denn die Verleihung des Rechts, den Grafen zu ernennen, an den Bischof von Tours durch K. Dagobert (Waitz S. 336 Note 3), war wesentlich davon verschieden und steht überdieß ganz allein.

125) *Form. Andegav.* 10. 29. 30. der Abt selbst *form.* 16. 24. der Präpositus (vgl. Walter § 110 Note 22 folg.). *form.* 11. 13. 14. 28. ein Agens. Daß diese Gerichte sich nur auf die Hintersassen des Klosters unter einander beziehen, ergiebt sich daraus, daß nach *form.* 12. 32. 49 in derselben Stadt der Graf Gericht hält.

126) *Chlot.* II. *edict.* c. 5. (*Pertz* I. *p.* 14). Quod si causa inter personam publicam (?) et homines ecclesiae steterit, pariter ab utraque parte praepositi ecclesiarum et iudex publicus in audientia publica positi ea debeant iudicare. Fälle in *Marculf App.* 3. *Form. Andegav.* 32. Waitz S. 349.

127) *Marculf* I. 14. 17. in Verbindung mit königlichen Schenkungen. Nach II. 1. konnte der adeliche Grundherr bei Schenkung des Grundstücks an ein Kloster oder Oratorium die Immunität auf dieses übertragen. Die Vertretung in Bezug auf flüchtige Diebe verlangt *Child.* II. *decr.* a. 596. c. 12. (*Pertz* I. *p.* 10). Die Einsetzung

IV) Nicht zu verwechseln mit den Immunitätsgerichten der Kirchen und Klöster über ihre Hintersassen ist die geistliche Gerichtbarkeit der Bischöfe über den Clerus nach canonischem Recht. Einen privilegirten Gerichtsstand hatte dieser noch nicht; doch sollen nach den Kirchengesetzen Geistliche unter sich nicht vor weltlichen Gerichten streiten und überhaupt nur mit Erlaubniß ihres Bischofs vor diesen auftreten, in Criminalfällen der königliche Richter gemeinschaftlich mit dem Bischof die Untersuchung führen [128]). Ein gemischtes Gericht war auch das des Königs, wenn er eine Synode berief und mit dieser über einen Bischof richtete [129]) oder in bürgerlichen Rechtsstreitigkeiten der Kirchen und Klöster unter einander mit seinen weltlichen und geistlichen Großen entschied [130]). Endlich sind auch hier die Bischöfe insofern zu Aufsehern über die königlichen Richter gesetzt, als gegen ungerechte Urtheile derselben in Abwesenheit des Königs bei ihnen Hülfe gesucht werden kann [131]).

§ 67. Auch für Recht und Gesetz der Franken, wie für ihre Gerichtsverfassung, ist zwischen der Zeit, da sie im altsalischen Lande wohnten, und dem durch Chlodwich gegründeten, durch seine Söhne und Nachfolger erweiterten Reiche zu unterscheiden. Jener gehört das schriftlich verzeichnete salische Recht in seinem ältesten Theil an: in diesem entstanden die späteren Zusätze desselben, die Aufzeichnung des ripuarischen, alamannischen

der Herrschaftsrichter regulirt *Chlot.* II. *ed. a.* 614. *c.* 19. *p.* 15. Vgl. Waitz S. 318. Walter § 115.

128) S. die Concilienschlüsse bei Waitz S. 423 Note 3 und *Chlot.* II. *edict. c.* 4. (*Pertz* I. *p.* 14). Unbestimmt von gemeinschaftlichen Gerichtssitzungen des Bischofs mit königlichen Richtern spricht *Gregor. Tur.* VII. 1. VIII. 39, was hierauf oder auf die Fälle in Note 126 gehen kann.

129) Ein solches Gericht des Königs, welches nicht nur die uncanonische Einsetzung eines Bischofs, sondern auch die infidelitas betraf, wird erwähnt in *Bréq. ed. Pard. Nr.* 388. II. *p.* 178. So urtheilten Bischöfe auf Befehl des Königs in dem Streit einer Aebtissin mit ihren Nonnen in *Nr.* 200. I. *p.* 160. und *Gregor. Tur.* X. 16.

130) Solche Fälle sind die königlichen Placita *Bréq. ed. Pard. Nr.* 332. 334. wegen Grundeigenthum. *Nr.* 424. wegen Bürgschaft, wo das Beweisurtheil von einem Bischof, wahrscheinlich im Auftrag des Königs, gefällt worden war.

131) *Chlot.* I. *const. c.* 6. (*Pertz* I. *p.* 2).

und bairischen Rechtes nnd die Gesetze oder Capitularien der merowingischen Königc. Wir betrachten auch diese Rechtsquellen, die ein sehr mannigfaltiges Interesse darbieten, hier nicht an sich, sondern nur in Beziehung auf unsere specielle Aufgabe, d. h. als Norm für die Gerichte und für die Rechtsverfolgung überhaupt.

Die Lex Salica, das älteste und insofern interessanteste aller germanischen Volksrechte, ist in Bezug auf die Geschichte und Kritik seines Textes und in seinem Inhalt Gegenstand der gründlichsten Untersuchungen deutscher und französischer Forscher geworden [1]). Es kann jetzt als feststehend betrachtet werden, daß sie in ihrer ältesten Gestalt (tit. 1—65) der Zeit angehört, als die Wohnsitze der Franken im heutigen Belgien zwischen dem Kohlenwald und dem Leyefluß von einem ihrer Könige, Chlojo, durch Eroberung von Cambray und bis an die Somme ausgedehnt worden waren, also der Mitte des fünften Jahrhunderts [2]). Obgleich die Salier damals schon Könige hatten und nach Inhalt des Gesetzes diesen die Gewähr für Recht und gemeinen Frieden zukam [3]), so ist doch die Lex Salica nicht, wie die Gesetzbücher der Burgunden, Westgothen und Lango-

1) In neuerer Zeit haben nach den vorbereitenden Untersuchungen von Pertz das Bedeutendste dafür geleistet: *Pardessus, Loi salique, Paris* 1843. 4. und Waitz, in seinem nach Form und Inhalt vortrefflichen Büchlein: Das alte Recht der salischen Franken, Kiel 1846. 8., mit der werthvollen Beilage von Müllenhoff über die deutschen Wörter der Lex Salica S. 271 folg. Resultate geben Stobbe, Geschichte der D. Rechtsquellen I. § 7. und Walter, D. RG. §§ 150. 151. Sieben verschiedene Gestalten des Textes und die späteren Zusätze nebst Prologen, Epilogen u. s. w. in gesondertem Abdruck giebt *Pardessus*; den ältesten Text in 65 Titeln nach vier Handschriften (S. 3 Paris 4404. 65. Wolfenbüttel und München) Waitz, und diesen nebst allem Späteren Merkel, Lex Salica, Berlin 1850, mit einer sprachlich und sachlich wichtigen Vorrede von J. Grimm. Nach dieser Ausgabe citire ich.

2) Waitz cit. S. 75 folg. J. Grimm bei Merkel S. LXVII. Stobbe S. 39 „zwischen 453 und 486", d. h. nach Chlojo's und vor Chlodwichs erster Eroberung.

3) Daher dem Könige das Friedensgeld zufiel und er die Friedlosigkeit aussprach, s. § 66 Note 3. 4. In diesem Sinne geschah die mannitio legibus dominicis „nach Königsrecht". *L. Sal.* 1, 1. Waitz cit. S. 155 mit der Berichtigung von Sohm, Prozeß der Lex Sal. S. 130 folg.

barden, eine vom Könige unter Beirath der Großen ergangene Gesetzgebung, sondern ein Volksrecht im strengsten Sinne des Wortes, d. h. ein von Vertretern des Volkes in seinem Auftrag und unter seiner Zustimmung verfaßtes Ganze von Rechtssätzen, welche das herkömmliche Recht theils bezeugen, theils neu bestimmen, also theils Weisthümer, theils Willkühren genannt werden können [4]). Dafür ist die uns vorliegende Form des Gesetzes entscheidend, welche nirgends einen königlichen Befehl, sondern überall die den Rechtssätzen naturgemäß einwohnende Nothwendigkeit ausspricht. Die Urkunde führt daher mit gleichem Recht den Namen Lex (Gesetz), Pactus (Willkühr) und Judicium (Urtheil, Weisthum) [5]). Damit stimmt denn auch die Sage über ihre Entstehung überein, welche, freilich in späterer mythischer Ausschmückung, die verschiedenen Prologe uns erhalten haben. Nach dem s. g. kürzeren Prolog, der sie in verhältnißmäßig reinster Gestalt enthalten dürfte [6]), beschloß das Volk der Franken

4) Wie ja auch in der Thätigkeit der Volksgerichte eine scharfe Grenze zwischen Bezeugung des alten und Findung des neuen Rechts nicht bestand. So ist Waitz S. 72 mit Zöpfl zu vereinigen.

5) Lex in den meisten Handschriften; Pactus legis Salicae in *Paris* 4404 und *Herold.* (*Pard. p.* 3. 226), auch in *Prolog. mai.* (*Merkel p.* 93) und sonst öfter. Judicium in *Prolog. min.* (*ibid. p.* 94).

6) Daß ich in dieser Beziehung auch jetzt, wie früher (Schmidts Allg. Zeitschrift für Gesch. IX. S. 49 folg.) mit Eichhorn und *Pardessus* der Autorität von Waitz cit. S. 36 folg., der den längeren Prolog für älter und glaubwürdiger hält, entgegentrete, glaube ich nochmals kurz rechtfertigen zu müssen. Ich kann, nach wie vor, in dem längeren Prologe nicht ein einheitliches Ganzes, sondern nur ein Conglomerat verschiedenartiger Bestandtheile erkennen (s. Stobbe S. 33 Note 12). Daß er sich in den meisten älteren Handschriften findet, scheint mir nichts zu beweisen, da diese sämmtlich dem achten oder neunten Jahrhundert angehören, überdieß eine derselben (*Paris* 4626) beide Prologe enthält. Die späteren Abschreiber mögen jenen seines reicheren und poetischen Inhalts wegen vorgezogen haben. Daß er aber ein späteres Machwerk ist, glaube ich daraus schließen zu müssen, daß er in dem Satz: dictaverunt Salica lege per proceris ipsius gentis — de singulis iudicibus decreverunt hoc modo, den kürzeren Prolog m. E. benutzt und corrumpirt hat. Denn während dieser von der Uebereinkunft des Volkes mit seinen Fürsten (proceres) spricht und die vier Verfasser der Lex aus dem Volk (de pluribus) erwählen läßt, identificirt jener beide (Stobbe's Auslegung S. 33 folg. ist willkührlich), was überdieß dem Geiste der alten Verfassung widerspricht, wo die Obrigkeiten, auch der

mit seinen Fürsten (proceres) um den Friedensbrüchen zuvorzukommen und wie durch Tapferkeit so auch durch gesetzliche Ordnung den benachbarten Völkern voranzuleuchten, die gerichtliche Entscheidung aller Rechtshändel je nach ihrer Beschaffenheit zu regeln. Es wurden daher vier Männer aus dem Volke erwählt, welche auf drei Gerichtstagen (per tres mallos), also in versammelter Volksgemeinde, deren Zustimmung nothwendig war, zusammentraten und nach sorgfältiger Erwägung der verschiedenen Rechtsfälle das folgende Weisthum (iudicium) darüber aufstellten. Der mythischen Ausschmückung aber gehören die Namen der vier Männer und ihre Wohnsitze jenseits des Rheines an [7]; denn wenn etwas, so steht dieß fest, was auch manche Neuere nicht genug berücksichtigt haben, daß die Lex Salica nicht jener Urzeit des Volkes, sondern der späteren Periode angehört, wo die Wanderung und die Niederlassung auf römischem Provinzialboden eine neue Ordnung der Dinge herbei-

vom Volk erwählte Tunginus, an der Rechtfindung keinen Theil hatten. Auch lassen die Worte hoc modo, wie in dem kürzeren Prolog, die unmittelbare Folge des Gesetzes erwarten, während dieser längere Prolog ganz Anderes folgen läßt. — Die ganz kurzen Notizen über die Verfasser der Lex bei Merkel S. 93. I. II. III., denen Stobbe S. 32 das höchste Alter zuschreibt, halte ich für Auszüge aus dem kürzeren Prolog, da sich die Sage unmöglich auf die nackte Nennung von Namen beschränkt haben kann. Ueber die vielleicht rhythmischen Stücke des längeren Prologs s. Diez, in Schmidts Zeitschr. für Gesch. IX. S. 56 folg.

7) Placuit et convenit inter Francos et eorum proceres, ut pro servando inter se pacis studio omnia incrementa rixarum resecare deberent, et quia ceteris gentibus iuxta se positis fortitudinis brachio praeminebant, ita etiam legis auctoritate praecellerent, ut iuxta qualitatem causarum sumeret criminalis actio terminum. Exstiterunt igitur inter eos electi de pluribus viri quattuor his nominibus: uuisogaste, salegaste, arogaste et uuidogaste, [in villis quae ultra Renum sunt, in bodochem et salechem et uuidochem], qui per tres mallos convenientes, omnes causarum origines sollicite discutiendo tractantes, iudicium decreverunt hoc modo. Der Verfasser scheint den ganzen Hergang in die Urzeit jenseits des Rheines, wo die Franken noch keinen König, sondern nur Fürsten (proceres) hatten (s. oben § 64 Note 17) zu verlegen. Daß er auf dem rechten Rheinufer, also in Ripuarien, geschrieben und mit ultra Renum das linke gemeint habe (Stobbe S. 40 Note 37), ist mir nicht wahrscheinlich.

geführt hatte. Nur das hierdurch entstandene Bedürfniß und die Bekanntschaft mit den Römern konnte den Gedanken an eine neue einheitliche Bestimmung und schriftliche Verzeichnung ihres Rechts erwecken. Der ausgesprochene Zweck war dabei, das Verfahren und die Rechtsprechung der Gerichte zu regeln, also insbesondere den Gerichtsobrigkeiten und den Rachineburgen eine feste Norm ihrer Thätigkeit zu geben, wodurch indeß die freie Rechtsschöpfung der Letzteren in den zahlreichen, durch das Gesetz nicht bestimmten Fällen nicht ausgeschlossen war. Der Buchstabe des Gesetzes selbst aber, welches in lateinischer Sprache und Schrift vielen von ihnen als Männern des Volkes unverständlich sein mußte, dolmetschten die auch zu diesem Behuf in jedem Mallus vom Könige bestellten Sachebaronen. Denselben Zweck, nehmlich den Inhalt der einzelnen Bestimmung in einem deutschen, den Rachineburgen verständlichen und ihrem Gedächtniß leicht einzuprägenden deutschen Wort zusammenzufassen, hatten die ohne Zweifel ursprünglich dem Gesetz eingerückten s. g. Malbergischen Glossen [8]).

Die Bestimmung des Gesetzes als Gerichtsordnung bezeichnet, wie das in ius vocat der zwölf Tafeln, der erste Titel von der Privatladung vor Gericht (de mannire). Dann folgen (tit. 2—43), die in allen germanischen Volksrechten so wichtigen Festsetzungen über die Bußen, denen zwar das überlieferte salfränkische System zum Grunde liegt, die aber im Einzelnen ohne Zweifel mehrfach neu waren, also den Charakter der Willkühr an sich tragen. Dagegen enthalten die folgenden Titel (44—61) die Beschreibung des herkömmlichen Verfahrens in verschiedenen Fällen der streitigen und freiwilligen Gerichtbarkeit, den altrömischen Legis Actiones vergleichbar [9]), welchen nur

8) J. Grimm bei Merkel S. VIII folg. LXIV folg. Vgl. jedoch S. LVII folg. die anscheinend Lokalrechte bezeichnenden Glossen, worin die Meinung, daß diese durch das Gesetz ausgeglichen werden sollten, eine Bestätigung finden würde, Stobbe S. 40 Note 38. Vgl. überhaupt denselben S. 50—54. Walter § 151.

9) Auch in den solennen Benennungen, reipus *tit.* 44, adfathamire *tit.* 46, de filtortis *tit.* 47 u. s. w.

einzelne damit zusammenhängende materielle Rechtssätze [10]) und Bußbestimmungen [11]) beigemischt sind. Die letzten Titel (62—65), die nur von solchen handeln, sind als ergänzende Zusätze zu betrachten. Wenngleich also eine systematische Anordnung, welche dem damaligen Bildungsstand fremd war, fehlt, so ist doch ein bestimmter Plan zu bemerken [12]). Ueber den historischen Charakter der Bestimmungen selbst wird bei Betrachtung des höchst merkwürdigen Prozeßrechts (§ 68) zu sprechen sein.

Das also verzeichnete salische Recht ist bei der Gründung des fränkischen Reiches durch Chlodwich als das Recht des herrschenden Volkes auf dieses übergegangen, hat aber hier unter dem Einfluß der neuen Verhältnisse, insbesondere des Christenthums, Aenderungen und Zusätze erfahren, und zwar vermöge der gestiegenen Macht des Königs durch königliche Gesetzgebung unter Beirath der Großen des Reichs. Der größere Prolog der Lex Salica und der Epilog erzählen, daß schon Chlodwich, nachdem er zum Christenthum übergetreten war, und dann Childebert und Chlotar, dieselbe durch solche Zusätze erweitert uud verbessert hätten [13]) Wie sich aber die in Handschriften auf uns gekommenen Umgestaltungen und Zusätze des ältesten Gesetzes zu dieser Nachricht verhalten, ist nicht mit

10) *Tit.* 59. *de alodis* das Erbrecht in Verbindung mit *tit.* 58. *de chrene cruda* und *tit.* 60. *de eum qui se de parentilla tollere vult.*

11) *Tit.* 48. *de falso testimonio* mit 49. *de testibus. tit.* 54. vom Todtschlag des Grafen und eines Sachebaronen in Verbindung mit deren Functionen; ebenso *tit.* 57. *de rachineburgiis.*

12) Waitz S. 74.

13) *Prolog. mai. Merkel p.* 93. Nach Erzählung der ursprünglichen Entstehung des Gesetzes: At ubi Deo favente rex Francorum Chlodoveus torrens et pulcher et primus recepit catholicam baptismi, et, quod minus in pacto habebatur idoneo, per proconsulis regis Chlodovei et Childeberti et Chlotarii fuit lucidius emendatum. Der Epilog *ibid. p.* 94 schreibt, offenbar unrichtig, die ursprüngliche Abfassung dem Chlodwich zu, und sagt dann von diesem: postmodo autem tempus cum obtimatis suis a LXIII titulum usque ad LXXVIII addidit. Die Zahlen dieser, wie der nachher von Childebert und Chlotar hinzugefügten Titel bedeuten nicht viel. Daß hier Chlodwichs Söhne, Childebert I. † 558 und Chlotar I. † 561 gemeint sind, ist gewiß, da sie Brüder genannt werden; denn dessen Urenkel gleichen Namens waren Vettern.

Sicherheit auszumachen [14]). Zu jenen Umgestaltungen gehört die Lex Salica in 65 Titeln mit Einschaltungen, welche die Herrschaft des Christenthums und, da das Breviarium (a. 506), darin benutzt ist, die Eroberung des westgothischen Galliens (a. 507) voraussetzen [15]). Die Lex Salica in 99 Titeln gehört wahrscheinlich erst der nachmerowingischen Zeit an [16]). Welche Zusätze zu dem ältesten Text (tit. 66—76. 78—105) von Chlodwich, welche von Childebert und Chlotar herrühren, und ob unter diesen die Söhne oder die Urenkel Chlodwichs zu denken seien, darüber gehen die Meinungen der Neueren sehr auseinander [17]). Die in den Handschriften bestimmten Königen zugeschriebenen selbständigen Gesetze, die in einigen Handschriften nach der Eintheilung der Lex Salica in vier Bücher dazu gerechnet werden, sollen nachher besonders betrachtet werden.

Nächst dieser Fortbildung des salischen Rechts treten ihm im fränkischen Reich die eigenthümlichen Volksrechte der demselben verbundenen germanischen Stämme an die Seite. Vor Allem das Recht der Ripuarier, welches diesem ebenbürtigen fränkischen Stamme, als er sich Chlodwich unterwarf, zu rauben nicht gedenkbar war. Aber wenn die schriftliche Aufzeichnung desselben bis dahin nicht stattgefunden hatte, so lag es jetzt nahe, seiner Erhaltung diese Bürgschaft, gleich dem Salischen, zu geben. Auch abgesehen von dem wenig glaubwürdigen Prolog der Lex Bajuvariorum, welcher die Abfassung der Lex Ripuariorum Chlodwichs Sohn, Theoderich († 534) zuschreibt und von Zusätzen späterer Könige berichtet [18]), ist es wahrscheinlich, daß der älteste Theil derselben (tit. 1—31) von diesem Könige,

14) Stobbe S. 44 folg.

15) *Pardessus texte* III. *p.* 67. *sqq.* Stobbe S. 41. Walter § 150 Note 4.

16) Nach *Pardessus p.* 115 und Stobbe S. 42 unter K. Pipin, also nach 752; Walter § 150 Note 5 schreibt sie K Dagobert † 638 zu. — Die carolingische Lex emendata in 70 Titeln interessirt uns nur mittelbar.

17) Vgl. Eichhorn, D. RG. I. S. 229 folg. Sodann *Pertz, Leg.* II. *p.* 1—13. mit Merkel S. XCIV und Stobbe S 44—47.

18) Abgedruckt in *Walter, Corp. iur. germ.* I. *p.* 44. *Pertz, Mon. Germ. Leg.* III. *p.* 259. Ueber seine Unglaubwürdigkeit s. Stobbe S. 57 folg. und Sohm folg. Note.

oder doch in der ersten Hälfte des sechsten Jahrhunderts von einem seiner Nachfolger in Austrien, natürlich unter Mitwirkung Rechtskundiger des Volkes, verfaßt und als königliches Gesetz erlassen wurde [19]). Da die Ripuarier aus verschiedenen, namentlich mittel- und niederrheinischen Stämmen mit verschiedenem Sprachdialekt zusammengewachsen waren [20]), so mag auch die Ausgleichung der verschiedenen Lokalrechte dabei beabsichtigt worden sein. Dagegen zeigt der Inhalt mit der Lex Salica nur allgemein germanische Verwandtschaft, übrigens den entschiedensten Gegensatz [21]). — Schon hierdurch scheidet sich von diesem ersten ältesten Theil ein zweiter (tit. 32—64), welcher den Titeln der Lex Salica sich anschließt und im Einzelnen salisches Recht, doch meist späteres aufnimmt [22]). Dürfte man die Abfassung dieses Theils Chlotar II. nach Wiedervereinigung des ganzen Reiches (a. 613) zuschreiben, wobei er das wahrscheinlich von Childebert II. (a. 596) für seinen Reichstheil erlassene die Kirche begünstigende Gesetz (tit. 57—62) demselben eingerückt haben könnte, so würde dieß mit der Nachricht jenes Prologs übereinstimmen und am einfachsten erklären, weshalb darin eine Ausgleichung mit dem salischen Recht angestrebt wurde [23]). — Auch

19) Die neueste und gründlichste Untersuchung über die verschiedenen Theile und ihre Entstehungszeit unter Berücksichtigung der früheren Ansichten ist: Sohm, Ueber die Entstehung der Lex Ribuariorum, in Zeitschrift für Rechtsgeschichte V. S. 380 folg.; für den ältesten Theil S. 403 folg., wo bemerkt wird, daß Tit. 31, 3—5 ein erst nach der Eroberung von Burgundien *a.* 534 erlassenes Gesetz ist. Auch *tit.* 18, 1. sicut in omni furto constituimus, charakterisirt das Ganze als königliches Gesetz. Den an sich wahrscheinlichen Beirath Rechtskundiger erwähnt jener Prolog: Theodoricus, cum esset Catalaunis, elegit viros sapientes, qui in regno suo legibus antiquis eruditi erant.

20) S. oben § 64 Note 26.

21) Namentlich in dem System der Bußen, Sohm S. 393 folg. und im Beweisrecht, Derselbe S. 403.

22) Näheres bei Sohm S. 384 und § 3. S. 404—426, der auch die Gründe nachzuweisen versucht, weshalb verschiedene Titel der Lex Salica übergangen sind.

23) Sohm § 4. S. 426 folg. macht es sehr wahrscheinlich, daß *tit.* 57 – 62 ein Gesetz von Childebert II. ist. Er schließt aber S. 443 daraus, daß der zweite Theil früher als dieses Gesetz, jedoch auch vom Ende des sechsten Jahrhunderts sein müsse (?). Die Berücksichtigung des salischen Rechts erklärt er aus dessen "moralischem Uebergewicht." S. 383 folg.

ein sich auszeichnender dritter Theil (tit. 65—79) gehört höchst wahrscheinlich noch dem Anfang des siebenten Jahrhunderts an[24]) und könnte hiernach K. Dagobert I. († 638), dem jener Prolog einen Antheil an der Lex Ripuariorum zuschreibt, zum Urheber haben. — Der vierte und letzte Theil (tit. 80—89), der wieder die Lex Salica benutzt, steht der carolingischen Zeit nahe[25]).

Wie den Ripuariern, so wurde auch den Burgunden, nachdem ihr Königreich in der Weise einer Personalunion mit dem fränkischen vereinigt worden (a. 534), dieser ihrer staatsrechtlichen Stellung gemäß der Genuß ihres eigenthümlichen Nationalrechts belassen. Aber einer neuen schriftlichen Aufzeichnung desselben bedurfte es nicht, da eine solche in der Lex Gundobada vorhanden war, deren fortdauernde Geltung auch unter fränkischer Herrschaft, selbst in der folgenden Periode, vielfach bezeugt ist[26]).

Auch die Alamannen, als sie sich Chlodwich unterwerfen mußten (nach 496), wurden zwar tributpflichtig[27]), traten aber als ein in sich geschlossenes und mächtiges Volk in die fränkische Reichsgemeinschaft ein, welches in inneren Fehden der Könige und in auswärtigen Kriegen eine große Rolle spielte[28]); daher ihnen vom fränkischen Könige eigene Herzöge gesetzt[29]) und der Gebrauch ihres Volksrechts in eigenthümlichen Volksgerichten

24) Sohm § 5. S. 443 folg.

25) Sohm § 6. S. 452 folg.

26) Für diese Periode s. *L. Rip.* 31, 3. *Marculf* I. 8. unten Note 46; für die folgende oben § 39 Note 60. 63.

27) *Merkel, de republ. Al.* § 5. unterscheidet die unmittelbar nach der Schlacht von 496 unterworfenen, tributpflichtigen Alamannen (Note 9) und diejenigen, welche sich Anfangs flüchteten, dann aber neun Jahre später nach *Fredegar.* c. 21. sich unterwarfen und, wie er glaubt, günstigere Bedingungen, insbesondere den Gebrauch ihres Volksrechts (Note 10. 11), erhielten. Ebenso die von den Ostgothen an Theodebert *a.* 536 abgetretenen Theile von Alamannien § 6 Note 7. Das Argument § 8 Note 11, daß später nur in Schwaben, nicht im Elsaß und der Schweiz Spuren der Centenen nachzuweisen sind, scheint mir nicht stichhaltig, da sie ja eine allgemein fränkische Einrichtung waren. Auch beschränkt er § 5 Note 9 und § 7 Note 1 die Tributpflicht auf die spätere Francia orientalis, während z. B. das Elsaß gewiß gleich Anfangs unterworfen wurde.

28) *Bluhme, praef. cap.* II. *Monum. Germ.* III. *p.* 502—506. *Merkel cit.* § 6.

29) Nach *Merkel cit.* § 8 Note 3 wurden bis auf Lothar I die Herzöge nur für den Krieg bestellt, von da ab als abhängige Fürsten.

belassen wurde [30]). Die älteste schriftliche Aufzeichnung desselben, die als Bestandtheil der späteren Redaction unter dem Namen Pactus lex Alamannorum erhalten und durch denselben als eine auf Uebereinkunft des Volkes mit seinen Vorständen beruhendes Volksrecht bezeichnet ist, gehört der Mitte des sechsten Jahrhunderts an [31]). Jene spätere und theilweise abändernde Redaction machte K. Chlotar II. als Beherrscher des ganzen fränkischen Reichs (a. 613—622) auf einem Reichstag unter Beirath von Bischöfen, Herzögen und Grafen [32]); sie ist also ein vom fränkischen Könige für Alamannien gegebenes Provinzialrecht. Eine dritte wurde vom Herzog Lantfrid († 730) unter Zustimmung der Großen des Herzogthums und des gesammten Volkes veranstaltet und ist der sprechendste Beweis für die bei der inneren Zerrüttung des fränkischen Reichs wieder gewonnene, verhältnißmäßige Selbständigkeit der Alamannen [33]).

Auch die Bajuvarier, nachdem ihre Herzöge Vasallen der fränkischen Könige geworden [34]), haben ihr eigenthümliches Recht bewahrt, welches aber bei seiner Codification durch Letztere mancherlei Zusätze aus anderen Volksrechten erfuhr [35]). So zeigt schon der älteste Theil der auf uns gekommenen Lex Bajuvariorum, der sich als das Gesetz eines fränkischen Königs charakterisirt [36]), die Berücksichtigung des alamannischen

30) *Procop. de bello Goth.* I. 12. *Σουάβοι τε — καὶ Ἀλαμανοὶ, ἰσχυρὰ ἔθνη, οὗτοι αὐτόνομοι ἅπαντες. Agath. hist.* I. 7. *Νόμιμα αὐτοῖς εἰσιν μέν που καὶ πάτρια, τὸ δέ γε ἐν κοινῷ ἐπικρατοῦν τε καὶ ἄρχον τῇ Φραγγικῇ ἕπονται πολιτείᾳ.* Merkel und Stobbe beziehen diese Worte von Agathias († 580) auf den Pactus Lex Alamannorum.

31) Herausgegeben von Merkel in *Mon. Germ. Leg.* III. *p.* 34—40. Ueber die Abfassungszeit s. denselben *p.* 14. und *de re publ. Al.* § 7 Note 1. 2. Stobbe S. 74 folg.

32) Lex Alamannorum Chlotharii, in *Mon. Germ. Leg.* III. *p.* 41—70 von Merkel. Ueber die Geschichte der Entstehung s. denselben *de re publ. Al.* § 7. Stobbe S. 145 folg.

33) Herausgegeben von Merkel in *Mon. Germ. Leg.* III. *p.* 81—119. Geschichtliches giebt derselbe *de re publ. Al.* § 9 und Stobbe S. 150. Ueber die *c.* 76—97 von ungewissem Ursprung s. denselben S. 149.

34) S. oben § 64 und § 65 Note 36.

35) Vgl. überhaupt Stobbe § 12 und Merkel zu seiner Ausgabe in *Mon. Germ. Leg.* III.

36) *L. Bai.* II. 20. § 1. für die adeligen Geschlechter: illis enim

Rechts, und zwar des Pactus und nicht des Gesetzes von Chlotar II. (a. 613—622), ist also älter als dieses [37]). In einem zweiten Theil ist neben bairischem und alamannischem Recht merkwürdigerweise das westgothische Gesetzbuch und zwar die Antiqua von Reccared I. benutzt; er ist also jeden Falls vor der Mitte des siebenten Jahrhunderts, vielleicht unter Dagobert I. (622—638) entstanden [38]). Die Verbindung dieser Stücke mit verschiedenen andern zu dem Ganzen, das wir besitzen, gehört wahrscheinlich erst der Mitte des achten Jahrhunderts, also der spätesten merowingischen Zeit an [39]). Da ein Einfluß des fränkischen Rechts darin nicht zu bemerken ist, so interessirt es uns nur als thatsächlicher Beweis für die Geltung verschiedener Stammesrechte innerhalb des fränkischen Reichs.

Demselben Princip entspricht es, daß auch die Thüringer, Sachsen und Friesen, soweit sie der fränkischen Herrschaft unterworfen waren, ihre eigenthümlichen Volksrechte bewahrten, deren schriftliche Aufzeichnung jedoch erst der carolingischen Zeit angehört [40]).

Die Geltung dieser verschiedenen germanischen Stammesrechte ist nun noch näher zu bestimmen. Da jeder dieser verschiedenen Stämme im fränkischen Reiche einen ihm eigenen Wohnsitz hatte, so sind ihre Rechte auch zunächst Territorialrechte dieser Gebiete und kommen in den Gerichten derselben regelmäßig zur Anwendnng. Innerhalb dieser Gebiete aber werden noch Lokalrechte einzelner Gaue und Orte erwähnt [41]), deren Abweichungen von dem allgemeinen Volksrecht auf der durch

duplum honorem concedimus. § 3. — quia sic reges antecessores nostri concesserunt eis. Der oben Note 18 erwähnte, wenig glaubwürdige Prolog nennt Theoderich, Childebert und Dagobert als an der Lex Bajuvariorum betheiligt.

37) So Stobbe cit. Note 16.

38) Stobbe cit. S. 158—162.

39) Stobbe S. 168 vgl. mit S. 164.

40) Stobbe §§ 13. 14. 15. Auch Friesen und Sachsen werden als Reichsgenossen behandelt in *L. Rip.* 36, 4.

41) *Form. Andegav.* 53. consuetudo pagi. *Marculf* I. 37. *Form. Sirmond.* 33. *Bréquigny ed. Pard. Nr.* 424. *a.* 692. Beil. V. lex loci vestri. Auf Stammesverschiedenheit möchte ich es nicht mit Waitz, Verf. II. S. 279 zurückführen.

die schriftliche Aufzeichnung dieser Letzteren keineswegs aufgehobenen Autonomie der Gau- oder Centgemeinden beruhte. Einen Beweis dafür liefert die erst in carolingischer Zeit aufgezeichnete Lex Chamavorum, ein Weisthum des Amorgaus oder Hamalandes, d. h. des Wohnsitzes des fränkischen Stammes der Chamaver, östlich vom Niederrhein und der Yssel, in welchem, da er zu Ripuarien gehörte, im Allgemeinen ripuarisches Recht galt, dieses aber hier mit Rücksicht auf das benachbarte friesische und sächsische Recht modificirt erscheint [42]).

Allein auf diese Gebiete und ihre Gerichte war die Geltung jener Stammesrechte nicht beschränkt, sondern, während ursprünglich bei den salischen Franken, wie bei allen anderen germanischen Völkern [43]), der zu vollem Bürgerrecht aufgenommene Fremde dem Recht des herrschenden Stammes sich unterwerfen mußte [44]), so war im fränkischen Reiche durch die staatsrechtliche Stellung der verschiedenen germanischen Stämme den einzelnen Gliedern derselben der Gebrauch ihres Stammesrechts gesichert [45]); dafür konnten sie sich, wo sie auch als Fremdlinge (advena) vor Gericht auftraten, auf das Recht ihres Geburtslandes oder, was dasselbe ist, ihres Stammes berufen, die Gerichte waren angewiesen sie darnach zu beurtheilen [46]).

42) Gaupp, *Lex Francorum Chamavorum*, Breslau 1855. Zöpfl, Die Euua Chamavorum, Heidelb. 1856. Stobbe § 17.

43) Bei den Burgunden § 38 Note 3. Westgothen § 43 S. 184. Langobarden § 60 Note 62. 63.

44) *L. Sal.* 41, 1. Si quis ingenuo Franco, aut barbarum, qui legem salicam vivit, occiderit — solidos 200 culpabilis iudicetur. Vgl. Savigny, R. R. im MA. I. S. 121. Waitz, Sal. Recht S. 98.

45) Also nicht bloß daraus, daß die verschiedenen germanischen Völker massenweise in das fränkische Reich eintraten, wie Savigny I. S. 119 annahm, sondern aus ihrer verhältnißmäßig gleichen staatsrechtlichen Stellung erkläre ich mir das sg. System der persönlichen Rechte. Aehnlich schon Rogge, Gerichtswesen der Germanen S. 55 folg. Waitz, Verf. II. S. 78 folg. nennt es „ein Zeichen von dem nicht völlig ausgebildeten Wesen eines Staates"; aber Reich ist eine eigenthümliche Staatsform. Daß, wie er S. 79 Note 1 sagt, die Geltung des römischen Rechts für Römer dazu geführt habe, daß auch die deutschen Stämme ihr besonderes Recht behielten, kann ich deshalb nicht zugeben, weil diese Analogie in anderen germanischen Staaten dasselbe bewirkt haben müßte.

46) *L. Rip.* 31, 3. Hoc au-

Wie es mit den Römern in dieser Hinsicht im salischen Lande gehalten wurde, wissen wir nicht [47]). Als Chlodwich den letzten Rest römischer Herrschaft eroberte und durch Vertrag mit den Armorikern das Land bis zur Loire sich unterwarf, wurde gewiß den Römern auch der Fortgenuß ihres Rechts zugesichert. In dem westgothischen Gallien und Burgundien fanden die fränkischen Eroberer diesen Rechtszustand vor und hatten keinen Grund ihn zu ändern. Es war also nichts Neues, sondern eine Einschärfung des bestehenden Rechts, wenn Chlodwichs Sohn, Chlotar I., nachdem ihm das ganze Reich zugefallen war (a. 558), in einem Gesetz vom J. 560 vorschrieb, daß, wie überhaupt das herkömmliche Recht beobachtet werden und kein Gesetz und Billigkeit überschreitendes Urtheil gelten solle, so insbesondere die Rechtshändel der Römer unter sich nach den römischen Gesetzen zu entscheiden seien [48]). Den römischen Provinzialen stellt dasselbe Gesetz in Bezug auf die dreißigjährige Verjährung die Kirche und die Geistlichen gleich [49]), erkennt also damit auch für diese die Geltung des römischen Rechts an, was dann die

tem constituimus, ut infra pagum Ripuarium tam Franci, Burgundiones, Alamanni, seu de quacunque natione commoratus fuerit, in iudicio interpellatus, sicut lex loci continet, ubi natus fuerit, sic respondeat. 4. Quodsi damnatus fuerit, secundum legem propriam, non secundum Ripuariam, damnum sustineat. *Marculf* I. 8. Bestallungsformel des Dux, Patricius, Comes: et omnis populus ibidem commanentes tam Franci, Romani, Burgundiones quam reliquae nationes sub tuo regimine — moderentur, et eos recto tramite secundum legem et consuetudinem eorum regas.

47) *L. Sal.* 14, 2. 3, *tit.* 41, 3. sagen nichts darüber, nach welchem Recht in rein privaten Verhältnissen die Römer unter sich lebten. Nur die Rubrik von *tit.* 47. de filtortis [qui lege Salica vivunt] scheint anzudeuten, daß es auch Leute gab, die nach anderem Recht lebten, nehmlich die Römer nach römischem Recht. Dieß nimmt Savigny S. 120. 122 schon für diese Zeit an.

48) *Chlotacharii* I. *constitutio a.* 560. (*Pertz* I. *p.* 2). *pr.* — in omnibus causis antiqui iuris (?) norma servetur et nulla sententia a quolibet iudicum vim firmitatis obtineat, quae modum legis atque aequitatis excedit. *c.* 4. Inter Romanos negotia causarum Romanis legibus praecipimus terminari. Der Epilog verweist die Richter noch einmal auf das römische Recht und auf die herkömmlichen Rechte der verschiedenen germanischen Völker.

49) *Chlot.* I. *const. cit. c.* 13.

Lex Ripuariorum für jene ausdrücklich sagt [50]). Römer sind auch die in der Kirche Freigelassenen, die zu ihr in einem bestimmten Abhängigkeitsverhältniß stehen (homines ecclesiastici, tabularii [51]) und überhaupt alle in römischen Formen freigelassene Sklaven (homines Romani) [52]). Die Quelle, aus welcher man das römische Recht schöpfte, war die Lex Romana Visigothorum, wie die Handschriften, Glossen und Umarbeitungen derselben, welche sämmtlich dem fränkischen Reich, deren älteste dieser Periode angehören, beweisen [53]). Das angeführte Gesetz Chlotars I. bezeugt die Geltung des römischen Rechts nur für die Römer unter sich. Welches Recht im Verhältniß der Römer zu den Franken und anderen Germanen zur Anwendung kam, soll sogleich untersucht werden.

Denn es fragt sich überhaupt, wie es bei dem s. g. System der persönlichen Rechte im fränkischen Reiche im Fall gemischter Nationalität der Partheien gehalten wurde. Da der Begriff des Rechts Allgemeinheit, also Gleichheit der Partheien fordert, so scheint in diesem Fall ein unauflöslicher Widerspruch vorzuliegen. Der Widerspruch war aber nicht größer, als bei den alten Römern, denen es auch nicht einfiel, den verschiedenen ihnen verbündeten oder unterworfenen Völkern ihr Recht aufzudringen und die jenen Widerspruch durch Aufstellung eines allen Völkern gemeinsamen Naturrechts lösten; oder heutzutage im Verhältniß der Unterthanen verschiedener Staaten zu einander, wo die Findung eines internationalen Rechtes unseren Juristen Schwierig-

50) *L. Rip.* 58, 1. secundum legem Romanam, qua ecclesia vivit.

51) Ueber diese im Allgemeinen s. *L. Rip.* 58. Sohm, Zeitschr. für RG. V. S. 432 folg. Daß sie nach römischem Recht lebten, folgt aus ihrer Zugehörigkeit zur Kirche und ihrer regelmäßigen Zusammenstellung mit dem homo Romanus, s. folg. Note.

52) *L. Rip.* 61. de libertis secundum legem Romanam. 1. Si quis servum suum libertum fecerit et civem Romanum *rel.* 2. Quod si aliquid criminis admiserit, secundum legem Romanam iudicetur. Sohm cit. S. 427 folg.

53) *Haenel, Prolegomena ad L. Rom. Vis. p.* XXV. *sqq.* XLI. *sqq.* Die älteste Handschrift (Cod. Monacensis) setzt er ins siebente Jahrhundert, die Epitome ab Aegidio facta in den Anfang des achten.

keit genug bereitet [54]). In dem System der persönlichen Rechte war das Vorkommen dieses Widerspruchs nur häufiger. Wie wurde er also gelöst? Wir haben früher gesehen, daß die unter römischem Einfluß stehende ostgothische Gesetzgebung für den gemischten Rechtsstreit unter Römern und Gothen den Richter im Allgemeinen anwies, ein Beiden gemeinsames aequum ius aufzusuchen [55]), während die Burgunden, Westgothen und Langobarden im gleichen Fall als herrschendes Volk ihr Recht zur Anwendung brachten, also eigentlich dem Römer sein Recht nicht werden ließen [56]). Die Gesetzgebung des fränkischen Reichs verzichtet auf jene durch die Vernunft postulirte Gleichheit des Rechts für beide Partheien und bringt bald das Recht der einen, bald das der anderen zur Anwendung. Die Grundsätze, nach welchen dieß geschah, sind unter den Neuern bestritten und waren offenbar nicht überall und zu aller Zeit dieselben [57]). Im merowingischen Reich waren es folgende. Im friedlichen Rechtsverkehr, also bei Rechtsgeschäften entschied das Geburtsrecht des vorzugsweise Handelnden, z. B. bei Eigenthumsübertragung oder Vertrag das Recht des Uebertragenden oder sich Verpflichtenden über die zu beobachtende Rechtsform [58]). Im Prozesse, dessen

54) Vgl. Savigny, System VIII. S. 39 folg. Die Vernunft verlangt Ein Recht für die ganze Menschheit, also die Universalmonarchie, das Reich Gottes; die Beschränktheit und Vielheit der Staaten und ihres Rechtes gehört zu der Unvollkommenheit des gegenwärtigen Zustandes auf Erden, ist aber in diesem eine ausgleichende Wohlthat.

55) S. oben § 55 Note 23.

56) S. § 38 Note 15. — § 44 Note 42. — § 60 Note 65. 66. Wahrscheinlich auch die Vandalen s. oben S. 137.

57) Vgl. die verschiedenen Versuche in dieser höchst schwierigen Materie die Entscheidungen der Rechtsquellen auf bestimmte Principien zurückzuführen, von Savigny, R. R. im MA. I. §§ 46. 47. Eichhorn, D. RG. I. S. 270 folg. Rogge, Gerichtswesen S. 57. *Pardessus, loi salique p.* 446 *sqq.* Walter, D. RG. § 148.

58) Z. B. wird die Schenkung von Grundeigenthum an ein Kloster oder einen Geistlichen, die nach römischem Recht leben, von Seiten eines Franken durch den sg. Halmwurf (festuca) vollzogen, *Form. Lindenbr.* 18. 152, welcher in den für Römer bestimmten *Form. Andegav.* nicht vorkommt. Vgl. auch die häufigen Anwendungen dieses Princips in den späteren *Form. Langob.* 1. 2. 9. 12. 15. 16. 18. 19. 22. — Bei der Eheschließung mußte der Mundwald der Braut das Mundium nach ihrem und seinem Recht auf den Mann übertragen, während dieser in der

Verlauf nach dem germanischen Princip ganz durch die Vertheidigung des Beklagten bestimmt wird, richtet sich diese in formeller und materieller Hinsicht, also rücksichtlich des Beweises, seines Rechts und der im Unterliegungsfalle zu zahlenden Buße nach dem Geburtsrecht des Beklagten [59]). Eine wichtige Ausnahme aber bildet in materieller Hinsicht die Klage wegen Todtschlag, wo für das den Verwandten zu zahlende Wergeld der persönliche Werth des Getödteten (pretium hominis) nach dessen Geburtsrecht zum Maaßstab genommen wird. Dieser Grundsatz scheint sich in folgender Weise geschichtlich gebildet zu haben. Im altsalischen Lande war der fremde Germane entweder rechtlos oder zu salischem Recht aufgenommen und hatte dann das Wergeld der freigeborenen Franken (200 Sol.) [60]). Auch dem dort angesessenen Römer (Romanus possessor) mußte ein solches bewilligt werden, wenn er dem Franken gegenüber nicht schutzlos sein sollte, denn die römische Todesstrafe war auf diesen nicht anwendbar; er galt aber nur für halb so viel werth als der freigeborene Franke (100 Sol.) [61]). Ja nach derselben Werth-

Form seines persönlichen Rechts, in welches sie eintrat, heirathete und die Morgengabe bestellte. *Form. Lindenbr.* 75. *cf. Langob.* 20. 21.

59) *L. Rip.* 31, 3. Hoc autem constituimus, ut infra pagum Ripuarium tam Franci, Burgundiones, Alamanni, seu de quacunque natione commoratus fuerit, in iudicio interpellatus, sicut lex loci continet, ubi natus fuerit, sic respondeat. 4. Quodsi damnatus fuerit, secundum legem propriam, non secundum Ripuariam, damnum sustineat. *tit.* 61, 1. Si quis servum suum libertum fecerit et civem Romanum *rel.* 2. Quod si aliquid criminis admiserit, secundum legem Romanam iudicetur. Nur als Ausnahme in Sachen, welche zur Fehde Veranlassung geben, hat das spätere *Cap. Pipini R. a.* 792. *c.* 17. (*Walter* II. *p.* 286) für Italien die Bestimmung der Buße nach dem Recht des Klägers vorgeschrieben, zugleich aber die Regel in höchst bezeichnender Weise bestätigt: de statu vero ingenuitatis et aliis querelis unusquisque secundum legem suam se ipsum defendat. Ich trete also Rogge's Ansicht gegen Savigny und Eichhorn bei. So auch Walter cit. Note 4. Daß insbesondere die Buße nach dem Geburtsrecht des Beklagten bestimmt wird, stimmt mit Wilda's Ansicht (Strafrecht S. 485), daß sie mehr Vergeltung für diesen, als Genugthuung für den Kläger war.

60) *L. Sal.* 41, 1. Si quis ingenuo Franco aut barbarum, qui legem salicam vivit, occiderit, — solidos 200 culpabilis iudicetur. *cf.* 42, 3.

61) *L. Sal.* 41, 3. Si vero

schätzung wurden auch andere Verletzungen des Römers nur mit der halben Buße gesühnt [62]). Als die salischen und ripuarischen Franken Ein Reich bildeten, wurde für den Römer derselbe Satz (100 Sol.) beibehalten [63]), unter den Bruderstämmen aber natürlich gegenseitig das höchste Wergeld (200 Sol.) gezahlt [64]), den anderen in die Reichsgemeinschaft aufgenommenen Germanen dagegen nur so viel bewilligt, als sie nach ihrem eigenen Recht den freien Volksgenossen geschätzt hatten (durchschnittlich 160 Sol.) [65]).

Die Fälle des Conflictes wurden übrigens vermindert durch die successive Ausgleichung der verschiedenen Rechte in der Gesetzgebung uud dem Gerichtsgebrauch, insbesondere sowohl durch Uebertragung des fränkischen Rechts auf die Römer, als durch Aufnahme römischen Rechts in fränkische Gesetze. So wurden die germanischen Rechtsgrundsätze, namentlich rücksichtlich der Vertheidigung des Beklagten durch Eid mit Eideshelfern u. A. in Prozessen der Römer unter sich um so mehr angewandt, als diese keine eigenthümlichen römischen Gerichte hatten und das Verfahren in den fränkischen Gerichten als Theil des öffentlichen Rechts und des Gerichtsgebrauchs betrachtet werden konnte [66]).

Romano possessore — fuerit, qui eum occidisse probatus fuerit, — solidos 100 culpabilis iudicetur.

62) *L. Sal.* 14, 1–3. Wenn ein Franke von einem Franken oder Römer beraubt wird, so beträgt die Buße 62½ Solidi; wenn ein Franke einen Römer beraubt, nur 30 Sol. — *Tit.* 39, 3. 4. Menschenraub (plagium) an dem freigeborenen Franken wird mit 200, an dem Römer mit 62½ Solidi gebüßt. Auch die Buße wird also nach der Nationalität des Klägers bestimmt, abweichend von dem späteren Recht, Note 59.

63) *L. Rip.* 36, 3. Si quis Ripuarius advenam Romanum interfecerit, 100 solidis multetur.

64) *L. Rip.* 36, 1. Si quis Ripuarius advenam Francum interfecerit 200 solidis culpabilis iudicetur.

65) *L. Rip.* 36, 4. Si quis Ripuarius advenam Alamannum, seu Fresionem vel Baiuvarium aut Saxonem interfecerit, 160 solidis culpabilis iudicetur. *cf.* *L. Alam. Hloth.* 61, 1. *L. Baiuv.* III. 13, 1. Friesen und Sachsen wurden diesen gleichgestellt Walter § 68. Ebenso *c.* 2 der gemeinfreie Burgunde, der früher nur 150 Solidi galt. *L. Burg.* 2, 2–52.

66) *L. Sal. Guelf.* 16, 3. *Pardessus p.* 167. läßt zwischen Römern wegen Brandstiftung im Fall mangelnder Beweise Eid mit Eideshelfern oder Kesselfang zu. *L.*

Von dem römischen Prozeßrecht finden sich in den Gegenden von vorherrschend römischer Bevölkerung nur wenige Reste[67]). Auch gewöhnten die Römer unter einander sich allmählig an die Annahme des Wergeldes und anderer Bußen an Stelle der römischen Todesstrafe[68]). Umgekehrt wurde auch römisches Recht in die fränkische Gesetzgebung aufgenommen, z. B. die Verjährung in dreißig Jahren, die noch Chlotar I. (a. 560) als ein eigenthümliches Recht der Römer, Kirchen und Geistlichen bezeichnete, durch ein Gesetz Childeberts II. (a. 596) allgemein gemacht[69]). Von allgemeiner Geltung war auch das durch königliche Gesetzgebung erweiterte Strafrecht (§ 68).

Daß die Anwendung der verschiedenen Stammesrechte durch die Nationalität der Urtheiler in dieser Periode gesetzlich noch nicht gesichert war, ist früher bemerkt worden[70]). Es war den Partheien überlassen, wenn sie in der Fremde belangt wurden, das Recht ihrer Heimath geltend zu machen, und die schrift-

Rip. 66, 1. 2. gestattet dem homo Romanus und ecclesiasticus den Eid mit Eideshelfern. Denselben erwähnen unter Römern *Form. Andegav.* 10. 28. 30. 40. den Eid des Beklagten *form.* 11. 15. 16. 24. mit den Zeugen *form.* 29. Solsadia *form.* 12. 13. 14. Einzelne Fälle bei *Gregor. Tur.* V. 5. 50. VIII. 40. (Eid). VII. 23. (Contumacialverfahren). *Bréquigny, ed. Pard. Nr.* 424. (Eid). Roth, Beneficialwesen S. 97 folg. — Daß das Lokalrecht des Gerichts in Bezug auf das Verfahren angewandt werden soll, sagen *Form. Marculf.* I. 37. *App.* 38. *Sirmond.* 33. *Bréquigny, doc. cit.*

67) *Form. Sirmond.* 29, 1. Lex Romana — sumptus, quos post appellationem adversarium suum accusator compulit sustinere — in quadruplum — ante illustre viro illo vel reliquis viris qui subter tenentur inserti, Turonus civitate. *cf. L. Rom. Vis. Paul.* V. 37. — *Form.* 2. de homicidii crimine inscriptio. *cf. L. Rom. Vis. C. Th.* 9, 1.

68) Im Fall *Form. Sirmond.* 32. wegen Entführung mußte nach römischem Recht die Todesstrafe eintreten: sed intervenientibus bonis hominibus taliter inter eos convenit, ut iam dicti homines (die Beklagten) pro redemptione vitae eorum wadio(*s*) suos iam dicto illo (dem Kläger) unusquisque pro solidos tantos dare deberent. *cf. Marculf.* II. 16. *Andegav.* 43. — *Sirmond.* 39. (wegen Todtschlag). *Form. Andegav.* 3. (wegen Diebstahl eines Colonen). Vgl. Roth cit. S. 94 Note 205.

69) S. oben Note 49 und *Child.* II. *decr. c.* 3. (*Pertz* I. *p.* 9). Andere Beispiele giebt Roth cit. S. 98.

70) S. oben § 66 Note 66.

liche Verzeichnung desselben erleichterte ihnen den Beweis. Erst seit Carl dem Großen wird die Nationalität der Urtheiler, insbesondere in gemischten Gerichten, bemerkt [71]), wodurch es wahrscheinlich wird, daß auch dieß, wie das geschlossene Schöffenamt, eine von ihm getroffene Einrichtung war. Hat er doch auch durch Aufzeichnung der verschiedenen Volksrechte, unbeschadet der straffen Einheit des Reiches, für deren Erhaltung gesorgt.

Die in den Handschriften einzelnen Königen zugeschriebenen Gesetze [72]) gehören sämmtlich dem ersten Jahrhundert nach der Reichsgründung an, wo es vieles den neuen Verhältnissen anzupassen und zu ordnen gab. Sie bezeichnen sich selbst zum Theil als Reichstagsbeschlüsse, zum Theil als durch Concilien veranlaßt, zum Theil nur als Erlasse aus der königlichen Kanzlei, wobei es zweifelhaft bleibt, ob eine Vorberathung der einen oder anderen Art stattgefunden hatte [73]). Rücksichtlich ihrer Geltung beziehen sie sich theils auf den Reichstheil (regio) Eines Königs [74]), theils beruhen sie auf der Vereinbarung Zweier (pactus) [75]), theils nach Wiedervereinigung des Reiches unter

71) Savigny cit. S. 168 folg. 322 folg. In den Prozessen des Klosters Farfa sprechen die römischen und langobardischen Schöffen nach Vergleichung der justinianischen und langobardischen Gesetze das Urtheil, scheinen also eine Ausgleichung derselben anzustreben.

72) Sie finden sich nach Vergleichung der Handschriften in *Pertz, Mon. Germ. Leg.* I. *p.* 1—15, das von ihm zuerst entdeckte Edict K. Chilperichs II. *p.* 10 *sq.*, und der Urkundensammlung von *Bréquigny* und *Pardessus* chronologisch eingeordnet. Außer Betracht bleibt *Guntchramni et Childeberti R. pactum a.* 587 (*Pertz* I. *p.* 5) als bloßer Staatsvertrag der beiden Könige. — Vgl. Eichhorn I. S. 578. Waitz II. S. 80. Walter § 150. Stobbe § 20.

73) *Childeberti* II. *decretio a.* 596 macht Beschlüsse der Reichstage zu Andernach, Utrecht, Cöln u. s. w. bekannt. *Chilperici R. edictum* (561 - 581) (*Pertz* II. *p.* 10) beruht gleichfalls auf einem solchen. *Childeberti* I. *epistola a.* 554 und *Guntchramni R. edictum a.* 585 auf Beschlüssen der Synode zu Macon. *Chlot.* II. *edictum a.* 614 auf der Synode zu Paris unter Mitwirkung der Großen des Reichs. Bei allen anderen Gesetzen wird nichts der Art erwähnt (anders Stobbe S. 215 „überall"), was indeß nicht entscheidet. Die Namen edictum, decretio, epistola u. s. w. noch weniger.

74) *Chilp.* I. *edict.* 1. 2. in regione nostra. *Gunth. ed. a.* 585. — regionis.

75) *Pactus pro tenore pacis*

Einem Herrscher auf das Ganze [76]), begründeten aber, außer wo sie auf ein bestimmtes Stammesrecht Bezug nehmen, allgemeines Reichsrecht für alle Unterthanen [77]). Ihrem Inhalt nach sind sie bemüht, die sittlichen Vorschriften der Geistlichkeit durch bürgerliche Strafen zu unterstützen [78]), den Kirchen ihre Besitzungen und Privilegien zu sichern [79]), den Verbrechen und Friedensbrüchen [80]) und der Ungerechtigkeit der Beamten zu steuern [81]), und endlich das Civil- und Criminalrecht und den Prozeß fortzubilden [82]).

Von wissenschaftlicher Bearbeitung der germanischen Rechte (die Glossen und Umarbeitungen der Lex Romana wurden oben erwähnt), ist natürlich noch keine Rede. Denn die Zusammenstellungen der Bußen aus der Lex Salica können dafür nicht gelten und sind überdieß chronologisch ungewiß [83]). Und die Formelsammlungen gehören der untersten Stufe der Vermittelung des Gesetzes mit seiner Anwendung an, sind indeß als Quelle unserer Kenntniß, namentlich auch des Prozesses,

D. Childeberti (II.) *et Chlotarii* (II.) *R. a.* 593. (*Pertz* I. *p.* 7), worauf dann *Chlot.* II. *decr. c.* 8. (*p.* 13) Bezug nimmt.

76) *Chlot.* I. *const. a.* 560. (*Pertz* I. *p.* 2) und *Chlot.* II. *edictum a.* 614. (*p.* 14).

77) *Chilp.* I. *edictum c.* 3. bezieht sich ausdrücklich auf *L. Salica, c.* 10. auf consuetudo, und ändert durchweg jenes Volksrecht ab. *Chlot.* I. *const. a.* 560. *c.* 13. bezieht sich auf die Römer.

78) *Child.* I. *const. a.* 554. gegen Götzendienst, Sacrilegia, nächtliche Ausschweifungen, Verletzung der Sonntagsruhe. *Guntchramni R. edictum a.* 585. (*Pertz* I. *p.* 3) weist die Judices allgemein an, den Ermahnungen der Geistlichkeit durch gerichtliche Strafen Nachdruck zu geben.

79) *Chlot.* I. *const. a.* 560. c. 10—12.

80) *Pactus pro tenore pacis D. Childeberti et Chlotarii R. a.* 593. (*Pertz* I. *p.* 7). *Child.* II. *decr. a.* 596. *c.* 4—13. *p.* 9. *Chlot.* II. *decr. c.* 10. (*p.* 13). — quae in Dei nomine pro tenore pacis constituimus. Auch K. Chilperichs Gesetz nennt sich edictus pro tenore pacis, aber nur insofern alles Recht den gemeinen Frieden sichert.

81) *Chlot.* I. *const. cit. c.* 1. 2. 3. 6. tritt auch den erschlichenen königlichen Rescripten entgegen. *c.* 5. 7. 9. 10.

82) *Chilp. edictum* (*Pertz* II. *p.* 10). *c.* 1—4. Ehe- und Erbrecht. c. 5—9. Prozeß. *Child.* II. *decr. a.* 596. (*P.* I. *p.* 9). *c.* 1. Erbrecht. c. 2. Verbotene Grade. c. 3. Verjährung. 4. Crimen raptus. 5. Todesstrafe wegen Mord. 6. Farfalium. 7. Beweis des Diebstahls.

83) Septem causae, Recapitulatio legis Salicae u. s. w. Stobbe S. 55.

für uns von großem Werth[84]). Die ältesten sind die Formulae Andegavenses, in der Stadt Angers oder ihrem Gebiet unter Childebert I. (+ 558) überwiegend für Römer verfaßt. Auch die für Tours und seinen Gerichtsbezirk bestimmten sg. Sirmondischen Formeln berücksichtigen vielfach das römische, seltener fränkisches Recht. Für dieses ist die wichtigste Sammlung die des Mönches Marculf aus der zweiten Hälfte des siebenten Jahrhunderts in zwei Büchern, deren erstes die praeceptiones regales, das zweite chartae pagenses enthalten sollte. Andere Sammlungen enthalten Formeln aus dieser und der carolingischen Periode, sind daher hier nur mit Vorbehalt zu gebrauchen.

§ 68. Wenn endlich das fränkische Prozeßrecht, für uns die Hauptsache, ermittelt werden soll, so ist die erste Frage: inwiefern durch den Schutz der Gerichte die Privatrache (faida)[1]) ausgeschlossen war[2]).

Schon in dem altsalischen Recht findet sich keine Spur mehr von ihrer Zulassung, d. h. von der Straflosigkeit der zur Rache verübten Verletzungen, namentlich des Todtschlags als Blutrache, sondern nur Buße und Wergeld, welche gerichtlich zu fordern sind. Weil das Wergeld an die Stelle der Blutrache tritt, so sind es die Verwandten und Erben des Getödteten, die es fordern, und die Verwandten des Todtschlägers, die es zahlen müssen, wenn er sich feierlich für insolvent erklärt; und nur wenn auch diese insolvent sind, büßt er selbst mit dem Leben[3]). Diese Ausschließung der Fehde, welche, wie wir gesehen, das langobardische Recht noch zuließ, ist ein beachtenswerther Beweis für den geordneten bürgerlichen Zustand, der schon im altsalischen Lande angestrebt wurde.

84) Stobbe §§ 23. 24. Walter § 161.

1) Faida = vindicta finde ich zuerst im *Cap. Syn. Vern. a.* 755. *c.* 6. (*Walter* II. *p.* 36) und *Cap. Compend. a.* 757. *c.* 21. (*Pertz* I. *p.* 29). — Faidus = compositio in *L. Sal.* 35, 5. *Chlot.* II. *decr. a.* 595. *c.* 4. (*P.* I. *p.* 12).

2) Vgl. Waitz, Sal. R. S. 85 folg. *Pardessus, loi salique p.* 657 *sqq.* Siegel, D. Gerichtsverfahren §§ 1—4.

3) *L. Sal.* 60. 58.

Um so weniger wissen die späteren Zusätze der Lex Salica [4]) und die Lex Ripuariorum in ihren ältesten und ihren späteren Theilen [5]) von schuldloser Privatrache, sondern auch nur von Buße und Wergeld, und die Gesetze der merowingischen Könige treten jeder Eigenmacht und Gewaltsamkeit selbst mit öffentlichen Strafen entgegen [6]). Aber freilich, daß sie dieß mit solchem Eifer thun, zeigt zur Genüge, wie sehr die Neigung zur Selbsthülfe, insbesondere das Gefühl nothwendiger Blutrache, unter den Franken noch herrschte, und zahlreiche geschichtliche Vorgänge bestätigen dieß nicht nur, sondern zeigen, daß diese rohen Sitten sich auch den Römern mittheilten [7]). Auch ist es ein Beweis der Ohnmacht des Gesetzes der Sitte gegenüber, daß in den Fällen öffentlicher Strafdrohung die vergleichsweise Zahlung von Buße und Wergeld fortwährend in Gebrauch blieb [8]) und selbst ausdrückliche Verbote dagegen sie nicht auszuschließen vermochten [9]). Nur bei den fernen Friesen und Sachsen versuchte man nicht einmal das Fehderecht aufzuheben, das selbst Carl der Große

4) *L. Sal.* 73. 78. 82. 95. 103. vom Wergeld.

5) Vom Wergeld handelt *L. Rip.* 7—15. Im zweiten Theil *tit.* 36. 53. 64, im dritten *tit.* 67, 1, im vierten *tit.* 83.

6) S. § 67 Note 80.

7) Löbell, Gregor v. Tours S. 108 folg. 48. 52 folg. *Pardessus cit. p.* 657. führen Beispiele aus Gregor an.

8) Die Formel eines solchen Vergleichs wegen Todtschlag, welchen Geistliche und andere angesehene Männer vermitteln und wodurch die gerichtliche Verfolgung auch der Verwandten sub poena dupli des gezahlten Wergeldes ausgeschlossen wird, giebt *Marculf* II. 18. Ein Beispiel *Gregor. Tur.* VII. 47. IX. 19, wo indeß trotz des Vergleichs Blutrache stattfand und straflos blieb. Vergleich wegen Entführung *Marculf* II. 16. *Lindenbr.* 82, wegen Diebstahl *Marculf App.* 58. (vitae periculum ist die dafür gedrohte Todesstrafe). — Mit Unrecht folgert daraus Siegel cit. S. 9 die gesetzliche Möglichkeit der Privatrache.

9) Wegen Raub und Diebstahl *Child.* II. *et Chlotarii* II. *pactum a.* 593. *c.* 3. (*Pertz* I. *p.* 7). Qui furtum vult celare et occulte sine iudice compositionem acceperit, latroni similis est. *Chlot.* II. *decr. c.* 8. (*p.* 12). — Wegen Todtschlag *Child.* II. *decr. a.* 595. *c.* 5. (*p.* 10). De homicidiis vero ita iussimus observare, ut quicunque casu temerario alium sine causa (nicht in Nothwehr) occiderit, vitae periculum feriatur. Nam non de pretio redemtionis se redimat aut componat *rel.* Vgl. die Lex Burgundionum § 39 Note 45 und Visigothorum § 49 Note 67.

noch bei Verzeichnung ihrer Volksrechte in gewissen Schranken anerkannte [10]).

Das Recht der öffentlichen Strafen erscheint im Vergleich mit der Urzeit schon im salischen Lande, hauptsächlich als Ausfluß der herzoglichen Gewalt des Königs, erweitert, und im fränkischen Reiche führte theils das Bedürfniß der öffentlichen Ordnung, theils der Einfluß des römischen Rechts und kirchlicher Anschauungen zu fernerer Ausdehnung desselben.

Der König nahm als Heerführer die Treue seiner Heergenossen in Anspruch und strafte jede Verletzung derselben nach freiestem Ermessen. So rächte Chlodwich, als bei Vertheilung der Beute ein frecher Geselle gegen die Rückgabe des vom versammelten Heer dem Könige zuerkannten Kirchengefäßes an den Bischof von Soissons Einspruch that, die Verletzung seines Ansehns bei der nächsten Heerschau mit eigener Hand [11]). Das ripuarische Gesetz, Anfang des siebenten Jahrhunderts, bedroht die Infidelität gegen den König allgemein mit dem Tode und der Confiscation des Vermögens und es fehlt nicht an Beispielen, daß die Könige jeden Ungehorsam gegen ihre willkührlichen Befehle also straften [12]). Auf diesen Grund ist ohne Zweifel auch die den königlichen Beamten wegen Amtsvergehen gedrohte Todesstrafe zurückzuführen [13]). Uralt dagegen, weil mit religiösen Vorstellungen zusammenhängend, war die Bestimmung der heidnischen Lex Salica, daß wer eine beerdigte Leiche ausgräbt und beraubt, friedlos sein soll [14]). Aber während ursprünglich die Friedlosigkeit von der Volksgemeinde ausgesprochen wurde,

10) *L. Fris.* II. 5. 6. 7. *Add. Sap.* I. 1. *L. Sax.* II. 5. 6. III. 4. XII. 5. XIII.

11) *Gregor. Tur.* II. 27.

12) *L. Rip.* 69, 1. Waitz II. S. 135—137 giebt Beispiele.

13) Schon *L. Sal.* 50, 3. sagt vom Grafen, der die Vollstreckung des Urtheils verweigert: de vita culpabilis esse debet, aut quantum valet (mit seinem Wergeld) se redemat. Ebenso *tit.* 51, 2, wenn er zu viel pfändet, aut se redimat, aut de vita conponat. *cf. Chilp. edict. c.* 7. (*P.* II. *p.* 11). Wegen anderer Pflichtwidrigkeiten *Child.* II. *decr. a.* 595. *c.* 6. (*P.* I. *p.* 10). *Chlot.* II. *decr. c.* 10. (*p.* 13).

14) *L. Sal.* 55, 2. Si quis corpus iam sepultum [effodierit et] expoliaverit — uuargus sit *rel.*

so war dieß jetzt in diesem Fall, wie in dem anderen hartnäckiger Rechtsverweigerung, ein Recht des Königs als Friedensbewahrers [15]). Wenn endlich das salische Gesetz in zwei Fällen persönlicher Verletzung den Verbrecher mit dem Leben büßen läßt, nehmlich wegen Todtschlag im Fall seiner und seiner Verwandten Insolvenz [16]) und wegen Raub einer freien Frau durch einen Puer Regis oder Letus [17]), so kann auch dieß nur von der gerichtlich auszusprechenden Todesstrafe, nicht von Privatrache des Verletzten verstanden werden. K. Childebert II (a. 595) hat die Todesstrafe für Mord unbedingt und für Frauenraub allgemein vorgeschrieben [18]). Derselbe König bedrohte zur Unterstützung des kirchlichen Verbots die blutschänderische Ehe mit dem Tode [19]). Den häufigen Friedensbrüchen durch Raub und Diebstahl traten Childebert II. und Chlotar II. mit derselben Strafe entgegen [20]). Ebenso der Brandstiftung ein späterer Zusatz zur Lex Salica [21]).

Die Todesstrafe über freigeborene Franken konnte nur der König aussprechen, über Leute geringeren Standes auch der Graf [22]). Vollstreckt wurde sie regelmäßig mit dem Strang am Galgen [23]). Körperliche Züchtigung (flagella) und Verstümmelung (castratio) kennt das fränkische Recht nur bei Sklaven [24]).

Das Strafverfahren war regelmäßig accusatorisch, d. h.

15) *L. Sal.* 56. — tunc rex, ad quem mannitus est, eum extra sermonem suum ponat.

16) *L. Sal.* 58. *fin.* — de sua vita componat.

17) *L. Sal.* 13, 4. — de vita componat.

18) *Child.* II. *decr.* c. 4. 5. (*P.* I. *p.* 9. 10).

19) *Child.* II. *decr.* c. 2. (*P.* I. *p.* 9).

20) *Child.* II. *et Chlot.* II. *pactum* c. 1. 2. (*P.* I. *p.* 8). *Child.* II. *decr.* c. 7. 8. (*p.* 10). *Chlot.* II. *decr.* c. 2. (*p.* 12). — *L. Rip.* 79.

21) *L. Sal.* 98. *cf. tit.* 16, 1.

22) *Child.* II. *decr.* c. 8. — unusquisque iudex criminosum latronem — ligare faciat; ita ut si Francus fuerit, ad nostra praesentia dirigatur, et si debilioris personas fuerit, in loco pendatur. Zu welcher Klasse der Romanus possessor gerechnet wurde? *L. Rip.* 79. — iudicio principis pendutus, vel in quocunque licet patibulo vitam finierit *rel.*

23) S. Note 21. *L. Sal.* 67. *a. b.* Ueber andere willkührliche Todesstrafen s. Wilda S. 503 folg.

24) *L. Sal.* 12. 40. *Child.* I. *const. fin.* (*P.* I. *p.* 1). *L. Rip.* 58, 17.

die Klage des Verletzten führte entweder zur Buße oder zur öffentlichen Strafe, und hierin lag die Veranlassung, die Letztere selbst gegen das Gesetz durch Zahlung der Ersteren abzukaufen, wenn der Kläger sich dazu verstand [25]). Doch wurden im fränkischen Reiche Einrichtungen getroffen, daß der offene Friedensbruch nicht ungestraft bliebe. So der Todtschlag [26]). Wenn die Leiche eines Getödteten auf der Straße zwischen zwei Dörfern gefunden wird, so soll, falls der Todtschläger nicht offenbar ist, der Graf sich an den Ort begeben und die Anwohnenden durch sein Horn herzurufen. Wird dann die Leiche von Jemanden recognoscirt, so soll den Verwandten Anzeige davon gemacht werden, um die Klage zu erheben. Bleibt die Leiche unbekannt, so wird sie sieben Nächte öffentlich ausgestellt, und die Einwohner des Dorfes, in dessen Gemarkung sie gefunden worden, werden zum nächsten Gerichtstag geladen, um entweder durch den Eid von 65 oder 15 Eideshelfern sich von jeder Schuld und Wissenschaft zu reinigen oder die gesetzliche Buße zu zahlen. Nach späterem Recht werden sie auch ohne Dazwischenkunft der Verwandten durch den Grafen als Zeugen vernommen und der Todtschläger dagegen zum Reinigungseid wegen Nothwehr zugelassen [27]). Wegen Raub und Diebstahl haben die Gesetze Childeberts II. und Chlotars II. die Hunderte (centena), in welcher sie vorgekommen, verantwortlich gemacht, wenn sie den Räuber oder Dieb nicht ermitteln kann. Zur Verfolgung desselben in dieser oder einer anderen Centena soll der Centenar eine Schaar (trustis) aufbieten, welcher jeder bei Strafe von 15 Sol. sich anzuschließen verpflichtet ist und die, wenn der Verbrecher entdeckt und durch das Zeugniß von sieben oder fünf unbescholtenen Männern überführt wird, die Hälfte der Buße empfängt [28]). Daß wegen Infidelität der König einschritt und

25) S. Note 8. 9.

26) *L. Sal.* 73. = *Chlodovechi cap.* 9. (*P.* II. *p.* 4).

27) *Form. Sirmond.* 30. 31.

28) Verpflichtung der Centena *Child.* II. *decr. c.* 11. 12. *Chlot.* II. *decr. c.* 1. Ueber die Trustis, welche dem Gerüfte des späteren Mittelalters verwandt ist, s. *c.* 1. 8. *L. Sal.* 66. Waitz II. S. 283

wegen Incest die Kirche die Bestrafung beantragte, versteht sich von selbst.

Auch in Fiscalsachen findet der gewöhnliche Civilprozeß statt, wobei Beamte des Königs als Vertreter des Fiscus auftreten und der König selbst mit seinen Beisitzern das Urtheil fällt [29]).

Eine Communalsache, die nach unserm Begriffe polizeilich behandelt werden müßte, wird nach Vorschrift der Lex Salica gleichfalls im Civilprozeß zur Entscheidung gebracht, der um seiner Eigenthümlichkeit willen eine nähere Betrachtung verdient [30]).

Die salischen Franken waren zu K. Chlojo's Zeit zwar zwischen dem Kohlenwalde und dem Leyefluß seßhaft geworden, aber noch im Vorrücken gegen Westen begriffen und auch innerhalb ihres Gebietes mochte bei der verhältnißmäßig beschränkten Zahl der Salier noch manche von den Romanen verlassene Strecke Landes wüst liegen; deshalb stand die Einwanderung und Niederlassung freier Volksgenossen unter dem besonderen Schutz des Königs [31]) und er hatte sich aus demselben Grunde bei Vertheilung des Landes vorbehalten, selbst innerhalb der einer Dorfgemeine angewiesenen Mark neue Ansiedelungen zu gestatten [32]). Wer aber ohne königliche Ermächtigung, sei es auch

Note 2. Verpflichtung sich ihr anzuschließen *Child.* II. *c.* 9. *Chlot.* II. *c.* 9. Beweis durch 5 oder 7 Zeugen *Child.* II. *c.* 5.

29) *Bréquigny ed. Pard. Nr.* 477. II. *p.* 285. Vor K. Childebert III. *a.* 710 klagen die Agenten des Abtes von St. Denis Dalfinus gegen die Agenten des Major Domus Grimoald auf den ganzen Marktzoll, dessen Hälfte der Graf von Paris Gairinus dem Kloster entzogen hatte, und der König spricht nach Einsicht der königlichen Verleihungsurkunden und Verhör von Zeugen unter Zustimmung des Major Domus und seiner anderen Getreuen den ganzen Zoll dem Kloster zu. In *Nr.* 478. *p.* 286. *a.* 710 ist unter denselben Agenten Streit darüber, ob eine Mühle zu einer Villa des Klosters oder einer benachbarten fiscalischen Villa gehöre. Der Major Domus Grimoald hatte sechs Leuten der einen und anderen Villa den Eid darüber auferlegt und da sie für das Kloster ausgesagt hatten, spricht der König zu dessen Gunsten.

30) *L. Sal.* 45. *de migrantibus.* Vgl. Waitz, Sal. R. S. 124. 128. 160. 210. Sohm, Prozeß der Lex Salica § 4.

31) *L. Sal.* 14, 5. Si quis hominem migrantem adsalierit — solidos $62^1/_2$ culpabilis iudicetur.

32) *L. Sal.* 14, 4. Si quis hominem, qui migrare voluerit et

mit Bewilligung eines oder mehrerer Gemeindeglieder, in der gemeinen Mark sich niederläßt und rodet [33]), den kann ein Einzelner austreiben. Das Verfahren dabei ist dieses. Nachdem er ihm privatim seinen Widerspruch erklärt hat, geht er mit drei Zeugen zum Ort seiner Niederlassung und spricht: „Mann! ich bezeuge dir, daß du zwar die nächste Nacht noch, wie es salischen Rechtes ist, sitzen bleibest [34]), aber nach zehn Nächten aus dieser Dorfmark wegziehest." So zu dreien Malen [35]). Wenn der Ansiedler auch dann nicht weicht, so ladet ihn der Andre vor die Versammlung der Hunderte (mallus publicus), also das Gericht des Tunginus, und hält die Zeugen der dreimaligen Aufforderung bereit [36]). Offenbar soll hierdurch dem Geladenen die Vertheidigung ermöglicht werden, z. B. er sei nicht dreimal aufgefordert, was dann jene Zeugen erhärten, oder er sei durch eine königliche Ermächtigung berechtigt, worüber das Gericht erkennt, also, im Fall die Urkunde producirt wird, den Kläger zur Zahlung seines Wergeldes als Buße verur-

de rege habuerit praeceptum, — et aliquis ex (= *contra*) ordinationem regis testare praesumpserit, — solidos 200 culpabilis iudicetur. Wegen Widersetzlichkeit gegen den Willen des Königs büßt der Freie, statt mit dem Leben, mit seinem Wergelde, vgl. *Pardessus p.* 390. Waitz, Sal. R. S. 210. Durch den im Text angedeuteten Zusammenhang wird Beselers Bedenken (der Neubruch nach dem älteren deutschen Recht § 4 Note 28) m. E. gehoben.

33) *L. Sal. cit.* 45, 1. *fin.* accedat ad locum (nicht domum) — quod ibi laboravit. Waitz cit. S. 129 Note 2. Aber nicht in „herrenlosem Land" wie Sohm cit. Note 1 sagt. Die Worte super alterum, die mich früher (Ueber die Germanen S. 28 Note 4) veranlaßten, Theilung eines Hofes im Dorf anzunehmen, können nach Eccard und *Pardessus* Note 526 nolente alio heißen, obgleich der Widerspruch Eines erst nachher erwähnt wird. Andere Erklärer übergehen sie. Vgl. *L. Sal.* 61, 2. 101.

34) *L. Sal. cit.* „Homo, in hoc tibi testo, ut in hac nocte proxima in hoc, quod lex Salica habet, sedeas *rel. cf. tit.* 52. in hoc eas tene nocte proxima, quod lex Salica continet. Diese Worte sollen nur die Achtung vor dem gegenwärtigen Besitzstand, also das rechtliche Verfahren ausdrücken. Vgl. Sohm Note 5.

35) Sohm Note 6 nimmt, wie in *L. Sal.* 50, 1. 52, ein dreimaliges solem collocare und Bußfälligkeit von 3 Sol. an.

36) *L. Sal. cit.* tunc manniat eum ad mallum et testes suos super singula placita (Verwillkührungen, Termine), qui fuerunt ibi, praestos habere debet. Sohm Note 7.

theilt [37]). Bleibt aber der Geladene im Termin ohne echte Noth aus, so geht der Kläger den Grafen als den königlichen Executivbeamten an und bittet ihn, indem er die Verantwortung dafür auf seinen Kopf nimmt [38]), daß er sich an Ort und Stelle verfüge und den Ansiedler austreibe. Dieser verliert dann seine auf die Rodung verwandte Arbeit und muß außerdem, weil er sich dem Recht widersetzt hat, 30 Solidi Buße zahlen. Man kann dieses Verfahren also, weil es nicht auf Verhandlung der Sache, sondern auf Execution gerichtet ist, ohne jedoch jede Vertheidigung auszuschließen, ein executivisches nennen [39]). Eine Begünstigung der Ansiedelung und des Anbaues der wüsten Mark ist es wieder, daß, wer ohne Widerspruch ein ganzes Jahr darin ansässig war, gleich anderen Gemeindegenossen, nicht mehr ausgetrieben werden kann [40]).

Den Prozeß in eigentlichen Civilsachen [41]) bestimmt die Lex Salica in einer Reihe von Verfahrungsarten, bei denen, wie bei den römischen Legis Actiones, Form und Inhalt genau zusammenhängen. Diese alterthümlichen Formen haben dann im fränkischen Reiche, wie in den anderen uns erhaltenen Volks-

37) *L. Sal.* 14, 4. *cit.* Note 31. — de rege habuerit praeceptum et abbundivit in mallum publico *rel.* Vgl. Müllenhoff bei Waitz S. 276 abbundire = das Schreiben des Königs in feierlicher Versammlung öffnen. Jeden Falls eine gerichtliche Verhandlung. Anders Waitz S. 160.

38) *L. Sal.* 45, 1. *cit.* super furtuna sua ponat. Vgl. *tit.* 50, 2. ego super me et furtuna mea pono. 51, 1. — solidos 200 culpabilis iudicetur. Auch hier kann ihn also diese höchste Buße noch treffen.

39) Sohm cit. Ob es, wie er annimmt, im fränkischen Reiche nicht mehr in Uebung war, steht dahin. *Pard. texte* IV. *tit.* 79. giebt die Stelle richtig, *texte* III. 45, 3. hat selbst einen passenden Zusatz. Erst *texte* V. *L. Sal. em. tit.* 47. mißversteht und entstellt sie gründlich.

40) *L. Sal.* 45, 2. Si vero quis migraverit, et ei infra duodecim menses nullus testatus fuerit, securus, sicut et alii vicini manent, ille maneat.

41) Nachdem früher Rogge, Maurer u. A., neuerdings in trefflicher Weise Siegel, Geschichte des deutschen Gerichtsverfahrens Bd. 1. Gießen 1857 das Gemeinsame der germanischen Volksrechte zu erforschen gesucht, hat Sohm, der Prozeß der Lex Salica, Weimar 1867, dieses Gesetz, ohne die vergleichende Betrachtung anderer und die Berücksichtigung des späteren fränkischen Prozeßrechts auszuschließen, zum speciellen Gegenstand seiner Untersuchung gemacht und unsere Kenntniß wesentlich gefördert.

rechten, einem allgemeinen, verhältnißmäßig gestaltloseren Verfahren Platz gemacht. — Auch was die dasselbe beherrschenden Principien betrifft, ist ein merkwürdiger Unterschied dieser verschiedenen Zeiträume zu bemerken. Zwar das durch Buße zu sühnende Unrecht des Beklagten ist in der Lex Salica wie in dem germanischen Prozeßrecht überhaupt der herrschende Gesichtspunkt[42]). Ja sie hat den reinen Rechtsstreit ohne Beimischung von Delict nicht einmal, wie das burgundische und langobardische Recht[43]), in einzelnen Fällen anerkannt. Aber die aus jenem Gesichtspunkt gezogene Folgerung, daß der Beklagte das nächste Recht habe, sich von diesem Unrecht durch Eid oder Gottesurtheil zu reinigen, ist wenigstens nicht als Regel anerkannt. Gerade in den Fällen, wo dieser Grundsatz in allen andern Volksrechten am reinsten zur Anwendung kommt, bei Delictsklagen, giebt dieß Gesetz dem Kläger das Recht eigentlichen Beweises und läßt nur in Subsidium jene förmlichen Reinigungsmittel des Beklagten zu. Aus Schuldforderungen dagegen gestattet es dem Kläger ohne allen Beweis ein executivisches Verfahren und dem Beklagten nur ein beschränktes Widerspruchsrecht. Die Eigenthumsklage wegen beweglicher Sachen hält zwischen Beiden die Mitte. In der Periode nach der Reichsgründung aber verschwindet auch diese Eigenthümlichkeit und das allgemeine Princip des germanischen Prozeßrechts, wie wir es in der Einleitung geschildert, kommt zur Herrschaft, ohne daß wir die Gründe von jenem und diesem sicher anzugeben vermöchten. — Darin bleibt sich das Verfahren in diesem ganzen Abschnitt gleich, daß die Partheien vorzugsweise handeln, sowohl bei der Ladung des Gegners (mannire ad mallum, admallare)[44]) und der Festsetzung der Gerichts-

42) *Tit.* 2 - 43. 48. 57. 62. 65, also der bei weitem größte Theil des Gesetzes handelt davon; und *Prolog. minor* bezeichnet den Zweck desselben: ut iuxta qualitatem causarum sumeret criminalis actio terminum.

43) S. § 39 Note 48. § 62 Note 87. § 63 Note 58. 75.

44) Ad mallum mannire *L. Sal.* 1, 1. 45, 1. 50, 1. admallare *tit.* 51, 1. 53. 96. ad regem mannire *tit.* 56. Vgl. Müllenhoff bei Waitz S. 289.

termine (placita)[45]), als bei der Verhandlung selbst (mallare)[46]) der Urtheilfrage und anderem; erst unter den Carolingern tritt die Thätigkeit des Richters mehr in den Vordergrund.

Um Wiederholungen zu vermeiden, versuchen wir das Allgemeine in unmittelbarer Anwendung auf die einzelnen Klagearten zur Anschauung zu bringen.

§ 69. I) Um Schuldforderungen. Es scheint eine allgemeine Vorstellung des ältesten germanischen Rechts gewesen zu sein, daß durch völlig unzweideutige Uebernahme einer Schuld dem Gläubiger das Recht ertheilt werde, seine Befriedigung eigenmächtig aus dem beweglichen Vermögen des Schuldners, also durch Privatpfändung zu suchen. Von den auf uns gekommenen Volksrechten gestattet diese das langobardische Recht ursprünglich wegen jeder Schuld nach dreimaliger außergerichtlichen Aufforderung; später wurde sie auf unleugbare, d. h. feierlich vor Zeugen contrahirte Schulden beschränkt. Dem Schuldner blieb nur überlassen, sein Recht durch Zurückforderung der Pfänder vor dem Verfall geltend zu machen [1]). Das burgundische Recht verlangt zu diesem Behuf vor der dreimaligen Aufforderung eine gerichtliche Ermächtigung des Gläubigers und beschränkt die Sache überhaupt auf die Bürgschaft [2]). Das westgothische und das ostgothische Recht haben die Privatpfändung ganz verboten [3]). Die Lex Salica gestattet sie, verlangt aber,

45) Placitum facere *L. Sal.* 40, 5. (einseitig). 50, 1. (außergerichtlich). 47, 1. (zweiseitig). placitare *L. Rip.* 57, 3. dies placitus 66, 1. *Marculf* II. 25. singula placita *L. Sal.* 45, 1. ad placitum venire *tit.* 47. 49. 56. 96. u. s. w. Also Gerichtstermin und dann auch die Gerichtsversammlung selbst, z. B. *L. Sal.* 50, 2. *L. Alam. Bai.* oben § 66 Note 10. Waitz, Sal. R. S. 180 Note 2. Müllenhoff S. 297. Siegel S. 250 Note 13.

46) Mallare *L. Sal.* 16, 1. 50, 2. J. Grimm, RA. S. 746. Müllenhoff cit. S. 289 „in der Gerichtsversammlung reden", nicht auch außergerichtlich ansprechen, wie Sohm S. 47 Note 28 will. Vorzugsweise vom Kläger; vom Beklagten sagt *Marculf* I. 36. obmallare. Dieser, insofern dingpflichtig, heißt gamallus *L. Sal.* 47, als Widersacher gasacius *tit.* 50, 1. Müllenhoff S. 283. Sohm S. 28 Note 19.

1) S. oben § 62 Note 25—37.

2) S. § 39 Note 54.

3) S. § 49 Note 1. § 56 Note 3. — Vgl. Siegel, D. Gerichtsverfahren § 5. Sohm cit. § 8, der

wie das burgundische Recht eine gerichtliche Ermächtigung, welche dem Schuldner die Möglichkeit gewährt Widerspruch zu erheben, daher man auch dieß aus richterlicher und Selbsthülfe zusammengesetzte Verfahren wohl ein executivisches nennen kann [4]).

Es ist beschränkt auf zwei Schuldverhältnisse bestimmter Art: nehmlich 1) die förmlich durch den Halmwurf (festuca, wadium) contrahirte Schuld (fides facta), sei es zur Bestimmung und Verstärkung der eigenen Schuld (Novation) oder zur Uebernahme einer fremden (Bürgschaft) [5]) und 2) den Leihvertrag (res praestita) über eine Species (Commodat) oder eine Quantität fungibler Sachen (Darlehn), welche Fälle das germanische Recht überhaupt nicht unterscheidet [6]). Da sie beide nicht nothwendig vor Gericht oder vor Zeugen contrahirt werden [7]), so beruht die Zulassung des executivischen Verfahrens nur auf der unzweideutigen Verpflichtung des Schuldners durch jene förmliche Handlung (verbis et stipula) oder durch Annahme der geliehenen Sachen (re).

Das Verfahren selbst ist folgendes [8]). Der Gläubiger geht am Verfalltage der Schuld mit Zeugen zum Hause des Schuldners, und fordert von diesem die Erfüllung [9]). Weigert er

L. Bai. text. I. 13, 1. 2. herbeizieht, welche, wie das burgundische Recht, der Pfändung eine gerichtliche Ermächtigung vorausgehen läßt; ferner *Ed. Theod.* 123, aber m. E. mit Unrecht.

4) *L. Sal.* 50, 1. de fides factas. 52. de rem prestitam. Siegel S. 248 folg. hat zuerst gegen alle früheren Schriftsteller nachgewiesen, daß *tit.* 50, 1. von der Privatpfändung, *tit.* 50, 2. von der Execution des Urtheils handelt. Er läßt jene aber in § 5 nur bei fides facta zu. Es ist Sohm's §§ 5—7 Verdienst, sie auch in *tit.* 52. für res prestita erkannt zu haben. Der schwache Punkt seiner Darstellung ist das Widerspruchsrecht des Schuldners § 7. Auch legt er auf den selbsterfundenen Begriff „Formalact" zu großes Gewicht und zieht daraus zu weit gehende Schlüsse.

5) Sohm § 5 S. 18 folg. und Beil. I. S. 220—230.

6) Sohm § 6 S. 34.

7) Also nicht nothwendig eine unleugbare Schuld, wie Siegel S. 35 folg. annimmt. Ueber die dunkle Stelle *L. Rip.* 71. s. Sohm, Zeitschr. für RG. V. S. 429 folg., wonach auch oben § 19 Note 12 dieß Citat wegfallen muß. Auch das langobardische Recht verlangte ja ursprünglich eine solche nicht, s. Note 1.

8) *L. Sal.* 52. ist aus *tit.* 50, 1. zu ergänzen.

9) *L. Sal.* 50, 1. in 40 noctes aut quomodo placitum fecerit quando fidem fecit. Ein Zahlungstermin ist der Fides facta we-

sie, so ladet der Gläubiger ihn vor das Gericht der Hunderte [10]) und beantragt bei dem Tunginus in feierlicher Rede die Ermächtigung zur Pfändung, welche dieser durch Verstrickung der Güter des Schuldners oder Arrestschlag (nexti cantichio) ertheilt [11]). Demgemäß bezeugt der Gläubiger dem Schuldner, sei es im Gericht, wenn er erschienen ist, wo nicht, in seiner Wohnung, daß er keinem Andern zahle oder Pfand bestelle, ehe er ihn befriedigt hat [12]). Jedenfalls muß er noch an demselben Tage den Schuldner in seinem Hause in Gegenwart von Zeugen zur Zahlung auffordern [13]) und, wenn bis zum Sonnenuntergang keine Zahlung erfolgt ist, ihm eben dieß, den Ablauf der Tagesfrist erklären (solem collocare, solsatire) [14]), wodurch dieser

sentlich Sohm S. 19 Note 3. *Tit.* 52. sagt von der res prestita nur: si ei noluerit reddere, was die Aufforderung voraussetzt.

10) *L. Sal.* 50, 1. — ad mallum eum mannire debet. *tit.* 52. sic (= *postea,* Sohm S. 28 Note 18) eum debet admallare. Die Verhandlung vor Gericht wird hier nicht erzählt; aber nach der von J. Grimm (Merkel, L. S. S. LV) glücklich emendirten Malb. Glosse: nexti cantichio, ist sie dieselbe, wie bei Fides facta, welches auch die gleiche Buße von 15 Sol. in beiden Fällen bestätigt. Sohm S. 36.

11) *L. Sal.* 50, 1. et sic nexti cantichius mallare debet: »rogo te, Tungine, ut nexti cantichius gasacio meo illo, qui mihi fidem fecit et debitum debet«, et nominare debet, quale debitum debeat, unde ei fidem fecerat. Tunc Tunginus dicere debet: »nexti cantichio ego illum in hoc, quod lex Salica habet.« J. Grimm cit. S. LIV. »nexti cantichio, wörtlich: fibula, torque stringo, σφιγκτῆρι σφίγγω, und dann unsinnlich arctius adstringo«. Müllenhoff cit. S. 289 folg. *cf. L. Sal. em.* 52. »Rogo te, iudex, ut — secundum legem Salicam mihi inde eum adstringas«.

12) *L. Sal. cit.* Tunc ipse, cui fides facta est, testare debet, ut nulli alteri nec solvat, nec pignus donet solucionis, nisi ante ille impleat, quod ei fidem fecit. Daß diese Testatio an den gegenwärtigen Schuldner erfolgt, liegt in dem Begriff; das Gesetz läßt es unentschieden, an welchem Ort.

13) *L. Sal. cit.* et festinanter — ad domum illius, qui ei fidem fecit, cum testibus ambulare debet et rogare, ut debitum suum solvere debeat. *tit.* 52. Cum testibus ad domum illius, cui res suas prestetit, accedat et sic contestetur: »quia res meas noluisti reddere, quas tibi prestiteram, in hoc eas tene nocte proxima, quod lex Salica continet.«

14) *L. Sal.* 50, 1. Si adhuc noluerit solvere solem ei collocet. *tit.* 52. et sic ei solem collocet. Vgl. über solem collocare, solsadia J. Grimm, R. A. S. 846. Vorrede zur L. S. S. VII. Siegel S. 54 Note 14. 15. Sohm S. 30 Note 26. Der Sonnenuntergang englisch sunset.

mit 3 Sol. bußfällig wird. Dieß wiederholt er dann nach je sieben Nächten noch zweimal, so daß der Schuldner in Folge der dreimaligen Zahlungsaufforderung und Weigerung 9 Solidi als Buße über seine Schuld zahlen muß [15]).

Wie aber kommt der Gläubiger zu seiner Befriedigung? Darüber schweigen beide Stellen der Lex Salica und bemerken nur, daß der Schuldner, der es zu jenem Arrestschlag (nexti canticbio) hat kommen lassen, außer jenen 9 Solidi zur Strafe eine Buße von 15 Solidi über seine Schuld entrichten muß [16]). Man hat deshalb angenommen, daß das in der ersten Stelle unmittelbar nachher beschriebene gerichtliche Executionsverfahren sich anschließe. Allein dieses setzt ein richterliches Urtheil und die darauf folgende gerichtliche Fides facta voraus, welche beide in jenem Verfahren nicht vorkommen [17]). Auch würde unter dieser Voraussetzung die Privatpfändung in der Lex Salica völlig ausfallen. Jene beiden Stellen werden aber in dieser Hinsicht glücklich ergänzt durch einen der ältesten Zusätze des Gesetzes, tit. 74. de pignoratione, worin gesagt wird: Wenn Jemand seinen Schuldner ohne den Richter, d. h. ehe dieser das Nexti Cantichio gesprochen, pfände, so solle er zur Strafe seine Forderung verlieren und dieselbe Buße von 15 Solidi zahlen, die der Schuldner bei rechtmäßiger Pfändung zahlen müßte [18]).

15) *L. Sal.* 50, 1. per tres nondinas —, terni solidi super debitum accrescant. *tit.* 52. super septem noctes — ad alias septem noctes — per singulas vices — terni solidi super debitum accrescant.

16) *L. Sal.* 50, 1. *initio*: si ei noluerit fidem facta solvere — solidos 15 culpabilis iudicetur. *tit.* 52. *fin.* Si nec tunc voluerit reddere nec fidem facere reddendi — nexti chanteo 600 dinarios qui faciunt solidos 15 culpabilis iudicetur.

17) *L. Sal.* 50, 2. Si quis ad placitum legitime (*al.* legitimum) fidem factam noluerit solvere, tunc ille, cui fides facta est ambulet ad Grafionem *rel.* Vgl. Siegel S. 248 folg. Sohm S 30 folg.

18) *L. Sal.* 74. *Merkel* = *Chlodovechi cap.* 16. *Pertz* II. *p.* 5. de pignoratione. Si quis debitorem suum per ignorantiam sine iudice pignorare praesumserit, antequam eum nesti canthe chigio —, et debita perdat et insuper similiter, si male pignoraverit, cum lege componat, hoc est capitale reddat et 15 solidos culpabilis iudicetur. *cf. L. Burg.* 19, 1. — causam

Die Pfändung selbst wird nirgends beschrieben, die Art und Weise derselben aber in der ersten jener beiden Stellen angedeutet. Die Zeugen nehmlich, mit denen der Gläubiger die erste Aufforderung vollzieht, werden als solche bezeichnet, welche durch Abschätzung die Erfüllung, nehmlich in Fahrniß des Schuldners, die damals die Stelle des Geldes vertrat, vermitteln sollen [19]). Wie bei der richterlichen Pfändung, so begleiten ohne Zweifel auch bei der Privatpfändung dieselben Zeugen den Gläubiger, um die Pfänder abzuschätzen, durch deren Wegnahme er rücksichtlich der Schuld und der verfallenen Bußen seine Befriedigung erhält. Eine Mitwirkung des Schuldners zur Auswahl dieser Theidingsleute ist nicht anzunehmen [20]).

Lückenhaft ist endlich das Gesetz auch über den Widerspruch des Schuldners. Die Möglichkeit desselben nicht bloß in Bezug auf die Form des Verfahrens, sondern auch in der Sache selbst, muß angenommen werden, weil sonst der erste beste Nichtgläubiger ihn auf diese Weise berauben könnte. Eben deshalb wird er ja auch vor Gericht geladen, nehmlich um das Nexti Canticbio zu gewärtigen, oder durch Geltendmachung seines Rechts dieses abzuwenden. Aber in welcher Form? Daß er durch bloßes Leugnen der Schuld den Gläubiger zum Beweis seiner

perdat et inferat multae nomine sol. XII. Sohm S. 31 folg. findet darin zwei Fälle: 1) Pfändung eines Gläubigers aus Unwissenheit ohne Ermächtigung, Strafe Verlust der Forderung; 5) Pfändung eines Nichtgläubigers, der natürlich auch die Pfänder zurückgeben und zur Strafe eine Buße von 15 Sol. zahlen muß; eine Auslegung, die mir für die Lex Salica zu fein scheint. Auch bezweifle ich, daß nach gesetzlich vollzogener Pfändung von Nichtschuld noch die Rede sein konnte.

19) *L. Sal.* 50, 1. — cum testibus vel cum illis, qui precium adpreciare debent. *cf.* § 2. Tunc Grafio dicat: voluntate tua solve homine isto — et elege tu duos quos volueris cum rachineburgius istos, de quo solvere debeas adpreciare debeant. Vgl. Sohm S. 25 folg.

20) Auch bei der richterlichen Pfändung findet sie nur Anfangs zum Behuf der freiwilligen Erfüllung statt, Note 19. Nachher heißt es: Quodsi audire noluerit, tunc rachineburgii (*cf.* Grafio collegat septem rachineburgius) adpreciando precium, quantum valuerit debitum quod debet, hoc de furtuna illius tollant. Zu beachten ist auch, daß bei der Privatpfändung die Zeugen nicht rachineburgii, Urtheiler genannt werden. Anders Sohm S. 25 folg.

Forderung nöthigen könnte, widerspräche der Strenge dieses Verfahrens. Der unmögliche Beweis seiner Nichtschuld konnte ebensowenig ihm aufgebürdet werden [21]). Es bleibt daher nur die eidliche Ableugnung der Schuld übrig, welche auch das spätere Recht in dem contradictorischen Verfahren wegen Fides facta zuläßt [22]).

Da die Lex Salica für diesen Formal- und den Realcontract nur das beschriebene Pfändungs- oder Executivverfahren aufstellt, so ist anzunehmen, daß dieses damals das einzig mögliche war. Die Lex Ripuariorum in ihrem ältesten Theil kennt dasselbe nicht, und in dem zweiten, welcher der Lex Salica parallel geht, ist es in den entsprechenden Titeln, offenbar absichtlich, weggelassen [23]), woraus zu schließen, daß es dem ripuarischen Rechte fremd war. Daß auch das salische Recht es aufgegeben, ist mir deshalb nicht wahrscheinlich, weil auch die spätesten Redactionen der Lex Salica es noch in wesentlicher Uebereinstimmung mit der ältesten beschreiben [24]). Aber allerdings wurde nun daneben dem Gläubiger auch die Einleitung eines contradictorischen Verfahrens durch gewöhnliche Ladung (mannire) gestattet. Ueber das Beweisrecht schwanken die Quellenzeugnisse. In der Klagsache des Klosters St. Denis vor K. Chlodwich III. a. 692 gegen einen Abt wegen Bürgschaft (fides facta) wird der Beklagte zum Eide mit drei Eideshelfern zugelassen [25]). Die Formulae Andegavenses (circa

21) Die Analogie von *Chilp. edict. c.* 7., welche Sohm S. 41 heranzieht, würde für Zeugenbeweis des Klägers sprechen. Aber bei jener richterlichen Execution entscheidet natürlich das Gerichtszeugniß.

22) S. Note 25.

23) *L. Sal.* 49. *de testibus* = *L. Rip.* 50. *de testibus adhibendis. L. Sal.* 50. *de fides factas. Rip. deest. L. Sal.* 51. *de andometo* = *Rip.* 51. *de eo qui Grafionem ad res alienas invitat. L. Sal.* 52. *de rem prestitam* = *L. Rip.* 52. *de re prestita.* Si quis rem suam alii praestiterit et placitum (einen Zahlungstermin) iudixerit, quod si super placitum rem prestitam retinere praesumserit, quindecim solidis multetur, als Strafe der Mora. Vgl. Sohm S. 194. Zeitschr. für RG. V. S. 384. 404 folg.

24) *L. Sal. text.* IV. *tit.* 85. 87. *text.* V. *em. tit.* 52. 54. Auch *Cap. extr.* 6. *Merkel p.* 100 scheint mir eher für Erhaltung desselben zu sprechen. Anders Sohm S. 195.

25) *Bréquigny ed. Pard. Nr.* 424. Beil. V.

550), also aus überwiegend romanischem Gebiet, legen wegen geliehener beweglicher Sachen dem Kläger Zeugenbeweis auf [26]).

§ 70. II) Dingliche Klagen betreffen entweder das Eigenthum an beweglichen und unbeweglichen Sachen oder Freiheit und Sklaverei.

A) Die dingliche Klage wegen beweglicher Sachen [1]) wird in dem ältesten und späteren salischen Recht und dem ripuarischen wesentlich nach denselben Grundsätzen behandelt, die wir früher (§ 23) aus der Gesammtheit deutscher Rechtsquellen kennen gelernt haben. Daran anknüpfend beschränken wir uns hier auf die Eigenthümlichkeiten des fränkischen Rechts, deren Deutung indeß schwierig und deshalb auf mehreren Punkten bestritten ist.

Zu diesen Eigenthümlichkeiten gehört, daß die dingliche Klage auf den Fall, wenn der Eigenthümer den Besitz der Sache ohne oder wider seinen Willen verloren hat, beschränkt ist; denn wenn er ihn freiwillig auf einen Anderen übertragen, dem er sie anvertraute (res praestita), so hat er nur eine Schuldforderung gegen diesen [2]). Der Klaggrund ist in jenem Falle nicht der Eigenthumserwerb, obgleich der Kläger die Sache als seine in Anspruch nimmt [3]), sondern der Eigenthumsbesitz und unfreiwillige Verlust desselben, also die muthmaßliche Entwendung der Sache [4]). Auch das fränkische Recht erkennt also hierin die

26) *Form. Andeg.* 29. In *Nr.* 30. fordert der Schuldner den zum antichretischen Pfand gesetzten Weinberg (vgl. *Nr.* 22) vom Gläubiger zurück; dieser wird zum Eide gelassen, muß aber natürlich, wenn er den antichretischen Pfandvertrag abschwört und als Eigenthümer sich im Besitz behauptet, die Schuld bezahlen. Ebensowenig beweist für unsere Frage *Form. Bign.* 13, wo der Depositar geständig ist.

1) *L. Sal.* 37. de vestigio minando. 47. de filtortis. *L. Rip.* 33. de intertiare. 47. de vestigio minando. 72. de homine intertiato vel pecore mortuo. Siegel § 6 S. 42 folg. § 13 S. 86 folg. § 37 S. 252 folg. Sohm §§ 9—14 S. 55—121, welche auch die früheren Schriftsteller berücksichtigen.

2) S. oben § 23 Note 48.

3) *L. Sal.* 37. 47. res suas. *L. Rip.* 33, 1. rem suam — propriam rem. 47, 1. animal suum. 58, 3. cuius servus est. Ob auch der Dritte, der die Sache in fremdem Namen besitzt, nach fränkischem Recht die dingliche Klage hat (vgl. § 8 Note 12), steht dahin.

4) *L. Sal.* 37. Si quis — qua-

der Klage beigemischte Delictsnatur an, deren Folge die vom Beklagten zu zahlende Buße ist. Als dingliche Klage aber ist sie auf die individuell erkennbare Sache [5]) und gegen den Besitzer als den muthmaßlichen Dieb gerichtet [6]). Für einen Dieb gilt indeß auch der, welcher eine zufällig dem Eigenthümer abhanden gekommene Sache in Besitz genommen und verheimlicht hat [7]).

Zur Ermittlung des Besitzers dient die Verfolgung der Spur (vestigium minare) [8]) und die Haussuchung, die zwar nicht gewaltsam erzwungen werden darf, wegen deren Verhinderung aber auch der Hausherr als Dieb büßt [9]). Findet und erkennt der Eigenthümer seine Sache, so vollzieht er den symbolischen Anefang, d. h. er ergreift die Sache körperlich, nach ripuarischem Recht mit dem Eidschwur, daß sie sein sei [10]), und

libet animal per furtum perdiderit *rel.* Nicht bloß „heimlicher Weise“, wofür häufig in furtum = furtim gesagt wird. Vgl. Sohm § 9 Note 11.

5) *L. Sal.* 37. quod se agnoscere dicit. 47. Si quis servum aut caballum vel bovem aut quodlibet pecus super alterum agnoverit. *L. Rip.* 33, 1. si quid rem suam cognoverit. 79, 9. Vestimenta autem seu his similia absque probabili signo intertiare prohibemus.

6) Vom siegenden Beklagten sagt *L. Sal.* 47. exuit se de latrocinio. *L. Rip.* 33, 2. de furto securus sit.

7) *L. Rip.* 23. Si quis — quamlibet rem in via propriserit — si quis latroni aliquid tulerit *rel.* *Child. et Chlot. pactum* c. 7. (*P.* I. *p.* 8).

8) *L. Sal.* 37. de vestigio minando. Zunächst die Spur des entwendeten Thieres (oder Sklaven). Si quis bovem aut caballum vel qualibet animal per furtum perdiderit et eum, dum vestigium sequitur, fuerit consecutus *rel.* *cf. tit.* 47. Si quis servum aut caballum *rel.* *L. Rip.* 47. de vestigio minando. 1. Si quis animal suum per vestigium sequitur. *cf. L. Sal. extr.* 26, 3. *Pard. p.* 340. — quem (*sc. cervum*) canes minaverunt. Aber auch die Spur des Diebes oder Räubers *Child. decr.* c. 12. (*P.* I. *p.* 10). *Chlot. decr.* c. 1. 8. 9. (*p.* 11. 13). *L. Sal.* 66. Si quis truste dum vestigio minant *rel.* Hier wie in jenen Gesetzen ist von der öffentlichen Verfolgung durch den Centenar mit der Trustis die Rede, welche in einer Immunität verhindert wird (mitium fristitum). Daß auch der Eigenthümer seine Nachbarn als Gerüfte aufbieten mußte, wie Siegel S. 42 und Sohm S. 65 folg. annehmen, scheint mir unerwiesen.

9) *L. Rip.* 47, 2. Quod si in domo fuerit, et scrutinium, cuius est domus, contradixerit, ut fur habeatur. 3. Quodsi ibidem violenter ingressus fuerit, quindecim solidis multetur *rel.*

10) *L. Rip.* 33, 1. — mittat

sichert sich dadurch factisch und rechtlich das weitere Verfahren [11]). Dieses aber ist nach fränkischem Recht ein zwiefaches, jenachdem die Sache binnen dreier Tage oder später aufgefunden wurde.

Im ersten Fall ist offenbar die Entwendung durch den Besitzer wahrscheinlicher, im zweiten eher der rechtliche Erwerb der Sache möglich. In jenem muß also dem Kläger die Verfolgung seines Rechts, in diesem dem Beklagten seine Vertheidigung erleichtert werden, und dieß ist jeden Falls der Sinn der Lex Salica, wenn sie sagt: im ersten Fall müsse oder könne der Kläger, im zweiten der Beklagte achramire [12]). Die sicher festgestellte Deutung dieses Wortes ist: durch den s.g. Halmwurf und zwar durch die symbolische Annahme der Festuca sich verpflichten (fidem facere) [13]), insbesondere zu einer prozessuali-

manum super eum — iuret, quod in propriam rem mittat. *tit.* 58, 8. — tunc ille, cuius servus est, super eum manum mittere debet. Es ist dieß nicht eine spätere gerichtliche Verhandlung, und der Eid dient nicht zum Beweise, sondern ist ein Gefährdeeid. Anders Siegel cit.

11) Vgl. oben S. 42. Auch die Verstrickung der Sache (res filtorta *L. Sal.* 47. de filtortis. *tit.* 101. qui eas intertiaverit suo filtorto *rel.*, s. Grimm, Vorrede zur L. Sal. S. VII. Siegel S. 92 Note 14), d. h. daß sie als res litigiosa dem Verkehr entzogen wird, ist eine Folge des Anefangs, unentbehrlich zur Sicherung des Klägers, dem der Besitz in keinem Falle sofort übergeben wird.

12) *L. Sal.* 37. I) Si quis — qualibet animal per furtum perdiderit et eum, dum per vestigium sequitur, fuerit consecutus usque in tres noctes, (*si*) ille qui eum ducit (= *possidet*) emisse aut cambiasse dixerit vel proclamaverit: ille, qui per vestigium sequitur res suas (der Kläger), per tercia manu debet agramire. II) Si vero iam tribus noctibus exactis, qui res suas quaerit, eas invenerit: ille [apud quem inveniuntur (der Beklagte) si] eas emisse aut cambiasse dixerit, ipse liceat agramire.

13) Sohm S. 77 folg. hat dieß aus 25 Stellen überzeugend dargethan. Wenn aber nach Müllenhoff, bei Waitz S. 276 achramire = arripere, raptare ist, so muß der Verpflichtende die Festuca geworfen und der Verpflichtete sie angenommen haben, wie es in *Bréquigny ed. Pard. Nr.* 424. Beil. V. von dem Bürgen heißt: quod de mano memorato Chainoni abbati (des Gläubigers) achramisset. Bei der Veräußerung dagegen wirft der Veräußernde die Festuca in den Schoos des Erwerbenden. *L. Sal.* 46. Daß nicht mit Siegel S. 44 folg. und *Kuehns, D. de intertiatione, Berol.* 1855. *p.* 17 in unserer Stelle, abweichend von allen anderen, unter achra-

schen Handlung in einem gerichtlichen Termine. So also auch hier. Aber was soll in diesem Termine geschehen? In den meisten Stellen ist es eine Beweishandlung, zu welcher das Achramire verpflichtet [14]), und da in unserm Fall der Beklagte unbestritten den Beweis seiner Unschuld oder seines Rechts damit übernimmt, so kann dasselbe Wort für den Kläger wohl keinen andern Sinn haben. Damit stimmen denn auch die Worte per tercia manu: er soll in dem von ihm gelobten gerichtlichen Termine mit drei Zeugen schwören, daß er vor drei Tagen die Sache noch besessen, woraus zu schließen, daß der jetzige Besitzer derselben sie ihm entwendet habe [15]): durch die Zulassung zu diesem durch seine Nachbarn leicht zu führenden Beweise und in der Ausschließung der Vertheidigung des Beklagten [16]), wird in diesem ersten Falle dem Kläger die Verfolgung seines Rechts erleichtert. Aber ohne einen solchen Beweis wäre es ja jedem möglich gewesen, einen Andern willkührlich,

mire das Ansichnehmen der streitigen Sache von Seiten des Klägers verstanden werden könne, bemerkt Sohm S. 78 mit Recht.

14) Dieß bemerkt Sohm S. 76 selbst.

15) So Siegel S. 46 und Walter § 687. Sohm S. 85 bemerkt dagegen, „nach salischem und ripuarischem Recht brauche der Vindicant überhaupt niemals irgend welchen Beweis zu bringen." Allein theils ist dieß eine petitio principii, theils spricht gerade die Analogie des salischen Rechts, welches in so vielen anderen Fällen dem Kläger das Beweisrecht ertheilt, für unsere Annahme; das ripuarische Recht aber mußte in diesem Falle mit der salischen Verfolgung des Diebes innerhalb drei Tagen auch dieß Beweisrecht adoptiren. — Dagegen nimmt Sohm cit. an, durch per tercia manu achramire habe der Kläger sich nur verpflichtet, in dem gerichtlichen Termin seine Vindication, das intertiare (im weiteren Sinne?) fortzusetzen, indem er, wie bei dem executivischen Verfahren aus Schuldforderungen, vom Richter die Ermächtigung zur eigenmächtigen Besitzergreifung erbeten und erlangt habe. Allein, wenn der Beklagte der Willkühr des Klägers nicht Preis gegeben werden sollte, so müßte ihm wenigstens nach Analogie der Schuldforderung ein Widerspruch, d. h. der Beweis seines Rechts, die Berufung auf seinen Auctor u. s. w. in diesem Termin gestattet sein, dieß aber schließt *L. Rip.* 47. (folg. Note) ausdrücklich aus.

16) *L. Rip.* 47, 1. Si quis animal suum per vestigium sequitur et tercio die in domo cuiuslibet vel in quolibet loco eum invenerit, liceat ei absque intertiato revocare. Für das intertiare oder Dritthandverfahren s. das Folgende im Text. Gegen die frühere Meinung, daß die Sache einem Dritten als Sequester übergeben werde, s. Siegel S. 88 folg.

und zwar unter Anerkennung des Richters, seines Besitzes zu berauben, was undenkbar ist. Erst wenn er sich zu diesem Beweis erboten und den Termin ordnungsmäßig abgehalten, der Beklagte aber durch Nichterscheinen ihm die Verfolgung seines Rechts unmöglich machen wollte, soll er mit Gewalt, ohne Gefahr der Raubbuße, sich der Sache bemächtigen können [17]).

In dem zweiten Falle, wenn der Eigenthümer seine Sache erst nach drei Tagen bei dem Besitzer findet, und dieser behauptet sie von einem bestimmten Dritten gekauft oder sonst rechtmäßig erworben zu haben [18]), so muß der Kläger demselben gestatten, die Vertheidigung und mit dieser die Sache selbst seinem Auctor zu überlassen (in tertiam manum mittere, intertiare); und dazu, daß er seinen Auctor in einem bestimmten Gerichtstermin stelle, hat der Beklagte sich zu verpflichten (achramire) [19]). Nach ripuarischem Recht muß er außerdem schwören, daß er sich auf seinen rechten Geweren ziehe [20]). Der Termin ist nach altsalischem Recht, wenn Kläger und Beklagter zwischen dem Leyefluß und dem Kohlenwalde, im altsalischen Lande, wohnen über vierzig Nächte, wenn außerhalb über achtzig [21]), nach ri-

17) *L. Sal.* 37. Si ille vero, qui per vestigium sequitur, quod se agnoscere dicit, illum alium proclamantem nec offerre per tercia manu voluerit, nec solem secundum legem collocaverit, et [ei violenter, quod se agnoscere dicit], tulisse convincitur, — solidos 30 culpabilis iudicetur. Daß dieser dritte Satz des Titels sich dem ersten anschließt, hat zuerst Siegel S. 46 Note 12 bemerkt. Solem collocare hat hier den gewöhnlichen Sinn. Anders Siegel S. 47 Note 15. Für die Raubbuße s. *L. Sal.* 61. wo § 2 nicht auf den Fall in *tit.* 37 geht. Siegel S. 90 Note 9.

18) *L. Sal.* 37. (II). Note 12. ille, apud quem inveniuntur si eas emisse aut cambiasse dixerit. *L. Rip.* 33, 1. Et si ille, super quem intertiatur, tertiam manum quaerat.

19) *L. Sal.* 37. (II). Note 12. *tit.* 47. Si quis servum aut caballum vel bovem aut quodlibet pecus super alterum agnoverit, mittat eum in tercia manu (*cf. fin.* in tercia manu missa), et ille, super quem agnoscitur, debet agramire. *cf. L. Rip.* 33, 4. fidem faciat.

20) *L. Rip.* 33, 1. et alius iuret, quod ad eam manum trahat, qui ei ipsam rem dedit.

21) *L. Sal.* 47. — et si citra Ligere aut Carbonaria ambo manent, qui agnoscit et apud quem agnoscitur, in noctes 40 placitum faciant. — Quod si trans Legere aut Carbonaria [ambo] manent, cum quibus agnoscitur, in 80 noctes lex ista custodiatur.

puarischem, jenachdem sie innerhalb oder außerhalb Ripuariens oder außerhalb des Königreichs wohnen, über vierzehn, vierzig oder achtzig Nächte[22]), und zwar im Gericht des Beklagten[23]); nur in dem zuletztgenannten Fall vor dem Könige[24]). Zu diesem Gerichtstermin muß der Beklagte seinen Auctor laden[25]) und selbst darin mit der Sache erscheinen, um sie diesem und damit die weitere Vertheidigung zu übergeben. Hat auch der Auctor des Beklagten die Sache von einem Dritten erworben, so muß er wiederum diesen laden und so fort bis zu dem letzten, der dann die Vertheidigung zu übernehmen verpflichtet ist[26]).

Der weitere Verlauf kann dann ein verschiedener sein. Den ersten regelmäßigen Fall, daß der Auctor erscheint und mit dem Besitz der Sache die Vertheidigung übernimmt, erwähnen die fränkischen Gesetze als selbstverständlich nicht, sondern nur den zweiten und dritten, daß er das Eine oder Andere nicht thut. — Erscheint der Auctor ohne triftige Entschuldigungsgründe nicht, so kann der Beklagte nach salischem Recht die erfolgte Ladung desselben durch drei Zeugen und den redlichen Kauf von ihm mit anderen drei Zeugen beweisen[27]), nach ripuarischem

22) *L. Rip.* 33, 2. Et si infra ducatum est, super quatuordecim noctes auctorem suum repraesentet: si foris ducatum, super quadraginta, si autem extra regnum, super octuaginta.

23) *L. Sal. cit.* Ista omnia in illo mallo debent fieri, ubi ille est gamallus, super quem res illa primitus fuerit agnita aut in tercia manu missa. Ueber gamallus s. oben § 68 Note 46.

24) *L. Rip. cit.* Si autem extra regnum, super octuaginta ad regis stapplum (s. oben § 66 Note 100) vel ad eum locum ubi mallus (od gamallus?) est, auctorem suum in praesente habeat. Vgl. *tit.* 58, 8, wo in einem besonderen Klagfall (si quis tabularium ex servo alieno praesumpserit) nach dem Stand des Beklagten verschiedene Fristen angeordnet sind.

25) *L. Sal. cit.* admoneat. *L. Rip. cit.* repraesentet. § 2. legibus mannitum.

26) *L. Sal. cit.* et inter ipso placito (innerhalb des Termins) quanti fuerint, qui caballum ipsum aut vendiderunt aut cambiaverunt aut fortasse in solitudinem (*l.* solutionem) dederunt, omnia intra placitum istum commoneantur: hoc est unusquisque cum negotiatoribus alter alterum admoneat. *cf. L. Rip.* 72, 1. — de manu in manum ambulare debet, usque dum ad eam manum veniat, quae eum inlicito ordine vendidit vel furavit.

27) *L. Sal. cit.* Et si quis commonitus fuerit et eum sun-

Beides mit sieben Eideshelfern beschwören [28]), wodurch er sich vom Verdacht des Diebstahls reinigt [29]). Jener nicht erschienene Auctor dagegen gilt nun für den Dieb, muß dem Beklagten gegen Rückgabe der Sache den Kaufpreis erstatten, und der Kläger verfolgt sein Recht gegen ihn [30]). — Erscheint der Auctor, verweigert aber die Annahme und Vertheidigung der Sache, indem er seine Auctorschaft (eidlich) ableugnet, so wird nach ripuarischem Recht der Beklagte als Dieb behandelt [31]). — Endlich bedenkt dasselbe auch den Fall, daß die streitige und durch den Anefang verstrickte Sache vom Beklagten oder von seinem Auctor nicht vor Gericht gebracht werden kann, weil sie entwendet oder untergegangen ist, und bestimmt, wer dann als Dieb behandelt werden soll [32]). Das salische Recht verpönt die gewaltsame Aneignung der verstrickten Sache durch den Kläger mit der gewöhnlichen Buße für Raub [33]).

Ueber zwei andere Vertheidigungsarten, welche dem Besitzer nach germanischem Recht offen standen, ergänzen die beiden frän-

nis non tenuerit et ad placitum venire distulerit, tunc ille, qui cum eum negociavit, mittat tres testes, quomodo eum nunciasset, ut ad placitum veniret, et alteros tres, quod publice ab eo [edoniter] negociasset.

28) *L. Rip.* 33, 2. Quod si eum ibidem habere non potuerit, sibi septimus in haraho coniuret, quod eum ibidem legibus mannitum habuisset, et sibi ab alio homine res tradita non fuisset.

29) *L. Sal. cit.* illud si fecerit, exuit se de latrocinio. *L. Rip. cit.* Et tunc ipse de furto securus sit.

30) *L. Sal. cit.* Ille qui non venerit, super quem testes iuraverunt, ille erit latro illius, qui agnoscit, et precium reddat illi, qui cum illo negociavit; et ille secundum legem componat illi, qui res suas agnoscit. Nach *L. Rip. cit.* setzt der Beklagte dem Auctor über 14, 40 oder 80 Tage einen außergerichtlichen Termin zur Zahlung des Kaufpreises gegen Uebergabe der Sache vor Zeugen, um durch diese sich gegen den Kläger auszuweisen. Dieser aber klagt nun gegen den Auctor. S. oben § 23 Note 34. Dieser Auslegung der schwierigen Stelle von Sohm S. 109 folg. gebe ich den Vorzug vor der von Siegel S. 254 folg.

31) *L. Rip.* 33, 3. s. oben § 23 Note 35. Sohm S. 111.

32) *L. Rip.* 72, 1—8. Siegel S. 88. Sohm S. 119.

33) *L. Sal.* 61. *de charoena* (vgl. Müllenhoff bei Waitz S. 280). § 2. Si vero quicumque homo quamlibet rem de super hominem in tercia manu miserit, sed si haec manum violenter tulerit, — solidos 30 culpabilis iudicetur. *cf. tit.* 37. oben Note 17.

kischen Volksrechte sich gegenseitig. Nur das ripuarische Recht erwähnt den Fall, daß der Beklagte gleich bei Vollziehung des Anefangs durch den Kläger erklärt, die Sache zwar von einem Dritten erworben zu haben, aber seinen Auctor oder dessen Wohnung nicht zu kennen. Dann muß er sich verpflichten (fidem facere), dieß in dem gesetzlichen Gerichtstermine mit sieben Eideshelfern zu beschwören, und wenn er sich also von dem Verdacht des Diebstahls gereinigt hat, so giebt er die Sache ohne Buße dem Kläger heraus [34]. — Ebenso nach dem späteren salischen Recht, wenn er behauptet, die Sache in der Erbschaft seines Vaters vorgefunden zu haben, und dieß durch drei Zeugen beweist. Doch kann er dann die Sache auch vindiciren, d. h. den Beweis, daß sein Vater die Sache ursprünglich zum Eigenthum erworben habe, unternehmen, und nur wenn ihm Beides mißlingt, muß er sie mit Buße dem Kläger herausgeben [35]. Denn auch der Dieb kann die petitorische Einrede, die Sache sei ursprünglich sein, vorschützen und wird nur, wenn er den Beweis derselben nicht führen kann, sach- und straffällig [36]. Endlich kann der Besitzer nach späterem fränkischen

34) *L. Rip.* 33, 4. Quod si in ipsa hora, quando res intertiatur, responderit, quod fodronem suum nesciat, tunc in praesente de sacramento sibi septima manu fidem faciat, et super quatuordecim noctes adiurare studeat, quod auctorem vel casam seu postem ianuae auctoris sui nesciat, et ipsam rem sine damno reddat.

35) *L. Sal.* 101. Si quis super alterum de rebus in alode patris inventas interciaverit, debet ille, super quem interciatur, tres testimonia mittere (I), quod in alode patris hoc invenisset (II) et altera trea testimonia, qualiter pater suus res ipsas invenisset. Hoc (I) si fecerit, potest rem interciato vindicare (II). Si istum (II) non fecerit, mittat tres iuratoris, (I) quod in alode patris hoc invenisset. Si hoc (I) non fecerit (wenn er auch diesen Beweis nicht führt), ille qui eas interciaverit suo filtorto (der Kläger), sic postea, quod lex inter (*l.* exinde) docuit, apud quem eas invenit (der Beklagte) [solidos 35] culpabilis iudicetur. Vgl. Siegel S. 95 Note 20. Bemerkenswerth ist, daß das salische Recht Zeugenbeweis verlangt, wo andere Volksrechte Eid und Gottesurtheil zulassen, s. oben § 23 Note 19. Ganz anders legt Sohm S. 94 folg. 114 folg. die Stelle aus.

36) *L. Sal.* 89. Si quis res alienas furtivaverit (= furaverit) et suas fuisset et non potuerit adprobare (er behauptet, sie seien ursprünglich sein, und kann dieß nicht beweisen), cui furtivaverit

Recht sich auch auf Verjährung berufen. Ein Gesetz K. Childeberts II. schreibt dafür, wenn beide Theile in demselben Gerichtsbezirk wohnen, zehn, sonst dreißig Jahre vor, offenbar nach römischen Analogien [37]).

Die Leistungen des in den Schuld- und Rechtsfragen unterliegenden Beklagten bestehen in der Herausgabe der Sache oder ihres Werthes (capitale, haubitgelt) [38]), nebst einem Strafgeld für die durch den Prozeß verursachte Verzögerung der Herausgabe (dilatura, virdhriun) [39]) und in Zahlung der Diebstahlsbuße, die im altsalischen Recht nach dem Werth der Sache von 1 bis 62½ Sol. verschieden ist [40]). Der an den König zu zahlende Fredus ist in der Buße enthalten [41]).

(dem Kläger) solidos 15 culpabilis iudicetur. Vgl. oben § 23 Note 16. Natürlich muß er auch die Sache herausgeben. Sohm S. 68 Note 8 versteht furtivaverit von dem Fall, da die Sache ohne Besitzer war, als der Eigenthümer sich ihrer bemächtigte (?).

37) *Child.* II. *decr. a.* 569. *c.* 3. (*P.* I. *p.* 9).

38) Für capitale in allen anderen Stellen sagt *L. Sal.* 27, 4. ipsos (*sc.* caballos) in capite restituat. *cf. tit.* 61, 1. rem in capite reddat; und die deutsche Uebersetzung von *L. Sal.* 2. *Merkel p.* 106. haubitgelt, d. h. die Sache selbst oder, bei dem Mangel des Geldes, eine andere von gleichem Werth. *cf. L. Angl.* VII. 7. In omni re furto ablata, si is cui res componenda est, dixerit capitale peius esse, quam quod ablatum est *rel.* Dasselbe ist *L. Sal.* 26. *L. Rip.* 72, 5. 7. pretium rei, und §§ 3. 6. 7. eine werdunia (?).

39) *L. Sal.* und *L. Rip.* stellen immer capitale et dilatura zusammen, die Uebersetzung von *L. Sal.* 2. haubitgelt inti virdhriun, *L. Chamav.* 25. 26. 27. wirdira, und daß auch letztere die Sache betrifft, ergiebt *L. Sal.* 11, 6. Si vero nihil tulerit *rel.*, wo Beides wegfällt. Daher kommt sie auch nur bei Entwendung oder Beschädigung beweglicher Sachen vor. Von Fredus wird sie unterschieden in *L. Angl.* VII. 2. 3. 7. und an den Kläger gezahlt nach *Chlot. decr. c.* 8. (*P.* I. *p.* 13). Daß es ein Verzugsgeld ist, wie schon Cujacius, Eccard und Heineccius bemerkt, hat J. Grimm, Vorrede zur L. S. *p.* LXXXV folg. überzeugend nachgewiesen aus der richtigen Lesart dilatura, nicht delatura, und aus *L. Sal.* 9, 3. Si quis animal aut quodlibet pecus nocuerit et hoc confessus fuerit, capitale in hoc restituat. — Si vero negaverit et ei fuerit adprobatum, — solidos 15 culpabilis iudicetur excepto capitale et dilatura. Sie wird daher auch in Folge der Intertiatio vom Diebe bezahlt *L. Rip.* 33, 2. 3, nicht von dem Besitzer, der sich vom Verdacht gereinigt hat und die Sache herausgiebt, §. 4. sine damno. Grimm folgen Gaupp, *Lex Franc. Chamav.* S. 73 folg. und Zöpfl, Euua Chamav. S. 56. Ueber andere Meinungen s. Walter § 713.

40) *L. Sal.* 47. secundum legem componat, womit auf die

B) Der Rechtsstreit um Grundeigenthum wird merkwürdiger Weise in der Lex Salica gar nicht erwähnt. Hätte es dafür, wie für andere Fälle der streitigen und freiwilligen Gerichtbarkeit, eine Legis Actio gegeben, gewiß wäre sie darin verzeichnet. Ihr Fehlen aber erklärt sich aus den socialen und rechtlichen Verhältnissen des altsalischen Landes. Die Salier hatten nach Vertreibung der römischen Bevölkerung sich darin nach Anweisung ihrer Könige in Dörfern angesiedelt, und jeder freie Franke erhielt im Dorfe (villa) seinen Hof (casa) mit dem dazu gehörigen Ackerland (terra) und dem Nutzungsrecht an der gemeinen Mark. Das Erbrecht am Grund und Boden war auf die Söhne und Brüder als Heergenossen beschränkt, die den Hof und das Ackerland unter sich theilten [42]); in deren Ermangelung fiel er an die Gemeinde zurück [43]). Eine Abweichung von diesem Erbgang bemerkt das Gesetz nur in drei

Bußen bei Verfolgung des Diebstahls nur als Delict *tit.* 2—12. verwiesen wird. Vgl. Wilda, Strafrecht S. 899 folg. Die Zusätze (*tit.* 89. 15 Sol. *tit.* 101. 35 Sol.) sind aus ihrem ursprünglichen Zusammenhang gerissene Bruchstücke, also nicht absolut zu deuten. Anders Sohm S. 68. 89. 95. Die *L. Rip.* in ihrem ältesten Theile hat nur wenige Bußbestimmungen für Diebstahl *tit.* 18. 29. und in dem zweiten Theile hat sie von dem reichen Katalog der L. Salica nur Einen Titel (*L. Sal.* 33. *Rip.* 42. *de venationibus*) aufgenommen. Vgl. die ansprechende Erklärung dafür von Sohm, Zeitschr. für RG. V. S. 411 folg. Jeden Falls steht fest, daß die gesetzliche Diebstahlsbuße, welche sie furtum und beneficium legis nennt, auch in Folge der Intertiatio von dem Diebe und wer ihm gleich gilt, gezahlt werden mußte. S. *L. Rip.* 33,2. 3. *tit.* 72, 1. cum legis beneficio seu cum furto. §§ 2. 3. 5. 8.

41) *Cf. L. Sal.* 50, 2. tercia parte Grafio freto ad se recolligat. Wegen Diebstahl erwähnt ihn ausdrücklich neben capitale, dilatura und compositio *Chlot. decr.* c. 8. (*P.* I. *p.* 13).

42) *L. Sal.* 59, 4. De terra vero nulla in muliere hereditas est, sed ad virilem sexum, qui fratres fuerint, tota terra perteneat.

43) *Chilp. ed. a.* 581. *c.* 3. (*P.* II. *p.* 10). — non vicini, bezeugt, daß die Nachbarn nach salischem Recht selbst zu Ende des sechsten Jahrhunderts noch den Töchtern vorgingen, denn auf diese sind jene Worte zu beziehen; nicht auf die unmittelbar vorhergenannten Brüder, deren Erbrecht ja die Lex Salica (Note 42) schon anerkennt. Das Erbrecht der Gemeindegenossen ist allerdings ein Ueberbleibsel der Feldgemeinschaft in der Urzeit, vermittelt durch die königliche Anweisung an die Dorfgemeinde und die Vertheilung durch diese an ihre Glieder. Vgl. Waitz, Sal. R. S. 130. Verf. I. S. 127. II. S. 269. Roth, Beneficialwesen S. 74.

Fällen: 1) wenn der nächste Erbe sich von der Familie lossagt, wo er zwar sein Erbrecht verliert, seine Verwandten aber das ihrige gegen ihn behalten [44]). 2) Wenn der Eigenthümer eines Hofes als Todtschläger das Wergeld zahlen soll und sich insolvent erklärt, wo seine Erben in die Verpflichtung und damit auch in sein Recht eintreten [45]). 3) Wenn ein solcher Eigenthümer von Todeswegen über sein Vermögen verfügt [46]). Das erste und dritte geschah unter Mitwirkung des Tunginus in der versammelten Centgemeinde, also in größtmöglicher Oeffentlichkeit, um den Widerspruch jedes Dritten auszuschließen [47]). Für den zweiten Fall ist aber auch eine Form vorgeschrieben, wodurch die Sache offenkundig wird [48]); überdieß treten die Erben für den bisherigen Besitzer ein. Vergegenwärtigt man sich, daß das Grundeigenthum also von einer geschlossenen Familien- und Gemeindeverbindung beherrscht wurde und daß die Möglichkeit des Anbaues in der gemeinen Mark die Veranlassung zur Veräußerung einzelner Ackerparzellen, also den Verkehr mit Land als Waare fern hielt, so begreift man, daß der Grund und Boden immer in festen Händen und jeder Rechtsstreit darüber ausgeschlossen war. Die Lex Salica erwähnt daher nur partielle Verletzungen des Rechts an Haus, Hof und Land, die als Delict verfolgt werden [49]).

Auch das ripuarische Gesetz in seinem ältesten Theil, aus

44) *L. Sal.* 60. *de eum, qui se de parentilla tollere vult.*

45) *L. Sal.* 58. *de chrene chruda.*

46) *L. Sal.* 46. *de adfathamire.*

47) *L. Sal. cit.* Et si contra hoc (nehmlich gegen die Herausgabe des Vermögens durch den Fiduciar an die vom Testirer bestimmten Erben oder Legatare) aliquis aliquid dicere voluerit, debent tres testes iurati dicere *rel.* Er kommt jetzt zu spät, er mußte bei der ersten Verhandlung in mallo publico widersprechen. Eine Immobilienvindication fand also auch hier nicht statt. Anders Sohm S. 197 Note 10.

48) *L. Sal.* 58. *cit.* Er muß seine Insolvenz mit 12 Eideshelfern beschwören (*in mallo publico*?), dann in sein Haus gehen, von den vier Ecken desselben Erde in seine Faust nehmen, und dieselbe über seine Schultern auf den nächsten Verwandten werfen und endlich im Hemde, baarfuß, einen Stab in der Hand, über den Zaun seines Gehöftes springen.

49) *L. Sal.* 9, 8. *tit.* 11, 3. 6. *tit.* 16. *tit.* 27, 5—14. 18—21.

dem Anfang des sechsten Jahrhunderts, sagt gleichfalls über den Rechtsstreit um Grundeigenthum durchaus nichts; wir dürfen daher annehmen, daß auch in Ripuarien ursprünglich und selbst in der ersten Zeit nach seiner Vereinigung mit dem großen fränkischen Reiche das Grundeigenthum von denselben geschlossenen Familien- und Gemeindeverbindungen beherrscht wurde, wie im altsalischen Lande.

Ganz andere Zustände traten aber im Laufe des sechsten Jahrhunderts im ganzen Reiche ein. Die Gemeindeverfassung wurde durch Ausdehnung über ein weites Ländergebiet, die Familienverbindung durch Vermischung mit den Römern lockerer [50]), und der freie Vermögensverkehr ergriff auch den Grund und Boden, für den in größeren und kleineren Stücken jetzt Kauf, Schenkung, Precarie und andere Geschäfte an der Tagesordnung waren [51]). Die natürliche Folge war, daß auch Rechtsstreitigkeiten jetzt häufiger vorkamen und durch die Gesetzgebung geregelt werden mußten.

Ein Gesetz, welches mit Wahrscheinlichkeit dem Ende des sechsten Jahrhunderts, vielleicht dem austrasischen Könige Childebert II. (575—596), zugeschrieben werden kann, und welches dann dem zweiten Theil der Lex Ripuariorum eingerückt wurde, löst diese Aufgabe in umfassendster Weise [52]). Dürfte man annehmen, daß dieser zweite, der Lex Salica nachgebildete Theil dem K. Dagobert (622—638) angehört, der das ganze Reich wieder in seiner Hand vereinigte und die beiden fränkischen Volksrechte auf diese Weise, so viel thunlich, in Harmonie bringen wollte, daß er es ferner war, der jenes als nützlich erkannte Gesetz K. Childeberts diesem Theil einverleibte [53]), und daß er gleiche Bestimmungen für das übrige Reich erließ: so würde dieß erklären, wie fortan wesentlich dieselben Grundsätze für die

50) Daher K. Chilperich (561—584) in seinem Edict das Erbrecht der Nachbarn zu Gunsten der Töchter aufhob, s. Note 43.

51) Vgl. die *Form. Andegav.*, *Sirmond.* *Marculfi* u. A.

52) *L. Rip.* 59. 60. Vgl. über die Zeit und den Urheber dieser Gesetzgebung Sohm, Zeitschr. für RG. V. S. 440.

53) S. oben § 67 Note 23.

Immobilienvindication im ganzen fränkischen Reiche galten. Daß dieß der Fall war, ist einerseits durch den dritten Theil der Lex Ripuariorum [54]), andererseits durch einen späteren Zusatz zur Lex Salica [55]) und durch die Formelsammlungen [56]) und Urkunden [57]) außer Zweifel. Auch das Verfahren ist überall dasselbe und zwar Folgendes.

Die Einleitung des Prozesses von Seiten des Klägers erfolgt, wie bei den Klagen aus Delict, durch die Privatladung (mannire, admallare) des Beklagten [58]). Das Ausbleiben in dem bestimmten Termine ohne triftige Entschuldigung (sunnis) durch einen Boten (missus) [59]), welches der erschienene Kläger nach Ablauf des Tages constatirt (solem collocare, solsadia), macht den säumigen Beklagten sachfällig

54) *L. Rip.* 67, 5.

55) *L. Sal. text.* IV. 98. *Pard.* p. 155. V. 71. p. 320. *Herold.* 72. p. 261. = *Merk. Nov.* 261. p. 80. Nur der Heroldsche Text de terra commendata statt condemnata giebt einen verständlichen Sinn.

56) *Form. Andegav.* 46. 52. *Sirmond.* 40—42. *Marculf. App.* 7. 33. 38. *Bign.* 12. *Lindenbr.* 168.

57) Die königlichen Placita aus dem siebenten und dem Anfang des achten Jahrhunderts bei *Bréquigny ed. Pard. Nr.* 331. 332. 334. 349. 394. 418. 431. 440. 478. 509. 589. 604. zeigen, wie häufig jetzt das Grundeigenthum streitig war und werden im Folgenden zum Beweise des Verfahrens dienen.

58) *L. Sal. Herold.* 72. *cit.* Si quis alteri avi(*ati*)cam terram suam commendaverit, et ei noluerit reddere, si eum ammallaverit et convinxerit (*texte* IV. et ei fuerit adprobatum) — solidos 15 culpabilis iudicetur. *cf. Pardessus, note* 695. *p.* 404. Vgl. jedoch unten Note 66. — *Marculf App.* 38. Ille rex Francorum — quod apud nostro signaculo (mit königlicher Ermächtigung, weil zu des Königs Gericht) homine aliquo nomine illo mannito habuisset, ut super noctes tantas ante nos debuisset venire in ratione, pro eo quod dixit, quod res suas post se malo ordine tenebat iniuste *rel.* Also, wie wegen Delict, mit Angabe des Klaggrundes. Das mannire fand ja auch noch im carolingischen Recht wegen Erbgut (hereditas) statt, während bei anderen Klagen der Graf bannte. *Cap. LL. add. a.* 819. *c.* 12. (*P* I. *p.* 212). *Cap. L. Sal. add. a.* 819. *c.* 1. (*p.* 225).

59) *Marculf App.* 38. *cit.* Ad quod placitum veniens ipse ille per triduo seu amplius placitum suum custodivit, et nec ipse ille ad eum placitum venit, nec missum in vicem suam non direxit, qui ulla sonia nuntiasset. Hiernach scheint eine einmalige Ladung genügt zu haben. Vgl. Siegel S. 76. Drei Tage werden nur für das königliche Gericht bemerkt; ob sonst Ein Tag genügte, steht dahin. Siegel S. 52 Note 7.

(iactivus)[60]. Das Gericht spricht dann ein Urtheil zu Gunsten des Klägers, wodurch dem Beklagten die Herausgabe der Sache mit Früchten und die Zahlung der gesetzlichen Buße auferlegt wird[61].

Sind beide Theile vor Gericht erschienen, so erhebt der Kläger mündlich seine Klage und gründet sie nicht sowohl auf sein Recht, Eigenthum und dessen Erwerb, als auf das Unrecht des Beklagten, nehmlich daß er den Besitz des Grundstücks ihm widerrechtlich (malo ordine) entrissen habe (invasit, pervasit)[62] oder doch widerrechtlich vorenthalte (retinet)[63]. Wenn der Beklagte nicht ein einfaches Geständniß ablegt, in welchem Fall das Gericht auf sofortige Rückgabe des Besitzes (revestire) ohne Buße erkennt und sie bewirkt[64], so kann er in seiner Vertheidigung jene Beschuldigung nicht durch reines Leugnen zurückweisen, sondern muß sie mit der Behauptung und dem Beweis seines Rechts an der Sache überbieten (evindicare)[65]; denn ihm und nicht dem Kläger steht das Beweisrecht zu[66].

60) Siegel S. 52 folg. Maurer, Gerichtsverfahren §§ 41. 42.

61) *Bréq. Nr.* 431. vor K. Chlodwich III. *a.* 693. In Folge königlicher Ladung, und Abhaltung mehrerer Termine, in denen der Kläger erschien, der Beklagte aber durch einen Boten der Contumacirung (solsadia) ungenügend widersprach, urtheilte der König mit seinen Beisitzern und befahl, daß der Beklagte das Erbgut mit Früchten herausgeben und die Strafbuße (legis beneficium) zahlen solle. Die Contumacialbuße beträgt nach *L. Sal.* 1, 1. *L. Rip.* 32, 1. fünfzehn Solidi.

62) *L. Rip.* 59, 8. malo ordine invasio. *tit.* 67, 5. post malo ordine, d. h. nach erhobener Klage. *Bréq. Nr.* 349. — quia plurima pervasissent vel ad suam partem contradicerent *rel.*

63) *Bréq. Nr.* 394. 418. malo ordine contradiceret vel retineret *rel.* u. A.

64) *Marc. App.* 7. (Kläger) — quod illa terra — post se malo ordine retineret iniuste. Et ipse homo (der Beklagte) adstabat et hanc causam nullatenus potuit denegare, nec tradere rationes, per quas ipsas terras habere debeat. Sic ipsi homini (dem Beklagten) fuit iudicatum, ut ipsam terram ante ipsos Missos dominicos (die Richter) secundum suam legem ipsi (dem Kläger) — reddere vel revestire deberet. Quod ita in praesente et fecit. Nehmlich durch die symbolische Uebergabe mit der Festuca, welcher die körperliche Tradition an Ort und Stelle nachfolgt. *Form. Sirmond.* 42. *Bréq. Nr.* 604.

65) *L. Rip.* 60, 1. studeat evindicare.

66) Aus *L. Sal. text.* IV. *tit.* 98. Note 58. cui fuerit adproba-

Diesen allgemein germanischen Grundsatz setzt jenes ripuarische Gesetz Childeberts II. voraus und trifft Anordnungen über die Beweismittel des Beklagten [67]). — Anknüpfend an die ältere Sitte verfügt es, daß er sich den Beweis des rechtmäßigen Erwerbes am vollständigsten sichere durch Vollziehung des Geschäftes im Centgemeindegericht (in mallo) und Errichtung einer Urkunde (testamentum) durch den Gerichtsschreiber (cancellarius) mit der Unterschrift von sieben oder zwölf Zeugen, jenachdem das Grundstück klein oder groß ist [68]). Kommt es dann zum Prozeß, so weist er die Klage durch Production dieser Urkunde, ohne daß er zum Eide genöthigt werden könnte (sine tangano), zurück [69]). Bestreitet der Kläger die Beweiskraft der Urkunde in ihrem Inhalt oder ihrer Aechtheit, so wird sie durch den Eid der Instrumentszeugen oder durch den des Gerichtsschreibers mit einer gleichen Zahl von Zeugen bekräftigt, wogegen aber der Kläger auf gerichtlichen Zweikampf mit dem Beklagten provociren kann. Ist der Gerichtsschreiber bereits gestorben, so entscheidet Schriftvergleichung unterstützt durch den Eid des Beklagten ohne Kampf [70]). Gleiche Beweiskraft hat ein schriftliches Urtheil zu Gunsten des Besitzers, dessen Ausfertigung der König deshalb allgemein vorschreibt [71]). Hierauf beruhte die Sitte, durch eine Scheinvindication, ähnlich der römischen in Jure Cessio, sich das Anerkenntniß von dem Auctor, die Bestätigung durch das Gericht und eine gerichtliche Urkunde über Beides zu verschaffen [72]). Auch eine Verleihungsurkunde

tum, könnte man salisches Beweisrecht des Klägers folgern. Allein es ist zweifelhaft, ob nicht die Rückforderung der terra commendata, wie in *Form. Andeg.* 30. die Rückforderung der vinea inparciaricias data, als res praestita behandelt wurde, s. § 69.

67) *L. Rip.* 59. 60. Vgl. oben S. 55 folg.

68) *L. Rip.* 59, 1. 7. *cf.* 60, 1. s. § 24 Note 7. 8.

69) *L. Rip.* 59, 8. s. § 24 Note 9.

70) *L. Rip.* 59, 2—5.

71) *L. Rip.* 59, 7. Hoc autem constituimus, ut quicumque in causa victor extiterit, iudicium conscriptum accipiat, aut testes. Also im Nothfall soll auch dieser Besitztitel durch Zeugen bewiesen werden können. *cf. Form. Sirmond.* 42.

72) *Form. Lindenbr.* 171. und viele Urkunden, z. B. *Bréq. Nr.* 429. 456. 473. 479. 535.

des Königs (testamentum regis) schützt den Besitzer gegen jeden Angriff, außer wenn der Kläger eine frühere Verleihung producirt [73]). Endlich wurden Geschäfte aller Art über Grundeigenthum auch durch Notariatsinstrumente gesichert, für welche die Formelbücher Muster aufstellen, von denen die Urkundensammlungen zahlreiche Beispiele enthalten und die in Prozessen als Beweise vorkommen [74]). Mit dieser durchgreifenden Bedeutung der Urkunden für das Grundeigenthum hängt es auch zusammen, daß das römische Verfahren, den Verlust der Besitztitel durch eine Verhandlung vor der Curie zu ersetzen, beibehalten und der fränkischen Gerichtsverfassung angepaßt wurde [75]).

Wenn der Erwerber eines Grundstücks eine öffentliche Urkunde nicht erhalten kann, so empfiehlt ihm das angeführte Gesetz, Zeugen der Uebergabe des Besitzes an Ort und Stelle als Vertreter der Volksgemeinde, und zwar je nach der Größe des Grundstückes drei, sechs oder zwölf Zeugen, zuzuziehen, auch den anwesenden Knaben den Vorgang sinnlich durch Maulschellen oder Ohrenkneifen einzuprägen, um sich den Beweis für fernere Zeiten zu sichern. Nur wenn ihm auch Zeugenbeweis nicht zu Gebote steht, soll er sein Recht durch Eid mit sechs Eideshelfern erhärten können [76]), was mit dem allgemeinen germanischen Grundsatz, daß das Gerichtszeugniß und was ihm gleichgilt, den Eid ausschließt, gleichfalls übereinstimmt.

Beruft sich der Besitzer auf seinen Auctor, so muß dieser mit ihm die Vertheidigung übernehmen [77]). Hat er das Grundstück ererbt, so soll er nach einem späteren ripuarischen Gesetz

73) *L. Rip.* 60, 6. 7. (Die Anfechtung soll als Infidelität mit dem Tode gebüßt werden). *Bréq. Nr.* 349.

74) Z. B. *Bréq. Nr.* 331. 332. 334. u. A.

75) Das römische Verfahren s. in *Form. Arvern.* 1. (appensa, von der öffentlich ausgehängten Contestation) *Sirmond.* 28. (apennis). Das fränkische unter Mitwirkung des Grafen oder des Königs in *Form. Andeg.* 31—33. *Marculf.* I. 33. 34. *App.* 46.

76) *L. Rip.* 60, 1. — cum sex sive cum septem = cum septima manu. Ohne Zweifel konnte der Kläger dagegen auf Gottesurtheil antragen. Ohne nähere Angabe der Veranlassung erwähnt dieß und zwar die Kreuzesprobe *Form. Bign.* 12.

77) *L. Rip.* 59, 6. *Form. Andeg.* 46. 52.

den Beweis seines Erbrechts durch Eid mit sechs oder im Gericht des Königs mit zwölf Eideshelfern führen, den der Kläger aber im gerichtlichen Zweikampf anfechten kann[78]. Das Eigenthum des Erblassers steht freilich durch diesen Eid noch nicht fest; aber wenn er dieß auch nicht zu beweisen vermag, so schützt ihn doch, wie jeden anderen Besitzer nach dem fränkischen Recht dieser Zeit, der rechtmäßig erworbene dreißigjährige Besitz, den er mit sechs Eideshelfern beschwört[79].

Daß auch der Kläger durch eine gerichtliche Urkunde oder durch die gesetzliche Zahl von Zeugen oder endlich durch ein Notariatsinstrument sein Recht beweisen und den Eid des Beklagten ausschließen kann, sagen die fränkischen Gesetze zwar nirgends, es ist aber den allgemeinen germanischen Grundsätzen, auf welchen ihre Bestimmungen beruhen, gemäß[80] und in einzelnen Rechtsfällen kommt es mehrfach vor, daß der Kläger von vorne herein seinen Erwerbtitel anführt und sich zum Beweise desselben durch solche Urkunden erbietet[81]. Beruft dann auch der Beklagte sich auf Urkunden, so entscheidet das Gericht über den inneren oder äußeren Vorzug der einen oder anderen[82].

Auch der Fall des streitigen Besitzstandes, namentlich bei einem auf der Grenze liegenden Grundstück, kommt vor, und es entscheidet dann die eidliche Aussage der Umgesessenen, in gleicher Zahl von beiden Seiten, über den unvordenklichen Besitz und damit über das Recht[83].

78) *L. Rip.* 67, 5. s. § 27 Note 17. 18.

79) Der Erbe *Form. Sirmond.* 40—42. *Bréq. Nr.* 394. Ein anderer Besitzer *Marc. App.* 33. Hoc iuro —, quod ego terra sua — per fortia numquam proprisi aut pervasi, sed de ista parte triginta et uno anno fere amplius . . . semper exinde fui vestitus. Also iustus titulus. *cf. Chlot.* I. *const. a.* 560. *c.* 13. (*P.* I. *p.* 3). intercedente iusto possessionis initio. *Child.* II. *decr. a.* 590. *c.* 3. (*p.* 9).

80) S. § 24 Note 14. 15.

81) *Bréq. Nr.* 349. 440. (königliche Verleihung). *Nr.* 418. 604. (Notariatsinstrument).

82) Unter zwei königlichen Verleihungsurkunden hat die ältere den Vorzug, die spätere gilt für erschlichen, s. Note 73. Ueber Notariatsinstrumente s. *Bréq. Nr.* 331. 332. 334. 349.

83) *Bréq. Nr.* 478. Streit über

Das Beweisverfahren ist verschieden. Werden Urkunden gleich im ersten Termin producirt, so sieht sie das Gericht ein und entscheidet darnach [84]). In allen anderen Fällen ergeht ein Beweisurtheil, worin ein Termin zur Production der Urkunden oder zur Ableistung des Haupt- oder Zeugeneides oder zur Vollziehung des Gottesurtheils oder endlich zur Vorführung des Auctors angesetzt wird. Der Beweisführer verpflichtet sich dann förmlich (achramire per festucam) denselben einzuhalten, und wird, wenn er ausbleibt und der Gegner ihn contumacirt (solsadia), sachfällig [85]).

Der unterliegende Beklagte muß allemal das Grundstück mit den dem Kläger entzogenen Früchten herausgeben (revestire) [86]) und zur Strafe der widerrechtlichen Anmaßung des Besitzes eine Buße (beneficium legis) zahlen [87]).

C) Auch der Rechtsstreit um Freiheit oder Unfreiheit wird weder im altsalischen, noch im ältesten ripuarischen Rechte erwähnt und zwar, weil die geschlossenen Familien- und Gemeindeverbindungen auch über den Geburtsstand eines Menschen nicht leicht einen Zweifel aufkommen ließen. Gegen den Unfreien, der die Dienste verweigerte, half sich der Herr selbst. Die Freilassung eines Unfreien oder Halbfreien aber geschah vor dem Könige, also mit größtmöglicher Oeffentlichkeit, und gab, selbst von einem Unberechtigten vollzogen, dem Freigelassenen die vollkommene Freiheit, so daß es also auch in diesem Falle zu einem Rechtsstreit über dieselbe nicht kam [88]). Ganz anders aber wurde es auch in dieser Beziehung im fränkischen Reiche. Die Lockerung jener Verbindungen, die Mischung der

eine auf der Grenze liegende Mühle, ob sie zu der königlichen Villa oder zu der Villa des Klosters St. Denis gehöre. Vgl. oben § 24 Note 21. 36.

84) *Bréq. Nr.* 331. 332. 334. 349.

85) *Form. Sirmond.* 40. 41. *Marc. App.* 33. *Lindenbr.* 168. *Bignon.* 12. *Bréq. Nr.* 394. 418. 478.

86) *Bréq. Nr.* 431. 440.

87) *L. Rip.* 59, 3. 6. *tit.* 60, 2—4. 62. 5. *Bréq. Nr.* 431.

88) *L. Sal.* 26. Vom Halbfreien (letus) erhält der Herr nur das Vermögen und vom Freilasser eine Buße von 100 Sol.; für den Sklaven dessen Werth und eine Buße von 35 Sol.

Völker in einem weiten Ländergebiet, neue Formen der Freilassung und neue Arten der Abhängigkeit mußten auch den Personenstand vielfach zweifelhaft und zum Gegenstand des Rechtsstreites machen. Nun beschäftigte sich auch die Gesetzgebung und die Jurisprudenz der Formeln damit, namentlich mit dem Beweisrecht, welches ganz den allgemeinen germanischen Grundsätzen entspricht. Da diese früher (§ 25), auch mit Bezugnahme auf die fränkischen Quellen [89]), dargestellt worden sind, so genügt es, darauf zu verweisen.

§ 71. III. Die Klage wegen Ungericht, d. h. wegen eines Vergehens oder Verbrechens, ist im altsalischen Recht die dritte, neben Schuldforderung und Vindication beweglicher Sachen, und durchaus verschieden von diesen bestimmt. Das ripuarische Recht war ursprünglich, namentlich in Bezug auf den Beweis des Vergehens, wesentlich ein anderes. Im fränkischen Reiche sind auch auf diesem Punkte beide Stammesrechte allmählig gegen einander ausgeglichen worden [1]).

Eigenthümlich ist der Klage aus Delict schon 1) die Einleitung des Verfahrens von Seiten des Klägers. Bei der Schuldforderung erfolgte sie durch eine außergerichtliche Aufforderung zur Zahlung (testatio) und, wenn ihr nicht Folge geleistet wurde, durch eine zweite Aufforderung vor Gericht zu erscheinen (mannitio), um die richterliche Ermächtigung des Gläubigers zur Privatpfändung zu gewärtigen. Bei der Vindication beweglicher Sachen geschah sie durch den Anefang, in Folge dessen der Beklagte mit der Sache vor Gericht erscheinen und sie entweder herausgeben oder sein Recht daran beweisen mußte. Wegen Ungericht besteht die Einleitung von Seiten des Klägers in der sofortigen Privatladung des Beklagten nach

89) S. oben § 25 Note 2—5.

1) Siegel, in dem mehrfach angeführten trefflichen Buche, liefert auch hierfür bedeutende Beiträge. Sohm hat in ausführlicher Darstellung dieser Klagart §§ 15—27 durch scharfe Unterscheidung derselben von den beiden ersten, des Contumacial- und Executionsverfahrens und des ältesten und späteren Rechts große Klarheit in die Sache gebracht. Nur in einzelnen Punkten werde ich von ihm abweichen. Das Beweisrecht hat er leider ausgeschlossen.

Königsrecht (mannire legibus dominicis), um vor Gericht seiner Schuld überführt oder, wenn er beharrlich das Recht verweigert, vom Könige friedlos erklärt zu werden[2]).

Die Form dieser Mannitio ist die gewöhnliche: nehmlich persönlich, durch mündliche Erklärung des Klägers, in Gegenwart von drei Zeugen, an den Beklagten in seinem Hause oder in seiner Abwesenheit an die Seinigen, jedoch Abwesenheit im Dienste des Königs ausgenommen, welche die Mannitio wirkungslos macht[3]). Nur der Antrustione, der regelmäßig im Dienste des Königs ist, soll nach späterem salischem Recht geladen werden können, wo er angetroffen wird[4]). Ohne Zweifel wurden förmliche Worte dabei gebraucht[5]). Von der römischen in Jus Vocatio unterschied sie sich auch durch Angabe des Grundes, d. h. der Sache, um deren Willen sie geschieht[6]), und durch die Bezeichnung eines bestimmten Termins, in wel-

2) *L. Sal.* 1. de mannire. 1. Si quis ad mallum legibus dominicis mannitus fuerit *rel. cf. Nov.* 22. aus Text *A. B. C. Merkel p.* 55. *Sept. caus.* 1, 1. *p.* 95. Schon vor mehr als 20 Jahren bemerkte ich mir zu dieser Stelle: „mannitio ist jede Mahnung vor Gericht zu erscheinen, aber in den verschiedenen Fällen mit verschiedenem Erfolg; mannire legibus dominicis ist daher eine eigenthümliche Art, nicht unter königlicher Autorität (Waitz), sondern „nach Königsrecht", d. h. mit dem Erfolg, daß der Verbrecher, der den Frieden gebrochen, bei beharrlicher Rechtsverweigerung vom Könige, als dem Bewahrer des Friedens, friedlos erklärt werde." Die Beziehung auf die Delictsklagen bezeugt auch die Stellung des Titels de mannire vor dem ersten Abschnitt *tit.* 2—43, der von den Delicten, ihrem Beweise vor Gericht und ihren Bußen handelt, worauf dann *tit.* 44. *sqq.* andere Verfahrungsarten folgen. — Das einfache legibus ist allerdings = legitime, in der *L. Sal.* und *L. Rip.* 32, 1. Si quis legibus ad mallum mannitus fuerit *rel. tit.* 58, 19. legitime mallare u. s. w. Vgl. Siegel S. 68 folg. Sohm S. 131 Note 7. — S. 132 läßt er es dahin gestellt, weshalb die *L. Sal.* gerade bei der Mannitio legibus dominicis sage. Vgl. dominica ambascia *L. Sal.* 1, 2. racio dominica. *tit.* 50, 3 u. s. w. Es ist merkwürdig, daß die Germanen unbeschadet ihrer Freiheit den König „Herr" nannten, während bei den Römern dominus die absolute Gewalt des Kaisers bezeichnete.

3) *L. Sal.* 1, 2. *cf. tit.* 56. 47. *L. Rip.* 33, 2.

4) *L. Sal.* 96, 1.

5) *Cf. L. Sal.* 73. Sohm S. 129.

6) *L. Sal.* 96, 1. — rogare debet, ut ante iudicem ad mallobergo de causa, quae inputatur, ex hoc responso dare debeat vel convenire.

chem der Beklagte vor Gericht erscheinen soll; denn es muß ihm Frist gegeben werden zur Erklärung über die Klage und zwar bei der ersten Ladung regelmäßig über sieben Nächte [7]). Die Folge des Nichterscheinens des Beklagten in diesem ersten Termin ist nur die Verwirkung der allgemeinen, namhaften Ordnungsbuße von 15 Sol. [8]); aber bei fortgesetzter Rechtsverweigerung bis zum letzten Termin knüpfen sich daran noch viel größere Nachtheile [9]). Dieselbe Buße verwirkt der Kläger, welcher ausbleibt, und er soll außerdem, wenigstens nach späterem Rechte, binnen Eines Jahres mit seiner Klage nicht gehört werden [10]). — Daß die Mannitio mit ihrer Frist nothwendig jeder Klage vorausgehen mußte, der Kläger also den Beklagten, wenn er ihn in der regelmäßigen Gemeindeversammlung antraf, nicht sofort in Anspruch nehmen durfte, scheint mir für das fränkische Recht unerwiesen, ja das Gegentheil durch die Analogie anderer Volksrechte, namentlich des alamanischen Rechts, wahrscheinlich gemacht [11]).

Eine zweite Einleitungsform des Delictsprozesses durch den Kläger nach altsalischem Recht ist die Ergreifung des Verbrechers auf frischer That mit Gerüfte [12]) und dem Recht, ihn gebunden vor Gericht zu bringen oder im Fall der

7) *L. Sal.* 96, 1. Die zweite und dritte Ladung und die vor den König über 14 Nächte. *cf. L. Sal.* 56. Da selbst der Antrustione nur sieben Nächte Bedenkzeit hatte, so fand hier wohl noch kein Unterschied des Geburtsrechts statt. Anders Siegel S. 58. 62. Sohm S. 129 folg. Auch die Präsentation des verbrecherischen Slaven wird dreimal über sieben Nächte gefordert. *L. Sal.* 40, 4. 5. *cf. Child. et Chlot. pact. c.* 5. *Chloth. decr. c.* 5. *Chilp. ed. c.* 7. Nach *L. Rip.* 30, 2. über vierzehn.

8) *L. Sal. cit.* Note 2. — et non venerit, — solidos 15 culpabilis iudicetur. Daß dieß nicht nothwendig ein sofortiges Urtheil bezeichnet, bemerken Maurer § 40. Siegel S. 55 Note 17 und Sohm S. 27 Note 16.

9) Inwiefern ich Siegel S. 73 folg. und nicht Sohm S. 134 hierin beitrete, wird die Folge ergeben.

10) *L. Sal. cit.* Ille vero, qui alium mannit et ipse non venerit, ei qui manebit (?) — solidos 15 culpabilis iudicetur. Die zweite Strafe macht Sohm S. 142 aus *L. Sal.* 96, 2. wahrscheinlich.

11) S. oben § 27 Note 2. *L. Alam. Hloth.* 36, 2—5. Maurer, Gerichtsverfahren § 38. Anders Siegel S. 62 folg.

12) *Form. Sirm.* 30. und *L. Cham.* 38. Walter § 754 Note 3. Sohm S. 135 Note 2.

Widersetzlichkeit durch sofortige Tödtung Rache an ihm zu nehmen [13]).

Im fränkischen Reich wurde von Seiten der Obrigkeit im Fall der Auffindung eines Ermordeten der Prozeß durch den Grafen [14]) und bei Verfolgung von Dieben oder Räubern durch den Centenar [15]) eingeleitet. Sollte die Sache im Gericht des Königs verhandelt werden, so ertheilte dieser dem Kläger die Ermächtigung zur Mannitio [16]), oder erließ durch Vermittlung des Grafen schriftlich die Ladung des Beklagten [17]), auch wohl, wenn dieser ein vornehmer Mann war, in Form eines bedingten Mandats, d. h. eines Befehls, entweder den Kläger klaglos zu stellen, oder sich in einem bestimmten Termin vor dem Könige zu rechtfertigen [18]). Diese Formen bildeten den Uebergang zur Bannitio des Grafen im carolingischen Recht.

Sind beide Theile vor Gericht erschienen, so beginnt 2) die Verhandlung der Sache durch Erhebung der Klage von Seiten des Klägers und durch die an den Beklagten gerichtete, förmliche Aufforderung (tangano) zur bestimmten Ant-

13) *L. Sal.* 32. *L. Rip.* 41. 73. 77. *Child. et Chlot. pact.* c. 2. Siegel § 12. Sohm § 17.

14) S. oben § 66 Note 29.

15) S. § 65 Note 55.

16) *Marculf App.* 38. — quod apud nostro signaculo homine aliquo mannito habuisset *rel.* beim Streit um Grundeigenthum; ebenso aber auch wegen Delict. Anders Siegel S. 69 „niemals."

17) *Form. Sirmond.* 33. Veniens ille in nostra vel procerum nostrorum praesentia suggessit nobis, eo quod aliquis homo nomine ille pagensis vester eum in via malo ordine adsallisset, et res suas ei tulisset vel graviter ipsum livorasset; et ob hoc vobis (*sc. Comiti*) per nostram ordinationem iussimus, ut datis fideiussoribus Kalendas illas ex hoc in nostra praesentia debuissent adstare ratiocinantes. Vgl. *Marculf* I. 29. folg. Note. Zu einem späteren Termin *Bréq. Nr.* 431.

18) *Marculf* I. 29. Ille rex vir inluster illi. (Der Eingang wie Note 17.) Propterea praesentem indiculum ad vos direximus, per quem continuo iubemus, ut, si taliter agitur, de praesente hoc contra iam dicto illo legibus studeatis emendare. Certe si nolueritis, et aliquid contra hoc habueritis quod opponere, non aliter fiat, nisi vosmet ipsi per hoc indiculum commoniti Kalendas illas proximas ad nostram veniatis praesentiam, eidem ob hoc integrum et legale dare responsum. *form.* 26. an einen Bischof als Beklagten.

wort mit Ja oder Nein [19]. Nach dem späteren Recht wird neben dieser Aufforderung des Klägers der Beklagte von dem Gericht befragt [20]. Verweigert der Beklagte jede Antwort, so verwirkt er die Buße von 15 Sol. [21]. Gesteht er die Behauptung des Klägers einfach zu, so erfolgt ein condemnatorisches Urtheil auf Zahlung des Wergeldes oder der Buße und Ersatz des Schadens, insofern ein solcher vorliegt; nur im Fall der entschuldbaren Beschädigung befreit das Geständniß den Beklagten von der Buße [22]. Die Erfüllung erfolgt entweder sofort oder wird mit Bürgschaft gelobt (fides facta) und vom Kläger dagegen dem Beklagten Sicherheit (securitas) wegen jedes ferneren Anspruchs bestellt [23]. Ebenso, wenn die Partheien sich vor Gericht und unter dessen Vermittlung vergleichen [24].

form. 27. Auftrag an einen Bischof, den Beklagten, der sein Untergebener ist, zur Befriedigung des Klägers anzuhalten oder vor den König zu laden.

19) *Cf. L. Sal.* 57. an die Rachineburgen: »Hic ego vos tangano, ut legem dicatis *rel.* Müllenhoff bei Waitz S. 293. *L. Rip.* 30, 1. Quod si quis in iudicio interpellatus fuerit, si servus talis non fuerit, unde dominus eius de fiducia securus esse possit, dominus eius in iudicio pro eo interrogatus respondeat et sine tangano loquatur, et dicat: »Ego ignoro, utrum servus meus culpabilis, an innocens de hoc extiterit.« Nach ripuarischem Recht zugleich Aufforderung zum Eide *L. Rip.* 58, 19. Daher *tit.* 59, 8. sine tangano loquatur et dicat: non malo ordine, sed per testamentum hoc teneo. Nicht nach salischem Recht, daher ich auch bezweifle, daß der Kläger die Klage beschwören mußte. Siegel § 19 S. 131 folg. Sohm § 20 S. 143 folg.

20) *L. Rip.* 30, 1. *cit.* in iudicio pro eo interrogatus. 59, 8. respondeat ad interrogationes. *Marculf App.* 23. interrogatus fuit ab ipsis viris. *Form. Andeg.* 49. Siegel S. 131 Note 1.

21) *L. Sal. extr.* 12. *Merk. p.* 101. *cf. tit.* 49. 57. Siegel S. 135. Sohm S. 147.

22) *L. Sal.* 9, 1. 3. — 65, 1.

23) *Marculf App.* 23. — malo ordine interfecisset — ipse ille hanc causam minime potuit denegare; sic ab ipsis viris fuit iudicatum, ut illos leode, ut lex erat, desolvere debet. Quod ita in praesente et fecit. Et ego hanc securitatem in ipso illo fieri et adfirmare rogavi *rel. form.* 51. *Form. Bign.* 26. — Quod furavi — et ego hanc causam nullatenus potui denegare: sic ab ipsis racimburgiis fuit iudicatum, ut per wadium meum eam contra vos conponere atque satisfacere debeam. *cf. Lindenbr.* 124. Ueber das Urtheilserfüllungsgelöbniß im Allgemeinen s. Siegel § 32 S. 219. Sohm § 24 S. 163.

24) *L. Sal.* 96, 1. (admallare) ut ante iudicem — responso dare debeat, aut convenire.

Leugnet dagegen der Beklagte, so kommt es 3) zum Beweise und über diesen hatte das altsalische Recht höchst merkwürdige, von allen anderen germanischen Volksrechten und insbesondere von dem ripuarischen ganz abweichende Grundsätze, welche, nicht minder merkwürdig, im fränkischen Reiche allmählig dem ripuarischen Platz machten. Da aber die Meinungen der Schriftsteller hierüber sehr auseinander gehen, so ist eine nähere Untersuchung nothwendig [25]).

Es beruht, wie wir früher (§§ 14—18) gesehen, auf der Grundanschauung der Germanen von dem Rechtsstreit, daß der Beklagte die in der Klage enthaltene Beschuldigung durch die eidliche Behauptung seiner Unschuld oder eventuell durch ein Gottesurtheil zurückwies, und der Gebrauch dieser förmlichen Beweismittel ließ, namentlich bei Delictsklagen, dem eigentlichen zur Ermittlung der wirklichen Wahrheit dienenden Beweise nur geringen Raum. So in allen rein germanischen Volksrechten [26]), insbesondere auch in dem ripuarisch-fränkischen, dessen ältester Theil bei Aufzählung der einzelnen Delicte durchweg von dem Thäter sagt: er ist einer bestimmten Buße schuldig zu erkennen, oder, wenn er die That leugnet, muß er mit so oder soviel Eideshelfern schwören; ein Beweis des Klägers wird weder ge-

Marc. I. 18. intervenientes sacerdotes et magnificis viris — nos ad pacis concordiam ob hoc visi fuerunt revocasse, ita ut pro ipsa causa solidos tantos in pagalia dare deberet, quos et in praesente per wadio tuo visus es transsolvisse, et nos ipsa causa per festuca contra te visus sum werpisse. Propterea — hanc epistolam securitatis in te nobis conscribere complacuit *rel. Form. Andeg.* 5. 6. 26. 38. 43.

25) Siegel S. 267 folg. Von den früheren Schriftstellern, die er anführt, hat *Montesquieu* zuerst mit glücklichem Takt die Abweichung der L. Salica von allen andern Volksrechten bemerkt, aber durch den Mangel des Reinigungseides nicht ganz richtig bestimmt, daher Wiarda und dann Eichhorn § 77 Note a ihn bestritten, Rogge, J. Grimm und Waitz für ihn eintraten, ohne den Hauptpunkt zu treffen. Diesen hat zuerst Gaupp, L. Cham. S. 35 folg., und nach ihm Zöpfl hervorgehoben, Walter wieder verworfen, aber Siegel gerechtfertigt. *Pardessus, loi salique p.* 321 *sqq.* giebt Nützliches zu den einzelnen Beweismitteln, ohne die Hauptsache, deren Verhältniß zu einander, zu bestimmen.

26) So in der *L. Saxonum, Frisionum* und *Angl. et Verinorum s. Thuringorum*, der Rechtsbücher des Mittelalters zu geschweigen.

fordert, noch zugelassen[27]). Und selbst in den Gesetzen derjenigen Stämme, die mehr oder weniger unter dem Einfluß römischer Culturideen standen, findet sich jener Grundsatz theils rein, theils wenigstens in einzelnen Spuren erhalten[28]). Im directem Widerspruch damit sagt die Lex Salica bei Aufzählung der einzelnen Delicte regelmäßig, im Ganzen einige neunzigmal: der Beklagte sei nur dann zu der Buße zu verurtheilen, wenn ihm die That bewiesen werde[29]). Man hat zwar behauptet, dieß heiße eben nur, daß die That gerichtlich festgestellt sein müsse, was ebensowohl durch förmliche Beweismittel oder durch die Verweigerung des Reinigungseides von Seiten des Beklagten geschehen könne, als durch Beweis von Seiten des Klägers[30]), wie denn wirklich jene Art gerichtlicher Feststellung in den Volksrechten häufig Beweis (probatio) genannt wird[31]). Allein daß dieß Wort in jenen Sätzen der Lex Salica diesen Sinn nicht habe, sondern den wirklichen Beweis des Klägers bezeichne, ergiebt sich unwidersprechlich einmal daraus, daß gesagt wird: dem Beklagten (ei, cui) müsse die That bewiesen werden, also

27) *L. Rip.* 2. — bis novem solidos culpabilis iudicetur, aut, si negaverit, cum sex iuret. 3. 4. 5, 10. Ista omnia si negaverit, cum sex iuret, quod hoc non fecisset. 6—28. — Das in carolingischer Zeit verzeichnete Recht eines anderen fränkischen Stammes, die L. Chamavorum, enthält diese Alternative regelmäßig nicht, woraus Gaupp cit. S. 35 folg. schließt, nach Analogie der L. Salica sei der in dieser regelmäßig vorkommende Satz: si ei fuerit adprobatum, „hinzuzudenken" (?). Ihm folgt Zöpfl cit. Da aber das Hamaland zu Ripuarien gehörte (Stobbe § 17 Note 8), so ist viel eher der Satz der L. Ripuariorum „hinzuzudenken", wie auch die Analogie aller anderen Volksrechte wahrscheinlich macht und die einzige ausdrückliche Bestimmung *tit.* 46. per sacramentum eum liberet bestätigt.

28) Rein, bei den Burgunden § 39 Note 60 folg. und Langobarden § 63 Note 25 folg. 56 folg., in einzelnen Spuren bei den Westgothen § 45 Note 21. § 50 Note 18. 41—43, und selbst den Ostgothen § 56 Note 9. 19. 20. Die Abweichung der L. Alamannorum und Bajuvariorum ist oben § 20 Note 2 auch aus römischem und kirchlichem Einfluß erklärt worden. Es steht aber dahin, ob nicht bei jener salfränkische, bei dieser westgothische Einflüsse gewaltet haben. Vgl. Siegel S. 268.

29) Den Satz: et ei oder cui fuerit adprobatum, oder Aehnliches finde ich in *tit.* 2—65. einundneunzigmal und in Merkels *Nov.* 3. noch dreimal; endlich in dem späteren *tit.* 105.

30) So Walter cit. Note 5.

31) S. oben § 18 Note 2. § 39 Note 60. § 63 Note 31 u. s. w.

vom Kläger und zwar nur dann, wenn Jener sie einfach ableugne [32]), endlich durch Zeugen müsse es geschehen [33]). In demselben Sinn wird offenbar das Wort gebraucht, wenn bei Verbalinjurien dem Beklagten der Beweis der Wahrheit seiner Schmähung gestattet wird [34]). Es stimmt ferner damit überein, daß die Lex Salica auch in andern Fällen, wo nach ripuarischem Recht der Eid stattfindet, Zeugenbeweis fordert [35]). Sie theilt also jeden Falls dem Kläger den Hauptbeweis zu und giebt dem wirklichen Beweise den Vorzug vor dem förmlichen, womit indeß die Zulassung dieses letzteren in einem gewissen Umfang, wovon nachher die Rede sein wird, nicht ausgeschlossen ist.

Steht dieß nun fest, so ist die weitere Frage, in welchem geschichtlichen Verhältniß diese Abweichung des salischen Rechts von allen andern germanischen Volksrechten zu denken sei. Es ist behauptet worden, weil es das älteste sei, so müsse sein Beweisrecht für das ursprünglich germanische gelten und das aller anderen Stämme sei eine Neuerung [36]). Allein, schon die Stimmenmehrheit dieser letzteren erregt Zweifel gegen diese Behauptung und, wenn es uns anders gelungen ist, das Beweisrecht derselben aus der Grundanschauung der Germanen vom Rechtsstreit folgerichtig abzuleiten, so muß sie wohl aufgegeben werden. Auch ist festzuhalten, daß die Lex Salica keineswegs das ursprüngliche Recht der Sygambren in der Zeit, als sie noch

32) *L. Sal.* 9, 1. si vero confessus non fuerit et ei fuerit adprobatum. 3. si vero negaverit et ei fuerit adprobatum. 4. illum negantem ei fuerit adprobatum. *tit.* 65, 2. si vero negare voluerit et ei fuerit adprobatum.

33) *L. Sal* 2, 13. et hoc testibus potuerit adprobare. *tit.* 9, 8. si convinctus eum fuerit testibus. *tit.* 33, 9. *tit.* 36. et hoc per testibus fuerit adprobatum. *tit.* 39, 2. ut novem testes iurent, ut servum audierint dicentem.

34) *L. Sal.* 30, 6. 7. *tit.* 64, 1. 2.

35) Vgl. § 70 Note 15. 27. 28. 34—36. Auch *L. Sal. Pard. text.* IV. *tit.* 98. V. *tit.* 71.

36) Sohm, Zeitschr. für Rechtsg. V. S. 403 behauptet dieß, wenigstens für den Vorzug des Gottesurtheils vor dem Reinigungseide, der aber mit dem Beweisrecht des Klägers auf das Genaueste zusammenhängt.

auf dem rechten Rheinufer wohnten, darstellt, sondern ein wesentlich modificirtes, nachdem sie über ein Jahrhundert in einer römischen Provinz ansässig waren. Ob nun doch bei dem mannigfaltigen Reichthum germanischer Rechtsschöpfungen dieser Stamm ursprünglich oder später, jedenfalls selbständig zu einer eigenthümlichen Lösung des wichtigen Problems geführt wurde, oder ob die salischen Franken bei dem Bestreben ihren Nachbarn, den Römern, die sie in Tapferkeit übertrafen, in Vernunft und Gerechtigkeit es gleich zu thun [37]), der römischen Anschauung auf diesem Punkte Einfluß gönnten: wer vermag es zu bestimmen. Daß indeß die Verfasser des Gesetzes nicht zufällig oder unbewußt, sondern in bestimmter Absicht diesen Weg einschlugen, das zeigt die so häufig und ausdrücklich wiederholte Bestimmung: nur wenn der Kläger die That beweise, sei der Beklagte sie zu büßen schuldig [38]).

Dieser Beweis ist aber, wie überhaupt nach germanischem Recht, weniger eine Last, als ein Recht des Klägers, dessen erfolgreicher Gebrauch ihm auch in der Regel nicht schwer fiel. Hatte er den Missethäter auf frischer That ergriffen und gebunden vor Gericht gebracht, so bot das Gerüfte ihm mehr als das nothwendige Zeugniß [39]). Aber auch sonst war ihm die Sache dadurch erleichtert, daß es regelmäßig nur drei Zeugen sind [40]), deren eidliche Aussage aus eigener Wissenschaft vollen Beweis macht [41]), und daß jeder freie Mann seiner Aufforde-

37) *Prol. min.* oben § 67 Note 7.

38) Siegel S. 270: „Der Gesetzgeber, unter dem die L. Sal. in ihre älteste uns erhaltene Gestalt gebracht wurde, wollte u. s. w."

39) S. oben Note 12. 13.

40) In dieser Anwendung nennt das Gesetz die Zahl nur in einem besonderen Fall und hier verdreifacht *L. Sal.* 39, 2; allgemein die der *L. Sal.* 49. *de testibus* entsprechende *L. Rip.* 50, 2. und in vielen anderen Fällen die L. Sal. selbst *tit.* 37. 46. 47. 56. *cf.* 101. *Chilp. ed. c.* 7. Vgl. Siegel S. 202, der merkwürdigerweise für unseren Fall S. 268 nach den späten und lückenhaften *capp. extr.* XII. und V. *Merkel p.* 268 *sq.* sieben verlangt.

41) *L. Sal.* 49. quae noverint folg. Note. Von den Eideshelfern, die ihr Glauben beschwören, werden sie *tit.* 48. durch die verschiedene Buße auf das Bestimmteste unterschieden. Wie wenig streng es aber mit der „Wissenschaft" genommen wurde, bemerkt nach *L. Sal.* 39, 2. mit Recht Siegel S. 268 Note 4.

rung zum Zeugniß bei Strafe von 15 Sol. zu folgen verpflichtet ist[42]), auch wegen falschen Zeugnisses in gleiche Buße verfällt[43]). Da er überdieß durch seine Mannitio den Zeitpunkt der Klage bestimmt, so kann er zu diesem ersten Termin seine Zeugen mitbringen, und, wenn es ihm gelingt, die Rachineburgen, die in diesem Fall gleich Geschwornen die Thatfrage entscheiden, durch den von ihm geleiteten Zeugenbeweis vollkommen zu überzeugen, die sofortige, unbedingte Verurtheilung des Beklagten zur Bezahlung der gesetzlichen Buße erlangen[44]). Denn ein directer Gegenbeweis durch Eid oder durch Zeugen ist dem Beklagten nicht gestattet[45]); ob Kreuzfragen, steht dahin. Nur wenn er den Klaggrund einräumt, kann er den Beweis einer Widerrede unternehmen, z. B. den Beweis der Wahrheit einer für den Kläger beleidigenden Aeußerung[46]). In diesem Fall mußte ihm durch das Urtheil der Rachineburgen die Führung dieses Beweises durch Zeugen in einem zweiten Termin gestattet und die Zahlung der Buße nur bedingt, nehmlich wenn er diesen Beweis nicht geführt habe, auferlegt werden.

42) *L. Sal.* 49. Si quis testes necesse habuerit [ut donet] et fortasse testes nolunt ad placitum venire, ille qui eos necessarios habet, satisfacere et mannire illos [cum testibus] debet, ut ea quae noverint iurati dicant. Si venire noluerint et eos sunnis non tenuerit, — solidos 15 quisque illorum culpabilis iudicetur. Si vero praesentes fuerint in testimonium vocati et noluerint iurati dicere ea quae noverint et ferbanniti fuerint, — solidos 15 culpabilis iudicetur. Die Worte in testimonium vocati sind auf den Kläger zu beziehen, der die Fragen an sie richtet. Ueber ferbanniti s. Müllenhoff bei Waitz S. 282. Sohm, Zeitschr. für RG. V. S. 416.

43) *L. Sal.* 48, 1. Si quis falsum testimonium praebuerit, — solidos 15 culpabilis iudicetur. *cf. tit.* 93. *Nov.* 136.

44) Dieß liegt in der so oft wiederholten Bestimmung des Gesetzes: si ei probatum fuerit (d. h. so vollständig bewiesen, daß auch der Beklagte es nicht bestreiten kann) culpabilis iudicetur.

45) Das falsche Zeugniß (Note 43) begründete als Delict eine selbständige Klage, für welche *L. Sal.* 93. den Kesselfang zuläßt.

46) *L. Sal.* 30, 6. 7. *tit.* 64, 1. 2. Note 34. Sohm S. 141 hat dieß übersehen. Nach dieser Analogie mußte auch der Beklagte, welcher den Todtschlag einräumte, den Zeugenbeweis über Nothwehr führen können. Nach späterem Recht durch Eid mit Eideshelfern. *Marculf. App.* 29. *Form. Sirmond.* 31. *cf.* 30.

Ein ähnliches Urtheil erging, wenn dem Kläger der unternommene Zeugenbeweis nicht vollständig gelungen war, die Rachineburgen also noch zweifelten. Dann sollte der Beklagte sich durch Eid mit Eideshelfern von jedem Verdacht reinigen und zur Beschaffung der Eideshelfer mußte ein zweiter Termin angesetzt, seine Verurtheilung also abermals bedingt, d. h. für den Fall, daß er keine Eideshelfer finde, ergehen[47]). Es ist klar, daß also die Zulassung des Beklagten zum Eide mehr oder weniger in das Ermessen der Rachineburgen gestellt war, und daß dieß der Alleinherrschaft des Reinigungseides im späteren Recht den Weg bereitete.

Wie aber, wenn die Missethat ohne alle Zeugen geschehen war? Für diesen Fall half der germanische Tiefsinn aus; was kein Mensch gesehen, das weiß und richtet die Gottheit. Der Kläger muß dann von vorn herein den Beklagten ausdrücklich zu dem Zweck vor Gericht laden (admallare), daß er sich durch Gottesurtheil in altsalischer Weise, d. i. durch den s. g. Kesselfang, von der Schuld reinige[48]). Mochte nun der Beklagte in dem ersten Termin erschienen oder nicht erschienen sein, so lautete das Urtheil auf Kesselfang oder eventuell auf Zahlung resp. Verbürgung der Buße, nehmlich für den Fall, daß der Be-

47) *L. Sal.* 39, 3. Si quis hominem ingenuum plagiaverit et vendiderit, et probatio certa non fuerit, sicut pro occiso, iuratores dare debet: si iuratores non potuerit invenire, — solidos 200 culpabilis iudicetur. Für Raubanfall gegen eine Villa sagt dasselbe *L. Sal.* 42, 5. *texte* IV. = *Nov.* 17. Für persönliche Beraubung *L. Sal. Guelf.* 14 = *Nov.* 2. und für Brandstiftung *L. Sal. Guelf.* 16, 3 = *Nov.* 5. diese beiden Stellen jedoch mit eventueller Hinzufügung des Gottesurtheils, was späteres Recht ist. *cf. L. Rip.* 31, 5. — Auch dieser subsidiarische Gebrauch des Eides erinnert an römisches Recht (Bd. 2. S. 585), ohne deshalb darauf zurückgeführt werden zu müssen.

48) *L. Sal.* 53. Si quis ad ineum (st. aeneum) admallatus fuerit *rel.* Wie auch nach anderen Volksrechten wegen schwerer Verbrechen sofort auf Gottesurtheil, nach dem Sachsenspiegel wegen Friedensbruch auf Kampf geklagt werden konnte. S. oben § 18 Note 4. 5. Dem salischen Recht ist es eigenthümlich, daß der Kläger dieß in allen Fällen konnte (Note 50 und *L. Sal.* 93), von diesem gefährlichen Rechte aber natürlich nur dann Gebrauch machte, wenn ihm andere Beweismittel nicht zu Gebote standen.

klagte in dem für das Gottesurtheil angesetzten zweiten Termin nicht erscheinen oder nicht Sieger bleiben werde [49]).

Doch gab es für ihn, wenn er in dem ersten Termin erschien, noch einen milderen Ausweg, nehmlich durch sofortige Zahlung einer Buße sich vom Gottesurtheil loszukaufen und dann zum Eide mit Eideshelfern zugelassen zu werden. Dieß erlangte er aber nur durch freie Uebereinkunft mit dem Kläger, dem jedoch der gebotene sichere Vortheil im Vergleich mit dem ungewissen Ausgang des Gottesurtheils und überdieß die Möglichkeit, daß der schuldige Beklagte keine Eideshelfer finden werde und dann doch die Hauptbuße zahlen müsse, zur Eingehung der Uebereinkunft bewegen konnte. Die Buße war nicht ganz der freien Uebereinkunft überlassen, sondern ein gesetzliches Minimum im Verhältniß zu der Strafbuße des Verbrechens bestimmt. Zahlte der Beklagte dieses Minimum und schwur den Eid mit seinen Eideshelfern, so galt er in jeder Beziehung für unschuldig und hatte weder Buße noch Fredus für das Verbrechen zu entrichten. Hatte er mehr als jenes gesetzliche Minimum zahlen müssen, um sich los zu kaufen, so sollte zwar die Buße wegfallen, aber der gesetzliche Fredus dem Grafen entrichtet werden [50]), eine künstliche Bestimmung, um die

49) *L. Sal.* 56. — ubi rachineburgii iudicaverunt, ut ad ineo ambularet, aut fidem de composicione faceret *rel.*

50) *L. Sal.* 53. *cit.* Si quis ad ineum admallatus fuerit, forsitan convenit, ut ille, qui admallatus est, manum suam redemat et iuratores donet. Si talis causa est, unde — solidos 15, si adprobatus fuisset, conponere deberet, — solidos tres manum suam redemat: si plus ad manum redemendam dederit, fretus Grafione solvatur, quantum de causa illa, si convictus fuisset, redditurus erit. Si vero causa fuerit, quae 30 solidos, si adprobatus fuisset, poterat culpabilis iudicare, et sic convenit, ut manum redemat, — solidos sex manum suam redemat; quod si amplius dederit, fretus Grafione solvatur, quantum de causa illa, si convictus fuisset, redditurus erit. Ista redemcio de manu redemenda usque ad leudem sic permanet. Si vero leudem alter alteri inpotaverit et eum ad ineum admallatum habuerit et convenit, ut iuratores donet et manum suam redemat, — solidos 30 manum suam redemere potest; quod si plus aliquid dederit, fretus de leude ipsius Grafione solvatur. Die Stelle zeigt zugleich am deut-

Defraudirung des königlichen Fiscus durch Uebereinkunft der Partheien zu verhüten, welche gleichfalls die Lex Salica als eine, bewußte Ziele verfolgende Gesetzgebung charakterisirt.

In dieser subsidiarischen Stellung, hinter Zeugenbeweis und Gottesurtheil, ist also der Reinigungseid mit Eideshelfern ihr wohlbekannt. Daher bestätigt sie auch die altgermanische Verpflichtung der Verwandten als Eideshelfer einzutreten [51]) und setzt eine Buße für den falschen Eid, nehmlich 15 Sol. für den Beklagten selbst, außer der Leistung dessen, wozu ihn das Verbrechen verpflichtet, und fünf für jeden seiner Eideshelfer, ein Erfolg, der vom Beweis der Wahrheit in einem selbständigen Prozeß abhängig ist [52]).

Endlich kennt die Lex Salica ein Drittes, auf Ermittlung der wirklichen Wahrheit berechnetes Beweismittel, die Tortur des Sklaven, welcher das Verbrechen begangen haben soll [53]); und da diese dem rein germanischen Recht ganz fremd, von den unter den Römern angesiedelten Stämmen aber in größeren oder geringeren Umfang angenommen worden ist [54]), so sind auf diesem Punkte auch die salischen Franken schon in der ersten Zeit ihrer Niederlassung in Belgien von der Nachahmung dieser römischen Unsitte nicht frei zu sprechen.

Mit dem Eintritt in das weite Ländergebiet von überwiegend römischer Bevölkerung, nach der Gründung des großen

lichsten die drei verschiedenen Beweisarten, eigentlichen Beweis durch Zeugen, Gottesurtheil und Eid mit Eideshelfern.

51) *L. Sal.* 60. de eum, qui se de parentilla tollere vult — dicere, quod iuramento et hereditatem et totam rationem illorum tollat.

52) *L. Sal.* 48, 2. Si cuicumque aliquid fuerit inculpatum, quod periurasset et ei fuerit adprobatum, iuratores quinos solidos condemnentur; ille vero cui adprobatum fuerit, excepto capitale et dilatura et causa, extra hoc — solidos 15 culpabilis iudicetur. Durch diese Buße des Eideshelfers ist dieser im Vergleich mit § 1 vom Zeugen aus Wissenschaft scharf geschieden.

53) *L. Sal.* 12. Si servus — furaverit et ei fuerit adprobatum *rel.* fordert wirklichen Beweis; *tit.* 40 wenn der Sklave nicht freiwillig bekennt, Tortur und bestimmt die Verpflichtung des Herrn, nach der Aufforderung des Klägers den Sklaven vor Gericht zu stellen oder bei beharrlicher Contumacia das Verbrechen selbst zu büßen.

54) S. § 39 Note 67. — § 50 Note 17 folg. — § 56 Note 10. 11.

fränkischen Reichs aber, ist nicht, wie man erwarten sollte, ein verstärkter Einfluß römischer Anschauungen auf ihr Prozeß- und Beweisrecht zu bemerken, sondern umgekehrt eine germanische Reaction, die nur auf das Wiederauftauchen ihrer eigenen ursprünglichen Rechtsgebräuche oder auf ripuarische Einflüsse zurückgeführt werden kann [55]). Vollständig und genau können wir diesen merkwürdigen Entwicklungsgang des fränkischen Rechts nicht verfolgen, weil nur einzelne Gesetze bestimmter merowingischer Könige und Bruchstücke unbekannten Ursprungs auf uns gekommen sind, welche diese Tendenz bezeugen; das Resultat desselben aber tritt besonders in den Rechtsfällen der Formelbücher sehr bestimmt hervor. Im Allgemeinen ist es zu charakterisiren als Begünstigung des in der Lex Salica zurücktretenden Eides mit Eideshelfern gegenüber dem Zeugenbeweise und dem Gottesurtheil [56]); so jedoch, daß der Eid nicht bloß zur Reinigung von Schuld, sondern auch zum Beweis des Verbrechens gestattet wird [57]). Folgende einzelne Bestimmungen bezeichnen diese Richtung.

Bei der Verfolgung eines Verbrechers von Amtswegen: 1) bei der Auffindung der unbekannten Leiche eines Ermordeten, beschwören in Folge der Aufforderung des Grafen (mannitio) vor Gericht die vornehmeren Einwohner (meliores) des Dorfes, in dessen Mark die Leiche gefunden wurde, mit 65, die geringeren (minoflides) mit 15 Eideshelfern ihre Unschuld und ihr Nichtwissen des Thäters und liberiren sich dadurch von jeder Bußzahlung [58]). Wenn sie den Thäter kennen, so bezeugen sie dieß; dieser aber kann mit 36 Eideshelfern beschwören, daß der

55) Letzteres würde im Widerspruch stehen mit dem von Sohm, Zeitschr. für RG. V. S. 383 angenommenen „moralischen Uebergewicht des salischen Rechts."

56) Einen Uebergang dazu bildet *L. Sal.* 104, wonach der Eid mit Eideshelfern nur in drei Fällen, wegen Dos, Kriegsbeute und Freiheit, zugelassen, dagegen in anderen Fällen, also namentlich wegen Delict, mit der Sachfälligkeit des Beklagten und namhaften Bußen der Eideshelfer bestraft wird.

57) Der Eid des Klägers wird videredus genannt *L. Sal.* 96, 1. *Child. ed. c.* 9. Siegel S. 268, Note 5. Sohm S. 201 Note 3.

58) *L. Sal.* 73. bei *Pertz* II. *p.* 4. *Chlodovechi cap.* 9.

Todtschlag in Nothwehr verübt worden sei [59]). — 2) Wird ein Dieb oder Räuber nach K. Childeberts II. und Chlotars II. Anordnung durch den Centenar und sein Gefolge (trustis) ergriffen, so soll seine Schuld durch den Eid von fünf oder sieben Biedermännern, ohne Zweifel aus eben diesem Gefolge, festgestellt werden [60]).

Auch wenn der Kläger den Dieb auf handhafter That ergreift und gefesselt vor Gericht bringt, soll er dessen Schuld nach derselben Könige Landfriedensvertrag nicht etwa durch Zeugen beweisen, sondern mit zwölf Eideshelfern beschwören und dadurch bewirken, daß der Beklagte bußfällig wird, ja wenn er nicht zahlen kann, die Todesstrafe erleidet [61]). Daß auch sonst dem Kläger statt des Beweises die Beschwörung seiner Klage gestattet war, scheint die Vorschrift in K. Chilperichs Edict anzudeuten, wonach der Kläger, ehe er die Sache an das Gericht bringt, seinen Nachbarn Anzeige davon machen soll, um sich zu vergewissern, ob er den Eid mit Eideshelfern werde schwören können [62]). — Vollständig nach diesem neuen Princip durchgebildet erscheint der Delictsprozeß unter Antrustionen in einem salischen Gesetz von ungewissem Ursprung [63]). Der Kläger soll hiernach seine Klage durch Eid mit einer bestimmten, nach dem Betrag der eingeklagten Buße abgemessenen Zahl von Eideshelfern beweisen und der Beklagte diesen Beweis durch seinen Eid mit der doppelten Zahl von Eideshelfern überwinden können; nur bei der Klage wegen Todtschlag auf das Wergeld (leudis) soll der Beklagte gegen den Beweis des Klägers mit zwölf Eideshelfern sich durch das Gottesurtheil des Kesselfangs reinigen. — Der Reinigungseid scheint auch in der Bestimmung des Landfriedensvertrages der Könige Childebert und Chlotar als

59) *Form. Sirmond.* 30.

60) *Childeberti* II. *decr. c.* 7. (*P.* I. *p.* 10). vgl. *L. Rip.* 79.

61) *Child.* II. *et Chlot.* II. *pactum c.* 2. (*P.* I. *p.* 7).

62) *Chilp. ed. c.* 9. Si quis causam mallare debet, et sic ante vicinos causam suam notam faciat, et sic ante rachineburgiis videredum donet, et si ipsi non dubitant, ut malletur causam: nam ante mallare non praesumat.

63) *L. Sal.* 96. bei *Pertz* II. *p.* 7. *Childeberti* I. *cap.* 6.

allgemeines Beweismittel des Beklagten vorausgesetzt zu werden, nach welcher der Litus ihn stets mit sechs Eideshelfern schwören soll [64]).

Die Klage auf das Gottesurtheil des Kesselfangs läßt K. Childeberts II. Gesetz von 596 noch wegen Diebstahl eines Freigebornen zu und erklärt ihn, wenn er die Probe nicht besteht, wenigstens der Buße schuldig [65]). Nach dem Bruchstück eines anderen salischen Gesetzes von unbekanntem Ursprung soll die Klage auf Gottesurtheil nur mit königlicher Erlaubniß erhoben werden [66]), und dieß mag der Uebergang zu ihrem völligen Verschwinden gewesen sein, zumal sie dem ripuarischen Recht von jeher fremd war [67]). Dem Beklagten, der keinen Eideshelfer findet, gestatten Zusätze zur Lex Salica die Berufung auf den Kesselfang [68]) und selbst die Lex Ripuariorum thut dieß, obgleich ihr sonst diese Form des Gottesurtheils fremd ist, aus Rücksicht für den salischen Fremdling, der in Ripuarien keine Eideshelfer findet [69]). Als Gegenbeweismittel kommt das Gottesurtheil nicht bloß in dem Antrustionenprozeß, sondern auch sonst, und zwar gegen Zeugen der Kesselfang [70]), gegen Eid mit Eideshelfern der den Ripuariern und Burgunden entlehnte gerichtliche Zweikampf vor [71]).

Die Tortur, die im westgothischen Gesetz auf Freie und Edle ausgedehnt wurde, ist im fränkischen Reiche selbst für Unfreie durch die mildere germanische Ansicht von diesem Stande

64) *Child. et Chlot. pact.* c. 8. (*P.* I. *p.* 8).

65) *Child.* II. *decr.* c. 4. (*P.* I, *p.* 8). Si homo ingenuus in furtum inculpatus, ad ineum provocatus, manum incenderit, quantum inculpatur componat.

66) *L. Sal. c. extr.* 27. *Pard. p.* 340. Si quis alterum ad calidam provocaverit praeter evisionem (*l.* iussionem?) dominicam, — solidos 15 culpabilis iudicetur. Nicht bloß gerichtliche Erlaubniß, wie *Pardessus* Note 791 annimmt.

67) Deshalb hat die *L. Rip.* den Titel 53. *L. Sal.* nicht berücksichtigt; auf Abusus nach salischem Recht kann daraus (Note 63) nicht geschlossen werden. Anders Sohm, Zeitschr. für RG. V. S. 449.

68) *Nov.* 2. 5. *Merk. p.* 53.

69) *L. Rip.* 31, 5.

70) *L. Sal.* 93.

71) *L. Sal.* 92. — si tamen non potuerit adprobare, — si ausus fuerit, pugnet. Die Kämpfer vor K. Gunthram bei *Gregor. Tur.* X. 10. scheinen Burgunden gewesen zu sein.

verdrängt; das Loosordal ist an ihre Stelle getreten [72]). Dasselbe wird auch auf den Halbfreien angewandt, der nicht kämpfen kann [73]).

Die Formelbücher des sechsten und siebenten Jahrhunderts, selbst die in überwiegend romanischen Gegenden entstandenen, wissen nichts von einem Beweis oder Eide, der dem Kläger zustände, sondern erwähnen nur den Reinigungseid des Beklagten, der die That ableugnet, mit mehr oder weniger Eideshelfern in den verschiedenen Fällen, wegen geringerer Vergehen mit drei oder sechs, wegen Todtschlag mit zwölfen; desgleichen zum Beweis der Widerrede der Nothwehr [74]). Das ripuarische Recht steigert diese Scala bekanntlich von sechs zu zwölf und 72 Eideshelfern [75]); dieß scheint aber nicht allgemein fränkisches Recht geworden zu sein.

Kehren wir nun zum regelmäßigen Verlauf des Delictsprozesses nach altsalischem Recht zurück, so schließt sich an die Verhandlung im ersten Termin zunächst 4) das **Urtheil** an. Dieß erfolgt hier, wie sonst, auf die feierliche Urtheilfrage des Klägers durch einen mündlichen Ausspruch der Majorität der zu Gericht sitzenden Rachineburgen: was nach Lage der Sache salisches Recht sei, den sie zu thun verpflichtet sind. Weigern sie sich dessen, so werden sie vom Kläger nach Ablauf des Tages contumacirt und verfallen jeder in eine Buße von 3 Sol. und, wenn sie auch diese weder zahlen noch deshalb Bürgschaft stellen, in eine fernere Buße von 15 Sol. [76]). Dieselbe Buße

72) *Chilp. ed. c.* 7. (*P.* II. *p.* 11). *Child. et Chlot. pactum c.* 5. *Chlot.* II. *decr. c.* 3. *L. Rip.* 30. Durch Willkühr der Könige wurde die Tortur freilich selbst gegen Freie geübt. *Gregor. Tur.* VII. 22.

73) *Child. et Chlot. pactum c.* 8.

74) *Form. Andeg.* 28. wegen fossada per terra sua — mano sua quarta. *form.* 11. 15. 24. verzeichnen nur den Eid des Beklagten selbst. *Marculf* I. 38. wegen Aneignung flüchtiger Sklaven, sua manu septima. *Form. Andeg.* 49. *Marc. App.* 34. Ableugnung des Todtschlags mit 12 Eideshelfern. *form.* 29. Beweis der Nothwehr mit 12. *Sirmond* 31. unbestimmte Zahl. *cf.* 30.

75) *L. Rip.* 66.

76) *L. Sal.* 57, 1. Si quis rachineburgii in mallobergo sedentes, dum causam inter duos discutiunt, legem noluerint di-

müssen sie zahlen, wenn die Parthei, gegen welche das Urtheil ausfiel, beweisen kann, daß es gegen das salische Recht gesprochen sei [77]). Wie und vor welchem Gericht dieser Beweis zu führen sei, sagt das Gesetz nicht; nach dem späteren Reichsrecht konnte man sich, wenigstens mit der Beschwerde wegen Rechtsverweigerung, an den König wenden [78]). — Schriftlich verzeichnet wurde das Urtheil ursprünglich nicht, sondern durch Zeugen aus dem Umstand bewiesen [79]). Ein der Lex Ripuariorum eingerücktes Gesetz (von Childebert II.?) schreibt die schriftliche Verzeichnung als Regel vor, gestattet aber auch Zeugenbeweis [80]). Von den über das Urtheil ausgefertigten Urkunden (notitia), in Duplo für beide Partheien (charta paricla) [81]), enthalten die Formelbücher und Urkundensammlungen, besonders aus dem königlichen Gericht, zahlreiche Beispiele.

Dem Inhalt nach ist das Urtheil entweder gegen den Kläger gerichtet, also absolutorisch, und dann muß dieser Sicherheit geben, daß er den Beklagten ferner nicht in Anspruch

cere, veni et dic ad illo, qui cum causa prosequitur: »hic ego vos tangano, ut legem dicatis secundum lege Salica.« Quod si ille legem dicere noluerint, septem de illis rachineburgiis, collocato sole, — solidos tres solvant. Quod si nec legem dicere voluerint, nec ternos solidos fidem fecit, tunc solem illis collocatum, — solidos 15 culpabilis iudicetur. Mit Sohm § 21 gegen Siegel nehme ich nicht eine erste unförmliche Aufforderung an, welche die späteren Redactionen erwähnen, und ebensowenig einen zweiten Termin zur Zahlung der Buße; schon im ersten muß deshalb wenigstens Bürgschaft gestellt werden. *cf. L. Rip.* 55.

77) *L. Sal.* 57, 2. Si vero illi rachineburgii sunt et non secundum legem iudicaverunt, his contra quem sententiam dederint, causa sua agat, et potuerit adprobare, quod non secundum legem iudicaverunt, — solidos 15 culpabilis iudicetur. *Nov.* 156. *L. Rip.* 55. *fin.*

78) S. oben § 66 Note 91. Siegel S. 150 folg. nimmt für das altsalische Recht Entscheidung durch Kampf an.

59) *L. Sal.* 56. et ibi duodecim testes erunt, qui per singulas vices tres iurati dicant, quod ibidem fuerunt, ubi rachineburgii iudicaverunt, ut aut ad ineo ambularet aut fidem de composicione faceret *rel.* Nach *Chilp. ed. c.* 7. legen die Rachineburgen selbst das Zeugniß ab.

80) *L. Rip.* 59, 7. *cf.* 66, 1. *fin.* In *Bréquigny ed. Pard. Nr.* 478. legt der Auditor des Comes Palatii Grimoald über das Verfahren vor diesem Zeugniß ab.

81) *Marculf* I. 38. *Bréq. Nr.* 424.

nehmen wolle [82]), oder gegen den Beklagten, und zwar im Fall des Geständnisses oder des vollständigen Beweises unbedingt condemnatorisch, oder noch bedingt durch eine Beweisauflage, nehmlich zur Zahlung der Buße oder Reinigung durch Eid oder Gottesurtheil. Die Erfüllung dieser alternativen Auflage in einem bestimmten Termin muß der Beklagte förmlich (festuca) und mit Bürgschaft geloben (fidem facere, achramire) und darauf ist schon das Urtheil gerichtet [83]). Der Termin wird nach salischem Recht über vierzig Nächte angesetzt [84]), nach ripuarischem für einen freien Ripuarier über vierzehn, für den in der Kirche oder sonst als Römer Freigelassenen über sieben [85]).

Wenn der Beklagte in diesem Termin nicht erscheint, also jenes Gelöbniß weder durch die Beweishandlung noch durch Zahlung der Buße erfüllt, so tritt 5) die Execution ein [86]). Das Verfahren dabei ist Folgendes. Der Kläger, der den Gerichtstermin abgewartet und das Nichterscheinen des Beklagten constatirt (solem collocare, solsadia), natürlich auch sich den Beweis darüber durch Zeugen gesichert hat, um gegen jede Verantwortung geschützt zu sein, geht zu dem Grafen, als dem königlichen Executivbeamten des Gaus, in dem der Beklagte wohnt und spricht, indem er die Festuca ergreift, zu ihm: „Du Graf!

82) *Cf. Form. Sirmond.* 42. *Andegav.* 5. Es entspricht dieß auch dem Urtheilserfüllungsgelöbniß des Beklagten.

83) *L. Sal.* 56. Si — quod ei a rachineburgiis iudicatum fuerit adimplere distulerit, si nec de composicione nec de ineo nec de ulla lege fidem facere voluerit *rel.* — rachineburgii iudicaverunt, ut aut ad ineo ambularet, aut fidem de composicione faceret. In Bezug auf den Reinigungseid: de sacramento fidem facere *L. Rip.* 33, 4. — 58, 21. — 66, 1. — 67, 2. oder adchramire. *Marculf App.* 1, 2. *Lindenbr.* 168. *Chilp. ed.* c. 6. gestattet dem Beklagten, wenn er keinen Bürgen findet, allein sich zu verpflichten: ipse in senextra manu fistucam teneat, et dextera manu auferat, während sonst der Bürge die Festuca annimmt, s. oben § 70 Note 13. — Vgl. Siegel § 32 S. 219 folg. Sohm §§ 26. 27 S. 162 folg.

84) *L. Sal.* 56. *tit.* 96, 1. *cf. tit.* 47. 73. *Ed. Pistense a.* 864. *c.* 33. (*Pertz* I. *p.* 496). Et quia sacramenta post quadraginta noctes legaliter iuranda accipiuntur *rel.*

85) *L. Rip.* 58, 21. — 66, 1. — 67, 2.

86) *L. Sal.* 50, 2. *tit.* 51. — Siegel § 36 S. 245. Sohm § 24 S. 167 folg.

Jener Mann, den ich gesetzlich vor Gericht geladen, wegen dessen, was er mir nach salischem Recht schuldet, hat mir Bürgschaft bestellt und diese nicht erfüllt. Ich nehme es auf mich und mein Vermögen, daß Du ohne Gefahr Hand an sein Vermögen legen kannst." Zugleich bezeichnet er die Sache und den Betrag, für den Jener Bürgschaft bestellt hat [87]). Die Bedingungen rechtmäßiger Execution sind nehmlich: 1) daß der Beklagte richtig vor Gericht geladen sei (admallatus), 2) daß er in dem ersten Termin die Erfüllung des Urtheils gelobt habe (fides facta) und 3) daß er in dem zweiten Termin nicht erschienen sei (iactivus) [88]). Auch das Erste, die Mannitio, gehört zu diesen Bedingungen, als wesentliche Grundlage des ganzen Prozesses; denn ohne richtige Vorladung wäre auch das Urtheil und das Erfüllungsgelöbniß nichtig und die Execution widerrechtlich [89]). Einen Beweis dieser Bedingungen führt er aber nicht vor dem Grafen, den er außerhalb der Gerichtsversammlung angeht und der nur executive

87) *L. Sal.* 50, 2. Si quis ad placitum legitime fidem factam noluerit solvere, tunc ille, cui fides facta est, ambulet ad Grafionem loci illius, in cuius pago manet, et adprehendat fistucam, et dicat verbum: »tu Grafio! homo ille mihi fidem fecit, quem legitime habeo iactivo admallatum, in hoc quod lex Salica continet: ego super me et super furtuna mea pono, quod tu securus mitte in furtuna sua manum.« et dicat de causa et de quantum ei fidem fecit. Sohm S. 169 nimmt an, daß diese Verhandlung in der Gerichtsversammlung stattfinde; aber s. oben § 66 Note 15.

88) Anders Siegel cit. welcher S. 245 Note. S. 64 Note 5 einen zweiten Sinn von admallare = mallare, gerichtlich verfahren, annimmt: Allein er will dieß eben durch unsere Stellen 50, 2. 51, 1, ferner durch *tit.* 52 und 53 beweisen, wo es offenbar ad mallum mannire bedeutet. Ebenso bei *Marc.* I. 21. (Generalvollmacht). — omnes causas suas in vice ipsius tam in pago quam in palatio admallandum prosequendumque; und wenn andere Formeln die Reihenfolge umkehren, so beweist dieß nur ihren verworrenen Ausdruck. Auch Sohm S. 167 folgt Siegels Deutung, obgleich er S. 123 richtig bemerkt, die Mannitio wegen Delict sei nicht wie in anderen Fällen die Vorbereitung eines einzelnen Actes, sondern gehöre dem ganzen Verfahren an, sei die Einleitung des Prozesses.

89) *L. Sal.* 51, 1. Si quis Grafionem ad res alienas tollendum invitaverit et rogaverit ambulare et legitime iactivum admallatum non habuerit, ille qui eum rogat, ut iniuste tollat, antequam legitime admallatus fuerit, aut fides ei facta fuerit, — solidos 200 culpabilis iudicetur.

Gewalt hat, nicht Recht sprechen kann, sondern nimmt die Gefahr des widerrechtlichen Executionsantrags auf sich. Diese besteht in einer Buße, die seinem Wergelde gleichkommt (200 Sol.), womit er also gleichsam sein Leben erkauft; wie auch der Graf, der ohne gerechte Abhaltung dem Executionsantrag nicht sofort Folge giebt, sein Leben verwirkt, oder es mit seinem Wergelde einlöst [90]). — Diese Folge aber besteht darin, daß er sieben Rachineburgen versammelt, sich mit diesen zu dem Hause des Beklagten begiebt und diesen, wenn er gegenwärtig ist, auffordert, freiwillig dem Kläger das zu zahlen, wofür er ihm Bürgschaft bestellt hat, und zwar, wie Zahlungen in dieser geldarmen Zeit zu geschehen pflegten, durch Mobilien nach der Abschätzung zweier von ihm, dem Beklagten, aus jenen sieben erwählten Rachineburgen. Wenn er nicht hören will oder abwesend ist, so läßt der Graf so viel von seiner Fahrniß, als nach der Abschätzung der sieben Rachineburgen zur Tilgung der Schuld nöthig ist, wegnehmen, wovon der Kläger zwei Drittheile als Buße und der Graf ein Drittheil als Friedensgeld erhält [91]). Hat er mehr, als die Schätzung der Rachineburgen beträgt, wegnehmen lassen, so verwirkt er abermals sein Leben und erkauft es nur mit seinem Wergelde [92]).

Wie die freiwillige Zahlung, so erfolgt also auch die Exe-

90) *L. Sal.* 50, 3. Si ibi Grafio rogitus fuerit, et sunnis eum non tenuerit aut certa racio dominica, et distulerit se, ut non ambulet, neque aliquem in rem mittat, qui eum [legem et] iustitiam exigere debeat, de vita culpabilis esse debet, aut quantum valet redemat.

91) *L. Sal.* 50, 2. — Tunc Grafio collegat septem rachineburgius [idoneos], et sic cum ipsis ad casa illius, qui fidem fecit, ambulet et roget illum, si ibi praesens est, qui fidem fecit, et dicat: »qui ad praesens es, voluntate tua solve homine isto, quod ei fidem fecisti, et elege duos, quos volueris [idoneos] cum rachineburgius istos, de quo solvere debeas adpreciare debeant, et hoc quod debes secundum iustum precium satisfaciatis.« Quod si audire noluerit praesens aut absens, tunc rachineburgii [adpreciando] precium, quantum valuerit debitum quod debet, hoc de furtuna illius tollant: et de ipsa [secundum] legem quae debet duas partes ille, cuius causa est, ad se revocet, tercia parte Grafio freto ad se recolligat *rel.*

92) *L. Sal.* 51, 2. Den Rachineburgen allein gebührt auch hier die Abschätzung.

cution nur aus dem Mobiliarvermögen des Beklagten, nicht etwa subsidiarisch aus Theilen seines Grundbesitzes; denn der Besitz einzelner Parzellen in einer fremden Dorfmark hätte dem Kläger wenig gedient, war vielleicht gar nicht statthaft[93]). Wie es bei gewöhnlichen Bußen in dem Fall, daß das Mobiliarvermögen zur Befriedigung des Klägers nicht ausreichte, gehalten wurde, sagt die Lex Salica nicht; nach späterem Recht trat Schuldknechtschaft ein, wenn seine Verwandten nicht für ihn zahlen wollten[94]). Bei der Klage aus Todtschlag auf das Wergeld findet nach altsalischem Recht das früher beschriebene Verfahren statt: der Beklagte beschwört mit zwölf Eideshelfern seine Insolvenz, tritt in feierlicher Weise seinen ganzen Hof mit allem Zubehör und der Verpflichtung, das Wergeld zu zahlen, seinen nächsten Verwandten ab und geht, wenn diese es zahlen, als Bettler frei aus. Sind aber auch diese zahlungsunfähig, so nimmt der Kläger ihn für die Schuld in Haft und stellt ihn in vier gesetzlichen Gerichtsversammlungen vor, ob Jemand ihn lösen wolle. Geschieht dieß nicht, so muß er dann mit dem Leben büßen[95]).

Wir haben bisher den ordentlichen Verlauf des Delictsprozesses in seinen einzelnen Arten bis zur Execution betrachtet, von welchem nach altsalischem Recht 6) das Contumacial-

93) Vgl. Sohm S. 24 Note 11. S. 173 Note 20. Daß nur Mobilien bei der Execution in Betracht kamen, ergiebt auch *L. Sal.* 58, wo die Insolvenz bezeichnet wird durch: quod nec super terra nec subtus terra plus de facultate non habeat quam donavit; die terra wird also nicht gerechnet. Ueber den Verkehr mit Grundstücken s. oben § 70 Note 49.

94) *Chilp. ed. c.* 7. Note 115. *Form. Bign.* 13.

95) *L. Sal.* 58. *de chrene chruda* s. oben § 70 Note 44. Zu Ende heißt es: — Quod si vero nec ipse (der nächste zahlungsfähige Verwandte) habuerit, unde totam legem persolvat, tunc illum, qui homicidium fecit, qui eum sub fide habuit, in mallo praesentare debet, et sic postea eum per quatuor mallos ad suam fidem tollat: et si eum in composicionem nullus ad fidem tullerit, hoc est ut eum redimat, de quod non persolvit, de sua vita conponat. Sohm S. 177 folg. versteht dieß von Privatrache und führt Stellen dafür an. Vgl. oben § 68 Note 16.

verfahren gegen den Beklagten, der beharrlich das Recht verweigert, scharf unterschieden ist [96]).

Die Rechtsweigerung des Beklagten kann zuvörderst schon in Bezug auf die Mannitio und den ersten Termin eintreten. Mit der Buße von 15 Sol., die er dann zahlen muß, ist natürlich dem Kläger nicht genuggethan, der Befriedigung in der Hauptsache wünscht. Diese kann ihm durch Execution in das Vermögen des Schuldners ohne Urtheil nicht verschafft werden, also muß ein solches auch gegen den widerrechtlich abwesenden Beklagten ergehen [97]) und zwar ohne Beweis von Seiten des Klägers [98]). Aber billigerweise erst nachdem die Mannitio, wahrscheinlich dreimal in bestimmten Fristen, über vierzehn Nächte, wiederholt und der Beklagte in den vier Terminen vom Kläger förmlich contumacirt ist [99]).

Das Urtheil lautet dann, wie jedes condemnatorische, auf Zahlung der Buße oder feierliche Verbürgung dieser Zahlung (festuca, wadium, fidem facere). Ein Beweis kann dem Beklagten nicht mehr freigelassen werden, ausgenommen wenn der Kläger schon in der ersten Mannitio auf Gottesurtheil geklagt hat; dann ist dem Beklagten alternativ die Zahlung der Buße, resp. die Bürgschaft dafür oder der Kesselfang aufzugeben, und zwar in dem gesetzlichen Termin über vierzig Nächte, die der Beklagte kennt, daher es keiner neuen Mannitio deshalb bedarf. Es ist ihm also die Möglichkeit gegeben, durch den Kesselfang sich noch von aller Schuld zu reinigen, oder auch, wie in jedem andern Fall, die Buße zu zah-

96) *L. Sal.* 56. de eum, qui ad mallum venire contemnit. Sohm § 25 S. 180 folg., dem ich diese scharfe Unterscheidung verdanke, aber in Einem gleich anzugebenden Punkte nicht beitreten kann.

97) Dieß hat Sohm § 22 S. 155 aus dem Zusammenhang des salischen Executionsrechts, welches stets ein Urtheil und selbst ein Urtheilserfüllungsgelöbniß voraussetzt, und aus der Analogie der Klage wegen Delict eines Sklaven (*L. Sal.* 40, 4. 5) gegen die Ansicht früherer Schriftsteller, auch Siegels, nachgewiesen.

98) Daß dieser die Gegenwart des Beklagten voraussetzt, ergiebt der constante Ausdruck der L. Sal.: si ei, oder cui adprobatum fuerit.

99) *L. Sal.* 96, 1. für den Anstruftionenprozeß der späteren Zeit.

len, resp. deshalb Bürgschaft zu stellen, an welche sich dann, wenn er sie nicht erfüllt, die gewöhnliche Vermögensexecution anschließen kann. Thut er aber nichts von alledem, also erscheint er in diesem Termin gar nicht und wird deshalb von dem Kläger contumacirt, so tritt nun das Präjudiz der anfänglichen Vorladung nach Königsrecht (mannitio legibus dominicis) in Kraft, d. h. es kann gegen ihn vor dem Könige auf Friedloserklärung geklagt werden [100]). Der Kläger ladet den Beklagten deshalb über vierzehn Nächte vor das Gericht des Königs und erscheint selbst in diesem mit zwölf Zeugen, nicht um in der Sache selbst noch Beweis zu führen, denn von dieser ist jetzt nicht mehr die Rede, sondern um die Rechtsverweigerung des Beklagten als Bedingung seiner Friedloserklärung festzustellen. Nehmlich mit dreien beweist er das im ersten Termin ergangene Contumacialurtheil, mit dreien die Contumacirung des Beklagten in dem zweiten Termin nach vierzig Nächten, mit dreien dessen Ladung in das Gericht des Königs und mit ebensovielen das Nichterscheinen des Beklagten in diesem [101]). Erst dann ergeht die Friedloserklärung oder Acht

100) *L. Sal.* 56. Si quis ad mallum venire contempserit (zum ersten Termin nach dreimaliger Ladung) aut (= *et*) quod ei (in seiner Abwesenheit) a rachineburgiis iudicatum fuerit adimplere distulerit, si nec de conposicione nec de ineo nec de ulla lege fidem facere voluerit (nehmlich in dem gesetzlichen Termin nach vierzig Nächten), tunc ad regis praesencia ipsum mannire debet — quod — de illa die (der erste Termin, wo das Urtheil gefällt wurde) in quadraginta noctes in mallobergo iterum ei solem collocaverit et nullatenus legem voluerit implere. Sohm S. 181 folg. bezieht die Worte: si quis ad mallum venire contempserit, nicht auf den ersten, sondern auf den zweiten Termin. Allein, wenn der Beklagte im ersten Termin erscheint, so kann und muß er sofort das Urtheilserfüllungsgelöbniß geben, an das sich die Execution anschließt. Nur wenn er in dem ersten Termin ausbleibt, ist dieß unmöglich; doch kann er es nach vierzig Nächten nachholen und nur, wenn er auch dieß nicht thut, wird vor dem Könige auf Friedlosigkeit geklagt. Aus demselben Grunde muß in *L. Sal.* 96, 1. Et si ad ipso placito venire dispexerit, auf das Nichterscheinen des Beklagten im ersten Termin bezogen werden; denn sonst wäre es unerklärlich, weshalb in Folge des Urtheils- und Erfüllungsgelöbnisses bei seinem Ausbleiben im zweiten Termin nicht die gewöhnliche Execution einträte. Hierin liegt denn auch eine Bestätigung für die Bedeutung der mannitio legibus dominicis, s. oben Note 2.

101) *L. Sal.* 56. Der verwor-

gegen ihn [102]) mit ihren gewöhnlichen Folgen, d. h. der Entziehung jedes Rechtsschutzes für seine Person [103]) ja jeder Gemeinschaft mit ihm [104]), und der Confiscation seines Vermögens [105]). Doch kann er später durch Zahlung der Buße in die Rechtsgemeinschaft wieder eintreten [106]).

Im fränkischen Reiche ist das so eben aus der Lex Salica dargestellte Verhältniß der Execution zum Contumacialverfahren durch Gesetzgebung abgeändert worden und zwar in der Tendenz, das letztere mit seinem Erfolg, der Friedloserklärung, nur im äußersten Nothfall eintreten zu lassen. Zu dem Ende ging man von dem Grundsatz des altsalischen Rechts ab, daß das Vermögen eines Schuldners nur in Folge seiner Verpflichtung, wegen außergerichtlicher Fides facta oder Res prästita durch Privatpfändung, durch Beschlagnahme der Obrigkeit in Folge gerichtlicher Fides facta, des Urtheilserfüllungsgelöbnisses, in Anspruch genommen werden könne, und knüpfte die Execution unmittelbar an das Contumacialurtheil [107]).

Das Edict des K. Chilperich vom J. 561 schreibt nach diesem neuen Princip zunächst für Delicte der Sklaven, dann aber im Wesentlichen auch für andere Delictsklagen, folgendes Verfahren vor [108]). Wenn der Beklagte nach mehrmaliger Aufforderung in dem ersten Termin nicht erscheint, so ergeht gegen

rene Ausdruck des Gesetzes wird durch die Vergleichung von *L. Sal.* 96, 1. klar. Vgl. Sohm S. 185 folg.

102) *L. Sal.* 56. — tunc rex, ad quem mannitus est, eum extra suum sermonem ponat. *tit.* 96, 1.

103) *Chilp. ed. c.* 9. Note 110.

104) *L. Sal.* 56. — et quicunque eum aut paverit aut hospitalem dederit, etiamsi uxor sua proxima, — solidos 15 culpabilis iudicetur *rel.*

105) *L. Sal.* 56. — omnes res suas (*sc. regis*) erunt. *tit.* 96, 1. ebenso *Nov.* 150. in fisco aut cui fiscus dare voluerit. Hätte er Erben, die auf seine Erbschaft Werth legten, so wären diese für ihn eingetreten.

106) *L. Sal.* 56. *fin.* donec omnia quae imputatur componat. *cf. tit.* 55, 2.

107) Vgl. Sohm S. 203.

108) *Chilp. ed. c.* 7. 9. *Pertz* II. *p.* 10. *sq.* Nachdem das Verfahren wegen des Delicts eines Sklaven beschrieben ist, heißt es: Et quicunque ingenuus de actione et vi reiecte (?) mallaverit, de qualibet causa simili modo, ubi habet lege directa, sic facere debet. Dasselbe erscheint denn auch in *Nov.* 19. *A. B.* Die Vorschriften jenes Edicts bespricht ausführlich Sohm § 27. S. 199 folg.

ihn ein Contumacialurtheil auf Zahlung der Buße oder Stellung von Bürgschaft. Leistet er weder das Eine noch das Andere binnen der gesetzlichen Frist und auf wiederholte Aufforderung des Klägers [109]), so erhebt dieser nicht die Klage auf Friedloserklärung vor dem Könige, sondern beantragt bei dem Grafen die Execution jenes Contumacialurtheils. Da dieser jetzt nach der Reichsverfassung regelmäßig dem Centgericht vorsitzt, so wird jener Antrag in der nächsten Gerichtsversammlung an ihn gestellt und die zu Gericht sitzenden Rachineburgen bezeugen, daß die Sache vor ihnen verhandelt sei und daß sie den Beklagten zu so Viel verurtheilt haben [110]). Sieben von diesen Rachineburgen gehen dann mit ihm zum Hause des Beklagten, um die Mobilien zu schätzen, die der Graf nehmen soll [111]). Ohne diese Aufforderung vor Gericht soll er nicht gehen, und wenn er sich weigert, oder mehr nimmt, als die Rachineburgen bestimmen, so verwirkt er sein Leben [112]). Der Beklagte kann aber der Wegnahme seiner Sachen, weil sie widerrechtlich sei, widersprechen, und dann ladet der Graf beide Partheien über zweiundvierzig Nächte vor den König und bringt zu diesem Termin die sieben Rachineburgen, die das Contumacialurtheil gefällt haben, oder wenigstens drei, welche die echte Noth der andern bezeugen, mit [113]). Wird durch sie der Beweis des in

109) Die zunächst für Vorstellung des Sklaven im Gericht, dann nach dem Contumacialurtheil für Zahlung der Buße oder Bürgschaft bestimmten Fristen sind zum Theil eigenthümliche, auch stimmen die Zahlen bei Pertz und Merkel nicht. Jener liest: ut de legem inter 14 noctes solvat, dieser inter 40 noctes, und Sohm S. 203 verbessert das folgende inter ipsas 14 noctes, durch 40 noctes. Für die Hauptsache ist dieß nicht entscheidend.

110) *Chilp. ed. cit.* tunc in proximo mallo ante rachymburgiis sedentes et dicentes, quod ipsi illum ante audieri(*n*)t, sic invitetur Graphio, cum fistuca mittat super se, ad res suas ambulet et praendat, quantum rachymburgiis antea odieri(*n*)t.

111) *Chilp. ed. cit.* et Graphio cum septem rachymburgiis, antrutionis bonis credentibus (?), aut quis sciant accionis, a casa illius ambulent et praetium faciant, et quod Graphio tollere debet.

112) *Chilp. ed. cit.* Et si Graphio *rel.*

113) *Chilp. ed. cit.* Et si dixerit illi, cui res tolluntur, quod male eum destruat et contra legem et iustitia, tunc maniat Graphio eum inter noctis quadraginta et duo, et ille et suo

allen Stücken gesetzlichen Verfahrens geführt, so bleibt es bei der vollzogenen Execution; kann er nicht geführt werden, so erhält der Beklagte die gepfändeten Sachen zurück [114]). — Reicht das Mobiliarvermögen des Beklagten zur Befriedigung des Klägers und des Fiscus nicht zu, so soll der Kläger nicht nur die Pfändung durch den Grafen bewirken, sondern auch den Schuldner in Haft nehmen und ihn an drei Gerichtstagen vorstellen, ob seine Verwandten für ihn zahlen und ihn lösen wollen. Thun sie dieß bis dahin nicht, so sollen sie an dem vierten Gerichtstag mit dem Kläger und dem Grafen samt dem verhafteten Beklagten vor dem König erscheinen, der ihn, wenn er auch dann nicht ausgelöst wird, dem Kläger als Schuldknecht zuspricht [115]). Ist der Verbrecher aber ein Mensch ohne Vermögen und festen Wohnsitz, der in den Wäldern umherschweift und dessen weder der Beamte noch seine Verwandten habhaft werden können, so soll der Beschädigte samt dem Beamten ihn vor dem Könige anklagen, der ihn dann für friedlos erklärt [116]).

contractorius, qui eum invitavit, similiter maneat. Et si non negaverit ille, qui invitavit (wenn der Kläger der Ladung folgen zu wollen erklärt), adducat (*sc.* Graphio) septem rachymburgiis ferbannitus, qui antea audissent causam illam, nobis praesentibus erit: et si septem venire non potuerint *rel.*

114) *Chilp. ed. cit.* Et si rachymburgiis nec septem nec tres dare potuerit nec dat, Graphio et ille qui accepit res illius, quem contra legem et iustitiam extruderit, et ille qui male invitavit, solvat cui res fuerunt.

115) *Chilp. ed. cit.* Et si homo malus fuerat, qui male fecit, et si res non habet, unde sua mala facta conponat, legibus consecutus super illum (der siegreiche Kläger) nihilominus Graphio(*nem*) ad legem, que antea auditus est, invita elegitur (?), et auferat (= *offerat*) per tres mallus ante rachymburgiis, ut ea nisi voluerint parentes aut de suis rebus redimant, aut se sciant, si noluerint, in quarto mallo nobis presentibus veniant: nos ordinamus, cui malum fecit, tradatur in manu, et facia[*n*]t exinde quod voluери[*n*]t. Nam Agens (= *Graphio*) et qui mallat ipsum (der Kläger) ad nos adducant.

116) *Chilp. ed.* c. 9. Nam si certe fuerit malus homo, qui male in pago faciat et non habeat ubi consistat, nec res unde conponat, et per silvas vadit et in praesentia nec Agens nec parentes adducere possunt, tunc Agens ille et cui male fecit nobiscum accusent, et ipsum mittemus foras nostro sermone, ut quicunque eum invenerit quomodo sic ante pavido interficiat,

Wie bei den Ripuariern ursprünglich das Executions- und Contumacialverfahren bestimmt war, wissen wir nicht, da selbst der älteste Theil der Lex Ripuariorum nichts darüber sagt. In dem zweiten der Lex Salica nachgebildeten Theil, aus dem Ende des sechsten oder Anfang des siebenten Jahrhunderts, wird in dem Titel de mannire (32) ein Contumacialverfahren beschrieben, welches in Uebereinstimmung mit dem späteren salischen Recht, wie wir es so eben aus K. Chilperichs Edict kennen gelernt haben, nicht zur Friedloserklärung, sondern zur Execution führt; und in dem Titel, der von der bei dem Grafen zu beantragenden Execution handelt (51), werden als Bedingung derselben die beiden Fälle genannt, daß entweder in dem contradictorischen Verfahren ein Urtheilserfüllungsgelöbniß bestellt sei oder daß der Kläger in dem Contumacialverfahren die Execution beantragt habe [117]). Das Contumacialverfahren schließt sich an die erste Mannitio an, die zwar nicht mehr „nach Königsrecht" (legibus dominicis), weil nicht zur Friedloserklärung führend, aber nach Vorschrift der Gesetze (legibus) geschehen soll. Sie wird, wenn der Beklagte ihr keine Folge leistete, noch sechsmal wiederholt und verpflichtet den ohne triftige Entschuldigung ausbleibenden Beklagten, wenn der Kläger mit drei Rachineburgen die gesetzliche Ladung beschwört, jedesmal zur Zahlung der Ordnungsbuße von 15 Solidi [118]). Daß er im siebenten Termin in der Sache selbst zur Zahlung der eingeklagten Buße verurtheilt werde, sagt das Gesetz nicht, ist aber nach Analogie des salischen Rechts anzunehmen. Dann geht der Kläger den Grafen an und schwört mit sieben Rachineburgen, daß er den Beklagten bis zur gesetzlichen Contumacial-Execution (ad strudem

117) *L. Rip.* 51. De eo qui Grafionem ad res alienas invitat. 1. Si quis iudicem fiscalem ad res alienas iniuste tollendas, (1) antequam ei fidem fecerit, (2) aut ad strudem admallatum habuerit, invitare praesumpserit, quinquaginta solidos multetur.

118) *L. Rip.* 32. de mannire. 1. Si quis legibus ad mallum mannitus fuerit *rel.* 2. si — cum tribus rachinburgiis in haraho (s. J. Grimm, RA. S. 794. 903) coniuraverit, quod legitime mannitus fuerit, quindecim solidis culpabilis iudicetur.

legitimam) vorgeladen habe. Der Graf begiebt sich mit jenen Rachineburgen zu der Wohnung des Beklagten und vollzieht die Execution durch Wegnahme von Mobilien, aus denen der Kläger seine Befriedigung nebst 45 Solidi Buße, jeder der Rachineburgen aber eine Buße von 15 Solidi empfängt [119]). Widerspricht der Beklagte der Execution, so soll er in seiner Thür mit gezogenem Schwert dem Grafen entgegentreten, dasselbe am Thürpfosten niederlegen und Bürgschaft stellen, daß er vor dem Könige im gerichtlichen Zweikampf mit dem Kläger die formelle Ungesetzlichkeit der Execution erweisen wolle [120]). Unterliegt hier der Kläger, so zahlt er eine Buße von 50, nach späterem Recht von 45 Solidi und giebt den Werth der gepfändeten Sachen zurück. Desgleichen wenn er in Folge des contradictorischen Verfahrens einen ungesetzlichen Antrag auf Execution gestellt hat [121]). Die Buße von 50 Solidi zahlt auch der Graf, wenn er mehr Sachen, als recht ist, gepfändet hat [122]). Die Uebergabe zur Schuldknechtschaft des insolventen Schuldners und die Friedloserklärung des besitz- und heimathlosen Mannes durch den König erwähnt die Lex Ripuariorum nicht; Beides war aber ohne Zweifel allgemeines fränkisches Reichsrecht.

---

§ 72. Werfen wir zum Schluß dieses Abschnittes, der den Kampf des germanischen Prozeßrechtes mit dem in den Staaten der Völkerwanderung vorgefundenen römischen darzustellen bestimmt war, einen Rückblick auf die Geschichte dieser Staaten, so drängt sich zunächst die Betrachtung auf, wie verschwenderisch scheinbar die Vorsehung nicht nur mit Individuen, von denen Millionen in der Kindheit, Tausende in der Ju-

119) *L. Rip.* 32, 3. — iurare debet, quod eum ad strudem legitimam admallatum habet. vgl. folg. Note und 117. *tit.* 51, 1. ad strudem admallatum habuerit. vgl. oben Note 113. quod male eum destruat. Note 114. quem contra legem et iustitiam extruderit.

120) *L. Rip.* 52, 4. Quod si ipsam strudem contradicere voluerit *rel.*

121) *L. Rip.* 51, 1. Note 117. *tit.* 84. Si quis Grafionem ad res alienas iniuste tollendas invitaverit, quadraginta quinque solidos conponat, et similem restituat.

122) *L. Rip.* 51, 2.

gendblüthe sterben und nur eine kleinere Zahl zu voller Reife gelangen, sondern auch mit ganzen Völkern in der Lenkung der Weltgeschichte verfährt. Zwei edle germanische Stämme, welche ursprünglich die Tugenden wie die Mängel deutscher Art an sich trugen, die Vandalen und Ostgothen, gehen an der römischen Cultur völlig zu Grunde; ein dritter, die Westgothen, artet aus und muß das romanisirte und christianisirte Hispanien für Jahrhunderte dem Islam räumen. Und doch vollzog sich hierin nur ein Naturgesetz der Menschenwelt; denn ein Volk, das seine von Gott stammende Individualität verleugnet, kann nicht bestehen. Auch war es ein Glück, daß die hierdurch erzeugten Mißbildungen sich nicht fortpflanzten. Ob die Burgunden und Langobarden, die zunächst in der Mischung mit den Romanen ihre Eigenart bewahrten, sie in ihrer Isolirung auf die Dauer behauptet haben würden, steht dahin. Nur den Franken, die aus dem mütterlichen Germanien stets neue Kräfte an sich zogen, gelang es, ein dauerndes Reich zu gründen, in welchem germanisches Wesen, nach zwei Jahrhunderten jugendlicher Gährung, unter den Carolingern zu großartigster Entfaltung kommt und auch in jenen beiden, diesem Reiche einverleibten Stämmen neugekräftigt wird. Von den Römern entlehnten sie bei Behauptung ihrer Eigenthümlichkeit allmählig nur die formale Cultur und, so viel sie zu fassen vermochten, von christlicher Humanität. So ist es gekommen, daß nicht nur in Deutschland, von dem wir jetzt noch absehen, sondern auch in dem romanischen Frankreich und Italien die Geistesströmung selbst in der folgenden Periode des Mittelalters weit überwiegend germanisch blieb, während die wenig verstandenen Urkunden antiker Bildung, unter diesen auch die des römischen Rechts, als ein edler Same, der in späterer Zeit Saat und Frucht bringen sollte, im Verborgenen ruhten. So war denn auch in jenem Kampf fürs Erste das germanische Prozeßrecht im Großen und Ganzen Sieger; nur einzelne Ecken desselben wurden nach Art des römischen Rechts geglättet, bis dieses im zwölften Jahrhundert zu neuem Leben erweckt und zur Herrschaft geführt wurde.

Beilagen.

Beilage I.

Das Domanium des Herzogthums Spoleto.

(Zu § 61 Note 69).

Die Regesten des Klosters Farfa aus dem eilften Jahrhundert, gegenwärtig in der vatikanischen Bibliothek [1]), enthalten unter den zahlreichen und höchst werthvollen Urkunden, die sie verzeichnen, auch eine Reihe solcher, sämmtlich aus dem achten Jahrhundert, welche die Rechte des Herzogs von Spoleto an dem Domanium und das Obereigenthum des langobardischen Königs klar machen. Zugleich spiegelt sich in denselben das wechselnde, bald freundliche, bald feindliche Verhältniß der beiden Machthaber bis zum Untergang des langobardischen Königreiches.

I) Nachdem das im Sabinergebirg im Gebiet der Stadt Reate gelegene Kloster, in Folge der Verwüstung durch die Langobarden, ums Jahr 700 von einem gallischen Mönch wiederhergestellt war [2]), wurde es von den Herzögen von Spoleto mit Schenkungen aus dem Domanium bedacht, zu denen der König nicht mitwirkte. So insbesondere von Herzog Thrasamund im J. 725 [3]), der auf Anstiften des Papstes sich gegen

1) Bluhme, *Iter italicum* II. S. 172 folg. III. S. 76. IV. S. 239. Ein vollständiger Abdruck derselben wird noch immer vermißt. Troya in seinem *Cod. dipl. Lang.* hat einige bis dahin noch nicht gedruckte Urkunden daraus veröffentlicht.

2) S. die Stelle der Chronik von Farfa *Troya Nr.* 348. II. *p.* 562.

3) *Troya Nr.* 452. III. *p.* 404. In dasselbe Jahr 725 setzte nach der Indiction Muratori die *Nr.* 526. *p.* 677. Troya ins Jahr 740, nach Herzog Thrasamunds Rückkehr, weil sie in den Regesten auf die Bestätigung K. Liutprands von 739 folgt. Aber dieß stimmt nicht mit *Paul. Diac.* Note 6 evolutis dehinc aliquot annis. Auch war damals Rinco Gastalde von Reate. Der Verfasser der Regesten konnte sich leicht in der Chronologie irren.

den K. Liutprand empörte. Als aber dieser ihn vertrieben und Hilperich an seine Stelle eingesetzt hatte [4]), bestätigte der König im Juni des Jahres 739 zu Spoleto auf Bitte des Abtes Lucerius alle bis dahin von den Herzögen dem Kloster gemachten Schenkungen [5]). Thrasamund kehrte zwar nach einigen Jahren zurück, wurde aber wieder von K. Liutprand besiegt und abgesetzt und sein Neffe Agiprand zum Herzog bestellt [6]). Die treuen Anhänger des Königs wurden von diesem (a. 742) durch Verleihungen aus dem Domanium belohnt [7]).

II) Auch unter K. Ratchis (744—749) haben die Verhältnisse des Herzogthums Spoleto zu dem Königreich sehr gewechselt. Denn obgleich die Spoletaner im Bunde mit dem Papste durch die Empörung gegen Liutprands Sohn, Hildebrand, dem Ratchis, Herzog von Friaul, zum Throne verholfen hatten [8]), bezeichnet dieser in einem der Sammlung von 746 angehörigen Gesetz ihr Gebiet, gleich dem von Benevent, Rom, Ravenna, Francia u. s. w. als ein fremdes, der Feindseligkeit wenigstens verdächtiges [9]). Schon im Juni desselben Jahres aber übt er sein Obereigenthum über das Domanium des Herzogthums durch Schenkung eines großen Domänenwaldes (gualdum publicum ad St. Iacinthum) an das Kloster Farfa [10]), eine Schenkung,

4) *Paul. Diac.* VI. 55.

5) *Troya Nr.* 521. III. *p.* 659. Der König nennt die früheren Herzöge duces nostri und die Einwohner populus de ipso ducatu nostro Spoletano.

6) *Paul. Diac. cit.* Evolutis dehinc aliquot annis Trasemundus — Spoletum rediens Hildercium exstinxit, rursumque contra regem rebellionis audaciam sumsit. Die Absetzung desselben und die Einsetzung des Agiprand *c.* 57. Leo S. 179 folg.

7) So der Gastalde Picco, ohne Mitwirkung des Herzogs *Troya Nr.* 556. IV. *p.* 112. und unter dessen und des Herzogs Agiprand Mitwirkung die Colonen Note 20. — Räthselhaft ist wie *Nr.* 567. *p.* 148. in K. Liutprands Todesjahr 744 den Thrasamund wieder als Herzog (Thrasemundi temporibus) nennen kann. Troya nimmt eine zweite Rückkehr desselben an. Wahrscheinlich ist die Indiction verschrieben und die Urkunde gehört der früheren Herrschaft Thrasamunds an. Denn neben ihm erscheint Picco als Gastalde von Reate, ebenso in *Nr.* 574. Dessen Ermordung im J. 759 bezeugt *Nr.* 763. V. *p.* 124.

8) Leo S. 181.

9) *Ratchis c.* 9. verbietet den königlichen Beamten und Unterthanen bei Todesstrafe ohne des Königs Geheiß Boten (missi) in diese Gebiete zu schicken.

10) Die Schenkungsurkunde besitzen wir nicht; sie wird aber in

die der Herzog Lupo dann im October, ohne jener Erwähnung zu thun, „für des Königs und sein Seelenheil“ erneuert [11]), während er in demselben Monat einem dazu gehörigen Colonen die Freiheit und seinen Bauerhof schenkt [12]).

Das Einverständniß des K. Ratchis und des Herzogs Lupo und ihr beiderseitiges Recht am Domanium tritt dann aber in dem merkwürdigen Rechtsstreit vom folgenden Jahre 747 zwischen dem Kloster Farfa als Kläger und den Besitzern einer Anzahl aus jenem Domänenwalde gerodeter Bauerhöfe (casales) als Beklagte sehr bestimmt hervor [13]), den wir, da er auch in prozessualischer Hinsicht lehrreich ist, einer näheren Betrachtung unterziehen.

In doppelter Hinsicht kam dabei das Domanialinteresse des Königs und des Herzogs in Betracht: 1) beide hatten im Jahre zuvor jenen Wald dem Kloster geschenkt und es im Besitz desselben gegen jeden Dritten zu schützen versprochen; 2) jene Bauerhöfe, soweit sie weder in der Schenkung begriffen, noch freies Eigenthum waren, mußten als Domanialhöfe ihre Abgaben dem Herzog entrichten. Deshalb sandte der König zur Untersuchung und Entscheidung dieser Causa regalis [14]) im April des Jahres 747 den königlichen Missus Isnarius nach Spoleto, der unter Zustimmung des Herzogs Lupo, begleitet von dem Notar Andreas als herzoglichem Missus, dem Gastalden der Stadt Reate, zwei Sculdasien, einigen anderen herzoglichen Beamten und den übrigen Einwohnern der Stadt, die als Verhandlungs- und Untersuchungszeugen fungirten, sich an Ort und Stelle begab und die Besitzer der einzelnen Höfe der Reihe nach vernahm. Die Anwesenheit des Abtes Fulcoaldus oder

Troya Nr. 602. IV. *p.* 240. mit der des Herzogs erwähnt: de gualdo publico, qui vocatur ad sanctum Iacinthum, qui tam per regale ipsius domni Ratchisi preceptum, quam per Luponis gloriosi Ducis in ipso M.(*onasterio*) sancto concessum fuerat.

11) *Troya Nr.* 596. IV. *p.* 219.

12) Diese Schenkungsurkunde wird in *Troya Nr.* 602. IV. *p.* 242. angeführt.

13) *Troya Nr.* 602. IV. *p.* 240. das Protokoll oder der Bericht (breve) des königlichen Missus über die Verhandlung von 18. April 747.

14) S. § 61 Note 53.

eines Vertreters desselben wird im Eingang nicht ausdrücklich erwähnt, aber im Verlauf vorausgesetzt.

1) Die Einwohner und Besitzer des Gehöftes Turris behaupten, dasselbe sei früher aus dem Walde gerodet und deshalb nicht in der Schenkung begriffen, weshalb sie sich zum Eide erbieten und deshalb Bürgschaft stellen. Desgleichen erbietet sich für das Kloster selbstdritt zu schwören ein gewisser Undemius, also wahrscheinlich der Vertreter desselben, welcher das Gegentheil und die Verpflichtung der Beklagten, ihre Abgabe von fünf Modii an das Kloster zu entrichten, behauptet [15]. Die Sache wurde dann im Juni desselben Jahres dadurch erledigt, daß der Herzog Lupo bei seiner Anwesenheit am königlichen Hofe zu Pavia unter Zustimmung des Königs dieses Gehöfte dem Kloster schenkte und einem Bevollmächtigten desselben förmlich übergab [16].

2) Miziconus und Lupulus mit ihren Brüdern und Genossen, sämmtlich Domänenbauern (coloni publici), behaupten, ihr Gehöft im Walde durch Tausch gegen ein anderes dem Kloster gehöriges Gehöft (ad sacerdotes) erworben zu haben. Also über ihre Zugehörigkeit zum Kloster ist kein Streit. Das Gericht aber vermittelt, ohne Zweifel auf den Wunsch des Abtes, eine Aenderung des Tausches mit Rücksicht sowohl auf die Nähe oder Ferne der einzelnen Grundstücke vom Kloster, welche von zwei gegenwärtigen Geometern gemessen wird, als auf die Güte des Bodens [17]. Diese Aenderung, wodurch den Beklagten andere Domanialgrundstücke angewiesen werden, wird zum Schluß der Verhandlung auf den Bericht der Commissarien von dem Herzog genehmigt und Jenen Anweisung ertheilt, die bis dahin dem Fiscus gebührenden Abgaben an das Kloster zu zahlen [18].

3) Der Colon Theodicus producirt ein Präceptum des Herzogs Lupo, wodurch ihm die persönliche Freiheit und das

15) *Troya cit. p.* 241.

16) *Troya Nr.* 607. IV. *p.* 255.

17) *Troya Nr.* 602. *p.* 241 *sq.*

18) *Troya cit. p.* 246.

Eigenthum seines Hofes verliehen worden. Bei Einsicht der beiderseitigen Urkunden durch das Gericht ergiebt sich aber, daß die Schenkung des Waldes durch K. Ratchis vom Juni des Jahres 746, jenes Präceptum dagegen im October desselben Jahres, also zu einer Zeit erlassen sei, wo der Herzog im Widerspruch mit der königlichen Verleihung über einen zu jenem Domänenwald gehörigen Colonen und seinen Hof gar nicht mehr verfügen konnte. Das Gericht entscheidet, der Theodicus solle zwar die Frucht seiner Arbeit, d. i. den Besitz des Hofes nicht verlieren, aber seine Abgaben in Zukunft an das Kloster entrichten [19]).

4) Adoaldus und Audulfus, Besitzer zum Walde gehöriger Höfe, können zwar auf Verlangen des Gerichts keine Urkunden zur Begründung ihres Besitzrechts vorzeigen, berufen sich aber auf das Zeugniß der Actionarii Theodopertus und Martinianus, daß schon K. Liutprand dem Gastalden von Reate Picco aufgetragen habe, ihnen gesicherten Unterhalt zu verschaffen, und daß dann der (von Liutprand nach Thrasamunds zweiter Besiegung eingesetzte) Herzog Agiprand den Picco ermächtigt habe, zur Ausführung jenes königlichen Auftrags ihnen in jenem Walde, mit Ausnahme eines bestimmten Theiles desselben, Höfe anzuweisen, was dann durch die betreffenden Unterbeamten, einen Actionarius und einen Archiporcarius, geschehen sei. Das Gericht legt den beiden Zeugen und den Beklagten als Produzenten den Eid auf, und sie stellen wegen dessen Ableistung Bürgen [20]). Zwei Jahre nachher a. 749 wurden die Beklagten und ihre Zeugen vor den herzoglichen Missus Juenalis und den Gastalden Taipertus zur Ableistung des Eides vorgeladen, und als die Zeugen den Eid verweigern, die Höfe dem Kloster zugesprochen [21]).

19) *Troya cit. p.* 242 *sq.*

20) *Troya cit. p.* 243 *sq.* Die Erzählung der Ausführung des Auftrages ist verwickelt und wahrscheinlich durch Verwechselung eines Namens fehlerhaft.

21) *Troya Nr.* 623. *p.* 339. Wie dieselben Höfe in *Nr.* 629. *p.* 349. vom Herzog Lupo dem Kloster in Folge eines Tausches (?) geschenkt werden konnten, ist mir nicht klar.

5) Den Hof des Domanialbauern (colonus publicus) Campolus spricht das Gericht dem Kloster zu, weil dieser Hof nach Inhalt der Schenkungsurkunde des Herzogs Lupo innerhalb der Grenzen des Waldes belegen ist [22]).

6) Rinculus, der Koch, behauptet, seinen zum Walde gehörigen Hof durch Schenkung des Actor oder Archiporcarius Lucanus für den ihm und seinen Eltern (als servus ministerialis) geleisteten Dienst zu besitzen. Offenbar ohne Recht, da dieser Actor zu einer solchen Schenkung nicht befugt war [23]). Doch befiehlt das Gericht, weil der Rinculus ganz arm ist, also aus Mitleid dem Abt, ihm an Statt des Hofes, den er räumen muß, ein Stück Land von zwölf Modii Ertrag in der Nähe von Reate zu geben [24]).

7) Clarissimus behauptet, seinen zum Wald gehörigen Hof zur Hälfte vom Porcarius Maurulus gekauft, zur anderen Hälfte von Picco gegen eine Mühle eingetauscht zu haben, also den ganzen Hof eigenthümlich zu besitzen. Das Gericht befragt den Sculdahis Alpareus und andere anwesende Beamte und erfährt von ihnen, daß Clarissimus nur an dem zum Hof gehörigen Oelberg, den der Herzog Faroaldus dem Maurulus gegeben, ein Recht habe. Clarissimus bestreitet dieß zwar, aber übergiebt freiwillig das Ganze „für das Seelenheil des Königs und des Herzogs" dem Kloster, d. h. erkennt dieses als Grundherrn an.

8) In Bezug auf den letzten Hof behauptet der Presbyter der Kirche de St. Jacintho, Pardus, der K. Liutprand habe ihn dieser Kirche geschenkt, und beruft sich auf das Zeugniß des Archiporcarius Adoaldus und Theodicius. Wegen Ableistung des Eides dieser Zeugen und des Presbyters selbst wird Bürgschaft bestellt [25]). Der Ausgang dieser Sache in dem Schwörungstermin ist uns unbekannt.

Die ganze Verhandlung schließt mit der Rückkehr der

22) *Troya cit. p.* 244. Vgl. die Grenzbestimmung in *Nr.* 596, *p.* 230.

23) *Liutpr. c.* 59.

24) *Troya cit. p.* 244.

25) *Troya cit. p.* 245 *sq.*

Richter nach Spoleto und ihrem Bericht an den Herzog, der, wie oben unter 2) bemerkt worden, den vermittelten Tausch später bestätigt, endlich mit der Abfassung des Protokolls in vier Exemplaren, eins für den König, ein zweites für den Herzog, eins für das Kloster als Kläger und eines für die beklagten Einwohner von Reate [26]).

III) Auch unter der Regierung des K. Aistulf zeigen die Urkunden des Klosters Farfa jene Duplicität des Domaniums. Denn die von dem mehrfach genannten Herzog Lupo von Spoleto einseitig dem Kloster gemachten Verleihungen [27]) werden dann vom Könige auf Bitte des Abtes Fulcoald im J. 751 bestätigt [28]). Derselbe König schenkt seinerseits ohne Mitwirkung des Herzogs dem Kloster einen zum Domanium von Spoleto gehörigen Berg mit seinen Weiden im April des Jahres 756 [29]), also kurz vor der Empörung der Spoletaner und der Erwählung eines vom Könige unabhängigen Herzogs, Alboin, auf Betreiben des Papstes und unter fränkischem Schutz [30]).

IV) Nachdem in demselben Jahre 756 K. Desiderius den langobardischen Thron bestiegen und die daran sich knüpfenden italienischen Wirren unter Pipins Vermittelung im Jahre 760 geschlichtet worden [31]), erscheint im Februar des folgenden Jahres 761 wieder ein königlicher Missus in Spoleto, um gemeinschaftlich mit dem Herzog Gisulf und dessen Judices einen Streit des Klosters mit einem Exercitalen über eine auf fiscalischem Boden erbaute Kirche zu schlichten [32]), während bald darauf im April ein Rechtsstreit des Klosters mit einem Einwohner von Reate wegen der für Diebstahl gezahlten Sühne von dem Herzog mit seinen Judices allein entschieden wird [33]).

26) *Troya cit. p.* 246 *sq.*
27) *Troya Nr.* 628. 637. 638. 644.
28) *Troya Nr.* 645. IV. *p.* 382. Bemerkenswerth ist hier, daß der König Reate civitas nostra nennt, wie der Herzog in *Nr.* 596. *p.* 219.
29) *Troya Nr.* 702. IV. *p.* 617.
30) Leo S. 189. Der Herzog Alboin wird erwähnt in Urkunden von 757 *Troya Nr.* 709. 714. 718.
31) Leo S. 190.
32) *Troya Nr.* 756. V. *p.* 108.
33) *Troya Nr.* 763. *p.* 123. *cf. Nr.* 757. *p.* 110.

In demselben Monat schenkt der Herzog Gisulf dem Kloster die Hälfte des Domänenwaldes ad St. Angelum in Flumine mit der darin erbauten Kirche „für sein und der Könige Desiderius und Adelchis Seelenheil", der Zustimmung dieser letztern gewiß, da der königliche Referendarius Sisinius, den der Herzog seinen Freund nennt, die Bitte des Abtes unterstützt hatte [34]). Auch im folgenden Jahre 762 wirkt dieser Sisinius im Namen des Königs zur Bestätigung verschiedener Privatschenkungen an das Kloster mit [35]), scheint also ein am herzoglichen Hofe weilender Vertreter des Königs und seiner Hoheitsrechte gewesen zu sein. War es nun diese stehende Vertretung des Königs Desiderius oder das dauernde Einverständniß mit demselben: der ihm treu anhängende Herzog Theodicius verfügt in den folgenden Jahren ohne ausdrückliche Zustimmung des Königs auch Schenkungen „für das Seelenheil desselben" [36]) und trifft andere Dispositionen über das Domanium von Spoleto [37]). Anders verhält es sich mit einer Schenkung des K. Desiderius selbst vom J. 772. Sein Sohn und Mitregent Adelchis hatte seiner Gemahlin, der Königin Aisa, einige Höfe im Territorium von Reate geschenkt, wogegen der dem Könige so ergebene Herzog Theodicius gewiß keinen Einspruch erhob. Eben diese Höfe verleiht nun K. Desiderius auf die Bitte der Königin dem Kloster Farfa [38]). Aber dieß ist auch der letzte in den Regesten des Klosters verzeichnete Act des unglücklichen Königs. Die Ränke des Papstes und das persönliche Zerwürfniß mit dem großen Frankenkönige Carl führten in dem folgenden

34) *Troya Nr.* 764. *p.* 126.

35) *Troya Nr.* 788. *p.* 185. in der Unterschrift: Ex dicto domni regis per Sisinium illustrem Referendarium.

36) *Troya Nr.* 804. *a.* 763. *p.* 238. *Nr.* 855. *a.* 766. *p.* 361. *Nr.* 877. *a.* 767. *p.* 424.

37) *Troya Nr.* 812. *a.* 764. *p.* 255. einen Tauschvertrag mit dem Kloster über den von K. Aistulf demselben geschenkten Berg oder Wald Alegia (*Troya Nr.* 702. Note 29) gegen andere Domanialgüter und Rechte.

38) *Troya Nr.* 971. *p.* 676. Die Regesten des Klosters enthalten die Abschrift dieses Documentes, welches sonst durch seinen Inhalt, z. B. de arimannis feminis pertinentibus ipsi monasterio, ein Fabrikat späterer Zeit scheinen könnte.

Jahre seinen und des Königreiches Untergang herbei [39]). Der letzte Erwerb des Klosters, welches alle diese politischen Stürme überdauerte und unter jedem neuen Herrn seine Besitzungen zu erweitern bedacht war, vom Jahre 774, ist eine Schenkung des Herzogs Hildebrand von Spoleto, der im Eingang der Urkunde nicht mehr den König, sondern den regierenden Papst als seinen Oberherrn erwähnt [40]).

Beilage II.

Der Diöcesanstreit von Siena und Arezzo.

Der berühmte Diöcesanstreit der Bischöfe von Siena und Arezzo in den Jahren 714 und 715 ist an sich für die Zustände des langobardischen Königreichs in mehr als Einer Hinsicht lehrreich. Die darüber sprechenden Urkunden, von denen wir mehrfach Gebrauch gemacht, erheischen aber auch deshalb eine nähere Betrachtung, weil die Aechtheit einiger derselben von Savigny [1]) aus sachlichen Gründen angefochten, von den angesehensten italienischen Schriftstellern dagegen, vor Allen von Muratori, der sie im Capitulararchiv von Arezzo selbst einsah, behauptet wird [2]). Eine definitive Entscheidung, inwiefern es ächte Originale oder alte Abschriften oder Fälschungen sind, ist freilich nur nach erneuerter Einsicht möglich; wir be-

39) Leo S. 198—203.

40) *Troya Nr.* 993. *p.* 740. Als Gegenstand der Schenkung nennt der Herzog gualdum nostrum, qui cognominatur Taucies, positum in territorio Reatino, ipsum cum ecclesia S. Angeli.

1) Savigny, R. R. im MA. I. § 73 Note e und f.

2) *Troya, Cod. dipl. Nr.* 400. III. *p.* 158. führt die Schriftsteller an und bespricht *p.* 238. die angeregten Zweifel. Muratori a. a. O. macht für die Aechtheit das Argument geltend, daß in den folgenden Jahrhunderten es an der kritischen Kunst und Gelehrsamkeit ganz gemangelt, um solche Documente zu erfinden, die weder gegen die Geschichte, noch gegen das Costüm der Zeit sündigen. Eine unbekannte Hand hat in dem Exemplar der berliner Bibliothek dieser *Nr.* 400 und der *Nr.* 408 die Bemerkung hinzugefügt: falsch Sav.

schränken uns auf die aus ihrem Inhalt herzunehmenden Argumente und die Beurtheilung der von dieser Seite erhobenen Zweifel.

I) Der Vorgang, der zu diesem Rechtsstreite Veranlassung gab, war folgender [3]). Im eilften Jahre der Regierung K. Ariperts, also 711 n. Chr., geschah es, daß als der Bischof Lupertianus von Arezzo sich mit seinem Gefolge in dem Pfarrort St. Maria in Pacina, welcher zu seiner Diöcese gehörte, aufhielt und daselbst bischöfliche Functionen ausübte, Godipertus oder Godalbertus, der Gastalde und Judex von Siena, welches damals eine königliche Stadt war und zu deren Territorium jener Ort gehörte, dahin kam, und ohne dem Bischof die schuldige Ehrfurcht zu bezeugen, gegen die Leute desselben seine richterliche Gewalt geltend machte. Die Aretiner im Gefolge des Bischofs, die dieß in Güte nicht abzuwehren vermochten, stürmten auf den Godipert ein und tödteten ihn. Das Volk von Siena, um den Tod ihrer Obrigkeit zu rächen, vertrieben den Bischof von Arezzo aus diesem Pfarrort und zwangen ihren Bischof nicht nur diesen, sondern noch andere zum Territorium von Siena gehörige Kirchen und Klöster, welche bisher als zur Diöcese von Arezzo gehörig betrachtet worden waren, zu seiner Diöcese zu ziehen und während eines Jahres bischöfliche Rechte darin zu üben. Auch sein Nachfolger, der Bischof Adeodatus von Siena, ein Vetter des ermordeten Gastalden Godipert, der Beklagte in diesem Prozeß, vom Papst Constantin auf Grund der canonischen Regel, daß der bischöfliche Sprengel das ganze Territorium der bischöflichen Stadt umfasse, dazu ermuntert, folgte seinem Beispiel [4]).

3) Er wird erzählt in dem Bruchstück einer Chronik des Primivicerius der Domkirche von Arezzo, Gerardus, vom Jahre 1057 *Troya Nr.* 389. III. *p.* 118, der seine Nachricht aus sehr alten Schriften (vetustissimis tomis) geschöpft zu haben versichert. Die Urkunden, namentlich das Geständniß des Bischofs von Siena Adeodatus in *Troya Nr.* 408. *p.* 229 bestätigen und ergänzen sie.

4) *Troya p.* 229. Die canonische Regel und die häufigen Verstöße dagegen unter langobardischer Herrschaft bezeugt *Codex Carolin. Ep.* 85. — quod dioeceses Langobardorum Episcopi alter alterius invadentes in pristino permanerent errore, omnino se-

II) Dieß veranlaßte den Bischof Lupertianus von Arezzo vor dem Major Domus Ambrosius, der im J. 714 als Commissarius (missus) K. Liutprands für Tuscien nach Arezzo kam, klagend aufzutreten wider den Bischof Adeodatus von Siena wegen gewaltsamer Störung in mehreren Pfarreien, die der bischöfliche Stuhl von St. Donatus in Arezzo seit der Römer Zeit besessen habe. Ambrosius lud den beklagten Bischof und den Gastalden von Siena Taipertus vor und vernahm die Partheien in einer zum Gebiet von Siena gehörigen königlichen Curtis ad St. Martinum [5]).

Die über diese Verhandlung errichtete Urkunde (notitia), wie sie uns vorliegt [6]), giebt keines Falls das Verfahren des königlichen Missus vollständig. Sie enthält 1) die Begründung der Klage von Seiten des Bischofs von Arezzo durch Aufzählung der streitigen, nach seiner Behauptung zur Diöcese von Arezzo gehörigen Kirchen und Klöster, und durch Berufung darauf, daß die früheren Geistlichen derselben seit den Zeiten der römischen Herrschaft, sowie die noch jetzt lebenden von dem bischöflichen Stuhl des heil. Donatus eingesetzt und geweiht worden seien. 2) Die Antwort des Bischofs Adeodatus von Siena, welche dahin geht: die genannten Kirchen mit ihrem Sprengel seien im Territorium der Stadt Siena belegen und müßten deshalb zur bischöflichen Kirche von Siena gehören. Als die Langobarden Tuscien eroberten, sei der bischöfliche Stuhl von Siena nicht besetzt gewesen, und nur aus diesem Grunde habe der Bi-

cundum Canonum instituta emendare conamur. — Idcirco apostolica praevidimus auctoritate, ut sicut canonice in decretis eorum consistunt, et, quando a nobis ordinantur, olitana consuetudo proclamatur: Clerus et plebs ecclesiae civitatis illius elegerunt sibi episcopum illum, sic parochiam eiusdem civitatis prae manibus teneat. — Cur non in eiusdem civitatis territorio, ubi ordinatus est, habeat in integro parochiam suam? *cf. Ep.* 94.

5) Die Klage hört Ambrosius in Arezzo, die Partheien verhört er in curte domni regis in loco qui dicitur ad St. Martinum, und daß dieser Ort zum Stadtgebiet von Siena gehörte, sagt die Ueberschrift der Notitia: Actum in curte domni regis in civitate Senis.

6) *Troya Nr.* 400. *p.* 158.

schof von Arezzo auf ihr, der Geistlichkeit von Siena, Ersuchen, die Presbyter in jene Kirchen eingesetzt und geweiht. 3) Die Replik des Bischofs von Arezzo [7]: Nach der Einwanderung der Langobarden in Italien sei allerdings zuerst unter K. Rothari in Siena ein Bischof eingesetzt worden, Namens Maurus; aber wenn auch nachher auf ihr, der Geistlichkeit von Siena, Ersuchen jene Kirchen von ihm, dem Bischof von Arezzo, besetzt worden, so hätte damit jener Bischof und seine Nachfolger auf dieselben verzichtet, wie denn der Stuhl des heil. Donatus von jeher zu römischer und langobardischer Zeit dieselben ohne Anfechtung besessen. Zum Beweise beruft er sich auf die Unterschriften jener Presbyter bei ihrer Verpflichtung und den dem bischöflichen Stuhl von Arezzo bei ihrer Einsetzung geleisteten Eid.

Ueber diese Behauptung müssen einige dieser Presbyter, die vermuthlich gegenwärtig waren, als Zeugen vernommen worden sein, wovon diese Notitia nichts sagt, worauf aber Einer derselben bei einer späteren Vernehmung sich beruft [8]. Auch der gegenwärtige Gastalde von Siena, Taipertus, ist gewiß nicht unbefragt geblieben. Auf eine solche Beweisaufnahme bezieht sich auch der Major Domus Ambrosius 4) in seinem Urtheil, worin er sagt: nachdem er sich überzeugt (dum cognovissemus), daß der Stuhl des heil. Donatus jene Kirchen und ihre Sprengel seit so vielen Jahren, insbesondere seit der Einwanderung der Langobarden bis zur Gegenwart, besessen, habe er für recht erkannt, daß derselbe sie ferner besitzen und canonisch judiciren und ordiniren solle, ohne irgendwelchen Einspruch von Seiten des Bischofs Adeodatus von Siena und seiner Nachfolger. Zur Sicherung dieses Ergebnisses für ewige Zeiten befiehlt er dem Notarius des Königs, Sigifredus, der ihn ohne Zweifel begleitete, eine Notitia darüber aufzunehmen.

7) Ohne Angabe des Redenden beginnt die Replik mit den Worten *p.* 161: Postquam Langobardi *rel.*

8) *Troya Nr.* 406. *p.* 186. (*testis* I.) Qui nobis dixit: Iam Ambrosio Misso Domno Regi de causa ista professionem feci.

In diesem ganzen Hergang liegt nichts, was den sonst bekannten Verhältnissen und Sitten dieser Zeit widerspricht; insbesondere kann dafür nicht gelten, woraus Savigny die Unächtheit der Urkunde folgert, daß der Major Domus ohne Beisitzer oder Schöffen geurtheilt habe, da dasselbe auch sonst vorkommt [9]). Es erklärt sich dieß auch daraus, daß er nicht speciell zur Entscheidung dieses wichtigen Rechtsstreites, sondern in Verwaltungsangelegenheiten nach Tuscien gesandt war [10]) und nur auf Grund seiner allgemeinen Vollmacht die Klage des Bischofs von Arezzo annahm. Auch war seine Entscheidung, wie regelmäßig die Entscheidung königlicher Missi, nur eine vorläufige, die der königlichen Bestätigung bedurfte. Die Sprache der Urkunde ist im Einzelnen so barbarisch, wie sie sonst in langobardischen Urkunden vorkommt, und wo sie es weniger ist, bleibt die Möglichkeit, daß sie durch einen späteren Abschreiber oder durch die ersten Herausgeber verbessert sei. Ein entscheidender Grund für die Aechtheit ihres Inhaltes liegt in der angeführten Zeugenaussage bei der späteren Vernehmung, über welche wir eine unbestrittene ächte Urkunde besitzen. Eben diese und andere spätere, das Recht des bischöflichen Stuhles auf jene Kirchen sichernde Documente lassen auch sonst die pia fraus in diesem Falle völlig zwecklos und deshalb unglaublich erscheinen.

III) Das zweite jenen Rechtsstreit betreffende Document [11]) ist ein Präceptum des K. Liutprand vom März des folgenden Jahres 715, wodurch er, auf Bitte des Bischofs Lupertianus von Arezzo nach dem Bericht des Major Domus Ambrosius und des Gastalden von Siena, Taipertus, der jener Verhandlung beigewohnt hatte, das Urtheil des ersten bestätigt. Es ist nach der Unterschrift auf Befehl des Königs nach dem Dictat desselben königlichen Notars Sigifredus von einem anderen Notarius Poso geschrieben. Die Aechtheit desselben wird mit Grund

9) S. § 61 Note 67. 95.

10) Es heißt im Eingang: Dum — ex iussione piissimi et adeo conservati Domini Liutprandi regis directus fuissem Ambrosius illustris Maiordomus partibus Tusciae.

11) *Troya Nr.* 607. *p.* 182.

bezweifelt, weil es gegen die Sitte der langobardischen Könige untersiegelt sein will [12]). Die pia fraus konnte hier den Zweck haben, dem Urtheil des Major Domus die nöthige Bestätigung zu verschaffen. Dagegen würde sich unter der Voraussetzung, daß eine solche nicht wirklich ergangen sei, die Wiederaufnahme des Prozesses um so leichter erklären. In der That kommt nicht viel darauf an, da die Urkunde keinen wesentlichen Beitrag zur Rechtsgeschichte dieser Zeit liefert.

IV) So viel steht jeden Falls fest, daß der Diöcesanstreit mit jener ersten Entscheidung nicht definitiv beendigt, sondern im Juni des Jahres 715 dadurch wieder aufgenommen wurde, daß K. Liutprand, ohne Zweifel auf Bitte des Bischofs von Siena, seinen Notarius Guntheram dahin sandte, um eine noch gründlichere Untersuchung anzustellen und das Resultat derselben einer Versammlung tuscischer Bischöfe zur kirchlichen Beurtheilung vorzulegen. Wir besitzen das höchst merkwürdige und sicher ächte Protokoll der Vernehmung von 73 Zeugen durch jenen königlichen Missus [13]), welches zuerst von Muratori aus dem Archiv der Canonici von Arezzo, dann von Brunetti mit kleinen Abweichungen der Lesart bekannt gemacht und nicht nur von Beiden für ächt erklärt worden ist, sondern auch in seinem Inhalt durchaus das Gepräge der Aechtheit an sich trägt. Nur der Schluß des Zeugenverhörs, worin ohne Zweifel auch die Aussage des Gastalden von Siena, Taipertus, welche in der Verhandlung vor den Bischöfen (Nr. 407. p. 215) erwähnt wird, enthalten war, und die beglaubigende Unterschrift ist verloren gegangen.

1) Merkwürdig ist zuvörderst die Aufzählung der Zeugen

12) *Troya cit. p.* 185. Note 2 streitet, in gewohnter Vorliebe für langobardische Urkunden, dennoch für die Aechtheit.

13) *Troya Nr.* 406. *p.* 185 *sqq.* Breve de singulos presbyteros, quos pro iussione excellentissimi domni nostri Liutprandi Regis Ego Guntheram Notarius in curte regia Senensis inquisivi de dioceas illas et monasteria, de quibus intentio inter Episcopum Senensis civitatis, necnon et Aretine ecclesie idemque Episcopum vertebatur.

für die Standesverhältnisse der Zeit. Zwar die Presbyter der streitigen Kirchen, zwei Bischöfe und einige Cleriker niederer Ordnung zeigen nichts Besonderes. Unter den Laien aber werden exercitales und liberi homines unterschieden, was kein bloßer Wechsel des Ausdrucks sein kann. Man hat jene für Langobarden, diese für Römer erklärt [14]). Allein da nach K. Liutprands Heerverfassung auch die Römer heerbannspflichtig waren [15]), auch in beiden Klassen langobardische und römische Namen vorkommen, so kann ich dieß nicht für richtig halten. Dagegen scheinen die Exercitalen Grundbesitzer und als solche Mitglieder einer freien Dorfgemeinde [16]), die liberi Homines dagegen lose oder auf fremdem Grund und Boden sitzende freie Leute zu sein [17]). Nun hatten bei der Ordnung des Hospitalitätsverhältnisses unter K. Authari gewiß alle Langobarden Grundbesitz erhalten, leisteten von demselben den Heerbannsdienst in voller Rüstung und hießen deshalb Arimannen oder Exercitales. Später wurden sie mit Rücksicht auf den Umfang ihres Grundbesitzes und ihre schwere oder leichtere Ausrüstung in zwei Klassen getheilt und aus den Nichtbesitzenden eine dritte Klasse der Bogenschützen gebildet, auch die Römer allen drei Klassen eingereiht. Die Gesetze K. Liutprands nennen daher alle Freie (liberi homines) auch Exercitalen; im gemeinen Leben aber scheint dieser Ehrenname noch immer vorzugsweise den

14) *Vesme, della proprietà p.* 193.

15) S. § 59 Note 72.

16) *Testis* 24. Item Manechis exercitalis de eodem loco. 32. Item Gundoald exercitalis de vico Remimade. 33. Item Tiro de eodem vico. 41. Item Landoari exercitalis de Cosona. 48. Item Castorius exercitalis iam senex de vico Cemonia. 52. Item Iohannes liber homo exercitalis de vico Greccna. Die doppelte Bezeichnung kann nicht auffallen, da jeder Exercitale auch ein liber homo war, nicht umgekehrt.

17) *Testis* 46. Item Poto liber homo senex dixit: ecce sunt anni quinquaginta et supra, que de trans Pado hic me collocavi. 59. Item Gaudiosus liber homo similiter dixit: Quinquaginta anni sunt, quod de Lucana civitate hic me collocavi, et sedeo in terra quondam Zottani. Der Wohnort in einem Kirchspiel wird angegeben bei *test.* 57. liber homo de Altiserra. 65. liber homo de plebe Sante Marie de Alteserra.

beiden ersten Klassen, d. h. den Grundbesitzern, beigelegt worden zu sein. In den beiden folgenden Urkunden, welche auf diese Zeugenaussagen Bezug nehmen, werden sie freilich sämmtlich arimanni genannt [18]. — Von Localbeamten erscheinen unter den Zeugen drei Centenare (Sculdasien) [19]), zwei Decane [20]) und ein Scarjo Regis von einer bestimmten königlichen Curtis [21]).

2) Das Verhör wird nach Art der Inquisitio ausschließlich von dem königlichen Missus durch Befragung der Zeugen vorgenommen; die Partheien werden nicht erwähnt und scheinen daher gar nicht gegenwärtig gewesen zu sein. Die Zeugen geben ihre Aussagen mündlich ab, unter Betheuerung der Wahrheit mit Rücksicht auf die vorliegenden vier Evangelien, das Kreuz und die heiligen Gefäße [22]). Nur einer der Bischöfe sendet sein Zeugniß durch einen Boten ein [23]).

3) Die Presbyter und Cleriker der streitigen Kirchen (ecclesiae, baptisteria, basilicae) sagen beinahe völlig übereinstimmend aus, daß sie nach ihrer Erwählung durch die Gemeinde (electus a plebe) mit einem Schreiben (epistola rogatoria) des Judex oder Gastalden von Siena als ihrer ordentlichen Obrigkeit [24]) nach Arezzo gegangen seien, um den dor-

18) *Troya Nr.* 407. *p.* 215. per ipsos presbyteros et paumannos (*l.* arimannos). *Nr.* 408. *p.* 215. per ipsos presbyteros et diaconos — seu et per singulos arimannos Senensis civitatis inquisivit.

19) *Testis* 34. Item Ellerad Centenario de vico Pantano. 35. 36.

20) *Testis* 67. 69.

21) *Testis* 54. Item Preto senex Scarion Egis (*l.* Regis) de curte que dicitur Sexiane.

22) Zu Anfang heißt es: Posita quatuor dei evangelica et crux domini et sanctum calicem eius et patena. *Testis* 2. Veritatem dico et non mentior, per ista sancta quatuor evangelia et crucem domini nostri Iesu Christi u. s. w.

23) *Testis* 29. Item Gaudiosus episcopus de Rosellas testificatus est per misso.

24) *Testis* 3. electus ambulavi cum epistola I u d i c i d e S e n a. 5. quia misit me W i l l e r a t a B. episcopum Aretine ecclesie, ut ipse me consecraret. 8. prelectus a plebe cum epistola W a r n e f r i t rogaturus ambulavi ad L. Aretine ecclesie episcopum. 11. 12. consecravit per rogo W a r n e f r i t I u d i c i m e o. 14. cum epistola rogatoria W a r n e f r i t I u d i c i ambulavi. 15. electus a plebe cum epistola

tigen Bischof durch schriftliches Gelöbniß und Ableistung des herkömmlichen Eides sich zu verpflichten und von ihm die Weihe zu empfangen, während sie in weltlichen Sachen vor dem Judex Senensis, in dessen Territorium sie gesessen, Rechtshülfe gesucht [25]). Auch das heilige Salböl (chrisma) hätten sie stets vom Bischof von Arezzo geholt, ihm die gewöhnlichen Geschenke (salutationes) und den schuldigen Gehorsam geleistet, er habe auch die Kirchen, Altäre und Taufsteine geweiht und dem Volke die Firmung (consignatio) ertheilt [26]). Einer der Cleriker berichtet von dem Versuch des Gastalden von Siena, ihn vom Zeugniß zurückzuhalten [27]). Eine zwiefache Ausnahme wird jedoch bezeugt: 1) Während der Erledigung des Bischofsstuhls von Arezzo habe auf Bitte der dortigen Geistlichkeit der Bischof von Siena einzelne bischöfliche Handlungen verrichtet [28]); 2) in den Jahren, die zu diesem Streit Veranlassung gaben, habe dieser es widerrechtlich und heimlich gethan, auch gegen alle Ordnung einen zwölfjährigen Knaben als Presbyter eingesetzt [29]). Auch die Aussagen der beiden Bischöfe [30]) und der Laien stimmen damit überein; einige der Letzteren erklären zugleich, wenn es ihnen von Seiten des Judex und des Bischofs von Siena gestattet werde, bei der Kirche von Arezzo bleiben zu wollen [31]).

V) Das folgende Document ist eine alte Abschrift des Protokolls über die Verhandlung der vier Bischöfe von Fiesole,

Warnefrit Iudici ambulavi. 28. — *cf. test.* 21. Warnefrit Gastaldus. 23. quia fuemus homines Senenses, subtraxit nos exinde Willerat Gastaldus. Die Presbyter der Klosterkirchen bezeugen ihre Präsentation durch den Stifter des Klosters. *Test.* 1. 7. 21. 22.

25) *Test.* 2. nisi si de seculares causas nobis oppressio fiebat, veniebamus ad Iudicem Senensem, eo quod in eius territorio sedebamus.

26) Nur *Test.* 1. 3. bezeugen, daß auch die Bischöfe von Siena Altäre und eine Basilica geweiht. *Test.* 15. daß er das Chrisma stets von ihm geholt. *Test.* 11. 12. bedienten Sienensische Kirchen.

27) *Test.* 44.

28) *Test.* 5. 14. 20. 21.

29) *Test.* 21. 23. 30. 43. 56. 62. 64. 73.

30) *Test.* 28. 29.

31) *Test.* 56. — si nos propter Iudicem aut episcopum de Sena licet. 73. et a modo, si nos licet, gaudenter habere desideramus.

Pisa, Florenz und Lucca, die auf Befehl des K. Liutprand wenige Tage nachher (am 5. Juli 715) mit dem genannten königlichen Missus, dem Notar Guntheram, zusammentraten, um in Gegenwart der streitenden Theile, d. i. der Bischöfe von Arezzo und Siena, über den Diöcesanstreit eine vorläufige Entscheidung vom kirchlichen Standpunkt zu treffen [32]). Die Urkunde enthält: 1) eine vollständige Aufzählung der streitigen Pfarreien, Kirchen und Klöster; 2) die Erklärungen der Partheien, die mit den früheren völlig übereinkommen, nur daß der Kläger sich jetzt auch auf die Beweisführung vor dem königlichen Missus, nehmlich die Zeugenaussagen, die schriftlichen Verpflichtungen der in Arezzo geweihten Presbyter und Diaconen, und die Epistolae rogatoriae der Gastalden von Siena, beruft; und endlich 3) nach Einsicht dieser Beweise das Urtheil der Bischöfe und der von ihnen als Beisitzer zugezogenen Presbyter, durch welche sie, unter Bezugnahme auf das Verbot der Concilien von Nicäa, Ephesus und Chalcedon in fremde Diöcesen einzugreifen, die streitigen Kirchen dem bischöflichen Stuhl von Arezzo zusprechen, und dem Bischof von Siena in Zukunft alle bischöflichen Handlungen in demselben untersagen.

Besonders merkwürdig ist aber, daß sie dann zur Ergänzung jenes Beweises und zur völligen Beilegung des Streites nach langobardischem Prozeßrecht dem klagenden Bischof von Arezzo noch auferlegen, mit sechs Presbytern als seinen Eideshelfern, die der beklagte Bischof von Siena auszuwählen habe, seine Behauptung zu beschwören, was dann auch sofort geschieht.

Das Urtheil (indicatum) mit der ganzen Verhandlung wird dann auf Befehl der Bischöfe von dem königlichen Notar Guntheram schriftlich verfaßt und von ihnen und den beisitzender Presbytern unterschrieben.

VI) Auch damit war aber die Sache noch nicht zu Ende; die auf königlichen Befehl durch den Missus geführte Untersuchung und die darauf gegründete kirchliche Entscheidung der

32) *Troya Nr.* 407. *p.* 212. Muratori fand diese alte Abschrift in demselben Archiv.

Bischöfe bedurfte noch des bestätigenden Urtheils des Königs Liutprand, und auch darüber enthält das Capitulararchiv von Arezzo eine zuerst von Grandi, dann von Muratori daraus publicirte Urkunde [33]). Die Aechtheit derselben hat Savigny aus dem gerade entgegengesetzten Grunde, wie bei der früheren, angefochten, nehmlich weil Schöffen darin vorkämen. Allein es sind nicht Scabini, sondern theils Beisitzer, wie sie im Gericht des Königs ganz gewöhnlich sind (iudices nostri), Reichs- und Hofbeamte, nehmlich ein Dux, ein Major Domus, vier Stratores und einige andere, theils Geistliche, nehmlich ein Bischof, ein Abt und einige Presbyter, die sehr natürlich in diesem Kirchenstreit zugezogen wurden. Und sonst enthält die Urkunde nichts, woraus auf spätere Erfindung geschlossen werden könnte.

Sie beginnt wieder 1) mit der Bezeichnung des Streitgegenstandes und Aufzählung der fraglichen Kirchen und Klöster und 2) mit der wiederholten vollständigen Verhandlung der Sache durch die vor dem König erschienenen Partheien. Der Bischof von Arezzo beruft sich auf den geführten Beweis, das canonische Urtheil der vier Bischöfe und den geleisteten Eid; dadurch sei sein Recht auf jene Kirchen festgestellt und es könne ihm rechtlich (per legem) nicht wieder entzogen werden. Hierauf folgt 3) eine feierliche, vom König mit seinen Beisitzern an den beklagten Bischof von Siena gerichtete Aufforderung, die Wahrheit zu bekennen, damit sie die Sache ohne Sünde entscheiden könnten. Es ist dieß ein merkwürdiger Beleg für die tiefe sittliche Auffassung des Rechtsstreits und des richterlichen Urtheils bei den Germanen. Dieser Aufforderung wird auch 4) von Seiten des Beklagten Folge geleistet, indem er den Ursprung des Streits durch die Ermordung des Judex Senensis Godalbert, seines Vetters, die Fehde zwischen den Sienensern und Aretinern, die dolose Ausübung bischöflicher Rechte in jenen Pfarreien durch seinen Vorgänger während Eines Jahres und die Erneuerung dieses Unrechts durch ihn selbst auf Geheiß des

33) *Troya Nr.* 408. *p.* 222.

Papstes Constantin bekennt. Hierauf erkennt 5) der König mit seinen Beisitzern für Recht (rectum nobis comparuit), daß die fraglichen Kirchen wie bisher so auch ferner dem bischöflichen Stuhl von Arezzo unterworfen sein[34]) und von Niemandem, Beamten oder Privaten, gegen dieß königliche Urtheil gehandelt werden solle. Die Beglaubigung ohne Datum bezeugt, daß dieß Urtheil nach dem Ausspruch des Königs durch einen Vir illustris Seno, ohne Zweifel den Referendar des Königs, von dem Notarius Joannes geschrieben worden sei.

VII) Alle diese Vorgänge und die darüber sprechenden Urkunden erhalten eine merkwürdige Bestätiguug durch eine Bulle des Papstes Stephan II. vom J. 752, welche jenen Diöcesanstreit, das Geständniß des Bischofs Adeodatus von Siena und die Entscheidung durch K. Liutprand erwähnt, gleichfalls von Muratori aus dem Capitulararchiv in Arezzo bekannt gemacht[35]). Die Veranlassung war eine neue Verletzung des Diöcesanrechts des bischöflichen Stuhls von Arezzo durch den damaligen Bischof Anfredus von Siena in Bezug auf die Gebeine des heil. Amsanus und die Weihung eines über dessen Gebeinen von dem Gastalden von Siena, Gauspertus, erbauten Altars[36]). Der Bischof Stabilis von Arezzo hatte deshalb

34) Die Worte: qualiter ipse Adeodatus episcopus Senensis ecclesiae, Warnifrit et Agiperto Castaldi eiusdem civitatis nobis professi sunt, erregen den Schein, als ob Siena zwei Gastalden gehabt. Allein jener Warnefrit ist nach dem Zeugenverhör in *Nr.* 406 ein früherer, Agiperto oder Taipertus der gegenwärtige Gastalde, und die Berufung auf den ersten bezieht sich entweder auf dessen epistolae rogatoriae, oder eine in dem verloren gegangenen Theil jenes Zeugenverhörs von ihm abgegebene Aussage über seine frühere Amtsführung. Auch die Geschichtserzählung aus dem eilften Jahrhundert in *Nr.* 389. *p.* 119. sagt zwar: habitabatque in ea Iudex regis Ariberti nomine Gundibertus, qui veniens simul cum Roberto Castaldio regis Ariberti ad plebem sanctae Mariae in Pacina *rel.* Allein daraus ist höchstens zu folgern, daß neben dem Gastalden als Judex Senensis für einzelne königliche Curtes noch Gastalden bestellt sein konnten.

35) *Troya Nr.* 661. IV. *p.* 413.

36) Nach der mir nicht vorliegenden Abhandlung von Pagnoni (s. Merkel zu Savigny, R. R. im MA. VII. S. 67) hatte der Bischof von Siena eine von dem Gastalden Gauspertus über den Reliquien des h. Amsanus erbaute Kirche zu Dosana im Aretiner Bisthum ge-

bei dem Papst Zacharias Klage erhoben und von diesem ein Verbot gegen den Bischof von Siena extrahirt, dieser aber sich an den König Aistulf gewandt, der die Sache an den Papst Stephan II. zurückwies. Dieser entschied dann zu Gunsten des Bischofs von Arezzo und verbot von Neuem jeden Eingriff in sein Diöcesanrecht.

Zuletzt wurde der Streit zu Anfang des zwölften Jahrhunderts und zwar wieder in Bezug auf die Gebeine des h. Amsanus erneuert und vom Papst Honorius II. endgültig zu Gunsten des erzbischöflichen Stuhles von Arezzo entschieden [37]).

Beilage III.

Ein langobardischer Prozeß um Freiheit.

Troya, Cod. dipl. Nr. 632. IV. *p.* 354 [1]).

† Et quia iussis intitis (*l.* iussistis) novis [2]) per indi-

Bericht eines Notars und königlichen Missus an den König über die ihm aufgetragene Untersuchung der Frei-

weiht. Der Text der Urkunde bei Troya scheint eher auf den Raub und die Versetzung der Gebeine des Heiligen nach einem in der Kirche von Siena erbauten Altar zu sprechen, womit übereinstimmt, daß der erste Zeuge in *Nr.* 406. III. *p.* 186 aussagt, diese Gebeine ruhten in dem von den Gastalden Willerat und Rollo gegründeten Kloster S. Ampsani in der Diöcese von Arezzo.

37) Auf diesen Streit des zwölften Jahrhunderts ist die Urkunde *Troya Nr.* 660. IV. *p.* 410, in der der Codex und die Pandekten angeführt werden, zu beziehen. Merkel cit.

1) Die Originalurkunde (?) im Archiv von St. Ambrosio in Mailand hat Fumagalli zuerst in *Antichità Long. Mil.* (*a.* 1792). I. *p.* 281. und dann im *Cod. dipl. S. Ambrosiano* (1805) *Nr.* 4. veröffentlicht und erklärt; er setzt sie nach 721, weil darin auf *Liutpr. c.* 23 von jenem Jahr Bezug genommen und vor 744, weil K. Liutprand, der 744 starb, als domnus, d. i. lebend bezeichnet wird. Vgl. *Bluhme, L. Lang. p.* 659. Der Anfang des Berichts fehlt, denn mit Et quia konnte er nicht beginnen; desgleichen die beglaubigende Unterschrift; daher ich die Urkunde doch nur für eine sehr alte Abschrift halte.

2) Vgl. unten 16) Et sicut precepistis novis. *Troya* emendirt: iussis oder iussionibus indictis nobis. Nur der König konnte einen solchen Missus zur Untersuchung und Entscheidung eines Pro-

gandum de Luciune ut inquireremus de livertatem eius et de violentia que ei Toto de Campelliuni faceret [3]).

Et fecemus ipso Totune venire in ante nus estum Luciune iudicium avendum.

Sic interrogamus estum Luciune si omnes parentis eius fuere liveras aut cespes eius [4]) aut per cartula volere libertate avere aut de parentes istius Totuni fueset:

set este Lucius profesavet cot (*quod*) de parentis istius Totuni esseret et fuesset cespes eius nisi parentes istius Totuni ei livertate emiseret:

Et feci istus Luciune dare monimen suum:

et erant ipsum monimen

heit des Klägers Lucius und der ihm von Toto de Campelliuni, dem Beklagten, angethanen Gewalt.

1) Richterliche Vorladung des Beklagten zur Verhandlung mit dem Kläger, der gleichfalls erschienen ist.

2) Frage des Richters an den Kläger: ob er von seinen Eltern her freigeboren, auch sein Gut freies Eigenthum sei, oder ob er durch Urkunde seine Freilassung beweisen wolle, oder ob er vererbter Knecht des Beklagten sei?

3) Erklärung des Klägers: er sei Knecht der Eltern des Beklagten und sein Gut Eigenthum derselben gewesen, bis diese ihn freigelassen hätten.

4) Erstes Beweisurtheil des Richters auf Vorlegung der Freilassungsurkunde.

5) Production der Ur-

zesses bestellen (s. § 61 Note 66), auch spricht er das Urtheil im Namen des Königs unter 13). Vgl. Note 3. In diesem Falle war es, wie in vielen anderen, ein königlicher Notar, da er selbst den Bericht an den König abfaßt.

3) Der Kläger Lucius, nach diesem Namen ein Römer, hatte gegen Toto, einen Langobarden, bei dem Könige geklagt, weil er durch Jenen factisch der Freiheit beraubt (*cf. Grim.* c. 2. nulla — patiatur violentia), gegen diesen seinen Herrn vor dem ordentlichen Gerichte nicht auftreten konnte. *Ratchis* c. 7. § 61 Note 51. § 63 Note 9.

4) Cespes oder caespes, Rasen, in gesunkener Latinität Grundstück. *Aistulf.* 12. Als Knecht (servus) konnte der Kläger nur eine casa massaricia besitzen, s. § 59 Note 15, als Freier freies Eigenthum. Von Aldionat ist hier noch nicht die Rede.

de tempore Cuniperti et ipso monimen continevat cot cesseret ei parentes Totuni tres solidos mundium et tres reservases ab heredibus suis [5]).

kunde aus der Zeit K. Cuniberts (680—702), wonach die Eltern des Beklagten gegen Zahlung von 3 Solidi auf das Mundium verzichten und sich 3 Solidi von den Erben oder Kindern des Klägers vorbehalten,

Et ivi eos ter circa altario liveras dimiseret.

und ihn dreimal in der Kirche um den Altar geführt und also freigelassen hatten.

set ante erant ipsas cartolas quam domnus Liutprand in edecto adfixeret [6]) cot sic esset liveras qui ter circa altare esset ductus comoto qui in quatrovio esset thingatus:

Aber die Urkunde war früher, als K. Liutprand im Edict bestimmte, daß der in der Kirche Freigelassene ebenso vollständig frei sein solle, wie durch feierliche Schenkung auf dem Kreuzweg [7]).

et pariet novis ut non poteret esse liveras nisi aldius [8]).

6) Urtheil: Kläger könne in Folge dieser Freilassung nur Aldius sein.

et interrogavi ipsus Luciune que faceret Totuns aut a parenti eius per trigentos annus.

7) Frage des Richters: welche Dienste er dem Beklagten oder dessen Eltern während dreißig Jahren geleistet habe.

Et sic mihi Lucius profesavet cot feceset ei operas

8) Erklärung des Klägers: er habe ihm Dienste ge-

5) Albertus, Lombardencommentar II. 34. *ed. Anschütz p.* 136. Set si feminam manumiserit, qualemcunque eam faciat, mundium ei prout voluerit imponere potest, modum tamen [id est VI solidorum quantitatem] non excedat. [Si autem de mundio in manumissione nichil dictum fuerit, III solidos pro mundio a lege patronus habet]. Set et filiabus feminis ex his procreatis idem positum est. Masculi quidem uno excepto casu mundium pro se non prestant.

6) *Liutpr. c.* 23. *a.* 721.

7) Ueber diese Form der Freilassung *Ed. Roth.* 224. s. Walter, D. Rechtsg. § 415.

8) Als formlose oder unvollständige Freilassung konnte sie den Knecht nur zum Aldius machen. *Ed. Roth.* 224.

a prados et a vitis et ambasias per ebdomatas;

than in der Wiese, im Weinberg und durch Botengänge, wöchentlich.

et interrogavi eos si feceset ipsas scuvias pro pertinentia aut alique pro livertate;

9) Frage des Richters: ob er diese Dienste als Angehöriger oder als Freier geleistet habe?

set dixet pro liveras

10) Erklärung des Klägers: als Freier.

et iudicavi ei ut ostenderet per liveris homenis qualiter diceret cot fecet istum per trigenta annus pro bona volontas nam non pro pertinentiam.

11) Zweites Beweisurtheil: Kläger soll durch Zeugniß freier Männer beweisen, daß er die Dienste dreißig Jahre lang aus freiem Willen und nicht wegen seiner Angehörigkeit geleistet hat.

set dixet cot menime potere.

12) Erklärung des Klägers: er könne das nicht beweisen.

Et pro anima domni regis salvandum dixi ut diceret quales homenis eius livertate savere ego illus per me diligenter inquirere.

13) Nochmalige Aufforderung des Richters, Männer zu benennen, die aus eigener Wissenschaft seine Freiheit bezeugen können und die er sorgfältig verhören wolle.

set ipsus mihi nullus homine dixet qui de eius livertate savere.

14) Kläger benannte keine Zeugen, die um seine Freiheit wüßten.

Et Totoni precibimus ut amplius ei nova non imponeret nisi cot per trigenta annus fecet.

15) Endurtheil: a) Beklagter soll dem Kläger keine andern Dienste auflegen, als die er während dreißig Jahren geleistet hat;

Et istius Luciuni iudicavimus cot fecet Totuni per

b) Kläger soll dem Beklagten ferner leisten, was er ihm

XXX annuş facere et in antea [9]).

Et sicut precepistis novis hec nostrum iudicatum emisemus ivi mecum stante idoneis homenis Toto de Ceperanzo Leonace et Placemunus Austremunus Gumipert et Alto: Alamanni [10]).

während dreißig Jahren geleistet hat.

16) Schluß des Berichts an den König: worin der Missus bemerkt, daß er dieß Urtheil dem Befehl des Königs gemäß erlassen in Gegenwart von sechs genannten rechtsfähigen Männern.

Beilage IV.

Ein langobardischer Rechtsstreit um eine Erbschaft nach Erbvertrag und Testament.

Troya, Cod. dipl. Nr. 791. V. *p.* 195 [1]).

† In nomine d(*omi*)ni dum ex iuss(*ione*) domni praecell(*entissimi*) Desiderii regis residissemus nos ill(*ustri*)bus veris Gisilpert de Berona Bursio maid. et Arsiulf gast(*aldius*) Ticino in sacro palatio [2]) ibique venerunt in

Drei Viri illustres als Missi des K. Desiderius, Gisilpert (Dux) von Verona, Bursio Major Domus und Arsiulf Gastalde, geben zu Protokoll, daß, als sie in Pavia im königlichen Palast zu Gericht saßen, vor ihnen erschienen seien Tarso, vom königlichen Gesinde, aus Pistoja, als Anwalt der

9) *Grim.* c. 1. Similiter et si aldius fuerit, impendat obedientia patrono suo sicut per trigenta annos fecit, et ei nova a domino suo amplius non imponatur.

10) So Fumagalli oder Aliamanni. Troya vermuthet arimanni. Ob diese Zeugen oder Urtheiler sind? S. § 61 Note 102.

1) *Carta Langobarda dell' anno* 762 *preceduta da una lettera al Marchese G. Capponi, e sequitata da una illustrazione del Professore Pietro Capei, Pisa* 1845. 8. aus der Sammlung des *Car. Francesco Ronciani.*

2) Die Annahme der Klage von Seiten des Königs hatte ihren Grund wohl darin, daß die Existenz einer königlich bestätigten frommen Stiftung in Frage stand, und daß Desiderius selbst als damaliger Dux von Tuscien diese Bestätigung erbeten hatte.

nostri presentia, Tarso gasind(*ius*) domni regis civi(*tatis*) Pistoriens(*is*) qui causa Rotrude peragebat[3]); nec non et Alpert de civi(*tate*) Pisana.

Dicebat ipse Tarso quia tu Alpert contra ordine(*m*) introisti in res q(*uon*)d(*am*) Auriperti germani tui eo quod ipse germanus tuus per cartul(*am*) sue ordinationis instituit exenodochio in alimoniis et subsidiis pauperum[4]) et statuit ut per pontificem civi(*tatis*) Pisane rectum et guvernatum fieri deber(*it*) absque neglegentiam et si ipse neglegeret rectum fierit per ipsa Rotruda ideo ut dixi tibi res ipsas nihil pertenit et debis eas nobis relaxare et iustitiam facere.

ac .... c(*ontra*) respondebat ipse Alpert.

Nihil mihi impedit si ipse Auripert iudicatum fecit de suis rebus aut exenodochium quia ecce exemplar (*cartu*)le

Rotrude (Klägerin), und Alpert aus Pisa (Beklagter).

1) Klage: Der Beklagte besitze die Güter seines verstorbenen Bruders Auripert wider Recht, deshalb weil dieser sein Bruder durch Testament ein Armenhaus gestiftet und verordnet habe, daß dasselbe durch den Bischof von Pisa, und wenn dieser es versäume, durch die Rotruda (seine Wittwe) verwaltet werden solle.

Deshalb habe der Beklagte kein Recht an diesen Gütern und müsse sie der Klägerin herausgeben und ihr also gerecht werden.

2) Antwort des Beklagten:

Die testamentarische Stiftungsurkunde stehe ihm nicht entgegen, weil er hier die Urkunde über einen Vertrag vor-

3) Die Klägerin Rotruda war die Wittwe des Auripert von Pisa und Tarso ihr Anwalt, der nach *Ratchis* 3. 11. mit Urlaub des Richters für eine solche auftreten konnte. Wäre er als Verwandter oder sonst ihr Mundwald gewesen, so würde dieß bemerkt sein.

4) *Liutpr.* 6. 19. 65. 101. *Aistulf.* 12. Walter RG. § 595.

convenentie[5]) quam ipse Auripert mec(*um*) factam habuit ut si sine filios legitimos unus de nobis ab hac luce decederit unus alteri deberemus succedere et quia ipse Auripert sine filio decessit ego illi succedere debeo;

Replecabat adversus eum Tarso de exemplar quam ostendis mihi non impedit quia autentica exinde non habis et nec per thinx est facta nec per launichild star(*e*) non potuissit etiamsi autic (*l. autenticam*) de inde habuissis.

Nam ecce exemplar de ipso iudicato Auriperti qualit(*er*) ipse res suas . . . . in pauperes largibit stare legibus debit, asserens iterum adversus eum ipse Alpert si istam cartul(*am*) q(*ui*)a non autentic(*am*) stare non debit tu Tarso quomodo ista exemplar iudicati stabelire velis (?).

Respondebat adversus eum (*iterum Tarso*) exemplar stare debit, quia iudicatum ipsum factum fuit et per

lege, den (sein verstorbener Bruder) Auripert mit ihm dahin abgeschlossen habe, daß wenn Einer von ihnen ohne eheliche Kinder sterben würde, der Eine den andern beerben solle, und weil Auripert ohne Kinder verstorben sei, er ihn also beerben müsse.

3) Replik des Klägers: Die vorgezeigte Urkunde schade ihm nicht: 1) weil es nicht die Urschrift, sondern nur eine Abschrift, und 2) weil der Vertrag nicht mit Thinx und Launichild geschlossen, also nicht rechtskräftig sei, auch wenn der Beklagte die Urschrift besäße;

Denn er Kläger lege die Testamentsurkunde des Auripert selbst vor, worin er seine Güter den Armen vermacht habe, welche zu Recht bestehe.

4) Duplik des Beklagten: Wenn seine Urkunde, weil keine Urschrift, nichts gelten solle, wie er (Kläger) die Aechtheit der vorgelegten Testamentsurkunde beweisen könne?

5) Triplik des Klägers: die vorgelegte Urkunde müsse gelten, weil sie das Testament selbst, wie es errichtet und von

5) Für cartula convenientiae vgl. *Liutpr. c.* 107.

preceptum domni Aistulfi regis firmatum.

K. Aistulf bestätigt worden sei, enthalte.

Tunc nos s(*upra*) (s)*cripti* iudecis dum omnem eorum audissemus altergationis fecemus nobis relegere ipsa exemplar ordinationis quam Auripert fecerat ubi legebatur quod de rebus suis senodochio esse statuerat et rectum fuerit per Rodtrudam et licentiam haberit ipsa de mobelibus rebus in die obitus sui dare pro anima sua et quadragenta homenis livertarit.

6) Die Richter, nachdem sie die Ausführungen der Partheien gehört, lassen die Urkunden verlesen:

a) das Testament des Auripert, worin er die Gründung des Armenhauses aus seinen Gütern und die Verwaltung desselben durch die Rodtruda bestimmt, mit der Erlaubniß aus dem beweglichen Vermögen milde Vermächtnisse zu machen und vierzig Sklaven die Freiheit zu geben;

Simul et fecimus nobis relegere illam exemplar conveneutiae quam Alpert ostendebat,

b) die Urkunde über den Erbvertrag, die der Beklagte vorgelegt.

et dum per ambarum partium monimena et altergationis causam ipsam inquireremus paruit nobis rectum

7) Urtheil der Richter:

ut illud iudicatum quod pro animae suae remedium quod (*l. quondam*) Auripert fecerit stare deberit et non haberit adversus ipsum exenodochio aliquid quod reppeter(*it*) quia eius cartul(*am*) quamquam exemplar tantummodo essit et autentica exinde non haberit stare nullo modo deberit quia nec

Das Testament, welches Auripert für sein Seelenheil errichtet, müsse zu Recht bestehn und Kläger habe gegen das Armenhaus keinen Anspruch, weil seine Urkunde, auch abgesehen davon, daß sie nur eine Abschrift sei und er die Urschrift nicht besitze, deshalb nicht zu Recht bestehe, weil der Erbvertrag nicht durch Gairethinx und Launichild abgeschlossen sei, wie das Edict vorschreibe.

per garatihi(*nx*) nec per launichild factam non erat sicut edicti contenit textus [6]).

Cum autem in predicti principis presentia coniunxesemus et per ordine(*m*) retullemus altergationem eorum simul et quod monimena ipsa continebatur,

8) Mündlicher Bericht der Missi an den König.

placuit pietati eius quod nos recte dedissemus iudicium.

9) Bestätigendes Urtheil des Königs (Desiderius),

Et adhuc ipse princeps dixit nobis quod iudicatum ipsum vedissit et per eius rogum domnus Aistulf eum per suum preceptum firmassit

welcher noch bezeugt, daß er das Testament selbst gesehen, und daß auf seine, des damaligen Herzogs von Tuscien, Bitte K. Aistulf es durch sein Präceptum bestätigt habe.

unde qual(*iter*) in nostri presentia actum vel defenitum est presentem notitia iudicati Leontace notario facere admonuemus

10) Die Aufnahme des Protokolls befehlen die Richter dem königlichen Notarius Leontace,

Et ego Petrus per ipsius dictato scripsi anno dominorum nostrorum Desiderii et Adelchis regibus in d(*e*)i nomine sexto et tercio per indict(*ionem*) quinta decima fel(*iciter*).

und nach seinem Dictat schreibt es der (Notargehülfe) Petrus im sechsten Jahre der Regierung des K. Desiderius, dem dritten des K. Adelchis a. 762 p. Chr. nieder.

Signum manus Gisilpert qui hunc iudicium dedit

11) Beglaubigende Unterschriften der drei collegialisch erkennenden Richter.

Signum manus Bursioni.

6) *Ed. Roth.* 172—175. *Liutpr. c.* 73. Walter, RG. § 589.

maid qui hunc iudicium dedit.

Signum manus Arsiulf gast(*aldionis*) qui hunc iudicium dedit.

Beilage V.

Ein fränkischer Prozeß wegen Bürgschaftsschuld [1]).

Chlodovius, rex Francorum, vir inluster. Venientes agentis basilice domni Dionisii, ubi ipsi preciosus domnus in corpure requiiscit, et venerabilis vir Chaino preesse viditur, Noviento, in palaico nostro, nobis suggesserunt:

eo qod itemque venerabili viro Ermenoaldo abbati ante hus annus vuaddio pro olio milli quignentas liberas et vino bono modios cento pro Anseberctho episcopo ipsi Chaino abba ei commendassit,

K. Chlodwich III. [2]). Es erschienen die Agenten des Klosters St. Denis (Kläger), dessen Abt damals Chaino war, in unserem Palatium zu Novientum [3])

und trugen uns vor:

der Abt Ermenoald (der Beklagte) sei vor einigen Jahren Bürge geworden [4]) wegen fünfzehnhundert Pfund Oel und hundert Modii guten Weins für den Erzbischof Anseberth (von Autun), welche der Abt Chaino diesem geliehen hatte [5]);

1) *Bréquigny, Dipl. ed. Pardessus Nr.* 424. II. *p.* 223. vgl. *Proleg.* I. *p.* 121. *Mabillon, de re dipl. p.* 473.

2) Der Sohn von Theoderich III., nach dessen Tode 591 von dem Major Domus Pipin, der seit der Schlacht bei Testri 587 Herr des ganzen Reiches war, zum Schattenkönig eingesetzt. † 595.

3) Der königlichen Palatia dieses Namens gab es mehrere; das hier genannte ist das bei dem heutigen St. Cloud. *Mabillon, de re dipl. p.* 304.

4) Bürgschaft durch Halmwurf (festuca, wadium) oder fidem facere s. Sohm, Prozeß der Lex Salica Beil. I. S. 220 folg.

5) Res praestita *L. Sal.* 52. *L. Rip.* 52. und zwar fungibler Sachen, also Darlehn. Für commendare s. *Form. Andegav.* 29.

et taliter ipsi Ermenoaldus spondedisset, ut hoc ei dare et adinplire debirit et hoc menime fecisset.

Unte et ante dies per eorum noticias paricolas ante domno Sygefrido pontefeci placita inter se habuerunt, ut medio minse Aprile iam preterito ipsi Ermenoaldo abba apud tris homenis suâ mano quartâ ante ipso pontefeci aut hoc coniurare dibirit:

quod ipso vuaddio de mano memorato Chainone abbati numquam adchramissit [9]), nec hoc ei dare et adinplire spondedisset,

quod se menime faciebat

und er selbst, Ermenoald, habe versprochen dieß zu geben und zu erfüllen, habe es aber keineswegs gethan [6]);

daher sie (Kläger und Beklagter) laut der (producirten) gleichlautenden Protokolle [7]) vor dem Bischof Siegfried (von Paris) [8]) gerichtlich sich dahin geeinigt hätten, der (Beklagte) Abt Ermenoald solle entweder Mitte des verflossenen Aprils vor dem Bischof Siegfried mit drei Eideshelfern schwören [10]):

daß er die Bürgschaft durch Halmwurf von der Hand des genannten Abtes Chaino niemals übernommen, noch dieß zu geben und zu erfüllen sich verpflichtet habe [11]),

und soll, wenn er dieß nicht

6) Der Bürge haftet als Hauptschuldner. Vgl. Sohm cit. Daher er sich in diesem Falle zur Leistung selbst verpflichtet.

7) Das Protokoll (noticia) über die Verhandlung und das Urtheil wurde also in doppelter Ausfertigung den Partheien mitgetheilt.

8) Der zwischen den beiden Eltern in dieser bürgerlichen Streitsache nicht kraft seines Amtes, sondern nur als königlicher Missus verfahren konnte.

9) Adchramisset vgl. *Nr.* 418. *p.* 217. per fistuca adchramisse. Wenn achramire etymologisch nicht nach J. Grimm, RA. 123 = intendere, zielen, sondern nach demselben S. 844 und Müllenhoff bei Waitz S. 277 = arripere, raptare ist, so scheint nach dieser Urkunde bei der Bürgschaft (fides facta) die Festuca (vuaddium) von der Hand des Gläubigers (de mano Chainone abbati) dem Bürgen zugeworfen, also von diesem als Symbol seiner Verpflichtung angenommen worden zu sein. Die Bedeutung „feststellen" und sich verpflichten ist jedenfalls eine abgeleitete, und bezeichnet die rechtliche Wirkung jener symbolischen Handlung. Vgl. Sohm S. 77 folg.

10) Obgleich beide Partheien Geistliche, also Römer sind, der germanische Eid und überhaupt germanisches Verfahren, s. § 67 Note 66.

11) Die Fides facta kann abgeschworen werden, s. § 69 Note 25.

argento liberas dece ad ipso diae ei dare debirit;

quod se hoc non faciebat, postia istas kal. madias iam preteritas ante nus debirint coniungire, et inspectas eorum (*al.* coram) noticias eorum inter se de ac causa debirint deducire racionis. Unde et per ipsas eorum noticias paricolas taliter inter se placitum inter se habuerunt initum.

Sed venientes ad eo placitum ipsi agentis iam dicto abbati, Noviento, in ipso palacio nostro, per triduo seu per pluris dies ut lex habuit, placitum eorum vise sunt custodisse[nt] [12]), et ipso Ermenoaldo abbati obiectissent vel solsadissent [13])

ipsi nec vinissit ad placitum, nec misso in vice sua devixsisset, nec nulla sonia nunciassit adfirmat:

proinde aut taliter una cum nostris proceribus constetit decrivisse,

thue, zehn Pfund Silber an demselben Tage zahlen;

oder, wenn er auch dieß nicht thue, so sollten sie (Kläger und Beklagter) am verflossenen 1. Mai vor uns erscheinen und nach Einsicht ihrer Protokolle über die frühere Verhandlung ihre Rechtsgründe wegen dieser Sache weiter ausführen; wie sie denn auch zu Folge ihrer gleichlautenden Protokolle so unter einander übereingekommen waren.

Da aber die Agenten des genannten Abtes (Chaino, die Kläger) versichern, daß sie zu dem bestimmten Termin in unser Palatium zu Noviento kommend, während drei und mehr Tagen nach Vorschrift des Gesetzes den Termin abgewartet und den Abt Ermenoald (den Beklagten) contumacirt hätten,

er auch (der Beklagte), weder zum Termin gekommen sei, noch einen Boten statt seiner gesandt, noch echte Noth angezeigt habe:

so haben wir mit unsern Großen laut dieser Urkunde Folgendes angeordnet:

12) Per triduo *cf. Nr.* 431. *p.* 229, *Marculf* I. 37. *App.* 38. *Sirmond.* 33. *Andegav.* 14. Ut lex habuit = wie es Recht war.

13) J. Grimm, RA. S. 846 folg. L. S. Vorrede VII.

ut, se evidenter per eorum noticias paricolas taliter inter se pro ac causa placitum habuerunt initum,

et inluster vir Vuarno, Comis palacii nostri, testimuniavit, quod memorati agentis iam dicto Chainone abbati placitum eorum ligebus custudierunt, et superscriptus Ermenoaldus abba placitum suum custudire necлixsit:

iubemus, ut quidquid lex loci vestri de tale causa edocit, memoratus Ermenoaldus abba, partibus ipsius agentibus ad pacti superscripti Chainone abbati, vel basilice sui domni Dionisii, omnemodis vobis distringentebus, componire et satisfacire non recusit [15]).

Aphilus recognovit.

Datum quod ficit minsis Madius dies quinque, anno secundo regni nostri, Noviento, in Dei nomine feliciter.

Da die Partheien nach Inhalt ihrer gleichlautenden Protokolle in dieser Sache offenbar also gewillkührt haben,

und da unser Comes Palatii Warno bezeugt, daß die erwähnten Agenten des besagten Abtes Chaino (die Kläger) ihren Termin eingehalten und der vorgenannte Abt Ermenoald (der Beklagte) seinen Termin versäumt habe,

so befehlen wir, daß, was das Recht eures Ortes in dieser Sache bestimmt [14]), der genannte Abt Ermenoald (der Beklagte) durch seine Agenten den Agenten des Abtes Chaino oder des Klosters zu St. Denis (den Kläger), unter euerem Gerichtszwang, zu leisten sich nicht ferner weigere.

Aphilus (der königliche Notarius) hat die Urkunde recognoscirt.

So gegeben am fünften Mai im zweiten Jahre unserer Regierung (a. 682) zu Novientum (St. Cloud).

14) Also das Recht des Gerichts, dem die Vollstreckung des königlichen Befehls aufgetragen wird, soll zur Anwendung kommen, s. § 67 Note 66.

15) Dieser ganze Theil in seiner verwickelten Construction ist der Formel bei *Marculf* I. 37. nachgeschrieben.

Berichtigungen und Zusätze.

S. 34 Note 12 streiche: Ueberhaupt — *L. Rip.* 71.
„ 45 „ 22 Z. 6 st. Eidesbürgen l. Eideshelfer.
„ 97 „ 67 „ 4 st. *ἰδιώτον* l. *ἰδιώτου*.
„ 142 „ 8 „ 29 st. Idatius l. Prosper.
„ 169 „ 60 „ 6 st. legum l. legem.
„ 236 Z. 11 st. Besitzers l. Besitzes.
„ 295 Note 10. Vgl. jetzt Bluhme, Die Gens Langobardorum und ihre Herkunft. Bonn 1868.
„ 304 Note 11 st. Worte l. Wort.
„ 305 „ 15. Savigny, verm. Schriften II.
„ 349 Z. 7 st. als l. oder.
„ 384 Note 58 st. § 61 l. § 62.
„ 387 Z. 1 v. u. streiche: eidlichen.
„ 477 Note 18 st. 5) l. 2).

Bonn, Druck von Carl Georgi.

MIX
Papier | Fördert gute Waldnutzung
FSC® C083411

Kolibri 360 GmbH
Ferdinand-Jühlke-Straße 7
99095 Erfurt, Deutschland
produktsicherheit@kolibri360.de